1/86

3590

Gesellschaft ohne Zeit

Schriften des Wissenschaftszentrums Berlin
Internationales Institut für Vergleichende
Gesellschaftsforschung/Arbeitspolitik

Jürgen P. Rinderspacher

Gesellschaft ohne Zeit

Individuelle Zeitverwendung und soziale Organisation der Arbeit

Campus Verlag
Frankfurt/New York

CIP-Kurztitelaufnahme der Deutschen Bibliothek

Rinderspacher, Jürgen P.:
Gesellschaft ohne Zeit : individuelle Zeitver=
wendung u. soziale Organisation d. Arbeit /
Jürgen P. Rinderspacher. – Frankfurt/Main ;
New York : Campus Verlag, 1985.
(Schriften des Wissenschaftszentrums Berlin,
Internationales Institut für Vergleichende
Gesellschaftsforschung/Arbeitspolitik)
ISBN 3-593-33458-5

Umschlaggestaltung: Atelier Warminski, Büdingen
Satz: Werksatz Marschall, Berlin
Druck und Bindung: KM-Druck, Groß-Umstadt
Printed in Germany

Vorwort

Die „Modernisierung" der Gesellschaft vollzieht sich wesentlich auch als Reorganisation von Arbeits- und Sozialstrukturen mit dem Ziel zeitwirtschaftlicher Effizienzsteigerung. Zwar sind die Folgen zeitwirtschaftlicher Reorganisation des Arbeitslebens für die Unternehmen wie die abhängig Beschäftigten unübersehbar. Zwar sind auch aus Sicht der Betroffenen die zeitlichen Belastungen als Folge der Integration und Flexibilität der Produktionsprozesse eher gewachsen als geringer geworden. Dennoch sind bisher wenige Versuche unternommen worden, das Phänomen zeitlicher Belastung theoretisch zu erfassen. Aus den vorliegenden Untersuchungen der letzten Jahre wird allerdings deutlich, daß der Faktor Zeit insbesondere für die Erklärung von Belastungssituationen in der Arbeits- und Lebenswelt von herausragender Bedeutung ist.

Rinderspacher analysiert, ausgehend vom Arbeitsleben, die vielfältigen zeitlichen Normierungen und Reglementierungen, die den Beschäftigten in und außerhalb der Arbeit begegnen. Er arbeitet dabei die pathogenen wie auch die innovatorischen Elemente moderner Zeitstrukturen heraus. Damit liegt ein erster Ansatz für eine Theorie zeitlicher Belastungen in ihrem Zusammenhang mit gesellschaftlichen Zeitstrukturen vor. Ein theoretischer Entwurf, der die Grenzen einzelwissenschaftlicher Detailanalysen überschreitet und Zeit als universales Bezugssystem neuzeitlich-industrieller Rationalität versteht.

Für die arbeitspolitische Diskussion ist von besonderer Bedeutung, daß Rinderspacher die Genese von Zeitstrukturen in ihrer Abhängigkeit von den jeweils bestehenden vorindustriellen und industriellen Arbeitsstrukturen darstellt und aufzeigt. Deutlich wird auch, wie von diesem Focus notwendig eine Verzeitlichung auch anderer gesellschaftlicher „Systeme" ausgeht. Dem Autor gelingt es, darüber hinaus deutlich herauszuarbeiten, daß die Entstehung und Funktionsweise zeitlicher Bezugssysteme nicht einer gleichsam naturwüchsigen Gesetzlichkeit folgt. Sie ist vielmehr wesentlich das Ergebnis der sozialen Organisation der Arbeit in den verschiedenen Gesellschaftsformationen. Mit dem Nachweis des sozialen Ursprungs des Referenzsystems „Zeit" eröffnen sich Perspektiven hinsichtlich der arbeitspolitischen Gestaltbarkeit von Zeitstrukturen. Die Arbeit verweist auf Möglichkeiten der „Entdichtung" zeitlich hochintegrierter Arbeitssysteme.

Die Untersuchung Rinderspachers zeigt weiterhin, daß die zeitwirtschaftliche Organisation, die bisher insgesamt noch als weitgehend funktional für die Hebung der gesellschaftlichen Wohlfahrt angesehen werden konnte, zunehmend in vielen Bereichen kontraproduktive Folgen zeigt. Dies trifft insbesondere dann zu, wenn, wie der Autor behauptet, die gegenwärtigen Formen gesellschaftlicher

Modernisierung, insbesondere die Logik der Rationalisierung der Erwerbsarbeit, nur scheinbar einen Zuwachs an disponibler Zeit schaffen, sondern stattdessen die Zeitknappheit weiter vergrößert wird. Dann muß auch die von Gesellschaftstheoretikern unterschiedlichster Provenienz gleichermaßen gehegte Hoffnung, die Verfügbarkeit über das wertvolle Gut "disposible time" wesentlich durch die Fortentwicklung der Technologie entscheidend erhöhen zu können, angesichts der tatsächlichen Verhältnisse zumindest erheblich relativiert werden. Die vorliegende Arbeit kann aber auch als ein Beitrag angesehen werden, den gesellschaftlichen und individuellen Umgang mit der Zeit im Zuge einer integrierten Zeitpolitik, die sowohl die Herstellung von „Zeitersparnis" als auch die soziale Verteilung von Zeitkontingenten berücksichtigt, rationaler und gerechter zu gestalten.

Frieder Naschold
Direktor
Internationales Institut für
Vergleichende Gesellschaftsforschung
des Wissenschaftszentrums Berlin

Inhaltsverzeichnis

Vorbemerkung

Im Jahre 1978, als die Idee zu dieser Arbeit entstand, war das Problembewußtsein in der wissenschaftlichen Community zum Thema „soziale Zeit" noch wenig entwickelt, zumindest im deutschsprachigen Raum. Innerhalb der vorangegangenen fünfzehn bis zwanzig Jahre hatte es im sozialwissenschaftlichen Bereich hierzu nur wenige Publikationen gegeben bzw. drangen die Arbeiten nicht zu einem größeren Kreis von Interessenten vor (vgl. hierzu *Bergmann* 1983). „Die Zeit" als Problemstellung und Paradigma war weitgehend eine Domäne philosophischer oder physikalischer Abhandlungen.

Eine im engeren Sinne soziologische Forschung bestand zwar bereits in Form der Zeitbudgetforschung, die nach dem ersten Weltkrieg mit unterschiedlicher Zielrichtung und Methodik von der Sowjetunion sowie den USA ausgegangen war. Die vergleichende Untersuchung von *Szalai* über die Zeitbudgets privater Haushalte in westlichen und östlichen Ländern beispielsweise gab zwar Aufschluß über die Verwendung der Zeit, jedoch führte dies mit wenigen Ausnahmen nicht dazu, daß die Zeit als sozialwissenschaftliches Problem breiter abgehandelt wurde.

Angesichts der Einschätzung, daß das Problem der Zeit aus verschiedenen sozialen und ökonomischen Gründen in Zukunft an Bedeutung gewinnen würde, schien es zu diesem Zeitpunkt notwendig, die über verschiedene wissenschaftliche Disziplinen und Länder verstreute Literatur zu sichten und für eine breitere Diskussion fruchtbar zu machen. Diesem Zweck diente die Gründung eines „Arbeitskreises Zeit"[1], dem diese Arbeit entscheidende Anregungen verdankt.

Die vorliegende Arbeit versteht sich als ein Versuch der Vermittlung zweier Zielsetzungen: Einerseits möglichst viele, gerade auch im Kontext der sozialwissenschaftlichen Diskussion noch wenig beachtete Konzepte, wie z. B. der Chronobiologie, breiter zu behandeln und gerade aus der Konfrontation der i. e. S. sozialwissenschaftlichen Ansätze mit anderen wissenschaftlichen Fachgebieten und Disziplinen neue Einsichten in das Wesen der sozialen Zeit zu gewinnen. Andererseits wird versucht, den sozialen Ursprung des Phänomens „Zeit" zu rekonstruieren und zu zeigen, welchen Anteil die soziale Organisation der Arbeit an der Emergenz von Zeitstrukturen und ihren gesellschaftlichen Folgen hat.

[1] Besonders wichtig für die Entstehung des Buches waren die vielen Hinweise und Hilfen aus dem Arbeitskreis von A. Ermert und W. Hohn sowie von M. v. Klipstein, R. Köble, J. Rosenow und A. Andriole-Gebauer. Ferner bedanke ich mich für die vielfältige geistige und materielle Unterstützung von M. Bolle und F. Naschold, die die Anfertigung dieser Arbeit erst möglich machte. Viel zu verdanken habe ich ebenfalls dem Einsatz von Chr. Rabe und G. Körner, die die redaktionelle Überarbeitung besorgt hat. Mit beiden habe ich sehr gerne zusammengearbeitet. Schließlich möchte ich noch die zahlreichen Gespräche mit K. Grochowiak erwähnen. Sybille Hellmuth hat die Graphiken angefertigt und mir in vielen schwierigen Situationen Mut gemacht, nicht aufzugeben; dafür möchte ich mich ganz besonders bedanken.

Hieraus resultiert die zentrale Annahme, daß, da die Zeit nachweislich in einem jahrtausendelangen, konflikthaften Prozeß sich erst entfaltet hat — mit den entsprechenden Auswirkungen auf die Lebensbedingungen in den hochindustrialisierten Ländern —, sie grundsätzlich auch politisch, durch Verbesserung der sozialen Bedingungen, gestaltbar sein müsse. Damit soll vor allem solchen Ansätzen begegnet werden, die implizit oder explizit die Zeit und damit auch die Knappheit der Zeit und die hieraus entstehenden Belastungen für die Menschen als letztlich unabänderliche Naturkonstante auffassen. Die Arbeit versucht demgegenüber, wissenschaftlich haltbare Belege dafür zusammenzutragen, daß (und im Ansatz wie) Zeitstrukturen potentiell beherrschbar gemacht werden können bzw. umgekehrt, welche gesellschaftlichen Entwicklungen die menschliche Kontrolle über Zeit eher verringern dürften.

Gegenüber den rein philosophischen oder soziologisch-spekulativen Arbeiten, die weithin das Feld beherrschen, versucht die vorliegende Untersuchung eine andere Vorgehensweise. Sie will den realen Entstehungsprozeß und die reale soziale Auseinandersetzung um die gesellschaftliche Zeit, soweit dies in diesem Rahmen möglich ist, skizzenhaft nachvollziehen. Anhand der historischen, ethnologischen, arbeitswissenschaftlichen, sozialökonomischen und soziologischen empirischen Forschung wird versucht, nicht nur deduktiv-theoretisch das Vorhandensein von Zeitstrukturen und deren Wirkungsmechanismen aufzuzeigen, sondern auch induktiv-empirisch. Hieraus resultiert ein gelegentlicher Wechsel im Verlauf der Erörterung zwischen diesen Ebenen, der Gegenstand der Arbeit soll also gleichsam von zwei Seiten her eingekreist werden. Es ist nicht das Ziel der Arbeit, eine geschlossene Theorie vorzulegen. Vielmehr versteht sie sich als Diskussionsbeitrag in einer Situation, in der in der Forschungslandschaft nur wenige Versuche bestehen, den zeitpolitischen Gegenstand in seiner Komplexität darzustellen.

Dies erscheint umso notwendiger, als die funktionellen Abhängigkeiten zwischen den bislang weitgehend separierten zeitpolitischen Gegenstandsbereichen wie Arbeitszeit, Arbeitsgeschwindigkeit, Öffnungszeiten, Freizeit, Zeitverbrauch im Verkehr und im Haushalt u. a. zunehmend deutlicher hervortreten. Insofern ist die Arbeit weitgehend unabhängig zu betrachten etwa von der gegenwärtigen Arbeitszeitdiskussion, die dominiert wird von der eher kurzfristigen und pragmatischen Überlegung, ob und wie Arbeitszeitverkürzungen als beschäftigungspolitisches Instrument wirksam werden könnten.

Von zentraler Bedeutung scheint für hochentwickelte Länder mit und ohne Beschäftigungsprobleme das Verständnis dessen, was gemeinhin als „Produktivität“ oder „Effizienz“ bezeichnet wird. Es wird versucht, Hinweise dafür zu geben, daß das moderne Verständnis von Produktivität unlösbar mit der Entwicklung von Zeitstrukturen seit dem Beginn der Neuzeit verknüpft ist. Im Verlauf der Erstellung dieser Arbeit zeigte sich, daß hierauf mehr Aufmerksamkeit hätte verwendet werden müssen; dies muß jedoch einer späteren Ausarbeitung vorbehalten bleiben.

Die folgenden Erörterungen gehen im Kern der Frage nach, ob nicht eine soziale und ökonomische Organisation der Gesellschaft und hier namentlich des Arbeitsprozesses denkbar ist, in der die Zeit, ähnlich wie in vorindustriellen Gesellschaften, zwar noch existiert, aber in ihrer Wirkung auf die Gestaltung der Arbeits- und Lebensverhältnisse eingeschränkt werden kann. Damit wird nicht an einen Rückfall in die unentwickelten Verhältnisse vorindustrieller Gesellschaften gedacht, im Gegenteil. Gerade die gegenwärtige rasche Entwicklung der Produktivkräfte läßt es möglich erscheinen, der Zeit, nachdem sie sozusagen ihre historische Funktion der Entwicklung der Produktivkräfte erüllt hat, einen neuen Platz zuzuweisen. Die eindimensional auf Zeit abstellenden Produktivitäts- und Effizienzkriterien in der Ökonomie und abgeleitet hiervon auch in den sozialen Beziehungen wären durch andere Kriterien der wirtschaftlichen und sozialen Erfolgskontrolle zu ergänzen bzw. zu ersetzen.

Innerhalb der Rahmenbedingungen, die für die Erstellung der Arbeit vorgegeben waren, war es nicht möglich, diesen Gedanken, der im Schlußteil formuliert wird, detailliert auszuführen und die Perspektiven und Ansatzpunkte für eine humanere Gestaltung gesellschaftlicher und individueller Zeitstrukturen genau einzugrenzen. Vor allem die im Zusammenhang mit einer solchen zeitpolitischen Zielsetzung zu erwartenden Effekte für die Umwelt- und Energiesituation wie aber auch — hier jedoch als Sekundäreffekt — für die Beschäftigungslage konnten nur angedeutet werden. Insofern muß die Arbeit als ein Beitrag dazu verstanden werden, für eine derartige, im einzelnen noch zu diskutierende Perspektive wissenschaftlich relevantes Material zusammenzustellen und in der Formulierung von Thesen einen Diskussionsbeitrag zu leisten.

Einführung: Zeit als Konflikt

1. Man hat es lange Zeit für überflüsig gehalten, über den Sinn von Zeitersparnis nachzudenken. Allzu offensichtlich schien der Gewinn, den die Menschheit aus dem rationalen Umgang mit der Zeit gezogen hat und noch zieht. Ungeachtet aller Verteilungsprobleme gilt die Ökonomie der Zeit seit den Anfängen des Handelskapitalismus und später des Industriekapitalismus als *das* Rationalprinzip, mit dessen Hilfe gesellschaftlicher Reichtum überhaupt erst entstehen kann.

In der Tat läßt sich die europäische Wirtschafts- und Sozialgeschichte kaum verstehen ohne den Faktor „Zeit" als universelles Gestaltungsprinzip neuzeitlicher Sozialstrukturen. Angefangen bei der Erkenntnis Benjamin Franklins, daß Zeit Geld sei, bis hin zur modernen Arbeitsökonomik meint Rationalverhalten im abendländischen Sinn immer auch den kalkulierten Umgang mit der verfügbaren Zeit.

Die „Idee", die Zeit als ein zu bewirtschaftendes Ding anzusehen, sie in gleichförmige, handhabbare Abschnitte zu gliedern, Zeitanteile einsparen oder vergeuden zu können, Zeitnormen gegenüber bestimmten Tätigkeiten und Prozessen zu setzen und Zeit auf einer Zeitachse zu verorten, hat eine Fülle technischer Innovationen hervorgebracht, die ohne einen emphatischen Bezug zum Phänomen Zeit nicht erklärbar wären. Zu denken ist hierbei an Erfindungen wie die der Eisenbahn, des Automobils und des Flugzeuges; die Entwicklung des Nachrichtenwesens vom reitenden Boten zum satellitenübermittelten Signal und nicht zuletzt einer Produktionstechnologie, deren oberstes Ziel seit Beginn des Industrialisierungsprozesses vor allem darin besteht, die Zahl der hergestellten Produkte pro Zeiteinheit zu vergrößern. Dabei geht es freilich nicht nur um die Einsparung von Zeit schlechthin — wie etwa bei der Übermittlung von Nachrichten —, sondern vordringlich um die Einsparung bezahlter menschlicher Arbeitszeit.

Der mit Hilfe der konsequenten Anwendung der Ökonomie der Zeit erreichte Stand der materiellen und immateriellen Produktion hat bisher kaum Zweifel daran aufkommen lassen, daß es der Umgang des Menschen mit seiner Zeit ist, der einen der Stützpfeiler materiellen Wohlstandes darstellt. Ein Blick auf die nicht-industrialisierten Länder in der sog. Dritten Welt scheint diese These nachhaltig zu bestätigen. War es nicht gerade das protestantische Arbeitsethos mit seinem rigiden Postulat der unnachsichtig-rationalen Verwendung der von Gott gegebenen Zeit zur Verwirklichung wirtschaftlicher Ziele, das in der Phase des Kolonialismus die Weltherrschaft der westlichen Zivilisation, wie sie sich in Sprache, Sozialstrukturen und Technologien ausdrückt, erst möglich gemacht hat? Die westliche Arbeitsmoral läßt — bedingt durch ihre offensichtlichen wirtschaftlichen Erfolge — die Verhaltensnormen anderer Kulturen, die eine nur sehr geringe Bezugnahme auf zeitliche Vorgaben kennen, als historisch überlebt und damit die Ausbreitung der besseren, weil effizienteren Produktions- und Lebensweise als gerechtfertigt erscheinen.

Ob die an zeitökonomischen Kriterien festgemachten Erfolgsrechnungen so eindeutig den Fortschritt einer Gesellschaft in materieller und immaterieller Hinsicht wiedergeben können, ist nach dieser langen Phase des Glaubens an die Macht der Zeitökonomie jedenfalls in den westlichen Gesellschaften durch ihre weiter fortgeschrittene Zuspitzung und Implementierung in den letzten Jahren zunehmend zweifelhafter geworden. Zumindest müssen an dem *universellen Geltungsanspruch* zeitrationaler Optimierungsprinzipien Zweifel angemeldet werden. Es ist nicht mehr eindeutig auszumachen, ob das Schnellste immer das Beste ist, ob die arbeitszeitsparende Maschine durchweg den Wohlstand vermehren hilft und andererseits, ob die möglichst lange Freisetzung des Menschen für bestimmte Tätigkeiten wie z. B. für den Fernsehkonsum das darstellt, was man sich unter der Befreiung vom Joch der Arbeit in den Theorien über den gesellschaftlichen Fortschritt unterschiedlichster Provenienz bisher erhofft hatte. Zeitökonomie in ihrer allzu konsequenten Anwendung scheint in immer mehr Fällen nicht zu Problemlösungen, sondern lediglich zu Problemverschiebungen zu führen.

Nicht alle Verschnellerungsprozesse, die technisch machbar sind, führen zwangsläufig zu mehr individuellem Wohlstand, wenn man in der Kalkulation die zahlreichen „Neben"-Wirkungen im Auge behält. So führt die Verdopplung bei Fahr- und Fluggeschwindigkeiten in der Regel nicht nur zu einer Verdopplung der benötigten Treibstoffmenge sondern zu ihrer Vervielfachung. Besonders deutlich werden die Grenzen der Zeitökonomie, wenn es um die Anpassung menschlicher Tätigkeiten und menschlichen Verhaltens an immer kürzere und zudem normierte Zeitintervalle geht, wie dies in modernen Arbeitsprozessen, die die Verschnellerung und Effektivierung menschlicher Arbeit zum Ziel haben, der Fall ist. Offensichtlich ist — ähnlich wie in anderen ökologischen Zusammenhängen — auch das konsequent zeitrationale Gestalten unserer Lebenswelt nicht zum Nulltarif erhältlich.

Möglicherweise ist nun jedoch die Einsparung der Zeit ein nicht enden wollender und logisch auch nicht enden könnender Prozeß. Einerseits zeigt die Technikentwicklung in bestimmten Bereichen, daß dem Prozeß der Verschnellerung z. B. der Nachrichtenübermittlung oder der Datenverarbeitung praktisch kaum Grenzen gesetzt sind: Dies belegt allein die für den Menschen unvorstellbare Meßgenauigkeit von Uhren wie beispielsweise der Atomuhr, die ja nur da einen technischen und sozialen Sinn erhält, wo Prozesse vorfindbar sind, denen eine solche Meßgenauigkeit angemessen ist.

Andererseits werden, wie gesagt, gerade wegen der forcierten technischen Entwicklung auch Grenzen der zeitökonomischen Rationalität sichtbar. Die Theorie Einsteins hat das an sich unfaßbare Phänomen einer absoluten Geschwindigkeitsgrenze, der Lichtgeschwindigkeit, entdeckt. Man muß jedoch nicht durch Zeit und Raum schweben, um sich die Grenzen der Verschnellerung deutlich zu machen. Diese liegen zudem nur z. T. in natürlichen Begrenzungen. Zunehmend werden auch soziale, ökonomische, ökologische und biologische Schallmauern der technischen Entwicklung spürbar.

2. Die Einsicht in den Nutzen wie auch die Grenzen der Bewirtschaftung von Zeit resultiert aus der Erfahrung des Konflikts und Widerstreits mit der Zeit. Zeit besitzt die Eigenschaft, nur als Konflikt erfahrbar zu sein; sie ähnelt damit strukturell Sachverhalten bzw. Subsystemen wie Gesundheit oder Recht. Dort, wo sie nicht im Widerspruch steht zum eigenen Bedürfnis, wo die Übertretung zeitlicher Normierungen nicht sozialen, ökonomischen oder psychischen Sanktionen unterliegt, wo das schnellere Bewegen von einem Ort zum anderen oder die rasche Übermittlung einer Nachricht keinen Sinn macht, wird auch Zeit als solche nicht erfahrbar. „Zeit" benötigt die Erfahrung einer Differenz zweier oder mehrerer Bewegungsgeschwindigkeiten zwischen zwei oder mehreren Systemen oder Körpern. Dies können Himmelskörper, gesellschaftliche Subsysteme oder die Handlungsstrukturen zweier Personen sein. Durch eine Bewegungsdifferenz erst wird die materielle Voraussetzung für die Erfahrung von Zeit geschaffen, nicht aber zwangsläufig schon ‚soziale Zeit', wie unten noch zu erläutern sein wird.

Der Konflikt mit der Zeit, auch das Scheitern an ihr, d. h. die Diskrepanz zwischen dem Bemühen um zeitliche Gestaltung sozialer Prozesse und Strukturen und dem Gestaltungserfolg führt zu immer neuen Versuchen, dem Scheitern entgegenzutreten. Die präzisere Kalkulation und Allokation von Ressourcen auf zeitliche Kennziffern hin, die strukturelle Absicherung in Form einer elaborierten Zeitökonomie verhindert scheinbar ein Scheitern im Umgang mit der Zeit. Daraus folgt jedoch die Einfügung von immer mehr Menschen in das engmaschige Netzwerk einer Megamaschine mit zeitlich bestimmter Handlungsrationalität. Und es drängt sich die Frage auf, ob durch den angeblich vernünftigeren und sparsameren Umgang mit der Zeit tatsächlich „Zeitwohlstand" verwirklicht werden kann oder ob nicht umgekehrt der bisher beschrittene Weg zu ständig steigender Abhängigkeit von zeitlicher Rationalität in allen Lebensbereichen führt. Die Vermehrung des Zeitwohlstands unterliegt offensichtlich einer anderen Logik als die des Güterwohlstands.

Die Erfahrung des Scheiterns nicht nur an der Zeit, sondern auch an den Methoden der Bewältigung der Zeitnot, die Erfahrung der Grenze einer Verzeitlichung immer weiterer Lebensbereiche und Interaktionsformen auch jenseits des traditionellen ökonomischen Sektors, wie sie mit den wachsenden Anforderungen an die Berechenbarkeit oder gar ‚Rechenhaftigkeit' des Menschen stattfindet, und schließlich die Grenzen von Geschwindigkeitssteigerungen lassen die Zeit als solche zum Thema wissenschaftlicher Erörterungen werden. Die Zeit, jahrzehntelang im wesentlichen nur als physikalisches Bezugssystem wahrgenommen, muß nun verstärkt auf ihre sozialen Ursprünge und Wirkungsmechanismen hin befragt werden. Dabei handelt es sich weniger darum, daß die gleichsam ingenieurmäßige Weiterentwicklung des Zeitsparens steckengeblieben ist, sondern das ingenieurhafte Umgehen mit Zeitproblemen selbst ist in eine Sinnkrise geraten.

Freilich entzieht sich die Frage nach dem Wesen der Zeit auch Jahrhunderte nach Augustinus, der darauf verwiesen hatte, daß Zeit zwar erfahrbar, nicht aber definierbar sei, einer positiven und eindeutigen Beantwortung. Sie läßt sich vielleicht — zumindest was die soziale Zeit angeht — ansatzweise damit beantworten, daß der Versuch unternommen wird aufzuzeigen, in welcher Weise zeitliche Bezugssysteme im Alltagsleben der Menschen in hochindustrialisierten Ländern eine Rolle spielen.

Die Kritik am gesellschaftlichen und individuellen Umgang mit der Zeit führt notwendig auch zu Einsichten in ihr Wesen. Die qualitative Beschaffenheit der sozialen Zeit erschließt sich aus einer Theorie und Empirie der negativen Folgewirkungen hochgradig elaborierter zeitlicher Bezugssysteme, indem dem vermeintlichen und bisher noch weitgehend unbestrittenen Nutzen zeitökonomischer Kalküle die Kostenrechnung gegenüber gestellt wird.

3. Genaugenommen kann man nicht davon sprechen, daß die Ökonomie der Zeit, die Bewirtschaftung der Ressource Zeit wie die Bewertung von Zeit als ökonomische Ressource eine „Idee" im Sinne einer mehr oder minder willkürlichen Erfindung des menschlichen Geistes sei. Richtig ist vielmehr, daß gesellschaftliche Zeitstrukturen ihre Geschichte haben, daß sie das Ergebnis sozialer Vorgänge sind — also weder eine geniale Erfindung noch Naturgesetz. Sie befinden sich in einem ständigen Prozeß der Umwandlung und Fortentwicklung.

Zeitstrukturen verändern sich einmal, indem sie in verschiedenen Epochen verschiedene Metamorphosen ihrer qualitativen Beschaffenheit durchmachen, so, wenn sie von einem Instrument der Koordinierung von Handlungen und Tätigkeiten zu einer ökonomischen Ressource werden. Die Evolution von Zeitstrukturen findet jedoch nicht nur auf funktioneller Ebene statt, sondern auch dadurch, daß ihr Geltungsbereich verändert, d. h. in der Regel verbreitert wird. Diese Verbreiterung kann sowohl in sozialer Hinsicht geschehen — wenn für immer mehr Bevölkerungsschichten zeitliche Orientierungsmuster relevant werden, wie im Zuge der Ausbreitung industrieller Arbeitsformen. Der Geltungsbereich von Zeitstrukturen kann sich aber auch regional erweitern durch das Vordringen von stark zeitbezogenen Gesellschaftssystemen in Regionen, in denen die Menschen noch weitgehend ohne Zeitorientierung leben. Zeitstrukturen können sich schließlich sektoral ausdehnen, indem bestimmte menschliche Tätigkeiten faktisch oder dem Anspruch nach einer zeitlichen Normierung unterworfen werden, beispielsweise wenn die Zeitmaße industrieller Fertigungsprozesse auf Arbeitstätigkeiten im Nicht-Erwerbsbereich übertragen werden.

Es sind im weitesten Sinne die Bereiche menschlicher Arbeit und menschlicher Produktion und deren Erfordernisse, die das Aufkommen und die permanente Weiterentwicklung zeitlicher Bezugssysteme hervorrufen. Die Evolution der Organisationsformen der menschlichen Arbeit verändert den Umgang des Menschen mit seiner Zeit, läßt die Notwendigkeit hervortreten, Zeit überhaupt zur Kenntnis zu nehmen und zu bewirtschaften. Die jeweils gültigen zeitlichen Bezugssysteme stoßen in verschiedenen historischen Epochen immer wieder an Grenzen, die innovativ überwunden werden müssen. Auf der einen Seite führen neue Produktionsverfahren, neue Arbeitstechniken und eine neue Arbeitsorganisation ebenso wie die damit verbundenen Eigentumsformen und nicht zuletzt auch der steigende Amortisationsdruck, bedingt durch die Höhe des eingesetzten Kapitals, zu neuen Zeitmaßen, neuen zeitlichen Imperativen und Normativen, zu höheren Erfordernissen zeitlicher Integration bislang separierter Arbeits- und Produktionsvorgänge. Kurzum, die Ökonomie der Zeit durchdringt mit jedem Entwicklungsschritt vermehrt die Technologie, die Arbeitsorganisation und den Menschen selbst.

Der Industrialisierungs- und Kapitalisierungsprozeß der Gesellschaft bildet auf der anderen Seite einen autonomen Verwendungsimperativ gegenüber dem Umgang mit der Zeit heraus. Die Bewirtschaftung der Zeit fungiert nicht länger nur als *Mittel* zur Effektivierung von Produktionsprozessen. So läßt neben den technologisch-organisatorischen Erfordernissen auch der verselbständigte Imperativ des sparsamen Umgangs mit der Ressource Zeit vorhandene Technologien immer wieder als obsolet und erneuerungsbedürftig erscheinen.

4. Zeit wird auch dadurch zum Problem, daß in den hochentwickelten Industriegesellschaften eine Reihe von Formen erzwungenen Zeitverbrauchs bestehen. Damit wird m. a. W. dem Individuum die Kontrolle über die Verwendung der eigenen Zeit in vielen Lebensbereichen weitgehend entzogen.

Veränderte Raumstrukturen und die räumliche Vergrößerung regionaler Arbeitsmärkte bzw. Einzugsgebiete von Arbeitskräften zwingen zur Verwendung von mehr Anteilen des individuellen Zeitbudgets für die Überwindung von Distanzen. Ebenso schafft die Angewiesenheit auf die Hersteller von Produkten des alltäglichen Bedarfs Abhängigkeiten bezüglich der Wegezeiten zu den Einkaufszentren oder deren Öffnungszeiten, wie auch von Lieferzeiten. Andererseits befreit die arbeitsteilige Produktion von Zwängen der Eigenproduktion dieser Konsumgüter und setzt damit Zeit für andere Betätigungen frei, nicht zuletzt für die *freiwillige* Eigenproduktion bestimmter Nahrungsmittel oder Gebrauchsgegenstände.

Die vielfältige Abhängigkeit von Systemen der sozialen Versorgung und Unterstützung seitens staatlicher und privater Institutionen im modernen Alltag zwingt zur Anpassung an die Dauer von Öffnungszeiten, Bewilligungszeiträumen und Widerspruchsfristen. Ebenso entsteht vor dem Hintergrund einer entwickelten Geldwirtschaft, über die nicht nur der Erwerb materieller Güter, sondern auch immer mehr der von Dienstleistungen und Kommunikationsbeziehungen stattfindet, ein enges Netz von zeitlich mehr oder weniger präzis fixierten Zahlungsterminen — angefangen von der pünktlichen Überweisung der Miete bis hin zu dem Termin, an dem der Wechsel platzt.

Auch im Bereich der Aus- und Fortbildung sind durch den Einsatz institutionalisierter Erziehungshilfen und Ausbildungsstätten rigide zeitliche Netze entstanden, in denen sich bereits Kinder und Jugendliche zu bewegen verstehen müssen

— so in den Terminen der Gesamtschulplanung, zusätzlicher Sport- oder Musikangebote, gesundheitlicher Präventionsmaßnahmen bis hin zum festen Termin für den Schulpsychologen.

Nicht zuletzt können Arbeitszeitregelungen als Formen strukturell erzwungenen Zeitverbrauchs interpretiert werden. Arbeitszeiten sind als solche erst mit der Ausbreitung industrieller Produktionsformen entstanden. Nicht, daß nicht auch alle vorindustriellen Arbeitstätigkeiten eine zeitliche Dauer aufweisen; im modernen Sinne jedoch ist „Arbeitszeit" zu einem Maß für Leistung in industriellen Arbeitsformen geworden. Arbeitszeit wird zur Restriktion dadurch, daß dem Arbeitnehmer aufgrund bestehender Macht- und Eigentumsverhältnisse die Dispositionsfreiheit bezüglich der inneren und äußeren zeitlichen Beschaffenheit des Arbeitstages weitgehend entzogen ist.

Wenn im vorliegenden Text von zeitlichen Restriktionen gesprochen wird, liegt nicht schon in dem Begriff eine Bewertung. Die *Restriktivität* versteht sich vielmehr als *analytische Kategorie.* Gemeint ist die Abwesenheit von Unmittelbarkeit, das Auftreten von politischen und sozialen Regelungsmechanismen und Entscheidungsträgern als Vermittlungsinstanz zwischen Bedürfnis und Bedürfnisbefriedigung. Es wird m. a. W. die Unmittelbarkeit der zeitlichen Bestimmung von Handlungen eingeschränkt. Mittelbar besteht bezüglich der Arbeitszeitregelungen für den Arbeitnehmer die Möglichkeit der Einflußnahme z. B. über die gewerkschaftliche Interessenvertretung, die in der Regel zu Übereinkünften der Tarifparteien führt und damit die Grenzen zeitlicher Dispositionsfreiheit neu festlegt — ohne jedoch an der Tatsache strikter Zeitplanung grundlegend etwas zu ändern.

Die seit einiger Zeit heftig diskutierten Vorschläge zur Flexibilisierung von Arbeitszeitregelungen führen nur bedingt zu *prinzipiell* vergrößerten Optionsspielräumen. Denn — soweit man dies bisher erkennen kann — verkürzen sich hierdurch lediglich die Zyklen der Aushandelungsprozesse über den jeweiligen Arbeitseinsatz des Arbeitnehmers und die jeweils gültige Arbeitszeitregelung nach Dauer und Lage. Schon gar nicht wirken flexible Arbeitszeitregelungen auf die zeitliche Binnen- und Feinstruktur des Arbeitstages ein, deren Festlegung in eher steigendem Ausmaß vom Arbeitgeber geregelt wird.

Nicht nur bezüglich des Personaleinsatzes sondern auch der Qualifikation der Arbeitskräfte, der Beschaffenheit der Fertigungssysteme in der industriellen Produktion, der Lagerhaltung und hinsichtlich der Modalitäten der Kapitalanlage wird allenthalben mehr Flexibilität gefordert. In der möglichst weitgehenden Aufhebung der zeitlichen Festlegung des Verwendungszwecks bzw. der Dauer der Verkopplung der Ressourcen ist eine der entscheidenden Produktivitätsreserven der kommenden Zeit entdeckt worden. Jedoch bedeutet zeitliche Flexibilisierung auch hier nicht die Aufhebung einer zeitlichen Strukturiertheit überhaupt, sondern nur eine qualitative Neufassung des Zeitmodus im Umgang mit ökonomischen Ressourcen.

Keine der genannten Restriktionen wirkt jedoch allein als Einflußfaktor auf die zeitliche Belastungssituation der Menschen in hochentwickelten Industriegesellschaften. Es ist vielmehr das Geflecht verschiedenartiger Anforderungen, die genetisch und funktionell zueinander gehören, die ineinander greifen und daher nicht einzeln herauslösbar sind, das die zeitliche Belastungssituation in den Industrieländern charakterisiert. Dies hat nicht zuletzt auch die jüngste Kontroverse um den Sinn von Arbeitszeitverkürzungen gezeigt.

5. Es deuten viele Anzeichen darauf hin, daß künftig stärker in Kategorien eines *integrierten zeittheoretischen und zeitpolitischen Ansatzes* gedacht und gehandelt werden muß, der die Tatsache dieser wechselseitigen Verflechtungen stärker als bisher berücksichtigt. In immer mehr Lebensbereichen wird die Modernisierung der Gesellschaft vermittels zeitbezogener Effektivierung in den verschiedensten Ausformungen versucht voranzutreiben.

Hier ist zunächst die Entkopplung vom Tag-/Nacht-Rhythmus zu nennen. So ist, trotz einer gewissen Stagnation, angesichts der steigenden Kosten für Produktionsanlagen und des damit erhöhten Amortisationsdrucks im langfristigen Trend zumindest mit Versuchen zu rechnen, den Anteil der Nacht- und Schichtarbeit an der Gesamtproduktion weiter zu erhöhen. Auch in anderen Bereichen macht sich eine stärkere Abkehr von den gewohnten Lebensrhythmen bemerkbar. So wird in jüngster Zeit auffallend häufig — und nicht nur aus vordergründigen wirtschaftlichen Erwägungen heraus — über veränderte Ladenschlußzeiten diskutiert. In einigen Städten der Welt, allen voran New York, besteht bereits ein Rund-um-die-Uhr-Service, der vom Supermarkt über Thermalbäder und Restaurants bis hin zu Eheanbahnungsinstituten reicht. Durchgängige Programme der Fernsehstationen können als ein weiterer Beleg dafür angesehen werden, daß ein wie auch immer induzierter Bedarf nach zeitunabhängiger Versorgung mit den verschiedensten Gütern, Dienstleistungen und Informationen besteht.

In einigen traditionellen Bereichen ist von jeher eine Entkopplung der dort beschäftigten Arbeitnehmer von den Schlaf- und Wachgewohnheiten der Gesellschaft erforderlich gewesen, so in vielen Teilen des Verkehrswesens wie der Eisenbahn, der Seeschiffahrt u. ä. oder in der Energiewirtschaft. Der Fortschritt in der sozialen und vor allem gesundheitlichen Versorgung, die Standards im Rettungswesen und die Notwendigkeit polizeilicher Observation sowie ein entwickeltes Kommunikations- und Nachrichtenwesen u. a. m. haben die Nachtarbeit zusätzlich vermehrt.

Während jedoch auf der einen Seite — der problematischen gesundheitlichen Folgen einmal ungeachtet — in diesen Bereichen die Rundumversorgung wie auch die kontinuierliche Produktion im Dreischichtbetrieb in der Güterproduktion als Ausdruck technischen und sozialen Fortschritts gewertet werden kann, scheinen von der Nachfrageseite her eher die Folgen sozialer Desintegration zu wirken. Denn es ist zumindest zu bezweifeln, ob die Besucher von Thermalbädern, Diskotheken und durchgehend geöffneten Supermärkten ebenso wie die Konsumenten von nächtlichen TV-Shows durchweg im Schichtbetrieb arbeitende Personen sind, die in den Nachtstunden ihre Freizeit verbringen. Hier scheint sich vielmehr das hohe Niveau der Arbeitslosigkeit niederzuschlagen, die nachgewiesenermaßen auch zur allmählichen Auflösung der Orientierung der betroffenen Personen an den Lebensrhytmen der arbeitenden Kerngesellschaft führt.

Die Erschließung neuer Zeiträume für Lebens- und Arbeitsprozesse ist also schon auf den ersten Blick als hochgradig ambivalent einzustufen. Gleichwohl werden die Herausforderungen an die bewußte Gestaltung des Gegenstandes ‚soziale Zeit' und die gesellschaftliche Zeitordnung wachsen. So werden z. B. mit der Weiterentwicklung der Raumfahrt Lebens- und Arbeitsformen entwickelt werden, deren zeitliche Strukturiertheit mehr und mehr die gewohnte Rhythmik zugunsten der Anpassung an sachlich-ökonomische Zwänge aufheben wird.

Für die nächsten Jahrzehnte ist absehbar, daß die Grenzen der zeitlichen Belastbarkeit des Menschen wahrscheinlich unter Inkaufnahme negativer gesundheitlicher und sozialer Folgen weiter ausgetestet werden. Dies betrifft nicht nur die Belastbarkeit hinsichtlich der Überformung der endogenen biologisch-sozialen Rhythmik des Menschen, sondern auch seine weitere Anpassungsfähigkeit an die Geschwindigkeitsvorgaben von Maschinen und Informationsverarbeitungssystemen, an die zeitliche Lokalisierbarkeit der Erbringung bestimmter Leistungen und an die Einpassungsfähigkeit in vorgegebene Zeitraster außerhalb der Erwerbsarbeit. Auch die Gestaltung der Lebenszeit, die Fähigkeit des Umgangs mit sehr knappen zeitlichen Ressourcen in den aktiven Lebensphasen wie mit dem Gefühl einer nicht vergehen wollenden Zeit in Phasen vorübergehenden Ausscheidens aus dem Erwerbsleben oder durch den gesundheitsbedingten Ausschluß von einer Arbeitstätigkeit überhaupt (z. B. Ruhestand, Invalidität) werden voraussichtlich weiter ins allgemeine Bewußtsein rücken.

Vorfindlich sind auf der einen Seite also Tendenzen der zunehmenden Enteignung zeitlicher Entscheidungs- und Kontrollkompetenz in der Gegenwartsgesellschaft; gleichzeitig sind aber auch potentielle Ansätze für eine Wiederaneignung entgangener Kontrolle über Zeitstrukturen und für ein Anwachsen des Zeitwohlstands vorhanden. Diesen widersprüchlichen Prozeß gilt es zu untersuchen, um damit Ansätze für eine Gesamtschau der Zeitproblematik zu liefern.

I. Die Herausbildung von Zeitstrukturen als sozialer Prozeß und ökonomisches Erfordernis

1. Physikalische und soziale Zeit

Wenn in der Literatur von Zeit die Rede ist, so wird diese zumeist als physikalische Größe oder als philosophisches Problem behandelt. Erst in neuerer Zeit wird die Diskussion um Zeit und Zeitstrukturen verstärkt unter dem Aspekt ihrer sozialen Bedeutung geführt, ist Zeit überhaupt als Gegenstand des sozialwissenschaftlichen Interesses entdeckt worden.

Häufig findet man die Auffassung, daß die Zeit eine astronomische Größe sei, die durch die Bewegung der Gestirne, durch den Rhythmus von Hell und Dunkel und damit von Sommer und Winter, von Wachen und Schlafen zustande kommt. Zeit ist in dieser Sichtweise eine Naturkonstante, eine den Dingen inhärente Eigenschaft. Der Mensch entdeckt danach mit zunehmender Evolution die im Kosmos vor aller Erfahrung und ohne seine Existenz schon immer vorhandene Zeit.

Eine weit verbreitete Auffassung ist jene, die zuerst von Kant entwickelt wurde: Zeit ist demzufolge eine a-priorische Größe, eine nicht angelernte Form der Wahrnehmung, die vor aller Erfahrung liegt. Elias bemerkt dazu:

„So hatte Kant gelernt, den Begriff ‚Zeit' in der Bedeutung, die er damals vor allem in Bezug auf die Erfolge der Physik bekommen hatte, zu gebrauchen und er entdeckte in sich selbst genau diesen Begriff als eine nicht-angelernte Form seiner eigenen Wahrnehmung und der ‚des Menschen' im allgemeinen. Von seiner eigenen Erfahrung mit sich selber ausgehend zog er die voreilige Schlußfolgerung, daß seine Erfahrung und seine Auffassung von Zeit eine unveränderliche Bedingung von menschlicher Erfahrung im allgemeinen sein sollte, ohne sogar nur zu bedenken, daß diese Hypothese dadurch getestet werden könnte, daß er nachforschte, ob Menschen tatsächlich immer und überall über eine Auffassung von Zeit in der spezifischen Bedeutung verfügten, von der er behauptete, daß es eine unveränderliche Bedingung der menschlichen Erfahrung, wo auch immer, war" (Elias 1974, S. 24).

Demgegenüber haben Sorokin und Merton (1937) bereits zu Beginn der rekonstruierbaren Beschäftigung mit dem Phänomen der Zeit seitens der Soziologie die Auffassung vertreten, daß Zeit primär weder eine physikalische bzw. astronomische Entität ist noch ein dem Menschen angeborenes Instrument zur Orientierung in seiner Umwelt, sondern eine gesellschaftliche Konvention, die aus pragmatischen Erfordernissen der Bewältigung der menschlichen Existenz resultiert. In neuerer Zeit hat auch Elias ein ähnliches Konzept vertreten. Noch deutlicher als Sorokin/Merton betont Elias den Aspekt der gesellschaftlich bedingten Herausbildung von Zeitstrukturen, also ihrer schrittweisen Evolution und Ausdifferenzierung nach Maßgabe des sozialen und ökonomischen Entwicklungsstandes einer Gesellschaft.

„Inwiefern menschliche Gruppen dazu imstande sind, Ereignisse in der Zeit zu markieren und sie dadurch in der Form von ‚Zeit' zu erfahren, hängt von dem Maß ab, in dem sie in ihren täglichen sozialen Aktivitäten auf Probleme stoßen, die das Zeitbestimmen fordern und dem Maß, in dem ihre soziale Organisation und Kenntnisse ihnen ermöglichen, das eine Paar Änderungen als Maßstab für das andere zu gebrauchen" (1974, S. 10).

Sorokin und Merton (1937) haben die Auffassung vertreten, daß Zeitsysteme und Zeitrechnung Mittel zur Synchronisierung und Koordination sozialer Aktivitäten einer Gemeinschaft darstellen, deren gemeinsamer Bezug auf astronomische Phänomene lediglich eine Übereinkunft darstellt und keineswegs zwingend oder gar naturgegeben sei (S. 627/28).

„... time reckoning is basically dependent upon the organizations and functions of the group. The mode of life determines which phenomena shall represent the beginning and close of season, months or other time units" (Nilson, M. P. 1920, zitiert nach Sorokin-/Merton 1937, ebd.).

Es sei eine freiwillig getroffene Annahme zu glauben, daß astrologische oder gar kalendarische Zeit-Systeme am besten geeignet seien, um Simultanität, Folge und Dauer von sozialen Ereignissen zu bestimmen und zu messen (627). Solche sozialen Ereignisse, die menschliche Gemeinschaften in den Anfängen zur „Einführung" von Zeitsystemen bewegten, sind nach Sorokin/Merton Zeremonien und Rituale, jahreszeitliche Festlichkeiten und Zusammenkünfte, Jagden, militärische Expeditionen, Abhaltung von Märkten und Absprachen zwischen einzelnen Stämmen (S. 626).

Die Verbindlichkeit der Zeitsysteme, die sich zunächst auf eng miteinander verwobene kleinere Gruppen beschränkte, die im gleichen sozialen Rhythmus lebten, erweitert sich in dem Maße, wie sich das Feld der Interaktion ausdehnt.

Dies geschieht vor allem über die Ausbreitung des Handels. Anhand verschiedener Völker und Volksstämme aller Erdteile machen Sorokin/Merton unter Berücksichtigung einschlägiger ethnologischer Forschungsberichte plausibel, daß etwa die Länge der Woche gemessen in Tagen — zwischen einer Drei-Tage- und einer Zehn-Tage-Woche lassen sich alle Varianten empirisch nachweisen — abhängig ist von den periodischen Zusammenkünften zum Austausch von Produkten und Waren, vom Markt also.

Dabei läßt die Länge der Woche auf den Entwicklungsstand der Ökonomie schließen: Je weiter der Einzugsbereich der tauschenden Individuen bzw. der getauschten Produkte ist, desto mehr Zeit liegt zwischen den Markt-Tagen. Vermutlich läßt sich, worauf später noch zurückzukommen ist, an der Periodizität der Handelszyklen auch der Grad der Planung innerhalb der Gemeinwesen i. S. von Vorrathaltung und bewußter Bewirtschaftung von Ressourcen ablesen. Eine entwickeltere Ökonomie geht vermutlich mit einem längeren Zyklus einher.

Der Kalender hat die Funktion,

„to express the rhythm of collective activities, while at the same time its function is to assure their regularity“ (S. 620).

Mit dem Kalender wird nach Sorokin/Merton eine qualitativ neue Art von Zeit als Orientierungssystem eingeführt. Der Bezug auf die astronomische Zeit als „final common basis“ (S. 628), die Orientierung an einem „Time Esperanto“ als einer sozialen Erscheinung im Sinne einer Konvention zur Koordinierung sozialer Aktivitäten läßt hiernach eine rein quantitative inhaltsleere Zeit entstehen, die der ursprünglichen, an social events gebundenen Zeitstrukturierung und -orientierung, diametral entgegengesetzt ist. So werden in sogenannten primitiven Gesellschaften die Dauer (duration) und Lage (indication) von Ereignissen mit der Dauer natürlicher Prozesse verglichen: „die Zeit, die der Reis kocht“, „während eine Heuschrecke gegrillt wird“ u. a.

Auch im heutigen Sprachgebrauch bzw. in unserer gegenwärtigen Zeitrechnung finden sich noch solche an einer konkreten Tätigkeit oder einem Ereignis orientierten Zeitmessungen wie „für ein Semester“ oder „während eines Arbeitstages“. Dies ist nach Sorokin/Merton die eigentliche soziale Zeit. Sie formulieren den Gegensatz beider Zeitsysteme so:

„Astronomical time is uniform, homogeneous; it is purely quantitative, shorn of qualitative variations. Can we so characterize social time? Obviously not — there are holidays, days devoted to the observance of particular civil functions, ‚lucky‘ and ‚unlucky‘ days, market days, etc. Periods of time acquire specific qualities by virtue of association with the activities peculiar to them. We find this equally true to primitive and more complex societies“ (S. 621).
„Mathematical time is ‚empty‘. It has no marks, no lacunae, to serve as points of origin or end. Yet the calendar-maker requires some sort of starting point or fixed datum“ (623).

Zuerst in den antiken Städten besteht das Erfordernis, einen für alle verständlichen, einsehbaren und verbindlichen Bezugsrahmen zu erstellen, um die für die Gemeinschaft notwendige Übereinstimmung zwischen Individuen mit „different backgrounds“ herzustellen. Es ist das Verdienst der Arbeit von Sorokin/Merton, als erste auf die Relativität zeitlicher Bezugssysteme hingewiesen und sie als von den Erfordernissen und der Logik jeweiliger sozialer Prozesse her strukturiert nachgewiesen zu haben. Dies betrifft vor allem die Entstehung der kalendarischen Zeit. Es stellen sich im Anschluß an die Ausführungen jedoch zwei zentrale Probleme: Zum einen setzen Sorokin/Merton auch in unentwickelten Gesellschaften, in denen also noch kein Zwang zur Koordinierung der Aktivitäten vorlag, einen Zeitbegriff stillschweigend voraus. Hingegen muß gefragt werden, ob Zeit als solche nicht überhaupt erst dort entsteht, wo Synchronitätsprobleme in größerem Umfang auftreten, so daß in primitiven Gesellschaften eher von Rhythmen, Zyklen u. ä. gesprochen werden müßte als von „Zeit“. Denn, wie auch Elias betont, nicht allein schon die bloße Existenz menschlicher Wesen impliziert, daß damit auch ein Begriff von Zeit vorhanden ist:

„Einstein hat festgestellt, daß Zeit nicht, wie Newton annahm, ein objektiver Strom war, der unabhängig von denen, die ‚Zeit' messen (die die Zeitbestimmung ausführen also), besteht" (1974, S. 6).

Problematisch erscheint die Vorstellung von Sorokin/Merton, es handle sich beim Koordinationsmedium Zeit und ihrer Bezugssysteme um eine mehr oder minder bewußt getroffene Entscheidung der Akteure, das Ergebnis einer diskursiv getroffenen Nützlichkeitserwägung.

Eine solche Sichtweise ignoriert die Durchsetzungsformen sozialer Institutionen wie Zeit oder Geld, denn sie übersieht den hohen Grad der Unabhängigkeit der Durchsetzung vom Willen einzelner Akteure. Demgegenüber erscheint es angemessener, die Entfaltung sozialer Institutionen als einen Prozeß zu betrachten, der zwar durch das Handeln der einzelnen Akteure gleichsam exekutiert wird, der sich jedoch weitgehend nicht zielgerichtet und ohne deren Bewußtsein, d. h. um mit Marx zu sprechen, „hinter dem Rücken der Produzenten" vollzieht. Die Beschränkung auf die Interaktionsebene im Marktgeschehen läßt die Entwicklung von Zeitstrukturen als reine Konvention erscheinen, als bewußtes Handeln, ohne die dahinterliegenden sozialen und ökonomischen Zwänge ausreichend zu beleuchten.

Zuzustimmen ist der These, daß sich gesellschaftliche Prozesse nicht an der abstrakten Periodizität herkömmlicher Kalender messen lassen, sondern daß offensichtlich eine Vielzahl von Rhythmen im gesellschaftlichen Geschehen existiert, die in der Regel der „normalen" gesellschaftlich gültigen „abstrakten" Zeitstruktur *nicht* entsprechen. Das Verdienst der Arbeit läßt sich vor allem darin sehen, daß sie Zeit nicht mehr als naturgegebenes Datum begreift, sondern sie durch die Betonung ihrer funktionalen Bedeutung für die Organisation von Lebenszusammenhängen einem Prozeß der Deontologisierung (Luhmann) unterzieht.

2. Produktionsweise und Zeitstruktur

2.1 Gesellschaften ohne Zeit

Der Zusammenhang von Produktionsweise und Zeitstruktur läßt sich u. a. durch neuere ethnologische Forschungsergebnisse illustrieren und belegen. Sahlins hat unter Bezugnahme auf die Arbeiten von McCarthy und McArthur (1960) den Versuch unternommen, die Lebensweise von Naturvölkern im Stadium der paläolithischen Subsistenzwirtschaft als erste „Wohlstandsgesellschaft" zu interpretieren. Diese zunächst sonderbar anmutende Behauptung erscheint plausibler, wenn man die weitverbreitete Auffassung, nur das in entwickelten Industrieländern erreichte Niveau der Bedürfnisbefriedigung mit materiellen Gütern könne Maßstab für den Grad von Wohlstand und Befriedigung der Bedürfnisse sein, in Frage stellt und an Stelle des Herantragens äußerer Wohlstandskriterien sogenannte primitive Lebensformen aus ihrer eigenen Rationalität heraus begreift. Bezieht man nämlich das Wohlstandskriterium nicht auf den in Gütern und Leistungen gemessenen output, sondern auf die Organisation der Ökonomie selbst, d. h. auf die Angemessenheit wirtschaftlicher Mittel im Verhältnis zu den verfolgten Zielen (vgl. S. 157), so erscheint, bei zweifellos „niedrigem" materiellen Niveau der Reproduktion, das paläolithische Gemeinwesen als eine Überflußgesellschaft.

Die Menge des Konsumierbaren wie auch die Anzahl der Konsumenten bleibt in der Jäger- und Sammler-Produktion, wie sie heute noch bei Naturvölkern in Australien und Afrika vorzufinden ist, auf ein und demselben Niveau. Sie ist eingebettet in die natürlichen materiellen Gegebenheiten der Umgebung. Sind die Subsistenzmittel, die die nähere Umgebung bereitstellt, wie Wasser, Früchte, Tiere zum Jagen, Fische, Bienen aufgebraucht, wechselt die Sippe ihren Aufenthaltsort. Jede Akkumulation von Gegenständen, besonders wenn sie ein größeres Gewicht oder größeren Umfang haben, ist nicht nur nicht erwünscht, sondern bei nomadisierender Lebensweise absolut hinderlich. Jeder Reichtum in Form einer Güteransammlung bedeutet eine Last. Dennoch kann nicht von einer Armut im Sinne der Bedrohung der Subsistenz gesprochen werden, im Gegenteil: teilweise herrscht ein Überfluß, der mit einer, an den Maßstäben moderner Industriegesellschaften gemessen, unverantwortlichen Verschwendung und Leichtfertigkeit im Umgang mit Lebensmitteln und Gebrauchsgegenständen einhergeht. Während im Bereich der unmittelbaren Subsistenzmittel z. T. jahreszeitlich bedingt von Zeit zu Zeit eine gewisse Unterversorgung vorliegt, die aber selten lebensbedrohlich wird, ist, wie Sahlins die Ergebnisse vorliegender Studien zusammenfaßt, daneben vor allem die Produktion von Werkzeugen und Geräten bemerkenswert einfach. Weder die Gewinnung des Rohstoffs noch dessen Bearbeitung erfordert übermäßige Anstrengungen. Der „materielle Reichtum" dieser Gesellschaften „hängt von der Leichtigkeit der Produktion und diese wiederum von der Einfachheit der Produktionsmittel und von den egalitären Eigentumsverhältnissen ab" (Sahlins 1978, S. 164).

Da die Bedürfnisse insgesamt auf einem niedrigen Niveau festgefroren bleiben, sind die Mittel zu ihrer Befriedigung eher zu reichhaltig als zu gering. Trotz dieser Befunde hat sich weithin ein Bild vom Leben der Jäger und Sammler entwickelt, welches nur wenig den Realitäten entspricht:

„Die nomadischen Sammler und Jäger kamen kaum auf das Minimum ihrer Subsistenzbedürfnisse; ... Das spiegelt sich in ihrer Bevölkerungsdichte (1 Person pro 10-20 Quadratmeilen) wider. Da sie ständig auf Nahrungssuche unterwegs waren, fehlten ihnen eindeutig die Mußestunden für nicht auf Subsistenz gerichtete Tätigkeiten. Und von dem, was sie in ihrer freien Zeit (!! J. R.) hätten herstellen können, konnten sie kaum etwas mitnehmen. Für sie bestand ausreichende Produktion im physischen Überleben; ein Zeit-oder Produktensurplus hatten sie praktisch nicht" (Steward und Paron 1959, zitiert nach Sahlins 1978, S. 156).

Dieses trotz vieler anderslautender Befunde sich hartnäckig haltende Bild vom Elend der Jäger und Sammler läßt sich, wie Sahlins an anderer Stelle erläutert (S. 152), zum einen auf die ethnozentristische Sichtweise früher Forscher und Missionare, die die Maßstäbe ihrer eigenen Lebensweise anlegten, zurückführen, wie auch darauf, daß diese häufig nur solche Volksstämme zu Gesicht bekamen, die — infolge des Kolonialismus aus ihren angestammten Gebieten vertrieben — in ihrer Bewegungsfreiheit eingeengt wurden oder deren ursprüngliche Organisationsstruktur durch den Kontakt mit weißen Händlern und Militärs bereits in der Auflösung begriffen war.

Zum anderen dürfte es vor allem das in den Wirtschaftswissenschaften so zentrale Axiom der Knappheit sein, das, umstandslos angewandt auf eine völlig andere Produktionsform als jene, für die es entwickelt wurde, die Vorstellung von einer in Mangel und bitterer Armut lebenden Urgesellschaft nahelegte. Im Selbstverständnis dieser Theorie besteht das Problem jeder Ökonomie, also auch das der Jäger und Sammler, in der

„Anwendung knapper Mittel unter dem Zwang zur Wahl unter alternativen wirtschaftlichen Zwecken zur Erzielung der unter den gegebenen Umständen größtmöglichen Befriedigung. Und aus dieser von Angst geprägten Perspektive sehen wir die Sammler und Jäger. Wenn schließlich der Mensch der Neuzeit trotz seines ganzen technischen Fortschritts noch nicht über den Berg ist, welche Chance hat denn dann so ein nackter Wilder mit seinem lächerlichen Pfeil und Bogen? Nachdem wir dem Jäger und Sammler bürgerliche Absichten und paläolithische Werkzeuge verpaßt haben, schätzen wir seine Lage als von vornherein hoffnungslos ein" (Sahlins 1968, S. 158).

Ist also die Knappheit als Grundproblem der Ökonomie erst einmal akzeptiert und ihr Gültigkeitsbereich auf alle bestehenden und denkbaren ökonomischen Aktivitäten bezogen worden, dann muß sich angesichts der an den Standards der Industriegesellschaft orientierten Wohlstandskriterien das Leben der Jäger und Sammler als ständig von der Nahrungssuche gepeinigtes Dasein darstellen, welches keine Zeit mehr für „höher" entwickelte Aktivitäten läßt.

Ähnlich wird das Freizeitproblem moderner Industriegesellschaften bedenkenlos auf die Naturvölker übertragen, indem deren angeblich bedauernswerter Zustand neben der materiellen Mangelsituation vor allem auch auf „fehlende Mußestunden" und „freie Zeit" zurückgeführt wird, auf Begriffe und Strukturen also, die selbst in Europa erst seit einigen Jahrhunderten bekannt sind (wenn man einmal von dem „Müßiggang" der herrschenden Schichten absieht).

Aus einer solchen Perspektive erscheint die Industriegesellschaft im Hinblick auf die Verwendung von Zeit — und auch dieses Paradigma ist, wie unten zu zeigen sein wird, erst neueren Datums — als ungeheurer Fortschritt, der „durch die Befreiung von ständiger Nahrungssuche zur allgemeinen Verfügung über freie Zeit geführt habe" (Braidwood 1952, S. 5 nach Sahlins 1968, S. 159). Der Eindruck entsteht, daß erstmals in der Geschichte der Menschheit es den entwickelten Industriegesellschaften gelungen sei, die Arbeitszeit durch die ständig steigende Produktivität auf ein historisch nie gekanntes Maß verkürzt und für den einzelnen disponibel gemacht zu haben.

Abgesehen davon, daß auch die Übertragung der Kategorie „Arbeitszeit", die doch erst mit der Trennung von Besitzer und Nicht-Besitzer von Produktionsmitteln sowie der Trennung von Arbeiten und Wohnen u. a. aufkommen kann und hierdurch erst ihren analytischen Sinn erhält, auf vorindustrielle Gesellschaften problematisch ist, läßt sich im Gegenteil nachweisen, daß mit der Industrialisierung eher wesentlich längere „Arbeitszeiten" die Regel wurden (vgl. Wilensky 1972). Auf der Basis einer Studie von McCarthy und McArthur über die Lebensweise australischer Ureinwohner läßt sich, wenn auch mit Einschränkung, belegen, daß neben den nicht vorhandenen materiellen Katastrophen auch das Zeitbudget dieser Menschen sowohl qualitativ wie auch quantitativ im Vergleich zu modernen Gesellschaften keineswegs als außerordentlich belastet bezeichnet werden kann. Weder ist der Nahrungserwerb als solcher sonderlich anstrengend noch muß übermäßig viel Zeit hierauf verwendet werden.

„Die offensichtlichste, unmittelbarste Schlußfolgerung ist die, daß diese Menschen nicht hart arbeiten. Die pro Tag und Person für Aneignung und Zubereitung von Nahrung verwendete Zeit lag bei vier bis fünf Stunden. Darüber hinaus wurde nicht kontinuierlich gearbeitet. Die auf Subsistenz verwandte Arbeit schwankte stark. Sie wurde auf der Stelle beendet, wenn die Leute genug für den unmittelbaren Bedarf gesammelt oder gejagt hatten; dies ließ ihnen jede Menge Zeit übrig. Sowohl bei der subsistenzbedingten Arbeit wie bei den anderen Produktionssektoren haben wir es eindeutig mit einer *Ökonomie der begrenzten, spezifischen Ziele* zu tun. Diese Ziele lassen sich mit Jagen und Sammeln nicht immer mit gleicher Regelmäßigkeit erreichen, so daß die Arbeitszeiten entsprechend unregelmäßig ausfallen" (Sahlins 1968, S. 172).

Diese spezifische Form der Ökonomie strukturiert den Lebensrhythmus des Stammes, sein „Zeitbudget". Dessen kennzeichnendstes Merkmal ist neben der überraschend kurzen Dauer der Arbeit vor allem seine *Unregelmäßigkeit* (vgl. auch Kramer 1978, S. 7). Diese wiederum ist das Ergebnis der Orientierung dieser „Ökonomie der begrenzten spezifischen Ziele" eben an den unmittelbar auftretenden Bedürfnissen der Menschen, welche ihrerseits an Jahreszeiten, soziale Ereignisse usw. gekoppelt sind. Das Zeitbudget ist hier offensichtlich —dies muß besonders hervorgehoben werden — eine Funktion, ein Ergebnis des Bedürfnisses; die Zeit strukturiert sich als Ausdruck von vergleichsweise spontanen Handlungen ungeplant. Anders als in der industriellen Produktion existiert keine von konkreten Bedürfnissen abgetrennte Zeitstruktur, die die Bedürfnisse vorformt. Die Bedürfnisse sind eingebunden in die Zyklizität der Natur. Gleichförmigkeit und Regelmäßigkeit sind hier ein Sonderfall. Hitze und Kälte, Dürre und Wachstum, Licht und Dunkel sind zwar erwartbar; ihre Dauer und der Zeitpunkt ihres Eintreffens, etwa in Stunden oder Minuten gerechnet, ist nie identisch. Es ist darum zunächst nicht weiter verwunderlich, wenn Menschen in Produktionsformen, die weitgehend an die Natur angebunden sind, deren Zyklizität als gesellschaftliche Relevanzstruktur begreifen: Die Helligkeit des neuen Tages gilt als *Rahmen* für mögliche Aktivitäten; der Regen oder das Unwetter zwingen zum Unterbrechen der Arbeit; der Hunger bewirkt das Motiv der Nahrungssuche.

Allerdings können solche Ereignisse für verschiedene soziale Gruppen je nach deren Reproduktionsbasis eine jeweils andere Bedeutung haben: Während in kalten Zonen für die meisten Bewohner der Region die Nacht die Zeit der Ruhe darstellt, ist sie für dort lebende Fischer die Zeit der Aktivität. In heißen Zonen hingegen ist aufgrund der klimatischen Bedingungen zumindest ein Teil der Nacht für die meisten Menschen eine Phase der Aktivität.

Bezeichnend für die Unmittelbarkeit der Befriedigung der Bedürfnisse ist die Tatsache, daß Vorrathaltung bei den Jägern und Sammlern praktisch nicht bekannt ist. Dies entspricht durchaus einem ökonomisch sinnvollen Verhalten in einer Region, in der die Erfahrung die Menschen gelehrt hat, daß der nächste Tag auch ohne vorsorgende Maßnahmen in der Regel ausreichende Subsistenzmittel zur Verfügung stellt. So kommt die Notwendigkeit des Tausches nicht auf: Weder gibt es dauerhafte Mangelzustände, die hierdurch behoben werden könnten, noch existieren aufgrund des Fehlens von Surplusprodukten und wegen der allgemein gleichen Verteilung und Zugänglichkeit zu den Subsistenzmitteln die Grundlagen des Tausches, nämlich ein gegenseitiges Interesse an Produkten, die selbst nicht herstellbar, vorhanden oder vorzufinden sind. Hierdurch entfällt jede materielle Basis zur Schaffung einer für alle Angehörigen eines Gemeinwesens verbindlichen, außerhalb konkreter Handlungsvollzüge bestehenden Synchronitätsregelung zur Festlegung periodisch wiederkehrender Interaktionsprozesse, wie z. B. Markttage in Form von Kalendern, Wochentagen u. ä. Kurzum, es besteht kein Grund, die Zeit „einzuführen". „Zeit" entsteht erst da, wo ein für alle verbindliches „Tertium Comperationis" vonnöten wird, das über die individuelle, bedürfnisgesteuerte Zyklizität — z. B. den Schlaf-Wach-Rhythmus — hinausgeht und damit gesellschaftlich wird. Wo dennoch ein Zeitpunkt für irgendeine *kollektive* Handlung festzulegen ist, geschieht dies in Gesellschaften, die noch kein entwickeltes zeitliches Bezugssystem aufweisen, wo also ein eigenständiger Begriff von Zeit noch nicht existiert, durch die Anweisungen eines Priesters. Elias berichtet über ein afrikanisches Dorf, das zwar nicht mehr dem Jäger- und Sammler-Stadium zuzurechnen ist, das aber noch kein verallgemeinertes Bewußtsein von Zeit ausgebildet hat. Hier wird bereits der Herrschaftscharakter des Wissens über die „richtige" Zeit oder den entscheidenden Zeitpunkt deutlich.

„In früheren Stadien wird die soziale Funktion von Koordination und Integration gewöhnlich von bestimmten zentralen Personen wie Königen und Priestern ausgeübt. Koordination durch Kenntnis der ‚richtigen Zeit', um Dinge zu tun, bleibt lange Zeit die besondere soziale Funktion des Priesters. Wir sehen auch hier, daß die Priester ihre eigene Nahrung nicht anzubauen brauchen. Sie haben so Zeit, die Bewegungen der sich ändernden Lichtpunkte am Himmel zu beobachten. In diesem kleinen afrikanischen Dorfstaat verfügt der Priester aufgrund seiner geheimen Kenntnisse der ‚richtigen Zeit' schon über genug Macht und Ansehen, zu entscheiden, wann die gemeinschaftlichen Aktivitäten für die Nahrungsproduktion oder die kultischen Handlungen beginnen sollen. Dies ist kein isolierter Fall: In der langen Entwicklung der Gesellschaften waren Priester fast überall die ersten Spezialisten in der aktiven Zeitbestimmung" (1974, S. 14).

Im engeren Sinne kann hier jedoch noch nicht von „Zeit" die Rede sein. Denn deren spezifisches Kennzeichen besteht gerade darin, permanent, als von Einzelpersonen entkoppeltes und von konkreten Handlungen abstrahierendes System bzw. als eine person- und handlungsunabhängige Struktur, die gesellschaftlich notwendigen Synchronitätsfunktionen auszuüben. Abgesehen von einigen Ausnahmen geschieht dies hier noch wesentlich über das unmittelbare Bedürfnis der Menschen einerseits und die von der Natur bestimmten Lebensverhältnisse andererseits — ohne daß es dabei zur Herausbildung einer formalisierten Ordnungsgröße kommt. Das Leben innerhalb der Rhythmen der Natur schafft keine rhythmische Differenz gegenüber der Natur.

Es läßt sich kein von der Natur abgesondertes, bewußt von den Relevanz-Signalen der Natur unterschiedenes System von zeitlichen Markierungspunkten für die Gemeinschaft erkennen, wie in späteren Entwicklungsphasen, wo man von einem Bezugs*system* „Zeit" sprechen kann.

Dort also, wo die Orientierung an der i. w. S. eigenen Rhythmik eines Individuums bzw. einer sozialen Gruppe vorherrscht, fehlt die materielle Grundlage zur Entstehung von Zeit. Erst wenn einerseits die gesellschaftlichen Produktionsformen ein Hinausgehen über die Befriedigung der unmittelbaren Bedürfnisse erfordern und wenn sich infolgedessen andererseits die noch weitgehend in sozialen Verbänden organisierten Menschen mit dem Voranschreiten der Arbeitsteilung in kleinere soziale Gefüge oder gar Individuen dissoziieren, entsteht die materielle Grundlage für die Herausbildung einer sozialen Zeit.

2.2 Tausch und zyklische Zeit

In gewissen Gesellschaftsformationen, in denen sich trotz einer im großen und ganzen noch primitiven Subsistenzwirtschaft, die allerdings nicht mehr dem Jäger- und Sammler-Stadium zuzurechnen ist, sondern bereits Ackerbau und Viehzucht kennt, gelegentliche Überschüsse bilden oder zeitweise Mangelsituationen herrschen, entwickeln sich zunächst zwischen den Gemeinwesen regelmäßige oder periodische Tauschbeziehungen. Die soziale Morphologie solcher noch segmentär organisierten Gesellschaften, d. h. nach Durkheim einer Klasse von sozialen Gebilden, die aus mehreren gleichartigen und gleichrangigen Segmenten bestehen, die nicht durch Arbeitsteilung voneinander differenziert sind (vgl. Kramer 1978, S. 12), ist wesentlich bestimmt durch den jahreszeitlichen Wechsel von Regen- und Trockenzeiten.

„So stellen etwa die Nuer keine Korrelationen zwischen Tagen, Neumonden und Jahreszyklen her, und sie haben kein Interesse an der Vorhersage von Regen- und Trockenzeit; denn ihre Arbeiten, Aussaat und Ernte der Hirse, sind dem natürlichen Zyklus ebenso angepaßt wie ihre Wanderungen" (vgl. Kramer 1978, S. 12).

Nur der regelmäßig abgehaltene Markt stellt einen ersten Anfang einer zeitlichen Orientierung dar. So wird etwa bei den Tiv alle fünf Tage Markt an einem jeweils verschiedenen Ort abgehalten. Die Tage werden nach dem Ort benannt. Hier ist einzig und allein der Abstand zwischen den Markt-Zusammenkünften, die Dauer von 5 Tagen, von Bedeutung und die Frage, wo diese jeweils stattfinden. Nicht interessiert hingegen, wie oft diese periodischen Zusammenkünfte historisch bereits stattgefunden haben, also *wieviel* „Wochen" oder „Jahre" vergangen sind (vgl. Kramer 1978, S. 12).

Es existiert in dieser Zählweise kein Ursprung (wie etwa „Christi Geburt") und kein Ende, die Ereignisse werden nicht auf einer Zeitachse verortet, denn allein die periodische *Wieder*kehr ist von Belang. Es handelt sich hierbei um ein *zyklisches Zeitverständnis.* Dieses setzt, im Gegensatz zur Lebensweise der Jäger und Sammler, bereits eine gewisse *Regelmäßigkeit* voraus, die sich hier über die Regelmäßigkeit von Austauschprozessen herstellt. Damit verbunden ist vermutlich auch eine minimale Planung der Vorratshaltung, wie der Zurückhaltung von Saatgetreide u. ä. Aber auch dieses gewisse Maß an Regelmäßigkeit, immer noch verbunden mit einer stark an den natürlichen Rhythmen angelehnten Subsistenzweise, führt noch nicht zu einer an generalisierten Zeitnormen orientierten Lebensweise. Evans-Pritchard berichtet von den Nuer:

„Ich glaube nicht, daß sie jemals das Gefühl haben, gegen die Zeit zu kämpfen oder ihre Handlungen mit dem abstrakten Vergehen von Zeit koordinieren zu müssen; denn ihre Bezugspunkte sind hauptsächlich die Handlungen selbst, die im allgemeinen den Charakter der Muße haben" (Evans-Pritchard 1940, zitiert nach Kramer 1978).

Die zyklische Zeitstruktur entsteht, wie ersichtlich wird, aus der Notwendigkeit der Synchronität, aus dem Koordinierungszwang menschlicher Aktivitäten. Selbst die Auseinandersetzung mit der Natur in Form des Anbaus von Früchten oder Getreide führt nicht zwangsläufig auch zur Entwicklung einer bewußten Zeitvorstellung.

„Von den Tiv berichtet Bohannan, daß sie nicht zugeben wollen, daß überhaupt ein notwendiger Zusammenhang zwischen ihren Arbeiten und dem jahreszeitlichen Wandel der Natur besteht: Sie bereiten ihre Felder, und in dieser Zeit fällt eben der erste Regen" (Kramer 1978, S. 12).

2.3 Vorsorge und lineare Zeit

Ein entscheidender Wandel im Zeitverständnis vollzieht sich durch die Weiterentwicklung der ökonomischen Formen von der Subsistenzwirtschaft zu einer Gesellschaftsformation, in der ein über die Grenzen der eigenen Subsistenz hinausgehendes Mehrprodukt erzeugt wird. Kramer (1978) faßt diese Entwicklung so zusammen:

„Die öffentliche Zählung der Zeit beginnt in den frühen zivilen Gesellschaften unter dem Interesse an der Vorausberechnung von Ereignissen und bildet sich an der Beobachtung der Himmelskörper. In dieser Gesellschaftsformation antwortet die Arbeit nicht mehr wie in den Gesellschaften ohne Staat (den segmentären, J. R.) scheinbar zufällig auf natürliche Ereignisse wie das Einsetzen der Regenzeit; sie wird geplant und koordiniert — erst zur Organisierung vieler Arbeiten bedarf es einer öffentlich gültigen Zeitvereinbarung —weil sie nicht mehr ausschließlich die Bedürfnisse der Produzenten befriedigen, sondern einen Surplus erzielen soll, der von der nicht-produzierenden Klasse angeeignet wird. Die segmentäre Organisation der Gesellschaft löst sich dort auf, wo sich intratribal Warenproduktion mit der daraus folgenden Arbeitsteilung entwickelt" (Kramer 1978, S. 17)[1].

Zu dem Merkmal der Regelmäßigkeit, welches die Entstehung des zyklischen Zeitverständnisses konstituiert, tritt nun das *Merkmal der Planung,* der Vorausberechnung, der Vorsorge und der Antizipation von Ereignissen (vgl. hierzu auch die Begriffe ‚prévoyance' und ‚prevision' bei Bourdieu; vgl. hierzu Hohn 1981, S. 101). In den paläolithischen Produktionsformen war Vorsorge aufgrund der Beschaffenheit der umgebenden Natur keine zwingende Notwendigkeit; daher erweist sich der geringe Grad einer Sorge um die Zukunft geradezu als wesentliches Kennzeichen der segmentären Gesellschaften (vgl. Kramer 1978, S. 19).

Die weitere Entfaltung der Zeitsysteme und ihre allgemeine Durchsetzung scheint eng an die Notwendigkeit gekoppelt, soziale Prozesse nicht nur in der unmittelbaren Zukunft koordinieren und nicht nur „Verabredungen" über periodisch wiederkehrende Zusammenkünfte treffen, sondern darüber hinausgehend in der ferneren Zukunft liegende Aufgaben und Ereignisse antizipieren zu müssen, um die Reproduktion des Gemeinwesens zu sichern.

Es ist, zumindest im Rahmen dieser Arbeit, nicht möglich, den historischen Umschlagpunkt zu benennen, an dem die gemeinschaftliche Vorsorge ein Maß erreicht, welches die neuartige Zeitorientierung, die lineare Zeitstruktur, hervorruft. Es scheint jedoch plausibel, daß Vorsorge eine Orientierung erfordert, die sich anders als die zyklische Zeit auf einer Zeit*achse* entlang bewegt, wodurch den Ereignissen ein eindeutiges Vorher-Nachher zugeordnet werden kann.

[1] Trotz dieser Übereinstimmung in der Tendenz entwickelt Kramer die Zeit-Begriffe unter seiner Fragestellung nach der genealogischen Bedeutung von Zeit teilweise anders als in dieser Arbeit.

Die bewußte, vorausschauende Gestaltung und Ausbeutung der Umwelt durch die Menschen mit Hilfe komplizierter werdender Werkzeuge oder gar maschinenartiger Hilfsmittel erfordert weiterhin eine entsprechende bewußte *Unterscheidung von Mittel und Ziel* im Einsatz der Werkzeuge: während der steinzeitlich produzierende Mensch aufgrund der Leichtigkeit der Herstellung von Hilfsmitteln zu seiner Subsistenz und wegen seines niedrigen Bedürfnisniveaus sich spontan zu den Gegenständen verhalten kann, wird mit der Entwicklung der Technik die Zeitspanne, die zwischen dem Bedürfnis und dessen Befriedigung besteht, im gesamtgesellschaftlichen Durchschnitt länger. Die mit der Verbesserung der Werkzeuge mehr Zeit beanspruchende Produktion von Produktionsmitteln führt dazu, daß zwischen der Produktion von Werkzeugen und der Produktion von Subsistenzmitteln einerseits sowie zwischen der Produktion und der Konsumtion andererseits eine größere zeitliche Differenz liegt.

Indem Produktion und Konsumtion nun auch rein zeitlich weiter als vorher auseinanderfallen, entsteht ein Mittel-Ziel-Verhältnis auch zwischen den für die Herstellung der Werkzeuge erforderlichen *Zeit*intervallen auf der einen und der Zeit des eigentlichen Konsums bzw. des Genusses oder der sonstigen Lebensäußerung auf der anderen Seite. Für die Gemeinschaft insgesamt bedeutet dies also, daß ein Teil ihres „Zeitbudgets" mit der Herstellung der Werkzeuge verbracht werden muß. Unter anderem hieraus entsteht erst ein Bewußtsein von „Zeit".

Die Herstellung der Werkzeuge wird mit ihrer Verbesserung immer weniger ins Belieben des spontan-individuellen Einfalls oder Bedürfnisses gestellt, sondern geschieht vermehrt innerhalb ausdifferenzierter Produktionssysteme.

Mit der wachsenden Arbeitsteilung geht die Produktion von „Investitionsgütern" von der Hand des einzelnen, der Familie oder des Klans in die spezialisierter Produzenten über, und damit wird das gesamtgesellschaftliche Zeitbudget aufgeteilt in einen nun auch zeitlich und sozial bestimmbaren *Sektor* der Produktion von Werkzeugen und einen der Reproduktion der unmittelbaren Subsistenz: Die Trennung von Mittel und Ziel ist nun in Form der Ausdifferenzierung gesellschaftlicher Subsysteme vollzogen, die Vorsorge hat sich etabliert. Die unmittelbare, sofortige, spontane Konsumtion aller zur Verfügung stehenden Subsistenzmittel und Ressourcen wird zurückgehalten, um in einer späteren Phase, in dem sich schrittweise entfaltenden Aktionsraum „Zukunft", eine effektivere Konsumtion zu gestatten.

Es besteht ein innerer Zusammenhang zwischen einem im weiteren Sinne verstandenen gesellschaftlich etablierten *Investitionsdenken* (oder -verhalten) und der sich entwickelnden Zeitstruktur. Investitionsverhalten bezeichnet eine aktive Auseinandersetzung mit der Umwelt, die sich allerdings nur auf der Basis einer in die Zukunft gerichteten Erwartung entwickeln kann und daher auch ein entsprechendes Zeitverständnis benötigt. Planvolles Handeln erfordert ebenfalls ein Verständnis von *Kausalbeziehungen.* So müssen kausale Zusammenhänge zwischen Aussaat, Ernte und Wetterbedingungen herstellbar sein, zum Bau von größeren Häusern müssen gewisse Kenntnisse der Statik vorhanden sein. Es muß, abstrakter formuliert, eine Erfahrung darüber vorliegen, daß erst A vorhanden sein muß, um B zu bewirken und damit zu C zu kommen. Es muß also die zeitliche Abfolge bestimmter Maßnahmen, die zu einem bestimmten Ziel führen sollen, festlegbar sein, und dies geschieht nach Maßgabe der inneren Logik des Zieles, z. B. dem Bau eines Hauses: Das Dach kann zeitlich nicht *vor* den Wänden errichtet werden. Solche Wirkungsketten zur Durchführung eines Plans können in höher organisierten Gesellschaften in eine Zukunft hinein angeordnet werden. Die *erwarteten* Ereignisse, die mit fortschreitender Entwicklung als „Zukunft" erfahrbar werden, werden gleichsam auf einer Linie, die eine fortschreitende und irreversible Zeitstruktur bezeichnet, allgemeinverständlich abgebildet.

Erst in dem Maße, wie die Naturbeherrschung aus ihrer privaten, segmenthaften, zufälligen Form heraustritt und gemeinschaftlich-vorsorgend betrieben wird, besteht der Zwang, soziale Absprachen über den Zeitpunkt der zu verrichtenden Arbeiten zu treffen. Vor allem in Gesellschaften mit einer mehr oder weniger ausgeprägten *Arbeitsteilung* — sowohl im Sinne der Ausdifferenzierung der Gesellschaft in Berufsgruppen und Wirtschaftsbereiche als auch der Vermittlung der arbeitsteilig hergestellten Produkte über einen Markt — muß eine stärker von den Zyklen der Natur abgehobene, von allen Mitgliedern der Gesellschaft ohne Ansehen ihrer konkreten Interessen, Zielsetzungen oder Funktionen akzeptierbare, inhaltsleere Zeitstruktur entstehen. Denn die Teilung der Arbeit auf der einen Seite bedingt die Notwendigkeit der Synthese auf der anderen: der in Einzelarbeiten zerlegte gesamtgesellschaftliche Arbeitsprozeß erfordert ein Orientierungsnetz, welches die funktional gegliederten Teilsysteme wieder zueinander in Beziehung setzt und zusammenfügt. Ebenso müssen zergliederte Arbeitsprozesse entsprechend der Logik des herzustellenden Gegenstandes zeitlich aufeinander abgestimmt und Einzelteile in den notwendigen zeitlichen und mengenmäßigen Proportionen verfügbar gemacht werden.

Auf der Ebene der gesellschaftlichen Arbeitsteilung — Herstellung und Tausch von Waren durch einfache Warenproduzenten (z. B. Handwerker) — entstehen Abhängigkeiten von der Zulieferung, von den Produzenten, den unmittelbaren Subsistenzmitteln wie Lebensmittel u. ä. und schließlich von den Erfordernissen des Marktes.

Die Dimension der Zeit gewinnt durch die Arbeitsteilung als ein Medium an Bedeutung, welches zwischen den zergliederten Produktions- und Tätigkeitsbereichen wieder einen Zusammenhang herstellt. Dies geschieht einmal durch die Koordination von Handlungen über eine bzw. auf einer allgemeinverbindlichen Zeitachse sowie über die in den Waren vergegenständlichte Arbeitszeit, die im Tauschakt die Maßeinheit für den Warenwert bildet.

Voraussetzung und konstituierendes Moment der linearen Zeitstruktur ist weiterhin die Bildung von *Abstraktionsverhältnissen* im Arbeits- und Lebensprozeß. Indem Handlungen unter Zwecke und Ziele subsumiert werden, wird ein Aspekt einer Handlung gegenüber anderen Aspekten und Effekten höher bewertet. Bestimmte Handlungen erhalten nun ihren Sinn nur im Hinblick auf andere zukünftige Handlungen oder Ereignisse, die außerhalb des aktuellen Tuns liegen. In einer Handlung, die nur Mittel ist, wird abstrahiert von den sonstigen Bedürfnissen, die durch sie befriedigt werden. Sie wird instrumentalisiert auf ein Ziel hin. Mit anderen Worten ist die Instrumentalisierung von Handlungen eine Voraussetzung für die Entstehung der linearen Zeit.

Zusammenfassend läßt sich feststellen:
Die Entstehung linearer Zeitstrukturen ist ein Ausdruck wachsender ökonomischer und sozialer Organisiertheit von Gemeinwesen bzw. Gesellschaften, die insbesondere auf ein mehr oder weniger hohes Ausmaß an Vorsorge, Planung und Gestaltung der Umwelt zurückzuführen ist. Insbesondere scheinen folgende Merkmale für die lineare Zeit im Gegensatz zur zyklischen Zeitstruktur konstitutiv:

- gezielte Gestaltung und Ausbeutung der Umwelt
- Setzung und Anwendung von Mittel-Zweck-Beziehungen
- Spar- und Investitionsdenken, Spontaneitätsverzicht
- Kenntnis von kausalen Zusammenhängen
- gewisser Grad der Arbeitsteilung
- Abstraktion von konkreten Handlungen.

Die angeführten Konstitutionsmerkmale bedingen sich wechselseitig und überschneiden sich teilweise. Sie haben in unserem Zusammenhang in erster Linie logisch-analytischen Charakter, d. h. daß über ihre historischen Entstehungsbedingungen, insbesondere über eine mögliche Entwicklungsfolge (z. B. Kenntnis von Kausalbeziehungen entwickelt sich zum Investitionsdenken) im einzelnen hier nichts weiter ausgesagt werden soll.

3. Die Entstehungsbedingungen der abstrakten Zeit

Die Entstehung der modernen Zeitordnung ist eng gekoppelt an die tiefgreifenden technischen, ökonomischen und sozialen Wandlungen, die sich im Übergang vom Mittelalter zur Neuzeit vollzogen. Dabei hat das neue Zeitverständnis sowohl diese Veränderungen mitbewirkt, wie es auch gleichzeitig ein Ausdruck dieser Veränderungen ist. Vermutlich läßt sich dies am plausibelsten als ein Prozeß simultaner, sich wechselseitig bedingender und vorantreibender Evolution interpretieren, dessen bewegende Momente hier und da deutlicher hervortreten, der aber nach dem heutigen Stand der Forschung noch relativ im Dunkel liegt. Zudem scheint sicher, daß das Aufkommen der neuen Zeitordnung entsprechend dem jeweiligen ökonomischen Entwicklungsstand in verschiedenen Regionen sehr unterschiedlich vonstatten ging. Die neue Zeitordnung betraf zunächst nur einige begrenzte Interaktionsräume und dehnte sich erst mit der Ausbreitung der Kommunikationsnetze und hier insbesondere der Handelsbeziehungen weiter aus (vgl. hierzu z. B. Davis 1981).

Die zentralen Bedingungsfaktoren und bewegenden Momente dieses Prozesses der Entstehung der abstrakten Zeitstruktur lassen sich, wenn auch nicht erschöpfend, ausmachen in der

- Entwicklung der Handelskapitale und Entstehung des Kreditwesens
- Entfaltung des Warenverkehrs und damit der Verkehrswege (Transport von Waren und Personen)
- Steigerung der Warenproduktion
- Fortentwicklung der Arbeitsteilung
- Strategie des Militärwesens
- Disziplin in den Klöstern
- protestantischen Ethik.

Im folgenden sollen einige dieser Bedingungsfaktoren näher dargestellt werden. Dabei wurde die Auswahl auf die im Zusammenhang mit der Hauptfragestellung der Arbeit relevantesten Faktoren beschränkt.

3.1 Disziplin in den Klöstern

Während die mittelalterliche Lebensweise im allgemeinen wenig verinnerlichte Normen des Selbstzwanges oder strenger Arbeitsdisziplin kannte und noch relativ stark den unmittelbaren Bedürfnissen verhaftet blieb, entstand innerhalb der Klöster der weströmischen Kirche schon vor der Jahrtausendwende eine Lebensweise, die sich durch eine bis dahin unbekannte Regelmäßigkeit und Selbstdisziplin auszeichnete.

Die drei Elemente des strengen Schemas der klösterlichen Gemeinschaften — Festsetzung von Rhythmen, Zwang zu bestimmten Tätigkeiten, Regelung der Wiederholungszyklen — werden zuerst von den den Klöstern angeschlossenen Einrichtungen, den Kollegs, den Werkstätten und den Spitälern übernommen (Foucault 1976, S. 192). Ohne daß die Ursachen für diese neu auftretenden Lebensformen hier weiter erörtert werden können — Vermutungen gehen dahin, dies als Reaktion auf die Auflösungserscheinungen des römischen Reiches und die damit verbundenen Wirren zu interpretieren (vgl. Mumford 1934) —, läßt sich feststellen, daß bereits im siebenten Jahrhundert n. Chr. der damalige Papst in einer Bulle verfügte, daß in den Klöstern innerhalb eines Tages zu sieben vorbestimmten Zeitpunkten die Glocken des Klosters zu läuten seien. Diese als Kanonische Stunde bekannten Markierungspunkte im klösterlichen Leben hatten die Funktion, den regelmäßigen Tagesablauf und die Selbstdisziplin der Mönche zu stabilisieren. Sie benötigten hierzu ein Instrument, das in der Lage war, die Gebetsstunden zu zählen und ihre regelmäßige Wiederkehr zu gewährleisten (vgl. Mumford 1934, S. 13).

Es ist in umstritten, ob hier bereits Uhren oder ähnliche Apparate Verwendung fanden wie die vom Mönch Gebert, der angeblich bereits im 10. Jahrhundert eine mit fallenden Gewichten betriebene Uhr erfunden haben soll. Wie Mumford hervorhebt, ist entscheidender, daß die Mönche mit ihrer Einstellung zur Arbeit, mit dem energischen Betreiben von Unternehmungen im Gegensatz zu der nur sporadischen Arbeitsmoral außerhalb der Klöster den gleichförmigen kollektiven Schlag und Rhythmus einführten, der das Wesen der Maschine darstellt: „... for the clock is not merely a means of keeping track of the hours, but of synchronizing the actions of men“ (Mumford 1934, S. 14; vgl. zum allgemeinen Zeitverständnis des Mittelalters Gurjewitsch 1978; Hohn 1980).

Marx sieht in der Entwicklung der Uhr die Erfindung eines Funktionsmechanismus, der als Vorarbeit und gemeinsame Grundlage der gesamten Maschinerie und theoretischen Mechanik diente (Marx, Mew 30, S. 321).

Für Mumford stellt die Uhr die entscheidende Erfindung des industriellen Zeitalters dar:

„The clock, not the steam engine, is the key machine of the modern industrial age ... at the very beginning of modern technics appeared prophetically the accurate automatic machine ... In its relationship to determinable quantities of energy, to standardization, to automatic action, and finally to its own special product, accurate timing, the clock has been the foremost machine in modern technical world“ (1934, S. 330).

Ähnlich äußert sich auch Timm:

„Eine der wesentlichsten Weiterentwicklungen über die Antike hinaus stellt die heutige Räderuhr dar... Der rationale Fortschritt der Räderuhr liegt darin, daß sie, unabhängig vom Rhythmus naturhafter Abläufe, exakte Stunden von unterschiedslos gleicher Länge anzeigte. Auf solcher Gleichmäßigkeit des Ablaufs beruht die exakte Berechenbarkeit, die am Ende des Spätmittelalters zu beobachten ist... die Kunst der Zeitmessung ist seitdem ein recht sicherer Gradmesser für die Weiterentwicklung der Technik“ (Timm 1972, S. 48).

Während die abendländische Erfindung der Uhr mit der klösterlichen Disziplin einerseits und im säkularen Bereich mit den Anfängen kapitalistischen Wirtschaftens andererseits in Verbindung zu bringen ist, scheint die Entwicklung des Zeitverständnisses in anderen Kulturen anders verlaufen zu sein. Die Erfindung der Uhr in China im elften Jahrhundert scheint weniger der Entfaltung einer neuen, rationalen Denkweise geschuldet zu sein, wie in Europa, sondern diente den chinesischen Kaisern offensichtlich primär als Herrschaftsinstrument. Inwiefern auch oder sogar ursächliche Neuerungen in den Produktionsmethoden die Erfindung der Uhr heranreifen ließen, kann hier nicht genauer geklärt werden. Nach Granet (1971) orientierte sich die Zeitvorstellung in China von je her weniger an den natürlichen Zyklen wie den Jahreszeiten usw., sondern war hier viel mehr als in Europa im Wortsinne soziale Zeit. Mit dem Thronwechsel des Fürsten trat dort jeweils ein neuer Kalender in Kraft. Die Anerkennung des Kalenders des Fürsten — also nicht eines personenunabhängigen, „natürlichen", sondern *seines* Kalenders — war Zeichen der Unterwerfung und Gefolgschaft. „Das Leben des Herrschers rechnet einhundert Jahre, dies gebührt dem vollkommenen Herrscher". Die Zeitrechnung erfolgt also nicht in der absoluten Anzahl der Jahre sondern gleichsam in Prozenten:

„Mit 30 wird er Minister, mit 50 übt er die Regierungsgewalt aus, mit 70 gibt er seine Herrschaftsgewalt ab und kann dann noch dreißig Jahre in Zurückgezogenheit leben" (vgl. Granet 1971, S. 72 ff.).

Needham et al. (1960, nach Gimpel 1976, S. 150) vergleichen das Recht der Verkündigung des Kalenders durch den Herrscher mit dem Recht der Münzprägung in modernen westlichen Gesellschaften. Aus Angst vor Umstürzen durch andere Dynastien wurde daher die Anzahl von astronomisch versierten Gelehrten und Technikern strikt begrenzt und jede außerhalb des staatlichen Rahmens stattfindende Beschäftigung mit der Astronomie und der Zeit beargwöhnt (Gimpel 1976, S. 150). Nach Gimpel hatte die chinesische Uhr, von der es nur eine gab, die bis ins vierzehnte Jahrhundert funktioniert haben muß, bemerkenswerterweise nicht die Funktion

„primarily to tell time, but rather was built to forecast the movements of the sun, the moon and the planets. Remarkably enough, the time telling clock which dominantes our lives was only a by-product of the astronomical clock" (Gimpel 1976, S. 153).

Hinter der gleichzeitigen Erfindung von Uhren in unabhängigen Kulturkreisen darf also nicht unbedingt ein und die gleiche Funktion der Uhr vermutet werden. Zwar bekommt die sich im Abendland entwickelnde Zeitstruktur, die abstrakte Zeit, wie noch zu zeigen ist, im Verlauf ihrer Entwicklung eindeutig den Charakter eines Herrschaftsinstruments. Sie unterscheidet sich jedoch qualitativ vom Zeitregime des chinesischen Herrschers dadurch, daß sie nicht an die Loyalität zum Herrscher gebunden ist, also nicht an eine personale Autorität, sondern an die Anerkennung der herrschenden ökonomischen Rationalität.

Im klösterlichen Leben entwickeln sich die ersten Ansätze zu einer bis dahin unbekannten Standardisierung und abstrakt-zeitlichen Organisierung des Tagesablaufs. Die Durchsetzung einer solchen Lebensweise auch im weltlichen Bereich deutet sich äußerlich in den Handelsstädten Oberitaliens im öffentlichen Gebrauch von Schlaguhren an (vgl. Sombart 1928 bei Woehseler 1978). Damit war freilich die Relevanz einer abstrakten, an der rationalen 24-Stunden-Gliederung orientierten Tageseinteilung noch bei weitem nicht für alle Mitglieder der Gesellschaft gegeben. Zeit als Rahmen der alltäglichen Verrichtungen berührte nur einen geringen Teil der Bevölkerung und hatte einen noch eingeschränkten Anwendungsbereich; ihre Geltung war noch nicht universell (vgl.

Davis 1981). Sie hatte sich als solche erst noch vermittelt über die Ausbreitung kapitalistischer Ökonomie durchzusetzen und sich in einem umfassenden Prozeß der Veränderung der Sozialcharaktere in den Individuen zu verankern.

3.2 Handels- und Kaufmannskapital

Die Lebens- und Arbeitsformen in den Klöstern ließen die Wert- und Normvorstellungen ihrer gesellschaftlichen Umwelt jahrhundertelang im wesentlichen unberührt; für die mittelalterliche Gesellschaft gab es keinen Grund, die in den Klöstern vorherrschende Disziplin und Gleichförmigkeit in umfassender Weise zu adaptieren. Das gesellschaftliche Leben tendierte durch die vorherrschende Orientierung am Kirchenjahr und an den zahlreichen Feiertagen zu vielen Unregelmäßigkeiten und spontanen Unterbrechungen des Arbeitsrhythmus (vgl. Thompson 1973, S. 89 u. 91).

Die Auflösung der religiösen Steuerung des Arbeits- und Lebensrhythmus, der seinerseits wieder auf weiten Strecken auf die Notwendigkeiten der agrarischen Produktionsweise zurückzuführen war (vgl. Hohn 1981), und seine schrittweise Ersetzung durch eine rationale, d. h. formale und von konkreten Inhalten abstrahierende Gliederung des Jahres, der Woche, des Tages usw. stehen in enger Verbindung mit dem Aufkommen und *Vordringen der Geldwirtschaft* und neuer ökonomischer Formen, die das erstarkende Handels- und Kaufmannskapital repräsentierte (vgl. Hohn 1982).

„Schon im vierzehnten Jahrhundert wurde die alte Aufgliederung des Jahres und die Orientierung von Zeitabläufen an den kirchlichen Festen aufgelöst. Zunächst wurden die Abrechnungen der Kontore zum I.I. und I.VII. eingeführt. Dann griffen diese neuen, kalendarisch neutralen Ordnungsschemata auch in das übrige Leben ein. So wurde der alte Tageslauf, der sich über Sonnenaufgang, Frühmesse, Mittag, Vesper und Angelusandacht bis in die nächtliche Dunkelheit entwickelte, in zwei mal zwölf Stunden eingeteilt" (zur Lippe 1974, b. Woehseler 1978, S. 209).

Eine Schlüsselstellung in der neuen Entwicklung, die — ausgehend von Oberitalien — vor allem durch die im Fern- und Zwischenhandel, weniger die in der handwerklichen oder landwirtschaftlichen Produktion engagierten Kaufmanns- und Handelskapitale getragen wurde (vgl. hierzu die Darstellung von Woehseler 1978, S. 302ff. sowie von zur Lippe 1974), nahm der *Kredit* ein, der in dieser Form und in diesem Ausmaß bis dahin unbekannt war.

„Unstinting credit was the great lubricant of the Commercial Revolution. It was altogether a novel phenomen." „The take-off of the following period was fueled not by a massive input of cash, but by a closer collaboration of people using credit... These modest contributions of the existing capital went a long way because credit enabled a small investment of hard cash to go to work simultaneously at more than one place" (Lopez 1976, S. 72).

Weiterhin hebt Lopez die besondere Bedeutung der Durchsetzung des „*commercial contract*" hervor, dem er für die Geschichte des Handels eine gleich wichtige Bedeutung beimißt wie der Entwicklung von Werkzeugen und Techniken in der Geschichte des Agrarwesens (S. 73). In diesem Zusammenhang werden insbesondere die vertraglichen Verpflichtungen über große Kredite für ausgedehnte (z. T. überseeische) Unternehmungen erwähnt (S. 78). Neben der Entstehung des Kredits und dem Geschäftsvertrag hat nach Lopez als dritter Faktor die Entfaltung des *Transportwesens* entscheidend zur Ablösung der ökonomischen Formen des Mittelalters beigetragen (S. 79 ff.).

Die Logik des Handels- und Kaufmannskapitals impliziert auf allen diesen drei Ebenen die Einführung einer zeitlichen Skalierung: Die Höhe der Tilgung eines Kredits bemißt sich u. a. nach der Laufzeit des Kredits. Im Geschäftsvertrag spielt die zeitliche Fixierung einer Verpflichtung wie etwa die Lieferzeit, Transportdauer, Lagerzeit, d. h. die zeitliche Festlegung von Kapital, Menschen und Werkzeugen eine zentrale Rolle durch den hiermit gegebenen Ausschluß alternativer Anlagemöglichkeiten des Kapitals. Schließlich wird die Dauer solcher Verpflichtungen und damit die Festlegung von Kapital und Produktionsmitteln auch durch die Struktur des Transportwesens bestimmt. Je entwickelter das Transport- und Kommunikationswesen ist, desto schneller erfolgt der Umschlag der Waren und damit auch die Amortisierung des hierin gebundenen Kapitals.

Charakteristisch für die sich durchsetzende neue *kaufmännische* Rationalität ist die Einführung der Buchführung.

> „In der doppelten Buchführung gelingt es mithin, gleichzeitig eine identische Bewegungsstruktur des Kapitalkreislaufs als auch die Veränderungsgrößen dieser ewigen Kreislaufbewegung zu messen... Voraussetzung ist... die Gleichgültigkeit gegen und Abstraktion von jeder Konkretheit, Einzelheit oder sinnlichen Qualität" (Woehseler 1978, S. 312/13).

In diese Art der neuen Buchführung geht der Faktor Zeit als konstitutives Element ein, und zwar in Form des Festhaltens der Geschwindigkeit des Umschlags des eingesetzten Kapitals. Die Bewegung der Konten ist ja nichts anderes als die Aufzeichnung von Beständen entsprechend der zeitlichen Abfolge ihres Ein- und Ausgangs.

Erstmals in der Geschichte wird die Zeit selbst im großen Maßstab zum Gegenstand der Ökonomie. Gewonnene und verlorene Zeiten werden als solche Berechnungsgrundlage des individuellen und gesellschaftlichen Reichtums. Das abstrakte Einsparen von Zeit, d. h. nicht die Einsparung von Zeit für einen konkreten Zweck sondern die Zeitökonomie schlechthin setzt sich als Grundlage *jedes* ökonomisch-rationalen Handelns durch. Die Gleichgültigkeit gegenüber der konkreten Ware in der Buchführung, die nur in der eindimensionalen Maßeinheit des Warenwertes als Geldgröße erscheint und auch nur als solche für die kaufmännische Kalkulation von Belang ist, entspricht den Strukturmerkmalen der sich nun durchsetzenden neuen Zeitstruktur, der abstrakten Zeit. Mit der rein quantitativen und regionalen Ausweitung des Handels, aber auch durch die vermehrte Nachfrage der europäischen Höfe vor allem nach Luxusprodukten sowie vermutlich auch durch die weitere Ausdehnung des Militärwesens, die seit dem 17. Jahrhundert stattfindet, entsteht ein vermehrter Zwang zu zeitlicher Koordination. Dies liegt zum einen im Charakter von Handelsbeziehungen begründet, da z. B. der Weitertransport von Waren, etwa bei ihrem Umschlag vom See- auf den Landweg, ein Verkehrsnetz erfordert, welches allzulange Stillstands- und Lagerzeiten möglichst vermeidet. Es entwickelt sich schrittweise ein Verkehrswesen, welches weg von dem riskanten Einzelunternehmen eines gesonderten Transports hin zur Entwicklung eines zeitlich und sachlich kalkulierbaren, routinemäßigen Transports führt (vgl. Kulischer 1971, Bd. I, S. 297 sowie Bd. II, S. 370 ff.). Es entsteht der Tendenz nach ein Verkehrs*system,* bei dem die zeitliche Koordinierung wie auch die Geschwindigkeit der Transporte eine entscheidende Funktion erlangen (vgl. Mumford 1934, S. 199). Letzteres führte zum Ausbau der Land- und Flußwege, zur Weiterentwicklung der Navigation, zu vergrößertem Laderaum sowie nicht zuletzt zu der Entdeckung neuer kürzerer, d. h. weniger Zeit beanspruchender Seewege (vgl. Kulischer 1971).

Der Zwang zur zeitlichen Koordination wächst zum anderen durch die u. a. in der Entwicklung des Verkehrswesens begründete, da leichter realisierbare *gesellschaftliche Arbeitsteilung.* Die wechselseitige Angewiesenheit der Produzenten auf die Lieferung von Rohstoffen und Halbfertigwaren, aber auch das allmählich einsetzende Auseinanderfallen der Rollen von Produzent und Konsument, welches vor allem mit dem Aufblühen der Städte einsetzt, führt zu einer Ausweitung der Interaktionsnetze. Soweit diese geschäftliche Beziehungen darstellen, implizieren sie stets auch eine Übereinkunft über Termine von Lieferungen, Stückzahl der Produkte etc. wie auch Fristen für den Verleih von Geld.

Die Produkte der arbeitsteilig produzierenden Gesellschaft werden über den Markt getauscht. Mit der Entfaltung der Warenproduktion stellt der Markt die gesellschaftliche Synthese der Privatarbeiten her. Hier nun bildet sich die zur Herstellung der Waren benötigte Arbeitszeit als der Maßstab für die in den Waren enthaltenen Werte heraus. Die in kürzerer Zeit hergestellten Produkte können zu niedrigeren Preisen angeboten werden als vergleichbare Produkte mit längerer Produktionszeit. Damit werden diejenigen Technologien und Verfahren positiv sanktioniert, die die Herstellungsdauer eines Produktes verkürzen.

Zeit nimmt damit nicht nur bezüglich der Umschlagszeiten, d. h. in der Zirkulationssphäre, sondern von hier ausstrahlend auch in der Produktionssphäre allmählich eine dominierende Rolle als Medium der Vermittlung ökonomischer Prozesse ein. Die Notwendigkeiten zeitlicher Übereinkünfte auf der sozialen und ökonomischen Makroebene entstehen weiter durch die ersten, der handwerklichen oder bäuerlichen Produktionsweise entwachsenen arbeitsteiligen Arbeitsformen im Verlagssystem und in der Hausindustrie (vgl. Sombart 1928, S. 703-724; Kulischer 1971, S. 113-138; sowie Medick 1976).

„. . . die örtlich getrennten Teilarbeiter kooperieren nicht unmittelbar miteinander; nur der Verleger faßt ihre Arbeiten äußerlich zusammen, indem er die Teilarbeiten entweder noch selber zum Endprodukt zusammensetzt oder indem er als Eigentümer der Produktionsmittel und der Produkte die ländliche Bevölkerung und die für ihn arbeitenden städtischen Handwerker miteinander durch ihre gemeinsame ökonomische Abhängigkeitsposition vermittelt" (Woehseler 1978, S. 324).

Die zentrale Funktion des Verlegers besteht also in der proportionalen Zerlegung und anschließenden Zusammenfassung einzelner Arbeitsschritte und ihrer zeitlichen Abstimmung. Zum anderen vermittelt der Verleger den Hausindustriearbeitern die jeweils vorherrschende gesellschaftlich-durchschnittliche Produktivität, d. h. die Arbeitszeit, die zur Herstellung einer Ware verwendet werden darf, um sie mit Gewinn verkaufen zu können. Über das Verlagssystem dringt also die neue Zeitstruktur (die naturbezogene zyklische Zeitorientierung existierte ja bereits) erstmals als relevantes soziales Bezugssystem und als ökonomisches Zwangsgesetz der neuen Wirtschaftsform in die Häuser der ländlichen Familien ein.

Auch die Zerlegung des Arbeitsvorganges in den aufkommenden *Manufakturen* erforderte eine vermehrte Berücksichtigung zeitlicher Kriterien, dort in noch wesentlich anschaulicherer Weise als in den subtileren Vermittlungsvorgängen des Verlagswesens. Disproportionalitäten im zergliederten Arbeitsprozeß führen hier zu besonders hohen Verlusten an Geld und Material.

Des weiteren zwingt die Konkurrenz zu einer maximalen Nutzung der angewandten Arbeitskraft, d. h. zu ihrem größtmöglichen zeitökonomischen Einsatz. Foucault berichtet über eine Manufaktur des Jahres 1791:

„. . . die Produktion gliedert sich einerseits nach den Tätigkeiten und Phasen, andererseits nach den arbeitenden Individuen, nach dem tätigen Einzelkörper. Jede Variable der Arbeitskraft — Stärke, Schnelligkeit, Geschicklichkeit, Ausdauer — kann beobachtet, charakterisiert, eingeschätzt, verrechnet und dem dafür Zuständigen berichtet werden. Die Arbeitskraft wird übersichtlich auf die aneinandergereihten Einzelkörper aufgeteilt und damit in individuellen Einheiten analysierbar" (Foucault 1976, S. 186).

In der Anordnung der einzelnen Produktionselemente schlägt sich die nun im Produktionsprozeß bewußt angewandte Ökonomie der Zeit nieder. Zudem ist auch die räumliche Organisation der Fabrik genau wie die Fabrikdisziplin geprägt von der sich durchsetzenden Zeitökonomie. Diese läßt sich ebenfalls in den bzw. anhand der entstehenden Erziehungsinstitutionen nachweisen (vgl. Andriole-Gebauer 1981). Die Disziplin hat folgenden Zweck:

„Es geht um die Herstellung einer vollständig nutzbaren Zeit" „Die gemessene Zeit muß auch eine Zeit ohne Fehl und Makel sein, eine Zeit guter Qualität, in welcher der Körper ganz seiner Pflichttätigkeit hingegeben ist" (Foucault 1976, S. 193 bzw. S. 194).

Die allmähliche Durchdringung der Gesellschaft mit einem für alle verbindlichen, standardisierten System zeitlicher Bezugspunkte, das das ökonomische und soziale Handeln weitgehend strukturiert, wird also durch folgende Faktoren bewirkt:

1. Die qualitative Neuentwicklung besteht in der Behandlung der Zeit als zu bewirtschaftender Ressource. Zeit selbst wird zum Wirtschaftsgut. Die Bewertung wirtschaftlichen Erfolges erfolgt nach Maßgabe der zeitökonomischen Effizienz.

2. Die Logik des Kapitals, derzufolge ein häufiger umschlagendes Kapital dessen Ertrag erhöht, führt zu einer Effizienzsteigerung derjenigen Bereiche und Anlagesphären, in denen das Kapital gebunden ist. Effizienz meint unter diesen Bedingungen die bewußtere Bewirtschaftung der Ressource „Zeit".

3. In dem Maße, wie die Arbeitsteilung voranschreitet, werden mit wachsender Komplexität der Gesellschaft zunehmend Synchronitätserfordernisse produziert. Der Zusammenhang der Wirtschaftssubjekte und Individuen stellt sich in der arbeitsteiligen Gesellschaft ganz wesentlich über Terminabsprachen her. Zudem ist die Synchronität in der Produktion eine Voraussetzung für die Verhinderung von Disproportionalitäten und damit von hohen wirtschaftlichen Verlusten.

4. Die Ökonomie der Zeit realisiert sich schließlich in der Disziplinierung der Arbeiter, d. h. in einem vom Unternehmer gegenüber dem Arbeiter ausgeübten Zwang zu möglichst wenig Zeit beanspruchenden Arbeitsmethoden und Verhaltensweisen.

Auf Basis der bisher dargelegten historischen Entwicklungsprozesse lassen sich im Hinblick auf eine Bestimmung der Strukturelemente der neuen Zeitordnung zwei Ebenen ausmachen: zum einen dient die *Zeit als Mittel der Synchronisation* von ökonomischen und sozialen Prozessen, zum anderen fungiert *Zeit als ökonomische Ressource.* Während wir vorher bei der Behandlung der historisch früheren linearen Zeit bereits ähnliche Strukturmerkmale bezüglich ihrer Synchronisationsfunktion festgestellt haben, ist die Funktion der Zeit als Ressource ein historisch neues Phänomen.

3.3 Der soziale Konflikt

Wie oben gezeigt, basiert die aufkommende Zeitökonomie wesentlich auf dem Vordringen des Prinzips der Kapitalverwertung sowie der hiermit verbundenen Notwendigkeit der Verkürzung von Umschlags- und Umlaufzeiten eines gegebenen Kapitals. Damit ist zwar das Prinzip der Zeitökonomie als solches gleichsam in die Geschichte eingeführt, jedoch noch nicht seine konkrete Ausformung.

Bereits im 14. Jahrhundert wird Zeit in den entwickelten Städten Westeuropas eine relevante Bezugsgröße, zunächst ohne Uhren, die erst viel später weite Verbreitung fanden (vgl. Dohren-van-Rossum 1981), aber in Form von „Werkglocken", die den Beginn und das Ende von Arbeitsprozessen einläuteten. Vorbild hierfür waren die Kirchenglocken, die nach den Kanonischen Stunden die Gläubigen zum Gebet riefen (vgl. hierzu Hohn 1981).

Le Goff hat in einer Abhandlung über das Entstehen von modernen Zeitstrukturen in der mittelalterlichen Stadt gezeigt, in welcher Weise das Aufkommen und die Durchsetzung von Zeit mit der Entwicklung der Arbeit und insbesondere mit den neu entstehenden Produktionsverhältnissen und Machtstrukturen zusammenhängt. Die Entstehung der Zeit in der mittelalterlichen Stadt (vgl. hierzu auch Davis 1981) verdankt sich danach der Einführung der Lohnarbeit.

Wirkte die Regelmäßigkeit des Lebensrhythmus in den Klöstern für ein außerhalb dieser Welt angesiedeltes Ziel, so stellte sich die neue Zeitordnung in den Dienst säkularisierter Herrschaft. Nach Le Goff's Auffassung vollzieht sich über den Wandel von der kirchlichen zur neuen weltlichen Zeitordnung ein entscheidender Teil der Säkularisierung, wie er im Denken der Renaissance zum Ausdruck kommt (vgl. S. 76 ff.). Bereits für den Renaissance-Menschen bestand das Problem der Zeit-Verwendung:

„Ainsi l'humaniste a comme vertu première de sens et le bon usage du temps" (S. 78).

Worauf es uns hier jedoch ankommt, ist vor allem der Zusammenhang der Herausbildung von Zeitstruktur und Entwicklung der Arbeit. Die Einheit der Arbeitszeit stellte sich im Mittelalter einmal durch die Orientierung an den Rhythmen der Natur (vgl. weiter oben), wie andererseits an den horae canonicae, verkörpert durch die Zeit der Kirche, her (vgl. S. 67). Hieraus ergaben sich wenige Konflikte mit Ausnahme des Verbotes der Nachtarbeit. Diese Gesellschaft war „sans souci d'exactitude, sans inquiétude de productivité", sie war „sobre et pudique, sans grands appétits, peu exigeante, peu capable d'efforts quantitatifs" (S. 68).

Eine große Zäsur im Arbeitstag stellte die None dar, eine Ruhepause um die Mittagszeit, die jedoch nicht im Sinne einer festen Uhrzeit fixiert war, sondern von der Kirche eingeläutet wurde. Nach Le Goff begann die Zeit der Arbeit ein Problem zu werden — nicht etwa dadurch, wie man annehmen könnte, daß die Arbeitenden eine Verkürzung des Arbeitstages forderten, sondern im Gegenteil seine Verlängerung (S. 69). Der Grund hierfür ist einleuchtend: ein längerer Arbeitstag führt (zunächst) zu höherem Verdienst.

Im Jahre 1322 z. B. wurde von Philipp de Belle das Nachtarbeitsverbot aufgehoben. In den größeren Manufakturen, namentlich der Tuchproduktion, trat jedoch bald eine Wende ein. Die „patrons — les donneurs du branche" versuchten angesichts einer Krisensituation in der Tuchproduktion die Mogeleien und

Unregelmäßigkeiten der Arbeiter unter ihre Kontrolle zu bekommen; dies führte zur Installierung sogenannter Werkglocken, die den Arbeitsbeginn und das Arbeitsende wie auch die Arbeitsunterbrechungen markierten. Verstöße hiergegen wurden schwer geahndet. Es begann ein Kampf um die wahre Dauer der Arbeitszeit; denn diejenigen, die von den Arbeitgebern beauftragt waren, die Glocken zu läuten, waren durchaus nicht unbestechlich. Mit der Verschärfung der Krise versuchten die Patrons, die Löhne durch solcherlei Manipulationen zu drücken.

„Notre Enquete n'est certes pas exhaustive, mais elle sufit à indiquer que le problème de la durée de la journée de travail est surtout aigu dans le secteur textile, secteur où la crise est plus sensible et où la part des salaires dans le prix de revient et les bénéfices des patrons est considérable. Ainsi la vulnérabilité à la crise de ce secteur en pointe dans l'économie médiévale en fait le domaine d'election d'un progrès dans l'organisation du travail" (S. 70).

Die *Objektivierung einer Zeitordnung, die Kontrolle über die Zeit,* war damit ein zentrales Anliegen der Arbeiter. Dennoch blieb die neue Zeit, wie Le Goff bemerkt, durchaus die Zeit der Herren. Für zeitliche Übertretungen wurden drakonische Strafen ausgesprochen, ohne daß jedoch, soweit man dies dem Text von Le Goff entnehmen kann, bereits außer den von den Arbeitgebern kontrollierten Werkglocken eine Kontrolle seitens der Arbeiter über die Zeit — die wahre Zeit — bestand. So blieb von Anfang an, seit der Trennung des Arbeiters von seinen Produktionsmitteln, die Arbeitszeit das zentrale Kampffeld zwischen Besitzern und Nichtbesitzern von Produktionsmitteln.

„A la fin du siècle et au début du siècle suivant on voit bien, que la durée de la journée de travail — non le salaire directement — est l'enjeu des luttes ouvrières" (S. 71).

Allerdings scheint es dabei nicht nur darum gegangen zu sein, daß von seiten der Arbeiter die Arbeitszeit kontrolliert wurde; vielmehr ging die Forderung der Arbeiter in Richtung auf die Unterscheidung einer Zeit für die Arbeit und einer Zeit, die frei von Arbeit war. Letztere wurde benötigt, um neben der regulären Arbeitszeit noch Zeit für persönliche Arbeiten und für „Schwarzarbeit" zu haben. Es dauerte sehr lange bis zur Einführung einer homogenen Uhrzeit; noch bildeten verschiedene gesellschaftliche Subsysteme jeweils ihre eigenen Zeiten mit eigenen Zeitzeichen heraus, wie die „Cloche du marché", die „Cloche de grain" oder die „Cloche du guet". Mit der Durchsetzung der Arbeitsglocke wurde gleichsam ein neues Zeitalter eingeläutet.

„Mais ce que la cloche du travail ou l'utilisation de la cloche urbaine pour le travail apporte de nouveau, c'est évidemment au lieu d'un temps événementiel qui ne se manifeste qu'episodiquement, exceptionellement, un temps régulier, normal... Temps non du cataclysme ou de la fête, *mais du quotidien*" (Hervorh. v. Autor S. 73).

Auch wenn sich die Arbeitsglocke durchsetzte, blieb die religiöse Zeit doch erhalten; dies führte lange Zeit zur Koexistenz zweier Zeiten, nämlich der

„Temps laique“ und einer „Temps religieux“. Ähnliches über die Koexistenz mehrerer zeitlicher Bezugssysteme berichtet auch Davis 1981; (vgl. auch Hohn 1980).

Die Einführung der neuen Zeit der Arbeit blieb weithin auf den städtischen Raum beschränkt, denn — dies unterstützt die These, daß Zeit eng verknüpft ist mit der Organisation der gesellschaftlichen Arbeit — dort, wo nach wie vor die agrarische Produktionsweise vorherrschte und die Bauern entweder selbst Eigentümer der Produktionsmittel waren oder durch Leibeigenschaft und andere unmittelbare Abhängigkeitsverhältnisse an die Weisungen ihrer Herren gebunden, machte das Vorhandensein einer elaborierten Zeitorientierung noch keinen gesellschaftlichen und sozialen Sinn.

Wie später weiter dargelegt wird (vgl. Abschn. III), ist der von Le Goff beschriebene Konflikt zwischen den abhängig Arbeitenden und den Besitzern der Produktionsmittel nur der Beginn einer sich im Verlauf der Industrialisierung weiter zuspitzenden Auseinandersetzung um kontrollierte Zeitanteile. Diese Konflikte haben nicht nur im Bereich der Arbeit ihre Auswirkungen auf die dort vorherrschenden Zeitstrukturen gehabt; vielmehr hat der Arbeitskonflikt, wie Le Goff zeigt, wesentlich dazu beigetragen, daß Zeit überhaupt sich als relevantes gesellschaftliches Bezugssystem mehr und mehr etablieren konnte.

3.4 Militärwesen und Militärdisziplin

Für die Entwicklung und Durchsetzung der neuen Zeitstruktur kommt neben der klösterlichen Disziplin und der vom Kaufmanns- und Handelskapital ausgehenden Ökonomie der Zeit auch dem Militärwesen eine hervorzuhebende Bedeutung zu. Zum einen nämlich lassen sich die erwähnten Anfänge der Fabrikdisziplin nicht einfach als Erfindungen der in der Produktion engagierten Kapitalisten auffassen. Die neue Arbeitsdisziplin findet ihre Vorläufer weitgehend in einem neuen strategischen und taktischen Konzept des Militärs, wobei besonders das preußische hervorzuheben ist. Zum anderen entwickelt das Militärwesen aus seiner eigenen Logik und Zielsetzung heraus eine relativ eigenständige Ökonomie der Zeit. Diese kann zwar nicht getrennt von den zeitökonomischen Einsichten, wie sie sich seit dem Aufkommen des Handelskapitals ausbreiten, gesehen werden, und sie trägt auch deutliche Spuren der klösterlichen Disziplin, an deren Tradition die Disziplinvorstellung des Militärs — insbesondere, was die Beherrschung von körperlichen Affekten und Bedürfnissen angeht — teilweise bewußt anknüpfen (vgl. Foucault 1976, S. 192); sie müssen dennoch als relativ eigenständiger Faktor behandelt werden.

Ausgangspunkt für einschneidende Veränderungen im Militärwesen war zum einen die Erfindung des Gewehrs, das die wenig treffsicheren Musketen ablöste. Damit wurde es notwendig, die Soldaten einer regelrechten Ausbildung zu unterziehen und sie im Schießen zu unterweisen. Zum anderen wurde mit der

Entwicklung neuer Waffentechnologien die Führung von Kriegen teurer. Dies und die in die Soldaten investierte Ausbildungszeit, die sich letztlich auch als Kostenfaktor niederschlug, führte zu einer neuen strategischen und taktischen Denkweise, die die Ökonomisierung des eingesetzen Kriegsmaterials — Waffen und Menschen — zum Ziel hatte. Die neuen Einsichten bestanden darin, daß nicht mehr die Masse des eingesetzten Kriegsmaterials entscheidend den Erfolg der Operation bestimmt, sondern vielmehr deren planmäßiger und sorgsam aufeinander abgestimmter Einsatz.

Solche Überlegungen wurden angeregt durch die Idee des „Tableaus", die auch in vielen anderen gesellschaftlichen Zusammenhängen zu neuartigen Ordnungsvorstellungen führte:

„Die erste große Operation der Disziplin ist also die Errichtung von ‚lebenden Tableaus', die aus den unübersichtlichen, unnützen und gefährlichen Mengen geordnete Vielheiten machen. Die Erstellung von ‚Tableaus' gehört zu den großen Problemen der wissenschaftlichen, politischen und ökonomischen Technologie des 18. Jahrhunderts: Anlegung der Pflanzen und Tiergärten und gleichzeitig rationale Klassifizierung der Lebewesen; Beobachtung, Kontrolle und Regulierung des Kreislaufs der Waren und des Geldes und damit auch die Konstruktion eines ökonomischen Tableaus als Grundlage der Bereicherung; Inspektion der Menschen, Festlegung ihrer Anwesenheit und Abwesenheit und Aufstellung eines allgemeinen und ständigen Registers der bewaffneten Kräfte;... Es geht um die Organisation des Vielfältigen, das überschaut und gemeistert, dem eine Ordnung verliehen werden muß" (Foucault 1976, S. 190).

Die neue Kriegstechnik verlangte vor allem nach *kalkulierbaren* Bewegungen, Bewegungen des einzelnen Soldaten und Bewegungen des ganzen Heeres. Der optimale Einsatz des Kriegsmaterials förderte daher die Entwicklung von sogenannten Taktiken.

„Die Taktik als die Kunst, mit Hilfe lokalisierter Körper, koordinierter Tätigkeiten und formierter Fähigkeiten Apparate zu bauen, die das Produkt verschiedener Kräfte durch ihre kalkulierte Kombination vermehren, stellt zweifellos die höchste Stufe der Disziplinarpraktik dar" (Foucault 1976, S. 216).

Die Lenkung eines Heeres wird als Beherrschung eines Apparates aufgefaßt. Foucault nennt dies auch „die Ökonomie des Disziplinarkörpers". Entscheidend für den Ausgang einer Schlacht wird immer weniger der individuelle Einsatz des Soldaten, sondern sein Gehorsam, seine Kalkulierbarkeit, d. h. seine Fähigkeit, den Einsatz seiner körperlichen und psychischen Kräfte an höhere Einsichten des Strategen zu binden. Daher bekommt der Befehl einen besonderen Stellenwert. Das im preußischen Militärwesen geforderte Maß an Disziplin entsprang also nicht nur einem bloßen Despotismus oder der Willkür eines Feldherren, sondern entsprach einer organisatorischen Notwendigkeit.

Ein wesentliches Element der neuen Taktik war die Fähigkeit, die einzelnen Elemente des Gesamtkörpers zeitlich aufeinander abzustimmen.

„Die Disziplin ist nicht nur mehr bloß eine Kunst der Verteilung von Körpern und der Gewinnung und Anhäufung von Zeit, sondern die Kunst der Zusammensetzung von Kräften zur Herstellung eines leistungsfähigen Apparates" (Foucault, S. 212).

Nach Foucault entsteht aus dieser Art von Taktik eine qualitativ neue Disziplin, die er positive Ökonomie nennt. Denn während der traditionellen Zeitreglementierung ein wesenhaft negatives Prinzip zugrunde liege: das Prinzip des Nicht-Müßigganges, setze das neue Prinzip auf eine theoretisch endlos wachsende Zeitnutzung. Es sei nicht nur auf den *Einsatz* von Kräften sondern auf deren *Ausschöpfung* ausgerichtet, auf die Intensivierung und Ausnutzung „des geringsten Augenblicks" (S. 198). Dies betraf zum einen die Synchronitätsanforderungen: bestimmte antrainierte Gang- und Schrittarten machten die Bewegung der Truppe berechenbar. Die Bewegung eines Heeres konnte so, ähnlich einer sich vorwärtsbewegenden Maschine, antizipiert und damit die einzelnen Truppenteile zueinandergefügt und der Nachschub organisiert werden. Die peniblen Anweisungen der Militärs zu den Schrittarten illustrieren dies eindrucksvoll:

„Die Länge des kleinen Schrittes beträgt einen Fuß, diejenige des gewöhnlichen Schrittes, des doppelten Schrittes und des Straßenschrittes zwei Fuß, ... Was die Dauer anlangt, so hat man für den kleinen Schritt ... eine Sekunde, für den doppelten Schritt eine halbe Sekunde(!), für den Straßenschritt etwas mehr als eine Sekunde" (Ordonnance du janvier 1766, pour regler l'exercise de l'infanterie, nach Foucault, S. 194).

Die Wesenselemente der neuen Taktik sind nach Foucault folgende: Zeitplanung, die zeitliche Durcharbeitung der Tätigkeit, die Zusammenschaltung von Körper und Geist, die Zusammenschaltung von Körper und Objekt (Anweisung zum Umgang mit der Waffe) und schließlich die *erschöpfende* Ausnutzung aller nutzbaren körperlichen Ressourcen.

Nicht allein das Problem der *Synchronität,* sondern auch das der *Schnelligkeit* war im Zusammenhang mit der neuen Taktik zu bewältigen. Das preußische Militär führte erstmals in der Geschichte eine Reglementierung von Handlungszeiten ein, in dem u. a. die Zeiten für den Umgang mit dem Gewehr festgelegt wurden. Die Zeit für die Betätigung der Waffe wurde in kleine Teiloperationen mit entsprechender Zeitreglementierung zerlegt. Damit wurde die Gesamtoperation beschleunigt bzw. ihre Geschwindigkeit optimal reguliert.

„Das preußische Reglement für die Infanterie sah sechs ‚Zeiten' dafür vor, das Gewehr bei Fuß zu stellen; vier Zeiten zum Spannen; 13 Zeiten, um es auf die Schulter zu legen, usw." (Foucault 1976, S. 198).

Durch das aufgrund der gegebenen Waffentechnologie notwendige Wechselspiel zwischen Schießen und Laden in der ersten bzw. zweiten Reihe der Truppe war dasjenige Heer im Vorteil, das dieses Wechselspiel am schnellsten vollführen konnte. Entsprechend wurden die Soldaten darauf gedrillt, im Rhythmus des Gesamtkörpers der Armee sich zu bewegen und bedingungslos auf Signale,

Pfiffe und andere Zeichen, die alle zeitliche Normierungen ausdrückten, zu reagieren. Daneben war die Schnelligkeit der räumlichen Bewegung des Heeres eine Grundvoraussetzung für seinen flexiblen Einsatz.

Aus dem hier Gesagten läßt sich erkennen, daß Zeitökonomie ein wesentlicher Bestandteil des neuen Militärwesens war. Die daraus resultierende Disziplinierung war dem bis dahin in außermilitärischen Institutionen gewohnten Umgang bzw. Nichtumgang mit Zeitreglements offensichtlich weit voraus.

3.5 Erziehung zur Zeitdisziplin

Die bisher dargestellten Wurzeln der neuen Zeitstruktur müssen nun vervollständigt werden durch eine Darstellung der allgemeinen Durchsetzung des Prozesses der Übernahme und Anerkennung zeitlicher Normierungen im Alltagsleben der Menschen. Dies ist darum entscheidend, weil die Generalisierung der neuen Zeitordnung selbst konstituierendes Merkmal der abstrakten Zeitordnung ist. Der rigorose Anspruch auf die grenzenlose Ausbreitung ihres Geltungsbereiches unterscheidet sie wesentlich von der zyklischen und linearen Zeit, wo Zeit nur einen eingeschränkten Geltungsbereich hat.

Nie zuvor war der Umgang mit der Zeit in den Rang einer Ethik erhoben worden dergestalt, daß dieser den ganzen Menschen, einschließlich des Systems von Schuld und Sühne und den Sinn eines Lebens, bestimmen sollte.

Wie im vorigen Kapitel dargestellt, tat das Militär das seinige dazu, die ihm eigene Art von Disziplin in den Köpfen und Körpern weiter Bevölkerungskreise zu verankern. Mit einiger Sicherheit dürfte sich dies auf die Verhaltensweisen der Soldaten auch nach Beendigung ihres Militärdienstes ausgewirkt haben. Jedoch blieb militärischer Drill im Prinzip auf einen bestimmten Anwendungsbereich, der zudem oft temporär (Militärzeit) begrenzt war, beschränkt und konnte sich nur in Teilbereichen als „Lernanschauung“ durchsetzen. Dies vor allem, solange der außermilitärische Sektor kaum sinnvolle Nutzanwendungen für bestimmte Schrittarten, schnelle Bewegungen, blinden Gehorsam etc. bot. Die entscheidenderen Impulse zur Durchsetzung des neuen Zeit*bewußtseins* gingen vermutlich eher vom Produktions- und Erziehungssektor aus sowie von der protestantischen, genauer der puritanischen Ethik. Eine solche Unterscheidung behält freilich immer ein gewisses Maß an Willkür, da sich — dies ist eine Binsenweisheit — alle Entwicklungen wechselseitig beeinflußt haben dürften: So übernahm das Schulsystem gewisse Traditionen des Militärs ebenso wie der Produktionsbereich. Desgleichen ist die aufkommende protestantische Ethik nicht als von den Veränderungen im Produktions- und Handelssektor abgelöst zu betrachten. Es lassen sich jedoch einige deutliche, originäre Einflüsse dieser Subsysteme ausmachen.

3.5.1 Der Arbeitstag

Wie sehr „Zeit" ein nahezu völlig ungebräuchliches Bezugssystem für die breiten Massen der frühen industriellen Periode war, zeigt die Mühe, die die Aufseher der frühen Unternehmer hatten, die Arbeiter zu Pünktlichkeit und Regelmäßigkeit anzuhalten. Im vorangegangenen Verlagssystem verlief die Arbeit noch relativ unkontrolliert; der Arbeitsprozeß wurde durch eine Vielzahl von „privaten" Verrichtungen unterbrochen. Auch entstand eine Reihe von Pausen und Unterbrechungen durch Holen und Bringen der Ware, durch Trockenprozesse u. ä. (vgl. Thompson 1973, S. 88 f.). Insgesamt verlief die Arbeit schon aufgrund technisch-organisatorischer Abläufe kaum unter dem Zwang der kontinuierlichen Verausgabung von Arbeit. Die Zeit für die zu verrichtende Arbeit i. e. S. und die für andere Tätigkeiten war nicht an bestimmte chronologische Blöcke fixiert, so daß den Arbeitern der Hausindustrie gewisse Dispositionsspielräume darüber verblieben, wann und wie lange hintereinander sie welche Tätigkeit verrichten wollten. Die Trennung von Arbeit und Freizeit war weder räumlich noch zeitlich vollzogen (vgl. hierzu etwa Medick 1976).

Ähnlich wie es im Verlagssystem, aber auch bei Handwerkern und Bauern keinen festen Rhythmus in der Tagesarbeit gab, stellte auch die Woche nur einen losen Bezugsrahmen für die zu leistende Arbeit dar. Dies wurde durch die teilweise gemischten Beschäftigungen vieler Menschen in der protoindustriellen Periode — viele arbeiteten als Dorfhandwerker, Heimarbeiter und in der Landwirtschaft gleichzeitig — noch weiter verstärkt. Nach Thompson war ein Wechsel von höchster Arbeitsintensität und Müßiggang charakteristisch.

Auch das Arbeitsjahr gestaltete sich durch die Vielzahl von Festtagen und Jahrmärkte ausgesprochen unregelmäßig (Thompson 1973, S. 91). Zwar sind in anderen Untersuchungen auch bei Handwerkern schon seit dem dreizehnten Jahrhundert Tagespensen von 12 - 16 Stunden festgestellt worden (vgl. Wilensky 1972, S. 155). Diese sind jedoch wegen der sehr unterschiedlichen Arbeitsintensität im Tages- und Wochenverlauf anders zu bewerten als etwa das gleiche Pensum heutzutage: so arbeiteten die Drahtzieher in Paris nur 194 Tage, aber 16 Stunden pro Tag im Sommer und 8 Stunden im Winter (Wilensky, S. 155). In manchen Gegenden Deutschlands soll z. B. am Ende des Spätmittelalters praktisch eine Fünf-Tage-Woche bestanden haben (vgl. b. Laermann 1975, S. 95; Andriole-Gebauer 1978, S. 40 f.). Die erhebliche Unregelmäßigkeit des Arbeitsrhythmus ist aber auch auf die noch allgemein vorherrschende aufgaben- bzw. subsistenzbezogene Denkweise der breiten Massen zurückzuführen. Nicht die Arbeitszeit bestimmte die Höhe des Einkommens, sondern umgekehrt: war ein bestimmtes für ausreichend gehaltenes Einkommen erreicht, wurde die Arbeit abgebrochen. Monetäre Anreize blieben lange Zeit weithin wirkungslos. Das Zeitbudget der Arbeiter und Handwerker der frühen industriellen Periode war, ähnlich wie heute noch in einem großen Teil der unentwickelten Länder (vgl. bei Thompson, S. 100 f.), eine Funktion der sozialen sowie der Regenerationsbedürfnisse. Zeit als solche hatte noch keine Steuerungsfunktion für das Arbeitsverhalten. Das Ableisten einer abstrakt vorgegebenen Anzahl von Arbeitsstunden wie im modernen Industriekapitalismus war weithin unbekannt und stellte offensichtlich kein eigenständiges Bedürfnis der abhängig Arbeitenden dar (vgl. zur Entwicklung der Arbeitszeiten auch Bienefeld 1972).

„Manche glaubten wohl, bei ihrem Können und Geschick das nötige in kürzerer Zeit zu schaffen als andere und haben sich eine Art Bummelrecht angemaßt. Andere waren der törichten Meinung, ihre bloße Anwesenheit ohne jede Arbeit genüge schon ... Um Faulheit und Schändlichkeit aufzudecken und die Guten und Fleißigen zu belohnen, hielt ich es für angemessen, durch einen Aufseher einen Zeitplan aufstellen zu lassen, und Ordnung zu schaffen, und so sein bekannt gemacht, daß es von 5 bis 8 und 7 bis 10 15 Stunden sind, von denen eineinhalb für Frühstück, Mittagessen usw. abgezogen werden. Das bedeutet 13 $^{1}/_{2}$ Stunden exakte Arbeit ..." Bei Berechnung der Arbeitszeit war „all jene Zeit nicht zu berücksichtigen, die vertan wird in Wirtshäusern, in Bierstuben und Kaffeehäusern, für Frühstück, Mittagessen, Spiel, Schlaf, Rauchen, Singen, Zeitungslesen, Zank und Streit, Disput, bei jedweder Art Müßiggang und bei *aller Tätigkeit, die nicht mein Geschäft betrifft*" (Anordnung Nr. 103 der Crowly Eisenwerke um 1700, nach Thompson 1973, S. 93 f.).

Regelmäßiges Arbeiten, Pünktlichkeit, Ausdauer und die Beschäftigung mit einer Arbeit über einen längeren Zeitraum sind also Errungenschaften, die in den Fabriken und Manufakturen erst mühsam etabliert werden mußten. Das gleiche gilt für die räumliche Trennung von Arbeit und Freizeit und damit das Zerfallen des Tagesablaufes in unterscheidbare Blöcke von qualitativ unterschiedlichen Tätigkeiten (vgl. hierzu auch Abschnitt III). Dieses Auseinanderfallen hat seine Ursache in der Machtposition des Unternehmers, der, wie obiges Zitat belegt, offensichtlich in der Lage war, die Grenzen dessen, was eine Tätigkeit sei, die „sein Geschäft betrifft", und was nicht, sehr eng zu ziehen.

Da die Zeit zunächst noch kein universelles Bezugssystem darstellte und daher die Verbreitung von Uhren noch relativ schwach ausgeprägt war, konnte der Unternehmer sowohl über die Arbeitsdauer wie die Lage der Arbeitszeit verfügen wie aber auch darüber, ob er Zeit überhaupt gelten lassen wollte oder nicht. Maßgebend für den Beginn und die Dauer des Arbeitstages war nicht *die* Zeit, sondern die *Zeit des Unternehmers* (vgl. Le Goff 1980).

„Ich war in der Fabrik von Mr. B. Dort arbeiteten wir im Sommer so lange wir sehen konnten und ich könnte nicht sagen, um wieviel Uhr wir aufhörten. Nur der Meister und sein Sohn hatten eine Uhr, wir dagegen kannten die genaue Tageszeit nicht. Einer der Männer besaß eine Uhr ... Sie wurde ihm weggenommen und dem Meister in Verwahrung gegeben, weil er den anderen die Uhrzeit gesagt hatte..." (Alfred S. Kydd, History of factory movement ... London 1857, Bd. I, S. 283 bei Thompson, S. 96).

Die Einhaltung von Pünktlichkeitsregeln setzt jedoch bereits die universelle Geltung des zeitlichen Bezugssystems voraus. Insofern standen die Interessen der Unternehmer in einem gewissen Zwiespalt: einerseits über die Zeit willkürlich verfügen zu wollen, andererseits aber einen exakten, d. h. jedoch einen für jedermann erkennbaren Zeitpunkt des Arbeitsbeginns zu fordern. Schon deshalb ließ sich die Verbreitung der Zeit und damit auch die Verbreitung der Taschenuhr, die mit der Industrialisierung von einem Luxusgegenstand zu einem Gebrauchsgut wurde (vgl. Thompson 1973, S. 87; Dohren-van-Rossum 1981), nicht länger aufhalten. Damit veränderte sich, wie Thompson bemerkt, die Stoßrichtung des Kampfes der Arbeiter von einem Kampf gegen zu einem Kampf um die Zeit, nämlich um die Verkürzung des Arbeitstages (S. 96). Hierdurch wurden zeitliche Normierungen zum anerkannten Verhandlungsgegenstand. Die Aufteilung in einen Arbeits- und einen Privatbereich war also nicht von vornherein, gleichsam durch die Natur der Sache, festgelegt, sondern offensichtlich Gegenstand eines langen Aushandelungsprozesses.

Es findet durch die Einführung eines „Arbeitstages" eine Entmischung der buntgewürfelten Tätigkeiten des bislang gewohnten Tagesverlaufes statt und damit eine sichtbare Polarisierung im Zeitbudget. Dies ist ein wichtiger Schritt auf dem Wege zur möglichst umfassenden Kontrolle des Arbeitgebers über die Arbeitsleistung seiner Arbeiter. Zumindest für den Teil des Tages, der als Arbeitszeit deklariert ist, erlangt der Unternehmer die Legitimation für die volle Verfügung über die Arbeitskraft. Dies ist eine der Voraussetzungen um, wie später zu zeigen ist, mit der Verwissenschaftlichung des Arbeitsprozesses die Bewirtschaftung der Ressource „Zeit" im Betrieb voll durchsetzen zu können.

3.5.2 Schulen

Die Einübung der Fabrikdisziplin erfolgte jedoch nicht nur in der Fabrik sondern auch überall dort, wo die ersten Schulen oder schulähnlichen Institutionen aufkamen. Bezeichnend für die frühen Schulen ist, daß sie von Anbeginn mit dem Anspruch auftraten, nicht nur Wissensstoff zu vermitteln, sondern den Zusammenklang von körperlicher Disziplin und vermitteltem Wissen betonten. Die Schule erhält damit eine gewisse Affinität zum militärischen Drill. So wurde beispielsweise die Vermittlung von Schreibkenntnissen nicht nur als Wissensvermittlung betrieben; vielmehr ist die gute Schrift — dieses Ideal entspricht seinerseits dem damals allgemein vorherrschenden Trend zur Standardisierung und Geometrisierung — das Ergebnis einer ganzen Gymnastik, einer Routine, deren rigoroser Code den gesamten Körper von der Fußspitze bis zum Zeigefinger erfaßt (Foucault 1976, S. 195).

„Der einzige Zweck dieser Befehle ist ... die Kinder daran zu gewöhnen, dieselben Aufgaben schnell und richtig durchzuführen und durch die Geschwindigkeit den Zeitverlust, den der Übergang von einer Tätigkeit zur anderen mit sich bringt, zu verringern" (Bernard, S., Rapport du 30 octobre 1816 à la société de l'enseignement mutuel, zitiert nach Foucault 1976, S. 199).

Jedoch war nicht nur die *Schnelligkeit,* sondern auch die *Synchronität* Lernziel der Schule.

„Alle Kinder einer Klasse müssen nicht nur einerlei Sachen vornehmen, sondern sie müssen sie auch zu gleicher Zeit tun ... Sie machen alles zusammen und zu gleicher Zeit... Wenn sie lesen oder etwas auswendig Gelerntes hersagen, müssen sie gewöhnt werden, zu *einer* Zeit alle in *einem* Ton und in *einem* Augenblick einerlei Wörter vorzubringen" (Felbiger 1958, S. 57 nach Andriole-Gebauer 1981, S. 71).

Wie Andriole-Gebauer bemerkt, entsteht durch diese dressurartige Gleichschaltung der individuellen Tätigkeit eine intersubjektiv verbindliche Zeit (S. 71).

Revolutionierend für die Herausbildung eines Zeitbewußtseins bei den breiten Massen war die u. a. von Felbiger eingeführte Systematisierung und Hierarchisierung des Wissensstoffs. Während dieser bisher eher aus einer willkürlichen Auswahl von Wissenswertem und Nützlichem, aus einer amorphen Masse bestanden hatte, entstanden nun schrittweise erste lehrplanähnliche Konzeptionen, indem der Lehrstoff gleichsam auf einer Zeitachse nach ansteigendem Schwierigkeitsgrad angeordnet wurde. Hieraus erwuchs die uns heute selbstverständlich erscheinende Untergliederung in Klassen und im Gefolge hiervon die vom Schüler zu durchlaufende Schulkarriere. In dieser Laufbahn kann der schrittweise Lern- oder Mißerfolg zu jedem beliebigen Zeitpunkt kontrolliert werden. Unter anderem bildet dies die strukturelle Voraussetzung für die breite Durchsetzung des Leistungsprinzips.

„Die Durchsetzung des Leistungsprinzips hat bestimmte Implikationen im Hinblick auf die Herausbildung des Zeitbewußtseins. Mit dem Leistungsprinzip setzen sich externe Standards der Leistungsbewertung durch, die sich wesentlich auf das abstrakt-zeitliche Vorher und Nachher unterschiedlicher Leistungsabläufe beziehen. Nicht ‚richtig' oder ‚falsch' sind primäre Konsequenzen aus der Leistungsbewertung, sondern die abstrakte Reihenfolge zeitlich unterschiedlich schneller Stufen der Leistungshierarchie" (Andriole-Gebauer 1981, S. 67, vgl. zum Leistungsprinzip in der Schule auch Ermert 1978 sowie Abschnitt III).

Eine solche Anordnung des Lehrstoffes stellt nicht zuletzt den Ausdruck des Versuchs einer möglichst ökonomischen Vermittlung des Wissens dar (vgl. hierzu auch Breunig 1973). Die Ökonomie der Zeit geht von Anbeginn an in die pädagogischen Konzepte mit ein. Nach Comenius soll die Schulorganisation so gestaltet werden,

„daß sie einer auf die kunstreichste Weise gefertigten und mit mannigfachem Zubehör trefflich verzierten Uhr auf das genaueste entspricht... Die Kunst des Lehrens erfordert also lediglich eine kunstgerechte Verfügung über die Zeit, den Stoff und die Methode" (Comenius 1904, S. 89 b. Andriole-Gebauer 1981, S. 63).

Der rationalen zeitlichen Gestaltung des Lehrstoffes entspricht eine nach rationellen Gesichtspunkten geordnete räumliche Gestaltung und Anordnung. So setzt sich in den Schulen allmählich der Frontalunterricht durch, der ebenfalls ein äußeres Zeichen moderner Leistungsanforderungen ist, indem nun eine individuelle Kontrolle über Anwesenheit, Körperhaltung und Arbeitsweise möglich wird. In solcher Unterrichtsorganisation wird erstmals die Produktion bzw. das Hervorbringen einer *durchschnittlich-erwartbaren* Leistung, einer Normalleistung des Schülers ermöglicht. Insgesamt entspricht die räumliche Verteilung der Schüler in den Schulräumen und die dahinterstehende Intention dem Konzept des oben behandelten Tableaus (vgl. Kap. 3.3).

Der blinde Gehorsam sollte unter Zuhilfenahme von äußerem Zwang, durch die Abrichtung der Schüler auf Klopfzeichen, Geräusche und andere Signale eingeschärft werden.

Die Schule leistete und leistet damit einen ganz wesentlichen Beitrag zur Internalisierung der abstrakten Zeitnorm. Sie tut dies nicht zuletzt dadurch, daß sie

— durch die Hierarchisierung des Lehrstoffes die Vorstellung von der Möglichkeit einer Zerlegung von Problemkomplexen in nach einer Abfolge geordnete Teilprobleme verbreitet;
— eine an dem Durchlaufen einer vorgegebenen Hierarchie orientierte Leistungsorientierung verankert und
— die Befähigung vermittelt, Körper und Geist an einer *von außen vorgegebenen* Zeitnorm auszurichten.

3.5.3 Puritanische Ethik und Moralprediger

Die Verbreitung des Prinzips der Ökonomie der Zeit als Lebensanschauung geht weitgehend auf den Einfluß der protestantischen Ethik zurück und eilt der industriellen Revolution in gewissem Umfang voraus. Umgang mit der Zeit und Gottwohlgefälligkeit wurden nun in einer Ethik miteinander verknüpft:

„Nicht Muße und Genuß, sondern nur Handeln dient nach dem unzweideutig geoffenbarten Willen Gottes zur Mehrung seines Ruhmes. Zeitvergeudung ist also die erste und prinzipiell schwerste aller Sünden. Die Zeitspanne des Lebens ist unendlich kurz und kostbar, um die eigene Berufung festzumachen. Zeitverlust durch Geselligkeit, ‚faules Gerede', Luxus, selbst durch mehr als der Gesundheit nötigen Schlaf — 6 bis höchstens 8 Stunden — ist sittlich absolut verwerflich" (Max Weber, I., 1975, S. 167 f.).

Wie Weber betont, verwandelt der Puritanismus jene Rechenhaftigkeit, die für den Kapitalismus konstitutiv sei, aus einem Mittel der Wirtschaft in ein *Prinzip* der ganzen *Lebensführung* (S. 248).

Der Platz im Jenseits ist gekoppelt an das Verhalten auf *dieser* Welt. Denn, wie der puritanische Prediger Baxter propagiert, ist

„die Zeit vergänglich, sie zieht schnell vorüber; doch bestimmt sie, was ewig dauert. In dieser Welt gewinnen oder verlieren wir das ewige Glück. Das große Gewicht der Ewigkeit hängt an einem kleinen und schwachen Lebensfaden... Heute ist unser Arbeitstag, die Zeit der Tätigkeiten..." (nach Thompson 1973, S. 98).

Das Verständnis vom sinnvollen Leben ist im puritanischen Arbeitsethos fast identisch mit der sinnvollen Verwendung von Zeit:

„Wo bleibt der Verstand jener Menschen und aus welchem Metall sind ihre verhärteten Herzen, daß sie müßig gehen und die Zeit vertändeln, diese kurze Zeit, diese einzige Zeit, die ihnen für die ewige Rettung ihrer Seelen aufgegeben ist" (nach Thompson, S. 98).

Hierzu rät Baxter weiter:

„Schlaft nicht mehr, als eure Gesundheit erfordert, denn kostbare Zeit darf nicht in unnötiger Trägheit verschwendet werden, zieht Euch rasch an"; „und geht Eurer Arbeit nach mit beständigem Eifer" (ebd.).

Es fällt in diesem Zusammenhang ins Auge, daß die puritanische Ethik besonders ausgeprägt auf die Endlichkeit des menschlichen Lebens rekurriert. Dies ist neu: Zwar gehört die Bezugnahme auf das Leben nach dem Tode von je her zum festen Bestandteil der christlichen Predigt, die Endlichkeit menschlichen Lebens wurde stets hervorgehoben. Wenn jedoch, wie im Puritanismus, der auf Erden angehäufte Reichtum als Ausdruck eines gottwohlgefälligen Fleißes gilt, das Heil im Jenseits nicht allein von der *Qualität* menschlichen Verhaltens im Diesseits abhängt, sondern letztlich *quantitativ* meßbar wird, dann ist die dem Menschen auf Erden gegebene Zeit nicht nur endlich, sondern sie wird vor allem *knapp* (vgl. den Bezug zur aufkommenden Rechenhaftigkeit und Entqualifizierung im Geld): Da Reichtum zum Segen Gottes prinzipiell unendlich angehäuft werden kann, wird auf der anderen Seite die dem Menschen zur Verfügung stehende Zeit zur Anhäufung des Reichtums ebenso *unendlich* — unendlich zu wenig. Zeitdruck wird also zum integralen Bestandteil dieser Theologie, zu einer ihrer Kernaussagen gemacht. Anders ausgedrückt: ein Leben ohne Zeitdruck ist unmoralisch (vgl. hierzu auch Ermert/Rinderspacher 1981).

Die konkrete Ermahnung zur Arbeitsamkeit einerseits und die Betonung der Sterblichkeit andererseits sind darum nicht einfach nebeneinander bestehende Extreme, wie Thompson es darstellt, sondern bedingen einander. Mehr noch: sie scheinen in den weltlichen Bereich nachhaltig hineingewirkt zu haben, namentlich scheint die zwar erst wesentlich später entstandene neoklassische ökonomische Theorie mit ihrer Vorstellung von der prinzipiellen, d. h. endlosen Knappheit der Güter und damit auch der Zeit (vgl. hierzu z. B. Arndt 1979) hiervon beeinflußt worden zu sein. Dies wird weiter unten noch auszuführen sein.

Diese religiöse Grundhaltung wurde gern von weltlichen Predigern übernommen bzw. sie verband sich nahezu bruchlos mit den Einsichten und Handlungsmaximen von Unternehmern und Kaufleuten. Benjamin Franklin, auf den die Lebensweisheit „Zeit ist Geld" zurückgehen soll, vertritt die puritanische Ethik in ihrer säkularisierten Form:

„Seitdem unsere Zeit einem Einheitsmaß unterworfen ist und des Tages Goldbarren zu Stunden gemünzt wird, wissen die Fleißigen aller Berufe jede Minute zu ihrem Vorteil zu nutzen. Wer aber seine Zeit sorglos vertändelt, ist in Wahrheit ein Geldverschwender" (b. Thompson, S. 99).

Während die Herrschenden diesen Rat weitgehend ohne Zwang zu befolgen wußten, mußte den Armen diese Weisheit immer und immer wieder gepredigt werden. Die Absichten, die dahinterstehen, sind ganz offensichtlich nicht allein theologischer Natur. In einem Pamphlet „Friendly Advice to the Poor" aus dem Jahre 1755 von Reverend G. Clayton liest sich das folgendermaßen:

„Der Arbeiter soll nicht müßig auf dem Marktplatz herumlungern und seine Zeit mit Marktgeschäften vergeuden. Bei Hochzeiten und Beerdigungen sind die Straßen voll von Zuschauern, die trotz ihres elenden Hungerlebens ... keine Skrupel haben, die besten Stunden des Tages (!) mit Gaffen zu verbringen... Teetisch, Kirmes und Festtage seien widerwärtige Vertilger von Zeit und Geld... Frühes Aufstehen würde die Armen zwingen, rechtzeitig schlafen zu gehen und die Gefahr mitternächtlicher Gelage verhindern." Es würde auch „eine exakte Regelmäßigkeit in ihre Familien bringen, eine wundervolle Ordnung in ihre Wirtschaft" (nach Thompson, S. 95).

Deutlich kommt hier die Steuerungsfunktion der Zeit für alle Aktivitäten im Tagesverlauf zur Geltung, deren man sich offenbar von Anfang an bewußt war — nicht nur was die Disziplin in der Fabrik betraf, sondern auch das Zusammenwirken von Arbeit und Nicht-Arbeit, von Verausgabung der Arbeitskraft und ihrer Regeneration außerhalb der Werkstätten. Schon früh wurde erkannt, wie sich das Leistungsverhalten einer Gesellschaft über die Kontrolle zeitlicher Parameter beeinflussen läßt.

Während der rationelle Umgang mit Zeit für diejenigen Teile der Gesellschaft, die aus der Zeit Geld zu machen in der Lage sind, eine wirklich nutzbringende Handlungsmaxime darstellt, erweist sich die Ökonomie der Zeit für die breiten Massen als neues Instrument ihrer Reglementierung. Denn die neue Rationalität fordert nicht nur die rein äußerliche Unterwerfung unter die Herrschaftsinteressen der bürgerlichen Klasse, sondern ihre *Anerkennung als rationales Prinzip,* als die Interessen übergreifende, ewig gültige Rationalität schlechthin. Die Steuerung des Arbeits- und Leistungsverhaltens kann somit zunehmend weniger über äußere Zwänge erfolgen und basiert nun vermehrt auf der individuellen Einsicht der in abhängiger Arbeit Beschäftigten. Diese Einsichtsfähigkeit bildet eine der Grundlagen für die später in der entwickelten industriellen Periode zunehmend an Bedeutung gewinnende Arbeits- und Leistungsmotivation.

II. Struktur und Funktionszusammenhänge von Zeit in hochentwickelten Industriegesellschaften. Einige Hypothesen

1. Strukturiertheit der industriellen Zeitordnung

Nachdem im ersten Abschnitt die Herausbildung von Zeitstrukturen — der organischen, der zyklischen und der linearen Zeit — als Ausdruck ökonomischer und sozialer Verhältnisse entwickelt worden ist, soll, nachdem die verschiedenen Zeitformen von ihrer empirischen Seite her betrachtet worden sind, im folgenden einiges über die Struktur der industriellen Zeitordnung gesagt werden, ohne damit jedoch den Anspruch zu stellen, ein in sich geschlossenes Modell oder eine endgültige Abbildung hiervon zu liefern. Vielmehr können entsprechend dem Stand der Forschung nur einige erste Hinweise und Vermutungen zu einem gesellschaftlichen Zeitstrukturmodell vorgetragen werden.

Mit dem Aufkommen der kapitalistischen bzw. industriellen Produktionsweise erfährt die gesellschaftliche Zeitstruktur eine qualitative Veränderung, indem sich die *Funktion* von Zeit grundlegend verändert. Organische, zyklische und lineare Zeit lassen sich, wie im vorangegangenen entwickelt wurde, als spezifische Form eines *Orientierungssystems* für menschliches Handeln (vgl. Elias 1974/75) interpretieren. Zeit dient hier der Koordination menschlicher Aktivitäten.

Demgegenüber beruht die *ökonomische Verwendung der Zeit,* wie sie sich seit dem Aufkommen der Kaufmanns- und Handelskapitale sowie später der industriellen Produktionsweise durchsetzt, auf der Abstraktion vom konkreten Ereignis und von inhaltlichen Bezugspunkten. Ökonomie der Zeit wird zum abstrakten Prinzip. Die Koordinationsfunktion bleibt erhalten, aber die Zeit erhält eine zusätzliche Dimension als ökonomische Zeit, den Verwendungsimperativ.

Wir unterscheiden im folgenden die *konkrete Zeit* als Zeitorientierung von der *abstrakten Zeit* als Zeitökonomie.

1.1 Konkrete Zeit: Zeit als Orientierungssystem

Auf allen genannten Entwicklungsstufen erfüllt Zeit, wie im vorangegangenen dargelegt, eine konkrete Funktion, nämlich die der Koordination und Synchronisierung menschlicher Aktivitäten. Inwieweit diese ökonomisch und sozial erforderlich ist, hängt vom jeweiligen Entwicklungsstand der Ökonomie und der Produktivkräfte ab, die einen je höheren oder niedrigeren Grad der Verkettung von Gemeinwesen und Individuen beinhalten und damit das Koordinatensystem „Zeit" gleichsam von seiner stofflichen Seite her erfordern. Dies gilt für

Absprachen über den Zeitpunkt der Jagd in sogenannten primitiven Gesellschaften genauso wie für Markttage innerhalb oder zwischen Gemeinwesen mit entfalteter Tauschkultur wie schließlich auch für das Ineinandergreifen von Arbeits- bzw. Planungsprozessen, z. B. beim Schiffsbau — angefangen von den Galeeren der Römer bis hin zum modernen Großtanker. Je arbeitsteiliger die Produktion angelegt ist, desto größer wird der Koordinationsbedarf und desto mehr wächst die Notwendigkeit, die jeweiligen Arbeiten und Arbeitsgänge zeitlich zu lokalisieren.

Die bisherige Zeittheorie hat sich überwiegend an dieser stofflichen Seite orientiert. Bei der überwiegenden Zahl der Autoren bleibt es daher bei der Unterscheidung zwischen einer zyklischen Zeit und einer linearen, wobei letztere entweder einen historisch enorm breit gespannten Zeitraum umfaßt — nämlich von den alten Hochkulturen Ägyptens, Griechenlands oder Roms, die in gewissen Grenzen auf zeitliche Koordinatensysteme zurückgreifen konnten, bis hin zur Neuzeit. Oder aber die lineare Zeit wird gleichgesetzt mit der Zeitstruktur der industriellen Periode und infolge hiervon wird jeder nichtindustriellen Gesellschaftsformation, gleichgültig ob es sich um die Hochkulturen von Griechen, Römern oder Azteken handelt oder um steinzeitliche Jäger und Sammlergesellschaften, ein zyklisches Zeitverständnis unterstellt.

Weder wird dabei berücksichtigt, daß z. B. Gesellschaften ohne Tausch ein qualitativ anderes Zeitverständnis im Sinne eines okkasionalen Zeitbewußtseins haben mußten als tauschende Gemeinwesen, noch daß in den hochindustrialisierten kapitalistischen und sozialistischen Gesellschaften ein anderes Zeitverständnis vorherrschen muß als in nicht-industrialisierten, aber schon arbeitsteiligen Gesellschaften, wie etwa in der mittelalterlichen Stadt.

Organische, zyklische und lineare Zeit sind u. E. sämtlich an Gesellschaftsformationen gekoppelt, deren Ökonomie zwar, was Arbeitsteilung und Tausch angeht, höchst unterschiedlich entwickelt war und ist, die jedoch im Gegensatz zur später aufkommenden kapitalistischen Gesellschaft im wesentlichen auf der Stufe der Produktion und Reproduktion ihrer Periode verharrten, die also kein wirtschaftliches Wachstum im modernen Sinne kannten bzw. deren Ökonomie nicht bewußt auf die Vergrößerung des gesamtwirtschaftlichen Produktions- und Güter-Volumens angelegt war. Wachstums- und Veränderungsprozesse erfolgten, wenn überhaupt, nur sporadisch. Die Herausbildung konkreter zeitlicher Orientierungssysteme geschieht also auf der Stufe *subsistenzwirtschaftlicher Produktionsweisen.*

Diese subsistenzwirtschaftliche Produktionsweise läßt sich in unserem Zusammenhang als eine Art geschlossenes System darstellen. Ein bestimmter Stand der materiellen Reproduktion, der sich auf Basis einer gegebenen Produktionsweise und gegebenen Produktionstechnologien herausgebildet hat, wird beibehalten. Das Verhältnis von Arbeit und Nichtarbeit — wir lassen hier Herrschafts- und Klassenstrukturen mit entsprechenden parasitären Aneignungsformen der Einfachheit halber außer Betracht — richtet sich an diesem Produktionsziel aus. Die Folge davon ist, daß die Arbeit dann beendet wird, wenn der erforderliche materielle Standard, wenn die Masse der zur Befriedigung notwendigen Güter produziert worden ist. Ein anschauliches Beispiel hierfür ist etwa das Verhalten von Arbeitern in wenig industrialisierten Regionen der Dritten Welt, die noch weithin ihre Arbeit dann abbrechen, wenn der erarbeitete Lohn ihnen für den Unterhalt ihrer Familie ausreichend erscheint (vgl. hierzu z. B. Clawson 1972). Ähnliche Verhaltensweisen ließen sich auch vor und während der Industrialisierung Westeuropas beobachten.

Ganz offensichtlich strukturieren in solchen Ökonomien mikroökonomisch wie makroökonomisch betrachtet die Bedürfnisse die Zeitstruktur bzw. das Zeitbudget der arbeitenden Menschen (vgl. hierzu auch Le Goff 1977). Das konstante Niveau des Verbrauchs bestimmt hier die Arbeitszeit; wobei man, um dies begrifflich herauszustellen, etwa in der mittelalterlichen im Gegensatz zur industrialisierten Gesellschaft im Falle der ersteren genau genommen von Arbeits*dauer* sprechen müßte und nur in der zweiten von Arbeitszeit.

Im Begriff der Arbeitsdauer scheint die Bindung an konkrete Zeitstrukturen wieder auf: Die Zeit stellt auch im handwerklichen Produktionsprozeß des einfachen Warenproduzenten eine zentrale Bezugsgröße für dessen Arbeit dar, diese mißt sich an linearen Zeitmaßen. Die in den Produkten vergegenständlichte Arbeitszeit tauscht sich gegen andere Arbeitszeiten aus, jedoch in der vorindustriellen Periode als vergegenständlichte Arbeits*dauer,* nämlich als die Zeit, die für die Herstellung der Produkte erforderlich war. Die aufgewendete Zeit ist hierbei die Zeit für die Herstellung eben dieses Produkts, nicht Arbeitszeit. Denn Arbeitszeit im modernen Sinne entsteht erst mit dem Aufkommen der Lohnarbeit (siehe auch Le Goff 1980), wenn abgelöst vom konkreten Produkt eine Arbeitszeit als solche abgeleistet werden muß. Der Sinn und die Notwendigkeit dieser Unterscheidungen zwischen Arbeitsdauer und Arbeitszeit wird deutlicher, wenn man die Spezifika der modernen Zeitstruktur, die wir im folgenden abstrakte Zeit nennen wollen, untersucht.

1.2 Abstrakte Zeit: Zeit als ökonomische Ressource

1.2.1 Die infinitesimale Verwendungslogik der Zeit

Im Gegensatz zu den subsistenzwirtschaftlichen Ökonomien ist für das ökonomische System des Kapitalismus und die hieraus weiter entstandenen Wirtschaftsformen ökonomisches Wachstum als solches von zentraler Bedeutung. Bevölkerung, Boden, Bodenschätze und Kapital werden als Ressourcen begriffen, die es so einzusetzen gilt, daß der Wohlstand der Nation vermehrt wird. Nicht zufällig ist die Frage der Mehrung des Volkswohlstandes Gegenstand des

Hauptwerkes von A. Smith, dem wichtigsten Vertreter einer liberalkapitalistischen Wirtschaftsverfassung (vgl. hierzu Smith 1973). Ebenso hatte der Merkantilismus, wenn auch nicht als Theorie des liberalen, aufstrebenden Bürgertums, sondern unter den Vorzeichen absolutistischer politischer Systeme, die bestmögliche Allokation der vorhandenen Ressourcen eines Landes mit dem Ziel des *Anwachsens* des Wohlstandes, obgleich nur in gewissen Grenzen für breite Volksmassen, im Auge. In der aufkommenden kapitalistischen Wirtschaftsverfassung geht es sowohl um eine Steigerung des materiellen Produktes der Volkswirtschaft, wie auch um die Erstarkung der jeweiligen Ökonomie eines Landes im Sinne einer Steigerung ökonomischer Potenzen.

Das Ziel einer Erhöhung der Wirtschaftskraft und — modern ausgedrückt —des materiellen Output erfolgt durch ein zunehmend reflektierter angewandtes *Prinzip der Akkumulation.*

Es kommt uns in unserem Zusammenhang nicht auf eine ausführliche Auseinandersetzung mit den Theorien der Akkumulation bzw. des wirtschaftlichen Wachstums (vgl. hierzu z. B. Hofmann 1971) an, sondern darauf, kurz die allgemeinsten Prinzipien akkumulierender gegenüber subsistenzwirtschaftlichen Wirtschaftsformen darzulegen, um zunächst den qualitativen Unterschied der vorindustriellen *Zeitorientierung* gegenüber der zunehmend *ökonomischen Funktion der Zeit* in hochindustrialisierten Ländern zu verdeutlichen, soweit dies im Rahmen dieser Arbeit möglich ist.

In Ökonomien mit einfacher Reproduktion werden gelegentliche Überschüsse gehortet, angesammelt und schatzbildnerisch behandelt. Gelegentlich auftretende ökonomische Überschüsse, z. B. durch günstige Ernten, Eroberungszüge usw. werden nicht nach bestimmten Regeln, z. B. durch Investitionen, Kreditvergabe u. ä. weiter vermehrt, sondern aufgespart. Das Revolutionierende des kapitalistischen Prinzips seit dem Aufkommen der großen Handels- und Kaufmannskapitale besteht gerade darin, dieses statische Prinzip zu durchbrechen und ökonomische Ressourcen so einzusetzen, daß sie sich in einer permanenten Kreislaufbewegung befinden.

Der individuelle Ertrag dieser Kreislaufbewegung, der Profit, fungiert hierbei als treibendes Moment; das Movens der kapitalistischen Wirtschaft besteht in einem abstrakten Prinzip, in einem Verwendungsimperativ gegenüber gesellschaftlich vorhandenen ökonomischen Ressourcen, der den Schatz und das Geld wie auch die Arbeitskraft zu Kapital werden läßt. Dieser Verwendungsimperativ breitet sich sowohl ökonomisch, durch das offensichtliche Erstarken der diese Prinzipien verfolgenden Handelshäuser, wie auch im breiteren Umfange ideologisch, etwa in der protestantischen Ethik oder in der Auseinandersetzung um den Zins (vgl. hierzu z. B. Hohn 1980, Le Goff 1977), über Europa aus.

Das Wachstum, die Vergrößerung der ökonomischen Potenz, die Akkumulation des Kapitals als solche, seine peramente Vergrößerung als Selbstzweck bilden das Kernstück der „Idee" und Praxis kapitalistischen Wirtschaftens wie auch faktisch der später entstehenden sozialistischen Ökonomien. Der Akteur, das Subjekt in diesem Prozeß, wird somit mehr und mehr die Rationalität und Logik dieser Akkumulation, weniger die konkreten Bedürfnisse der in diesen Prozeß involvierten Menschen.

Von seiten der klassischen Ökonomie wie den modernen Verteidigern marktwirtschaftlicher Systeme wird nun behauptet, daß sich gleichsam aus *natürlicher Selektion* der ökonomisch starken von den ökonomisch schwachen Agenten am Markt, durch das *freie Spiel* der ökonomischen Kräfte ein für die gesamte Gesellschaft optimales Wohlstandsprodukt ergibt.

Akkumulierende Gesellschaften lassen sich gegenüber subsistenzwirtschaftlichen daher auch als offene Systeme darstellen, zumindest unter der hier verfolgten zeitwirtschaftlichen Fragestellung. Denn während, wie oben dargestellt, in Subsistenzwirtschaften das Niveau des Verbrauchs das gesellschaftliche Arbeitszeitreservoir und die gesellschaftliche Zeitverwendung im großen und ganzen determiniert und strukturiert, stellt sich dieser Vorgang in akkumulierenden Gesellschaften genau umgekehrt dar: Da das Wesen von Akkumulations- bzw. Wachstumsprozessen gerade darin besteht, in sich keine Beschränkung zu haben, keine absoluten Grenzen zu kennen, gibt es auch keine absoluten Grenzen für die Nutzung aller zeitlichen Ressourcen einer Gesellschaft. Im Gegenteil, gerade bei prinzipiell unbegrenztem Wachstumsimperativ gilt es vermehrt, möglichst *alle* zeitlichen Ressourcen einzusetzen, um ein möglichst hohes Wachstum — welches ja ex ante nicht definiert ist, sondern sich gerade als Ergebnis der gesellschaftlichen Allokation der Ressourcen darstellt — zu erreichen.

Mit anderen Worten wird es nun sinnvoll, nicht die Zeit, die für Arbeit aufgewendet wird, nach Maßgabe der herzustellenden benötigten Produkte zu verteilen (sowohl makro- wie auch mikroökonomisch) sondern umgekehrt, aus dem gegebenen Arbeitskräfte-Reservoir und dem sich hieraus ergebenden Arbeits-Zeit-Reservoir ein (nach oben offenes) Maximum an Produkten und Produktivität anzustreben. Grenzen hierfür ergeben sich lediglich durch Restriktionen auf den Absatz- und Beschaffungsmärkten.

Während also in subsistenzwirtschaftlichen Systemen die gesellschaftlich aufzuwendende Zeit für Arbeit eine abhängige Variable ist, nämlich abhängig vom Niveau des Konsums und der Reproduktion, wird die für Arbeit aufgewendete Zeit in akkumulierenden Gesellschaften zur unabhängigen Variablen: die Quantität der hergestellten Produkte ist eine Funktion des gesellschaftlich verfügbaren Arbeitsvolumens (bei gegebener Technologie und Arbeitsorganisation).

Arbeit mußte historisch in teilweise sehr schwierigen Inkulturationsprozessen als, wie man sagen könnte, diese *un*abhängige Variable erst etabliert werden. Dies geschah u. a. durch die faktisch wirksamen ökonomischen Zwänge, wie durch das Postulat der protestantischen Ethik, die ein bestimmtes erwerbswirtschaftliches Verhalten bzw. *das* erwerbswirtschaftliche Verhalten überhaupt zu einer gottwohlgefälligen Norm erklärte.

In akkumulierenden Gesellschaften erhält die Zeit einen *ökonomischen Verwendungsimperativ.*

Zwar zeichnen sich akkumulierende gegenüber subsistenzwirtschaftlichen Gesellschaften vor allem dadurch aus, daß der möglichst weitgehende Einsatz des gesamten verfügbaren gesellschaftlichen Arbeitsvolumens für die Produktion angstrebt wird. Andererseits werden bekanntlich permanent Anstrengungen unternommen, Arbeit in der industriellen Produktion einzusparen. Ziel solcher arbeitssparender Maßnahmen in der Produktion ist jedoch nicht die Einsparung von Arbeit bzw. Arbeitszeit schlechthin, sondern die Verkürzung der aufzuwendenden *bezahlten* Arbeitszeit für die Herstellung eines gegebenen Produktes.

Ebenso wie diese Einsparung keine ökonomische Grenze kennt und im Extremfall bis zur völligen Ersetzung der Arbeitskraft durch die Maschine reichen kann, gibt es generell für die Zeitersparnis in der Produktion keine Limitierung. Diese prinzipielle Unbegrenztheit der Zeitersparnis muß als Komplementärerscheinung der Akkumulation von Kapital aufgefaßt werden, wie dieser sind ihrer extensiven Entfaltung ebenfalls keine inneren Grenzen gesetzt.

Die Zeitverwendung in akkumulierenden Gesellschaften erfolgt in einer Form, die wir im folgenden als *infinitesimale Verwendungslogik der Zeit* bezeichnen wollen. Zur Erläuterung hier zunächst folgendes Beispiel: Man setze einen gegebenen Stand der Arbeitsproduktivität zum Zeitpunkt (t_1) voraus. Die aufzuwendende Arbeitszeit zur Herstellung eines Produkts durch einen Arbeiter sei in (t_1) 100 Prozent = 8 Stunden. Durch den Einsatz einer neuen Technologie zum Zeitpunkt (t_2) werde die Arbeitsproduktivität um sage 20 Prozent gesteigert. Dies führt zum Zeitpunkt (t_2) zu zwei verschiedenen möglichen Konsequenzen: entweder erhöht sich bei gleicher Arbeitszeit der outcome der Produktion um 20 Prozent (z. B. sechs Wareneinheiten zum Zeitpunkt (t_2) gegenüber fünf zum Zeitpunkt (t_1), oder es findet eine Verkürzung der Arbeitszeit in (t_2) auf 384 Minuten (6 Stunden, 24 Minuten) statt.

In unserem Modell würde in der *subsistenzwirtschaftlichen Variante* (A) der Zeitverwendung bei gleichbleibendem outcome die Arbeitszeit um 20% verkürzt; denn das in diesem Falle fixe Quantum an Gütern und Leistungen, das zur Befriedigung der Bedürfnisse aller Mitglieder dieser Gesellschaft notwendig ist, macht eine anderweitige Verwendung von Produktivitätsfortschritten nicht sinnvoll.[1] In *akkumulierenden Gesellschaften* (B) dagegen wird systemlogisch

[1] Das Vorhandensein eines technischen Fortschritts ist für Subsistenzwirtschaften allerdings kaum denkbar. Unter Produktivitätsfortschritt kann daher eher eine mehr oder minder zufällige, z. B. durch günstige Witterungsbedingungen im Agrarbereich, unerwartet hohe

zunächst die Zahl der hergestellten Produkte vergrößert, während die Arbeitszeit — jedenfalls prinzipiell und im Rahmen unserer Modellannahme — konstant bleibt.[2] Denn die Arbeitszeitverkürzungen entstehen in akkumulierenden Gesellschaften nicht aus deren immanenter ökonomischer Logik heraus, sondern gegen diese, nämlich als Ergebnis von Macht- und Verteilungskämpfen zwischen Arbeit und Kapital. Die Variante B in unserem Beispiel wird also lediglich in entgegengesetzter Richtung *modifiziert* durch den Einfluß der organisierten Arbeitnehmerschaft, je nach Kampfkraft der Organisation und den ökonomischen Rahmenbedingungen. Die Freizeit der in abhängiger Beschäftigung Arbeitenden vergrößert sich in akkumulierenden Gesellschaften also nicht automatisch mit den Fortschritten der Zeitwirtschaft.

Auf der mikroökonomischen Ebene besteht der infinitesimale Verwendungsimperativ darin bzw. schlägt sich darin nieder, daß die durch die Steigerung der Arbeitsproduktivität gewonnene Zeit nicht vergeudet werden darf durch die Freistellung des Arbeiters von der Arbeit um den Betrag der Produktivitätssteigerung, sondern daß gerade unter den Bedingungen hoher Arbeitsproduktivität die Arbeitsleistung einer Arbeitsperson vermehrt abzuschöpfen ist.

Jeder Zeitersparnis folgt in akkumulierenden Gesellschaften der Imperativ, *noch* zeitsparender zu sein. Dies scheint paradox, da man zunächst annehmen müßte, daß sich der Anwender einer neuen Arbeitsorganisation, zeitsparender Maschinen usw. zunächst mit dem eingesparten Zeitvolumen (d. h. mit dem zusätzlich erwirtschafteten Zeitgewinn) zufriedengeben könnte.

Zum einen jedoch existiert ein Zwang zur immer weiteren Steigerung der Arbeitsproduktivität durch die Konkurrenz der Kapitale oder Wirtschaftssubjekte untereinander. Zum anderen besteht auch ein immanenter Zwang aus der Anwendung der Zeitökonomie selbst heraus zu weiteren zeitökonomischen Verbesserungen. Denn je produktiver und damit i. d. R. auch kapitalintensiver eine Anlage ist, desto zwingender wird es für den Betreiber dieser Anlage, Stillstandszeiten so weit wie möglich zu reduzieren. Beispiele hierfür finden sich in der verstärkten Anwendung von Nacht- und Schichtarbeit bei wachsender Kapitalintensität von Produktions- und Rechenanlagen. Je höher der potentielle Gewinn aus dem Betrieb einer Anlage ist, desto größer werden die Verluste durch Stillstandszeiten in Terms entgangener potentieller Gewinne (opportunity costs).

Vorkommen an Bodenschätzen oder durch geraubte Subsistenzmittel bedingte Arbeitsersparnis verstanden werden. Weiterhin könnte modifizierend zu den vorliegenden Annahmen in unserem Modell berücksichtigt werden, daß sich bei kürzerer Arbeitszeit durch die geringere Kraftverausgabung eine Ersparnis von Reproduktionsmitteln und damit eine sinkende Nachfrage ergeben könnte. Demgegenüber könnte jedoch argumentiert werden, daß die disponible Zeit die Hinwendung zu anderen Tätigkeiten und Bedürfnissen induziert und damit zusätzliche Nachfrage schafft.

[2] Wir lassen die Absatz- und Arbeitsmärkte, die zu einer Modifizierung der Verwendung des Produktivitätsfortschritts führen, hier unberücksichtigt.

Georgescu-Roegen hat einen Mechanismus beschrieben, den er als „the circumdrome of the shaving machine" bezeichnet:

„... in a compelling harmony with all the above thoughts we should cure ourselves of what I have been calling ‚the circumdrome of the shaving machine,' which is to shave oneself faster so as to have more time to work on a machine that shaves faster so as to have more time to work on a machine that shaves still faster, and so on ad infinitum. This change will call for a great deal of recanting on the part of all those professions which have lured man into this empty infinite regress. We must come to realize that an important prerequisite for a good life is a substantial amount of leisure spent in an intelligent manner" (1976, S. 153).

Die Ausführungen von Georgescu-Roegen machen deutlich, daß Zeitwohlstand nicht zu erreichen ist, wenn auf jeden Produktivitätsfortschritt der Produktivitätsfortschritt selbst wieder Anwendung findet und sogar in verstärktem Maße angewandt werden muß (vgl. oben). Die Selbstreferentialität des Mechanismus der Herstellung von Zeitersparnis führt notwendig zur weiteren Verknappung der Zeit. Wir wollen im folgenden versuchen, diesen Mechanismus weiter zu erläutern.

Im ökonomischen Kalkül der subsistenzwirtschaftlichen Variante würde, wie gezeigt, die im Produktionsbereich eingesparte Zeit bei konstantem Gütervolumen der Verbrauchsseite zugeschlagen werden, d. h. bei Erreichen eines vorab festgelegten Güterquantums würde die Produktion eingestellt und der Rest der Zeit mit nicht-produktiven Tätigkeiten verbracht werden. Damit wächst im gleichen Umfang, wie die Ersparnis der Zeit zunimmt, das pro konsumierbarem Gut verfügbare Zeitvolumen.

Unter den Bedingungen einer akkumulierenden Gesellschaft verläuft dieser Prozeß jedoch umgekehrt. Indem die Zeitersparnis im Bereich der Produktion zunimmt, *sinkt* der Zeitverbrauch bezogen auf die konsumierten Güter relativ: die gestiegene Produktivität führt zu einem Anwachsen der verfügbaren Gütermenge, da bei entsprechender Anpassung des Lohnes an die gestiegene Produktivität, wie sie in den entwickelten westlichen Ländern annäherungsweise unterstellt werden kann, sich die Kaufkraft erhöht.

Der größtmögliche Zeitverbrauch ist begrenzt durch die individuelle Lebenszeit oder gesellschaftlich betrachtet durch die durchschnittliche Lebenserwartung. Bei einem Zuwachs der Produkte, deren Konsum oder Inanspruchnahme Zeit verbraucht, muß bei generell limitierter Lebenserwartung eine Verkürzung der Nutzungszeiten für jedes einzelne Gut bzw. jede Dienstleistung eintreten. Es findet ein Verdrängungswettbewerb zwischen den Gütern statt. Linder (1973) versucht nachzuweisen, daß dieser Verdrängungswettbewerb zugunsten besonders güterintensiver Tätigkeiten verläuft, während die ohne hohe Kosten oder materiellen Aufwand zu betreibenden Tätigkeiten zu sogenannten „inferioren Zeitverwendungsalternativen" herabsinken, also zu „niederen" Tätigkeiten werden, die nur noch selten vollführt werden.

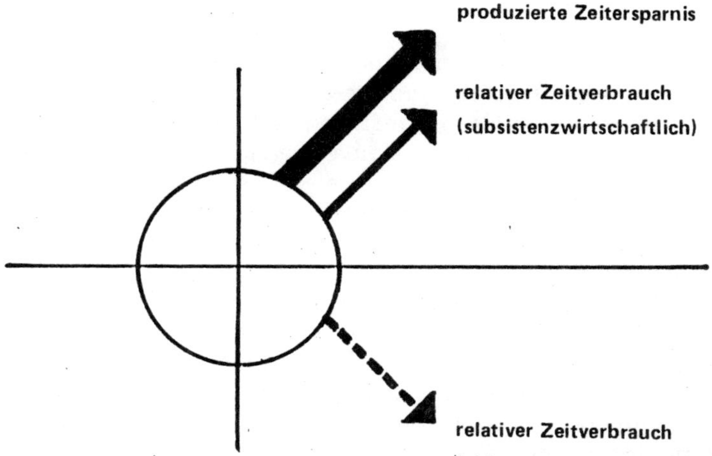

Abb. 1.

Dem Produktivitätszuwachs in der Herstellung materieller Güter und z. T. auch Leistungen entspricht also ein „Produktivitätszuwachs" im Verbrauch. Ähnlich, wie die Anhebung der Produktivität in der Güter- und Leistungsproduktion und damit die Verkürzung der Produktionszeiten unendlich voranschreiten kann und asymptotisch, d. h. ohne diese je zu erreichen, gegen Null strebt, kann auch der Güterkonsum pro Gut und Zeiteinheit beinahe beliebig verkürzt werden. Freilich ergeben sich in bezug auf den Konsumsektor Grenzen dadurch, daß der Gebrauch einer Sache unterhalb eines bestimmten zeitlichen Limits deren eigentlichen Sinn oder Inhalt völlig entstellen kann. Allerdings sind die Grenzen erstaunlich variabel. Dadurch, daß die zeitliche Strukturiertheit einer Sache als Teil ihres Gebrauchswertes angeboten wird, können anfängliche Widersprüche zwischen dem Gegenstand des Konsums und seiner durch Marketingstrategien verformten Temporalstruktur mit den Bedürfnissen der Konsumenten kompatibel gemacht werden. Beispiele hierfür sind *Kurz*-Urlaube. Jedoch wird auch, etwa bei Fernreisen, eine besondere Erlebnis*dichte* wie auch besondere Erlebnis*tiefe* (z. B. Abenteuerurlaub) über einen *längeren Zeitraum* angeboten. Damit wird eine besonders ökonomische Zeitnutzung erreicht. Ähnliche Entwicklungen der zeitlichen Komprimierung von Tätigkeiten oder Erlebnissen finden auch in der Eßkultur (Steh-Cafés, Schnellimbiß) oder im Bereich des Medienkonsums statt. So läßt sich beispielsweise die angestrebte „Spannung" in audiovisuellen Produkten in unserem Zusammenhang auch als möglichst hohe Erlebnisdichte pro Zeiteinheit des Medienkonsums auffassen.

Man kann sich am Beispiel der Informationsdichte im allgemeinen die Logik des Infinitesimalprinzips weiter verdeutlichen. Die Informationsdichte hat in den letzten Jahrzehnten bekanntlich in nie gekanntem Ausmaß zugenommen. Hierfür waren zwei Gründe ausschlaggebend: zum einen die erhöhte Produktion von Informationen, wie durch wissenschaftliche Ergebnisse oder durch die Ausbreitung von Werbebotschaften, zum anderen die Ausbreitung und Effektivierung der Informationstechniken wie Informationsübertragung und -speicherung etc. Die Verbesserung der Informationstechniken hat nun jedoch nicht dazu geführt, daß ein bestimmtes, sage als lebensnotwendig erachtetes Quantum an Informationen effektiver und in *kürzerer Zeit* vermittelt wird, sondern hat im Gegenteil eine *mengenmäßige Ausdehnung* von Informationen bewirkt.

In akkumulierenden Gesellschaften bleibt das *Zeitvolumen,* das für die Aufnahme und Verarbeitung von Informationen verwendet wird, konstant oder dehnt sich sogar erheblich aus. Solche Ausweitungen erfolgten etwa bei der Einführung des Fernsehens oder neuerdings durch die Verbreitung von Heimcomputern. Wenn man jedoch davon ausgeht, daß selbst bei partieller Ausweitung des Zeitvolumens der „Informationsaufnahme und -verarbeitung" durch konkurrierende Angebote und lebensnotwendige Arbeitstätigkeiten Grenzen gesetzt sind, so kann die wachsende Informationsmenge nur durch eine linear verlaufende Steigerung der Informationsdichte bewältigt werden. Dieser Differenzierungs- oder auch Divisionsvorgang (die Halbierung der Zeit für eine Informationseinheit, die Halbierung der Halbierung, deren weitere Halbierung usw.) gelangt, ähnlich dem vorigen Beispiel, nur durch die materielle Beschaffenheit von Informationsübertragern oder der Rezipienten der Information, z. B. durch die begrenzte Verarbeitungskapazität des menschlichen Gehirns, an gewisse praktische Grenzen.

Der oben geschilderte Zusammenhang deutet darauf hin, daß technische Innovationen ganz allgemein, bedingt durch die bestehenden ökonomischen Rationalitätsprinzipien, obwohl technisch möglich, faktisch jedoch nicht zu Arbeitserleichterungen, sondern tendenziell zu Mehrbelastungen führen. Eine Belastungsreduktion würde in unserem Fall nur dann eintreten, wenn die zu übermittelnde Informationsmenge konstant bliebe bzw. wenn die durch die Verbesserung der Technologie mögliche Steigerung der Informationsmenge ausbliebe.

Vergleichbare Prozesse finden sich auch in anderen Bereichen. So hat die Verkürzung von Fahrdauern durch die Verschnellerung der Transportmittel, durch verbesserte Fahrwege und eine dem Individualverkehr angepaßte Infrastruktur nicht dazu geführt, daß Zeit für andere Betätigungen freigesetzt wurde. Im Gegenteil, wie später noch zu behandeln sein wird (vgl. Kap. IV.2.), ist der Zeitaufwand, der in den entwickelten Ländern für Transport erbracht werden muß, über verschiedene Vermittlungsebenen im Vergleich zu Gesellschaftsformationen mit einem nur wenig entwickelten Transportwesen erheblich gewachsen. Es hat also auch hier nur eine *relative* Zeitersparnis stattgefunden, bezogen auf die Größe der Distanzüberwindung pro Zeiteinheit. Jedoch sogar hieran werden Zweifel angemeldet, wenn man den Brutto-Zeitverbrauch für Transport, d. h. alle mit dem Personen- und Gütertransport zusammenhängenden Vorleistungen, mit einbezieht (vgl. hierzu etwa Illich 1978). Auch im Verkehrs- und Transportbereich findet also eine Art Mengenanpassung, hier die Zunahme der Kilometerleistung, statt.

Ein analoger Vorgang läßt sich auch im Bereich der Hausarbeit beobachten. Die technischen Verbesserungen führen nicht zur Herabsetzung des für Hausarbeit aufgewendeten Gesamt-Zeitvolumens, sondern zur Verbesserung der haushälterischen Standards (vgl. hierzu Kap. IV.1.2.). Rationalisierungen führen hier zu einem Anstieg der Produktionsleistung, nicht jedoch zur Befreiung von Arbeit bzw. zur Reduktion des abzuleistenden Arbeitspensums. Gleiches gilt für die Rationalisierung des Einkaufs und der materiellen Güterversorgung. Das Entstehen von Warenhäusern und Supermärkten, in denen das Warensortiment abgesehen von einigen Ausnahmen auch unter zeitökonomischen Gesichtspunkten vergleichsweise optimal zusammengestellt ist, hat den Zeitverbrauch für „Einkauf" nicht reduziert. Vielmehr entsteht durch die marktwirtschaftliche Organisation der Güterverteilung und den Anstieg der potentiell konsumierbaren Güter und Leistungen ein hoher Zeitverbrauch durch systemnotwendige Such- und Informationszeiten, der ebenfalls eher zu noch weiterer Ausdehnung tendiert (vgl. hierzu Kap. IV.1.).

Es kann also konstatiert werden, daß der *Zeitverbrauch* in bestimmten Konsum- oder Tätigkeitsbereichen ungeachtet ihres Rationalisierungsniveaus in hohem Maße *invariant* ist oder, sofern sich Veränderungen beobachten lassen, zur Ausdehnung tendiert, nicht dagegen zur Kontraktion. Angesichts dieser Befunde liegt die Vermutung nahe, daß eine Gesetzmäßigkeit vorliegt, derzufolge der Zeitverbrauch für eine bestimmte Tätigkeitsart von den betroffenen Individuen oder, vermittelt über Sachzwänge, der Zeitverbrauch innerhalb der Subsysteme, die als Basis des zeitlichen Referenzsystems relevant sind, vergleichsweise konstant gehalten wird. Wir wollen diese Hypothese als die *Tendenz zum konstanten Zeitvolumen* bezeichnen. Die Hypothese besagt m. a. W., daß (innerhalb gewisser Grenzen) der Umfang der Tätigkeitsinhalte oder die Bearbeitungsdichte eines Gegenstandes die abhängige Variable, der Zeitrahmen hierfür, das Zeitvolumen, die unabhängige Variable ist. Konstatiert wird eine Tendenz zur *Mengenmaximierung bei Zeitkonstanz.* Dieser Vorgang ist Ausdruck der für die infinitesimalen Verwendungslogik der Zeit.

Der Infinitesimalisierungsprozeß, d. h. der Prozeß der ununterbrochen fortschreitenden Erhöhung der Nutzungsdichte von Zeitintervallen, hat zur Folge, daß der Wert der Zeit sukzessive weiter ansteigt. Folgende Mechanismen, die zu einer Steigerung des Wertes der Zeit führen, sind hier erkennbar:

1. Durch die Begrenztheit des Lebens-Zeit-Rahmens erfolgt eine Konkurrenz zwischen den sich mit der gesellschaftlichen Entwicklung vermehrenden Tätigkeiten oder Inhalten der Zeitverwendung. Es tritt sowohl eine *Nutzungskonkurrenz* zwischen verschiedenen Tätigkeitsarten, wie etwa Informations-

aufnahme, Distanzüberwindung, Erwerbsarbeit oder Ruhebedürfnis[1] auf, wie auch innerhalb der jeweiligen konstanten Zeitvolumina der Tätigkeitsarten eine Konkurrenz zwischen den verschiedenen Untergruppen der Nutzungsart, beispielsweise eine Konkurrenz zwischen verschiedenartigen Medienangeboten. Wie später noch näher zu erläutern sein wird, lassen sich allerdings auch verschiedene Tätigkeitsarten zeitgleich in Form der sogenannten Zeitvertiefung miteinander kombinieren. Insofern werden für die jeweiligen Tätigkeitsarten durch ihre Überlappung mit anderen zusätzliche zeitliche Ressourcen erschlossen.

2. Die zweite Ursache für das Anwachsen des Wertes der Zeit liegt in der Herstellungsform von Zeitersparnis unter den Bedingungen entwickelter Gesellschaften begründet. Der Knappheit der Zeit wird in der Produktionssphäre durch den *Einsatz zeitsparender Fertigungstechniken* begegnet, die jedoch zunehmend kostenintensiver werden und damit den Wert der Zeit analog dem kostenmäßigen Aufwand für Einsparungstechnologien erhöhen (vgl. hierzu Abschnitt III).

3. Die stets fortschreitende Ersparnis von Zeit durch erhöhten Mitteleinsatz in der Produktion auf der einen Seite, wie die hierdurch induzierte wachsende Güter- und Leistungsmenge auf der anderen Seite, treiben sich wechselseitig voran: In der Konsumsphäre läßt es die tatsächlich erfahrene, jedoch auch allgemein unterstellte Knappheit der Zeit notwendig erscheinen, vermehrt zeitsparende Gebrauchsgüter einzusetzen. Diese werden in der Produktionssphäre ebenfalls wieder mit hoher Arbeitsproduktivität und damit auf der Basis hohen, den Zeit-Wert steigernden Mitteleinsatzes, hergestellt. Sie tragen nun ihrerseits wieder durch ein erhöhtes Warenangebot zur Verknappung der Zeit im Konsumsektor bei (Nutzungskonkurrenz) und werden der erneute Ausgangspunkt für Maßnahmen, die dem Ziel dienen, der zunehmenden Zeitknappheit zu begegnen, usw.

Zeitökonomie zieht eine *verschärfte* Zeitökonomie nach sich, da Verluste an Zeit auf einem hohen Niveau zeitökonomischer Organisation der Produktion zunehmend schwerer wiegen und die einzige Möglichkeit, diese Verluste aufzufangen, darin besteht, noch zeitökonomischer zu reagieren. Anders ausgedrückt: die Notwendigkeit der Anwendung von Zeitökonomie wächst mit dem Umfang der angewandten Zeitökonomie.

Die durch Produktivitätssteigerungen gewonnene Zeit, die sich in vermehrter Freizeit niederschlägt, führt, da die gewonnene Zeit eben in einem emphatischen Sinne gewonnene, d. h. durch Mitteleinsatz erzeugte Zeit ist, zu dem wachsenden Zwang „sinnvoller“ oder „nützlicher“ Verwendung von Zeit. Zeitverwendungsmuster bedürfen in erhöhtem Maße einer auf Rationalitätskriterien fußenden

[1] Da man zumindest unter den Bedingungen entwickelter Zeitstrukturen nicht „nichts tun“ kann, ist auch das Ruhebedürfnis kategorial als Tätigkeitsart aufzufassen.

Rechtfertigung. Typisch hierfür ist, daß es keine inhaltlichen Bezugspunkte für das „Nützliche" gibt. Das Charakteristische der modernen Zeitstruktur besteht gerade darin, daß sie den zeitlichen Verwendungsimperativ als solchen getrennt von den Inhalten einer Handlung als *das* allgemein gültige ökonomische Rationalitätsprinzip historisch zum erstenmal in sich aufnimmt.

1.2.2 Knappheit und Mangel

Knappheit ist Gegenstand ausführlicher Erörterungen innerhalb der Soziologie und der Nationalökonomie (vgl. hierzu z. B. Sichtermann 1978; Balla 1978; Luhmann 1968). Für die Nationalökonomie ist Knappheit eine Ontologie. Knappheit wird nicht als durch gesellschaftliche Verhältnisse bedingte bzw. hierdurch generierte Entität angesehen. Ausgehend von der Annahme, daß menschliche Bedürfnisse unbegrenzt seien und demgegenüber die Mittel ihrer Befriedigung stets hinterherhinken würden, wird jedes Gut, sofern es ein wirtschaftliches und kein freies Gut ist, das im ökonomischen Sinne nicht nachgefragt wird, als ein prinzipiell knappes angesehen. Knappheit wird als eine der Güterproduktion und -versorgung innewohnende Eigenschaft verstanden, die für alle Gesellschaftsformationen mit gewissen Modifikationen Gültigkeit beanspruchen kann (vgl. hierzu zusammenfassend Sichtermann 1978). Hierbei spielt die zeitliche Dimension eine herausragende Rolle.

Das Vorhandensein von Knappheit wird in der Nationalökonomie u. a. damit begründet, daß, da wirtschaften immer wählen bedeutet (vgl. v. Eynern nach Sichtermann 1978, S. 148) und diese Wahl immer in der Zeit stattfindet, ein Zwang besteht, zwischen alternativen Verwendungsmöglichkeiten wirtschaftlicher Mittel zu entscheiden (vgl. Liefmann-Keil nach Sichtermann 1978, S. 148). Der Zwang zur Entscheidung über sich ausschließende Verwendungsalternativen knapper Mittel macht danach den Sinn wirtschaftlichen Handelns aus. Dabei resultiert die postulierte Notwendigkeit dieser Entscheidung allerdings erst aus der vorausgesetzten Knappheit.

Bei Robbins wird die Zeitdimension selbst zur Begründung von Knappheit herangezogen: „Um wirtschaftlich zu sein, muß eine Handlung den Verzicht auf andere erwünschte Alternativen erfordern . . . — was notwendigerweise für alle menschlichen Handlungen gilt, da sie eine Zeitdimension besitzen" (Lowe 1965, S. 23, nach Sichermann, S. 149). Hier wird nun das Handeln in der Zeit für alle Gesellschaften vorausgesetzt, ohne näher darauf einzugehen, inwiefern Zeit als Bezugssystem für Handeln in einer Gesellschaft bereits entwickelt ist oder nicht: In diesem Sinne findet nämlich nicht *jedes* Handeln in der Zeitdimension statt. Denn dies gilt nur für Gesellschaften, in denen sich die Zeit als relevantes Bezugssystem — namentlich als ökonomisches — überhaupt schon herausgebildet hat. Dies ist, wie im ersten Abschnitt dargestellt wurde, nicht für alle Gesellschaftsformationen zutreffend und damit auch kein Naturgesetz.

Weder die Knappheit an sich, als Knappheit ökonomischer Mittel, noch die Zeitknappheit, wie sie im Zusammenhang mit der Theorie des Wahlhandelns zur Begründung von Knappheit als Naturgesetz herangezogen wird, können daher in unserem Zusammenhang als Beleg für die Knappheit der Zeit als Ontologie dienen.

Auch in der Soziologie hat man, analog zur Nationalökonomie, Versuche zur Untermauerung einer solchen Knappheits-Ontologie unternommen. In Anlehnung an die Nationalökonomie konstatiert Balla im Anschluß an v. Mises, daß auch in einem total versorgten Schlaraffenland die Knappheit der Zeit und das Problem zeitlicher Priorität zu berücksichtigen wären. Durch einen besseren Umgang mit der Zeit würde sich u. a. die Bedürfnisbefriedigung in jedem Falle verbessern. Dabei bedürfe der ubiquitäre und dauerhafte Charakter der Zeitknappheit keines besonderen Nachweises (Balla 1978, S. 27 bzw. 28).

Demgegenüber unterstreicht Luhmann gerade die gesellschaftliche Bedingtheit von Knappheit in einem theoretischen Konzept, das Knappheit als Bearbeitungsschema versteht:

„Knappheit ist nicht gleichbedeutend mit Seltenheit oder Fehlen von Gegensätzen, Mangelerscheinungen, Notlagen oder Gefahren; sie ist keine Eigenschaft der Natur und auch keine natürliche Relation von Bedürfnissen und Befriedigungsmöglichkeiten, von deren Gegebenheiten man auszugehen hätte. Vielmehr handelt es sich um einen abstrakten Vergleichsgesichtspunkt, unter dem Bedürfnisse situationsunabhängig behandelt werden können" (1975, S. 207).

Demgegenüber begreift Balla Knappheit als einen

„Grundtatbestand menschlicher Existenz. Der Mensch ist durch Knappheit, d. h. durch Mängel, Mißverhältnisse und Defizite in seiner Existenz auf vielfältige Art grundlegend betroffen und geprägt. ... Knappheit in der Gestalt von elementaren Problemen der Subsistenzsicherung hat den ganzen bisherigen Verlauf der Geschichte der Menschheit entscheidend geprägt" (Balla 1978, S. 3).

Verglichen mit einer solchen, von gesellschaftlichen Formbestimmtheiten abstrahierenden Definition, die den Begriff des Mangels nicht von dem der Knappheit unterscheidet, stellt die Luhmannsche Behandlung der Knappheit, wenn auch unter dem eingeschränkten Gesichtspunkt des Handelns von Organisationen und Institutionen, einen erheblichen Fortschritt dar.[3]

[3] Vgl. hierzu auch Luhmann 1979; die Arbeiten, die von Luhmann zum Problem der Zeit vorliegen, sollen hier nicht berücksichtigt werden, da in diesem Abschnitt die Darlegung des eigenen Konzepts der industriellen Zeitstruktur, nicht aber eine grundsätzliche Auseinandersetzung mit dem Problem der Knappheit oder mit der Temporalisierung von Handlungsstrukturen intendiert ist. Eine ausführliche Auseinandersetzung mit dem Luhmannschen Zeitbegriff findet sich bei Bergmann 1981.

Die Ontologisierung der Knappheit, Knappheit als abstraktes Prinzip, ist wie die infinitesimale Verwendungslogik der Zeit der komplementäre Ausdruck des in der Gesellschaft vorherrschenden Akkumulationsprinzips. Denn da auf der einen Seite Akkumulation und Wachstum ihrer immanenten Logik nach unbegrenzt sind, müssen dementsprechend auch die Mittel zur Befriedigung dieser *Akkumulations*bedürfnisse prinzipiell stets *verhältnismäßig zu* gering sein.

Folglich ist auch die Zeit knapp: erstens die für die Produktion aufzuwendende Zeit, denn es nähert sich entsprechend den Verwertungsbedürfnissen des Kapitals die für die Herstellung eines Gutes aufzuwendende Arbeitszeit soweit wie möglich asymptotisch Null an. Damit ist die für die Produktion eines Gutes oder einer Leistung aufgewandte Arbeitszeit relativ immer *zu* lang und steht damit unter dem Verdikt, früher oder später durch Rationalisierungsmaßnahmen weiter verkürzt werden zu müssen.

Zweitens ist in akkumulierenden Gesellschaften prinzipiell diejenige Zeit zu verkürzen, in der ein gegebenes Kapital zu seinem Ausgangspunkt zurückkehrt. Diese Verkürzung der Umschlags- oder Umlaufzeit des Kapitals findet ebenso in sich keine Begrenzung. Der inneren Logik der Kapitalverwertung folgend, ist jede andere existierende Umschlagsphase zu lang bzw. nicht kurz genug, um nicht weiter verkürzt werden zu müssen.

Hier wird deutlich, daß die Knappheit der Zeit in akkumulierenden Gesellschaften aus deren endogener ökonomischer Logik herrührt und darum *nicht* durch besseres Zeitmanagement, d. h. durch eine effizientere Bewirtschaftung der Mittel im Sinne des hergebrachten Verständnisses der Nationalökonomie, beseitigt werden könnte. Ganz im Gegenteil: je mehr die Zeit bewirtschaftet wird, desto mehr steigt der Wert der Zeit; je mehr aber der Wert der Zeit wächst, desto größer wird die Notwendigkeit ihrer Bewirtschaftung. Dieser endlose Zirkel des Zeitsparmechanismus, der eine deutliche Strukturisomorphie mit dem Akkumulationsprinzip aufweist, ist bedingt durch die Bewirtschaftung von Zeit in Form zeitsparender Rationalisierungsinvestitionen, d. h. durch erhöhten Mitteleinsatz.

Im Gegensatz zur Knappheit besteht der *Mangel* an Zeit nicht in einem abstrakten Prinzip, sondern ist konkret, auf der Handlungsebene des Individuums, fehlende Zeit *für* etwas: fehlende Zeit für die Fertigstellung eines Produkts, fehlende Zeit für Kommunikation, zum Essen oder Schlafen usw. Aber auch der Mangel an Zeit setzt bereits eine Gesellschaft voraus, in der die Zeit zumindest als Orientierungssystem weitgehend etabliert ist. Denn nur wenn konkurrierende Verwendungsalternativen von Zeit aufeinandertreffen, wenn spontanes Handeln partiell abgelöst wird durch zeitliche Vorschriften, die die Dauer oder Lage einer Handlung strukturieren, wird Zeit durch sich gegenseitig ausschließende Handlungen (zu ein und demselben Zeitpunkt) als Problem erlebt.

Die Nomadenstämme der Nuer, aber auch der mittelalterliche Bauer und ein Großteil der Menschen in den Ländern der Dritten Welt empfinden den Mangel an Zeit nicht als vordringliches Problem, eher umgekehrt: Dort, wo agrarische Strukturen vorherrschen, wird Zeit gleichsam als freies Gut, als unerschöpfliche Ressource behandelt. Der Begriff von „Zeitmangel“ setzt also logisch ein höher entwickeltes Bezugssystem „Zeit“ voraus.

Anders als die Knappheit der Zeit läßt sich der Mangel an Zeit unter den Bedingungen der akkumulierenden Gesellschaft zwar prinzipiell, jedoch nur okkasional beseitigen, wenn dem auch faktisch erhebliche strukturelle Hindernisse entgegenstehen. Der Mangel an Zeit bezeichnet gleichsam die Gebrauchswertseite des Zeitproblems, bezieht sich auf den konkreten Nutzen einer Zeiteinheit.

Der *Mangel* an Zeit stellt sich in Kategorien des *Systems der Bedürfnisse* dar, die *Knappheit* der Zeit in solchen des *ökonomischen* Systems.

1.3 Koexistenz verschiedener Zeitstrukturen

1.3.1 Strukturelle Heterogenität

Die in den gegenwärtigen Industriegesellschaften existierende und das ökonomische und soziale Handeln bestimmende Zeitordnung ist jedoch mit den Merkmalen, die für die abstrakte Zeitstruktur charakteristisch sind, nicht hinreichend beschrieben. Im folgenden sollen einige, freilich zum Teil noch wenig gesicherte Hypothesen über den Gesamtkomplex zeitlicher Bezugssysteme dargelegt werden.

Wenn man unter einem Meßvorgang versteht, daß zwei Größen miteinander verglichen werden (vgl. Elias 1974/75), so stellt die konkrete Zeit nichts anderes dar als ein bestimmtes Bezugssystem für diesen Meßvorgang. Der Maßstab kann hierbei bezüglich seiner Beschaffenheit stark variieren: Er reicht von einem spontanen Sichaufeinanderbeziehen zweier Menschen, in denen der Maßstab ebenso spontan festgelegt wird (z. B. „wenn ich fertig bin mit der Arbeit, besuche ich dich; wenn die Kinder schlafen, rufe ich dich an; wenn die Äpfel reif sind, lade ich dich zu der Ernte ein“) bis hin zu einer für alle verbindlichen Uhrzeit, die sich jeder subjektiven Beeinflussung entzieht.

Im ersten Fall vergleichen sich die zu koordinierenden Größen (hier: die Menschen) an sich selbst; im zweiten Fall tritt ein tertium comperationis dazwischen, welches wegen seiner Abstraktheit und seiner Gleichgültigkeit gegenüber den besonderen Vorgängen, die innerhalb einer Zeit geschehen, für jeden Vergleichsvorgang universell verwendbar ist.

Entsprechend der qualitativen Beschaffenheit des Bezugssystems variiert die Präzision der Messung. Im System der *spontanen* Messung gibt es *qualifizierte* Zeiträume, die aber wenig exakt sind. Die Messung anhand der Uhr hingegen zeigt *präzise,* dafür aber *unqualifizierte* Zeiten an.

In allen Fällen bleibt die Zeit jedoch das Ergebnis eines Meßvorgangs, d. h. eines ohne menschliches Bewußtsein und Handeln nicht denkbaren Vorganges (vgl. Elias 1974/75). Auch die Etablierung genormter Zeitmaße wie die der Uhrzeit ist gleichsam nur die geronnene Form regelmäßig vollzogener Vergleichsvorgänge, deren Ursprünge ökonomische und soziale Aktivitäten sind.

Der jeweilige Entwicklungsstand von Produktivkräften und Lebensverhältnissen erfordert bzw. legt nahe eine bestimmte qualitative Beschaffenheit des Meßvorganges für Zeit. Anders ausgedrückt, die Zeitstruktur entspricht den durch die Arbeits- und Lebensbedingungen wie auch durch die gesellschaftlichen Eigentumsverhältnisse notwendigen Erfordernissen an Synchronität und zeitlicher Abstimmung der Mitglieder der Gesellschaft untereinander.

Dort, wo sich die Sozialstrukturen weiter verfeinern, wo die Beziehungen komplexer und differenzierter werden, verfeinern sich entsprechend die zeitlichen Bezugssysteme.

In den Bereichen der Gesellschaft, die sich *nicht* weiter ausdifferenzieren und in solchen gesellschaftlichen Subsystemen, die ungeachtet der vorangeschrittenen Industrialisierung noch in vorindustriellen Bindungen verharren, bleibt auch der Zeitbezug vorindustriell. Da sich bei weitem nicht alle gesellschaftlichen Subsysteme und auch die menschlichen interpersonalen Beziehungen nach dem „neuesten Stand“ der gesellschaftlichen Entwicklung verhalten, sondern häufig auf einer früheren Stufe stehenbleiben und sich auf diesem Niveau auch noch weiter reproduzieren können oder aufgrund ihres Charakters sich reproduzieren können müssen, finden sich innerhalb einer Gesellschaft entsprechend ihrem Entwicklungsstand *nebeneinander existierend mehrere Zeitstrukturen.*

Bestimmte Subsysteme wie die Familie reproduzieren mit relativ starker Abschottung gegenüber anderen Subsystemen, z. B. der Arbeitswelt, ihr genuines Meßinteresse, grenzen sich also gegen die Verbringung der Zeit im Sekundenrhythmus ab (vgl. hierzu auch Abschnitt V.). Die sozialen Beziehungen in der Familie, gleichsam „der Zweck“ der Familie, erfordern für sich kein dem industriellen Arbeitsprozeß entsprechendes Zeitmaß; eine Adaption würde eher zerstörend auf die Sozialstruktur wirken, wenn auch nicht verkannt werden darf, daß ein nicht unerheblicher Assimilationsdruck von der abstrakten Zeitnorm ausgeht, so daß es zu spill-over-Effekten zwischen verschiedenen gesellschaftlichen Bereichen kommt (vgl. Abschnitt V.).

Im vorangegangenen waren die Entstehungsbedingungen der organischen, zyklischen, linearen und abstrakten Zeit skizzenhaft dargestellt worden. Dabei wurde aus Gründen der analytischen Vereinfachung implizit davon ausgegangen, daß es sich bei den verschiedenen Zeitsystemen um historisch aufeinander folgende, d. h. sich in verschiedenen Epochen ablösende Strukturen handelt. Bei genauerer Untersuchung läßt sich jedoch erkennen, daß mit dem Aufkommen einer neuen Zeitstruktur keineswegs die davorliegende sich auflösen muß. Mit einiger Plausibilität kann davon ausgegangen werden, daß alle vier Zeitsysteme auch in der gegenwärtigen Gesellschaft nebeneinander und miteinander existieren. Die Kennzeichnung einer Epoche als z. B. eine Epoche der zyklischen Zeit meint daher nicht, daß dieser Zeitstruktur in dieser Epoche ein exklusiver Geltungsanspruch zukäme. Sie behauptet lediglich die *Dominanz* des historisch neueren Zeitsystems gegenüber dem älteren. Die älteren Zeitsysteme sind daher jeweils als Teilmengen der neueren anzusehen.

Das vorherrschende Zeitsystem ist in hochentwickelten Gesellschaften gegenwärtig die abstrakte Zeit. Anhand Abb. 2 läßt sich dies folgendermaßen nachvollziehen:

1. In der Jäger- und Sammlerphase herrscht die Nicht-Zeit oder *organische Zeit* mit dem Charakteristikum der spontanen und okkasionalen Anpassung an die Rhythmik der Natur und sozialer Prozesse vor (andere Zeiten existieren nicht).
2. Mit der Einrichtung turnusmäßiger Markttage bildet sich die *zyklische Zeit* mit dem Charakteristikum der regelmäßigen Wiederkehr bestimmter Ereignisse innerhalb bestimmter Zeiträume heraus. Hierbei besteht jedoch noch keine chronologische Abfolge oder Anordnung von Ereignissen auf einer Zeitachse.
3. Mit den frühen Hochkulturen kommt die *lineare Zeit* mit dem Charakteristikum einer gleichförmig voranschreitenden irreversiblen Abfolge der Zeit auf.
4. Die mit der kapitalistisch-industriellen Entwicklung entstehende *abstrakte Zeit* ist charakterisiert durch das Merkmal der Bewirtschaftung der Zeit.

Wie bereits an anderer Stelle dargelegt, schließt die abstrakte Zeit die Gleichförmigkeit und Irreversibilität der linearen Zeit als Bedingung ihrer Möglichkeit ein, ebenso wie andererseits eine Linearisierung der Zeit nicht ohne die regelmäßigen Interaktionsprozesse, die zur Entstehung der zyklischen Zeit führten, denkbar ist.

Wenn man in diesem Sinne Zeit als einen Meßvorgang versteht, dann läßt sich die Abfolge der verschiedenen Zeitstrukturen als eine Linie aufsteigender Präzisierung sowie als zunehmende Generalisierung und gesellschaftliche Verallgemeinerung solcher Meßvorgänge begreifen. Es findet eine Ausdifferenzierung zeitlicher Vergleichsgrößen statt.

Innerhalb der entwickelten Industriegesellschaften ist also mit der „Herrschaft" der abstrakten Zeit, mit dem Eindringen der Ökonomie der Zeit in alle gesell-

Abb. 2.

schaftlichen Bereiche, keineswegs eine völlige Vernichtung der traditionellen Zeitstrukturen impliziert. Vielmehr scheint es so zu sein, daß in bestimmten sozialen Zusammenhängen die Gültigkeit jeweils unterschiedlicher Zeitsysteme anzutreffen ist (vgl. hierzu auch Kap. V.5.). Zwar ist in industriell-kapitalistischen Gesellschaften der Verwendungsimperativ der Zeit als Ausdruck der abstrakten Zeit durchaus dominierend, jedoch wird er gebrochen durch eine Reihe von Subsystemen, d. h. abgestufter zeitlicher Bezugssysteme (vgl. Abb. 2).

Die hier gewählte Darstellung kann nicht beanspruchen, eine allgemeingültige historische Abfolge der Entwicklung der Zeitsysteme wiederzugeben. Wie sich dieser Entwicklungsprozeß einer mehrtausendjährigen Geschichte der Zeit innerhalb einer bestimmten Region abgespielt hat, kann hier nicht näher untersucht werden. Der dargelegte Entwicklungsprozeß ist in erster Linie idealtypisch zu verstehen. Er beschreibt die innere Logik der Entwicklung von einer Zeitstruktur zur nächsten und versucht diese in Abhängigkeit von bestimmten gesellschaftlichen Voraussetzungen zu interpretieren.

Weiterhin wird in diesem Modell nicht behauptet, daß sich nun die gesamte Welt unter der Herrschaft der abstrakten Zeitlogik befände. Im Gegenteil läßt sich feststellen, daß auch im Weltmaßstab offensichtlich ein Nebeneinander der

Zeitstrukturen anzutreffen ist, wiederum je nach dem ökonomischen und sozialen Entwicklungsstand der entsprechenden Gesellschaften. So sind die im Kapitel I., 1.2.1. referierten Erkenntnisse über die Lebensweise der Jäger und Sammler im wesentlichen nicht die Ergebnisse von Rekonstruktionen historisch weit zurückliegender archaischer Gesellschaften, sondern beruhen auf ethnographischen Forschungen über Völker, die gegenwärtig noch unter steinzeitlichen Bedingungen produzieren. Ebenso fußt ein großer Teil der Erkenntnisse über das Wesen der zyklischen Zeit auf Untersuchungen der Lebensweise afrikanischer Völker wie der Nuer im 19. und 20. Jahrhundert.

Es wird später zu untersuchen sein, welche Konsequenzen eine derartige, komplexe Zeitstruktur für die Individuen und sozialen Gruppen einer hochentwickelten Gesellschaft hat (vgl. hierzu Abschnitt V).

1.3.2 Die Zeit in Marienthal

Das *gleichzeitige Nebeneinanderbestehen von mehreren zeitlichen Bezugssystemen* innerhalb einer sozialen Gruppe oder eines Gemeinwesens macht die Studie von Jahoda et al. (1978) deutlich, die im folgenden unter diesem Aspekt interpretiert werden soll.

Die in den frühen dreißiger Jahren in Österreich durchgeführte Untersuchung beschreibt die Auswirkungen einer Massenarbeitslosigkeit in der 1500 Menschen zählenden Gemeinde Marienthal. Der Niedergang der neben dem Dorf liegenden Textilfabrik, die nahezu die einzige Arbeitsstätte des Industriedorfes war und die hieraus resultierende Arbeitslosigkeit, die fast alle erwerbsfähigen Dorfbewohner erfaßte, führte zu einem tiefgreifenden Wandel der Lebensformen. Die Veränderung der materiellen Reproduktion, der Wegfall der Erwerbsarbeit sowie der Verlust des sozialen Ansehens bewirkten bei den Einwohnern des Dorfes einen völlig veränderten Lebensrhythmus und eine Veränderung der dörflichen Zeitordnung. Dies beginnt mit dem veränderten Rhythmus, in dem das Einkommen bezogen wird:

„Der alle zwei Wochen wiederkehrende Tag der Unterstützungszahlung ist für Marienthal von ungleich größerer Bedeutung als der Sonntag: Das gesamte Wirtschaftsleben schwingt in diesem zweiwöchentlichen Rhythmus. So weit es geht, werden Schulden an diesem Tag bezahlt, der ‚Ratenjud' wie man den Wiener Hausierer nennt, kommt in den Ort und verhandelt über die Höhe der Abzahlung: Großeinkäufe für die nächste Zeit an Mehl, Erdäpfeln, Fett usw. werden gemacht. An diesem Tag ist auch das Essen besser als sonst; die Kinder freuen sich auf ihn wie auf ein Fest. Sie spüren diesen Rhythmus deutlich genug in ihrer Ernährung" (S. 37).

Immerhin bleibt der Sonntag der Tag, an dem, wenn überhaupt, Fleich gegessen wird. Insgesamt macht die Ortschaft den Eindruck einer „abgestumpften Gleichmäßigkeit" (S. 55). Hier leben Menschen, die sich daran gewöhnt haben, weniger zu besitzen, zu erwarten und zu tun, als bisher für die Existenz als notwendig angesehen worden ist. Der Alltag der Familien ist geprägt von dem Problem der Langeweile. Jahoda et al. weisen dies eindrucksvoll an den ermittelten Zeitbudgets der Arbeitslosen nach. Sie zeigen ein völlig verändertes Zeitempfinden und eine völlig neue Zeitverwendung der Bewohner von Marienthal:

„Es ist immer dasselbe: Nur an wenige Ereignisse erinnert sich der Marienthaler Arbeitslose, wenn er den Bogen ausfüllt. Was zwischen den drei Orientierungspunkten Aufstehen — Essen — Schlafengehen liegt, die Pausen, das Nichtstun, ist selbst für den Beobachter und sicher für den Arbeitslosen schwer beschreibbar. Er weiß nur, ‚einstweilen wird es Mittag' und wenn er versucht, dieses Einstweilen zu beschreiben, dann entstehen die seltsamsten Verzeichnungen in dem Zeitbogen: Daß Beschäftigungen, die nicht länger als 5 Minuten gedauert haben, eine ganze Stunde füllen wollen ... Der Arbeitslose ist einfach nicht mehr im Stande, über alles, was er im Laufe des Tages getan hat, Rechenschaft zu geben. Nennen und aufzählen lassen sich außer den Orientierungspunkten nur die wenigen noch sinnerfüllten Handlungen am Tag: Buben waschen, Hasen füttern usw. Alles was sonst geschieht, steht mit der eigenen Existenz nicht mehr im sinnvollen Zusammenhang" (S. 86).

Diese Zeiterfahrung der Arbeiter, bei denen die am „häufigsten auftretende Form der Zeitverwendung das Nichtstun ist" (S. 87), führt dazu, daß die ursprünglich vorgesehene Stundenstatistik der Erhebungsbögen einer Aufgliederung nach halben Tagen weichen mußte, „wo der Wert der Stunde nicht mehr erlebt wird, läßt sich auch nicht stundenweise abgrenzen und verrechnen" (S. 87). Wie Jahoda et al. hervorheben, wird jedes Geräusch, jede Sinneswahrnehmung zu einem Ereignis. Die Orientierungspunkte des Zeitbewußtseins sind nicht länger die einer Arbeitstätigkeit, sondern werden willkürlich, stehen in keinem Zusammenhang mehr mit den gewohnten Relevanzpunkten des Alltagslebens und führen zu einer Desozialisierung der Arbeitslosen; jeder orientiert sich nun an den Markierungspunkten, die ihm selbst zufällig sich aufdrängen. Zu gewissen Orientierungspunkten werden die vor der Arbeitslosigkeit als ziemlich nebensächlich betrachteten Tätigkeiten des Brennholzsammelns, des Instandhaltens des Kaninchenstalls und der Bestellung des Schrebergartens (S. 89). Dieser Rückschritt in die Naturalwirtschaft führt, wenn überhaupt, zu einer eher an der zyklischen Zeitstruktur ablaufenden Lebensweise. Der mit der abstrakten Zeitstruktur in Einklang stehende Rhythmus der Fabrikarbeit — regelmäßiges Aufstehen, regelmäßiger Feierabend etc. — verfliegt innerhalb weniger Wochen. Hierzu trägt auch das wegen der Ersparnis von Heizmaterial allgemein übliche längere Verbleiben im Bett bei, ein ebenfalls an zyklische Prozesse gekettetes Verhalten (vgl. S. 92).

Sogar das Laufen, die Ganggeschwindigkeit, verändert sich, und es werden langsamere Gespräche geführt (S. 83 f.).

In unserem Zusammenhang besonders hervorzuheben ist die Tatsache, daß in der Untersuchung das unmittelbare Nebeneinander zweier Zeitorientierungen empirisch festgestelt wurde:

„*Doppelt verläuft die Zeit in Marienthal,* anders den *Frauen und anders den Männern.* Für die letzteren hat die Stundeneinteilung längst ihren Sinn verloren" (S. 84). „Hingegen sind die Frauen nur verdienstlos, nicht aber arbeitslos im strengsten Wortsinn geworden. Sie haben den Haushalt zu führen, der ihren Tag ausfüllt. Ihre Arbeit ist in einen festen Sinnzusammenhang mit vielen Orientierungspunkten, Funktionen und Verpflichtungen zur Regelmäßigkeit ... So ist der Tag für die Frauen von Arbeit erfüllt. Sie haben nur wenig Muße neben ihrer Hausarbeit, die in dieser Zeit eingeschränkter Unterhaltsmittel doppelt schwierig ist. Man vergleiche damit die ... Tabelle für die Männer. *So grundverschieden ist die Zeitverwendung bei Männern und Frauen, daß man für sie nicht einmal dieselben Kategorien aufstellen konnte.* Zuweilen machen kleine Konflikte diese verschiedene Bedeutung der Zeit für den Mann und die im Haushalt arbeitende Frau anschaulich" (S. 89 f., Hervorh. v. mir, J. R.).

Die Untersuchung gibt die Worte einer Frau wieder:

„Wir haben jetzt regelmäßig Krach beim Mittagessen, weil mein Mann nie pünktlich da sein kann, obwohl er doch früher die Uhr selbst war" (S. 89 f.; S. 91).

Besonders desozialisierende Folgen lassen sich in solchen Familien feststellen, in denen aufgrund der Arbeitslosigkeit der gesamte gewohnte Lebensrhythmus und die Haushaltsführung zusammenbrechen. Die am wenigsten depravierten Familien sind solche, in denen die Aufrechterhaltung des bisherigen Budgets und der gewohnte Lebensrhythmus — u. a. festzustellen an der Einhaltung der drei Mahlzeiten Frühstück, Mittag, Abendbrot — gelingt. Dies ist weithin gekoppelt an gewisse Hoffnungen für die Zukunft (S. 70 f.). Kennzeichnend für die von Zerfallserscheinungen betroffenen Familien ist vor allem, daß „nicht nur für die weitere Zukunft, sondern auch für die nächsten Tage und Stunden ... völlige Planlosigkeit" herrscht. „Das Unterstützungsgeld wird schon in den ersten Tagen verbraucht, ohne daß bedacht würde, was in der übrigen Zeit geschehen soll" (S. 72).

Neben dem spontanen Rhythmus der arbeitslosen männlichen Arbeiter und dem an der gewohnten Alltagsroutine orientierten Verhalten der Hausfrauen wird über den Schulbesuch der Kinder ein im Grunde sinnloses Festhalten an der gewohnten Wocheneinteilung in die Familien hineingetragen. Wäre dies nicht der Fall, könnte man vermuten, daß sich die Zeitstruktur des Ortes noch weiter von der benachbarter Gemeinden unterscheiden und er seinen eigenen, in diesem Fall eher kranken Rhythmus, finden würde. Jahoda et al. fassen die Einwirkungen der Arbeitslosigkeit auf die Zeitstruktur des Dorfes so zusammen:

„So zeigt sich im Gesamtverlauf wie im kleinen, daß die Marienthaler zu einem primitiveren, undifferenzierteren Zeiterlebnis zurückgekehrt sind: Es werden nicht die neuen Verhältnisse in das gewohnte Zeitschema eingeordnet, (!!) sondern *es beginnt der ärmer gewordenen Ereignis- und Anforderungswelt allmählich eine ärmere Zeitordnung zu entsprechen*" (S. 92; Hervorh. v. mir, J. R.).

2. Produktivitätsverständnis und Technologie in der industriellen Zeitwirtschaft

2.1 Der zeitökonomische Gehalt des industriellen Produktivitätsbegriffs

Obgleich in jüngster Zeit im Zusammenhang mit Wachstumskrise, Energiekrise und Arbeitslosigkeit zunehmend über den Sinn weiterer Steigerungen der Arbeitsproduktivität nachgedacht wird, ist bisher, von wenigen Ausnahmen abgesehen, selten auf die innere Logik und auf das Wesen dieser Produktivitätssteigerungen eingegangen worden. Zumindest wird selbst dort, wo radikal andere Technologien gefordert werden, der zeitökonomische Gehalt des Produktivitätsbegriffs der industriell-kapitalistischen Ökonomie nicht näher untersucht oder nur indirekt hinterfragt.

Völlig unkritisch stehen freilich diejenigen Autoren, Theorietraditionen oder politischen Anschauungen dem Produktivitätsverständnis industrieller Gesellschaften gegenüber, die keine Hindernisse für ein Wirtschaftswachstum in der bisherigen Weise erkennen. In der herrschenden Auffassung nimmt die Arbeitsproduktivität in dem Maße zu, wie sich die Ausbringung von Gütern oder Leistungen pro Zeiteinheit und Person vergrößert. Daß sich die Ausbringungsmenge dabei auf eine Zeiteinheit bezieht, erscheint als unabänderliches Naturgesetz. Aus dem bisher Gesagten läßt sich nun jedoch bereits ersehen, daß die Einführung des Faktors Zeit in Arbeitsprozesse keineswegs selbstverständlich ist, sondern das Ergebnis einer bestimmten gesellschaftlichen Form der Arbeit, die einen emphatischen Zeitbegriff überhaupt erst systemnotwendig macht.

Auch in der in den zwanziger Jahren geführten Diskussion um „die Zeit im Wirtschaftsleben" (vgl. etwa Streller 1926; Voegelin 1924) geht es vorwiegend um Probleme der Statik und Dynamik in volkswirtschaftlichen Modellen, also um die Erweiterung der Modellannahme in Richtung einer zeitlichen Dimension und nicht um eine Klärung der Rolle des Zeitfaktors hinsichtlich des Produktivitätsverständnisses.

In diesem Sinne kann die zwar von einer Zukunftsperspektive und damit ebenfalls von einem Zeitproblem her entwickelte Theorie von Keynes, wie sie etwa in der Argumentationsfigur der erwarteten Gewinne als Motor für die Investitionsneigung zum Tragen kommt, gleichfalls nicht als Auseinandersetzung mit dem Zeitproblem angesehen werden.

In der neueren Literatur finden sich wiederum im Zusammenhang mit der Forderung nach größerer Realitätsnähe ökonomischer Modelle verstärkt Tendenzen, Raum und Zeit zu beachten (vgl. Arndt 1979). Aber auch hier wird der herrschende Produktivitätsbegriff nicht angezweifelt.

Sehr deutlich tritt der zeitökonomische Bezug des herrschenden Verständnisses von „Produktivität" z. B. in einem neueren Lehrbuch der International Labour

Organization von 1978 zutage. Wir wollen daran den Zusammenhang von Zeit und Produktivitätsbegriff kurz weiter verdeutlichen.

Die Produktivität von Maschinen und Menschen hat hier eindeutig eine zeitliche Bezugsgröße, wie sich am folgenden Beispiel des Lehrbuches ersehen läßt:

„Productivity of machines: If a machine-tool has been producing one hundred peaces per working day and through the use of improved cutting tools, its output in the same time is increased to one hundered twenty peaces, the productivity of that machine has been increased by 20%. . . Productivity of men: If a potter has been producing thirty plates an hour and improved methods of work enable him to produce 40 plates an hour, the productivity of that man has increased by 33 1/3 %" (S. 5).

Obgleich hervorgehoben wird, daß Produktivität nicht nur als Arbeitsproduktivität zu verstehen ist, sondern als das Zusammenwirken der Faktoren Land, Material, Maschinen und Menschen, konzentrieren sich die Ausführungen faktisch jedoch auf die Frage der Effektivierung der industriellen Produktion und insbesondere auf die Behandlung von Zeit-Standards der Produktion, bezogen auf Maschine und Mensch. So wird denn auch die Frage, „how can *maximum* productivity with *existing* resources be approached?" (S. 21) so beantwortet: „This action should aim at *reducing work content* and *cutting down on ineffective time*" (S. 21).

Die Reduktion von Arbeitsaufwand, die entweder dem Produkt selbst oder seinem Herstellungsverfahren zugeschrieben werden kann, ist Ziel der Arbeitsanalyse. Die Planung vereinfachter oder standardisierter Produkte einerseits und der Einsatz neuer Produktionsverfahren andererseits schlagen sich nieder in einer Reduzierung der „ineffective time" (vgl. S. 23). Zu der sogenannten Methode der Zeitersparnis gehört vor allem die Zeitersparnis durch verbesserte Zeitökonomie im Management sowie eine Effektivierung der Zeit, die „sich unter der Kontrolle des Arbeiters befindet" („reducing ineffective time within the control of the worker"; S. 25, 29).

Hervorzuheben ist die Tatsache, daß das Rationalisierungsergebnis und das Ergebnis von efficiency und economy in terms of time ausgedrückt werden. Dies gilt für Fehler im Management, die Materialverwendung, den Leistungsabfall der Arbeitsperson durch Umgebungseinflüsse wie Hitze/Kälte oder chemische Schadstoffe ebenso wie für Stillstandszeiten der Maschinen und vieles andere. Die Zeit wird sozusagen die Währung der betrieblichen Arbeitsorganisation. Sie bildet das tertium comperationis, auf dessen Basis die qualitativ unterschiedlichen Maßnahmen zur Hebung von Arbeitsproduktivität stattfinden. Dabei fällt auf, daß das Verständnis von Produktivität in terms of time sich hier nur als einzelwirtschaftliche Rationalität, also nur als Kostenrechnung des einzelnen Betriebes, nicht aber als gesellschaftliche Kostenrechnung darstellt.

Bezeichnend für das zeit-zentrierte Verständnis von Produktivität ist auch, daß in der arbeitswissenschaftlichen Diskussion ungeachtet einiger spezifischer Problemstellungen „Leistung“ grundsätzlich als das Verhältnis von Arbeitsoutput zu einer Zeiteinheit verstanden wird (vgl. z. B. Stier 1971).

Die Orientierung an der Zeitökonomie als der eigentlichen Rationalität betrieblicher Entscheidung ist jedoch nur als logischer Kern betrieblich-rationalen Handelns zu verstehen, den auch das zitierte Lehrbuch darzustellen sucht. In der alltäglichen Praxis werden Entscheidungen bekanntlich weitgehend auf Basis von Kostenerwägungen ausgedrückt und in Geldgrößen behandelt.

Der zeitökonomische Gehalt des industriellen Produktivitätsbegriffs läßt sich auch aus einer anderen Sicht verdeutlichen. Georgescu-Roegen beklagt in seinem Aufsatz „The economics of production“ (1969), daß in jedem Produktionsprozeß Produktionsfaktoren bzw. Maschinen und Werkzeuge für bestimmte Zeiträume brachliegen und daher die Produktionsergebnisse weit unter dem lägen, was auf Basis einer gegebenen Technologie möglich wäre. Dies wirke sich vor allem bei weniger entwickelten Ländern besonders nachteilig aus: In reichen Ländern sei es durchaus sinnvoll, eine Fabrik mit einer Schicht fahren zu lassen, selbst wenn sie nur sechs oder vier Stunden betrage; denn dort sei Freizeit eine Ware, die man mit höherem oder niedrigerem Einkommen abwägen müsse. Wo jedoch wie in den unterentwickelten Ländern eine schnelle Entwicklung der Volkswirtschaft vonnöten sei, sei der 8-Stunden-Tag ohne Schichtarbeit ein anachronistischer Zustand, der den angestrebten ökonomischen Zielen zuwider liefe (S. 69). Nach Georgescu-Roegen besteht ein entscheidender Fortschritt der industriemäßigen Produktion darin, daß „the idleness of factors or agents“ erheblich gesenkt werden kann und diese Möglichkeit bei weitem noch nicht voll ausgeschöpft ist (vgl. S. 66). Das zentrale Problem der Produktion sieht er darin:

> „Whatever the product, one thing is certain about the elementary process. In relation to it, most of the funds are idle over large periods of time. The plow is needed a few days during the whole production time of growing a corn plant; the same is true for the saw or the lane in the production of a table. There is no acception in this rule and, I content, one of the most important aspects of the economics of production is how to minimize these periods of fund idleness, whether we are thinking of men, capital, equipment or land“ (S. 66).

Die Minimierung der „fund-idleness“ scheint also ein zentrales Anliegen hinsichtlich einer Steigerung der Produktivität. Ganz eindeutig wird hier wieder die Zeit zum zentralen Bezugssystem der Berechnungsweise. Es fragt sich, warum gerade die zeitweise Nichtbeschäftigung von Produktionsfaktoren und Werkzeugen sich so nachteilig auf die Produktivitätsentwicklung einer Gesellschaft auswirken soll. Dies offensichtlich deshalb, weil damit Kapital brachliegt, mit der Folge, daß das so festliegende Kapital längere Zeit benötigt, um in Form von Gewinn, Rendite usw. zu seinem Ausgangspunkt zurückzukehren und neu investiert zu werden. Zum anderen wird damit die von einer Anlage ausgebrachte Menge während ihrer Lebensdauer erheblich verringert.

Erstaunlicherweise wird aber auch von den Kritikern des herrschenden Verständnisses von Arbeitsproduktivität die Kopplung an die zeitökonomische Dimension nur vergleichsweise wenig berücksichtigt. Ullrich wendet sich gegen den „bürgerlichen eingegrenzten Begriff" der Arbeitsproduktivität. „Hiernach ist ein Arbeitsvorgang im Vergleich zu einem anderen ‚produktiver', wenn bei geringerem Zeiteinsatz ein gleich großer Ertrag gewonnen wird" (S. 60). Ullrich bemängelt an dieser eingegrenzten Betrachtungs- bzw. Berechnungsweise, daß sie nur eine rein quantitative Bewertung erlaubt, die übersieht, daß es auch lustvolle Tätigkeiten wie z. B. das Essen gibt, deren Charakter nicht unbedingt in der Verkürzung, sondern umgekehrt in der Ausdehnung liegt.

„Ein Produktivitätsbegriff, der nicht bürgerlich-kapitalistisch eingegrenzt ist, müßte die unterschiedliche Qualität der Arbeitszeit und der erzeugten Produkte berücksichtigen und in einer gesellschaftlichen Gesamtbilanz reflektieren, ob nicht Kosten nur verschoben werden" (S. 61).

Ullrich hebt hervor, daß es für das Industriesystem typisch sei, eine Produktivitätssteigerung durch Verschiebung der Kosten zu erreichen: Höhere Produktivität für den Kapitalisten werde ausschließlich auf Kosten des Arbeiters, nämlich durch Verschlechterung des Charakters der Arbeit durch Arbeitszerstückelung und Monotonie, erreicht (S. 61).

Weiterhin wird die Natur durch die negativen Folgen so gearteter Produktivitätssteigerungen des Industriesystems belastet. Die in jüngster Zeit ausgiebig als „ökologische Krise" diskutierten zerstörerischen Wirkungen des Industrialismus lassen sich nicht nur als Ausdruck seiner spezifischen Technologie, sondern auch eines spezifischen Produktivitätsverständnisses auffassen. Wir werden zu einem späteren Zeitpunkt hierauf zurückkommen.

Obgleich Ullrich die Rationalität von Produktivitätssteigerungen kritisiert und ihren Zusammenhang mit dem Bezugssystem „Zeit" hervorhebt, bleibt dennoch offen (und unhinterfragt), wie und warum gerade die Zeit eine so herausragende Bedeutung für die Berechnungsweise der Produktivität einer bestimmten Gesellschaftsformation bzw. Produktionsweise erlangen konnte und verstärkt wieder erlangt.

Wenn es richtig ist, daß Produktivität sich im Industriesystem stets auf Zeit bezieht, dann müßte unter der Voraussetzung, daß, wie Ullrich annimmt, die Technologie gestaltbar ist, sich diese Rationalität gerade auch in ihrer Produktionstechnologie auffinden lassen.

2.2 Ökonomie der Zeit und industrielle Technologie

Wenn wir im folgenden der Frage nachgehen, welche Hinweise es für die Inkarnation des Prinzips der Zeitökonomie in der industriellen Technolgie gibt, so gehen wir implizit davon aus, daß eine Technik nicht unabhängig von sozialen und ökonomischen Verhältnissen und Interessen entsteht (vgl. hierzu auch Naschold 1979). So waren z. B. neben den tatsächlich angewandten Technologien auch immer technische Konzepte vorhanden, die unter anderen Nutzenaspekten als den jeweils gerade gesellschaftlich vorherrschenden ebenfalls eine weite Verbreitung hätten finden können. Es existierten mit anderen Worten also in einer Vielzahl von Fällen technologische Alternativen (vgl. hierzu Jokisch 1982). Wo bewußt auf eine Verbesserung z. B. von Produktionsanlagen hingearbeitet wurde, fanden zum Teil bewußt, größtenteils aber unbewußt die herrschenden Effizienzkriterien der Zeitökonomie Eingang.

So schreibt schon 1835 Ure über den Erfinder vieler Maschinen, Richard Arkwright:

„Meiner Ansicht nach war das Problem Arkwrights nicht so sehr, einen selbsttätigen Mechanismus zu erfinden, der die Baumwolle herauszieht und in einen fortlaufenden Faden einflechten konnte, als vielmehr, ... den Leuten ihren unsteten Arbeitstag abzugewöhnen und sie dazu zu gewöhnen, sich mit der unveränderlichen Ordnung eines komplexen Automaten zu identifizieren. Es gilt darum, ein System der Fabrikdisziplin zu planen und zu verwalten, das den Ansprüchen der Fabrik an Sorgfalt und Fleiß genügte" (zitiert bei Ullrich, S. 27).

Hier drückt sich die zeitökonomische Komponente in der Disziplinierungsfunktion zum Zweck der Steigerung der Arbeitsproduktivität aus. Daß sich dies in der Gegenwart nicht anders darstellt, hat Noble (1979) in einer Fallstudie über die Entwicklung von numerisch gesteuerten Werkzeugmaschinen nachzuweisen versucht. Für ihn hat sich vor allem die Ideologie der Kontrolle über den Arbeitsprozeß und „die Eliminierung des menschlichen Versagens und der Unsicherheit, ... der ingenieurmäßige Ausdruck der Versuche des Kapitals, seine Abhängigkeit von der lebendigen Arbeit zu minimieren" (S. 18), in der Maschinerie vergegenständlicht.

Um die Arbeitsproduktivität zu heben, sind verobjektivierbare Prinzipien entwickelt worden, die die Grundlage der Konstruktionslogik der industriellen Arbeitsgeräte sind. So die Arbeitsteilung, die Massenproduktion, die Steigerung der Arbeitsgeschwindigkeit oder -intensität, verbesserter Materialfluß und Synchronität der Arbeitsvollzüge sowie die Kontrolle über die arbeitenden Menschen.

Eben diese Kontrolle über die Arbeiter war und ist ein zentrales Ziel der wissenschaftlichen Betriebsführung in der Tradition Taylors.

Taylor wollte u. a.
„das unterbinden, was er systematische Bummelei nannte. Die Arbeiter taten dies aus mehreren Gründen: Um etwas Zeit für sich selbst zu erhalten, um die Beherrschung ihrer eigenen Arbeit auszuüben, um nicht Arbeiten mit günstigen Vorgabezeiten durch Überproduktion zu verlieren und eine Kürzung der Vorgabezeit zu riskieren, um verfügbare

Arbeit aus Angst vor Kündigung auszudehnen, um ihre Kreativität und ihren Einfallsreichtum zu üben (vor allem um schlechte Vorgabezeiten trotzdem zu schaffen) und natürlich um ihre Feindseligkeit gegenüber dem Management auszudrücken" (Nobel, S. 19).

Dabei ist die Beherrschung der Zeitstruktur der Produktion durch die sogenannten Anwender der Arbeitskraft sowohl der eigentliche Zweck, indem die Zeit-Ökonomie die Produktivität (in einem historisch-spezifischen Sinne) erhöht, wie auch ein Mittel, nämlich ein Mittel der Verhaltenssteuerung und Herrschaftssicherung. Die Kontrolle über die Zeit ermöglicht es, die Leistung der Arbeitenden an bestimmte Zeitpunkte oder Zeiträume zu koppeln und Abweichungen hiervon zu sanktionieren.

Deutlich wird dies anhand der Geschichte des Überganges vom Verlagssystem zum späteren Fabriksystem:

„Es (mußte) dem Fabrikanten, der seine Produktion vergrößern wollte, darauf ankommen, mit den bereits beschäftigten Arbeitern eine höhere Leistung zu erzielen... Er hatte keine Möglichkeit, seine Arbeitskräfte zu einer festen Zahl von Arbeitsstunden zu zwingen. Die Hausweber und die Handwerker waren Herr ihrer Zeit. Sie konnten mit ihrer Arbeit beginnen und aufhören, wann es ihnen beliebte. Wenn der Arbeitgeber versuchte, durch Erhöhung des Stücklohnes seine Beschäftigten zu größerem Fleiß anzuspornen, erlebte er bald, daß die Produktion zurückging" (Landes 1973, S. 67, zitiert nach Braverman, S. 58).

Der Taylorismus versucht, diese Aneignung der Zeit des Arbeiters durch den Unternehmer wissenschaftlich zu organisieren und ihn zur Übernahme der Zeitstruktur der kapitalistisch-industriegesellschaftlichen Produktionsweise zu zwingen.

Gerade auch unter den gegenwärtigen Bedingungen finden zeitökonomische Kalküle bei der Entwicklung neuer Technologien verstärkt Eingang. In einer Untersuchung von Brandt et al. (1978) stellen die Autoren fest, daß der Einsatz von Computern am Arbeitsplatz „letztlich mit der Zielsetzung verbesserter Zeitökonomie" stattfindet. Durch die wachsende Kapitalintensität von produktions-, verkehrs- und informationstechnischen Anlagen wird der Druck zu vermehrter zeitökonomischer Kalkulation gegenüber früherer Zeit sogar objektiv noch weiter verstärkt (vgl. S. 483). Brandt et al. kommen zu dem Schluß, daß die

„EDV, die auf Grund unserer Annahme als eine spezifische Technologie anzusehen ist, in ihrer dreifachen Anwendung, vor allem aber in ihrer Funktion als Organisations- bzw. Informationstechnologie dazu dient, den Arbeitsprozeß nach Prinzipien der Zeit- bzw. der Produktions-Ökonomie zu reorganisieren" (S. 482).

Dies dient sowohl einer Verbesserung der zeitökonomischen Bedingungen im Sinne einer Steigerung des Output als auch einer größeren Flexibilität gegenüber marktökonomischen Anforderungen.

Es läßt sich, wenn auch nicht nachweisen, so doch mit einiger Berechtigung die Vermutung formulieren, daß der Herausbildung der Zeitökonomie für die Industrialisierung generell eine zentrale Bedeutung zukommt:

„Mit Fragen der Arbeitseffektivität, der Maschinen und Großbetriebsstätten sind aber seit Beginn der ersten industriellen Revolution immer solche einer präziseren Zeitmessung einhergegangen. Früh erkannte man, daß, wenn Maschinen voll ausgenutzt werden sollen, von der Technik her, auch von der Arbeitstechnik aus, Rund-um-die-Uhr-Arbeiten gewiesen sei. Das 18. Jahrhundert leitet unser arbeitseffektives Zeitalter ein. Das Werken der Menschen scheint nunmehr stark vom Ablauf der Uhr bestimmt. Man sieht Arbeit als einen Sachverhalt an, den man wie eine Maschine einsetzen und nutzen kann. Damit zeichnet sich eine neuartige Dialektik in Arbeit, Technik, Zeit und Kapital ab.“ So zwinge die Dampfmaschine zu neuen Verhaltensweisen. „Sie beruht nicht auf einem Rhythmus der Natur, sondern zeigt eine Eigengesetzlichkeit, auf die es sich nun einzustellen gilt. Seit dieser Zeit betrachtet man Maschinen als Instrument des wirtschaftlichen Wachstums ... und man erarbeitet im Hinblick auf sie eine Art neuartige Ökonometrie“ (Timm 1972, S. 68).

Ein ganz entscheidendes Moment der industriellen Entwicklung sieht Timm darin, daß Maschinen erfunden wurden,

„über die man zu jeder Zeit und unabhängig vom Lauf der Dinge zu disponieren vermochte. Daß sich Kraftquellen von der Gebundenheit an Ort und Zeit loslösten, wie es bei Wind- und Wasserkraft zuvor noch gegeben war ... In einer solchen Kopplung zwischen der Vergegenständlichung der Natur und der Rationalisierung der Arbeit läßt sich die Ursprungsquelle der technischen und wissenschaftlichen Entwicklung, die mit der technischen Revolution eingeleitet worden ist, erkennen“ (S. 72).

Mit anderen Worten wurde die Technolgie der Energiebedarfsdeckung den Erfordernissen einer zeitökonomischen Produktion angepaßt, zwar nicht zur Steigerung von Geschwindigkeiten, wohl aber zur Steigerung der zeitökonomischen Komponenten Gleichförmigkeit, Homogenität und Synchronität. Das Ziel war es gerade, die Energieerzeugung unabhängig von den Rhythmen der Natur zu machen, gleichsam der Natur die Zeitstruktur einer nun für effizient gehaltenen Produktionsweise zu oktroyieren. Hierzu gehört z. B. auch die Erfindung von Beleuchtungskörpern, die den Produktionsprozeß unabhängig vom Hell-Dunkel- bzw. Tag-Nacht-Rhythmus macht.

Im Hinblick auf die gegenwärtige Energiesituation und ihren Zusammenhang mit der herrschenden Zeitstruktur in den entwickelten Industrieländern sind auch Spreng/Weinberg auf das Zeitproblem eingegangen. Sie vertreten die Auffassung, daß die Tendenz zur zentralisierten Technologie im Energiebereich mit der Struktur und Verwendung von Zeit in diesen Gesellschaften zusammenhängt:

„If one were to ask what drove our energy system towards centralisation, we would insist that our traditional high valuation of time was a key element ... Energy systems fueled by storable fuels — coal, oil, uranium, or bio-mass — however are not inherently stochastic;

whereas systems that depend on solar flux source — wind, direct solar, waves — are inherently stochastic. Basically a nonstochastic energy source places fewer limits on our freedom to allocate time than does a stochastic one ... driven by our desire to control time, we generally are willing to pay extra to avoid intermittency“ (Spreng/Weinberg 1980, S. 139).

Ökonomie der Zeit schlägt sich weiterhin nieder in Technologien, die der besseren Nutzung der Ressource Zeit im Transport dienen. Augenfällig ist hierbei zunächst die Tendenz zur Verschnellerung der Verkehrssysteme; Zeit-Ökonomie meint jedoch nicht nur Verschnellerung sondern auch Regelmäßigkeit und Zuverlässigkeit, Abbau von zufälligen Hindernissen z. B. durch Natureinwirkungen (nonstochastic system), Abbau von Zeitschranken durch Zollkontrollen u. ä.

Insofern ist die Herausbildung eines Eisenbahnsystems nicht nur als eine historische Leistung hinsichtlich neuer Antriebssysteme u. ä. und der damit verbundenen allgemeinen Beschleunigung des Personen- und Güterverkehrs zu sehen. Die Organisationsstruktur des Eisenbahnwesens und die vielfältigen Koordinationsanforderungen, die notwendig sind, um Menschen und Maschinen gerade im Hinblick auf ihren optimalen bzw. funktionsnotwendigen zeitlichen Einsatz zu koordinieren (Bereitstellung der Lokomotive, Rangierbetrieb, Schrankenwärter, Treibstoffversorgung, Gepäckbeförderung u. ä.), haben ebenfalls zu einer spezifischen Technologie geführt, in die zeitökonomische Imperative in starkem Maße eingegangen sind. Hier ist Zeit-Ökonomie in erster Linie als Synchronitäts- und Koordinationsleistung aufzufassen.

Die Logik der Technologie und Organisationsstruktur des Eisenbahnwesens treibt ihrerseits wieder die „Verzeitlichung“ der Gesellschaft weiter voran; so erfolgte z. B. die Vereinheitlichung der zahlreichen Zeit-Zonen im England des vorigen Jahrhunderts über die Eisenbahnen. Zunächst hatte jede Eisenbahngesellschaft nicht nur ihren eigenen Fahrplan sondern auch ihre eigene Zeit, die durch alle Zeitzonen bzw. Regionalzeiten konstant gehalten wurden.

„Je dichter jedoch das Eisenbahnnetz wurde, je mehr Regionen in den Verkehr einbezogen wurden, um so hoffnungsloser wurde die Position der einzelnen Lokalzeiten gegenüber der allgemeinen Eisenbahnzeit. 1880 wurde die Eisenbahnzeit allgemeine Standardzeit für England“ (vgl. Schievelbusch 1979, S. 44).

Was die Tendenz zur Regelmäßigkeit des Angebotes von Transportleistungen angeht, die dem Benutzer Zeit erspart, ist u. a. der in den letzten Jahren von der Deutschen Bundesbahn entwickelte Inter-City-Zugverkehr („Deutschland im 1-Stunden-Takt“) zu nennen. So zeichnet sich jedes Verkehrssystem, das als entwickelt betrachtet werden kann, durch Regelmäßigkeit und Vertaktung sowie durch hohe Zugfolge aus.

Wieder andere Technologien dienen, ähnlich wie im erwähnten Energiebereich, der Vergrößerung der zeitlichen Dispositionsräume. Mumford beschreibt dies für Technologien, die im industriellen Alltag Verwendung finden:

„Next to mechanical regularity, one notes the fact that a good part of mechanical elements in the day are attempts to counteract the effects of lengthening time and space distances. The refrigeration of eggs for example is an effort to space their distribution more uniformly than the hen herself is capable of doing: the pasteurisation of milk is an attempt to counteract the time consumed in completing the chain between the cow and the remote consumer. The accompanying pieces of mechanical apparatus do nothing to improve the product itself" (Mumford 1934, S. 271).

Die in die Technologie eingegangene zeitwirtschaftliche Rationalität realisiert sich in verschiedenen Dimensionen. Ökonomie der Zeit meint nur zum Teil *„Verschnellerung"*, eine schnellere „Fließgeschwindigkeit" der Energie-, Materie-, Informations- und Geldströme, „wodurch die Zeit schneller durch die Gesellschaft hindurchfließt" (vgl. Bierter 1979), oder die *Vergrößerung der Anzahl* von hergestellten Gütern und Leistungen *pro Zeiteinheit.* Der Ökonomie der Zeit entspricht gleichermaßen die Erhöhung von *Synchronität und Verkettung* menschlicher Tätigkeit und technischer Systeme sowie die *Erweiterung der Dispositionsmöglichkeiten* in der zeitlichen Dimension. Letztere eröffnen sowohl neue Planungshorizonte in der Zukunft wie auch die Möglichkeit, den Zeitpunkt von Entscheidungen von natürlichen Prozessen abzukoppeln und in diesem Sinne auch effizienter entscheiden zu können.

2.3 Produktivität und Synchronität: Logistik

Der Aspekt der Geschwindigkeit wird bei der Behandlung von Zeitproblemen häufig erheblich überschätzt. So läßt sich zwar im Transportwesen im langfristigen Trend in bestimmten Bereichen noch eine Höherentwicklung der Aggregate beobachten, die zu erhöhten Geschwindigkeiten führt wie etwa im Eisenbahnwesen; andererseits ist in anderen Bereichen, etwa im Lufttransport oder im Bereich des Straßenverkehrs, eine gewisse Stagnation des absoluten Geschwindigkeitswachstums festzustellen, die technische (vgl. das Problem der Schallgeschwindigkeit) und hiermit verbunden auch wirtschaftliche Ursachen sowie soziale und politische Gründe hat (vgl. Geschwindigkeitsbeschränkungen auf den Fernstraßen).

Sowohl im Transport- und Verkehrswesen als auch im Bereich der materiellen Güterproduktion scheint die Entwicklung an einem Punkt angelangt zu sein, an dem die Erschließung nennenswerter zeitlicher Ressourcen weniger von einer Verschnellerung zu erwarten ist als vielmehr von einer Minimierung der Ruhe-, Stillstands- und Ausfallzeiten von Aggregaten und Personal. Hier scheinen mit geringerem Aufwand hohe Produktivitätsreserven ausschöpfbar zu sein. Dem steht selbstverständlich die gleichzeitige Fortentwicklung von Technologien zur Geschwindigkeitssteigerung nicht entgegen.

Es liegt häufig eine erhebliche Diskrepanz zwischen den mit hohem technischen und wirtschaftlichen Aufwand betriebenen Geschwindigkeitssteigerungen etwa im Bereich des Fernverkehrs (Flugzeug, Intercity u. ä.) auf der einen und den Anschlußstellen etwa im Bereich des öffentlichen Nahverkehrs auf der anderen Seite. Den verhältnismäßig raschen Transportzeiten stehen übermäßig lange Wartezeiten gegenüber. Auf regionaler Ebene z. B. hat der bisherige Vorrang des Fernverkehrs vor dem Nahverkehr dazu geführt, daß sich durch den Bau von Fernstraßen in Ortsteile hinein die Zeiten für den alltäglichen Kurzstreckenverkehr, etwa mit dem Fahrrad, nicht verkürzt, sondern infolge dabei entstandener Umwege sogar verlängert haben (vgl. Rüsch 1981). Ebenso stehen politische Hindernisse, wie z. B. Zollabfertigung oder die Planung von Schulferien, häufig der mit viel Aufwand betriebenen Zielsetzung der Zeitersparnis im Personen- und Güterverkehr entgegen.

Im Produktionsbereich lassen sich ebensolche Diskrepanzen ausmachen. So führt die arbeitswissenschaftliche Organisation von Produktionsprozessen auf der einen Seite zu Berechnungen hinsichtlich der Effizienz der Arbeitsleistung, die in hundertstel Sekunden gehen und häufig Gegenstand von Arbeitskonflikten sind, während auf der anderen Seite durch fehlerhafte Planung, etwa im Materialbereich, durch den Ausfall von Werkzeugmaschinen und anderen Aggregaten wie auch durch suboptimale Personalplanung ein erheblicher Teil der bezahlten Arbeitskraft vom Unternehmer nicht genutzt wird.

An diesen Defiziten setzt die Logistik, ein neuer Versuch, die Integration betrieblicher Abläufe unter einen gemeinsamen Begriff zu fassen, an. Sie sei hier kurz stellvertretend für die Gesamttendenz der Integration betrieblicher Teilbereiche referiert.

„Logistik ist integrierter Waren- und Materialfluß. Neu ist an diesen Systemen die totale Einbeziehung aller Unternehmensfunktionen auf der einen Seite und aller Güter, Waren, Produkte und im Unternehmen wirkenden Elemente, Güter und Dienstleistungen auf der anderen Seite. Sicherlich gab es und gibt es logistische Elemente in partiellen Bereichen wie z. B. in der Fertigung oder in den Feldern der Beschaffung. Was es aber noch nicht gibt, ist die völlige Integration aller logistischen Teilelemente. Dies war auch noch nicht möglich, weil die mathematischen und methodischen Voraussetzungen für eine solche praktische Handhabung bis vor wenigen Jahren nicht gegeben waren. Die Datenverarbeitung war und ist eine der wichtigsten Voraussetzungen für die Handhabung der Logistik“ (vgl. Rühle von Lilienstern 1981).

Logistik besteht wesentlich in der Kontrolle der Zeitstrukturen des *gesamten* Produktionsprozesses. Dies trifft insbesondere auch etwa für die Überwachung und Kontrolle innerbetrieblicher Transporte zu. Daher beinhaltet Logistik

„Fragen des Umschlags und der Handhabung von Gütern ebenso wie den zeitlichen Aspekt, der sich vornehmlich in Prozessen der Lagerung oder Speicherung sowie in der *zeitlichen Verfügbarkeit* von Diensten widerspiegelt. ... Des weiteren muß es die Aufgabe der Beschaffungslogistik sein, die Art des Bestellverfahrens bzw. der Bestell*rhythmen* (Hervorh. v. mir, J. R.) festzulegen und ggf. veränderten Situationen anzupassen." Für die Lagerhaltung wird ein Arbeitsverteilsystem (ZAV) vorgeschlagen, das „dem Betriebsziel der rationalen Fertigung durch Bereitstellung des richtigen Materials samt allen Arbeitspapieren, zum richtigen Zeitpunkt, am richtigen Arbeitsplatz, zum vorgesehenen Arbeitsvorgang (dient)" (Jünemann/Verschure 1981, S. 133).

Dabei beschränkt sich die logistische Planung in der materiellen Produktion nicht allein auf innerbetriebliche Abläufe, sondern betrifft ebenso den Materialfluß zwischen einzelnen Betrieben, die durch eine Kette von Lieferbeziehungen miteinander verbunden sind. Welche entscheidende Bedeutung hierbei die Zeitkomponente, bedingt durch die wechselseitige Abhängigkeit von Zulieferbetrieben und endverarbeitenden Firmen angesichts der absichtlich niedrigen Lagerbestände hat, machte der Arbeitskampf in der Metallindustrie im Jahre 1984 deutlich: Es zeigte sich, daß die Störanfälligkeit logistisch eng verketteter Arbeitsvorgänge besonders groß ist und in dem Maße wächst, wie die Einhaltung von Lieferterminen Voraussetzung für den Fortgang der Herstellung des Produktes auf der nächsten Verarbeitungsstufe wird.

III. Die zeitliche Organisation des industriellen Produktionsprozesses

1. Zeitökonomie in der Arbeit

Nur langsam setzt sich historisch eine konsequent angewandte Ökonomie der Zeit im Produktionsprozeß durch. Wie im vorigen Kapitel erläutert wurde, schlägt sich die Logik des Zeitsparens zum einen in der Entwicklung der Technologie, zum anderen in der Arbeitsorganisation nieder. Schon in den fortschrittlicheren Manufakturen des 18. und 19. Jahrhunderts, in denen Massenfabrikation vorzugsweise im Bereich der Kriegsproduktion (Waffen, Munition, Uniformen usw.) stattfand, erkannte man schnell den zeitökonomischen Wert der Zergliederung des Arbeitsprozesses. Bereits im 18. Jahrhundert formulierte Adam Smith diese Erkenntnis anhand seines viel zitierten „Nadelbeispiels" (vgl. 1973, S. 18 f.).

Der Unterschied zu der schon seit den Anfängen des Handwerks üblichen Zergliederung von Arbeitsprozessen besteht nun vor allem in der Betonung des Fortschritts der Produktionsökonomie bezüglich der Ökonomie der Zeit (vgl. Smith 1973, S. 21 ff., S. 26). Diese dringt als Maxime rationalen Arbeitens immer tiefer in das Bewußtsein der Organisatoren von Arbeitsprozessen und Erfindern von Werkzeugmaschinen ein. Den protestantischen Predigten über die Segnungen einer rationalen Lebensführung durch Verinnerlichung der Zeitdisziplin und der Einsicht Benjamin Franklins, nach der Zeit Geld sei, entsprach das schon 1776 formulierte Ziel einer „rationalisierten" Arbeitsorganisation:

> „Diese große Vermehrung in der Qualität des Erarbeiteten, die infolge der Arbeitsteilung die nämliche Zahl Leute herzustellen imstande ist, verdankt man dreierlei verschiedenen Umständen: Erstens der gesteigerten Geschicklichkeit bei jedem einzelnen Arbeiter, zweitens der ersparten Zeit, welche gewöhnlich bei dem Übergange von einer Arbeit zur anderen verloren geht, und endlich der Erfindung einer Menge von Maschinen, welche die Arbeit erleichtern und abkürzen und einen einzigen Menschen imstande setzen, die Arbeit vieler zu verrichten" (Smith 1973, S. 22).

In dem hier wiedergegebenen Zitat ist scheinbar die „große Vermehrung in der Qualität des Erarbeiteten" und nicht die ersparte Zeit der herausragendste Vorteil der Arbeitsteilung. Bei genauerer Betrachtung kann man jedoch schon hier erkennen, daß es Smith letztlich nicht um die „Vermehrung in der Qualität", sondern in der Quantität gehen muß: Denn die „gesteigerte Geschicklichkeit" ist unter kapitalistisch-industriellen Produktionsbedingungen vor allem dadurch ein Vorteil, daß nunmehr qualitativ hochwertige Arbeitstätigkeiten durch den Spezialisierungseffekt nicht notwendig langdauernd sein müssen. Qualität und Zeitökonomie stehen nicht mehr in einem Widerspruch, auch wenn sogar sehr komplizierte Produkte innerhalb kalkulierbarer zeitlicher Vorgaben hergestellt werden sollen.

Geschicklichkeit meint hier also nicht Verbesserung der Qualifikation, sondern die vorgabezeitkonforme Erledigung einer qualifizierten Aufgabe. Ebenso ist, wenn von der Erleichterung der Arbeit durch Maschinen die Rede ist, nicht beabsichtigt, die Arbeitsbedingungen etwa aus humanitären Gründen zu verbessern, Belastungen zu reduzieren, sondern sie zu vereinfachen und damit für den Anwender der Arbeitkraft kalkulierbar zu machen.

Zwar scheint die zeitökonomische Durchrationalisierung des Arbeitsprozesses, wie sie vor allem zu Beginn des 20. Jahrhunderts erfolgt, in den Ausführungen von Smith schon angelegt, keineswegs aber durchweg intendiert zu sein.

Smith argumentierte nicht nur aus der Sicht der Verwertung des Einzelkapitals, sondern ging von der Frage aus, wie auf Basis gegebener Ressourcen einer Volkswirtschaft der Wohlstand einer Nation zu vermehren sei. Von daher mußte die Arbeitsteilung auch unter dem Blickwinkel einer Vermehrung der Güterproduktion, also gleichsam von der Gebrauchswertseite her, als Zielgröße erscheinen (vgl. S. 26). Eine Reorganisation der herkömmlichen Produktionsmethoden unter zeitökonomischen Gesichtspunkten mußte in jeder Hinsicht als vorteilhaft angesehen werden. Dies um so mehr, als die materielle Notlage eines großen Teils der unteren Schichten eine radikale Heraufsetzung der Güterproduktion notwendig erscheinen ließ — und sei es nur als Rechtfertigungsgrund für eine profitable Anlage vorhandener Kapitalmassen, die sich in den Händen der herrschenden Oberschicht befand und nach Anlage suchte.

Die zielgerichtet nach Kriterien der Zeitökonomie gestaltete Veränderung des Produktionsprozesses erfolgte im Zuge einer Bewegung, die gemeinhin als Taylorisierung des Arbeitsprozesses bezeichnet wird. Vorläufer für diesen Prozeß waren u. a. die Überlegungen von Charles Babbage, der 1832 die Idee der Arbeitsteilung zu einer betriebswirtschaftlichen Theorie weiterentwickelte und die Zerlegung von Arbeitsgängen in Teilfunktionen vor allem auch unter Kostenaspekten analysierte.

Wie Braverman hervorhebt, bezeichnet das Babbage-Prinzip nicht den technischen, sondern den gesellschaftlichen Aspekt der Arbeitsteilung. Die gesamte erforderliche Arbeitskraft kann billiger in Form getrennter Elemente als in Form einer in einem einzigen Arbeiter integrierten Fähigkeit gekauft werden (vgl. Braverman, S. 71).

Infolge der Ausbreitung des Babbage-Prinzips als allgemeines Prinzip „rationeller“ Arbeitsorganisation, entsteht ein Arbeitsmarkt mit einer dieser Zerstückelung des Arbeitsprozesses entsprechenden Qualifikationsstruktur. Hierin liegt gleichzeitig eine Polarisierung der Qualifikationsstruktur mit einschneidenden Wirkungen auf Zeitbudget und Zeitstruktur der kapitalistisch-industriellen Gesellschaft begründet. Denn:

„Inzwischen werden die verhältnismäßig wenigen Personen für welche spezielle Kenntnisse und Ausbildung reserviert sind, soweit wie möglich von der Notwendigkeit befreit, einfache Arbeit zu leisten. Auf diese Weise erhalten alle Arbeitsprozesse eine Struktur, an deren einem Extrem diejenigen konzentriert sind, deren Zeit unendlich wertvoll ist und am anderen diejenigen, deren Zeit überhaupt keinen Wert hat. Dies könnte man sogar als das allgemeine Gesetz der kapitalistischen Arbeitsteilung bezeichnen. Es ist nicht die einzige Kraft, die auf die Organisation der Arbeit einwirkt, doch sicherlich die stärkste und allgemeinste" (Braverman 1978).

So bleibt die Struktur der Arbeitsteilung und damit die der zeitlichen Organisation betrieblicher Abläufe in ihren Auswirkungen nicht auf den Betrieb beschränkt. Sie wirkt vermittelt über den Wert der Arbeitskraft und damit über den Wert der Zeit dieser Arbeitskraft auf die gesellschaftliche Verwendung der Zeit des verfügbaren Arbeitsvolumens einer Volkswirtschaft ein. Dies wird später weiter behandelt werden (vgl. Abschn. IV und V).

1.1 Taylor und die Nachfolger

Als F.W. Taylor um die Jahrhundertwende seine „Grundsätze wissenschaftlicher Betriebsführung" entwickelte, lagen also bereits theoretische und praktische Vorarbeiten und Erfahrungen hinsichtlich der Zergliederung und Spezialisierung von bzw. in Arbeitsprozessen vor. Neu war jedoch der Anspruch, die Arbeitsorganisation nach wissenschaftlichen Erkenntnissen zu gestalten. Die Notwendigkeit, auf der Wissenschaftlichkeit seiner Untersuchungen und Empfehlungen zu bestehen, resultierte u. a. aus der Tatsache, daß zuvor erhebliche Anstrengungen unternommen wurden, „die Poren des Arbeitstages zu verdichten", aber die bisher üblichen unwissenschaftlichen Disziplinierungsmethoden schnell an Grenzen stießen. Hierzu gehörte auch die Methode, über den Lohnanreiz im Akkordsystem den Arbeitern eine höhere Arbeitsleistung abzuverlangen.

Taylor hatte in der Zeit, als er selbst Lehrling und schließlich Meister in einem Industriebetrieb war, genügend Kenntnisse darüber gesammelt, wie Arbeiter durch Bummelei, Sabotage an den Maschinen und Material es zu verhindern wußten, die „wirkliche" Leistungsfähigkeit (wie Taylor sie verstand) dem Betrieb zur Verfügung zu stellen. Das war möglich, weil die Arbeit noch weitgehend so organisiert war, daß die Arbeiter in der Regel sehr viel mehr Kompetenz und Fachwissen vorweisen konnten als die ihnen vorgesetzten Führungskräfte. Taylor faßt seine Erfahrungen so zusammen:

„Fast alle Arbeit dieser Werkstatt wurde seit vielen Jahren im Stücklohn getan. Wie es damals üblich war und tatsächlich noch in fast allen Werkstätten in Amerika noch üblich ist, waren die Arbeiter und nicht die Leiter Herren der Werkstatt. Die Arbeiter hatten sich genau darüber verständigt, in welcher Zeit jede einzelne Arbeit zu geschehen habe; sie hatten eine bestimmte Geschwindigkeit für jede Maschine der Werkstatt festgesetzt, die nur ungefähr 1/3 einer guten Tagesleistung ermöglichte. Jeder Neuling wurde sofort von den anderen Arbeitern unterrichtet, wieviel Arbeit er zu leisten hatte, und falls er den Instruktionen nicht gehorchte, konnte er sicher sein, daß ihn die anderen Arbeiter bald aus seiner Stellung drängen würden" (Taylor 1919, S. 52).

Taylor stellte mit anderen Worten fest, daß die Arbeitsproduktivität weit unter dem Niveau lag, das auf Basis der vorhandenen Technologie erreichbar gewesen wäre. Würden Kompetenz und Planung in einer zentralen Hand vereinigt und Absprachen der Arbeiter über die Arbeitsgeschwindigkeit erschwert oder gar unmöglich gemacht, so wäre die Betriebsleitung in der Lage, objektiv herauszufinden, welches die angemessene Leistung („a fair-day's work") eines Arbeiters sei. Das Management würde durch Anwendung wissenschaftlicher Methoden in den Stand versetzt, die objektivierten Leistungskriterien und -maßstäbe auch gegenüber den Arbeitern durchzusetzen. Mehr noch: durch die Objektivierbarkeit und „wissenschaftliche Neutralität" solcher Untersuchungen könne nach Auffassung Taylors gleichsam ohne Arbeitskonflikt, d. h. im gegenseitigen Einvernehmen zwischen Management und Belegschaft, die Normalleistung eines Arbeiters festgelegt werden. So könne man „irrationale" Machtkämpfe um die Höhe des Lohnes und den damit verbundenen Produktionsausfall, der beiden Seiten mehr schaden als nützen würde, vermeiden.

Damit war Taylor gezwungen, objektivierbare Kriterien für das anzuführen, was unter Normalleistung zu verstehen sei. Die Objektivierbarkeit von „Normalleistung" ist nach seiner Auffassung nur durch eine solche Arbeitsorganisation zu erreichen, die unabhängig von dem Willen oder der Willkür der Vorgesetzten aus sich heraus mit zwingender zeitlicher Notwendigkeit funktioniert und die von jeder moralischen Problematik entkoppelt ist. Taylor berichtet aus seiner Zeit als Meister in einer Eisenfabrik, in der er seine Methoden teilweise bereits mit einigem Erfolg zur Anwendung gebracht hatte:

„Meine Freunde unter den Arbeitern kamen immer wieder zu mir und fragten mich im Vertrauen, ob ich ihnen in ihrem eigenen Interesse raten würde, mehr Arbeit zu liefern. Und als wahrheitsliebender Mann mußte ich ihnen sagen, daß ich mich an ihrer Stelle gegen mehr Arbeit genauso sträuben würde; denn trotz der schweren Arbeit könnten sie unter dem Stücklohnsystem nicht mehr verdienen als bisher" (vgl. Taylor 1919, S. 55).

Das Ziel der Reorganisation der Produktion nach tayloristischen Prinzipien läßt sich zusammenfassend als Verbesserung der Kontrolle über den Arbeitsprozeß durch das Management bezeichnen. Wie weiter unten noch ausführlicher behandelt werden wird, erfolgt dabei die Kontrolle und Normierung der Arbeit vor allem in der zeitlichen Dimension.

Für die ingenieursmäßige Umsetzung seiner Ideen konnte Taylor auf Vorarbeiten von Gilbreth zurückgreifen, der zuvor ausführliche Zeit- und Bewegungsstudien an Arbeitspersonen durchgeführt hatte.

Gilbreth war bemüht, durch Bewegungsrationalisierung „vermeidliche Zeitverluste" zu reduzieren. Mit Hilfe von Bewegungsstudien war es ihm gelungen, die

Arbeit des Mauerns durch genaue Anweisungen für die einzelnen Handgriffe der Tätigkeit wie auch durch die adäquate Aufbereitung des Rohmaterials (Steine, Mörtel) so zu organisieren, daß eine Steigerung der Arbeitsproduktivität um ein Vielfaches erreicht werden konnte. Normierung der Handgriffe und Normierung der Zeiten für diese Handgriffe werden zur entscheidenden Technik der Steigerung der individuellen Arbeitsleistung. Die Stoppuhr wird zum Symbol von Rationalisierungsprozessen. In seiner Abhandlung über Geschichte und Gegenwart der „wissenschaftlichen Betriebsführung" schreibt Spitzley:

> „Diese durch die Stoppuhr *einzig* nach dem Kriterium *Zeitersparnis* gefundene ‚beste Möglichkeit' wird ‚zur Norm und bleibt Norm, bis sie wieder von einer schnelleren und besseren Serie von Bewegungen verdrängt wird' (vgl. Taylor 1919, S. 125 f.). Zeitersparnis ist das Leitmotiv nicht nur bei der Normierung der Betriebsmittel, sondern auch des menschlichen Arbeitseinsatzes. Jede Teilbewegung, das vorgeschriebene Arbeitspensum, die Auswahl der Arbeitspersonen, Arbeitsvergütung und Arbeitsunterweisung werden auf der Grundlage der mit der Stoppuhr ermittelten Daten festgesetzt und vollzogen" (Spitzley 1980, S. 33).

Im Vorangegangenen wurde darauf hingewiesen, daß sich die Ökonomie der Zeit in der Produktions-, Informations-, Energie-, Verkehrs- und teilweise auch in der Gebrauchsgütertechnologie niederschlägt. In beiden, in den *Konstruktionsprinzipien der Technologie* und in der *Organisation des Arbeitsprozesses* werden im historischen Verlauf zunehmend bewußter die Rationalitätskriterien der Ökonomie der Zeit angewandt. Zwischen beiden besteht ein Wechselverhältnis: Arbeitssparende Maschinen ziehen sowohl aus technologischen wie aus ökonomischen Gründen eine zeitökonomische Arbeitsorganisation nach sich und umgekehrt. Diese Unterscheidung ist hier von Bedeutung, weil, wie Spitzley hervorhebt, der Taylorismus hinsichtlich seiner Auswirkungen auf die Belastungsstruktur teilweise zu trennen ist von Rationalisierungsmaßnahmen durch die Anwendung zeitsparender Maschinerie. Nach Spitzley beruht die Steigerung der Arbeitsproduktivität durch Anwendung tayloristischer Prinzipien in erster Linie auf einer Intensivierung der Arbeit, auf einer „Verdichtung der Poren des Arbeitstages". Der Taylorismus und die im Gefolge hiervon abgeleiteten Systeme wissenschaftlicher Zeitstudien wie MTM oder REFA streben eine Steigerung der individuellen Arbeitsleistung der Arbeitsperson an; hiervon zu unterscheiden sind Versuche zur Verbesserung der Produktionsgeschwindigkeit einer Maschine, die — gleiche personelle Besetzung vorausgesetzt — trotz erhöhter Stückzahl die Arbeit zunächst erleichtern kann. Der Taylorismus intendiert also die Herstellung von Zeitersparnis nicht durch Einwirkung auf die *Produktionsgeschwindigkeit der Maschine,* sondern durch Einwirkung auf die *Arbeitsgeschwindigkeit der Arbeitsperson.*

Hierzu sind von Taylor eine Reihe von Prinzipien oder zentralen Elementen eines „wissenschaftlichen Leitungssystems" entwickelt worden. Nach Spitzley sind dies u. a. Zeitstudien, Normierung der Produktionsmittel, Normierung der menschlichen Bewegungen, Festsetzung des Pensums, Lohnform, Personalauswahl. Wichtig ist, daß nicht einzelne Elemente herauslösbar sind, sondern gerade durch das systematische Zusammenwirken dieser Mittel und Maßnahmen der gewünschte Effekt erreicht wird (vgl. Spitzley, S. 32). Das Wesen dieses Gesamtsystems besteht darin, „daß die Einwirkung auf die ‚Arbeitsgeschwindigkeit' vollkommen in die Hände der Leitung gelegt ist..." (Taylor, S. 106, nach Spitzley, S. 32).

Im Anschluß an Gilbreth und Taylor sind nun — wir beschränken uns hier auf die Entwicklung in Deutschland bzw. der Bundesrepublik Deutschland — eine Reihe von präzisen Verfahren der Leistungsmessung von den Arbeitswissenschaften entwickelt worden. Hier sind vor allem zu nennen das REFA-Verfahren, das MTM-Verfahren, das Bedaux-Verfahren oder die Systeme vorbestimmter Zeiten (eine Zusammenfassung bietet z. B. Schmiede/Schudlich 1978).

Auf deutschem Boden wurde die amerikanische Konzeption der „wissenschaftlichen Betriebsführung" nach dem 1. Weltkrieg vom „Reichsausschuß für Arbeitszeitermittlung", kurz REFA, weitergeführt und in die Praxis umgesetzt. Die REFA-Methodenlehre propagierte die Ablösung des damals noch weithin vorherrschenden Geldakkords zugunsten des Zeitakkords. Dabei wurden für einzelne Arbeitstätigkeiten Vorgabezeiten erstellt. Diesen gingen Arbeitsstudien voran, die die optimale Produktionstechnik und Arbeitsorganisation ermitteln sollten.

Weitergeführt wurde vor allem auch der Gedanke Taylors, durch Objektivierung der Leistungsvorgaben Arbeitskonflikte aus dem Betrieb herauszuhalten; hierzu bemühte man sich, die Zeitermittlung zu objektivieren. Nach dem REFA-System wird der Arbeitsablauf in kleine Einheiten zergliedert und deren Dauer von einem sogenannten Arbeitsstudienmann festgehalten. Dabei werden zumindest im Selbstverständnis der REFA-Ingenieure keine Rekordleistungen verlangt, im Gegenteil:

„Unter REFA-Normalleistung wird eine Bewegungsausführung verstanden, die dem Beobachter hinsichtlich der Einzelbewegungen, der Bewegungsfolge und ihrer Koordinierung besonders harmonisch, natürlich und ausgeglichen erscheint. Sie kann erfahrungsgemäß von jedem in erforderlichem Maße geeigneten, geübten und voll eingearbeiteten Arbeiter auf die Dauer und im Mittel der Schichtzeit erbracht werden, sofern er die für persönliche Bedürfnisse und gegebenenfalls auch für Erholung vorgegebenen Zeiten einhält und die freie Entfaltung seiner Fähigkeiten nicht behindert wird" (MLA 2, S. 136, nach Spitzley 1980, S. 108).

Der REFA-Ingenieur hat nun die Aufgabe, einen in der Praxis beobachteten Bewegungsablauf mit der REFA-Normalleistung, die als 100 % gesetzt wird, zu vergleichen und Abweichungen nach oben oder nach unten in Prozentzahlen zu quantifizieren, um die Vorgabezeit zu ermitteln. Dieser erhebliche Ermessensspielraum des Zeiterfassers bildete einen zentralen Gegenstand der Kritik an der

REFA-Vorgabezeitermittlung. Spitzley sieht eine Reihe von Fehlerquellen bei der Zeitaufnahme wie Auswahl der Versuchspersonen, Zeitpunkt der Aufnahme, Meßgenauigkeit, Unvergleichbarkeit von technischen und organisatorischen Bedingungen u. a. m. Schließlich komme das System nicht einmal seinen eigenen Ansprüchen nach, die Leistungszurückhaltung der Arbeiter zu durchbrechen, da Täuschungsversuche der Arbeiter bei der Zeitaufnahme nicht ausgeschlossen werden könnten. Spitzley kommt zu dem Ergebnis, daß die Neutralität der REFA-Methodik nicht nur höchst anzweifelbar ist, sondern selbst „alle Schleusen der Intensivierung" öffnet und „den meist vermittels des Lohnsystems auf die Arbeiter ausgeübten Zwang deckt, mit höherer als der physiologisch optimalen Geschwindigkeit zu arbeiten." Verschärfend komme hinzu, daß dies auch in Arbeitssituationen der Fall sei, wo die Arbeitsgeschwindigkeit durch den Lauf der Maschinerie unmittelbar bestimmt ist, wo also Verhandlungsspielräume über die Arbeitsgeschwindigkeit gar nicht bestehen (vgl. S. 122). Auch käme das gelegentlich erwähnte Ziel humaner Arbeitsbedingungen, die schlicht mit ergonomischen gleichgesetzt würden, faktisch nicht zum Tragen. Die Qualität der Arbeitsbedingungen werde der Wirtschaftlichkeit untergeordnet. Die Gesundheit des Arbeiters komme als Zielgröße nur in Betracht, sofern sie der Zielsetzung der Wirtschaftlichkeit nicht entgegenstehe.

Im Selbstverständnis des REFA-Verbandes bilden Wirtschaftlichkeit auf der einen und Gesundheit auf der anderen Seite als Betriebsziele keinen Gegensatz, faktisch jedoch scheint die Koinzidenz dieser beiden Zielsetzungen bis heute nicht erreicht (vgl. Naschold 1979).

Im Zusammenhang mit dem Vorangegangenen ist nun von erheblicher Bedeutung, daß die REFA-Lehre auch hinsichtlich der Produktionstechnologie dem humanen Gesichtspunkt nur am Rande oder nur als ergonomisches Problem Beachtung schenkt. Spitzley kommt hinsichtlich dieser Problematik zu dem Ergebnis, daß die „Entwicklung und Konstruktion von Betriebsmitteln ausschließlich nach (betriebs)ökonomischen Kriterien" erfolge. Allenfalls würden ergonomische Aspekte in die Überlegung einbezogen (S. 134).

Wenn der Arbeitsprozeß vorwiegend nach zeitökonomischen Gesichtspunkten organisiert wird, wenn also Wirtschaftlichkeit die weitestmögliche Anwendung zeitökonomischer Prinzipien im Produktionsprozeß meint, dann läßt sich diese Erkenntnis auch so formulieren: Strikte Anwendung zeitökonomischer Grundsätze einerseits und humanere Arbeitsbedingungen andererseits stehen faktisch in einem Gegensatz zueinander, was nicht gleichzeitig heißen muß, daß sie sich *prinzipiell* völlig ausschließen.

Eine andere Methode der Effektivierung und Rationalisierung von Arbeitsprozessen sind die „Verfahren vorbestimmter Zeiten". Die Idee dieser Systeme besteht darin, Arbeitstätigkeiten in einzelne Grundelemente zu zergliedern und ihnen bestimmte Zeitwerte zuzuordnen. Solche Elemente einer Bewegungsanalyse sind z. B. Bewegen eines Körperteils, Greifen eines Gegenstandes, Loslassen eines Gegenstandes, Verrichten (z. B. eine Mutter an eine Schraube bringen), geistige Vorgänge (nach Schmiede/Schudlich 1978, S. 492). Die Ermittlung solcher Standardtätigkeiten mit zugehörigen Standardzeiten ermöglicht eine betriebliche Zeitplanung ohne Stoppuhr. Schon bei der Planung eines Arbeitsprogrammes können nur die zugehörigen Bewegungen mit den entsprechenden Standardzeiten antizipiert und auf diese Weise eine Arbeitstätigkeit sozusagen synthetisch generiert werden.

Freilich haben die Rationalisierungs-Ingenieure erkannt, daß eine solche rationelle Gestaltung von Bewegungsabläufen dem menschlichen Organismus angepaßt sein muß. Daher werden „Grundsätze der Bewegungsökonomie" beachtet, die anthropologische Konstanten im menschlichen Leistungsverhalten mit berücksichtigen. Inwieweit diese so stark verallgemeinernden Grundsätze schon ins Weltanschauliche gehen, muß im Rahmen dieser Untersuchung hintangestellt werden. Einige solcher Grundsätze sind etwa:

— Fähigkeit und Antrieb des Menschen, Arbeiten ökonomisch zu verrichten, sind gering;
— der Mensch neigt dazu, eine zufällig gewählte Arbeitsmethode auch dann beizubehalten, wenn sie unzweckmäßig ist (bei Pornschlegel et al. 1968, S. 16).

Dem Menschen muß nun durch wohltuenden Druck nahegebracht werden, sich „rationell" zu verhalten und zu bewegen. Daher werden Regeln aufgestellt wie diese:

— Beidhandarbeit möglichst zugleich beginnen, möglichst zugleich enden, sowie möglichst symmetrisch Bewegungen ausführen
— Bewegungen sollten ineinander übergehen und die Bewegungsfolge sollte wenig Aufmerksamkeit erfordern.
Schaffe einen Rhythmus" u. a.

Es wird auch in Betracht gezogen, daß Arbeitstätigkeit und Arbeitsumgebung motivierende Elemente enthalten müssen. So wird gefordert

— das Arbeitspensum und der Arbeitserfolg sollten für den Arbeitenden übersehbar sein;
— der Bewegungsablauf sollte einen vernünftigen Arbeitsinhalt vermitteln;
— der Bewegungsablauf sollte Erholungsmöglichkeiten zulassen (vgl. ebenda, S. 17 - 23).

Die bekannteste Ausarbeitung der Verfahren vorbestimmter Zeiten stellt das MTM-System dar, das 1943 in den USA entwickelt wurde („Methods Time Measurement"). Die Übernahme in Deutschland erfolgte erst zu Beginn der 60er Jahre mit der Gründung einer deutschen MTM-Vereinigung. Entsprechende Verfahren wurden, wenn auch unter anderer Bezeichnung, ebenfalls in den Ländern des RGW entwickelt.

Schmiede/Schudlich sehen den Gewinn von MTM für die Unternehmensleitungen u. a. darin, daß

> „sie bereits bei der Planung und Konstruktion von Maschinen und Anlagen die dafür notwendigen Arbeitsplätze derart gestalten (können), daß den zeitökonomischen Zwängen so weit wie möglich Rechnung getragen wird und dem Arbeiter kaum mehr Spielraum zur individuellen Bestimmung der Arbeitsintensität sowie zur Organisation und Kontrolle seiner Arbeit bleibt" (S. 493).

Die gewerkschaftlichen Positionen zu REFA und MTM sind ambivalent. Schon der Taylorismus galt seinerzeit vielen Gewerkschaften und Politikern der Linken nicht nur als Instrument der Kontrolle und Ausbeutung der Arbeiter, sondern auch als ein interessenübergreifendes Instrument zur Steigerung der Arbeitsproduktivität, mit dessen Hilfe der gesellschaftliche Reichtum beachtlich gesteigert werden könne. Insbesondere wenn sich die Verteilungsverhältnisse zugunsten der Arbeiter verändern würden, könne sich deren Lebensstandard durch die Anwendung tayloristischer Methoden absolut verbessern.

Diese Thesen, die in den 20er Jahren in der deutschen Gewerkschaftsbewegung allgemein unterstützt wurden, führten zu einer Strategie, die darauf abzielte, etwaige, durch die neuen Arbeitsmethoden entstandenen gesundheitlichen Schäden wo möglich zwar zu eliminieren, andererseits jedoch den hieraus resultierenden Rationalisierungsgewinn in Form von Lohnerhöhungen oder Arbeitszeitverkürzungen abzuschöpfen. Eine grundsätzliche Infragestellung der wissenschaftlichen Arbeitsorganisation war wenig verbreitet. So schreiben Pornschlegel et al. 1968:

> „Die Gewerkschaften streben Schutz vor Nachteilen und angemessene Beteiligung der Arbeitnehmer an Rationalisierungserfolgen an. Die Auffassungen der Gewerkschaften zu diesen Verfahren sind nicht einheitlich; ... Soweit die Anwendung dieser Verfahren durch Kollektivverträge geregelt wird, geht es vor allem um die Sicherung einer angemessenen Entlohnung bei zumutbaren humanen Bedingungen" (Pornschlegel et al. 1968, S. 15).

1.2 Die Herstellung von Tempo, Zuverlässigkeit und Ausdauer

1.2.1 Eliminierung von Lebensäußerungen aus dem Arbeitsprozeß

Wenn es seit Gilbreth und Taylor darum geht, unnötigen Zeitverlust in der Produktion zu vermeiden, dann muß man die Frage stellen, nach welchen Kriterien Bewegungen, Kommunikation und andere Lebensäußerungen als „unnötig" eingestuft werden konnten. Ohne die industrielle Disziplin, wie wir sie heute in den entwickelten Ländern in Form weitgehend verinnerlichter Verhaltensnormen vorfinden, verliefe ein Arbeitsprozeß in der Tat sehr „unrationell": Arbeitstätigkeiten i. e. S. würden beständig von Tätigkeiten der persönlichen Bedürfnisbefriedigung oder von sozialer Interaktion unterbrochen.

Zudem, dies zeigt auch gegenwärtig ein Blick auf die Industrialisierungsprobleme der weniger entwickelten Länder, ist die Dauer, die ein Individuum zur Erledigung eines Arbeitsauftrages benötigt, verhältnismäßig unkalkulierbar. Die Arbeit erfolgt weitgehend nach Prinzipien von Lust/Unlust und unterliegt im Tages-, Wochen- und Jahresverlauf unterschiedlich bedingten Schwankungen in der Intensität oder richtet sich bezüglich ihres Umfanges nach subsistenzwirtschaftlichen Nutzenerwägungen. So berichtet z. B. Thompson ausführlich über die Probleme der Disziplinierung der englischen Arbeiterklasse (vgl. Thompson 1973).

Anhand von Arbeitsordnungen während der Industrialisierung Deutschlands hat Flohr (1981) diesen Disziplinierungsprozeß verfolgt.

Flohr konstatiert, daß die Arbeitszeit und deren Reglementierung das herausragende Problem der Disziplinierung der Fabrikarbeiterschaft darstellte. Dies ist kein Zufall; denn die Arbeitsordnungen hatten wesentlich auch den Zweck, zeitwirtschaftliche Bewertungsmaßstäbe im betrieblichen Ablauf zu verankern. Somit stellte das

„Teilproblem einer Disziplinierung der Fabrikarbeiterschaft ... die von den industriellen Arbeitgebern betriebene Durchsetzung einer neuen Zeitstruktur und einer neuen Zeit-Aus-Nutzung dar" (S. 33).

Dies lasse sich unter anderem daran ablesen, daß Verstöße gegen zeitliche Normierungen und Unpünktlichkeit zumeist außerordentlich hart sanktioniert würden. Das Ziel sei es gewesen, die industrielle Arbeitsweise von

„vorindustriellen Determinanten und sie damit gegenüber traditionell sinnbesetzten und auch insofern ‚natürlichen' Rhythmen" unabhängig zu machen." . . . „Solche Determinanten wären insbesondere die Jahreszeit, das Wetter und damit auch die wetterabhängigen Antriebsmaschinen, hiervon wiederum mitgeprägt: Soziale Gewohnheiten, aber auch individuelle Stimmungen oder aktuelle Leistungsfähigkeit" (S. 33).

Ein ganz wesentliches Ziel von Arbeitsordnungen sieht Flohr in der Etablierung und *Sicherung von Verfügungsmacht über die Zeit* der Fabrikarbeiter (S. 34). In den Arbeitsordnungen gegen Anfang des 19. sowie Ende des 19. Jahrhunderts finden sich durchweg Forderungen nach auf die Minute genauer Pünktlichkeit des Arbeitsbeginns. Mit dem Schlag der Werksglocke hatten die Arbeiter nicht nur auf dem Fabrikgelände präsent zu sein, sondern mußten auch ihre Arbeit aufgenommen haben. Für Zuspätkommende wurden drakonische Geldbußen ausgesprochen; häufig auch wurde wenige Minuten nach Arbeitsbeginn das Werkstor verriegelt, so daß die Arbeit von den verspäteten Arbeitern erst am Nachmittag aufgenommen werden konnte: Zu der Strafe gesellte sich somit noch ein erheblicher Lohnausfall; bei häufigem Zuspätkommen wurde die Entlassung angedroht. Die Geldbußen betrugen häufig das Doppelte des jeweiligen Tagesverdienstes. Dies macht deutlich, daß die Bestrafungen nicht nur den

Zweck hatten, kostenwirksame Arbeitsausfälle zu verhindern, sondern auch, „Pünktlichkeit als Prinzip, als generalisierte Verhaltenserwartung zu etablieren" (Flohr 1981, S. 36).

Auch während der Arbeitszeit wurde die physische Anwesenheit der Arbeiter am Arbeitsplatz kontrolliert. Selbstgenehmigte Pausen und ein Entfernen vom Arbeitsplatz standen unter Strafandrohung. Hier, wie beim pünktlichen Arbeitsbeginn, konnten Entschuldigungsgründe geltend gemacht werden, die zur Verringerung oder zum Erlaß der Geldbußen führten. In der Sanktionsmacht der Unternehmer bzw. ihrer Bediensteten wird die Verkoppelung von Verfügbarkeit über Zeit und Herrschaft sichtbar: die Fabrikzeit wird die Zeit der Arbeitgeber.

Zum besonderen Problem der Umerziehung breiter Bevölkerungsschichten zur Industriedisziplin wurde das eigenmächtige Fortbleiben von der Arbeit über mehrere Tage. Nach Auffassung der Arbeitgeber ergab sich aus dem Arbeitsvertrag ihre Weisungsbefugnis über die *gesamte* Zeit des Arbeiters, also auch über die außerbetriebliche Zeitverwendung. So findet sich z. B. in der Arbeitszeitordnung der Firma Krupp ein Paragraph, der das Arbeiten außerhalb des Betriebes zum Gelderwerb verbietet (vgl. Flohr 1981, S. 94). Ebenso wie der Kampf gegen den blauen Montag (vgl. Kap. I.3.5 dieser Arbeit) ist dies ein deutlicher Beleg dafür, daß es hier sowohl um den konkreten Arbeitsausfall geht wie um das Prinzip der Verfügung über die Zeit des Arbeiters.

Die Forderung nach Pünktlichkeit erzwang ein ausgefeiltes Kontrollsystem, das sich von persönlicher Kontrolle des Fabrikherrn schrittweise hin zu versachlichten Kontrolleinrichtungen verlagerte. Hierzu mußte neben der Zeit auch der Ort der Anwesenheit genau festgelegt sein. Der Zugang zum Fabrikgelände wurde genau bestimmt, damit es hermetisch gegen Zuspätkommende abgeriegelt oder die vorübergehende Abwesenheit vom Betriebsgelände verhindert werden konnte.

Ein Großteil der Paragraphen von Arbeitsordnungen bezieht sich nur mittelbar auf Verhaltensweisen der Arbeiter. Es wurden generelle Gehorsams-Gebote aufgestellt, die unabhängig vom Inhalt jede Art von Widerstand gegen Vorgesetzte unter Strafe stellten. Ebenfalls wurden „schlechte Arbeiten", ein übermäßiger Materialverschleiß sowie schuldhafte oder fahrlässige Beschädigung von Material und Maschinen streng geahndet. Weitere Paragraphen galten betrieblichen Sicherheitsvorkehrungen, wie z. B. dem Umgang mit Feuer in feuergefährlichen Bereichen des Betriebes.

Besonders hervorhebenswert scheint uns die Tatsache, daß gegen Ende des Jahrhunderts ein wesentlicher Teil des personalpolitischen Instrumentariums darin bestand, nicht nur zu strafen, sondern auch zu belohnen und zu versorgen. Ausdruck dieser „patriarchalischen Methoden der Fürsorge und Vereinnahmung" (vgl. Kocka 1975, S. 174; nach Flohr 1981, S. 53) war z. B. die Bereitstellung von Wohnraum der Firma Krupp für ihre Mitarbeiter, die Errichtung von „Consum-Anstalten“ für Nahrungsmittel und Kleidungsstücke, der Aufbau von Sparkassen und Lebensversicherungen sowie die Errichtung von Bildungs- und Fortbildungsanstalten, deren Ziel es sein sollte, „für die Erziehung und den Unterricht der Kinder ... und der Erwachsenen“ zu sorgen und „Gelegenheit zur Belehrung, Fortbildung und Unterhaltung zu bieten“ (Krupp-Arbeitsordnung, nach Flohr 1981, S. 95). Aber auch die Errichtung von Krankenkassen und Krankenhäusern ist in der Arbeitsordnung verankert. Damit wird die Sanktionsmacht des Arbeitgebers durch Erhöhung des Verlust-Risikos bei Unbotmäßigkeiten vergrößert, die Bindung an den Arbeitgeber und seine Weisungen wachsen.

Die in den Arbeitsordnungen manifestierten Anweisungen sind das Ergebnis harter Auseinandersetzungen zwischen Unternehmern und Arbeitern in Arbeitskonflikten. Dabei geht es nicht nur um die Etablierung einer allgemeingültigen Arbeitsdisziplin, sondern mehr noch um eine Definition des industriellen Arbeitsbegriffes überhaupt. Der Kampf um die Arbeitsdisziplin zeigt, daß dieser Arbeitsbegriff der industriell-kapitalistischen Produktionsweise nicht etwa, wie es im nachhinein erscheinen könnte, ein a priori definierter oder schon bekannter war, der nun in mühsamer Kleinarbeit von den Anwendern der Arbeitskraft gegen die Arbeiter durchzusetzen war. Der moderne Arbeitsbegriff ist das Ergebnis eines Jahrzehnte, wenn nicht Jahrhunderte währenden (und sich ständig verändernden) Kampfes um Form, Gegenstand und Inhalt von Industriearbeit. Dies zeigt sich besonders deutlich anhand des Aushandelungsprozesses von Arbeitszeiten (vgl. hierzu Deutschmann 1982; Bienefeld 1972).

Der Kampf um das neue industrielle Verständnis von Arbeit fand sehr wesentlich als ein Ringen um die Frage statt, was in einem Arbeitsprozeß als Arbeitstätigkeit und was als private Handlung zu betrachten sei. Da war zunächst der Widerstand gegen die Enteignung eines eigenen Rhythmus von Lust und Unlust, Anspannung und Entspannung, wie er etwa in der handwerklichen oder bäuerlichen Produktion noch in gewissen Bandbreiten möglich war. Dieser Rhythmus wurde abgelöst vom Zwang, einer den persönlichen Bedürfnissen äußerlichen Zeit-Norm zu gehorchen. Damit werden Schlafbedürfnisse, Kommunikationsbedürfnisse, Eßgewohnheiten und auch sexuelle Gewohnheiten in ein vorgegebenes Zeitschema gepreßt.

Es wurde also die Existenz eines eigenen biologischen, sozialen und psychischen Rhythmus und die hieraus resultierenden Folgen inter- und intraindividueller Unregelmäßigkeit und Ungleichförmigkeit nicht nur am Arbeitsplatz, sondern auch während des Arbeitslebens möglichst ignoriert oder als dem Privatbereich zugehörig lokalisiert.

Diese *soziale, zeitliche und räumliche Lokalisierung* von Körperfunktionen und psychischen Bedürfnissen führte dazu, daß Lebensgenüsse und die verschiedensten Formen körperlicher und seelischer Regeneration nun nicht mehr als zum

Arbeitsbereich gehörig betrachtet wurden. So finden sich in den Arbeitsordnungen immer wieder Hinweise darauf, daß Rauchen, Essen und Trinken, insbesondere auch das Trinken von Alkohol am Arbeitsplatz verboten seien. Was den Alkoholgenuß angeht, ist allerdings zu sehen, daß dieser mit der industriellen Entwicklung von Teilen der europäischen Gewerkschaftsbewegung, etwa in Skandinavien, selbst energisch bekämpft wurde, so daß die Anordnungen der Arbeitgeber durchaus in Einklang mit den Interessen der Beschäftigten standen.

Die Tatsache, daß solche Probleme immer wieder in den Arbeitsordnungen auftauchten, zeigen, daß hier, ebenso wie etwa bezüglich der Pünktlichkeit, ein erhebliches Widerstandspotential vorgelegen haben muß. Dies betrifft auch die Anordnung, daß Kommunikation, außer zu Zwecken der Arbeitsvorbereitung, zu unterbleiben habe. Häufig wird erwähnt, daß jede Art von Unterhaltung während der Arbeit, sowohl die verbale wie auch z. B. Würfel- und Kartenspiele u. ä., verboten seien. Dies mag neben dem Hauptziel der Disziplinierung der Arbeiter, der vollen Leistungsabschöpfung, auch den Grund gehabt haben, Koalitionen unter ihnen zu verhindern.

Einschneidend dürfte auch das Verbot für betriebsfremde Personen gewesen sein, das Fabrikgelände zu betreten. Auch dies ist als Versuch der Beseitigung vorindustrieller Produktionsformen zu werten, da sich die Interaktion mit den Familienangehörigen und die Arbeitstätigkeiten, z. B. vermittelt über das Essen, bislang vermischt bzw. einander abgewechselt hatten. Die Ehefrauen der Fabrikarbeiter konnten zumeist ihren Ehemännern das Mittagessen nur noch am Fabriktor überreichen.

1.2.2 Lohn und Entlohnungsformen

Die Kontrollmechanismen über die Intensität der Arbeit werden nicht nur durch Arbeitsordnungen, Aufsichtspersonen und intrinsische Arbeitsmotivation auf Basis eines veränderten Sozialcharakters bewirkt, sondern wesentlich auch durch die Lohnformen. Umgekehrt wirken Lohnformen auf die Herausbildung des Sozialcharakters ein, insbesondere was die Verinnerlichung industrieller Zeitnormen betrifft. Mit Hilfe der Entlohnungsformen verlegt der Unternehmer die Rationalität seines ökonomischen Prinzips, die Ökonomie der Zeit, zusätzlich zu den äußeren Restriktionen, die eine zeitökonomische Arbeitsweise des Arbeiters garantieren sollen, gleichsam in den Arbeiter hinein. Die Geschichte der Lohnformen zeigt, wie vermehrt solche Lohnsysteme zur Anwendung kommen, die die Kontrolle des Arbeitgebers über das Arbeitsgeschwindigkeitsverhalten des Arbeiters verstärken.

Schmiede/Schudlich (1978) unterscheiden drei Perioden der Entwicklung der Lohnformen. Zunächst den traditionellen Stücklohn als die Lohnform der Periode der „formellen Subsumtion der Arbeit unter das Kapital"; den Zeitlohn als die Lohnform der ersten, noch indirekten Phase der reellen Subsumtion, also der Phase, in der das Kapital den Produktionsprozeß selbst organisiert, und schließlich entsteht in einer dritten Phase, die Schmiede/Schudlich als die direkt reelle Subsumtion der Arbeit unter das Kapital fassen, der industrielle Leistungslohn. Die Entwicklung der Lohnformen scheint eng mit der fortschreitenden Anwendung der betrieblichen Zeitökonomie verknüpft. Im traditionellen Stücklohn der frühindustriellen Periode bilden die drei Bestandteile des Lohnes: ökonomische Struktur des Lohnes, seine zeitökonomische Basis sowie die Art der Leistungsziele noch eine Einheit, da der Produktionsprozeß zeitökonomisch noch nicht weit genug ausdifferenziert ist. Diese drei Elemente lösen sich in der Entwicklung hin zum Leistungslohn voneinander und bilden jeweils eine Vielzahl von möglichen Formen und Verfahren aus.

„*Die Entwicklung des industriellen Leistungslohnes* ist daher wesentlich eine *Entfaltung seiner drei Bestandteile.* Theorie des Leistungslohnes ist nur noch in einer Dimension Theorie der Lohnformen; sie ist zugleich auch Theorie der Entwicklung der Zeitökonomie und ihrer Verfahren sowie als deren Bestandteil Theorie der Veränderung der Leistungsziele; ...“ (S. 42).

Die Bewirtschaftung der betrieblichen Zeitressourcen findet vor allem als Arbeits- und Zeitstudium statt, das auf die Kontrolle der Leistung gerichtet ist. Schmiede/Schudlich führen in diesem Zusammenhang den Begriff der Leistungswirtschaft ein: Die verschiedenen Methoden zur Festlegung und Erfassung des Leistungspensums werden unter dem Oberbegriff von „Leistungsmeßverfahren“ zusammengefaßt. Der Inhalt dieser Leistungsmeßverfahren besteht danach stets in der Messung von Zeiteinheiten (S. 44).

Nicht zufällig sind auch für Taylor und die auf seinen Methoden basierenden Verfahren der „wissenschaftlichen Arbeitsorganisation“ Lohn und Entlohnungsform integraler Bestandteil der Theorie. Wie dargelegt, war von Taylor intendiert, nicht nur durch die Zergliederung des Arbeitsprozesses die Kontrollkompetenz des Managements zu erhöhen und die Qualifikation der Arbeiter zu senken, sondern damit gleichzeitig die Arbeitsleistung des einzelnen Arbeiters zu steigern. Trotz vergößerten Produktionsvolumens sollte die Gesamtlohnsumme des Betriebes durch die Reduktion auf einfache Arbeitstätigkeiten gesenkt werden.

Die Einsparungen im Bereich der Arbeitsorganisation und die vermehrte Arbeitsintensität führen dazu, daß der einzelne Arbeiter einen höheren Leistungsbeitrag erbringt, an dem er in Form einer relativen Erhöhung seines Lohnes gegenüber der früheren Tätigkeit teilhaben kann. Unter dem traditionellen Stücklohnsystem nun ist der Arbeiter jedoch an einer Erhöhung seiner Arbeitsleistung nicht interessiert, da dies zur sogenannten „Praxis der Akkordschere“ führt:

„Die Praxis der Akkordschere besteht ... darin, grundsätzlich jede Leistungssteigerung als Konsequenz technisch-organisatorischer Verbesserungen zu betrachten, ohne zu prüfen, inwieweit sie durch in Person und Verhalten des Arbeiters liegende Faktoren verursacht oder mit verursacht wurden. Die Frage der Zuordnung, die jede Erhöhung des Leistungsverdienstes stellt, wird grundsätzlich zu Ungunsten des Arbeiters beantwortet" (Lutz 1975, S. 148/149).

Die zeitökonomische Rationalisierung des Produktionsprozesses und die Intensivierung der Arbeit stoßen also durch das Vorhandensein der Akkordschere, vermittelt über das Lohnsystem, auf Grenzen, die auch durch vermehrte Kontrolle persönlicher und sachlicher Art letztlich kaum überwunden werden können. In Verbindung mit einer gründlichen Personalselektion wird in neueren Lohnformen eine Normalleistung postuliert und der Lohnanreiz in Form des Prämienlohnes gestaltet. Eine fortwährende Abweichung der Normalleistung nach unten führt hierbei zum einen zu Lohnkürzungen, wenn das vorgeschriebene Pensum nicht erreicht wird, zum andern droht die Entlassung. Sie ist ein fester Bestandteil des tayloristischen „Anreiz"-Systems. Der positive Anreiz besteht darin, daß derjenige, der eine über der durch Arbeits- und Zeitstudien ermittelten Normzeit liegende Stückzahl produziert, eine Prämie erhält. Auf dieser Basis haben sich eine große Anzahl von Prämien-Lohnformen entwickelt (vgl. Schmiede/Schudlich 1978, S. 496 ff.).

Entscheidend für alle modernen Lohnformen ist in unserem Zusammenhang zum einen, daß sie vermittelt über die Motivation des Arbeiters eine letzte Lücke bei der Strukturierung des Arbeitsprozesses nach zeitökonomischen Prinzipien schließen. Zudem erhält, wie später noch zu zeigen ist, der außerbetriebliche Bereich durch die von hier ausgehenden Bedürfnisse und Wünsche, die das Erwerbsverhalten ebenso beeinflussen, einen erheblichen Stellenwert für die Möglichkeiten und Grenzen der zeitlichen Strukturierung von Arbeitsprozessen (vgl. z. B. Krise des Lohnanreizes, Lutz 1975). Die Möglichkeit der Steigerung der Arbeitsintensität und damit auch die von Zeit zu Zeit erfolgende Erhöhung der „Normalleistung" ist so gesehen auch reproduktionsabhängig (vgl. Abschn. V).

Zum anderen bleibt festzuhalten, daß sich alle Formen, auch die der modernen Lohnberechnung, auf Zeiteinheiten beziehen, nicht nur im Sinne einer dem Lohn äußerlichen Meßgröße, sondern bedingt durch den logischen Zusammenhang zwischen Lohn und Arbeitszeit in der industriellen Produktionsweise. In einigen Bereichen, in denen durch technische Innovationen die Zurechenbarkeit von Leistung und Lohn nur noch schwer möglich ist, wird verstärkt auf die Form des Zeitlohns zurückgegangen, bei gleichzeitiger vermehrter Überwachung der Arbeitsleistung durch neue Systeme der Kontrolle über die Anwesenheit und das Arbeitsverhalten. Somit tritt der Lohn in einigen Bereichen als Steuerungsgröße für das Leistungsverhalten teilweise wieder zugunsten direkter Einflußnahme zurück.

1.2.3 Kontrolle und Überwachung

Dort, wo über materielle Anreizsysteme die Kontrolle der Beschäftigten nicht mehr gewährleistet ist, stehen seit einiger Zeit elektronische Hilfsmittel zur Verfügung, die anstelle der oder ergänzend zur inneren Kontrolle stärker über äußere Verhaltensnormierungen die Leistungsverausgabung beeinflussen sollen. Dabei geht es sowohl um die Steuerung des Personaleinsatzes und die Rationalisierung der Personalselektion als auch um die Kontrolle über das alltägliche Arbeitsverhalten des Arbeitnehmers. Die Nachfrage von seiten der Unternehmen nach Betriebsdatenerfassungssystemen ebenso wie das mit der weiteren Entwicklung der modernen Mikroprozessor- und Computertechnik immer breiter gefächerte Angebot der Hersteller nimmt ständig zu (vgl. Roschmann, 1981, S. 245 ff.).

Man kann grob unterscheiden zwischen Betriebsdatenerfassungssystemen allgemeiner Art, die z. B. die Arbeitsgeschwindigkeit und Arbeitsweise von Werkzeugmaschinen oder den Materialfluß kontrollieren und Personalinformationssystemen, die Informationen über Arbeitsverhalten, Fehlzeiten, Qualifikationen, den jeweiligen Aufenthaltsort des Beschäftigten im Betrieb u. a. geben.

Die Erweiterung der Informationsbasis durch neue Informationen über das Verhalten der Beschäftigten und der permanente, aufwandslose Zugriff zu den Daten führen zur Verschärfung der Kontrolle. Eine wesentliche Rolle spielt die quantitative Ausweitung der Möglichkeiten der Informationsbeschaffung, wenn man bedenkt, daß die inzwischen auf dem Markt angebotenen Systeme mehr als tausend Informationen je Beschäftigten vorsehen (vgl. Briefs 1980, S. 81). Erfaßt werden hiervon nicht nur die Randbedingungen des Leistungsverhaltens wie Fehlzeiten, Pünktlichkeit u. ä., sondern auch die Leistungserbringung des Beschäftigten. Dies gilt für Maschinen im gewerblichen Bereich ebenso wie für Arbeitsplätze etwa am Bildschirm.

> „Damit ergeben sich für das Management hervorragende Ausgangsinformationen für Disziplinierungs- und Rationalisierungsmaßnahmen: Der ‚intelligente Terminal' richtet unter kapitalistischen Bedingungen seine ‚Intelligenz' eben zwangsläufig gegen seine ‚Benutzer'" (Briefs 1980, S. 81).

Funke (1982) berichtet über den „Systementwurf 75 zur Zeiterfassung" von Daimler Benz in Stuttgart. Das Datensystem „Bessie" nimmt die Daten über dezentral installierte Zeiterfassungsterminals und Produktionsdatenterminals auf: An- und Abwesenheit, Urlaub, Krankenstand, unentschuldigte Fehlzeiten, Zeitauswertung (vgl. Funke 1982, S. 67). Funke bemerkt hierzu:

> „Als qualitativer Sprung kann bezeichnet werden, daß jede Störung, zeitliche Verzögerung/Verlangsamung und deren jeweilige Ursache und damit auch das Leistungsverhalten (nach Qualität und Quantität) kontrolliert werden können. Dabei ist nahezu jede Korrekturmöglichkeit, jede Lücke, jeder Freiraum, jeder zeitliche Spielraum, jede sachliche oder zeitliche Einteilungsmöglichkeit ausschließbar" (Funke 1982, S. 69).

Eine weitere Komponente im leistungs- und personalpolitischen Planungs- und Kontrollsystem von Daimler Benz ist das ISA-System, das auf Basis der Systematisierung der Planzeitwerte des MTM die Funktion hat, mittels einer Gegenüberstellung von Anforderungs- und Eignungsmerkmalen zu einer Optimierung von Ausfall- und Einsatzentscheidungen für Arbeitspersonen mit dem Ziel einer optimalen Arbeitskräfteplanung zu gelangen (vgl. Funke ebenda). Dies entspricht der tayloristischen Forderung nach „sorgfältiger Auslese".

Die Auswirkungen der Arbeitsumstrukturierungsmaßnahmen im Gefolge einer Zentralisierung der betrieblichen Gesamtzeitplanung mit den verschiedenen Komponenten MTM und neue Entlohnungsformen, wie in diesem Falle die Umwandlung von Einzelakkord in Gruppenakkord in Verbindung mit dem Einssatz von EDV-gestützter Planungs- und Steuerungstechnologie, lassen sich am Beispiel des „Vorderwasser-Problems" plastisch darstellen. Ein von Funke befragter Betriebsrat berichtet:

„Früher war es so: Du hast eine bestimmte Stückzahl zu machen, um auf dein Geld zu kommen, und es ist ja klar, daß man unterschiedlich arbeitet. Der blaue Montag ist der berühmte Fall. Man schafft also die Woche durch ein paar Stück mehr, die man sich auf die Seite legt, indem man die Zettel dafür nicht abgibt; und am Freitag läßt man die Arbeit auslaufen, mal mittags trinkt man ein Glas Bier und hat trotzdem sein Geld verdient, wenn man so vorgearbeitet hat. Genauso kann man am Montag die Arbeit dann wieder langsam anlaufen lassen. Diese Möglichkeit — also mit dem Akkord zu teilen und sich innerhalb dieser doch sehr technischen Produktion noch einen *menschlichen Spielraum zu verschaffen – nennen wir ‚Vorderwasser'*... Der wichtigste Effekt von MTM wird sein, daß dieses spontane Element, wie wir es noch mit dem ‚Vorderwasser' hatten, ausgeschaltet wird, daß der Produktionsablauf wirklich von der Planung her bis in die selbstregelnde Steuerung erfaßbar ist und wirklich programmäßig ablaufen kann" (nach Funke 1982, S. 66 ff.).

Die Kombination von Lohn- und Leistungssystem einerseits und Kontrolltechnologie andererseits entzieht dem Arbeiter endgültig den Dispositionsspielraum über sein Leistungsverhalten und damit über die zeitliche Struktur seiner Arbeit. Briefs weist auf die Tendenzen zur Herausbildung einer technologischen Hierarchie innerhalb der informationstechnologischen Infrastruktur hin. Nach seiner Auffassung resultiert diese Entwicklung

„aus der Tatsache — und dadurch wird sie zum besonderen Problem —, daß die Informationssysteme für die bestehenden komplexen, hochgradig hierarchisch aufgebauten Organisationen, insbesondere für große Konzerne, öffentliche Verwaltung usw. entwickelt werden. Nicht — wie die EDV-Industrie immer wieder behauptet — werden die Betriebe und Verwaltungen durch die Informationstechnologien und insbesondere die Datenverarbeitung dezentralisiert, sondern die Datenverarbeitung paßt sich den bestehenden hierarchischen Organisationen selbstverständlich an (S. 89).

Unter zeittheoretischen Gesichtspunkten sind damit bezüglich der Anforderungen an die Arbeitskraft folgende Tendenzen feststellbar:

— Erstens führt der Einsatz des arbeitswissenschaftlichen Instrumentariums zu einer *Verschnellerung* des Produktionsprozesses und damit zu erhöhten Anforderungen an Geschicklichkeit und Fingerfertigkeit der Arbeitsperson.

— Zweitens wachsen die Anforderungen hinsichtlich einer Verstetigung der Arbeitsleistung. Die *kontinuierliche Leistungsverausgabung* wird unter den Bedingungen eines zentral gesteuerten und hochgradig verketteten Produktionsprozesses zur Voraussetzung eines Arbeitsprozesses mit hoher Produktivität. Die *Voraus*berechenbarkeit der Teilelemente des Arbeitsprozesses und damit auch der Arbeitsleistung des Arbeitnehmers werden unabdingbar.

Die für den modernen Produktionsprozeß geforderte Arbeitsperson ist daher diejenige, die nicht exorbitante oder sporadische Leistungsspitzen aufweist, sondern die über einen bestimmbaren Zeitraum — etwa über einen Arbeitstag, eine Arbeitswoche oder auch ein Arbeitsleben — eine kalkulierbare Dauerleistung erbringt.

Diese Entwicklung bahnte sich spätestens seit Taylor an, wie etwa sein berühmtes Beispiel der Tätigkeit des Eisenverladers zeigt:

„Wäre es Schmidt erlaubt worden, einen Haufen von 47 Tonnen Roheisen ohne Anweisung und Anleitung eines der Methode Kundigen in Angriff zu nehmen, er hätte in seiner Gier, den in Aussicht gestellten Lohn zu verdienen, ohne seinen Muskeln die zu ihrer Wiederherstellung absolut notwendigen Ruhepausen zu gönnen, so ununterbrochen und angestrengt gearbeitet, daß er wahrscheinlich schon um 11 oder 12 Uhr völlig erschöpft gewesen wäre. Doch da ein Mann, der obiges Gesetz kannte, ihn tagtäglich überwachte und bei seiner Arbeit anleitete, bis er sich an die nötigen Ruhepausen gewöhnt hatte, war es ihm möglich, den ganzen Tag in gleichmäßigem und ruhigem Tempo ohne Übermüdung zu arbeiten (Taylor 1909, S. 62).

1.3 Abwesenheit vom Arbeitsplatz

Der kontinuierliche Produktionsprozeß erfordert also die Kalkulation einer Normalleistung. Voraussetzung hierfür ist die Standardisierung der Arbeitsumgebung, der Werkzeugmaschinen und der Werkzeuge, der Verarbeitungsvorschriften und der Verhaltensmaßregeln ebenso wie das Bestehen auf zeitliche Regelmäßigkeit in der Arbeit.

Die Vereinheitlichung der Arbeitszeit geschieht auf mehreren Ebenen bzw. in mehreren Bereichen. Diese Ebenen und Bereiche von Arbeitszeitregelung, wie Tages-, Jahres-, Lebensarbeitszeit, Urlaub, differenzieren sich als solche erst schrittweise, d. h. als Ergebnis der Auseinandersetzung zwischen Kapital und Arbeit, aus.

Als Ergebnis hiervon ist die betriebliche Anwesenheit bzw. Abwesenheit auf folgenden Ebenen feststellbar:

— *Regelmäßigkeit der Arbeitsaufnahme.* Dies meint die Abkehr vom subsistenzwirtschaftlichen Denken der Arbeiter der frühen Phase der Industrialisierung durch die Entkopplung von konkretem Bedürfnis und Einkommenserwerb, d. h. die Stabilisierung eines industriellen, von inhaltlichen Bezügen entkoppelten Erwerbsverhaltens.
— *Festlegung der Dauer der Arbeitszeit* im Tages-, Wochen-, Jahres- und Lebensverlauf.
— *Festlegung der Lage der Arbeitszeit* im Tages-, Wochen-, Jahres- und Lebensverlauf.
— *Pausenregelungen* (arbeitsbedingte Erholpausen, Bedürfniszeiten u. a.).
— *Urlaub* (Unterbrechung der Jahresarbeitszeit).
— *Dauer der Arbeitsverträge.*

Die zumindest unter leistungspolitischen Gesichtspunkten bedeutsamste Regelung stellt neben dem Arbeitsgeschwindigkeitsverhalten die Forderung nach *Regelmäßigkeit der Arbeitsaufnahme* dar. Gegenüber dem Arbeitsvertrag eines Tagelöhners, der den zeitlichen Zugriff des Arbeitgebers auf eben diesen Tag limitiert, erweitert sich mit dem industriellen Arbeitsvertrag die Einflußnahme des Arbeitgebers perspektivisch auf das gesamte Arbeitsleben des Arbeiters, sofern der Arbeitgeber über eine solche Dauer an der jeweiligen Arbeitskraft interessiert ist. Diese Verschiebung des Zeithorizontes des Arbeitsvertrages stellt eine Voraussetzung für die Kontinuisierung der Produktion dar, wie sie für das Industriesystem typisch ist.

Die Wirkung der veränderten Vertragsstruktur ist höchst ambivalent: Auf der einen Seite bietet sie dem Arbeitnehmer Schutz; da dieser auf die Lohnarbeit angewiesen ist, besteht für ihn keine Möglichkeit, zeitweise auf das Anbieten seiner Arbeitskraft zu verzichten. Damit ist der Anbieter von Arbeitskraft dem Nachfrager, der verzichten kann, (zeit-)strukturell unterlegen (vgl. hierzu auch Olk et al. 1979, Vobruba 1983).

Das Bemühen zumindest größerer Unternehmen schon seit der Jahrhundertwende, eine in qualifikatorischer und disziplinarischer Hinsicht zuverlässige Arbeiterschaft heranzuziehen und sie durch Leistungen wie etwa die Kruppschen Sozialleistungen (vgl. oben) an den Betrieb zu binden, führt zwar zu einer vielfältigen Verbesserung der sozialen Situation, andererseits aber in eine Abhängigkeitsbeziehung.

Der Arbeitgeber erhält durch die Langfristigkeit des Arbeitsvertrages Zugriff auf das gesamte Leben und die Lebensführung des Arbeitnehmers bis hin zum Rentenalter und steuert somit die Leistungswilligkeit und Leistungsbereitschaft durch positive und negative Sanktionen sowohl unmittelbar im Produktionsprozeß als auch über den Reproduktionsbereich.

Diese Struktur des industriellen Arbeitsvertrages findet ihren Ausdruck in der Anwesenheitspflicht am Arbeitsplatz zu den vom Arbeitgeber bestimmten bzw.

von den Tarifparteien ausgehandelten Arbeitszeiten. Somit verkehrt sich die Beweislast: Nicht der Arbeitnehmer bietet seine Arbeitskraft an, sofern und immer dann, wenn er Subsistenzmittel benötigt, sondern der Arbeitgeber setzt die *permanente* Arbeitsbereitschaft voraus. Er verlangt darum Belege für den Grund der Abwesenheit bzw. sanktioniert diese mit Strafmaßnahmen.

Es entsteht eine Sichtweise, die die Anwesenheit am Arbeitsplatz als das Erwartbare, Normale, die *Abwesenheit als anormal* definiert. Die Abwesenheit vom Arbeitsplatz wird begründungspflichtig. Ein Set von Begründungszusammenhängen und Regulierungsformen muß etabliert werden, das die temporäre Abwesenheit vom Arbeitsplatz als Ausnahme auffaßt, um sie damit innerhalb eines Systems der Normalität zu belassen (vgl. hierzu auch von Ferber 1978, S. 128 ff.).

Je enger nun die Definition von „Arbeit" auf den unmittelbaren Arbeitsprozeß hin verengt wird, desto schärfer wird die Trennung zwischen Privatangelegenheiten und Interessen des Betriebes und in der Konsequenz davon auch zwischen Gesundheit und Krankheit (vgl. hierzu von Ferber 1978). Eine Reihe von Reproduktions-, Interaktions-, Sozial- und Gesundheitsbedürfnissen (verstanden im Sinne eines umfassenden Gesundheitsbegriffes) kann jetzt nur noch außerhalb der Arbeit realisiert werden und führt darum zur Notwendigkeit der zeitweisen Befreiung von der Arbeit. Solche besonderen Gründe sind Arbeitsbefreiung aus Krankheitsgründen, für Schwangerschaften, für Eheschließung, Tod eines nahestehenden Menschen, Erziehung der Kinder, Besorgung des Haushalts oder Erledigung staatsbürgerlicher Pflichten (Behördengänge, gesundheitliche Routineuntersuchungen u. ä.).

Der gemeinhin einzig legitimierbare Grund *längerer* Abwesenheit vom Arbeitsplatz außerhalb der regulären Arbeitszeit, der vom Arbeitgeber zumindest unter sozialstaatlichen Bedingungen grundsätzlich anerkannt werden muß, ist der der Krankheit. Aus betriebswirtschaftlicher Sicht macht es jedoch letztlich nur wenig Unterschied, ob der Arbeitnehmer aus gesundheitlichen oder anderen Gründen fernbleibt, solange der Arbeitgeber verpflichtet ist, die entfallenen Arbeitsstunden zu entlohnen oder Einbußen in der Produktion hinnehmen muß.

Namentlich der Krankenstand (vgl. hierzu Nieder 1979 sowie Bürkhardt/Oppen 1982), als ein Spezialfall einer Fehlzeit, ist auf zweierlei Ebenen bzw. in zweierlei Hinsicht ein i. w. S. *arbeitsbedingtes* Phänomen: Zum einen entsteht ein Großteil von Erkrankungen unmittelbar oder mittelbar aus dem Arbeitsprozeß (z. B. Unfälle, Gesundheitsbeeinträchtigungen durch Schadstoffe, Erkrankungen durch Konflikte am Arbeitsplatz). Darüber hinaus generiert die Anhebung der Leistungsanforderungen im Betrieb gesundheitliche Störungen bei einer Anzahl von Arbeitnehmern, die sich im Krankenstand niederschlagen.

Zum anderen werden durch das verfeinerte Raster von Kontroll- und Anreizsystemen Leistungsminderungen der Arbeitnehmer zunehmend auffällig. Denn je höher der Grad der Leistungskontrolle ist, desto geringer werden die individuellen Möglichkeiten, Leistungsschwankungen im Tages-, Wochen-, Jahres- und Lebenszyklus zu verbergen. Die Anforderung, durch Willensanstrengung oder auch durch leistungssteigernde Pharmaka gelegentliche oder dauerhafte Phasen geringerer Leistungsfähigkeit zu überformen, wird damit selbst ein Teil der allgemeinen Leistungsanforderung, ja teilweise sogar erst zur eigentlichen Leistung der Arbeitsperson (vgl. Kap. II.1.4). Die Leistungsschwankungen werden insbesondere bei einer Reihe von neueren Fertigungstechnologien, die eine lineare, gleichförmige, homogene Arbeitsleistung voraussetzen, nicht oder kaum berücksichtigt (vgl. das „Vorderwasser-Problem" in Kap. 1.3).

Die normalen Leistungstiefs im Tagesverlauf, aber auch in längeren Phasen wie im Wochen-, Jahres- oder Lebensverlauf treten aufgrund der modernen Methoden der Leistungsabforderung nicht mehr länger als das auf, was sie sind, als notwendige Regenerationsphasen psychischer, physischer und sozialer Art zur Vermeidung irreversibler Schädigungen, sondern als „Krankheit".

Wenn der vorfindliche, nach arbeitswissenschaftlichen Erkenntnissen strukturierte Produktionsprozeß hinsichtlich seiner Leistungsabforderung als gegeben angesehen wird, muß die Gesundheit derjenigen in Frage gestellt werden, die nicht in der Lage sind, ihre physischen, psychischen und sozialen Ressourcen hierauf einzurichten. So verkehrt sich die Beweislast hin zum Arbeitnehmer, der seine Minderleistung entweder mit dem Beleg einer Erkrankung entschuldigen muß, die die einzige legitime Möglichkeit eines zeitlich begrenzten „Ausstiegs" aus dem Arbeitsprozeß darstellt, oder er muß seine generelle und nicht nur temporäre Leistungsminderung durch den vollständigen Rückzug aus dem Arbeitsleben bestätigen. Dieses Problem ist im Zusammenhang mit der Verrentungsthematik in jüngster Zeit ausgiebig behandelt worden (vgl. hierzu Dohse/Jürgens/Russig 1982).

Aus Rechtfertigungsgründen gegenüber dem Institutionen-System der gesundheitlichen Versorgung, vermittelt über psycho-somatische oder somatopsychische Prozesse, werden Erkrankungen teilweise erst produziert. Eine Reihe von Erkrankungen resultiert aus der Situation verminderter Leistungsfähigkeit des Individuums; sie entstehen durch die medikamentöse Behandlung von Bagatellfällen und entwickeln sich dann infolge von Nebenwirkungen zu ernsthaften Gesundheitsgefährdungen. Zum anderen werden die verminderte Leistungsfähigkeit und ihre Symptome selbst als Krankheit bezeichnet und z. T. medikamentös behandelt, um die sogenannte Normalleistung wiederherzustellen. Die Krankheit resultiert in diesen Fällen weniger aus medizinischen als aus sozialen Ursachen, sie besteht in einer Abweichung von der geforderten Normalleistung.

Damit wird deutlich, daß auch der Krankenstand, seine Definition und die hieraus für den Arbeitnehmer resultierenden Sozialleistungen, zumindest teilweise auf die zeitliche Dimension der Organisation des Produktionsprozesses zurückzuführen sind (vgl. hierzu auch Teriet 1979).

Wie schwer sich die Arbeitsgesellschaft mit der Definition und Bewertung von Ausnahmeregelungen im Hinblick auf die Freistellung der Arbeitnehmer von der Arbeit tut, ist beispielsweise in einem Aufsatz über das Problem der Bewertung von Todesfällen dargestellt worden (vgl. Pratt 1981). Der Autor zeichnet darin die Diskussion über die Höhe der in Todesfällen für die Angehörigen freizugebenden Tage in einer öffentlichen Institution nach. Darin spiegelt sich nicht allein die Schwierigkeit der zeitlich-quantitativen Normierung von Trauerarbeit bzw. der zeitlichen Einschätzung der Abwicklung von Bestattungsformalitäten wider, sondern auch ein qualitatives Problem, inwiefern nämlich Trauerarbeit in einer funktionalistisch denkenden Gesellschaft noch als berücksichtigenswert eingebracht und inwieweit hieraus überhaupt eine Verringerung des Leistungsanspruchs des Arbeitgebers gegenüber dem Arbeitnehmer begründet werden kann. Ähnliches gilt für Hochzeiten, Geburtstage u. ä., die zunehmend der Privatsphäre zugeschlagen werden und damit sowohl das Zeitkontingent des Arbeitnehmers in wachsendem Ausmaß beanspruchen wie auch dessen Einstellung zur Arbeit: Die Arbeit erhält durch die Ausgrenzung „arbeitsfremder" Elemente immer deutlicher instrumentellen Charakter.

Finden schon die aus kulturellen, sozialen, psychischen und ökonomischen Bedürfnissen des Arbeitnehmers resultierenden „Normal"-Bedürfnisse nur unter komplizierten Bedingungen Berücksichtigung gegenüber den Interessen der Produktion, so bleiben viele nicht kollektiv oder durch soziale Systeme vermittelte individuelle, sporadische Bedürfnisse bzw. Nicht-Bedürfnisse, aber auch verschiedene sozial bedingte Leistungsminderungen völlig unberücksichtigt. Ebenso wird mehr und mehr eine präzise Trennung der Lebenssphären Arbeit und Freizeit erwartet, indem die Übertragung von Beeinträchtigungen der Arbeitsfähigkeit, deren Ursachen außerhalb des Erwerbsarbeitsbereichs liegen — wie Trauer, Glück, körperliche Erschöpfung durch sportliche Betätigung, Nachwirkungen von Alkoholkonsum etc. —, verstärkt sanktioniert wird.

1.4 Industrieller Leistungsbegriff

1.4.1 Leistung als Ersatz für Gegenstandsinhalte

Im vorigen wurde deutlich, inwiefern die Messung von Leistung und die Bemessung des Lohnes mit dem Faktor Zeit verknüpft ist. Geschwindigkeit einerseits und Zuverlässigkeit andererseits werden ganz offensichtlich zentrale Bezugssysteme für Leistung, bzw. läßt sich Leistung erst dann in standardisierter Form fassen und universell anwenden, wenn der Faktor Zeit hinzugezogen wird.

In der Diskussion um das Leistungsprinzip werden die vielfältigsten Begriffsdefinitionen von Leistung gegeben (vgl. Hartfiel 1977, S. 7 ff.). Dabei fällt zunächst auf, daß bei vielen Autoren ein weithin unhistorischer Begriff von Leistung Anwendung findet insofern, als jeder Gesellschaftsformation, z. B. auch der

Antike, ein Begriff von Leistung unterstellt wird. Das Augenmerk richtet sich alsdann auf die gegenwärtige historisch-spezifische Ausformung des Leistungsbegriffs und allgemeiner des Leistungsprinzips oder der Leistungsgesellschaft. Obwohl die Unterschiede zu den Leistungen früherer Gesellschaftsformationen gesehen werden, wird konstatiert, daß „Leistung... schon immer anerkannt wurde". Ob die römischen Feldherren und Cäsaren, die kunstfertigen Handwerker des Mittelalters oder die erfolgreichen Kaufleute früherer Zeiten tatsächlich „Leistungen" im modernen Sinne vollbracht haben, soll hier am Rande bezweifelt, aber nicht weiter ausgeführt werden. Es kann Hartfiel aber zugestimmt werden, wenn er zu dem Ergebnis kommt, daß

> „der Leistungsbegriff ... erst in dem historischen Augenblick sozial relevant (wurde), wo er zu einem vorherrschenden *gesellschaftlichen Ordnungsprinzip* gerann, wo menschliche Entscheidungen und Handlungen als zentrale verursachende Faktoren irdischer Menschheitsgeschichte und gesellschaftlicher Strukturbildung entdeckt wurden" (S. 11).

Der Leistungsgedanke entsteht also zunächst als ein gesellschaftliches Ordnungs- und Zuteilungsprinzip, das das alte ständische Prinzip ablöst, nach dem die Zuteilung von Subsistenzmitteln und Herrschaftsansprüchen an gesellschaftliche Herkunft oder Seniorität gebunden ist. Die sich ausbreitende Leistungsideologie setzt dem die Zuteilung von Gütern und Leistungen nach Maßgabe des individuellen Verdienstes entgegen. Dabei bleibt offen, ob der Leistungsbeitrag hier einerseits als Aufwand und Arbeitsmühe oder intentional zu verstehen ist oder andererseits als Messung des bloßen Effekts einer Anstrengung, ohne Berücksichtigung von Arbeitsmühe und Aufwand (vgl. hierzu Hartfiel 1977). Entscheidend ist, daß ein durch den individuellen Leistungsbeitrag erworbenes Anrecht auf Partizipation am gesellschaftlichen Produkt im Leistungsprinzip als legitim postuliert wird, später sogar als *die* legale Form individueller Aneignung allgemeine Gültigkeit erlangt.

Die allgemeine Gültigkeit des Leistungsprinzips im Sinne dieser Zuteilungsfunktion soll uns im folgenden jedoch nur am Rande beschäftigen. Von Interesse in unserem Zusammenhang ist vielmehr die Frage, inwiefern das Leistungsprinzip als solches tatsächlich in modernen Arbeitsprozessen noch Gültigkeit beanspruchen kann und vor allem, welche Kriterien konstitutiv für ein modernes Leistungsverständnis sind. Hieran und an die Möglichkeit, Leistung auch objektiv zu messen und damit einen Wettbewerb zwischen den Individuen herzustellen, ohne den das Leistungsprinzip nicht aufrecht erhalten werden kann (vgl. Hartfiel 1977), knüpfen sich allerdings auch wieder die Existenzbedingungen bzw. die Existenzberechtigung der Verteilung gesellschaftlicher Chancen nach dem Leistungsprinzip und die Überlebenschancen des Leistungsprinzips überhaupt. Denn nur da, wo zwischen mehr oder weniger Leistung, zwischen guter und schlechter Leistung unterschieden werden kann, lassen sich Leistungs- und damit Zuteilungshierarchien praktizieren.

Seyfarth (1969) stellt die Frage nach der Geltung von Leistung. Anders ausgedrückt: Wie kann es sein, daß Leistung und Leistungsmotivation nicht nur als Ideologie fungieren, sondern daß Leistung auch gleichsam gelebt wird. In welcher Form tritt dem Individuum der Leistungsanspruch der Gesellschaft entgegen? Für Seyfarth geschieht dies, auf eine einfache Formel gebracht, durch die zeitliche Strukturiertheit von Handlungen in der industriellen Leistungsgesellschaft. Zeitliche Bedingungen prägten zunehmend das Handeln und die Erfahrung.

„Die Basis der Geltung von Leistung sehen wir somit nicht einfach in der (objektiv festzustellenden) Geltung von Zeit oder in der (objektiven) Verknüpfung von Leistung und Zeit, vielmehr in der *Erfahrung der handelnden* Individuen, daß *Zeit gilt:* Alles Handeln, welche Ziele auch immer verfolgt, welche Probleme gelöst werden, unterliegt in der differenzierten Gesellschaft zugleich und zunächst dem Zwang, das Problem prinzipiell knapper, parzellierter und mehrfach beanspruchter Zeit zu lösen“ (S. 54).

Dabei erhält die Zeit nicht nur den Charakter eines Mediums, in dem jedes Handeln stattfindet, sondern mit dem Vordringen zeitlicher Normierung von Handlungen wird Zeit zu einem Substitut für die Sachstruktur von Problemstellungen. Damit wird die Lösungs*form* eines Problems als solche leistungsrelevant, der Inhalt tritt dahinter zurück. Zeitstrukturen entinhaltlichen somit die Sachstrukturen oder werden selbst zu einer neuen Sachstruktur, die für Leistung konstitutiv ist (vgl. hierzu auch Ermert 1977). Seyfarth sieht also

„eine Tendenz, in sachlich *unkontrollierter* Weise behauptete sachliche Zusammenhänge durch Rückgriff auf Zeitstrukturen (manifest und vor allem latent) zu substituieren. Die Idee ist, daß, auf gesellschaftlicher Ebene, Zeitstrukturen im Hinblick auf Leistung — als institutionalisierte Sprachmuster und als latente Interpretation von Leistung — *Geltung* oder *Selbstwert* erlangen (S. 55).

In diesem Zusammenhang weist Seyfarth darauf hin, daß der Zusammenhang von körperlicher Arbeit und Leistung, wie er in früheren Formen der Industriearbeit evident war, zunehmend durch die Erfahrung eines allgemeineren Anspruchs auf Geltung von Leistung vermittelt über die Erfahrung der Geltung von Zeit ersetzt wird (vgl. S. 55). Denn da es objektiv immer weniger notwendig werde, den Arbeiter unter einen kontinuierlichen, akuten Leistungsdruck zu setzen, weil moderne Produktionsanlagen ohnehin keine größeren Dispositionsspielräume zuließen und „fast automatisch die Automation des Arbeitenden erzwing(en), wenn er überhaupt zu arbeiten bereit ist“ (vgl. Lutz 1965, S. 24; bei Seyfarth 1969, S. 38), könne der Leistungsdruck nicht mehr aus einem individuellen, arbeitspsychologischen Verständnis heraus behandelt werden, das in früheren Zeiten mit der Praxis der Leistungssteigerung verbunden war. Für einen gesellschaftlich wie soziologisch relevanten Begriff der Geltung von Leistung müßte der *Systemcharakter von Leistung* in den Vordergrund gerückt werden.

Obwohl die Praxis des Arbeitslebens keinen Zweifel daran läßt, daß auch die individuelle Leistungsmotivation eine erhebliche Rolle spielt, zumal nur ein Teil der gesamten Arbeitsprozesse der Gesellschaft derart technisiert ist, daß sie nur reaktive Möglichkeiten bieten, muß Seyfarth prinzipiell zugestimmt werden, wenn er im Anschluß an Luhmann konstatiert, daß Leistung zunehmend als *Prinzip* der sozialen Organisation Gültigkeit besitzt. „Leistung" wird primär zum Organisationsprinzip des Systems (z. B. einer Institution), so daß es tendenziell „gegen Unterschiede der individuellen Motivation indifferent werden kann" (S. 39).

Individuelle Leistung besteht damit in einer Loyalität gegenüber den Organisationsprinzipien des Systems. Diese sind aber wiederum in ihrem Effizienzverständnis an zeitökonomische Parameter gebunden.

Somit wird nicht die Identifikation mit der Sachstruktur des Betriebes (z. B. den Produkten) zum Maßstab der Loyalität des Individuums, sondern vor allem die Identifikation mit der Zeitstruktur. Daher ist es kein Zufall, wenn Pünktlichkeit, Zuverlässigkeit, Ausdauer usw. nicht nur als Rahmenbedingungen industrieller Arbeit gratifiziert werden. Sie sind Bestandteil der anerkannten Gesamtleistung des Arbeitenden im abhängigen Beschäftigungsverhältnis.

Wenn es richtig ist, daß „die Individuen wenig über die Leistung der Gesellschaft, aber viel über die Geltung von Zeit und über Probleme der Zeitorientierung (latent und manifest) erfahren" (Seyfarth 1969, S. 129), gilt dies ebenso konkret im Alltag und besonders am Arbeitsplatz wie auch für den Zeithorizont und die Zeitperspektive von Individuen. Leistung weist sich aus in der mehr oder weniger exakten Einhaltung vorgeschriebener Karrieremuster, von Bildungsgängen oder persönlichen Entwicklungsstadien, die, zum Teil aufgrund „wissenschaftlicher Ergebnisse", bereits in der Kindheitsphase einer bisweilen äußerst rigiden Normierung und Schematisierung unterliegen und hierdurch zu einer erheblichen Belastung werden (vgl. Rabe-Kleeberg 1982; Ermert 1977). Die Einhaltung normalbiographischer Vorgaben (eine „Blitzkarriere", ein „Senkrechtstarter", umgekehrt: ein „Spätzünder" u. ä.) wird, wenn nicht selbst als Leistung, so doch zumindest als Ausdruck von Leistungsfähigkeit gewertet und entsprechend honoriert.

„Daß das Leben in dieser Weise eine Karriere *ist,* ist Inhalt permanenter Interpretation" (S. 166). Dies betrifft nicht nur berufliche Karrieren, sondern auch, wie Seyfarth hervorhebt, sogenannte Konsumkarrieren, die sich in der Formel „sich etwas leisten zu können" ausdrücken. Dabei werden Etappenziele in der Zukunft angesiedelt und ein Erfolg an dem Erreichen dieser Etappenziele gemessen.

Nicht nur die Biographie im Rückblick, sondern auch die Planungs*fähigkeit,* also der Vorgriff auf erreichbare Ziele und die konsequente Ausrichtung der Handlungen der eigenen Person auf dieses Ziel, muß als Leistung angesehen werden: Die Herstellung einer langfristigen Zeitperspektive als solche ist Leistung. Das Ausmaß der Zukunftsorientierung eines Individuums hat erheblichen Einfluß auf dessen soziale Stellung und auf die Anerkennung von Tätigkeiten als Leistung. Der Zusammenhang von Zeithorizont bzw. Zukunftsorientierung und sozialer Zugehörigkeit ist in Untersuchungen bestätigt worden (vgl. Trommsdorf et al. 1978; Kasakos 1971). Die Fähigkeit, das Handeln an langfristigen Zielen zu orientieren, gewinnt angesichts zunehmender Bedeutung von Bildungs- und Ausbildungsprozessen, aber auch von zum Teil quälenden Warte-Situationen am Arbeitsmarkt erheblich an Wert. Dabei gehen allerdings viele Elemente der Ausrichtung an einer Normalbiographie verloren; jedoch gewinnt gerade unter den erschwerten Bedingungen die Fähigkeit, eine „Normalbiographie" zustande zu bringen, einen noch größeren Stellenwert, wird also gerade dadurch in einem noch emphatischeren Sinne „Leistung".

Offe (1970) hat argumentiert, daß das Leistungsprinzip eine erhebliche Erosion dadurch erfahren habe und zunehmend erfahre, daß die Gestaltung industrieller Arbeitsplätze im Zuge der Automatisierung und wachsender Kapitalintensität eine individuelle Zurechnung von Arbeitseinsatz bzw. Qualifikation des Arbeitnehmers zum Output einer Produktionsanlage kaum mehr ermögliche. Der individuelle Beitrag zum Produktionsergebnis bestehe immer häufiger in Tätigkeiten, die auf temporär begrenzte Eingriffe in den Produktionsablauf oder auf allgemeine Steuerungstätigkeiten reduziert seien. Diese müßten zwar exakt durchgeführt werden, eine Differenzierung in ein Mehr oder Weniger an Leistung werde jedoch unmöglich.

Statt dessen erklärten sich Lohndifferenzen aus den Differenzen in den Durchsetzungsmöglichkeiten einzelner Berufsgruppen oder schlicht aus der Tradition von Branchen und bestimmten Arbeitnehmergruppen, wobei Belastungs- und Erschwernismerkmale, die zur Lohnfindung herangezogen werden, mehr die Funktion einer Rechtfertigung dieser ohnehin schon feststehenden Bewertungen der Arbeitsleistung hätten, als daß sie umgekehrt unabhängige Elemente in der Lohnfindung wären. Offe sieht bezüglich der vorfindlichen Lohndifferenzierungen einen Funktionswandel des Leistungsprinzips dergestalt, daß aus einem Verfahren zur Allokation unterschiedlicher individueller Arbeitskraft eine Disziplinierungstechnik entstünde,

> „welche die Loyalität mit herrschenden Interessen und Lebensformen prämiiert, kulturelle Spaltungen perpetuiert und den Schein einer objektiven oder ‚technischen' Begründbarkeit organisatorischer Hierarchien hervorbringt und stabilisiert... Eigentlich sinnlos wird das Konzept einer leistungsgerechten gesellschaftlichen Ordnung erst angesichts der Tatsache, daß die fortgeschrittenen Formen industrieller Arbeit die Kategorie kompetitiv offenbarten, individuellen Leistungsvermögens irrelevant macht" (Offe 1970, S. 112f.).

Folgt man der Analyse Offes, würde mit dem Zurücktreten des Leistungsprinzips auch der Faktor Leistung obsolet werden, würde die Leistungsdifferenzierung eine immer geringere Rolle spielen. Dies ist jedoch nicht der Fall. Offe weist darauf hin, daß mit dem Zurückgehen objektiver Leistungskriterien lediglich die Leistungs*gerechtigkeit* zur Fiktion wird, Leistung aber dennoch als Prinzip aufrecht erhalten und damit zur Leistungsideologie im pejorativen Sinne wird.

Auch Lutz (1975) konstatierte bereits in den sechziger Jahren eine Erosion des Leistungsprinzips, vermittelt über eine Krise der Lohnformen. Danach entsteht die Krise von Leistungslohnsystemen durch zweierlei Entwicklungen: zum einen aufgrund neuer Arbeitsstrukturen durch eine Veränderung der technologischen Bedingungen der Arbeit, zum anderen durch gesellschaftliche und tarifpolitische Einflußgrößen.

Lutz geht davon aus, daß die Leistungsentlohnung weder an sich gerecht noch generell effizient ist, sondern sich nur unter ganz spezifischen Konstellationen der industriellen Produktionsweise als nutzbringend erweist. Mit Bezug auf Zeitstudiensysteme und deren Verständnis von Leistungsgerechtigkeit in Verbindung mit Lohnanreizen bemerkt er, daß diesen Verfahren ein Modell der industriellen Arbeit zugrunde liege, das keineswegs historische Allgemeingültigkeit beanspruchen könne. Vielmehr entspreche die Leistungsmaximierung durch Lohnanreiz „lediglich einem Zwischen- oder Übergangsstadium", das ein Mindestmaß an Arbeitsteilung und Rationalisierung bereits voraussetze und schon rein technologisch Raum lassen müsse für eine Feststellung des individuellen Leistungsbeitrags. Lutz fährt dann fort:

„Die Hochformen der Mechanisierung drängen auf der anderen Seite den Menschen so sehr auf die Vorbereitung, Überwachung und Kontrolle des Produktionsprozesses zurück und entlasten ihn so sehr von allen gleichförmigen, immer wiederkehrenden Verrichtungen, daß der arbeitswissenschaftliche Begriff der ‚Leistung' überhaupt unbrauchbar wird, der ja davon ausgeht, daß nicht nur in ihrem letzten Ergebnis, sondern auch in ihrem Vollzug ohne übermäßigen Aufwand beobachtbare und meßbare Verrichtungen den Kern der Arbeit ausmachen" (Lutz 1975, S. 336).

Lutz belegt dies in seiner Untersuchung sehr einleuchtend anhand verschiedener Arbeitstätigkeiten bzw. Arbeitsplätze in der Stahlindustrie. So ist etwa an Hochöfen und Konti-Straßen die Leistung kaum noch am Produktionsergebnis zu messen, weil das Gesamtergebnis sich aus vielen Teilarbeiten mit höchst unterschiedlicher Intensität zusammensetzt und der Leistungsbeitrag der Individuen hierbei stark variiert (vgl. Lutz 1975, S. 87).

Gesellschaftliche und tarifpolitische Grenzen des Lohnanreizes sieht Lutz darin, daß die entsprechenden Zuschläge und Prämien Bestandteil des Normallohns werden. Damit stehen die Betriebe unter dem Zwang, Grenzen des Lohnanreizes zu setzen, um nicht dauerhaft über dem normalen Tarif liegende Löhne zahlen zu müssen, was nur in ausgesprochenen Prosperitätsperioden realisierbar sei.

Die andere Form von Druck entsteht von seiten der Beschäftigten. Lutz unterstellt, daß in Anbetracht der wirtschaftlichen und gesellschaftlichen Lage der Arbeiterschaft in den letzten Jahrzehnten diese mehr an einer Stabilisierung des Einkommens — vor allen Dingen auch aufgrund von neueren Konsumgewohnheiten, die weniger denn je eine Verdienstunsicherheit zuließen — interessiert sei, als an einer bloßen Maximierung.

„Insoweit dürfte die Entwicklung der vergangenen Jahrzehnte mit ihrer zunehmenden Integration der Arbeiterkonsumenten in eine von bürgerlichen Wirtschaftsgewohnheiten beherrschte Gesellschaft eine langsame, aber unaufhaltsame Verlagerung des Interesses von leistungsbezogenen zu leistungsunabhängigen Lohnformen erzeugt haben" (S. 339).

Dennoch bleibt der Gerechtigkeitsanspruch prinzipiell bestehen, demzufolge eine Chance der Verdienstmaximierung durch Leistungsmaximierung gegeben sein muß. Gleichwohl beruht ein optimales Ergebnis des Betriebes nicht nur auf der individuellen Leistung am Arbeitsplatz, sondern globaler auch auf einer bestimmten Art von Loyalität und Leistungsbereitschaft, die mit Lohnanreizen nicht zu erzwingen ist. Initiative und Verantwortungsbewußtsein der Arbeiter zu stimulieren und Störungen im Betriebsablauf zu minimieren: dies wird je rationeller (und zeitökonomisch effizienter) der Betrieb organisiert ist, je feiner die Verzahnung der einzelnen Teilarbeiten und je stärker die Verkettung der Betriebsteile ist, zu einem zentralen Anliegen des Betriebes.

Loyalität, Initiative und Verantwortungsbereitschaft sowie die Identifikation mit dem Betrieb sind unter zeitwirtschaftlichen Aspekten hochgradig relevante Faktoren. Dies reicht von den krankheitsbedingten und sonstigen Fehlzeiten über das Arbeitsgeschwindigkeitsverhalten bis hin zu Ausfallzeiten durch Streiks. Jedes Abweichen von den eigentlichen Zielen der Produktion, jede unproduktive Stillstandsphase von immer kapitalintensiver arbeitenden Anlagen, führt zu erheblichen Verlusten und Kosten, denen durch eine zeitökonomischere Organisation des Betriebes ja gerade begegnet werden soll.

Wie bei der Untersuchung der Methoden der analytischen Arbeitsbewertung gezeigt wurde, kann von einer Verringerung der Arbeitsleistung gegenwärtig keine Rede sein. Insofern erscheint es zunächst paradox, daß bei gleichzeitigem Verfall von Leistungs*kriterien* ein Anstieg der geleisteten Arbeitsmenge pro Beschäftigten zu beobachten ist.

1.4.2 Anpassung an Zeitnormen als Leistung

Es kann hier nicht ausführlich behandelt und belegt werden, ob bzw. inwieweit die These der zunehmenden Erosion von Leistungsbemessungskriterien der tatsächlichen Entwicklung korrespondiert. Für diese These sprechen auch neuere Überlegungen, die an Untersuchungen über die Entwicklung von Qualifikationsstrukturen im industriellen Bereich anknüpfen (vgl. Dörr/Naschold 1982).

Andere vorliegende Untersuchungen (vgl. Volkholz 1977) weisen unabhängig von der Frage, inwieweit der Leistungsdruck im oben behandelten Sinne zugenommen hat, in die Richtung, daß die Arbeitsbelastungen in den unterschiedlichsten Bereichen der industriellen Fertigung, aber auch des tertiären Sektors, allgemein zugenommen haben. Weithin unbestritten ist hierbei die Annahme, daß eine Verschiebung im Belastungsspektrum von körperlichen zu eher psychischen und nervlichen Belastungen stattgefunden hat, wobei allerdings nach wie vor ein hoher Sockel an körperlich anstrengenden Arbeiten geblieben ist.

Hinzu kommen die immer noch vorhandenen, belastenden Arbeitsumgebungseinflüsse wie Hitze/Kälte, Staub, Zugluft, Lärm u. ä., die auch bei an sich wenig körperlich belastenden Tätigkeiten insgesamt zu einer hohen Beeinträchtigung der körperlichen Befindlichkeit beitragen. Dies gilt besonders im Falle von Belastungskumulationen (vgl. Volkholz 1977).

Infolge der Charakteristik neuer Technologien findet allerdings eine „Entlokalisierung" der Belastungsursachen statt, mit der Folge, daß eine eindeutige Zuordnung von Belastungsfolgen und Belastungsursachen zu bestimmten Arbeitssituationen zunehmend schwieriger wird (vgl. Dörr/Naschold 1982).

Jeder Arbeitsprozeß erfordert bekanntlich Anstrengung (vgl. zu diesem Begriff auch Bahrdt 1982). Die Anstrengung früherer, vorwiegend manueller Arbeitstätigkeiten bestand darin, Körperbewegungen und individuelle Motivation so auszurichten, daß das geforderte Arbeitsergebnis — das Heben und Bewegen von Lasten, das Bearbeiten von Material wie Stein oder Holz usw. — *überhaupt* erbracht werden konnte. Als eine Leistung galt z. B., bei der Rodung von Wäldern überhaupt einen relevanten physisch-kraftmäßigen Beitrag zum Arbeitsergebnis leisten zu können oder etwa die Geschicklichkeit zu besitzen, Glas zu Gefäßen zu blasen.

Die zeitliche Dimension spielte hierbei in vielfältiger Hinsicht nur eine untergeordnete Rolle: Erstens waren die Vorschriften darüber, in welcher Zeit die Arbeiten zu verrichten waren, weithin nicht vorhanden oder sehr unklar. Zweitens war auch die Dauer der Tätigkeit, abgesehen etwa von Sklavendiensten u. ä., an die Schwere der Arbeit und an den hiermit verbundenen Eintritt körperlicher Erschöpfung gebunden.

Die Länge der Ruhepausen ergab sich in erster Linie aus den individuellen oder kollektiv-tradierten Erfahrungen nach Maßgabe der Regenerationsbedürfnisse der Arbeitskräfte. Erst mit dem Aufkommen industrieller Arbeitsformen, wie z. B. schon früher in den Bergwerken, wurden Pausen und deren Einhaltung allgemein *verbindlich* festgelegt (vgl. zu den Arbeitsrhythmen vorindustrieller Produktion auch Ludwig 1982).

Ein Großteil der Arbeiten wurde im vorindustriellen Arbeitsprozeß nicht als Einzelarbeit durchgeführt, sondern in der Regel als Gruppenarbeit. Insofern hatte der Rhythmus der Gruppe bzw. der Lebensrhythmus der Produktionsgemeinschaft einen erheblichen Einfluß auf den Arbeitsrhythmus und die Pausengestaltung, d. h. auf den Rhythmus von Anspannung und Entspannung. Dies war insbesondere dort der Fall, wo eine Vielzahl von Menschen in enger Verkettung zusammenzuarbeiten hatten, etwa beim Bewegen schwerer Lasten (Rodung von Wäldern, Pyramidenbau), beim Fischfang im größeren Stile, beim Rudern von Galeeren, im Krieg, aber auch bei der Arbeit kleinerer Kollektive, z. B. beim Dreschen des Getreides.

Beim Dreschen des Getreides etwa bilden drei Menschen, indem sie kurz hintereinander in rhythmischen Bewegungen auf die Halme bzw. Ähren schlagen, gleichsam einen eigenen Produktionsorganismus mit einer eigenen Rhythmik, und sind dadurch imstande, mehr Arbeit zu verrichten, als wenn jeder Arbeitende das Getreide einzeln bearbeiten würde. Diese Rhythmizität wurde bei Landarbeiten, beim Fischfang, beim Rudern von Galeeren und bei fast allen anderen kollektiven Arbeitsprozessen durch das Singen von Liedern hergestellt (vgl. Bücher 1909). Es entsteht eine spezifische Art von *Vergemeinschaftung* der an diesem Arbeitsprozeß beteiligten Individuen, indem sich das Individuum den Impulsen des Gesamtrhythmus der Gruppe unterordnet — ohne damit jedoch im modernen Sinne fremdbestimmt zu sein.

Die Bestimmung des Arbeitsrhythmus war den arbeitenden Menschen weitgehend selbst überlassen; gleichwohl gab es Anführer, Vorsänger usw., die den Rhythmus vorgaben. Abgesehen von frühen Ausbeutungsstrukturen, wie etwa bei der Sklavenarbeit, war der Rhythmus, den der Anführer vorgab, von der unmittelbaren Arbeitserfahrung, den Bedürfnissen und der Belastbarkeit der am Arbeitsprozeß Beteiligten getragen.

Bücher hat in einer um die Jahrhundertwende angestellten, sehr umfangreichen Untersuchung diese Strukturen vorindustrieller Arbeitsprozesse erforscht und verweist dabei auf die große Bedeutung von — wie wir sagen würden — rhythmischen *Vergemeinschaftungsprozessen,* die die Produktivkraft der Arbeit erheblich steigern in dem Sinne, daß durch eine bestimmte Art kooperativer Arbeit die Gesamtarbeitsleistung dieses Arbeitsorganismus mehr beträgt als die Summe seiner Teile (vgl. Bücher 1909).

Im Sinne einer solchen Rhythmizität kommt der Zeit eine strukturierende Bedeutung für die beschriebenen Arbeitsformen zu — anders als in modernen Arbeitsprozessen, an deren Zeitstruktur sich die einzelne Arbeitsperson nur äußerlich und versachlicht, etwa durch Lohnanreize und Strafandrohungen, anpaßt. „Zeit" meint im vorindustriell-kollektiven Arbeitsprozeß die Eigenzeit des arbeitenden Organismus, die sich nur in geringem Umfang mit den Zeiten anderer Prozesse oder mit einer objektiven Uhrzeit vergleichen muß. Schon gar nicht steht sie unter dem Zwang der infinitesimalen Verwendungslogik der Zeit, d. h. von abstrakt-ökonomischen Zeitverwendungsimperativen.

Ein hervorstechendes Merkmal der industriellen Arbeitsweise ist bekanntlich die arbeitsteilige Produktion: Der Arbeitsprozeß wird vom Unternehmer, vom Meister oder Arbeitswissenschaftler, je nach Entwicklungsstufe der Produktion, zergliedert. Hieraus resultiert der Zwang zur Einhaltung bestimmter zeitlicher

Abfolgen und Proportionalitäten zwischen den verschiedenen Teilarbeiten, die am Schluß zu einem Endprodukt zusammengefügt werden müssen.

Damit geht sowohl von der technischen Seite, als ein Proportionalitätserfordernis, ein Zwang zur genauen zeitlichen Kalkulation und Normierung der Detailarbeiten aus, wie auch von der ökonomischen Seite, nämlich als Erfordernis einer Zeit- und Arbeitsökonomie, die in einer gegebenen Zeiteinheit maximalen Arbeitsoutput erwirtschaftet. Der Arbeitsrhythmus wird nun bestimmt *vom Takt* der Maschine (vgl. hierzu Popitz/Bahrdt 1975) oder von anderen *vom Unternehmer gesetzten* Zwängen.

In beiden Fällen, bei den vorindustriellen, weitgehend rhythmisch gesteuerten Arbeitsprozessen und im industriellen Arbeitsprozeß, findet über Zeitstrukturen ein Prozeß statt, den man als Vergemeinschaftung des Arbeitskörpers bezeichnen könnte. Während jedoch in der vorindustriellen Periode von einer *organischen Vergemeinschaftung* gesprochen werden kann, wollen wir im Fall des industriellen Arbeitsprozesses von einer *synthetischen Vergemeinschaftung* sprechen. (vgl. hierzu auch Durkheim, der diese Begriffe allerdings in einem gegenläufigen Sinne gebraucht).

Die Leistung im modernen Produktionsprozeß besteht mit dem rigider werdenden Netz zeitlicher Arbeits- und Verhaltensvorschriften weniger in der Bereitstellung und Anwendung bestimmter Qualifikationen, Kenntnisse, Fertigkeiten oder einfach von körperlicher Kraft, sondern darin, diese im Arbeitsvertrag explizit oder implizit dem Arbeitgeber in Aussicht gestellten Fertigkeiten auch zu dem von diesem vorgeschriebenen *Zeitpunkt,* über eine bestimmte *Dauer* hinweg und vor allem innerhalb sich ständig verkürzender *Fristen* auszuführen.

Mit anderen Worten werden unspezifische Qualifikationen wie Pünktlichkeit, Ausdauer, schnell arbeiten zu können, Dinge schnell zu erfassen, Nacht- und Schichtarbeit leisten zu können, Überstunden zu machen, Dinge in eine bestimmte (zeitökonomisch effektive) Abfolge bringen bzw. Probleme zeitökonomisch-effizient abarbeiten zu können aufgrund der sich präzisierenden zeitwirtschaftlichen Kalkulation der Betriebe eine noch positivere Bewertung als bisher erfahren. Diese Fähigkeit zu besitzen oder nicht zu besitzen, gilt zusätzlich zu den berufsspezifischen Qualifikationsmerkmalen als ein Wettbewerbsvorteil der Arbeitskraft auf dem Arbeitsmarkt.

Zur Arbeit gehört damit nicht mehr nur, wie in vorindustriellen Arbeitsprozessen, die sozial vermittelte Einfügung in einen Arbeitsrhythmus oder die Herstellung der Arbeitsfähigkeit an sich, sondern die Fähigkeit, sich nach Maßgabe *fremdbestimmter* Vorgabezeiten verhalten zu können und die individuellen Ressourcen auf das Arbeitsziel hin entsprechend allozieren zu können (vgl. hierzu Kap. V.4).

Während die organische Form der Vergemeinschaftung im wesentlichen keiner elaborierten psychischen Hilfsmittel bedarf, tritt bei der synthetischen Vergemeinschaftung „Motivation" gleichsam als Bindeglied auf, d. h. als notwendige, artifizielle psychosoziale Basis der Akzeptanz fremdbestimmter Verfügung über die eigene Zeit; sie entspricht damit der Künstlichkeit des Arbeitsprozesses. Der Stimulus liegt entweder in der erwarteten Belohnung durch sozialen Aufstieg, in der materiellen Gratifikation und im Lohn oder in der Arbeitsplatzsicherheit wie umgekehrt in der Androhung von sozialer Depravierung im Falle des Widerstandes gegen herrschende Zeitnormen.

Erst durch diesen *bewußten* Anpassungsprozeß wird Arbeit zur Leistung im modernen Sinne.

Die eigene Leistung erscheint dann als Fähigkeit der Adaption von zeitlichen Vorgaben. Pünktlichkeit, Konstanz des Arbeitsvermögens und die Geschwindigkeit, mit der eine Handlung ausgeführt werden kann, sind die zentralen Kriterien der Leistungs*bemessung*.

2. Der biologische Rhythmus des Menschen und die lineare Zeitstruktur der Produktion

2.1 Zyklizität und Normalität

Die Erforschung der Circadian- oder Bio-Rhythmik des Menschen gewinnt vor allem dadurch an Bedeutung, daß im Zuge der industriellen Produktionsweise aufgrund verschiedener Entwicklungen die Betriebszeiten von Anlagen, d. h. der Produktionsanlagen, der Anlagen des Transport- und Nachrichtenwesens, Rechenanlagen u. a., ausgeweitet werden und damit ein erhöhter Informationsbedarf bezüglich der Reaktion menschlicher Organismen unter den Bedingungen einer von den gewohnten Tag-Nacht-Rhythmen entkoppelten Arbeitsweise besteht. Zudem haben auch die mit der Weltraumtechnologie verbundenen Arbeitsprozesse unter den Bedingungen invarianter Lichteinflüsse das Interesse an den endogenen und exogenen Prozessen der Aktivitätsregulierung des Menschen verstärkt.

Ungeachtet der schon sehr frühen Hinweise auf die rhythmische Organisiertheit des menschlichen Organismus (vgl. z. B. Bücher 1909), haben die Praktiker und auch die überwiegende Zahl der arbeitswissenschaftlichen Theoretiker sich zunächst wenig um die Einbeziehung derartiger Erkenntnisse in ihre Tätigkeit bemüht. Wie im vorangegangenen gezeigt, waren die Arbeitswissenschaftler und Ingenieure in der Tradition Taylors anfangs gerade darauf aus, biorhythmische Vorgänge bei der zeitökonomischen Organisation betrieblicher Abläufe völlig zu ignorieren oder die biologisch bedingten Varianzen im Arbeitsvermögen durch Reglementierungen und Sanktionen, wie etwa Strafen oder Lohnanreize, zu nivellieren. Es wurde der Versuch unternommen, der biologischen „Uhr“ des Menschen den linearen, gleichförmigen Takt von Maschine und Arbeitsorganisation einzugeben.

Die Beherrschung der menschlichen Zyklizität bzw. ihre Angleichung an die Logik der Uhr wurde selbst als ein Stück Naturbeherrschung begriffen. Ihr entspricht z. B. die Intention der Pädagogik Schrebers (vgl. 1973), eines sehr einflußreichen Erziehers des 19. Jahrhunderts, der die absolute Beherrschung von Körper und Geist durch spartanische Trainingsmethoden schon an Kindern propagierte. Seine Methoden, zu deren Unterstützung er eigens Gerätschaften wie besondere Stühle, Betten oder Peinigungsinstrumente konstruierte, beeinflußten weit bis ins 20. Jahrhundert hinein die Kindererziehung in bürgerlichen und proletarischen Familien. Mit der hiermit verbundenen Ideologie der Beherrschung der je individuellen inneren Natur (vgl. auch die volkstümliche Bezeichnung für die Begegnung von Unlustgefühlen als „Überwindung des inneren Schweinehundes“) stand Schreber keineswegs allein. Er war nur ein besonders exponierter Vertreter einer Strömung, die die Überwindung von körperlich oder psychisch bedingten Leistungsschwankungen zum zentralen Bestandteil ihrer Lebensanschauung machte. Weite Teile der im 19. Jahrhundert entstehenden Körperkultur- und Sportbewegung folgten diesem Leitbild: der Wille als Bezwinger der inneren Natur.

Diese Bewegung, die das geistige Korrelat zu den neuen Anforderungen industrieller Produktionsformen bildete — der wissenschaftlichen Organisation der Arbeit entsprach zunehmend die Verkünstlichung der Bewegung in der aufkommenden Körperkultur —, blieb sehr wahrscheinlich nicht ohne Einfluß auf die wissenschaftliche Betrachtung menschlicher Leistungsfähigkeit und Anstrengungsbereitschaft.

Es ist an anderer Stelle bereits gesagt worden, daß mit der Zunahme und Rigidisierung von Leistungsnormen und Leistungskontrollen in der Arbeit die festgestellten Abweichungen vom als normal deklarierten Leistungsstandard logisch notwendig größer und häufiger werden. Es wird immer mehr Aufgabe der Medizin, die vielen Formen der Abweichungen zu regulieren — mit der Folge, daß gerade in ihnen das Pathogene gesehen wird. Das Nicht-Kontrollierbare wird das Erklärungs- und Behandlungsbedürftige. Der Krankheitsbegriff der Moderne ist nicht zuletzt Ausdruck des modernen Arbeitsbegriffes. Das allgemein akzeptierte gesellschaftliche, als Fortschritt verstandene Ziel der „Herstellung des zuverlässigen Menschen“ (vgl. Treiber/Steinert 1980) bleibt nicht ohne Wirkung auf das Paradigma der Medizin.

Wir vertreten im folgenden die Auffassung, daß — zumindest unter der hier behandelten Fragestellung des Zusammenhangs von Zeit- und Belastungsstrukturen — die Frage nach dem Erklärungsbedürftigen diametral entgegengesetzt zu stellen ist. Als erklärungsbedürftig erweist sich weniger das Unkontrollierte, das Nicht-Lineare oder das von fiktiven Normwerten Abweichende. Vielmehr gilt es umgekehrt zu zeigen, welcher Mittel es bedarf, der physiologisch nachweisbaren permanenten Veränderung der menschlichen Leistungskurve etwas entgegenzusetzen, das dazu führt, daß *trotz* dieser Schwankungen ein Mensch kurz- oder langzyklisch eine relativ konstante, lineare Leistungsverausgabung zustande bringen kann, wie sie in hochorganisierten Arbeitsprozessen gefordert wird.

Die Biorhythmik-Forscherin Luce hat dieses Problem in etwas anderem Zusammenhang folgendermaßen formuliert:

„However, we do not usually think of normal people as undulating in their outlook. In our unrealistic expectation of constancy, we look for a specific cause to ‚explain‘ every change in a person's behavior. Sometimes this habit of thinking generates discord, as people blame external events and those around them for any trouble, responding blindly without looking inward to their own transformations" (Luce 1977, S. 198).

Wenn also gerade die Zyklizität, das Auf und Ab als das Normale erscheint, dann lassen sich Belastungen und Streß, auch zeitlicher Art, weniger aus dem scheinbar Abnormen einer sozialen Situation oder eines organischen Zustandes herleiten als vielmehr aus dem *Zwang zur permanenten Herstellung einer bestimmten Art von körperlicher und seelischer Normalität,* dem das Individuum ausgesetzt ist.

So ist beispielsweise im Rahmen der Herzinfarktforschung versucht worden, das Infarktereignis aus einer Reihe kumulativ auftretender oder sich summierender „life events" abzuleiten (vgl. Dohrenwend und Dohrenwend 1974), also aus dem Auftreten des Anormalen. Die Autoren setzen sich jedoch nicht näher damit auseinander, inwieweit gerade die normale, *permanente* Anpassungs*notwendigkeit* an Normen verschiedener Art im Betrieb und im Alltag als Belastungsursache relevanter sein könnte als gelegentliche dramatische Umstellungen in der Lebensweise oder vereinzelte psychische Belastungen wie Todesfälle, Trennung vom Partner etc.

Wir gehen im folgenden davon aus, daß in der Aufrechterhaltung des „Normalen", im Aufrechterhalten einer negativen Entropie gegenüber den Einflüssen der sozialen Umwelt auf der einen Seite und der Disziplinierung des eigenen Organismus mit dem Produktionsziel „Zuverlässigkeit" auf der anderen Seite das Erklärungsbedürftige besteht und demzufolge hieraus Begriffe wie Anstrengung und Leistung abzuleiten sind.

Anders ausgedrückt besteht eine Erklärungsbedürftigkeit nicht gegenüber dem Zyklischen als solchem, sondern begreifbar gemacht werden muß der Mechanismus einer Gesellschaft, die seit einigen Jahrhunderten die Beherrschung nicht nur der äußeren Natur, sondern auch der biologischen Funktionen jedes Individuums organisiert. Diese Beherrschung besteht wesentlich auch in der Kontrolle des Individuums gegenüber seiner inneren (zeitlichen) Zyklizität. Sie ist Teil eines umfassenden Systems der Affektkontrolle, dem der Mensch mit dem Fortschreiten des Zivilisations- und Industrialisierungsprozesses unterworfen wird (vgl. Elias 1977).

Insofern kommt den in diesem Abschnitt dargestellten Untersuchungsergebnissen die Funktion zu, die „Normalität" des Zyklischen zu belegen gegenüber der erst gesellschaftlich produzierten Linearität der industriell-kapitalistischen Zeitstruktur, mit der sich das Individuum, wie im Vorangegangenen gezeigt, insbesondere am Arbeitsplatz auseinanderzusetzen hat.

2.2 Zeitgeber — die soziale Komponente des Biorhythmus

2.2.1 Der Hell-Dunkel-Rhythmus

Weithin herrscht die Annahme vor, daß die menschliche Aktivitätskurve vor allem durch den Hell-Dunkel-Rhythmus von Tag und Nacht gesteuert wird. Die zahlreichen Untersuchungen, die zum Problem der Nacht- und Schichtarbeit durchgeführt wurden, bestätigen, daß während der Nachtstunden ein Abfall der Leistungsfähigkeit zu beobachten ist, der auch bei langfristiger Umstellung auf Nachtarbeit nicht aufgehoben werden kann (vgl. hierzu z. B. Colquhoun/ Rutenfranz 1980); die Tagesrhythmik des Menschen ist also selbst bei langen Gewöhnungsphasen nicht einfach umkehrbar.

Die allzu einfache Formel, daß der Tag die Zeit der Aktivität, die Nacht die Zeit der Ruhe ist, stimmt jedoch schon bei genauerer Betrachtung noch relativ oberflächlicher Phänomene nicht. So kann man bei Tieren beobachten, daß nur wenige in ihrer Aktivitätsphase dem Hell-Dunkel-Rhythmus folgen. Es läßt sich schon in den Aktivitätszyklen der Katze erkennen, daß diese keineswegs auf bestimmte Helligkeitswerte festlegbar sind; denn auch nachts entfalten diese Tiere einen bedeutenden Teil ihrer Aktivität. Ebensowenig beschränkt sich der Freß- und Bewegungsdrang etwa von Kühen auf die Tagesstunden.

Bekanntlich existiert eine große Anzahl von Tierarten, deren Biorhythmik voll auf nächtliche Aktivitäten ausgerichtet ist. Hier ist der Hell-Dunkel-Rhythmus zwar maßgeblich, jedoch in einem umgekehrten Sinne als bei Tieren, wie z. B. den meisten Vogelarten, deren Aktivitätsphase in der hellen Periode des Tages liegt. Auch die Aktivitätsphasen von Tiefseefischen lassen sich nicht aus dem Wechsel von Tageslicht und Dunkel erklären.

Diese kurzen Hinweise auf das Tierreich lassen bereits erkennen, daß die Formel: Hell = Aktivität, Dunkel = Ruhe und Passivität, keinesfalls eine Naturkonstante darstellt. Lichtreize können bei unterschiedlichen Tierarten und Organismen sowie beim Menschen jeweils zu unterschiedlichen Reaktionen führen. Der Informationsgehalt eines Lichtsignals für den betreffenden Organismus variiert mit der Beschaffenheit dieses Organismus. Es bewirkt also nicht an sich schon, sofern es überhaupt als Signal rezipiert wird, eine eindeutige Reaktion, sondern muß vom Lebewesen erst entsprechend seiner artspezifischen Funktionsweise „interpretiert" werden.

Gleich den Tieren ist beim Menschen der helle Tag nicht selbstverständlich die Phase von Aktivität und Arbeit. Schon ein Blick auf die Lebensgewohnheiten in den südlichen Ländern Europas zeigt, daß dort, wesentlich bedingt durch klimatische Faktoren, in den Mittagsstunden geruht wird und gegen Abend, mit Beginn der Dunkelheit, wieder eine Aktivitätsphase einsetzt. In tropischen Ländern, etwa im Süden Indiens, finden wegen der herrschenden Temperaturen und der Luftfeuchtigkeit Transporte und schwere Arbeiten sehr häufig in der Nacht statt. Die Arbeit spezifischer Berufsgruppen, wie der Fischer, ist ebenfalls weithin an die Nacht gebunden.

Nachtarbeit und nächtliche Aktivität kann also nicht unter allen Umständen, d. h. vor allem nicht unter Vernachlässigung gesellschaftlicher Einflüsse, schon von sich aus als belastend eingestuft werden. Wie Gleichmann (1980) gezeigt hat, haben erst die Arbeits- und Zeitnormen der industrialisierten Gesellschaft den Schlaf-Wach-Rhythmus eindeutig im *Tages*verlauf lokalisiert. Vor allem die industrielle Arbeitsweise hat dazu geführt, daß das sporadische Einlegen von wiederholten Ruhe- und Schlafphasen am Tag, wie man es übrigens auch bei Tieren beobachten kann, abgelöst worden ist zugunsten einer durchgängigen Ruhephase, die in früheren Zeiten in gewissen Bandbreiten den Menschen noch zusätzlich zur Verfügung stand. Die sozialen Wandlungen im Schlafverhalten sind Ergebnis eines jahrhundertelangen Erziehungsprozesses hin zu der linearen bzw. abstrakten Zeitstruktur der Industrieproduktion und so gesehen eine Komplementärerscheinung zur Verbreitung des ausgedehnten und arbeitsintensiven *Tages*pensums in den entwickelten Ländern.

Wenn jedoch der industrielle Aktivitätszyklus etabliert ist, erhält die Nachtarbeit, sowohl was ihre Lage (in der Nacht) angeht wie ihre Form, nämlich Arbeit unter den Bedingungen zeitökonomischer Betriebsorganisation zu sein, einen anderen Stellenwert. Die nächtliche Aktivität findet dann *gegen* die jetzt als normal geltenden Aktivitätsperioden der Tagesgesellschaft statt (vgl. hierzu weiter zu den Folgen der Nacht- und Schichtarbeit Kap. IV.3.2.1).

2.2.2 Zeitgeber der Tagesperiodik

Bei der Beschäftigung mit der Biorhythmik des Menschen besteht die Gefahr, die soziale Komponente physiologischer Vorgänge außer Betracht zu lassen und den Aktivitätszyklus des Menschen nur aus dem Wechsel der Tageszeiten oder aus der rein endogenen Rhythmik des menschlichen Organismus heraus zu erklären. Sehr aufschlußreich hinsichtlich der Rolle der sozialen Komponente bei der Steuerung biologischer Rhythmen sind die umfangreichen Untersuchungen, die der Physiologe R. Wever durchgeführt hat.

Die vielfältigen biologischen Abläufe im Körper erfolgen durchweg in zyklischer Form, d. h. sie erreichen innerhalb eines bestimmten Zeitintervalls bestimmte Höhe- und Tiefpunkte, die bei gleichbleibenden aber weithin auch bei veränderten äußeren Bedingungen der Umgebung des Organismus relativ konstant wiederkehren.

Die gebräuchlichsten Meßgrößen für die Circadianrhythmik, z. B. bei Untersuchungen über die Auswirkungen der Nacht- und Schichtarbeit, sind etwa die Körpertemperatur oder die Pulsfrequenz. Weiterhin werden die Atemfrequenz, die Variationen des Blutdrucks, die Veränderung in der Anspannung der Muskeln und der Spannung der Haut oder die Gehirnströme gemessen (vgl. Hildebrandt 1976, S. 10 f.). Darüber hinaus wird die Rhythmik des endokrinen Systems, d. h. die periodischen Ausscheidungen und Absonderungen der Drüsen, bei der Bestimmung biorhythmischer Prozesse untersucht.

Die Feststellung der Rhythmizität beschränkt sich jedoch nicht allein auf biologische Meßgrößen, sondern läßt sich auch durch Messungen der Leistungsfähigkeit eines Menschen ablesen. Dies geschieht z. B. durch den Vergleich der Rechengeschwindigkeit, also der Geschwindigkeit, mit der eine Testperson zu verschiedenen Tageszeiten Rechenaufgaben des gleichen Schweregrades zu lösen imstande ist, nach einem standardisierten Testverfahren (Pauli-Test; vgl. Wever 1978).

Wever verwendet als Indikator für die Funktionen des Biorhythmus auch Zeitschätzungen: Je nach Aktivitätsbereitschaft schwankt die Schätzung der Testperson, die befragt wird, wie lange 10 Sekunden ihrem Gefühl nach seien, nach oben und nach unten ganz erheblich.

Bei den Untersuchungen zur Biorhythmik hatte sich gezeigt, daß ein Teil der biologischen Systeme von äußeren Einflüssen kaum verändert, ein anderer sehr stark beeinflußt wird. Grundsätzlich, d. h. in Phasen der Ruhe oder unter den Bedingungen durchschnittlicher körperlicher und seelischer Belastung, stellt der Körper eine Synchronität zwischen diesen vielfältigen Kreisläufen und Zyklizitäten her. Hierdurch bildet sich eine sogenannte Tagesperiodik heraus, in der die verschiedenen Rhythmen gleichgeschaltet sind, so daß die Spitze der Aktivität zusammenfällt mit der höchsten Körpertemperatur, der höchsten Kaliumausscheidung, dem höchsten Grad an Konzentrationsfähigkeit u. a. m. (vgl. Abb. nach Wever 1978, S. 1).

Daher haben für die Chronobiologie u. a. folgende zwei Problemstellungen eine Bedeutung:

— Zum einen wird versucht herauszufinden, durch welche Reize oder Prozesse sich die Tagesperiodik des Menschen, die sich um etwa 24 Stunden herum bewegt (vgl. jedoch die differenziertere Darstellung weiter unten), gesteuert oder ausgelöst wird. Weiterhin ist von Interesse, ob diese Auslöser im Organismus angesiedelt sind, also einer endogenen Logik folgen oder ob Umweltreize bestimmend sind. Möglich wäre, daß endogene und exogene Faktoren in bestimmter Weise bei der Herstellung der Tagesperiodik zusammenwirken.

— Zum anderen wird untersucht, welche Voraussetzungen erfüllt sein müssen, damit überhaupt eine Synchronisation der verschiedenen Teil-Periodiken im Organismus stattfindet, damit nicht jede Teil-Periodik unabhängig von der anderen ihre eigenen Hoch- und Tiefpunkte erfährt und somit die gesamte körperliche Belastungsfähigkeit und Aktivitätsbereitschaft erheblich, i. d. R. negativ, tangiert wird.

Für Wever stellt sich damit die *Frage nach dem Zeitgeber der Tagesperiodik.* Bekannt war zu Beginn der Forschungsarbeiten Wevers, daß die Tagesperiodik des Menschen im interindividuellen Durchschnitt nicht exakt 24 Stunden beträgt, sondern etwas darüber liegt. Wever führt dies darauf zurück, daß die Rotationsgeschwindigkeit der Erde sich in den Jahrtausenden vergrößert hat; die Erde dreht sich also schneller, und die Tage, verstanden als periodischer Wechsel von Licht und Dunkelheit, sind damit kürzer geworden.

Die Annahme, daß die Tagesperiodik, wenn sie freischwingend ist, erheblich über 24 Stunden liegt oder liegen kann, konnte in Experimenten nachgewiesen werden, in denen Menschen mehrere Wochen lang in von der Außenwelt abschiedenen Räumen lebten und in denen der Tag-Nacht-Rhythmus durch die Beleuchtung des Raumes simuliert wurde. Dabei ergab sich, daß die Tagesperiodik mit der Dauer des Versuches mehr und mehr von der ursprünglichen Dauer abwich und sich dann zwischen 25 und 27 Stunden einpendelte.

Irritation löste bei Wevers Versuch zunächst die Tatsache aus, daß die Tagesperiodik sich von dem simulierten Hell-Dunkel-Rhythmus kaum beeinflussen ließ, sondern sich nach einer Versuchsdauer von 30 Tagen offensichtlich unabhängig von äußeren Reizen einpendelte. Bemerkenswert ist hierbei, daß die Versuchspersonen, wie immer die äußeren Bedingungen verändert wurden, subjektiv der Meinung waren, daß sie nach Maßgabe ihrer (sich nach oben verändernden) Tagesperiodik jeweils einen Tag erlebt hatten, unabhängig von dessen „wirklicher“, d. h. in Stunden ausgedrückter Dauer. Biologische und lineare Zeit waren nicht mehr identisch.

Es war nun zu untersuchen, welchen Einflüssen es zu verdanken ist, daß im normalen Leben sich die Tagesperiodik um 24 Stunden bewegt, sich dagegen unter Versuchsbedingungen eine andere Tagesperiodik herausbildet; denn der Zeitgeber für die Tagesperiodik konnte nicht einfach nur aus dem Wechsel der Lichtverhältnisse erklärt werden.

Aufschlußreich war ein weiterer Versuch, bei dem mehrere Personen mehrere Wochen *gemeinsam* in einem von der Außenwelt abgeschirmten Raum verbrachten. Dabei pendelte sich *bei allen drei Versuchspersonen* die Tagesperiodik ebenfalls vom 24-Stunden-Rhythmus abweichend exakt auf einen bestimmten, darüberliegenden Level ein. Daraus ließ sich die Vermutung herleiten, daß die sozialen Beziehungen als Zeitgeber eine Rolle spielen (vgl. 1978, S. 22).

„Als Ergebnis ... dieser Untersuchungen läßt sich zusammenfassen: die mit dem Tag-Nacht-Wechsel verbundenen Umweltperiodizitäten sind nicht dazu notwendig, die zirkadiane Periodik in Gang zu halten (oder zu setzen), wohl aber dazu, sie mit der Erdumdrehung, d. h. auf eine Periode von exakt 24,0 Stunden, zu synchronisieren. Erst durch diese Synchronisation ist die zeitliche Einordnung der biologischen Periodik in die sich stets periodisch ändernde Umwelt gewährleistet" (1978, S. 4).

Als Zeitgeber übt dabei neben anderen der menschliche Kontakt, die soziale Interaktion, entscheidenden Einfluß aus.

„Apart from light and temperature, there are subtle ones among the effective overt stimuli (e. g. weak electric AC fields). The most effective stimuli, specifically in human circadian rhythms, were shown to be of social origin. There, therefore, cannot be a single receptor of the oscillators sensitive against all these different stimuli. There must be one specific effect which is realeased by all the different environmental stimuli..." (Wever 1979, S. 235).

2.2.3 Desynchronisation

Die soziale Komponente, von der Wever hier spricht, ist von besonderer Bedeutung für das, was in der Chronobiologie als Desynchronisationsvorgang bezeichnet wird. Das Problem läßt sich verkürzt so darstellen, daß in einem biologischen Idealzustand eine harmonische Ordnung zwischen den unterschiedlichen Rhythmiken innerhalb des Organismus herrscht. Hildebrandt spricht davon, daß chronobiologische Gesundheit „durch eine harmonische Frequenz- und Phasenordnung der Rhythmen charakterisiert" sei (1976, S. 10). So stehen etwa Muskelspannung, Kreislauf, Atmung, Herzschlag und EEG in einem geregelten, ganzzahligen Verhältnis zueinander (z. B. von 4:1). Im Schlaf erreicht diese Phasenkopplung der Rhythmen ein Maximum. Dieser annähernde Gleichgewichtszustand, d. h. das ganzzahlige Verhältnis der unterschiedlichen Rhythmen zueinander, stellt jedoch keinen dauerhaften Zustand, sondern jeweils nur ein Übergangsstadium dar.

„Durch Aktivität und Funktionsbeanspruchung wird diese Koordination der Rhythmen leicht gestört und muß *in der Erholung* immer wieder aufgebaut werden. Die innere Zeitstruktur des Organismus befindet sich also in einem labilen Gleichgewichtszustand zwischen Leistung und harmonischer Ordnung. *Gesundheit* ist also vom chronobiologischen Standpunkt nicht nur durch die richtige zeitliche Eingliederung in die Umweltordnung charakterisiert, sondern auch durch *ein harmonisches Gleichgewicht der inneren Zeitstruktur*" (Hildebrandt 1976, S. 10, Hervorh. von mir, J. R.).

Unter besonders extremen Streßbedingungen sind sowohl in Tierversuchen wie beim Menschen z. T. extreme Desynchronisierungserscheinungen festgestellt worden. Versuche an Affen haben gezeigt, daß zwischen körperlicher und seelischer Belastung und Veränderung des Biorhythmus im Sinne einer Desynchronisierung ein enger Zusammenhang besteht. Unter Streßbedingungen steigerte sich der Rhythmus ihrer Körpertemperatur schrittweise von 24 auf 48 Stunden. Damit einher ging gleichzeitig ein abnehmendes Interesse an der Umwelt und schließlich eine Verweigerung der Nahrungsaufnahme. Bei anderen Versuchstieren veränderte sich der Rhythmus der Gehirntemperatur mit der Folge von Müdigkeit und ebenfalls drastisch absinkender Nahrungsaufnahme (vgl. Luce 1977, S. 186 ff.).

Für Luce scheinen Rückschlüsse auf menschliches Verhalten hieraus legitim. Bei aller Problematik der Übertragung von Tierversuchen auf den Menschen klingt diese Aussage doch plausibel:

„Still, circadian rhythms respect a complex harmony between inner functions and interaction with the environment. The organization we inherit will change during stress, and one outward sign may be the temperature rhythm, perhaps representing metabolic rhythm within. It is not known but it seems plausible that deviations from the external environment may produce internal dissonance, equivalent to a lack of vital biochemicals in the proper amounts and places or to being inundated with unnecessary constituents.“ (S. 191).

Vieles spricht sogar dafür, daß die Desynchronisierung von Körperfunktionen nicht nur auf eine aktuelle Situation hin reagiert. Möglicherweise finden gleichsam Lerneffekte statt in der Weise, daß schon auf eine *antizipierte* Streßsituation hin sich der Biorhythmus des Organismus umstellt oder in Erwartung weiterer Streßsituationen derselben Art überhaupt keine physiologische Umstellung auf den normalen Level erfolgt. Es schiene, so Luce, als würde sich der Körper an die Zeit des Angstzustandes „erinnern“ und fortfahren, „to anticipate and react at that same biological time despite the fact that the revoking situation has been removed“ (S. 183).

Wir können zweierlei Arten von Einwirkungen auf die biorhythmische Synchronisation feststellen. Erstens wirken sich Umweltereignisse *allgemeiner* psychologischer, sozialer oder körperlicher Art auf den Biorhythmus aus: äußere Ereignisse verändern die chronobiologischen Grundlagen von Handlungen und Wahrnehmungen des Individuums, also dessen interne Zeitstruktur.

Zum anderen wirken externe *zeitliche* Anforderungen auf die interne Zeitstruktur des Menschen zurück, z. B. im Falle von Nacht- und Schichtarbeit oder bei der Umstellung des Biorhythmus infolge von Interkontinentalflügen. Die Entwurzelung aus dem sozial-zeitlichen Kontext führt hier zu einer „Verunsicherung“ der biologischen Steuerungsgrößen der Tagesperiodik.

Soziale Überforderung produziert somit biologisch-zeitliche Belastungen und umgekehrt führt zeitlich-biologische Überforderung zu psycho-sozialen Belastungen.

Um eine Entkoppelung der Rhythmen zu verhindern, bedarf es sowohl einer inneren wie äußeren Synchronität. Damit sind wir wieder beim Problem der sozialen Kontakte angelangt: nach Auffassung Wevers dient das *soziale Umfeld als Stimulus zur Herstellung der inneren Synchronität.*

„Not only internal synchronization, but also external synchronization, is necessary to avoid rhythm disorders. The practical importance of this statement is especially based on the observation that, in human circadian rhythms, 'social contacts' basically constitute the effective zeitgeber. Further sophisticated experiments surely are needed to specify the concept of social zeitgebers" (1979, S. 247).

Eine genauere quantitative Erforschung dieses Phänomens würde besonders dadurch erschwert, daß große interindividuelle Unterschiede bestünden bezüglich der Wahrnehmung von sozialen Informationen und Signalen; denn für einige Menschen sei schon die pure Kenntnis der Uhrzeit ein hinreichender Zeitgeber, um ihren circadianen Rhythmus hierauf einzustellen (vgl. ebenda).

Für die Bedeutung des sozialen Kontakts als Zeitgeber spricht auch, was Siffre über seine Erfahrungen während eines Höhlenexperiments mitteilte, dem er sich selbst aussetzte. Die Abwesenheit von sozialen Beziehungen und die ständige Dunkelheit bewirkten gravierende Bewußtseinsveränderungen. Siffre berichtet, daß der Verlust seines Erinnerungsvermögens so ausgeprägt war, daß er sich am Ende kaum erinnern konnte, was er ein paar Minuten vorher getan hatte. Am seltsamsten empfand er, daß die Zeit sehr schnell zu vergehen schien. Zukunft und Vergangenheit flossen ineinander über:

„Most curious of all, time seemed to pass very quickly ... Time passed without my being aware of it in the darkness and silence. I felt I was on another planet: for the most part I dwelled neither in the past nor in the future, but in the hostile present. In that environment everything was against me: the rocks that crashed down from time to time; the damp chill atmosphere; the darkness" (Siffre 1972, nach Luce 1977, S. 35).

Trotz der inneren biologischen Uhr, die nebenbei bemerkt genau genommen keine „Uhr" ist, sondern eine Folge *unbewußter (!)* rhythmischer Abläufe (vgl. hierzu Kap. V.5.1), scheint das Zeitbewußtsein in erster Linie nicht nur an diese biologischen Funktionen gekoppelt zu sein, sondern an die soziale Umgebung.

Die Experimente Siffres zeigen zudem, daß der Zeitbegriff keineswegs eine dem Menschen inhärente oder gar eine apriorische Größe ist, daß Vergangenheit und Zukunft keineswegs Naturkonstanten sind. Sie sind vielmehr, wie im vorangegangenen versucht wurde herauszustellen (vgl. hierzu Abschn. I.), als eine Ordnungsleistung des Menschen aufzufassen.

2.2.4 Zeitzonen

Ganz allgemein bestätigt sich der Zusammenhang von sozialer Umwelt und den Rhythmen des Körpers auch durch Untersuchungen, die im Zusammenhang mit der Einführung der sogenannten Sommerzeit angestellt wurden.

Dabei ist vorauszuschicken, daß Zeitzonen auf Konventionen beruhen, die sich zwar an den Tag-Nacht-Zyklen orientieren, im wesentlichen aber politische Hintergründe haben, so daß faktisch am Rande der östlichen Grenze z. B. der MEZ (Polen) und seiner westlichen Grenze (Niederlande) im Extremfall ebenfalls eine Zeitdifferenz von einer Stunde besteht (vgl. Rutenfranz et al. 1982). Innerhalb gewisser Bandbreiten erfolgt die Einteilung in Zeitzonen also nach politisch-pragmatischen Erfordernissen. Dabei sind bestimmte Effizienzgesichtspunkte berücksichtigt, vor allem die der Arbeitsproduktivität und neuerdings auch der Energieeinsparung. Besonders bezüglich der Förderung der Produktivität fand bereits in den 20er Jahren dieses Jahrhunderts eine breitere Diskussion statt. Da der Energiespareffekt solcher Maßnahmen relativ marginal zu sein scheint (vgl. Schaefer 1981), wären vor allem die Auswirkungen auf die menschliche Leistungsfähigkeit, auf psychische Faktoren und das Wohlbefinden, wie auch auf die Zahl der Verkehrs- und Arbeitsunfälle zu erörtern.

Die hiermit befaßten Forschungsarbeiten zeigen, daß bei den von der Zeitverschiebung betroffenen Personen nach einigen mehr oder weniger gravierenden Umstellungsprozessen, die variierend zwischen Sommer- und Winterzeit-Umstellung eine Woche bis 14 Tage andauern, ähnlich wie bei Transatlantik- oder Interkontinentalflügen (vgl. hierzu auch Halberg 1978) eine Anpassung der Circadianrhythmik stattfindet. Über Belastungen durch die Umstellung von Sommer- auf Winterzeit klagen nach Rutenfranz et al. (1982) im wesentlichen nur Arbeiter, die in Frühschicht arbeiten, während Schichtarbeiter in ihrer Gesamtheit (2-Schicht- und 3-Schichtbetrieb) die Vorzüge der Sommerzeit hervorheben, die sie in verbesserten Möglichkeiten der Freizeitgestaltung und der sozialen Kontakte, besonders im Familienbereich, sehen. Man kann daher der Untersuchung von Rutenfranz et al. folgend davon ausgehen, daß beim sogenannten Re-Entrainment, d. h. bei der schrittweisen Angleichung des Biorhythmus an die veränderten Umweltbedingungen der jeweiligen Zeitbestimmung, keine pathogenen Wirkungen zu befürchten sind.

Vergleicht man diese Befunde mit denen aus dem Bereich der Forschung über Nacht- und Schichtarbeit (vgl. Colquhoun/Rutenfranz 1980), so wird erneut die herausragende Bedeutung der sozialen Umwelt als Zeitgeber evident: Während bei Nachtarbeitern eine Angleichung der Circadianperiodik an den Arbeitsrhythmus auch bei langer Gewöhnung nicht erfolgt (vgl. hierzu auch Knauth et al. 1982), läßt sich eine Umstellung des Biorhythmus der Individuen auf der Basis der Umstellung *ganzer* Gesellschaften vergleichsweise umstandslos vollziehen.

Freilich darf nicht vernachlässigt werden, daß erstens die Anforderungen der Umstellung von Nachtarbeitern im Vergleich zu einer allgemeinen Anpassung an die Sommer- und Winterzeit schon quantitativ erheblich größer ist. Zweitens ist die soziale Umwelt nur ein Zeitgeber von mehreren, so daß auch im Falle einer Umstellung einer ganzen Gesellschaft auf andere Arbeitsrhythmen, z. B. im Kriegsfalle, durch die ebenfalls wirksame Zeitgeberfunktion des Hell-Dunkel-Rhythmus eine Anpassung nicht zwangsläufig erfolgen muß.

Die Erörterung dieses Problems muß naturgemäß im Bereich der Spekulation verbleiben, obgleich die Entwicklung der Weltraumfahrt wie bestimmte Tendenzen in der Industrieproduktion in Richtung auf eine Entkopplung vom Hell-Dunkel-Rhythmus zeigen, daß das Ziel einer artifiziellen Circadianrhythmik nicht als völlig utopisch angesehen werden darf (vgl. z. B. schon heute Arbeiter im Untertagebau, Meßwartentätigkeiten, Verkehrspersonal in U-Bahnen, Arbeiten in Labors und Studios u. v. a.). Die Grenzen der Verschiebbarkeit der Circadianrhythmik werden erst mit dem Entstehen abgeschlossener Arbeitsmannschaften und Gruppen ausgelotet werden können, die aufgrund z. B. technologischer Bedingungen (etwa in Weltraumlabors) ihren „eigenen" Rhythmus finden bzw. ihren Rhythmus an die Erfordernisse von technologischen und wirtschaftlichen Aufgabenstellungen anpassen müssen.

Obgleich Rutenfranz et al. in der hier zitierten Untersuchung von 1982 zu dem Schluß kommen, daß es bezüglich der saisonalen Zeitumstellung bisher keine stichhaltigen Hinweise für eine ernstzunehmende Gefährdung der Gesundheit gibt — die aufgrund z. Zt. noch ungelöster methodischer Probleme nach Rutenfranz et al. jedoch auch nicht ganz auszuschließen ist (vgl. S. 140) —, werden in demselben Untersuchungsbericht auch negative Befunde zitiert. So komme die (dort zitierte) Untersuchung von Hasselkus zu dem Ergebnis, daß bei fast einem Drittel aller Befragten Anpassungsschwierigkeiten bei der Zeitverschiebung von mehr als zwei Monaten vorgelegen haben sollen. Dies betreffe vor allem die Aufrechterhaltung eines konstanten Schlafquantums.

In einer anderen Untersuchung werde nachgewiesen, daß während der Sommerzeit die Zahl der abendlichen Unfälle zwar abnimmt, die Zahl der morgendlichen Unfälle jedoch zunimmt (Meyerhoff). Andere Autoren (vgl. Pfaff und Weber) stellen nach der Sommerzeitumstellung eine statistisch signifikante Zunahme der Unfallhäufigkeit sowohl in den Abend- als auch in den Morgenstunden relativ zu einem Vergleichszeitraum ohne Zeitumstellung (vgl. bei Rutenfranz et al. 1982, S. 139) fest.

Man muß sich vor Augen halten, daß es sich, wie immer auch die Folgen einzuschätzen sind, bei der Umstellung von Sommer- auf Winterzeit und umgekehrt um „eine administrativ verordnete Anpassung des biologischen Systems bei unveränderten geophysikalischen Umweltbedingungen" handelt (vgl. Schmidt et al. 1982). Damit übt der Staat im Interesse einer gesteigerten ökonomischen Effizienz der Volkswirtschaft (Energieeinsparung, wachsende Arbeitsproduktivität) einen nicht unerheblichen Einfluß auf die Befindlichkeit aus und vermittelt über Veränderungen der Leistungsfähigkeit auch auf die Erwerbschancen der Individuen und auf die Marktchancen ganzer Wirtschaftsbereiche (z. B. Gastronomie, Unterhaltungssektor). Dies soll jedoch hier nicht weiter problematisiert werden.

Festzuhalten bleibt, daß die Wechselbeziehung von biologischer Funktion und sozialem Zeitgeber nicht allein auf die Interaktion in kleinen sozialen Netzen beschränkt bleibt, sondern daß sozusagen eine Globalsteuerung individueller biologischer Rhythmen durch den sozialen Rhythmus einer ganzen Gesellschaft erfolgt, der seinerseits auf ökonomischen und sozialen Zielvorgaben der Gesellschaft basiert.

2.2.5 Chronohygiene

Die möglichen Konsequenzen, die aus den hier skizzierten Ansätzen und Ergebnissen der Chronobiologie und Rhythmusforschung gezogen werden können, sind vielfältig. Neben der Behandlung psychisch Kranker (vgl. hierzu Luce 1977; Wever 1978 sowie Heimann/Pflug 1978) sowie dem Bereich der kurativen Medizin, wo davon ausgegangen wird, daß die Verabreichung eines Präparates oder die Einleitung einer medizinischen Maßnahme zu einem biorhythmisch als richtig bestimmten Zeitpunkt deren Wirksamkeit wesentlich erhöhen könnte, sind auch arbeitsmedizinische bzw. arbeitswissenschaftliche Anwendungen hervorzuheben. So sind Überlegungen darüber angestellt worden, wie durch bewußte Steuerung zeitlicher Abläufe im Arbeitsbereich Belastungen reduziert und gesundheitliche Schädigungen vermieden werden können (vgl. hierzu Kap. III.3).

Eine breite Literatur befaßt sich mit den Folgen von Nacht- und Schichtarbeit unter dem Aspekt, welche Schichtsysteme die geringsten körperlichen Umstellungsprozesse bzw. die geringsten gesundheitlichen Risiken aufweisen. Wir wollen diesen Spezialbereich chronohygienischer Forschung zunächst nicht weiter verfolgen (vgl. hierzu Colquhoun/Rutenfranz 1980), sondern auf allgemeinerer Ebene verbleiben.

Hildebrandt definiert die chronobiologische Gesundheit vor allem im Hinblick auf folgende Aspekte:

> „Mit dem langwelligen Teil des Spektrums sind die Funktionen des Gesamtorganismus durch Synchronisation in die Zeitordnung der geophysikalischen kosmischen Umwelt eingegliedert. Gesundheit ist hier durch die richtige zeitliche Einordnung in das äußere Zeitgeberregime von Tages- und Jahresrhythmus gekennzeichnet. Im (zweiten) kurzwelligen Teil des Spektrums ist die Zeitstruktur der Funktionen eine rein endogene Ordnung. Hier unterhalten Rhythmen von unterschiedlicher Frequenz direkte Wechselbeziehungen, die zu einer Koordination von Frequenz und Phase führen" (Hildebrandt 1976, S. 9).

Chronohygiene — als das Verhältnis von Umwelt und Gesundheit — richtet den Blick also auf die sozialen Bedingungen biologischer Abläufe im Menschen und deren Wirkungen. Sie kann damit, wie Hygiene allgemein, als ein Beitrag zu einer präventiven Gesundheitspolitik und spezieller einer menschlicheren Gestaltung von Lebens- und Arbeitsstrukturen angesehen werden.

Chronohygienische Problemfelder werden gesellschaftlich von zwei Seiten her erzeugt: Auf der einen Seite führt die industrielle Produktionsweise möglicherweise dazu, daß, vermittelt über permanente (nicht nur zeitliche) Belastung auf hohem Niveau eine Desynchronisierung der Biorhythmik stattfindet, die zusammen mit anderen Einflußvariablen eine Reihe von Zivilisationskrankheiten zumindest begünstigt, wie z. B. Schlaflosigkeit, Bluthochdruck, Herzkrankheiten, Magen-Darm-Beschwerden, allgemeine Nervosität u. ä. Der Organismus *reagiert* in diesem Falle mit Zeitphänomenen auf *allgemeine* Stressoren.

Andererseits *induziert* die vorherrschende gesellschaftliche Zeitordnung, durch Phänomene wie Nacht- und Schichtarbeit, ungenügende Ruhepausen, kurze Arbeitstakte, Notwendigkeit permanenter Reaktionsbereitschaft, oder eine hohe Arbeitsgeschwindigkeit ihrerseits selbst eine Fülle von schweren gesundheitlichen Beeinträchtigungen chronobiologischer und allgemeiner Art. Hierauf wird später einzugehen sein.

2.2.6 Vermittelte Synchronität: Die Uhrzeit

Charakteristisch scheint für den industriellen Aktivitäts-Passivitäts-Rhythmus seine mit fortschreitender gesellschaftlicher Entwicklung wachsende soziale Orientiertheit — „sozial" allerdings nicht im Sinne einer unmittelbaren Synchronisation der Rhythmen einer sozialen Gruppe, sondern verstanden als eine *vermittelte Synchronisiertheit,* die an den sozialen Bedeutungsgehalt von Zeit als solcher und hier namentlich an den der Uhrzeit gebunden ist. Wenn es richtig ist, daß die Synchronität der inneren Rhythmen, wenigstens chronobiologisch betrachtet, für den Menschen Gesundheit und damit Wohlbefinden bedeutet, darf angenommen werden, daß das Individuum unter normalen psychischen Bedingungen eine solche Synchronität auch anstrebt. Die Erfahrung in der Industriegesellschaft lehrt, daß, da die lineare Zeit und damit die Zeit der Uhren vorherrschend ist, Synchronität und hieraus resultierend ein hohes Maß an Konfliktfreiheit optimal nur durch die genaue Interpretation der Uhr erreicht werden kann. Das Individuum muß in der Lage sein, abzuschätzen, welche Sanktionen oder Gratifikationen ihm drohen oder winken, wenn es die „Zeichen der Zeit" nicht richtig deutet.

Damit wird in einer Gesellschaft, die Leistung erwartet und diese Leistung vor allem an die Erfüllung zeitlicher Normierungen bindet, wesentlich auch die Uhrzeit bzw. die verinnerlichte Zeitnorm zum Vermittler von Interaktion und Kommunikation.

Dies geschieht nicht nur in dem Sinne, daß rein äußerlich Arbeitstätigkeiten und Interaktionsprozesse miteinander koordiniert oder arrangiert werden. Wenn wir uns an das Experiment Wevers erinnern, bei dem mehrere Personen unter Isolationsbedingungen die gleiche Circadianrhythmik aufwiesen — also nicht nur ihren äußeren Lebensprozeß, sondern auch ihre innere biologische Struktur buchstäblich miteinander synchronisierten —, dann bedeutet das, daß die Uhr, vermittelt über Erwartungsstrukturen und Interaktionsprozesse, in einer Gesellschaft dissoziierter Individuen die Funktion einer *versachlichten Synchronisierungsinstanz* übernimmt. Denn es bedarf nicht länger der persönlichen Interaktion, um Synchronität herzustellen. Zu wissen, daß morgens um 8 Uhr andere Menschen, die zu einer eigenen, sozial relevanten Gruppe gerechnet werden, ihre Arbeitstätigkeit beginnen oder daß sich irgendwo zu irgendeinem Zeitpunkt etwas ereignet, das für einen selbst von Interesse sein könnte, führt, sofern man sich als Teil dieser Gruppe oder dieses Kulturkreises betrachtet, zur Motivierung und zur Aktivitäts*bereitschaft* ohne den unmittelbaren sozialen Kontakt (womit noch nicht gesagt ist, daß hieraus jeweils eine Handlung resultiert).

Die soziale Steuerung des circadianen Rhythmus bedeutet noch nicht seine Fremdbestimmtheit, im Gegenteil. Denn, wie wir bei Bücher gesehen haben, gibt es durchaus Formen, in denen gemeinschaftliche Arbeiten verrichtet werden können, ohne daß damit eine zeitliche oder besser gesagt: rhythmische Entfremdung stattfindet. Je mehr die Gesellschaft sich arbeitsteilig organisiert und damit der Grad der Verflechtungen und die Zahl der Interdependenzketten (Elias) zunimmt, desto mehr wird es notwendig, daß der individuelle unmittelbare und spontane Rhythmus des Individuums oder der Gruppe zurücktritt zugunsten der Erfordernisse des großen Netzes.

Erst wenn sich dieses große Netz von Herrschaftsstrukturen herausgebildet und stabilisiert hat, tritt der Gegensatz hervor zwischen der „eigenen" Zeit des Individuums und der sozialen, gesellschaftlichen Zeit. Letztlich ist der Grad der Fremdbestimmtheit von Zeitnormen und Zeitstrukturen nicht davon abhängig, wie eng eine zeitliche Normierung an sich gefaßt ist, wenngleich auch dieser Aspekt von Bedeutung ist. Vielmehr hängt die Fremdbestimmtheit davon ab, inwieweit sich das Individuum mit dem zeitlichen Reglement, welches es vorfindet, identifizieren kann, d. h. sich mit den *Zielen, denen das zeitliche Reglement dient, identisch fühlt* bzw. damit übereinstimmt.

Zwar gibt es mit Sicherheit absolute biologische Grenzen der Belastbarkeit, jedoch lassen die beobachteten Streß- bzw. Angstreaktionen, die eine Veränderung der biologischen Rhythmik hervorrufen (vgl. Luce 1977), vermuten, daß es auch die Angstbesetztheit, d. h. die *Angst* vor der Übertretung der von außen gesetzten zeitlichen Normen und Regeln sein kann, die den Desynchronisierungsprozeß herbeiführt. Die weitgehende Identifikation mit den Zielen des zeitlichen Netzes, in welches das Individuum eingebunden ist, und dessen (partielle) Kontrolle mag solche Angstreaktionen weitgehend vermindern bzw.

umgekehrt: Da, wo eine hohe Identifikation mit den Zeitnormen eines sozialen Subsystems vorhanden ist, liegt es nahe zu vermuten, daß es gar nicht erst zu gravierenden Differenzen zwischen eigener Zeit und der Zeit des sozialen Systems kommt, auf das sich das Individuum je spezifisch bezieht.

Unter industriell-kapitalistischen Bedingungen gehört jedoch die Fremdbestimmtheit, gerade auch in Form der mehr oder weniger willkürlichen zeitlichen Weisungsbefugnis der Herrschenden über die Beherrschten zu den typischen Strukturmerkmalen der Gesellschaftsformation. In keiner Gesellschaft zuvor wurde der Machtanspruch der Herrschenden stärker über die Aufstellung zeitlicher Normative durchgesetzt. Auf Zeit bezogene Anweisungen von Vorgesetzten im Industriebetrieb bedürfen kaum einer Legitimation. Dies führt dazu, daß die dem Arbeitgeber als Arbeitszeit zur Verfügung gestellte Lebenszeit der Beschäftigten generell als fremdbestimmt erscheinen muß.

Somit wird die Mitbestimmung und Verfügung über Produktionsmittel, Arbeitsabläufe und Personalentscheidungen ein entscheidender Faktor: Die abstrakte Zeitstruktur bildete sich vor allem durch den sozialen Gegensatz von Eigentümer und Nichtbesitzer an Produktionsmitteln heraus — als Ergebnis eines Kampfes um die Dauer der Zeit, die der Arbeiter dem Unternehmer zur Verfügung zu stellen hatte. Es fand m. a. W. ein systematischer Entzug der Kontrolle des abhängig Arbeitenden über seine Zeit statt, der bis heute andauert. Demgegenüber könnte eine Rückgewinnung der Kontrolle über betriebliche Abläufe und Belange seitens der Beschäftigten wieder ein größeres Maß an Identifikation nicht nur mit den Zielen der betrieblichen Organisation, sondern auch konkret eine verbesserte Anpassungsfähigkeit an die betriebliche Zeitstruktur bewirken. Insofern ist der Gegensatz von biologischer Zeit und der Zeitstruktur der betrieblichen Arbeitsorganisation nur zum Teil naturbedingt, zum anderen Teil ist er ein gesellschaftlicher. Dieses wurde und wird bei den Autoren, die sich seit der Jahrhundertwende mit dem Verhältnis von Zeitstruktur und Technologie einerseits und der Zeitstruktur des Biologischen andererseits beschäftigen, weitgehend vernachlässigt.

2.3 Die Struktur der biologischen Zeit

Sehr ausführlich hat sich der Internist und Mitbegründer der psychosomatischen Medizin, V. v. Weizsäcker, mit der Zeitstruktur des Biologischen befaßt. Anhand seiner Theorie soll im folgenden weiter auf die grundlegenden Strukturdifferenzen biologischer und industriegesellschaftlicher Zeitstrukturen eingegangen werden.

Für v. Weizsäcker entstand das Interesse an der Erforschung des Zusammenhanges von Körper und Seele, anders als bei Freud, aus den ungelösten Problemen der sogenannten Schulmedizin. Sein Ziel war, „eine neue Dimension im leib-seelischen Gefüge“ (vgl. Bräutigam/Christian 1975, S. 7) zu eröffnen. In seinem Hauptwerk „Der Gestaltkreis“ legt er seine Gestalttheorie dar, die einen neuen, dem Ansatz der Psychoanalyse gegenüber zwar unterschiedenen, wenngleich diesen nicht völlig ablehnenden Zugang zur Wechselbeziehung von psychischen und somatischen Faktoren eröffnet.

Ein zentraler Bestandteil dieser Theorie, die auch zur Frage nach dem Reiz-Reaktionsverhalten biologischer Systeme führte, war die Hervorhebung der aktiven Rolle der Sinnesorgane der Organismen bzw. des Menschen bei der Aneignung von Reizen und Wahrnehmungen. Im Gegensatz zu Theorien, die das menschliche Wahrnehmungsvermögen in erster Linie als Prozeß der Abbildung der objektiven Wirklichkeit, also als passive Aneignung und als einen Reiz-Reaktions-Automatismus verstehen, versucht v. Weizsäcker den Prozeß der Wahrnehmung als einen immer *auch* subjektiven und aktiven aufzufassen und darzustellen.

Im Verlauf seiner Untersuchungen fand v. Weizsäcker heraus, daß bei der Bestimmung körperlicher Vorgänge und des Biologischen allgemein der Faktor Zeit und die Rhythmizität biologischer Prozesse eine Schlüsselrolle spielen. Im folgenden sollen daher kurz die wichtigsten Überlegungen seiner Arbeit „Gestalt und Zeit“ (1960) geschildert werden. Dabei wird vor allem sichtbar werden, daß die Zeitstruktur biologischer (und vermutlich auch bestimmter Formen sozialer) Systeme der linearen Zeitstruktur, die der physikalischen Zeit entspricht, diametral entgegengesetzt ist.

Zunächst setzt sich v. Weizsäcker mit der Frage auseinander, inwieweit ein Reiz, der auf einen Organismus einwirkt, wie Licht, Energie, physische Einwirkungen usw., eine voraussagbare Reaktion erzeugen muß. Während man im physikalischen Versuch Reaktionen durchaus mit einiger Konstanz bestimmen kann und auch, was die Aussendung des Reizes angeht, konstante Bedingungen schaffen kann, wirken demgegenüber gleiche Reize auf gleiche Organismen zu verschiedener Zeit oder auf unterschiedliche Organismen sehr verschieden. Auf das Aussenden eines Reizes folge noch keine vorhersehbare Erregung im Organ.

Es entstünden Meßprobleme auf der Organseite; von einer erfolgreichen Bestimmung von Funktionselementen zur Messung sei dort kaum zu reden (S. 8). Die Verschiedenheit der Reaktion auf gleiche äußere Reize ist für biologische Systeme in der Auseinandersetzung mit ihrer Umwelt von großer Bedeutung für das Überleben.

„Die einfachste Betrachtung kann (dies) klarmachen, Dunkelheit ist ein Schlafreiz. Wenn Dunkelheit immer gleichmäßig Schlaf erzeugte, dann würden wir im Sommeranfang 5, im Winteranfang 15 Stunden schlafen. Wenn der Stoffwechsel jede angebotene Nahrung vollständig verzehrte, dann würden wir niemals Reserven anlegen, im Notstand nie solche besitzen. Alles, was wir Regulation nennen, beruht auf der lebenserhaltenden Inkonstanz der Reaktion auf einen Reiz. Was man besonders seit Darwin als Anpassung bezeichnet, beruht auf dieser konstitutiven Variabilität der Reaktionen der Funktionen“ (S. 10).

Grundproblem bei der Erfassung jedes biologischen Vorganges ist es, daß biologische Vorgänge sich nicht auf einem Zeitkontinuum abbilden lassen, welches der Logik der sogenannten physikalischen Zeit folgt (S. 11). Bei der Anwendung strenger Kausalprinzipien setzt jeder Zustand der Natur einen vorhergehenden Zustand, der ihn ursächlich bedingt. Mit dem Kausalitätsbegriff ist der Begriff der Zeit, zumindest im Sinne eines einfachen Vorher/Nachher, mitgedacht. Dies trägt jedoch einen Maßstab an den Gegenstand heran, der diesem ein äußerer ist: Vorgänge geschehen in einer solchen am physikalischen Zeitmaß orientierten Denkweise *in* der Zeit.

V. Weizsäcker behauptet nun, daß es biologischen Vorgängen generell nicht entspräche, diese Meßlatte äußerer physikalischer Zeitbestimmung an sie heranzutragen, da diese, wolle man ihre Wirkungs- und Reaktionsweisen verstehen, nur an sich selbst gemessen werden können, d. h. an ihrer eigenen zeitlichen Logik, an ihrem *inneren* zeitlichen Maßstab.

Wenn wir uns daran erinnern, daß die Zeit (vgl. Kapitel I. und II.) — und nicht nur die soziale Zeit — als Ordnungsleistung des Menschen aufzufassen ist, die je nach sozialen und ökonomischen Beziehungen der Menschen in mehr oder weniger elaborierter Form hervortritt, dann muß hieraus gefolgert werden, daß auch die Zeit als Maßeinheit in der Physik nicht eine den Gegenständen, Körpern oder Kräften inhärente Größe ist, sondern nur zur Beschreibung des Verhaltens von Körpern, etwa im Falle der Geschwindigkeit, unter einem pragmatischen Gesichtspunkt Verwendung finden kann (vgl. hierzu auch Prigogine/Stengers 1981). Die physikalische Zeit ist also nicht *die* Zeit schlechthin, sondern eine bestimmte Form der Zeit.

„Es gibt dann mehrere Arten von Zeit-Struktur, etwa die mathematische und die historische, oder die physikalische und die biologische Zeit. Es sieht ganz so aus, als ob die Untersuchung gewisser Lebenserscheinungen selbst einen besonderen Zeitbegriff unvermeidlich mache“ (S. 12).

Obwohl wir der hier anklingenden Beliebigkeit von Zeitstrukturen nicht ganz folgen wollen, scheint die Entgegensetzung von physikalischer und biologischer Zeit plausibel. Die Schwierigkeit, „ein biologisches Ereignis überhaupt auf der objektiven Zeitachse zu lokalisieren“ (S. 13), versucht v. Weizsäcker anhand der bekannten Frage nach der Priorität von Huhn oder Ei zu verdeutlichen. Nach seiner Auffassung bleibt „die biologische Priorität unentschieden, auch wenn die zeitliche Sukzession im Einzelfalle empirisch feststeht. Was in der biologischen Priorität steckt, das ist die Frage nach der Zeugung“ (ebd.). Die biologische Frage sei die, „ob der entwickelte Organismus alle Bedingungen für die Erzeugung des Eis oder das Ei alle Bedingungen für den entwickelten Organismus enthalte“. Dies sei anders in der mechanischen Kausalität, „die immer dem zeitlichen Prius den kausalen Primat für das Posterius“ erteile. Die Festlegung der Zeugung sei ein sehr willkürlicher Vorgang, denn „die Zeugung ist ein ganzes Werden, das durch eine Zeitmarke nicht determiniert, sondern zerschnitten, eigentlich zerstört würde“ (ebd.).

Das Problem liegt also bereits in der Fragestellung, die eine Gesellschaft zur Voraussetzung hat, die auf die Erkenntnis in physikalischen Kategorien zugeschnitten ist, die im Prozeß der Unterwerfung der Natur dieser ihre eigenen Maßstäbe aufdrängt und hierbei an Grenzen stößt. Die Frage nach dem Ursprung des Huhns läßt auf eine Kausalitätsvorstellung schließen, die vom menschlichen Standpunkt aus zwar funktional, Mittel zur Beherrschung der Natur ist, aus der Perspektive des Organischen selbst jedoch ein Fremdkörper. Nicht die letzthinnige Beantwortung dieser Frage allein wäre sinnlos, sondern schon ihre gedachten Entscheidungsmöglichkeiten sind dem Gegenstand unangemessen.

Aus welchem Anlaß sollte ein Wechsel der Sichtweise, ein Sicheinlassen auf die Perspektive natürlicher Prozesse sinnvoll sein? Ist nicht das Antragen systemfremder Maßstäbe für das allgemein erforderliche menschliche Erkenntnisinteresse und für die Naturbeherrschung hinreichend? Wir können im Rahmen dieser Abhandlung nicht grundsätzlicher hierauf eingehen; verwiesen sei, was die allgemeine Problemstellung anbetrifft, auf die u. a. im Anschluß an Günther diskutierten Fragen umfassenderer Naturerkenntnis durch die Entwicklung komplexerer und damit dem Gegenstand angemessenerer Logiken (vgl. Günther 1976).

Speziell auf unser Thema bezogen zeigt sich bereits, daß der Versuch der Beherrschung der inneren Natur des Menschen wesentlich über das Bemühen verläuft, die Zeitnormative der linearen bzw. abstrakten Zeit mehr und mehr zum Maßstab von Normalität und Gesundheit zu machen. Damit wird gerade durch die Erhebung des linearen, physikalischen Zeitmaßstabes zum (scheinbar) objektiven und einzigen die andersartige Zeitlichkeit biologischer Funktionen negiert bzw. wird versucht, die biologische Perspektive als grundsätzlich vernachlässigbar hinzustellen. Dies konnte z. B. an den Versuchen zur Überformung biologischer Rhythmen durch industrielle Zeitnormative im Produktionsprozeß dargestellt werden (vgl. hierzu Kap. III.1).

Zurück zu v. Weizsäcker: Die biologische Zeitbestimmung mißt nicht, an welchem Punkt einer Zeitachse ein Ereignis innerhalb des Körpers geschieht, sondern das entscheidende Referenzsystem für eine biologische Funktion sind die übrigen biologischen Funktionen und Rhythmen im Organismus. Dies zeige ein Blick auf die Struktur pathologischer Prozesse. Zahlreiche krankhafte Störungen beruhten nämlich auf einem Anachronismus, der darin bestehe, daß z. B. eine Keimdrüse entweder *zu* früh oder *zu* spät arbeite oder daß ein Organ vorzeitig vergreise; viele schwere Krankheiten würden Rückgriffe auf embryonale Zellformen und Funktionsweisen zutage bringen, wie z. B. die Blutkrankheiten. Andere Zustände führten wiederum zu Synchronisierungen von solchen Funktionen, die normal nur in sukzessiver Abwicklung stattfinden können, um selbst einfache Leistungen wie Gehen, Greifen usw. verrichten zu können. V. Weizsäcker faßt zusammen:

„Der biologische Zeitpunkt interessiert überhaupt nicht als Ort auf einer Zeitachse, er ist nicht einmal auf ihr bestimmbar. Sondern der biologische Zeitpunkt setzt sich selbst als Ausgangspunkt, von dem aus dann erst Aussagen über ‚früher' oder ‚später', ‚zu früh' und ‚zu spät' und dann zuletzt auch ‚wieviel früher', ‚wieviel zu früh' usw. bestimmbar werden. Schon hier ist zu erkennen, daß die biologische Zeit keineswegs die Struktur der geschichtlichen Zeit hat" (S. 14).

Leben sei keine Uhr, sondern Rhythmus. Darum hätten Bestimmungen der Zeit in der Biologie ebenso führende Bedeutung wie Messungen des Raumes in der Physik. Denn in der Biologie sei der Energiebedarf eigentlich ein Zeitsatz, wie man dies aus der Rationierung von Lebensmitteln ersehen könne, die sich nur wenig zeitlich dehnen ließe.

„Gleiche biologische Leistungen (‚Wellen') bedeuten gleiche ‚Zeiten'" (S. 15), und deshalb interessierten die Zeiten. Mit anderen Worten: Nicht wie „lang" ein biologischer Rhythmus in terms der physikalischen Zeit, sondern wie lange er *im Verhältnis* zu anderen Rhythmen andauert, bestimmt seine größere oder weniger große Leistung. Genau darum läßt sich nach v. Weizsäcker biologische Leistung nicht an der (objektiven) Zeit messen, da ja die Leistung die Zeit selbst erst bestimmen würde (S. 15). Zum besseren Verständnis dieses Problems gibt v. Weizsäcker ein Beispiel, das wir wegen der Schwierigkeit der Materie hier ausführlich wiedergeben wollen.

„Wir haben untersucht, wie lange man braucht, um mit dem Finger einen Kreis in die Luft zu schreiben, und haben gefunden, daß innerhalb weiter Grenzen die Gesamtzeit von der Figurgröße unabhängig ist. Wir nennen dies das Gesetz der konstanten Figurzeit; ein großer Kreis wird mit ebenso vielmal größerer Lineargeschwindigkeit geschrieben, als er größer ist wie ein anderer kleinerer. Es ist die Figur, welche die Zeit festlegt, nicht umgekehrt. In der Mechanik ist es umgekehrt. Laß ich ein Rad, einen Planeten sich bewegen, so entsteht je nach der Zeit der Gesamtbewegung ein Viertel-, ein Halb- oder ein Ganzkreis. Die organische Bewegung hebt aber schon mit einer solchen Geschwindigkeit an, *daß jedesmal in der selben Zeit ein ganzer Kreis entsteht* (Hervorh. v. mir, J. R.). Man kann insofern sagen, daß die Bewegung schon im ersten Zeitteil die Gesamtleistung, genauer *die Figur* der Leistung vorweg nimmt, und wir nennen dieses gesetzmäßige Verhalten Prolepsis" (S. 16).

Somit determiniert die Form einer Bewegung ihre Dauer und damit innerhalb gewisser Grenzen auch ihre Geschwindigkeit. V. Weizsäcker verweist z. B. darauf, daß ein Pferd, wenn es seine Geschwindigkeit ändern will, auch die Gangart (Schritt, Trab, Galopp) ändern muß, da mit der Gangart auch die Geschwindigkeit bestimmt ist. Ein anderes Beispiel ist, daß sich mit der Beschleunigung oder Verlangsamung der Schreibbewegungen ein Wandel der Schriftzüge ergibt, hingegen nicht beim größer oder kleiner schreiben.

Die Unmöglichkeit, so hebt v. Weizsäcker hervor, biologische Zeitbestimmungen mittels der Meßstange der objektiven Zeit vornehmen zu können, sei nicht quasi technisch bedingt und durch verbesserte (im Sinne verfeinerter) Meßtechniken auf Basis der physikalischen Zeit behebbar, sondern es handele sich um das Problem der Vergleichbarkeit zwischen zwei Welten, *deren Logiken diametral entgegengesetzt* und damit nicht kompatibel seien.

„Es handelt sich hier nicht um eine Ungenauigkeit, sondern um eine *Sinnlosigkeit* solcher Messungsversuche. Das rührt, so kann man sagen, daher, daß das Leben nicht *in* der Zeit ist (Hervorh. v. mir, J. R.), sondern die Zeit im Leben ist oder genauer durch dessen Selbstsetzung *wird* (S. 19). Leben ist nicht in der Zeit, sondern es setzt sie immer neu fest; es erhält sich so durch die Zeit hindurch und verhält sich also extatisch zur Zeit" (S. 23).

Inwieweit die Darstellungen v. Weizsäckers hinsichtlich biologischer Funktionen dem allgemeinen Konsens in Biologie und Medizin entsprechen, kann hier nicht abschließend eingeschätzt und beurteilt werden. Wir vertreten hier auch nicht uneingeschränkt den Ansatz v. Weizsäckers zur psychosomatischen Medizin und der Gestalttheorie und wollen ebensowenig abschließend beurteilen, welche weitreichenden gesellschaftlichen Konsequenzen ein solcher Ansatz möglicherweise in sich trägt.

Zweifellos liegt in der Hervorhebung einer eigenständigen biologischen Dynamik und Rhythmik, die der industriellen Zeit gegenübergestellt wird, wie etwa bei Bücher, die Gefahr einer konservativen Technologiekritik, die technologische Neuerungen als Pervertierung des Naturgegebenen, Unabänderlichen verwirft. In v. Weizsäckers Auffassung ist jedoch kein platter Biologismus auszumachen, der den Zugang zu emanzipatorischen sozialwissenschaftlichen Ansätzen und Konsequenzen versperren würde.

Demgegenüber ist vor Ansätzen zu warnen, die unter dem Banner der Forderung nach fortschreitender Naturbeherrschung die qualitativen Unterschiede der zeitlichen Logik des Maschinensystems und des menschlichen Organismus ignorieren. Im Kontext dieses Spannungsfeldes zwischen naiver Naturbezogenheit und naivem Fortschrittsglauben einen Ansatz zur Diskussion zu stellen, der diese *qualitative* Strukturdifferenz von physikalischer und biologischer Zeit herausarbeitet, war Sinn der vorangegangenen Darstellung.

3. Produktion unter Berücksichtigung der menschlichen Leistungskurve

Der Gegensatz von biologischer Uhr und der Uhr des Industriesystems wird zwar in den meisten arbeitswissenschaftlichen Erörterungen benannt; bei der konkreten Untersuchung von Arbeitstätigkeiten, wie sie im industriellkapitalistischen System vorzufinden sind, wird dieser Gegensatz dann jedoch sozusagen wieder biologisiert. Er wird entweder als unvermeidlich dargestellt, will man Fortschritte in der Produktivität erzielen, oder aber die Nichtbefolgung biorhythmischer Erfordernisse wird in ihren Auswirkungen bagatellisiert. Eine dritte Variante versucht in Analogie zu vorindustriellen Arbeitsprozessen die

Monotonie und Repetitivität in der Arbeitstätigkeit positiv umzuinterpretieren. So folgert Bücher (1909) im Anschluß an seine ansonsten hervorragenden Untersuchungen zum Zusammenhang von Arbeit und Rhythmus beim Vergleich rhythmischer Bewegungen von Naturvölkern mit den repetitiven Teilarbeiten in der Fabrik:

„... Aber man darf auf der anderen Seite noch viel weniger in den Ton der modernen Nationalökonomen einstimmen, welche jede einförmige Arbeit als ‚geisttötende' und besonders ‚aufreibende' Arbeit ansehen. Gerade die Einförmigkeit der Arbeit ist die größte Wohltat für den Menschen, solange er das Tempo seiner Körperbewegungen selbst bestimmen und beliebig aufhören kann. Denn sie allein gestattet rhythmisch-automatische Gestaltung der Arbeit, die an sich befriedigend wird, indem sie den Geist freimacht und der Phantasie Spielräume gewährt. Nur so konnten bei der Arbeit Poesie und Musik entstehen. Rhythmische Arbeit ist aber an sich nicht geistlose, sondern in hohem Maße vergeistigte Arbeit; ... Aufreibend werden nur solche einförmigen Arbeiten, die sich nicht rhythmisch gestalten lassen und bei jeder neuen Operation eine neue, wenn auch gleichartige Aktion unseres Vorstellungsvermögens erfordern, wie das Addieren von Zahlenreihen, das Abschreiben von Schriftsätzen und dergleichen" (S. 421/22).

Auch Bücher dürfte jedoch nicht entgangen sein, daß es gerade zu seiner Zeit Bestrebungen gab, die das Selbstbestimmen des Arbeitstempos und das beliebige Aufhörenkönnen abzustellen bemüht waren. Daß die rhythmisch-automatische Gestaltung der Arbeit den Geist freimache, ist in den folgenden Jahrzehnten von den Arbeitswissenschaften häufig behauptet, jedoch erst in jüngster Zeit durch empirische Untersuchungen wieder erheblich in Zweifel gezogen worden (vgl. Martin et al. 1980).

Noch 50 Jahre nach Bücher finden wir in der Untersuchung von Popitz/Bahrdt (1957) ähnliche Vorstellungen. Popitz/Bahrdt heben hervor, daß der menschliche Rhythmus und der Arbeitstakt bei repetitiven Tätigkeiten keine *prinzipiellen* Widersacher seien. Es sei durchaus denkbar, Takte so zu gestalten, daß die Möglichkeit gegeben sei, sie „rhythmisch aufzuladen", d. h. die eigene Rhythmizität mit der Repetitivität taktierter Arbeitsvollzüge in Einklang zu bringen. Dies sei allerdings nicht möglich, wenn die Maschine den Takt angibt:

„Bei technisch bedingten repetitiven Arbeiten spielen sich jedoch Rhythmisierung, Synchronisation kooperativer Arbeit des Bewußtseins bei gleichzeitigem Weiterfluß der Arbeit viel schwerer ein. Die Maschine gibt den Takt an. Und es ist ein Glücksfall, wenn sich ein menschlicher Rhythmus von vornherein in dieses System einpassen kann. Oft sind ‚Manipulationen mit dem eigenen Zeiterlebnis' nötig, wenn die Situation bewältigt werden soll. Bei einigen Arbeiten kommt es zu einer unaufhebbaren Friktion zwischen zeitlicher Determination und zeitlichem Verhalten. Manchmal bleibt nur der Weg in die Monotonie übrig" (S. 164).

Es existieren nun Konzepte, die darauf abzielen, die Arbeitsstrukturen — auch jene, die stark durch Maschinen geprägt sind — der menschlichen Rhythmik besser anzupassen. Diese betreffen einmal Versuche einer biorhythmischen

Steuerung von Fließbändern sowie in bestimmtem Umfang die Einrichtung sogenannter teilautonomer Arbeitsgruppen und vor allem flexibler Fertigungssysteme; weiterhin finden die zeitlichen Bedürfnisse und explizit die Biorhythmik des einzelnen Arbeitnehmers Berücksichtigung bei der Gestaltung von Arbeitsbeginn und -ende sowie von Arbeitsunterbrechungen.

Im folgenden sollen vier Ansätze — die Arbeitsuhr, eine biorhythmische Pausenregelung, flexible Fertigungssysteme sowie variable Arbeitszeiten stellvertretend für eine ganze Reihe solcher Versuche — dargestellt und kritisiert werden.

3.1 Der Dritte Zeiger: Die Arbeitsuhr

3.1.1 Gebundene und ungebundene Arbeitsweise

Bereits in den 20er und 30er Jahren dieses Jahrhunderts sind Überlegungen angestellt worden, wie bei einer sich im Tagesverlauf permanent verändernden Leistungskurve Arbeitsvorgänge adäquat strukturiert werden könnten. Untersuchungen der Fließarbeit führten den Arbeitsphysiologen Graf zu der Erkenntnis, „daß die zwangsläufige Regelung des Arbeitsablaufes zu gewissen Schwierigkeiten führt insofern offenbar die Leistungsfähigkeit des Menschen zu verschiedenen Zeiten und besonders Tagesstunden nicht dieselbe ist“ (Graf 1933, S. 333). Erste Überlegungen gingen dahin, die Bandgeschwindigkeit entsprechend einer durchschnittlichen Leistungskurve der Arbeitspersonen wechselnd zu gestalten.

Hierzu muß zunächst einmal herausgefunden werden, in welcher Weise sich ein natürlicher, d. h. von Arbeitsanweisungen und Arbeitsnormen *freier Arbeitsablauf* gestaltet, um dann diese „natürliche“ Kurve mit den Leistungsanforderungen der kontinuierlichen Fließarbeit zu vergleichen und letztere an die biologischen Gegebenheiten besser anzupassen. Graf kommt zu dem Schluß, daß erhebliche Ermüdungserscheinungen nach Beendigung der Arbeit nicht unbedingt einer besonders hohen Leistung geschuldet sein müssen, sondern sie sind häufig nur Ergebnis einer unphysiologischen Aufteilung der Kräfte des Arbeiters im Hinblick auf das täglich zu leistende Arbeitspensum. Bei einer rationelleren Gestaltung des Arbeitsvorganges könnten daher bei gleicher täglicher Arbeitsleistung die Ermüdungserscheinungen und damit die Gesamtbelastung des Arbeiters erheblich vermindert werden.

Ähnlich wie Taylor, der kritisiert hat, daß eine spontan ablaufende, die optimalen Handgriffe nicht beherrschende und mit unregelmäßiger Energieverausgabung durchgeführte Arbeitsweise das Gesamtergebnis der Arbeitsleistung eher verringert, weist auch Graf einem arbeitshygienisch gestalteten Pausenregime eine hohe Bedeutung für die Erhaltung der Arbeitsfähigkeit zu.

Aus dieser Überlegung heraus entwickelt er den Begriff des *„Hetztempos"*, dem er das *„physiologische Tempo"* gegenüberstellt. Das Hetztempo ist nach Graf

„dadurch charakterisiert, daß über längere Zeitstrecken ein Mißverhältnis besteht zwischen der verlangten Leistung und der Leistungbereitschaft des Organismus, das nur durch Zurückgreifen auf die besondere Leistungsreserve ausgeglichen werden kann" (S. 344).

Ein solches Hetztempo kann zum einen durch z. B. überhöhte Bandgeschwindigkeit entstehen; Graf unterstellt jedoch, daß dies in der Praxis eher aus falschen Verhaltensweisen der Arbeiter herrührt. Denn bei industrieller Arbeit sei ein zu erreichendes Tagespensum die Regel und die Arbeiter seien aufgrund von Ablenkungen und Unterhaltungen großenteils gezwungen, ihr Pensum gegen Ende des Arbeitstages durch erhöhte Willensanstrengungen, durch Mobilisierung der letzten Leistungsreserven zu erreichen. Hieraus resultiere die übermäßige Erschöpfung nach Arbeitsende.

Die Kategorie des *Leistungswillens* ist in Grafs Analyse zentral: erst dieser ermögliche ein solches unphysiologisches Verhalten.

Daher sieht Graf erhebliche Vorteile in der sogenannten *gebundenen Arbeitsweise,* wie sie am Fließband stattfindet. Das Fließband erlaube durch seine festgelegten Takte nach dem Fortrücken des einen fertiggestellten und vor dem Ankommen des nächsten zu bearbeitenden Werkstückes sehr kleine, aber physiologisch wichtige Pausen („Kürzestpausen"), die der Arbeiter bei freier Arbeitsweise vermutlich nicht einlegen würde. Hierdurch könne, vorausgesetzt die Bandgeschwindigkeit sei vernünftig gesteuert, ein Raubbau an der Gesundheit des Arbeiters verhindert werden. Andererseits bestehe der Nachteil, daß die gleichmäßige Geschwindigkeit dennoch nicht der Arbeitskurve entspreche und somit eine übermäßige Willensanstrengung erforderlich sei, um den physiologischen Abfall der Leistungsfähigkeit und -bereitschaft in bestimmten Phasen des Tages zu kompensieren.

„Eine *gleichmäßige Arbeitskurve kann...*, hohe Willensanspannung und damit hoch gespannte Leistung vorausgesetzt, *nur erzwungen werden,* sie ist ihrem Wesen nach unnatürlich" (S. 371). Weiter verweist Graf auf die Tatsache, „daß auch eine zur gleichmäßigen Stundenleistung geradezu verleitende Arbeitsform durchaus nicht zu gleichen Stundenleistungen führt" (S. 368).

Gegenüber dem Hetztempo nun ist das

„physiologische Arbeitstempo jenes, bei welchem der Arbeiter jeweils die Leistung entwickelt, die seiner physiologischen Leistungsbereitschaft entspricht, d. h. die er unter dem augenblicklichen Zustand seines Organismus *ohne außerordentliche, zusätzliche Willensanspannung* bewältigen kann" (S. 343).

Um eine solche physiologische Arbeitsgeschwindigkeit zu erreichen, werden schon Anfang der 30er Jahre neben der Anpassung der Bandgeschwindigkeit an die Leistungskurve auch die Möglichkeiten von Puffersystemen erwähnt, die bei Ford eingeführt wurden. Der Arbeiter war hier nicht mehr an die Stückzeit gebunden, sondern nur an die Bewältigung einer bestimmten Tagesmenge, so daß sich an den einzelnen Arbeitsplätzen Material sammeln konnte (vgl. S. 367). Zur Erleichterung der gebundenen Arbeit wurde auch eine Regelung praktiziert, nach der zu bestimmten Tageszeiten nur das jeweils soundsovielte Stück auf dem Band bearbeitet werden mußte.

Wenn hier von einer physiologischen Arbeitskurve die Rede ist, von der möglichst weitgehenden Reduzierung von Hetzarbeit u. ä., könnte zunächst der Eindruck entstehen, als wäre es das Ziel einer physiologischen Arbeitsform, der jeweils schwankenden *individuellen* Leistungsbereitschaft entgegen zu kommen. Das ist aber nur sehr bedingt der Fall bzw. bei Graf in einem völlig anderen Sinne zu verstehen, als es auf den ersten Blick erscheint.

Sehr deutlich grenzt sich Graf von einer Forschung ab, die versuche, „individuelle Arbeitstypen" ausfindig zu machen, die als Grundlage für eine Personalselektion im Betrieb dienen sollten.

„Selbst wenn wir in unserer Beobachtung solche individuellen Arbeitstypen finden, so bedeutet das noch keine unbedingte Anerkennung ihrer Berechtigung und Unverletzlichkeit. Sie müssen, wie unsere Beispiele zeigten, gar nicht entstanden sein aus einem inneren Bedürfnis, aus dem Empfinden, diese und nur diese Form sei die zweckmäßigste Art, eine Arbeit zu bewältigen unter den besonderen Bedingungen des arbeitenden Menschen. Sie können reine Zufallsprodukte sein, entstanden z. B. aus der Unfähigkeit, den Aufbau des Tagespensums während der Arbeit zu überwachen und zu regeln, sie können falschen Voraussetzungen entspringen, sie können falschen Gewohnheiten ihre Existenz verdanken: auf keinen Fall brauchen wir sie ohne weiteres als die für das Individuum ‚ideale' Arbeitsform anzuerkennen" (S. 353).

Um eine zeitökonomisch rationelle Arbeitsweise in den Arbeitern zu verankern und um damit ohne Raubbau an der Gesundheit die Gesamtleistung pro Arbeitsperson zu verbessern, entwickelt Graf eine sogenannte *Arbeitsuhr,* die die ‚Vorteile' der Bandarbeit, nämlich die Möglichkeit von Kurzpausen und eine entlastende Habitualisierung von Handgriffen, mit den Erfordernissen einer sowohl allgemeinen, wissenschaftlich erforschten Leistungskurve, als auch der individuellen Biorhythmik kombinieren sollte. Dabei interessiert Graf nicht das absolute Arbeitspensum, wie es vom Arbeitgeber angesetzt wird (und welches ja auch zu erheblichen Belastungseinwirkungen führen kann), sondern die Frage, wie dieses Pensum physiologisch sinnvoll über den Arbeitstag gestreut werden kann.

Die von Graf konstruierte Arbeitsuhr arbeitet in der Weise, daß zunächst an einer gewöhnlichen Uhr ein dritter Zeiger angebracht wird, der durch seine optische Relation zu den anderen Zeigern — entweder zu dem Minuten- oder dem Stundenzeiger — kontinuierlich den jeweils aktuellen Leistungsstand des Arbeiters anzeigt. Der zusätzliche Zeiger (Z_3) wird bei Beginn der Arbeit mit dem Stunden- oder Minutenzeiger zur Deckung gebracht. Das Ende der Arbeit fällt mit dem Zeigerstand des Zeigers Z_3 zusammen. Während der Arbeit gibt das Voreilen bzw. Zurückbleiben des dritten Zeigers hinter dem Minuten- oder Stundenzeiger jeweils eine Beschleunigung bzw. eine Verzögerung der Arbeitsgeschwindigkeit gegenüber der durch die eingestellte Kurve bezeichneten Normkurve an. Der Zeiger Z_3 wird dadurch bewegt, daß z. B. mit jedem fertigen Werkstück ein mechanischer Vorgang ausgelöst wird, der den „Arbeitszeiger" um einen bestimmten Winkel weiterbewegt (vgl. hierzu S. 387).

Dem Arbeiter stellt sich seine Tätigkeit dann so dar, daß er sich zu Beginn den Arbeitszeiger so einstellt,

„daß er mit dem Minutenzeiger in Deckung liegt. Der Arbeiter beginnt nun zu arbeiten... Arbeitet er langsamer, als es der Normalkurve entspricht, so bleibt sein Arbeitszeiger hinter dem Minutenzeiger zurück. Er wird auf diese Weise gewarnt, und veranlaßt, sein Arbeitstempo etwas zu beschleunigen, wenn er nicht in die Lage kommen will, einen Zeitverlust durch Hetzarbeit später wieder einholen zu müssen. ... Wir streben aber im allgemeinen an, daß der Arbeiter sich einen gewissen Vorsprung erarbeitet" (S. 390).

Graf hebt hervor, daß der Arbeiter hierdurch den ganzen Tag über das Gefühl der Sicherheit erhält, auf seinen Akkord zu kommen. Er soll nicht durch Zurückbleiben zur Hetzarbeit getrieben werden und sich dabei unnötig ermüden. Großer Wert wird auf die Feststellung gelegt, daß der Arbeiter bei seiner Orientierung an der Arbeitsuhr stets das „Gefühl vollkommener Freiheit" haben soll und nach Auffassung des Autors auch hat; der Arbeitsregler sei als „sein Helfer" zu verstehen (S. 391).

3.1.2 Beseitigung der Hetzarbeit?

Auf den ersten Blick muß die Anpassung der Leistungsanforderungen an die tägliche Leistungskurve gerade im Kontext der oben dargestellten biorhythmischen Erfordernisse und chronohygienischen Überlegungen als äußerst sinnvoll erscheinen. Bei näherer Betrachtung jedoch entfaltet sich die ganze Problematik der hierbei verwendeten Arbeitsuhr, die ja über ihre praktische Anwendung im Betrieb weit hinausreicht. Zweifellos könnte eine Arbeitsuhr unter bestimmten Bedingungen eine Hilfestellung sein, und auch der Intention, hohe Leistung mit geringer Arbeitsmühe zu verbinden, kann grundsätzlich kaum widersprochen werden. Welche Ambivalenz sich in der Idee einer solchen Arbeitsuhr verbirgt, wie ihr die Interessengegensätze von Kapital und Arbeit immanent sind, wird offenbar, wenn Graf seine Zielsetzung in der

„Bestgestaltung der Arbeit durch die optimale Anpassung der Arbeitsbedingungen an die Bedürfnisse und die Besonderheiten des menschlichen Organismus (sieht). Daß diese Anpassung nicht nur eine menschliche Rücksichtnahme bedeutet, sondern auch mit den berechtigten Anforderungen der Wirtschaft sich vereinen läßt, dürfte aus unseren Ausführungen deutlich werden. Höchster Nutzeffekt kann auf die Dauer nur erzielt werden durch Arbeitserleichterung und Beseitigung von unnötigen Hemmungen, nicht aber durch bloßen höheren Energieeinsatz der leicht zum Raubbau wird" (S. 398).

Damit stellt sich der Autor explizit in die Tradition der Taylorschen „wissenschaftlichen Betriebsführung", der er vorwirft, an dem von ihm formulierten Problem bisher vorbeigegangen zu sein. Die Untersuchung, in welcher Weise die „Anforderungen der Wirtschaft" als „berechtigt" anzusehen sind, beschränkt Graf auf die Feststellung relativer Größen, d. h. er untersucht zwar die Belastungsgrenzen hinsichtlich der Verteilung eines Arbeitspensums über den Tag, nicht jedoch das *absolute* Niveau des Pensums bzw. die Frage, ob es nicht auch bei bester Einteilung des Tagespensums oberhalb bestimmter Niveaugrenzen zu Unverträglichkeiten und Gesundheitsbelastungen kommt.

Graf sieht realistisch, daß die Arbeitsleistung im allgemeinen längst nicht mehr als naturgemäß betrachtet werden kann, sondern „daß sie bestenfalls einen Kompromiß zwischen arbeitsmedizinischen, wirtschaftlichen und sozialpolitischen Forderungen" darstellt (S. 347). Insofern geht es ihm auch nicht um *die* physiologische Arbeitsgeschwindigkeit schlechthin, sondern um diejenige *Arbeitsgeschwindigkeit,* die unter den gegebenen gesellschaftlichen Bedingungen als *politisch durchsetzbar* und im Konzept des herrschenden Effizienzbegriffes als allgemein *vernünftig und wirtschaftlich* gilt.

Die Darstellung der Arbeitsuhr geschah u. a. darum relativ ausführlich, weil der „dritte Zeiger" sehr bildhaft die Existenz einer neuen, für industriell-kapitalistische oder überhaupt hochindustrialisierte Gesellschaften charakteristischen Zeit anzeigt. Der dritte Zeiger verkörpert die Logik einer Normzeit, an der sich das arbeitende Individuum zu orientieren hat und in der sich die Leistung des Individuums, sichtbar im Oszillieren des dritten Zeigers um den Minutenzeiger, widerspiegelt. Man könnte daher auch sagen, der dritte Zeiger symbolisiere eine *Leistungszeit.*

Die normale Uhrzeit seit Beginn der Neuzeit stellt sich als ein Kontinuum dar, in dem die Zeit, gleichsam auf eine Strecke aufgetragen, vergeht. Auf höherer Stufenleiter wird diese lineare Orientierung wieder aufgehoben. An ihre Stelle treten im repetitiven Arbeitsprozeß gleichförmige, allerdings inhaltsleere Zeitintervalle, deren Verortung auf einer Zeitachse jedoch keinen Sinn mehr macht.

Der dritte Zeiger zeigt nicht ein Voranschreiten der Zeit auf einer Geraden an, auf der Vergangenheit und Zukunft bestimmt werden; die im dritten Zeiger symbolisierte Leistungszeit benötigt diese absolute Fixierung nicht. Sie ist nicht einmal mehr absolute Dauer, etwa 2 Minuten für die Fertigstellung eines Werkstückes; ihr Maßstab ist beschränkt auf die Aussage „gut in der Zeit oder schlecht in der Zeit", also richtig oder falsch, Vorderwasser oder Rückstand, in oder außerhalb der Leistungsnorm. Sie ähnelt damit in ihrer Relationalität in gewisser Weise der biologischen Zeit (vgl. Abschnitt III.2.3), nur ist sie hier eine synthetische, da das Bezugssystem, die Arbeitsleistung, kein natürliches ist, sondern ein artifizielles.

Zeit erhält damit sinnlich wahrnehmbar die Funktion eines Leistungsmessers, wobei wesentlich ist, daß der Leistungsmaßstab nicht von den arbeitenden Personen selbst, sondern von außen gesetzt wird.

Es findet im System der Arbeitsuhr — und die Arbeitsuhr ist hier Vergegenständlichung dieses zeitlichen Bezugssystems — im Grunde kein Eingehen auf die Schranken der Leistungsbereitschaft der einzelnen Arbeitsperson statt: Die aufgeklärte Strategie der Nutzung der menschlichen Produktivkraft stellt die Grundprinzipien industrieller Effizienz nicht in Frage, im Gegenteil. Sie erlaubt lediglich innerhalb gewisser Bandbreiten ein Floating der Leistungsverausgabung der Arbeitsperson und kommt damit dem Ziel, den Output pro Zeiteinheit und beschäftigter Arbeitsperson zu erhöhen, im Ergebnis näher als unaufgeklärte Konzepte der industriellen Arbeitsorganisation.

3.2 Pausenregelung nach biorhythmischen Erfordernissen

Gegen die herkömmliche Erholzeitermittlung werden von Köck folgende Einwände vorgetragen:

„1. Erholzeiten werden für eine bestimmte Arbeit, nicht jedoch für ein Arbeitssystem (Mensch-Maschine-System) bestimmt, wodurch interindividuelle Leistungsfähigkeitsunterschiede (etwa zwischen Mann und Frau) keine Berücksichtigung finden. 2. Die beträchtlichen Unterschiede in der physiologischen Leistungsbereitschaft zwischen 9 Uhr vormittags und 15 Uhr nachmittags werden nicht berücksichtigt. 3. Es gibt keine Verfahren, die negative Erholzeiten (abgebauten Erholungsbedarf) ermitteln lassen. In diesem Fall werden immer Erholzeiten gleich Null geschrieben“ (Köck 1976, S. 67).

Die Folge hiervon sei u. a., daß die Vergabe von Erholzeiten häufig in keinem Verhältnis zu dem großen Aufwand ihrer Ermittlung stünde, daß ferner Pausen zum falschen Zeitpunkt und von falscher Dauer vorgegeben und sie dadurch ihren Erholungswert verlieren würden, wie auch, daß Pausenregimes bezüglich ihrer Einhaltung wenig kontrolliert und geänderten Ablaufsituationen nicht angepaßt würden (S. 67 f.).

Köck unternimmt nun den Versuch, eine für den Praktiker handhabbare sogenannte „belastungsadäquate Erholzeitermittlung und Erholzeitvergabe“ zu entwerfen, die den Biorhythmus berücksichtigen soll. Dabei nimmt er zunächst eine exakte Auflistung der Tätigkeiten nicht nur nach ihrer Dauer (z. B. 10 Minuten) vor, sondern berücksichtigt auch jeweils die Tageszeit, zu der diese Tätigkeiten verrichtet bzw. die Erholungspausen genommen werden. Jeder Tätigkeit korreliert entsprechend Dauer und Schwere eine bestimmte Erholzeit, die in die zweite Spalte einer Check-Liste eingetragen wird.

Als Belastung geht gleichfalls die kardinale Zeit, d. h. die Dauer der Arbeitstätigkeit und ihre Lage im Tagesverlauf, mit einer bestimmten Gewichtung ein.

„Das dem Belastungsverlauf entsprechende Pausenregime erhält man dadurch, daß beim Überschreiten eines Erholungsbedarfs von 10 Minuten eine Pause von 6 Minuten Dauer zwischengeschaltet wird" (S. 70).

Ein solcher Ansatz kann als Versuch gewertet werden, zwei Ziele gleichzeitig zu verwirklichen: zum einen das einer biorhythmisch kontrollierten Leistungsverausgabung bzw. Pausenregelung im Arbeitsprozeß, zum anderen das der erhöhten Leistungsgerechtigkeit bzw. Leistungsbezogenheit von Pausen. Dauer und Lage der Pausen werden durch ein qualitatives Insverhältnissetzen zur Arbeitssituation objektivierbar — zumindest scheint es so.

Bei näherer Betrachtung müssen jedoch einige Zweifel sowohl am Gerechtigkeitsanspruch wie auch am Anspruch der biorhythmischen Optimalität solcher Regelungen angemeldet werden. Grundsätzlich ist festzustellen, daß diese Art der Erholzeitermittlung und -vergabe, auch in ihrem eigenen Verständnis, eine intelligente Weiterentwicklung bzw. Umsetzung arbeitswissenschaftlicher Erkenntnisse in der Tradition Taylors ist. Gegenüber völlig willkürlichen und den Belastungsaspekt kaum berücksichtigenden pauschalen Pausenregelungen stellt eine objektivierte Erholzeitvergabe einen Fortschritt dar, insofern sie einklagbare Ansprüche der Arbeitnehmer festschreibt. Dabei werden jedoch gleichzeitig — dies ist die Krux jeder Zunahme von sogenannter Leistungsgerechtigkeit — der Leistungsanspruch und damit auch die Leistungsanforderungen wie vor allem infolge hiervon auch die Leistungsselektion perpetuiert und präzisiert. Denn die Bewertungen der Arbeit z. B. hinsichtlich der physischen Anstrengungen erfolgen ja nicht entsprechend der jeweiligen *tatsächlichen* Leistungsfähigkeit und den biologischen Rhythmen der einzelnen Arbeitsperson, sondern ähnlich wie bei anderen Leistungsbewertungssystemen bezogen auf von den Betroffenen nicht selbst ermittelte Durchschnittsgrößen und Erfahrungswerte für *alle* Arbeitspersonen (vgl. hierzu ein analytisches Erholzeitermittlungsverfahren bei Köck, S. 66).

Obwohl auf der einen Seite biorhythmische Belange stärker einbezogen werden sollen, wird auf der anderen Seite die Biorhythmik, die immer auch eine individuelle oder kollektiv-selbstkontrollierte ist, in nie gekannter Weise auf fremdbestimmt-lineare Zeitmaße hin ausgerichtet, indem erwartet oder der Anschein erweckt wird, als könne man den tatsächlichen Erholzeit*bedarf* präzise vorausberechnen, noch dazu in Intervallen von Zehntelminuten. Andererseits: betrachtet man die Vorgabezeiten etwa von REFA oder MTM, die mit Größenordnungen von weniger als einer Sekunde arbeiten, so erscheint die Erholzeitbemessung vergleichsweise großzügig und unpräzise.

Wenn nun schon eine genaue zeitliche Festlegung von Arbeitstätigkeiten in Sekundengröße dem Interesse einer zeitökonomisch-effizienten Produktion entspricht, so darf hieraus jedoch nicht abgeleitet werden, daß sich Erholung und Regeneration der physischen und psychischen Kräfte eines Menschen an dieselbe lineare Zeitstruktur anpassen. Wie wir gesehen haben, liegt der Circadianrhythmik ein höchst kompliziertes System von Zeitgebern und Oszillatoren zugrunde, denen nicht in terms linearer Zeiteinheiten und Zeitnormen entsprochen werden kann. Weiterhin unterliegen biologische Prozesse grundsätzlich einer anderen zeitlichen Logik, so daß nicht nur Meßprobleme bestehen, sondern eine Abstimmung zumindest in so engen Intervallen grundsätzlich nicht denkbar ist — vor allem wenn man mit dem Anspruch einer chronohygienischen Verbesserung an die Entwicklung solcher Erholzeitvorgabesysteme herangeht (vgl. Kap. III.2).

Problematisch ist weiterhin, daß der Anschein erhöhter Gerechtigkeit erweckt wird. Eine vermehrte Gerechtigkeit bei der Erholzeitzuteilung sowie ein erhöhter Schutz der Gesundheit können erst dann zum Tragen kommen, wenn die betroffenen Individuen selbst bei der Erholzeitermittlung mitwirken und ihre eigenen Belastungsschwerpunkte ausmachen, um hiernach ein Pausenregime zu entwickeln. Zu denken wäre daran, den seit einigen Jahren diskutierten Ansatz der Arbeitermedizin (vgl. hierzu Wintersberger 1981) auf eine selbstbestimmte Erholzeitermittlung hin zu konkretisieren. Hierzu wären einerseits von den Betroffenen selbst sowohl objektivierbare Quanta für die Erholzeiten zu finden, damit die Pausenregelung nicht zu einer unkontrollierbaren Beliebigkeit gerät; andererseits müßte in solchen Regelungen ein hohes Maß an Flexibilität hinsichtlich Dauer und Lage der Pausen gewahrt bleiben. Dies könnte die Kontrolle der Arbeiter über ihre Arbeitssituation erhöhen und insofern einen Beitrag zur gesundheitlichen Prävention leisten.

Im Rahmen des Programms zur Humanisierung der Arbeit sind in der Bundesrepublik Versuche unternommen worden, Arbeitssysteme so zu strukturieren, daß sie ohne Unterbrechung des Gesamtablaufs der Produktion flexible, der eigenen Leistungsfähigkeit und dem Biorhythmus angepaßte Erholzeiten gestatten. Im folgenden soll kurz auf solche Arbeitsstrukturen eingegangen werden.

3.3 Flexible Fertigungssysteme

In der letzten Zeit lassen sich verstärkt Flexibilisierungstendenzen im Produktionsprozeß feststellen. Dies resultiert sowohl aus dem Erfordernis, sensibler auf die Nachfragestruktur der Gütermärkte eingehen zu müssen, etwa durch erhöhte Typenvielfalt, wie auch aus einer flexiblen Personaleinsatzpolitik, die Leerzeiten während des Betriebsablaufs zu vermeiden sucht oder entsprechend den Auftragsbeständen Randbelegschaften auf- oder abbauen will. Dieser ökonomischen Flexibilisierungsnotwendigkeit entspricht der Aufbau variabler Fertigungseinrichtungen.

Die Flexibilisierungsbemühungen (vgl. hierzu auch Reger et al. 1980) legen es nahe, zu prüfen, inwieweit hiervon eine Verbesserung der chronohygienischen Bedingungen der Arbeit erwartet werden kann.

Obwohl flexible Fertigungssysteme wie das Fix-Vario-System gelegentlich unter humanisierungspolitischen Aspekten diskutiert werden, muß klar herausgestellt werden, daß die betriebswirtschaftlichen Aspekte der Effizienzsteigerung sowie der Rationalisierungseffekt bei der Einführung dieser Systeme eindeutig im Vordergrund stehen und verbesserte Möglichkeiten für Arbeitsbedingungen häufig nicht einmal Erwähnung finden (vgl. z. B. Steinmüller 1981). Der explizite Bezug gerade des im folgenden betrachteten Fix-Vario-Systems bei der Firma Siemens auf humanisierungspolitische Zielsetzungen ist Grund, es in unserem Zusammenhang exemplarisch zu untersuchen.

Flexible Fertigungssysteme werden verstärkt auch deshalb staatlich gefördert, um dem Ziel der „unmanned factory" in möglichst kurzer Zeit nahezukommen. Sie stehen im Zusammenhang mit der Entwicklung von Industrierobotern, deren Vorzug ebenfalls u. a. in der erhöhten Flexibilität und der vergrößerten Einsatzbreite gesehen wird, die bei Kleinserienproduktion und geringer Losgröße besonders rationell ist. Mit der Verfeinerung und Präzisierung der Prozeßsteuerung und -überwachung von Produktionsanlagen setzt sich voraussichtlich auch die „Produktion in Geisterschicht" durch: Während die eigentliche Produktion vollautomatisch abläuft, verbleiben der Arbeitskraft vor allem noch Wartungs- und Bestückungsfunktionen, die in periodischer Wiederkehr von einigen Stunden oder Tagen anfallen (vgl. Brankamp 1978). Durch diese technische Entwicklung entsteht objektiv ein erhebliches Flexibilisierungspotential, welches in unterschiedlicher Weise auf die Arbeitsplatz- und Arbeitszeitgestaltung wirken kann (vgl. hierzu auch Arge/HHS 1983).

Das Fix-Vario-System beruht betriebswirtschaftlich auf der Überlegung, daß weit mehr als die Hälfte aller Einzelteile und Baugruppen des Endproduktes gleich sind und daher auch ein ebensolcher Anteil der notwendigen Arbeiten identisch oder „fix" ist. Es gibt aber auch einen erheblichen Vario-Anteil: „Aufgaben, die nach Art, Umfang und Anforderung wechseln und in vielen Fällen an unterschiedlichen Arbeitsplätzen erledigt werden". Dabei werden drei Arten von Vario-Tätigkeiten unterschieden (Radicke et al. 1976). Folgende Ebenen, auf denen die Humanisierung ansetzen soll, werden von den Initiatoren des Systems herausgestellt:

— Eine *Arbeitsbereicherung* wird angstrebt durch die Möglichkeit einander ablösender Montage- und Prüfaufgaben, die von der gleichen Arbeitsperson bzw. innerhalb der gleichen Arbeitsgruppe ausgeführt werden. Zudem soll in begrenztem Ausmaß auch die Anlagenwartung und die Kontrolle der Einsatzbereitschaft der Vorrichtungen übernommen werden.
— Ein zentrales Element des Fix-Vario-Systems und vor allem auch entscheidend für die hier zur Diskussion stehende Frage nach einer der Leistungs-

kurve angepaßten oder anpaßbaren Arbeitsweise sind die *Puffer*. Auf der Pufferstrecke können sich die zu bearbeitenden Materialien — im Falle des Fix-Vario-Systems bei Siemens sind es Waschmaschinen — am Arbeitsplatz stauen und die Arbeit kann für mindestens 10 Minuten unterbrochen werden, ohne daß es zu einer Störung des Gesamtsystems kommt. Diese Einrichtung soll zu einer Minderung des Taktzwanges bzw. zu einer zusätzlichen Erweiterung des Dispositionsspielraumes der Gruppe führen. „Durch die Puffer werden auch individuelle Leistungsschwankungen ausgeglichen" (Radicke et al. 1976, S. 121).

— Neuerungen erfolgen auch hinsichtlich der *Pausenregelungen und Ruhezonen*. In unmittelbarer Nähe der Arbeitsplätze sind durch Stellwände Ruhezonen eingerichtet, deren Mobiliar von Betriebsräten und Mitarbeitern ausgewählt wurde. Zusätzlich zur Frühstücks- und Mittagspause stehen durch die aufgrund von Puffern erreichten Kürzestpausen drei bezahlte Kurzpausen von je 10 Minuten zur Verfügung. Damit tritt alle 80 Minuten eine mehr oder weniger kurze Pause ein.

Annähernd gleiche Vorteile werden dem parallel zu dem Fix-Vario-System eingerichteten Stufen-Montage-System unterstellt. Mit diesem Verfahren wird die Montage von Waschmaschinensteuerungen in eine Montage der Bauteile an Einzelarbeitsplätzen und eine Verkabelung der Geräte in Gruppenmontage aufgeteilt. Die Vorteile hinsichtlich der arbeitsstrukturellen Faktoren werden ähnlich wie beim Fix-Vario-System beschrieben. Sie betreffen u. a. die Möglichkeit eines kontinuierlichen Arbeitsangebots ohne unmittelbaren Erledigungszwang.

Betrachtet man diese zunächst vielversprechenden Ansätze jedoch in der Praxis, so stellt sich eine gewisse Ernüchterung ein. In einer Untersuchung, die Köther und Schmidt (1978) wenige Jahre nach der Einführung des Systems durchführten, stellte sich heraus, daß nur ein Bruchteil der angestrebten Verbesserungen für die Arbeitspersonen erreicht werden konnte. Ein grundlegendes Hindernis sehen Köther/Schmidt darin, daß die realisierten Vorteile des Fix-Vario-Systems und ähnlicher Produktionssysteme vorrangig im betriebswirtschaftlichen Bereich lagen, während die humanisierungspolitischen Intentionen aus verschiedenen Gründen weit hinter den Erwartungen zurückblieben.

Der Rationalisierungserfolg der Anlage wird von Wechselberger, einem Siemens-Mitarbeiter, der mit der Einführung und Umsetzung des Fix-Vario-Systems betraut war, nicht bestritten. Hervorgehoben werden vor allem die Verringerung des Lagerbestandes und der damit verbundenen Lagerkosten (Köther/Schmidt, S. 127), ein Mehrausstoß von ca. 25% pro Schicht ohne proportionale Steigerung des Personaleinsatzes (S. 128), Verminderung von ganzen Systemstillständen bei Ausfall von Teilsystemen durch die Einrichtung der Puffer sowie eine bessere Kontrolle der Arbeitsqualität durch die Zuweisungsmöglichkeit von Fehlern zu einer Arbeitsgruppe u. a. m.

Was nun den Humanisierungsanspruch betrifft, sei zwar, so Köther/Schmidt, eine „erweiterte Arbeitsplatzkompetenz" im Gegensatz zur traditionellen Fließbandarbeit feststellbar. Sie reiche jedoch nicht so weit, daß von „wechselnder körperlicher und geistiger Tätigkeit" gesprochen werden könne (S. 137). Auch die Gruppenarbeit, die für die Erweiterung von Handlungs- und Dispositionsspielräumen von großer Bedeutung ist, führt unter den gegebenen Bedingungen nur zu einer sehr geringen Veränderung des Arbeitsverhaltens.

Vor allem durch die Entlohnung der im Systembereich tätigen Arbeiter im Gruppenakkord würden verschiedene Humanisierungsziele ins Gegenteil verkehrt, wie etwa das Ziel „gegenseitige Hilfe", denn häufig sähen sich leistungsfähigere Arbeiter gezwungen, ihre Leistungen zu intensivieren, um leistungsschwächeren Kollegen/innen zu helfen (vgl. S. 138). Auch die selbständige Aufgabenverteilung kann nicht darüber hinwegtäuschen, daß, allerdings bei Rotation der Aufgaben, die Taktzeiten meist nicht viel mehr als zwei bis drei Minuten betragen. Die Rotationsmöglichkeit wird oft nicht wahrgenommen, weil, um den Gruppenakkord nicht zu gefährden, jede Arbeitskraft sich an die Tätigkeit klammert, die ihr anfänglich laut Arbeitsplan zugewiesen wurde. Denn nur „soweit die Mitarbeiter den Vorrang bestimmter Tätigkeiten einhalten und den Montageplan nicht gefährden, können sie vom Plan abweichend innerhalb der Gruppe Tätigkeiten austauschen" (S. 139).

Die Einführung von Kurzpausen wird von Köther/Schmidt im Zusammenhang mit der von uns oben bereits behandelten täglichen Leistungskurve und der Erholzeitvergabe problematisiert. Es gehe hierbei vor allem darum, Ermüdungsspitzen „abzuschneiden" und damit das Anwachsen der Ermüdung über ein gewisses Maß hinaus zu verhindern (S. 130). Kurzpausen dienen also primär der Erhöhung des Wirkungsgrades der Arbeitskraft. Durch rationelle Gestaltung des Arbeitstages kann — wie etwa bei Graf (1930) nachzulesen — auch bei hohem Pensum eine übermäßige Belastung durch frühzeitige Ermüdung verhindert werden.

Dennoch, so ergaben Gespräche mit verantwortlichen Vertretern des Bereichs Arbeitswirtschaft von Siemens, wird in der Praxis diese chronohygienisch vernünftige Arbeitseinteilung von seiten der Beschäftigten zumeist nicht genutzt. Die potentiell möglichen Kurzpausen würden weitgehend nicht eingehalten, statt dessen würde die Möglichkeit der eigenverantwortlichen Pausengestaltung sehr häufig dazu verwendet, „um früher Feierabend zu machen und die letzte halbe Stunde dazu benutzt, im Pausenraum Skat zu spielen" (Siemensvertreter).

So lassen sich, was die Möglichkeit einer der Leistungsfähigkeit und dem Biorhythmus des Arbeitnehmers angemessenen zeitlichen Strukturierung der Arbeit angeht, nur verhältnismäßig wenig Fortschritte erkennen. Nach wie vor treten Formen der Hetzarbeit auf sowie die Notwendigkeit auf seiten der Arbeitsperson, biologische Leistungstiefs durch Willensanstrengung zum gesundheitlichen Nachteil zu überformen. Anders jedoch als bei der Fließbandarbeit ist die

Ursache für die nur geringen Humanisierungsfortschritte nicht mehr allein in der technischen Anlage selbst zu suchen, es ist nicht mehr der Zwangstakt der Maschine, der die Belastung hervorruft. Daß sich die Zeitstruktur des Produktionsprozesses durch den Einsatz neuer Produktionssysteme nicht wesentlich verändert hat, scheint auf zweierlei zurückführbar: auf die *ökonomischen Rahmenbedingungen* der Arbeitstätigkeit und auf die *sozial- und psychostrukturellen Voraussetzungen* der Arbeit.

Was die ökonomischen Rahmenbedingungen der konkreten Arbeitstätigkeit angeht, so sind vor allem

— das Entlohnungssystem wie auch die Arbeitsmarktlage und die hiermit verbundenen personalpolitischen Selektionsprozesse des Unternehmens zu nennen. Wenn auch zum Zeitpunkt der Untersuchung von Köther/Schmidt und der eigenen Anschauung im Jahre 1978 die Beschäftigungslage vergleichsweise günstig war, so müssen doch eine ganze Reihe von Angstmechanismen wie auch Aufstiegsbestrebungen in übergeordnete Tätigkeiten oder höhere Lohngruppen berücksichtigt werden, die das Arbeits- und Leistungsverhalten der Arbeitnehmer wesentlich beeinflussen. Zudem neigen Arbeitsgruppen oder Akkordkolonnen erfahrungsgemäß dazu, leistungsschwächere Mitglieder auf lange Sicht abzusondern und auszustoßen. Die zeitliche Struktur des Arbeitsprozesses bleibt damit durch die althergebrachten Leistungsziele bestimmt.

— Weiterhin haben sich die zeitökonomischen Imperative der Produktion auch im Fix-Vario-System erwartungsgemäß nicht verändert. Zu dem Leistungsverhalten des Arbeitnehmers tritt die Notwendigkeit für das Unternehmen hinzu, auf die nach zeitökonomischen Kriterien regulierten Marktgesetze zu reagieren. Diese Marktgesetze werden durch eine alternative Strukturierung des (inner-)betrieblichen Arbeitsprozesses bekanntlich nicht außer Kraft gesetzt.

— Das Fix-Vario-System erinnert damit an die Idee der Arbeitsuhr, insofern es die absolute Größe des Arbeitspensums, wie etwa die geforderte Stückzahl, weitgehend unhinterfragt läßt und sich mehr auf die „Verteilungsfrage", d. h. auf die Verteilung der Zeit während der Dauer des Arbeitstages, konzentriert, nicht jedoch auf die Strukturierung der Zeit durch die geforderte Arbeitsintensität.

Nicht allein die Lohnformen und die ökonomischen Rahmenbedingungen der Arbeit bestimmen den Umgang mit den durch das technische System eröffneten Handlungsspielräumen, sondern auch die *Arbeitssozialisation,* der erlernte Umgang mit den Arbeitsbedingungen und ihren Folgewirkungen und somit auch den Zeitzwängen der Arbeit.

Ein Set von Verhaltensregeln gegenüber den Arbeitsanforderungen wird von Generation zu Generation von der Arbeitnehmerschaft, jedenfalls was zentrale Elemente betrifft, weitergegeben. Methoden der Arbeitszurückhaltung oder des

Umgangs mit Monotonie und unmenschlichen Arbeitsbedingungen werden durch die Einführung neuer Arbeitssysteme teilweise in Frage gestellt und müssen erneut auf ihre Berechtigung hin überprüft werden. Es ist zu erwarten, daß ein Teil der tradierten Verhaltensnormen auch bei Einführung neuer Arbeitssysteme nicht weiter auf ihre Angemessenheit hin überprüft wird, sondern alte Verhaltensweisen beibehalten werden. Darin liegt, neben gewissen Irrationalitäten, ein durchaus rationaler Kern, da „das Neue" an solchen Arbeitssystemen häufig eher als Vorstellung oder Ideologie auf seiten des Managements existiert, als daß sich für die abhängig Beschäftigten tatsächlich die Arbeitssituation veränderte.

Es bleibt ferner zu berücksichtigen, daß in einer Arbeitswelt, in der solche humanisierungspolitischen Ansätze eine Seltenheit darstellen, das Arbeitsverhalten auch deshalb relativ unverändert bleibt, weil bei den Arbeitnehmern durchaus das Bewußtsein vorhanden ist, daß es sich nicht lohnt, sich speziell auf *dieses* neue Fertigungssystem und seine potentiellen Veränderungen im Arbeitsverhalten einzustellen: bei einem Austritt aus der Firma ist ohnehin wieder mit den traditionellen Arbeitssystemen zu rechnen.

3.4 Variable Arbeitszeiten

Aus arbeitsphysiologischer Sicht hat sich u. a. Hilderbrandt (1973) mit der Frage beschäftigt, ob durch variable Arbeitszeitregelungen eine verbesserte Anpassung an die Tagesrhythmik möglich ist.

Hildebrandt stellt zunächst den bereits oben dargelegten Zusammenhang von Circadianperiodik und Leistungsschwankungen heraus. Die Möglichkeiten, bei starrer Arbeitszeit die Leistungsanforderungen an die Tagesrhythmik anzupassen, beurteilt er skeptisch: Zwar sei die Anpassung der Bandgeschwindigkeit mit Hilfe von Variatoren eine diskutierbare Möglichkeit, und die erfolgreiche Praktizierung solcher Arbeitssysteme in der Textil- und Automobilindustrie weise darauf hin. Auch könne man in nicht getakteten Arbeitsabläufen die Grafsche Arbeitsuhr sicher anwenden, wirtschaftlich biete sie ebenso eine sehr gute Lösung; der Einsatz der Arbeitsuhr in der Praxis sei aber schwerer realisierbar als der der Variatoren (Hildebrandt 1973, S. 50). Diskutiert wird ferner eine Anpassung der Arbeitsleistung an die Leistungskruve durch ein weiter ausgearbeitetes, differenziertes Pausenregime.

Der Nutzen dieser Anpassungsmöglichkeiten werde jedoch dadurch eingeschränkt, daß sich alle Maßnahmen im Rahmen einer vorgegebenen, für alle Personen gleichen Arbeitszeitregelung bewegten. Die unterschiedlichen Ausgangsleistungsbereitschaftsniveaus zu Arbeitsbeginn könnten damit nicht berücksichtigt werden, denn es müsse von einem individuell verschiedenen Verlauf der Tagesrhythmik ausgegangen werden.

Im Unterschied etwa zur Idee der Arbeitsuhr, die explizit die *individuellen* Unterschiede im Leistungsverhalten *nicht* zum Ausgangspunkt nimmt, intendiert Hildebrandt eine optimale Abstimmung gerade mit der *individuellen* Leistungskurve.

Gemeinsam bleibt beiden Ansätzen jedoch eine andere Zielsetzung bzw. ein anderer Ausgangspunkt: Vom Arbeitgeber werden während einer bestimmten, z. B. achtstündigen, Arbeitszeit aufgrund der Leistungsdifferenzen im Tagesverlauf eine Reihe von Zeitanteilen entlohnt, die leistungsmäßig betrachtet suboptimal sind. Entscheidend ist hierbei, daß dieser Leistungsabfall nachgewiesenermaßen nicht nur durch psychische oder motivationale Faktoren bedingt ist, sondern durch biologische, die nur schwer manipulierbar sind oder deren Manipulation nur kurzfristige Erfolge zeitigen würde, da langfristig eine auch für den Arbeitgeber nicht profitable übermäßige Vernutzung der Arbeitskraft zu befürchten wäre.

Humanisierung und Wirtschaftlichkeit sollen im Konzept Hildebrandts wiederum miteinander verbunden werden:

„Auch ist man verstärkt darum bemüht, den Menschen im Betrieb mehr als Individuum zu sehen und zu achten als bisher. Dies zeigt sich in der Übertragung von mehr Verantwortung für den Arbeitsablauf sowie in Gewährung von mehr Mitbestimmung am Arbeitsplatz. Aus der Sicht des Unternehmens wird es aus Wirtschaftlichkeitsgründen immer notwendiger, noch vorhandene Rationalisierungsreserven aufzudecken und nutzbar zu machen. Unter diesem Aspekt ist in der vorliegenden Arbeit untersucht worden, ob durch eine variable Arbeitszeitregelung die menschliche Tagesrhythmik, zum Nutzen des Menschen wie auch des Unternehmens, bessere Berücksichtigung finden kann als bei einer fixen Arbeitszeitregelung“ (S. 168).

Anhand einer Modellbetrachtung versucht Hildebrandt zu zeigen, daß durch eine Verschiebung von Arbeitsbeginn, Mittagspause und Arbeitsende sich das „Angebot an Leistungsbereitschaft“ verbessert, ohne daß die Arbeitsstundenzahl geändert wird.

Hildebrandt verglich in seiner Untersuchung mit Hilfe des Pauli-Tests, bei dem die tagesrhythmischen Leistungsschwankungen anhand der Fähigkeit, mit Zahlen umzugehen, festgestellt werden, die Arbeitsleistung von 16 Versuchspersonen im Bürobereich über jeweils einige Wochen einmal unter den Bedingungen fixer, ein anderes Mal unter denen variabler Arbeitszeiten. Dabei traten zwar deutliche Schwankungen in der Leistungsbereitschaft bei allen Versuchspersonen auf, die Extrema der Kurven bei den einzelnen Personen stellten sich jedoch nicht immer zu den gleichen Tageszeiten ein, und andererseits hatten bei verschiedenen Personen die Tageskurven einen gleichen Verlauf (vgl. S. 125). Ein Vergleich der Leistungskurve bei fixer gegenüber variabler Arbeitszeit ergibt bei letzterer eine Verschiebung der Maxima hin zu früheren Zeitpunkten; außerdem hat die Anzahl der Tageskurven mit ausgeglichener Leistungsbereitschaft sich vergrößert. Die Gründe für die Wahl eines bestimmten Arbeitsbeginns bzw.

-endes liegen jedoch weniger in einer Anpassung der Versuchspersonen an die individuelle Leistungsbereitschaft, sondern, nach deren Auskunft, in der Anpassung an soziale Rhythmen, etwa an die Arbeitszeit des Ehepartners, an Mitfahrgelegenheiten von und zur Arbeit, an günstige Verkehrsverbindungen oder an die Mittagspause von Ehepartner oder Bekannten (S. 159).

Nach Auffassung Hildebrandts hat sich bei dem Vergleich der Leistungsbereitschaften bei fixer und variabler Arbeitszeit

„gezeigt, daß bei einem längeren Beobachtungszeitraum die Arbeitszeit bei einer variabel gestalteten Arbeitszeitregelung eine höhere Leistungsbereitschaft der einzelnen Personen aufweist als bei einer fixen Arbeitszeitregelung. Nur eine individuell gestaltbare Arbeitszeitregelung kann die Möglichkeit bieten, inter- und intraindividuelle Schwankungen der menschlichen Tagesrhythmik auszugleichen" (S. 167).

Aus der Sicht der beteiligten Versuchspersonen hat sich durch die gleitende Arbeitszeit die Arbeitssituation durchweg verbessert. So seien durch den größeren Dispositionsspielraum und durch die größere Achtung als Individuum in Verbindung mit mehr zugebilligter Verantwortung für den Arbeitsplatz und den Arbeitsablauf die Freude an der Arbeit gestiegen und psychische Belastungen, wie sie durch Pünktlichkeitskontrollen hervorgerufen werden, entfallen. Hildebrandt sieht hierin neben der verbesserten Anpassung an die Tagesrhythmik eine entscheidende Ursache für die Erhöhung der Leistungsbereitschaft.

In der Studie wird bei variabler Arbeitszeit ein Zuwachs der Leistungsbereitschaft von 17% gegenüber der fixen Arbeitszeit konstatiert, wobei allerdings einige Prozentpunkte durch den Übungseffekt bei der Durchführung des Pauli-Tests abzuziehen seien. Die Anpassung der Leistung an die Tageskurve bringe sowohl dem Arbeitnehmer Vorteile, nämlich zusätzliche Handlungsspielräume bei der Verknüpfung von Arbeitszeit und arbeitsfreier Zeit, wie auch dem Arbeitgeber in Form einer potentiellen Verbesserung der Arbeitsproduktivität. Anzumerken ist jedoch, daß in dem Versuch von Hildebrandt nur Aussagen über die Leistungs*fähigkeit,* nicht über die Leistungswilligkeit und damit über die effektive Leistungssteigerung getroffen werden können. Man kann allerdings vermuten, daß über die Reduzierung von Konflikten und damit einer Verbesserung des Betriebsklimas die Arbeitswilligkeit insgesamt ansteigt, so daß auch nach Abzug aller Störvariablen per saldo ein Zuwachs an Leistung wahrscheinlich ist (vgl. zu weiteren Vor- und Nachteilen der variablen Arbeitszeit für die Arbeitnehmer und die Arbeitgeber Hildebrandt 1973, S. 80 ff.).

3.5 Anpassung an die Leistungskurve?

Im folgenden sollen die oben exemplarisch dargestellten Ansätze einer den biorhythmischen Erfordernissen angepaßten Arbeitsorganisation bzw. Produktionstechnologie noch einmal zusammenfassend bewertet werden. Die Problemstellung lautete, ob angesichts der offensichtlichen Gegensätzlichkeit von biologischer Rhythmizität und linearer Zeit Arbeitsstrukturen denkbar wären, die hier vermittelnd wirken und so bestimmte zeitlich bedingte Belastungskonfigurationen abzubauen in der Lage sind.

Zweifellos bieten alle vier dargestellten Ansätze einen Fortschritt darin, daß sie, obwohl oder gerade da sie bewußt der Tradition der „harten" Arbeitswissenschaften verpflichtet sind, die Anpassung der Biorhythmik an die industriellen Zeitnormen als relevant für das Leistungsverhalten der Arbeitsperson und deren langfristige Gesundheitssicherung erachten.

Zweitens ist weiterhin positiv zu bewerten, daß hier über die reine Feststellung hinaus, *daß* Biorhythmen Einflüsse auf das Leistungsverhalten des Menschen haben, versucht wird, die Arbeitsbedingungen diesen Erkenntnissen anzupassen und zudem, wie etwa im Falle der Pausenregelungen, ein höheres Maß an Gerechtigkeit und eine präzisere Bestimmung der Arbeitsleistung anzustreben. Drittens muß konstatiert werden, daß innerhalb gewisser Bandbreiten und unter bestimmten Aspekten alle vorgestellten Ansätze, die biorhythmische Pausenregelung ebenso wie die variable Arbeitszeit, die Puffer innerhalb des Fix-Vario-Systems ebenso wie die Reduzierung einer bestimmten Art von Hetzarbeit, im Rahmen der sonst üblichen Arbeitssysteme, die Leistungsschwankungen generell weitestmöglich unterschlagen möchten, einen Fortschritt darstellen.

Andererseits müssen die Ansätze zu biorhythmisch orientierten Produktionsverfahren auch als der humane Teil der wissenschaftlichen Arbeitsorganisation verstanden werden, die bemüht ist, den industriellen Produktionsprozeß möglichst in seiner Gesamtheit unter die Kontrolle des Managements zu bringen. Aus der Reduktion und Ausschaltung von unkontrollierten Freiräumen, wie sie noch in nicht wissenschaftlich durchstrukturierten Arbeitsprozessen vorzufinden sind, entsteht erst die Erkenntnis, daß Leistungskurven bezogen auf die Arbeitsanforderungen und die Lohnformen überhaupt berücksichtigenswerte Größen sind. Die „natürlichen" zeitlichen Freiräume verwandeln sich mit der Verwissenschaftlichung der Arbeit in synthetische Gebilde, bedürfen dann der wissenschaftlichen Legitimation.

Wie gezeigt werden konnte, führen jedoch alle dargestellten Ansätze im Effekt nicht oder nur in sehr marginaler Form zu einer selbstbestimmteren Arbeitsweise, im Gegenteil: Zwar entstehen auf der Mikro-Ebene neue Dispositionsmöglichkeiten, gleichzeitig aber werden die äußeren Rahmenbedingungen verstärkt kontrolliert und vor allem das *absolute* Leistungsniveau unangreifbar gemacht.

Ein Leistungsabfall gerät der Arbeitsperson angesichts solcher Systeme aufgrund des scheinbar größeren Dispositionsspielraums mehr denn je zum *individuellen* Versagen. Der Systemcharakter der Leistungsanforderung macht die Normsetzungen des Managements nahezu undurchschaubar.

Individuelle Schlupfwinkel und Strategien der Arbeitszurückhaltung, etwa bei gelegentlichen Leistungstiefs, bei Krankheit, bei Depressionen u. ä., werden strukturell unmöglich. Die Beurteilung der Gesamtleistung des Arbeitnehmers in einzelnen Phasen und im Durchschnitt wird hierdurch erleichtert. Die Flexibilität im Kleinen hat die Kontrolle im Großen zur Voraussetzung, und diese wiederum wird zunehmend besser ermöglicht durch die Entwicklung der Elektronik, die differenziertere Meßsysteme zur Anwesenheitskontrolle und zur Beurteilung von Leistungen bereitstellt. Einer möglichen Kontrolle unterliegen somit nicht nur die Grenzen des Handlungsspielraums, sondern auch jede konkrete Entscheidung des Arbeitnehmers, die Aufschlüsse über seine Leistungsfähigkeit und -willigkeit zuläßt.

Fragt man danach, welche Bedeutung diesen biorhythmisch angepaßten Systemen für den gesamtgesellschaftlichen Zeithaushalt und im Hinblick auf humanisierungspolitische Zielsetzungen zukommen kann sowie welchen Einfluß dies auf die Struktur der gesellschaftlichen Zeitordnung hat, so läßt sich eine eindeutige Antwort nur schwer geben.

Eindeutig scheint zumindest die eine Tendenz zu sein, die sich in der groben Formel zusammenfassen läßt, daß, je mehr man die Zeit bewirtschaftet, sie um so knapper und damit um so wertvoller wird. Die Existenz von qualitativ neuen Pausenregelungen und vergrößerten Flexibilisierungsräumen darf nicht als eine Rückkehr zu primitiveren Zeitstrukturen innerhalb höher entwickelter Zeitstrukturen gesehen werden. Dies mag im günstigen Falle vom Individuum so wahrgenommen werden; jedoch indiziert eine so differenzierte Pausenregelung wie etwa bei Köck gerade den absolut hohen Wert der nicht ökonomisch genutzten Zeit. Der arbeitswissenschaftlichen, tayloristischen Berechnung von Handgriffen in Sekundenbruchteilen entspricht die möglichst präzisierte und optimierte Berechnung von Erholungswerten.

Die Schwierigkeit der Anpassung von Arbeitsstrukturen an die Biorhythmik des Menschen liegt nur bedingt in der Logik der Technologie der Arbeitsinstrumente, sondern ist vorwiegend in der zeitwirtschaftlichen Organisiertheit der industriellen Arbeit zu suchen. Die diesen Ökonomien innewohnende Tendenz zur infinitesimalen Verwendungslogik der Zeit hat zur Folge, daß durch Steigerung der Produktivität „gewonnene" Zeit nicht gleichsam als Konsumgut betrachtet und dem gesellschaftlichen Wohlstand in Form von „betrieblichem Zeitwohlstand" zugeschlagen wird, sondern daß der Zeitgewinn reinvestiert wird. Dies bedeutet für flexible Fertigungssysteme, daß die durch die Technik grundsätzlich geschaffene Möglichkeit einer organischen Arbeitsweise eben nicht genutzt wird oder nur insofern, als sie dem Ziel der Steigerung der Arbeitsproduktivität nicht zuwiderläuft.

IV. Zeitordnung, Zeitnormen und Arbeitszeit als Belastungsfaktor

1. Äußere zeitliche Rahmenbedingungen des industriellen Alltags

Der industrielle Alltag stellt sich dem Individuum in vieler Hinsicht als ein engmaschiges Geflecht zeitlicher Anforderungsstrukturen dar. Die Bauweise dieser Netze (vgl. auch Moore 1968) detailliert darzustellen, würde eine eigene Untersuchung erfordern; wir beschränken uns daher auf die Beschreibung einiger weniger hervorstechender Restriktionen.

Die Funktion dieser Netze ist doppeldeutig: Auf der einen Seite stellen Anforderungen an zeitlich fixiertes Handeln eine *Einschränkung des Handlungsspielraumes* dar, sie schließen in der Regel strukturell andere Tätigkeiten zur gleichen Zeit aus und reduzieren damit die Handlungskomplexität des Individuums bzw. einer sozialen Gruppe. Auf der anderen Seite bietet das enge Geflecht zeitlicher Anforderungen auch eine *Entlastung von Entscheidungsnotwendigkeiten.*

Die Routinisierung von Handlungen und Abläufen kann damit nicht als eindeutig belastend charakterisiert werden, sondern setzt im Gegenteil schon allein durch die Reduktion von Entscheidungsunsicherheit und Informationszeit ihrerseits wieder Zeit frei für andere Aktivitäten. Die in agrarischen Gesellschaften herrschenden *naturbedingten Zeitzwänge,* verursacht etwa durch den Hell-Dunkel-Rhythmus, durch Wettereinflüsse oder durch die Rhythmizitäten der agrarischen Produktion (Füttern, Melken), die ebenfalls zu einer relativ starken Außenbestimmtheit der Tagesabläufe beitrugen, werden in Gesellschaften mit industrieller Produktionsweise ersetzt durch *sozial bedingte zeitliche Raster* und Anforderungsstrukturen. Diese haben jedoch im Unterschied zu den natürlichen insofern einen anderen Charakter, als sie nicht einfach hingenommen werden müssen, sondern sich in einem stetigen Prozeß der Infragestellung und der potentiellen Veränderung befinden (oder befinden sollten). Sie sind also, ebenso wie zeitliche Anforderungen im Arbeitsbereich, prinzipiell politisch gestaltbar.

1.1 Öffnungszeiten

1.1.1 Einzelhandel

Als Rahmenbedingung für die materielle Reproduktion sind für das Zeitbudget außerhalb der Arbeitstätigkeit zunächst die Öffnungszeiten von Geschäften im Dienstleistungs- und Konsumgüterbereich zu beachten. Dies vor allem darum, weil mit der im Laufe der letzten Jahrzehnte gewachsenen Vergabe von traditionellen Haushaltsfunktionen an kommerzielle oder öffentliche Dienstleistungsunternehmen bzw. durch Kaufen von Waren, wie etwa auch durch die gestiegene

Wegwerf-Mentalität, die Abhängigkeit der Familienhaushalte von den Anbietern solcher Güter und Leistungen stark gewachsen ist.

Im Einzelhandel ist ein Trend zur Sortimentserweiterung und Zentralisierung dahingehend festzustellen, daß Supermärkte und Kaufhäuser eine breite Palette von Artikeln auf engem Raum und unter einheitlichem Label anbieten, so daß für den Konsumenten zeitraubende Gänge von einem Spezialgeschäft zum anderen entfallen. Gleichzeitig hat sich jedoch in den vergangenen Jahrzehnten das Angebot an Waren enorm vergrößert, so daß wiederum ein höherer Zeitverbrauch für Entscheidungs-, Informations- und Suchkosten entsteht.

Die (zeitsparende) Zielgerichtetheit des Einkaufs wird durch Marketingstrategien des Einzelhandels permanent unterbrochen durch Angebote, die im Kalkül des Konsumenten zunächst nicht eingeplant waren, aber seine Aufmerksamkeit erregen. Insbesondere bei den unteren Einkommensgruppen muß das Warenangebot ins Verhältnis zu dem zur Verfügung stehenden Einkommen gesetzt werden, was ebenfalls zeitverbrauchende Entscheidungsunsicherheit hervorruft.

Einen gegenläufigen Trend zur Konzentrierung des Warenangebots stellt die Verbreitung von Spezialgeschäften dar, z. B. für Getränke, Textilien, Schallplatten, alternative Ernährung u. a. Während also die basale Versorgung — abgesehen von den auftretenden Problemen der Entscheidungsfindung — ansonsten zeitökonomisch gesehen vergleichsweise gut gelöst ist, verbraucht das Aufsuchen von Spezialgeschäften vor allem auch aus räumlichen Gründen, da diese häufig nur in bestimmten Zentren anzutreffen sind, sehr viel Zeit.

Will man bestimmen, inwiefern und in welchem Umfang die Öffnungszeiten von Geschäften eine Restriktion für die Entfaltung und die Chancengleichheit der Individuen darstellt, so kann dies nicht ohne den Bezug zur sozialen Stellung des Konsumenten sowie zu seiner Arbeitswelt geschehen. Zwar scheinen auf den ersten Blick gegenüber der Gleichheit der Zugangschancen zu den kommerziellen Anbietern alle Beteiligten gleich, die unterschiedliche soziale Lage produziert jedoch auch hier Ungleichheiten und Ungerechtigkeiten.

Insbesondere für höhere Einkommens- und Qualifikationsgruppen stellt der Zeitverbrauch für das Aufsuchen spezieller Einzelhandelsgeschäfte zwar auch einen Zeitverlust dar, jedoch wirkt dieser in doppelter Hinsicht sozial differenzierend: Denn sowohl die in den Spezialläden angebotenen exklusiven Gebrauchsgegenstände oder Nahrungsmittel wie auch der zeitliche Aufwand, der nötig ist, um die Gegenstände zu erwerben, diskriminieren positiv diese Gruppe von anderen, die sich auf das basale Konsumangebot in Kaufhäusern und Supermärkten beschränken. Schon immer bestand der Luxus oberer Schichten der Gesellschaft nicht nur in ihrer Überlegenheit bezüglich des verausgabbaren Geldes, sondern auch in der gleichzeitigen überlegenen Verfügung über verausgabbare Zeit. Ein hoher Zeitaufwand für den Erwerb eines vergleichsweise unbedeutenden Gebrauchsgegenstandes entspricht einem hohen pekuniären Aufwand für Gegenstände, deren Gebrauchswert nur für wenige einsichtig ist, und der dann etwa im Begriff des „Liebhaberpreises" sozial integriert wird.

Die Struktur der Warenangebote läßt also einen erheblichen Entscheidungsspielraum offen, der in den Zeitbudgets zu sehr unterschiedlichen Zeitanteilen hinsichtlich der „Zeit für Einkaufen" führt.

Es ist zunächst erstaunlich, daß, abgesehen vom quantitativen Umfang der Ausgaben, Unterschicht und Oberschicht bezüglich der aufgewandten Informationszeit für den Kauf einer Ware ein ähnliches Verhalten an den Tag legen. Es sind vor allem die Mittelschichten, die sich am Leitbild des rationalen Konsumenten orientieren, der den Nutzen seines knappen Einkommens dadurch optimiert, daß er vor dem Kauf die Preise verschiedener Waren miteinander vergleicht (vgl. hierzu Behrens 1978). Bei unteren und oberen Einkommensgruppen ist, wenn auch aufgrund unterschiedlicher Motivlagen, der zeitliche Aufwand für den Warenkauf geringer — wenn dies auch nicht bedeutet, daß etwa der Aufenthalt in Geschäftsvierteln oder die Beschäftigung mit der Warenwelt als solcher geringer ist. Nur der Zeitaufwand für die rationale Entscheidungsfindung bleibt vergleichsweise klein.

Dies ist als Problem der Verbraucherforschung und -politik schon seit längerem erkannt worden; verschiedene praktische und theoretische Ansätze zielen daher darauf ab, insbesondere die sozial Schwächeren darauf hinzuweisen, daß auch mit geringerem Einkommen ein höherer Lebensstandard erzielt werden kann, wenn alle Verbraucherinformationen genutzt würden, so daß nach Auffassung einiger Verbraucherexperten die bei diesen Gruppen in der Regel bessere Ausstattung mit Zeit die einkommensmäßige Unterprivilegierung teilweise kompensieren könne (vgl. zum Informationsverhalten z. B. Fischer-Winkelmann 1977 sowie zu medienvermittelten Verbraucherinformationen v. Stachelsky 1981).

Die Einführung von gesetzlichen Ladenschlußzeiten stellt in vieler Hinsicht einen großen sozialen Fortschritt dar. Aus der Sicht des Konsumenten bieten sie die Möglichkeit, durch die Gleichheit der Ladenöffnungszeiten Unsicherheiten in der Zeitplanung zu eliminieren und dadurch Wartezeiten oder die Überschneidung von Terminen sowie Versorgungslücken im Haushalt weitgehend auszuschließen. Mit festen Ladenschlußzeiten tritt also eine erhebliche Entlastung für den privaten Haushalt und sein Versorgungshandeln ein.

Für die im Einzelhandel beschäftigten Personen bedeuten feste Ladenschlußzeiten zum einen, wie im Bereich der gewerblichen Produktion, der Willkür des Arbeitgebers hinsichtlich der zeitlichen Gestaltung der Arbeit nicht ausgesetzt zu sein. Zum anderen werden, was die Lage der Arbeitszeit betrifft, sozial unverträgliche oder risikoreiche Arbeitszeiten erheblich minimiert und der Schichtbetrieb auf ein erträgliches Maß reduziert. Aus arbeits- und sozialpolitischer Sicht kann die Einführung fester Ladenschlußzeiten daher als Errungenschaft betrachtet werden.

Jedoch stellen feste Öffnungszeiten ein Hindernis für die Befriedigung spontaner Bedürfnisse dar, vor allem auch ein strukturelles Hindernis bei der Grundversorgung der Familienhaushalte, in denen beide Ehepartner berufstätig sind und aufgrund der Anfahrtswege, der Lage der Arbeitszeit u. ä. nur mit Mühe die notwendigen Einkäufe tätigen können. Das Flexibilisierungsbedürfnis der Familienhaushalte ist hinsichtlich der Ladenöffnungszeiten insbesondere darum zunehmend ernstzunehmen, weil in der hocharbeitsteiligen Gesellschaft, anders als beispielsweise im selbstversorgenden Bauernhof, die Angewiesenheit auf Güter, Produzenten und Dienstleistungsbetriebe sehr groß ist und mit der weiteren Vergabe von Haushaltstätigkeiten an Dienstleistungsbetriebe noch weiter anwächst.

Zunächst jedoch zu einigen empirischen Befunden. In einer 1976 durchgeführten Repräsentativerhebung von fast 2.000 Haushalten antworteten auf die Frage, ob sie verlängerte Ladenöffnungszeiten ausnutzen würden, immerhin 43,3 Prozent der Bevölkerung (über 16 Jahre) mit Ja. 48,4 Prozent glaubten, die verlängerte Einkaufszeit wahrscheinlich nicht auszunutzen, 8,3 Prozent waren unentschieden (vgl. bei Gschwendtner et al. 1976, S. 74). Die Mehrzahl derer, die für längere Ladenöffnungszeiten plädierten, gab an, diese Möglichkeit dazu nutzen zu wollen, sich in mehr Geschäften als bisher umzusehen und Angebote und Preise zu vergleichen. Viele würden sich aber auch „mehr Zeit nehmen, um die ausgestellten Waren anzusehen, würden mehr Sonderangebote kaufen und öfter Geschäfte aufsuchen, die weiter entfernt sind“. Demgegenüber gibt ein nur verhältnismäßig kleiner Teil der befragten Befürworter verlängerter Ladenschlußzeiten an, dann wahrscheinlich häufiger in die Stadt zu fahren, mehr Geld auszugeben und „sich mehr zum Anziehen“ zu kaufen (Mehrfachnennungen; bei Gschwendtner et al. 1976, S. 74).

Interessanterweise wird nach dieser Untersuchung von etwa einem Fünftel der Befragten vermutet, daß sie bei verlängerten Öffnungszeiten ihren Konsum erhöhen würden (vgl. S. 76 ff., 89). Insbesondere sind es dieser Untersuchung zufolge Junge, Ledige, Berufstätige und Dörfler, die bereit sind, ihre Konsumquote zu erhöhen. Die „Expositionsdauer“ gegenüber dem Warenangebot scheint also in gewissen Grenzen das Zeit- und Geldbudget bestimmter Gruppen erheblich zu tangieren: je länger die Personen sich in Räumen aufhalten, in denen Waren angeboten werden, desto höher ist die Wahrscheinlichkeit, daß zusätzliche ungeplante Käufe getätigt werden. Jedoch scheint für die Mehrzahl der Familienhaushalte, so kann man indirekt folgern, die verlängerte Einkaufszeit der Verbesserung ihrer Informations- und Entscheidungsbasis zu dienen und damit dem erhöhten Zeiteinsatz für den Einkauf, mit der Intention der Entlastung des Geld-Budgets.

Die Befragung der Konsumenten hat erbracht, daß rund 61 Prozent der Bevölkerung täglich über höchstens 1 1/2 Stunden oder weniger zum Einkauf verfügen konnte. Von dieser Gruppe wiederum haben 64 Prozent — das entspricht etwa 39 Prozent der Gesamtbevölkerung — angegeben, eine abendliche Verlängerung der Geschäftszeiten ausnutzen zu wollen.

In einer Untersuchung aus dem Jahre 1978 plädieren 60 Prozent der Befragten für eine Veränderung der Ladenschlußzeiten. Jeweils ein Drittel bevorzugt freie Öffnungszeiten in der Zeit von 6 bis 23 Uhr, längere Öffnungszeiten nur an einigen Wochentagen bzw. die Regelung, daß jedes Geschäft selbst bestimmt, wann es öffnet und schließt. Bemerkenswert ist, daß nur 6 Prozent wünschten, daß jeden Sonnabend Öffnungszeiten bis 18 Uhr bestehen. Immerhin 47 Prozent hätten auch gern den Sonnabend „frei von Einkäufen". Dieses Bedürfnis ist bei Angestellten weitaus stärker ausgeprägt als bei Arbeitern. Der Einkauf wird also keineswegs immer als eine vergnügliche Angelegenheit betrachtet.

Flexible Ladenschlußzeiten bzw. solche, die über die normale Arbeitszeit hinausgehen, werden vor allem gewünscht für den Einkauf von Möbeln und Großgeräten, die man lieber zusammen mit der Familie oder Bekannten auswählt. So möchten jeweils ca. 80 Prozent der Befragten beim Einkauf von Kleidern oder Möbeln nicht allein entscheiden (vgl. SIMEP 1978, S. 4 ff.).

In der eingangs zitierten Studie wird geschätzt, daß bei einer Verlegung der Lage der Einkaufszeiten in die späteren Abendstunden bei Wegfall der Zeiten mit schwacher Kundenfrequenz (um die Mittagszeit) sich eine Veränderung der Konsumquote zugunsten solcher Güter ergeben würde, die an Ladenöffnungszeiten gebunden sind (vgl. S. 228).

Fragt man die Einzelhändler nach ihrer Einstellung zu einer liberaleren Ladenschlußregelung, so würden ungefähr fast Dreiviertel der Einzelhändler auch bei mehr Freizügigkeit alles unverändert lassen, während 8 Prozent bereit wären, bei gleicher Gesamtöffnungszeit Verschiebungen der Geschäftszeit vorzunehmen, und nur 4 Prozent würden zusätzliche Öffnungszeiten einführen; der Rest würde sich der Konkurrenz anpassen (14 Prozent); (Gschwendtner et al. 1976, S. 48). Diese Gesamtnennung sagt naturgemäß wenig über die Verteilung nach Branchen und Standorte der Betriebe aus. Der Untersuchung läßt sich auf Basis einer groben Überschlagsrechnung entnehmen, daß vor allem Möbel- und Fahrzeuggeschäfte und — branchenübergreifend — kleine und große Fachgeschäfte, jedoch nicht Warenhäuser und Verbrauchermärkte *für* flexible Ladenöffnungszeiten eintreten würden. Dies trifft vorrangig für solche Betriebe zu, die in Groß-und Mittelstadtlagen angesiedelt sind.

Die Zeitspanne, die Berufstätigen zum täglichen Einkauf zur Verfügung steht, ist knapp bemessen. 63 Prozent der Berufstätigen stehen einer Allensbach-Umfrage zufolge dafür weniger als 1 1/2 Stunden täglich zur Verfügung; 8

Prozent haben überhaupt keine Zeit zum Einkaufen, weil sie während der Öffnungszeiten arbeiten, und 18 Prozent nur bis zu 45 Minuten (S. 34).

Von rund 65 Prozent der Konsumenten (also nicht nur der Berufstätigen) werden die täglichen Lebensmittel in der Nähe der Wohnung eingekauft, von 13 Prozent in der Nähe des Arbeitsplatzes und von 14 Prozent auf dem Weg zwischen Wohnung und Arbeitsplatz, der Rest verteilt sich auf andere Standorte. Die Berufstätigen kaufen mit weit überdurchschnittlichem Anteil in der Nähe des Arbeitsplatzes oder auf der Fahrt zwischen Wohnung und Arbeitsplatz ihre Lebensmittel ein, da beim Eintreffen im Wohnviertel die Läden dort wahrscheinlich geschlossen sind.

Die Ladenschlußzeiten stellen neben der zeitlichen Bindung an den Erwerbsarbeitsbereich zweifelsohne eine Einengung von Handlungsalternativen dar bzw. strukturieren nachhaltig den Familienalltag. Sie entziehen sich in der Regel der unmittelbaren Kontrolle der Konsumenten bzw. abhängig Beschäftigten, die damit in einem weiteren Lebensbereich in eine defensiv-reagierende Position und eine weitere, zunächst unabweisbare Abhängigkeitsbeziehung gebracht werden.

Eine Loslösung hiervon kann jedoch nicht, wie man auf den ersten Blick vermuten könnte, durch eine Liberalisierung der Ladenschlußzeiten erreicht werden. Unzweifelhaft wächst damit der potentielle Aktionsspielraum des Haushalts; jedoch besteht auch die Wahrscheinlichkeit, daß hierdurch eine quantitativ höhere Zeitbindung an Einkaufstätigkeiten, die schon jetzt bekanntlich über das zur Versorgung notwendige Maß sehr häufig hinausgeht, erfolgt. Insofern besteht die Gefahr, daß der durch die flexiblere Lage gewonnene zeitliche Spielraum durch die dann anwachsende Dauer von Einkäufen letztlich wieder kompensiert wird zuungunsten anderer, nicht im Zusammenhang mit dem Konsum stehender Aktivitäten.

Demgegenüber kann eine Emanzipation von den zeitlichen Vorgaben des kommerziellen Versorgungssystems wirkungsvoll nur dann vor sich gehen, wenn eine verstärkte Rückbesinnung auf die Möglichkeiten der eigenen Haushaltsproduktion geschieht. Hierfür lassen sich in den letzten Jahren Ansatzpunkte in der Alternativ-Bewegung erkennen. Die lange Zeit vorherrschende Tendenz zum Vergabe-Haushalt, zur Auslagerung möglichst vieler produktiver Funktionen aus dem Haushalt, scheint auch gesamtgesellschaftlich rückläufig zu sein. Gleichwohl bedeutet dies nicht, daß damit notwendig das Interesse eines großen Teils der Konsumenten an langen Öffnungszeiten sich verringern muß. Die künftige Entwicklung scheint angesichts sehr heterogener Interessenlagen und Einstellungen weithin offen.

1.1.2 Öffnungszeiten von Behörden und Institutionen

Ähnlich wie die Öffnungszeiten des Einzelhandels stellen auch die Öffnungszeiten von Behörden und Institutionen wie auch die Sprechstunden von Ärzten, Krankenhäusern und anderen Einrichtungen der Gesundheitsfürsorge eine beachtliche Restriktion hinsichtlich der zeitlichen Disposition der Familienhaushalte dar.

Daß ein erhöhter Bedarf an Sprechstunden und Öffnungszeiten besteht, die an der Lebens- und Arbeitssituation ausgerichtet sind, zeigt beispielsweise die Einführung von Spätsprechstunden in einigen Hauptverwaltungen West-Berlins, wo schon bald nach Einführung „reger Spätverkehr im Landeswohnungsamt und beim Innensenator in den Stellen für Urkundenbeglaubigungen, Staatsangehörigkeits-und Einbürgerungsangelegenheiten und bei der Meldesammelstelle zur Beratung in Angelegenheiten des Ost-West-Verkehrs" gemeldet wurde (vgl. Tagesspiegel v. 27. 6. 1979). In anderen Bereichen wurden Spätsprechstunden allerdings wieder aufgegeben, mit der Begründung, daß bei den Bürgern kein Bedarf bestehe (vgl. Tagesspiegel v. 3. 11. 79 und 1. 1. 1980).[1]

Neben den im engeren Sinne behördlichen Öffnungszeiten stößt der Bürger auch auf die Öffnungszeiten der kommunalen Angebote im Bereich von Bildung, Freizeit, Sport und Erholung, wie etwa den Öffnungszeiten von Volkshochschulen, Schwimmbädern, Sporteinrichtungen.

Die Möglichkeit, solche Angebote in Anspruch zu nehmen, hängt nicht unwesentlich von dem zeitlichen Dispositionsspielraum des Familienhaushalts ab, der seinerseits wieder durch Arbeitszeit, Ladenöffnungszeiten, Verkehrsanbindung usw. geprägt ist. Skarpelis-Sperk hat in einem Terminplan eines Werktages eines „durchschnittlichen Bürgers" die Möglichkeiten der Inanspruchnahme verschiedener Leistungen und Angebote graphisch dargestellt (1978, S. 187).

Hieran wird auch die Tatsache deutlich, daß angesichts der gegenwärtig vorherrschenden Struktur von Öffnungszeiten bzw. Aktivitätszyklen sich eine Reihe von Tätigkeiten ausschließen, z. B. Erwerbsarbeit und Besuch einer Behörde, die nur von 9.00 - 12.00 Uhr vormittags geöffnet hat. Damit nicht genug: der Besuch einer Behörde zieht den Verbrauch einer Reihe von Sekundärzeiten nach sich, die zu der eigentlichen Inanspruchnahme hinzukommen. Hierzu können nach Skarpelis-Sperk die *Vorleistungszeit* gerechnet werden, die z. B. zur Beschaffung von Informationen notwendig ist, um mit dem Amt verhandeln zu können, sowie vorbereitende Handlungen, die zur Inanspruchnahme erforderlich sind, etwa das Heraussuchen und Ausfüllen von Formularen, die Beschaffung von Dokumenten, Lichtbildern usw.

[1] Bei diesen Angaben ist allerdings darauf hinzuweisen, daß Spätsprechstunden auf z. T. erheblichen Widerstand bei den Personalräten gestoßen sind, deren Zustimmung hierzu erforderlich ist.

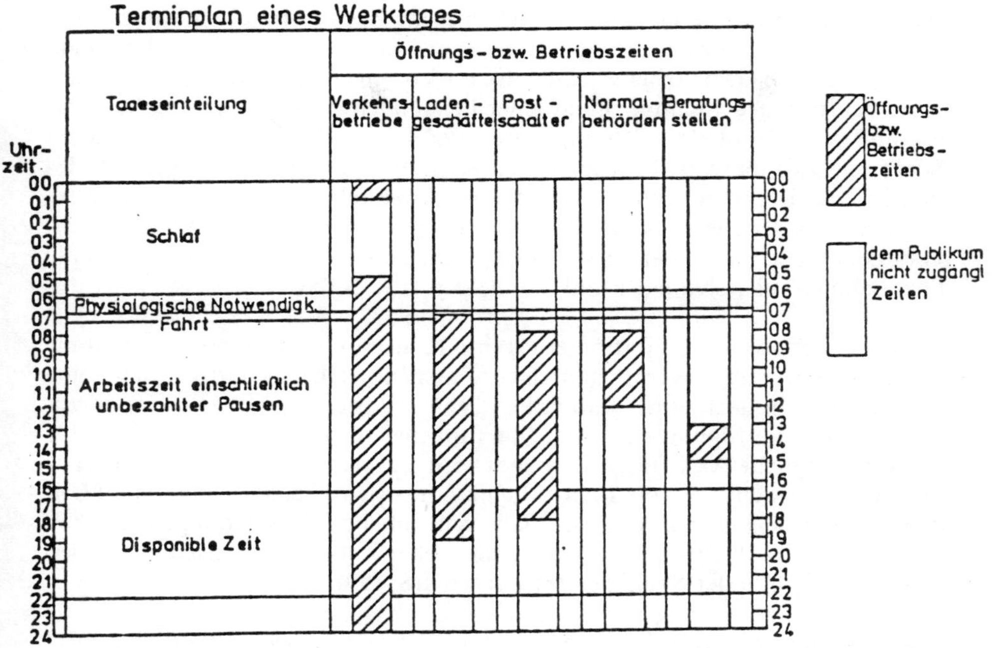

Abb. 3.

Hinzu kommt die *Wegezeit,* die aufgrund der Verkehrsverhältnisse je nach Lage der behördlichen Sprechstunde im Tagesverlauf variiert. Schließlich hat der Besucher in der Regel *Wartezeiten* in Kauf zu nehmen, wobei Skarpelis-Sperk zwischen Warteschlangenzeit und Wartelistenzeit unterscheidet, da sie verschiedene Allokationswirkungen haben (vgl. S. 193). Während der Warteschlangenzeit hat der Besucher physisch präsent zu sein. Da das Warten häufig in wenig angenehmen Räumen stattfindet und zudem der Wartende sich meist in einem Zustand der inneren Anspannung befindet, läßt sich eine solche Wartesituation durch den Mangel an alternativen Zeitverwendungsmöglichkeiten nur als gleichsam abzuschreibende Lebenszeit verbuchen. Die Wartelistenzeit hingegen erfordert nicht die physische Präsenz, sondern bezeichnet nur die Zeitspanne etwa von einer Antragstellung bis zu dem Zeitpunkt, zu dem einige Tage später ein beantragtes Dokument bei dem Antragsteller eingeht.

Schließlich schlägt sich auch die eigentliche *Inanspruchnahme* im Zeitbudget des betreffenden Besuchers nieder (vgl. zu dieser Gliederung Skarpelis-Sperk S. 191 ff.).

Für bestimmte soziale Gruppen bestehen mehr Zugangsbeschränkungen und Nutzungsfilter als für andere. Schon in bezug auf die Arbeitszeit ist der Angestellte gegenüber dem Arbeiter eindeutig im Vorteil. Angestellte können in der Regel bei Inanspruchnahme öffentlicher Leistungen Arbeitsbefreiung beantragen und sich damit den Öffnungszeiten der Institutionen flexibel anpassen. Allerdings trifft dies vor allem auf höhere Angestellte zu bzw. auf Angestellte des öffentlichen Dienstes. Für Arbeiter und Angestellte mit fest terminierter Arbeitszeit besteht je nach Art des Behördenganges meist die Notwendigkeit, besonders wenn sie in der Früh- oder Normalschicht arbeiten, Lohnausfälle hinzunehmen oder sich gar krank zu melden (vgl. S. 196).

Zeit wirkt sich so auch als Rationierungsmechanismus für die Inanspruchnahme von Leistungen aus. Wenn man davon ausgeht, daß das Individuum seine Zeitverwendung nach einer bestimmten Präferenzordnung strukturiert, derzufolge die zur Verfügung stehende Zeit zunächst für dringliche und dann für weniger dringliche Aktivitäten verwandt wird, dann ergeben sich schon hieraus bestimmte Schwellen für die Inanspruchnahme öffentlicher Angebote und Leistungen. Skarpelis-Sperk vermutet, daß „zeitraubende Verwendungen, die vielleicht zudem noch in der knappen disponiblen Einkaufszeit erledigt werden müssen, ans Ende der Skala gesetzt werden“ (S. 199).

Hierfür spricht die logische Evidenz, andererseits muß jedoch berücksichtigt werden, daß die Entscheidungen der Haushalte über die Verwendung ihres Einkommens genauso wie über die Verwendung der Zeit *real* nicht immer einem Rationalverhalten folgen. Es steht zwar außer Zweifel, daß insbesondere Mehrpersonenhaushalte mit Kindern einer strengen Zeitkalkulation unterliegen (vgl. z. B. Becker-Schmidt et al. 1982). Jedoch muß davon ausgegangen werden, daß die Lebens*zeit* großzügiger kalkuliert wird als etwa das *Geld*budget der Familie, so daß umgekehrt die Bewertung einer Tätigkeit, z. B. eines Behördenganges und der hiervon erwartete Verhandlungserfolg als solcher höher bewertet wird als die hierfür aufzuwendende Zeit. Die verbrauchte Zeit wird so gleichsam zur abhängigen Variablen oder anders gesagt, die sachliche Dimension rangiert vor der zeitlichen. Dies drückt sich aus in der oft berechtigten Empörung der Bürger, sich (selbst unter hohen Zeitverlusten) „so etwas nicht gefallen zu lassen“ oder um kleinerer Unterstützungsbeträge willen einen irrational hohen Zeitaufwand zu betreiben.

Auf der anderen Seite muß auch berücksichtigt werden, daß eine große Zahl der Bürger schon einen geringen Aufwand scheut, wie er zur Erlangung rechtmäßiger Ansprüche häufig erforderlich ist (der vermutlich jedoch nicht nur Scheu vor dem *zeitlichen* Aufwand ist) und so nicht in den Genuß von Zuwendungen und Leistungen des Staates gelangt.

Zeit als Rationierungsmechanismus wirkt daher sicherlich nicht nur nach objektiv benennbaren Rationalprinzipien, sondern besteht in einer Mischung aus sozial- und bildungsbedingten Verhaltensrestriktionen sowie persönlichkeitsabhängigen Verhaltensweisen. Mit diesen Einschränkungen hinsichtlich des Rationalverhaltens der Individuen und Haushalte können wir der Einschätzung von Skarpelis-Sperk folgen, daß öffentliche Leistungen

„was den Zeitpunkt betrifft, um so eher in Anspruch genommen (werden),
— je höher sie auf der Konsumrangskala stehen (dies hängt... nicht nur von den individuellen Präferenzen, sondern auch von institutionellen Zwängen, wie z. B. von einem Benutzungszwang ab),
— je länger die dafür disponible Zeit des Individuums ist,
— je weniger spezifische Zeit sie erfordert,
— je leichter die erforderliche Zeit gegen Einkommen oder Beziehungen zu substituieren ist“ (S. 199).

Bei solchen Rationierungsprozessen schneiden einkommensstarke Personen grundsätzlich besser gegenüber einkommensschwächeren ab, weil sie in hohem Maße „Zeit gegen Geld oder Protektion einsparen“ können (S. 198). Denn die Zeit für Informationsbeschaffung und die Zeit, in der sich Personen in Warteschlangen aufhalten müssen, kann durch Spezialisten mit besonderem Fachwissen und mit in der Regel besseren Zugangsmöglichkeiten zu öffentlichen Institutionen verkürzt oder gespart werden. So etwa durch Rechtsanwälte oder Steuerberater, aber auch durch „Beziehungen“: persönliche Bekannte, Parteifreunde oder Kollegen aus der Gewerkschaft.

Der Platz auf der sozialen Rangskala impliziert neben der sozialen Verflechtung mit Entscheidungsträgern zumeist auch den jeweiligen Bildungsgrad und damit sozialisationsbedingte Sprach- und Denkbarrieren (z. B. die Fähigkeit oder Unfähigkeit, sich in die Ablauflogik einer Verwaltung einzudenken), die die Gleichheit des Zugangs zu öffentlichen Leistungen einschränken.

Insofern sind die in den letzten Jahren vermehrt aufgebauten allgemeinen Beratungsstellen im Ansatz ein Weg, gerade den sozial schwächeren Personengruppen die Wahrnehmung ihrer Rechte dadurch zu erleichtern, daß sowohl in sachlicher wie in zeitlicher Hinsicht eine Angleichung an den Dispositionsvorsprung sozial höherer Schichten tendenziell ermöglicht wird. Skarpelis-Sperk schlägt weiterhin zur Verbesserung der Chancengleichheit u. a. vor, entsprechend § 616 BGB (vorübergehende Verhinderung des Dienstverpflichteten) den Arbeitnehmern generell eine leichtere Inanspruchnahme von Beratungsdiensten *innerhalb der Arbeitszeit* zuzugestehen (vgl. S. 204). Dies scheint im Kontext der Überlegungen zur „Entdichtung“ des Arbeitstages ein heraushebenswerter Vorschlag zu sein, der noch weiter zu verfolgen ist (vgl. hierzu auch Naschold et al. 1979).

Außerdem werden Änderungen der Arbeitszeitregelungen im Sinne einer großzügigeren Anwendung der gleitenden Arbeitszeit sowie eine Arbeitszeitverkürzung in Industrie und Büro vorgeschlagen. Der Einsatz von zeitsparenden Techniken und Technologien soll zudem zu einer Reduktion der Wege-, Warte-

und Vorleistungszeiten führen. Hierbei wird auch auf die „nahezu revolutionäre Zeitersparnis durch die neuen Technologien im Verkehrswesen (z. B. Flugzeug)" verwiesen (S. 206). Ebenfalls wird der Einsatz sogenannter neuer Technologien, wie z. B. des Fernsehtelefons, erwogen.

Ob der Einsatz vermeintlich zeitsparender Techniken und Technologien, hier in der öffentlichen Verwaltung, tatsächlich Zeit spart und nicht nur vorhandene Zeitkontingente umschichtet oder die Zeitknappheit auf lange Sicht sogar noch vergrößert, ist offen. Nicht bestritten werden kann, daß zumindest kurzfristig und aus der Sicht des einzelnen Anbieters bzw. Nachfragers von öffentlichen Leistungen der Einsatz neuer Technologien die Bearbeitungszeiten von Verwaltungs- und teilweise auch von Beratungstätigkeiten erheblich reduziert. Ähnliches gilt für den Einsatz neuer Kommunikationstechnologien im privaten Bereich oder im Dialog mit Institutionen. Zwar lassen sich auf der einen Seite enorme Zeitersparnisse bewirken, die negativen Folgen wie Kommunikations- und Bewegungsarmut, Verringerung der Kontrolle über die informationelle Umwelt, die Zunahme der Abhängigkeit von Expertenwissen u. v. a. m. dürfen dabei jedoch nicht übersehen werden (vgl. hierzu Rinderspacher 1983 und Emenlauer-Blömers/Rinderspacher 1976).

Doch auch angesichts dieser Gefahren muß eingeräumt werden, daß z. B. raumplanerische Fehlentscheidungen, wie die Errichtung von Satellitenstädten, die natürlichen Kommunikationsnetze derart zerrissen und die Kommunikationsbarrieren so hoch gesetzt haben, daß der Einsatz technischer Systeme als sogenannte „Kommunikationsprothesen" gerade auch für die sozial Schwächeren ein Zuwachs an handlungsrelevantem Alltagswissen und damit auch an Zeitsparnis bedeuten könnte. Überlegungen hierzu sind zum Beispiel im Rahmen einer Untersuchung über den potentiellen Einsatz eines noch fiktiven „variablen Telekommunikationssystems" im West-Berliner Bezirk Neukölln (Gropiusstadt) angestellt worden (vgl. Janshen 1980).

1.2 Zeitverbrauch für Haushaltsproduktion

Neben den äußeren Restriktionen, die dem Familienhaushalt durch Öffnungszeiten und Infrastruktur auferlegt sind, strukturiert sich das individuelle oder familiale Zeitbudget durch die Form, in der die tägliche materielle Reproduktion und hier vor allem die Haushaltsproduktion erfolgt.

Viele der im Haushalt zu verrichtenden Tätigkeiten haben eine ihnen eigene, „natürliche" Zeit: Die Instandhaltung der Wohnung, Teppichreinigung, Staubwischen, Fensterputzen, Aufräumen, der Abwasch, die Zubereitung von Mahlzeiten, Wäschewaschen oder der tägliche Einkauf. Eine große Anzahl von Tätigkeiten ist nach wie vor von Naturprozessen abhängig, so etwa insbesondere die Dauer von Kochvorgängen oder das Reinigen der Wäsche.

Ebenso nur bedingt zeitlich steuerbar ist die psychische und materielle Versorgung von Kindern. Abgesehen von deren eigener sozialer und psychischer Rhythmizität, die ein hohes Maß zeitlicher Unsicherheit in den Familienalltag hineinbringt, und den hieraus resultierenden Anforderungsstrukturen (vgl. hierzu Rinderspacher 1981a) wird das Zeitbudget durch die Dauer von Versorgungsleistungen wie Füttern, Trockenlegen, Körperpflege und andere Versorgungsarbeiten strukturiert. Mit anderen Worten existiert innerhalb der Haushaltsproduktion bzw. innerhalb der familialen Arbeits- und Interaktionsstruktur eine große Anzahl von Prozessen, die nach der zyklischen Zeitlogik ablaufen, mit der Folge, daß das Zeitbudget des Familienhaushalts schon auf der Ebene der materiellen Versorgung, d. h. auch ungeachtet der psychisch-sozialen Versorgung von Kindern nicht nur aus zeitlich planbaren Elementen, sondern aus einer Vielzahl spontaner und unkalkulierbarer Geschehnisse besteht.

Es ist allgemein bekannt, daß insbesondere in den letzten Jahrzehnten eine erhebliche Veränderung der Struktur der Haushaltsproduktion stattgefunden hat. Der Haushalt ist mehr und mehr mechanisiert worden. Eine große Anzahl arbeitssparender, meist elektrisch betriebener Geräte hat im großen und ganzen zu einer Arbeitserleichterung — zumindest bezogen auf die einzelnen Haushaltstätigkeit — geführt.

Der Kapitalaufwand für den Arbeitsplatz „Haushalt" ist beträchtlich. Unter ökotrophischen Gesichtspunkten sind Berechnungen darüber angestellt worden, in welchem Verhältnis finanzieller Aufwand und Nutzen von Investitionen im Haushalt zueinander stehen. Diesen sind bestimmte Haushaltstypen zugrundegelegt worden: Beispielsweise wurde bereits im Jahre 1976 für den Haushaltstyp „Vier-Personen-Haushalt mit 2 kleinen Kindern" allein für den Bereich der Haushaltsführung (Kühlschrank, Geschirrspülautomat, Trockenautomat, Heimbügler bis hin zum Kleinmixer und Eierkocher) ein Kapitalbedarf von fast 10000 DM ermittelt. Darin sind weder Geräte der Unterhaltungselektronik noch Fahrzeuge oder optische Geräte enthalten. Beachtlich sind auch die Betriebskosten. So sind auf Basis dieser Kalkulation allein für Elektrizität 103 DM, für Waschmittel 58 DM oder für Wasser 43 DM anzusetzen (in Preisen von 1976); (vgl. Pfannkuch 1976, S. 340 f.). Der Ausstattungsgrad der Haushalte mit Gebrauchsgütern aller Art, zu denen auch Fahrzeuge, Kameras, Unterhaltungselektronik u. a. gezählt werden, schwankt stark mit der Familiengröße. Mit dem Vier-Personen-Haushalt erreicht er sein durchschnittlich höchstes Niveau; bei Fünf- und Mehr-Personen-Haushalten nimmt der Bestand an Gebrauchsgütern, vermutlich bedingt durch die durchschnittlich schlechtere Einkommenssituation der größeren Familien, wieder ab.

Generell ist der Bestand an Gebrauchsgütern in den Haushalten der Bundesrepublik Deutschland als sehr hoch, weitgehend sogar als gesättigt oder als vollversorgt anzusehen. Nach einer Umfrage des Allensbacher Instituts für Demoskopie verfügten bereits im Jahre 1976 94 Prozent aller Erwachsenen über 14 Jahre über einen Kühlschrank, 93 Prozent über einen Staubsauger, 80 Prozent über eine

Waschmaschine, 48 Prozent über eine Tiefkühltruhe, 67 Prozent über einen Schwarz-Weiß-Fernseher usw. (vgl. 1977, S. 216). Allgemein scheint sich also bei den Familienhaushalten die Ansicht durchgesetzt zu haben, mit Hilfe solcher Anschaffungen erstens das Leben dadurch angenehmer gestalten zu können, daß Arbeit eingespart und die häusliche Lebenssituation komfortabler und zweitens, daß Zeit eingespart wird. Damit ist implizit die Hoffnung verbunden, durch die Verringerung des Zeitverbrauchs für Tätigkeiten im Haushalt den Betrag der frei verfügbaren Zeit erhöhen zu können (vgl. hierzu auch Reich et al. 1977).

Der notwendige Gesamtaufwand für den Haushalt sagt noch wenig über die Verteilung der Arbeit innerhalb des Haushalts aus. Aus vielen Untersuchungen ist bekannt, daß nach wie vor der größte Teil der Hausarbeit von den Frauen verrichtet wird, unabhängig davon, ob diese berufstätig sind oder nicht. Allerdings führt die Berufstätigkeit der Ehefrau häufig dazu, daß der gesamte Stundenaufwand für Haushaltstätigkeiten geringer wird, etwa dadurch, daß die Wohnung in größeren Abständen gereinigt wird (vgl. Eckart et al. 1979).

Ohne jeden Zweifel hat die z. T. sprunghaft gewachsene Technisierung des Haushalts, die in vielen Bereichen ganz wesentlich vom Familieneinkommen abhängig ist (vgl. Boland-Weinhuber 1976, S. 215), generell zu einer Erleichterung der Hausarbeit geführt. Es darf jedoch nicht analog zu Rationalisierungsprozessen in der Erwerbswirtschaft davon ausgegangen werden, daß mit der Steigerung des „Kapital"-Inputs im Haushalt auch ein entsprechender Output hinsichtlich allgemeiner Arbeitserleichterung und vor allem der Einsparung von Zeit zu verzeichnen wäre.

„... Diese Annahme übersieht den Funktionswandel, welcher der private Lebensbereich nicht nur durch die Technisierung erfahren hat und der in einem viel größeren Rahmen des sozialen Wandels gesehen zu der Notwendigkeit führt, daß die Technisierung der Haushalte unter dem Aspekt ihrer Funktionalität im Hinblick auf die familialen und gesellschaftlichen Aufgabenstellungen überprüft werden müßte. Unser statistisches Datenmaterial zeigt zwar in faszinierenden Zahlen den technischen ‚Input' der privaten Haushalte, über den Output haben wir jedoch keine Belege" (Boland-Weinhuber 1976, S. 208).

Tatsächlich kann gezeigt werden, daß sich die Haushalte nicht nur an einem generalisierten idealtypischen Rationalverhalten bezüglich der Beschaffung von Haushaltsgeräten ausrichten. Der Besitz bzw. die qualitative Beschaffenheit einer Reihe von Gebrauchsgütern korreliert hoch mit der sozialen Stellung (ebd., S. 216). Dies zeigt sich sehr deutlich bei Geschirrspülautomaten oder beim Telefon: etwa fünfmal soviel Selbständigen- wie Arbeiterhaushalte besaßen 1972 bei gleichem Einkommen eine Geschirrspülmaschine, auch die Versorgung mit Telefonen liegt bei der ersten Gruppe sehr viel höher (ebd., S. 217; nach einer Einkommens- und Verbrauchsstichprobe 1972). Insofern müßte eine These relativiert werden, die besagt, daß die Familienhaushalte ausschließlich nach an der Zeitersparnis orientierten, rationalen Überlegungen ihre Investitionsentscheidungen im Haushalt treffen.

Die Entwicklung im Bereich der Haushaltstechnologien folgt dabei einer doppelten Logik. Zum einen zielt sie ab auf eine Reduzierung des physischen Arbeitsaufwandes, zum anderen auf eine Zeitersparnis.

Letzteres vor allem in zweierlei Hinsicht: Haushaltsgeräte *reduzieren zum einen den notwendigen Zeitaufwand* für die Bewältigung einer Aufgabe, zum anderen *erhöhen sie die Dispositionsmöglichkeiten* der Haushaltsführung. Neuerdings findet auch die Reduzierung des Energieaufwandes bei der Entwicklung von Haushaltsgeräten Beachtung.

So erspart z. B. die Waschmaschine — etwa gegenüber dem Waschbrett — nicht nur physische Arbeitsleistung, sondern verringert auch die erforderliche Zeit der Aufmerksamkeit und verkürzt damit den effektiven Zeitaufwand für diese Tätigkeit. Ähnliches gilt für die Geschirrspülmaschine. Unter diesem Gesichtspunkt stellt vor allem die Anwendung mikro-elektronischer Steuerungselemente in Haushaltsgeräten eine grundlegende Neuerung dar, die zu dem elektrischen Antrieb der Maschine hinzutritt.

Auch in anderen Bereichen war es vor allem die Automatisierung, die eine beachtliche Zeitersparnis bewirkte. So etwa bei der Entwicklung von Heizungsanlagen, die durch selbsttätige Thermostate gesteuert werden, aber auch durch Verwendung von Heizöl als Brennstoff, der abgesehen von geringfügigen Wartungsarbeiten die Arbeitszeit für das Heizen fast auf Null reduziert. Ähnliches gilt für die Warmwasserbereitung mit Hilfe von Durchlauferhitzern und Speichern. In ähnlicher Weise haben relativ einfache technische Verbesserungen im Bereich der Gartenpflegegeräte zu einer enormen Zeitersparnis geführt (z. B. Rasenmäher, Bewässerungsanlagen), ebenso wie der verstärkte Einsatz von Chemikalien zur Bekämpfung von Schädlingen und „Unkraut".

Die Anwendung der Elektronik durch Selbststeuerungsanlagen oder Vorwahlschalter an Kochherden, die es z. B. erlauben, vorbereitete Mahlzeiten selbsttätig zum richtigen Zeitpunkt zu erhitzen, hat auch bei Kochvorgängen Zeit eingespart und vor allem die Breite von Dispositionsmöglichkeiten in der Haushaltsproduktion erhöht. Als revolutionierend kann die Erfindung von sogenannten Schnellkochtöpfen bezeichnet werden, in der sich eine bis dahin scheinbar widersprechende Zielkombination realisiert, nämlich gleichzeitig zeitökonomisch *und* energiesparend zu wirken.

Eine grundlegende Veränderung beginnt sich in der Technik des Garens durchzusetzen, seit Mikrowellenherde zum Einsatz kommen. Die Garzeit beträgt durch diese nur noch Bruchteile der vergleichbaren Zeit bei konventionellen Geräten (Feuerstelle, Gas- oder Elektro-Herd).

Einen bedeutenden Fortschritt bietet aus zeitökonomischer Sicht ferner die Erfindung und Weiterentwicklung von Kühlaggregaten, auch hiervon werden mehrere zeitökonomisch relevante Bereiche berührt. Zum einen entfällt die zeitliche Verkoppelung von Einkauf bzw. Herstellung von Lebensmitteln und Gerichten und deren Konsum. Damit können Einkaufsgänge reduziert werden (in Verbindung etwa mit dem Auto), und die Notwendigkeit der Beobachtung von Lebensmitteln hinsichtlich ihrer möglichen Verderblichkeit entfällt weitgehend. Zudem steht potentiell zu jeder Zeit ein breites Angebot von Speisen und Getränken zur Verfügung; sie können zu einem beliebigen Zeitpunkt verzehrt werden (nach kurzem Aufwärmen z. B. im Mikrowellenherd), die Auswahl ist entsprechend hoch. Die Disponibilität wächst mit der zunehmenden Dauer der Lagerungsfähigkeit entsprechend der Gefriertemperatur. Schließlich ergeben sich in bezug auf das geldliche Budget des Familienhaushalts eine Reihe von Vorteilen vor allem dadurch, daß die Waren zum preislich günstigsten Zeitpunkt erworben werden können, d. h. daß vom Haushalt zeitlich flexibel auf die Angebotsstruktur des Marktes reagiert werden kann.

Der Einsatz chemischer Mittel im Haushalt erleichtert ebenfalls nicht nur die Arbeit, sondern spart auch Zeit. Hier sind — geht man über einen längeren Zeitraum zurück — u. a. die Entwicklung biologisch-aktiver Waschmittel, Scheuermittel, Spülmittel und anderer selbstreinigender Produkte etwa in der Bodenpflege zu nennen. Damit wurde die althergebrachte, natürliche Dauer für das Reinigen der Wäsche, aber auch für Gär- und Sterilisationsprozesse (z. B. Einmachen), wie für andere Prozesse der Lebensmittelherstellung verkürzt. Die gleiche Wirkung haben teilweise auch Substitute oder Treibmittel für das Kochen und Backen wie Backpulver, Aromastoffe u. ä.

Zeitliche Vorteile anderer Art können durch den Einsatz der Telekommunikation erreicht werden. Am weitesten verbreitete sich das Telefon. Vor allem auch der Einsatz neuer Medien wird, was die Verringerung der Dispositions- und Informationskosten und den hierfür notwendigen Zeitaufwand betrifft, in Zukunft von zentraler Bedeutung sein, zumal Bestellungen bei Warenhäusern und Buchungen vom Bankkonto schon jetzt vom Wohnort aus getätigt werden können.

Es fällt in diesem Zusammenhang auf, daß, wie schon am Anfang der Arbeit anhand des Produktionssektors gezeigt wurde, auch im Reproduktionsbereich ein beträchtlicher Teil des Energieaufwandes und Rohstoffverbrauchs von Wasser u. a. bis hin zu den Verpackungsmaterialien durch die zeitökonomischen Zielsetzungen der Rationalisierung im Haushalt verursacht werden. Anders als im Produktionsbereich sind, wie gesagt, die Motivationen für die Beschaffung von Haushaltsgeräten nur zum Teil auf rationale zeitökonomische Kalkulationen zurückzuführen. Darum können Rationalisierungsvorgänge im Haushalt nicht ohne weiteres als Ausdruck eines unaufhaltsamen Vordringens der abstrakten industriellen Zeitlogik in den Haushalt interpretiert werden. Andererseits ist das Eingehen zeitökonomischer Rationalprinzipien in die Haushaltstechnologie unverkennbar, sowohl von der technischen Logik wie auch von der Intention der Anwender her. Dies spiegelt sich in zahlreichen Werbebotschaften („noch schneller“) wider. Zeitersparnis meint hier, analog zum Produktionsprozeß, jedoch nicht nur Beschleunigung, sondern auch Verstetigung von Arbeitsvorgängen sowie Vergrößerung der zeitlichen Dispositionsspielräume oder Kontrolle.

Die vor allem in den USA beliebten Klimaanlagen zum Beispiel zeigen, daß die Haushaltstechnologie in ihrer jetzigen Form auch — und hier lassen sich Parallelen zur Taylorisierung im Produktionsprozeß feststellen — der *Erhöhung der Kalkulierbarkeit* der Arbeit und ihrer Abschirmung gegenüber natürlichen Einflüssen, m. a. W. der möglichst weitreichenden Eliminierung von Leistungsschwankungen und Schwankungen der allgemeinen körperlich-seelischen Befindlichkeit der im Haushalt arbeitenden Personen dient.

Angesichts der neueren Umweltdiskussion drängt sich die Frage auf, inwieweit der vermehrte Einsatz von Haushaltstechnologien in Zukunft im Hinblick auf ihre Wirksamkeit und Zielsetzung und aus energiewirtschaftlichen und ökologischen Gesichtspunkten heraus noch zu rechtfertigen ist.

Der Einsatz von Haushaltstechnologien zeigt in der Praxis äußerst erstaunliche Wirkungen. Pfannkuch untersucht die zeitwirtschaftlichen Konsequenzen der Haushaltstechnisierung in einigen ausgewählten Haushaltsmodellen. Anhand einer Arbeitsbedarfskalkulation, d. h. einer analog den Planzeitwerten in der erwerbswirtschaftlichen Arbeit entwickelten Normzeit für Haushaltstätigkeiten, wurde versucht, den effektiven Zeitgewinn, den die Rationalisierung von Arbeitsgängen erbringt, einzuschätzen. Ein überraschendes Ergebnis dieser Untersuchung ist, daß sich der Arbeitskraft-Stundenbedarf je Versuchsperson und Tag in nach ihrem Technisierungsgrad stark differierenden Haushalten nicht stärker auf das Zeitbudget auswirkt. Mit anderen Worten: die Gesamtzeit, die von der Familie (in welcher personellen Verteilung auch immer) für Arbeiten im Haushalt aufgewendet wird, ist ungeachtet des Technisierungsgrades relativ konstant (vgl. II.1.2.1).

Die Unterschiede in der Technisierung betrugen dabei nach Gesamtjahreskosten (Anschaffung, Betriebskosten, Abschreibung) geordnet zwischen 118 DM und 2300 DM pro Jahr, was darauf schließen läßt, daß auch ein vervielfachter technischer Aufwand den Zeitaufwand im Haushalt nicht wesentlich verringert. Zu diesen Ergebnissen kommen auch andere Untersuchungen, die von Pfannkuch erwähnt werden (vgl. v. Denenen et al. 1964; Statistisches Landesamt Baden-Württemberg 1975, S. 249; Pfannkuch 1976, S. 252 f.). Teilweise ist sogar ein erhöhter Zeitaufwand festzustellen:

„Daß sogar ein zeitlicher Mehraufwand durch Haushaltsgeräte entstehen kann(!), zeigt sich beispielsweise an dem größeren Einsatz bei der Vorratshaltung durch Tiefkühlen bzw. Gefrieren. Darüber hinaus könnte als Erklärung die Tatsache gelten, daß durch die Benutzung von Maschinen, den Gebrauch unempfindlicher Werkstoffe sowie durch rationellere Maßnahmen zwar Zeit gewonnen wird, diese jedoch durch die Sorge um einen reibungslosen Ablauf und die ständig wechselnden, durch die Werbung suggerierten

Ansprüche an Komfort, Sauberkeit und Schönheit wie auch durch hygienische und gesundheitliche Gesichtspunkte mehr als wieder verloren geht" (Statistisches Landesamt Baden-Württemberg, S. 7 f.; bei Pfannkuch S. 253).

Eine ähnliche Tendenz bringt die Untersuchung von Zander (1976) zutage. Danach steigt bei dem Haushaltstyp „4-Personen-Arbeitnehmer-Haushalt mit mittlerem Einkommen des Haushaltsvorstandes" der Zeitaufwand im Haushalt mit besserer Ausstattung an (S. 55). Zander erklärt dies so, daß mit zunehmenden Aufwendungen für die Geräteausstattung auch die Ansprüche an die Haushaltsführung steigen und somit die Arbeitszeit verlängert wird. Zudem erfordere die Pflege der Geräte ein Mehr an Zeit. Diese Tendenzen lassen sich nach Zander auch bei anderen Haushaltstypen vermuten.

Reich et al. (1977) bezweifeln ebenfalls, daß die Technisierung der Haushalte eindeutig zu einer Zeitersparnis führe. Selbst wenn in bezug auf eine bestimmte Arbeit sich der Zeitaufwand reduziert, treten in die frei werdenden Zeitintervalle andere Verpflichtungen:

„Die ausgewiesene Zeitersparnis und Erleichterung der Arbeit erlauben keinen Rückschluß auf die Beanspruchung der Hausfrau durch Kleinkinder und Kranke, durch Streß aus monotoner oder unbefriedigender Erwerbstätigkeit bzw. Hausarbeit, durch Belastung aus ungesunder Umwelt und intensiverem Konsum von Pharmaka durch objektive Gegebenheiten oder subjektive Vorstellungen mangelnder Emanzipationsmöglichkeiten. Soweit eine Arbeitszeitersparnis möglich ist, kann sie von der Hausfrau in sehr verschiedener Weise genützt werden. Sie kann die eingesparte Zeit nutzen, um erwerbstätig zu sein, um mehr Freizeit zu haben oder — im Unterschied zu den Erwerbstätigen — kann sie sich auch die Freiheit nehmen, unökonomisch zu arbeiten (S. 193).

Im Haushalt wirkt sich der Einsatz arbeitssparender Geräte in bestimmter Hinsicht anders aus als im Bereich der industriellen Güterproduktion. Während dort mit dem Anstieg der Mechanisierung die für eine bestimmte Problemlösung bzw. zur Herstellung eines gegebenen Produktquantums aufzuwendende Zeit sinkt, damit also die *aufzuwendende Zeit* gegenüber dem Produkt die *abhängige Variable* darstellt, verhält sich dies in der Haushaltsproduktion umgekehrt: Die Zeit (die für Haushaltstätigkeiten aufgewendet wird) stellt die unabhängige Variable dar, die Qualität des Produkts ist die abhängige Variable. Anders ausgedrückt, wird also nicht die Zeitersparnis, sondern die Qualität optimiert. Damit verhält sich der Haushalt im Sinne der *traditionellen* Ökonomie irrational, da er die zeitwirtschaftliche Dimension als Zielgröße in den Hintergrund rückt. Diese Sichtweise versteht „Haushaltsproduktion" in ihrer Gesamtheit bezogen auf den Haushalt als ein gleichsam zusammenhängendes Produkt, für den der Zeitaufwand zu reduzieren ist.

Jedoch ist auch eine andere Betrachtungsweise dieses Sachverhaltes denkbar. Wenn man einmal davon ausgeht, daß der Haushalt mit wachsendem Technisierungsgrad und entsprechendem Kapitalaufwand zumindest unter anderen zeitwirtschaftliche Zielsetzungen verfolgt, so könnte man davon sprechen, daß der

Haushalt die in der gewerblichen Produktion gängigen Prinzipien der infinitesimalen Verwendungslogik der Zeit adaptiert. Denn bei einer bestimmten Summe x zu bewältigender Arbeiten im Haushalt zeigt sich, wie im Produktionsbereich, daß die Gesamtarbeitsdauer bzw. -leistung von einer Person im Haushalt konstant gehalten wird und die durch die Mechanisierung eingetretene Zeitersparnis nicht als Freizeit, d. h. in diesem Falle für andere als der Haushaltsproduktion zuzuschlagende Tätigkeiten verwendet wird. Vielmehr ist ein bestimmtes, wodurch auch immer vorgegebenes konstantes Zeitvolumen mit haushälterischen Produktionsaufgaben belegt. Dem entspricht in der gewerblichen Produktion das betriebliche Arbeitsvolumen bzw. die aufaddierten Arbeitszeiten der im Betrieb Beschäftigten. Damit tritt die Wirkung ein, die wir auch im Bereich der gewerblichen Produktion beobachten konnten, daß nämlich die Möglichkeit zeitökonomisch-effektiverer Produktion nicht — oder jedenfalls nicht automatisch — für die Befreiung von der Arbeit verwendet wird, sondern die Arbeitsdauer durch die größere Menge der hergestellten Werkstücke bzw. im Haushalt der haushälterischen Standards und der verrichteten Arbeiten unverändert bleibt.

Es ist uns hier nur möglich, das Problem zu benennen. Eine zeittheoretische bzw. zeit-ökonomische Interpretation dieser Sachlage muß einer späteren Untersuchung vorbehalten bleiben.

Deutlich erkennbar ist jedoch, daß sich die Akteure in dem hier dargestellten Bereich entsprechend dem im Kap. II. 1.2.1. formulierten Gesetz des konstanten Zeitvolumens verhalten. Danach erfolgt eine Mengenmaximierung bei Zeitkonstanz (des jeweiligen Tätigkeitsbereiches).

2. Räumliche Mobilität

2.1 Bedingungsfaktoren der Mobilität

Einen wesentlichen Faktor im Zeitverbrauch des Familienhaushalts stellt diejenige Zeit dar, die für die Überwindung räumlicher Distanzen benötigt wird.

Ursachen und Wirkungen des gegenwärtigen Verkehrsaufkommens sind im letzten Jahrzehnt breit diskutiert worden. Dabei besteht weitgehender Konsens darüber, daß Struktur und Verteilung des Verkehrsaufkommens Ergebnis wie gleichzeitig Voraussetzung der arbeitsteiligen Gesellschaft sind. Der hohe Grad der Spezialisierung einerseits und der marktförmig vermittelte Austausch der Wirtschaftssubjekte — Produktionseinheiten und Familienhaushalte — andererseits führten zu einer starken Ausdehnung des gesellschaftlichen Interaktionsnetzes.

Betrachtet man dagegen das Leben auf einem sich weitgehend selbstversorgenden Bauernhof oder die Arbeit der Familie im Verlagssystem (vgl. Abschn. I), stellt man fest, daß der räumliche Aktionsradius der Familienmitglieder strukturbedingt nur vergleichsweise gering war. Dies änderte sich grundlegend mit der Industrialisierung, die bekanntlich zu einer Trennung von Arbeits- und Reproduktionsstätten führte. Zunächst war der Aktionsradius aufgrund der noch vergleichsweise wenig entwickelten Verkehrssysteme klein und nahe an den Wohnort gebunden, obwohl nicht übersehen werden darf, daß insbesondere in Regionen mit hoher Arbeitslosigkeit ungeachtet des zunächst kaum vorhandenen öffentlichen Personennahverkehrssystems von den Arbeitern erhebliche Distanzen überwunden und somit zusätzliche Belastungen in Kauf genommen werden mußten.

Unter anderem durch Entwicklungen auf dem Arbeitsmarkt, nämlich dadurch, daß immer mehr Qualifikationen an bestimmte Betriebe oder Branchen mit ihren jeweiligen Standorten gebunden sind, zu denen die Arbeiter und Angestellten sich hinbewegen müssen, wie auch durch die in den 60er und 70er Jahren stark forcierte Konzeption der sogenannten „Schlafstädte“ und andere raumplanerische Maßnahmen hat sich der Zwang zu räumlicher Mobilität erheblich vergrößert.

„Diese Entwicklung fand und findet statt in einer Wechselwirkung von Industrialisierung, Konzentration der Arbeitsstätten, Ausbau des Verkehrssystems, wachsender Motorisierung, großflächig ausgedehnter Vorstadtsiedlungen, Verstädterungsprozeß und Gemeinde im Umland von Ballungsgebieten (und) zunehmender Verdichtung von Arbeitsstätten im Kerngebiet“ (Otto 1979, S. 25 ff.; vgl. auch Krämer-Badoni et al. 1971, S. 291 ff.).

Diese Entwicklung läßt sich u. a. ablesen an dem Anstieg der Pendlerzahlen. So erfolgte etwa in Rheinland-Pfalz eine Zunahme der Pendler zwischen 1961 und 1970 um 20% (vgl. Schneider 1981, S. 68).

Im Jahre 1975 betrug die Entfernung vom Wohnort zur Arbeit (einfach) 7 Kilometer, im Jahre 1977 bereits schon 9,3 Kilometer im Durchschnitt (vgl. Schneider 1981, S. 68).

Dies sagt allerdings noch nichts über die faktische zeitliche Beanspruchung aus, da durch eine Verbesserung der Verkehrssysteme, zum Teil durch die erhebliche Ausweitung des Individualverkehrs und durch die Verkürzung der Taktzeiten im öffentlichen Personennahverkehr, die Überwindung von räumlichen Distanzen in kürzerer Zeit möglich geworden ist.

Allerdings scheint insbesondere auch infolge der Selbst-Blockierung des Individualverkehrs in den Ballungsgebieten, trotz dieser potentiellen Verkürzung der relativen Fahrdauer per saldo eine Zunahme des Zeitverbrauchs für die tägliche Überwindung der Strecke vom Wohnort zur Arbeitsstätte und zurück vorzuliegen. So hat etwa Robert (1979, S. 49 ff.) errechnet, daß zwischen 1959 und 1974 sich in Paris die durchschnittliche Fahrzeit von der Wohn- zur Arbeitsstätte um 10 Minuten erhöht hat.

Immerhin benötigten im Jahr 1973 nach den Angaben einer Repräsentativerhebung 42,9 Prozent der außerhalb ihres Wohnortes arbeitenden Pendler mehr als 30 Minuten für ihren morgendlichen und 45,8 Prozent für ihren abendlichen Arbeitsweg (Ballerstedt 1977, S. 495 f.). Aufschlußreich in bestimmter Hinsicht ist das Ergebnis einer nichtrepräsentativen Studie, in der in mehreren Großstädten des Ruhrgebietes Arbeitnehmer nach ihren Wegezeiten befragt wurden (vgl. bei Ballerstedt, S. 496). Während danach im Jahre 1973 14 Prozent der Befragten mehr als 30 Minuten für ihren Arbeitsweg benötigten, waren es 1974 bereits 24 Prozent. Wenn, wie Ballerstedt hervorhebt, diese Ergebnisse auch nicht unbedingt als Trendaussagen zu interpretieren sind, so machen sie doch deutlich, daß sich regionalspezifisch aufgrund besonderer Strukturwandlungen am Arbeitsmarkt oder im Infrastrukturbereich für große Bevölkerungsgruppen die Aufwendungen in der Regel erheblich vergrößern. In anderen Fällen dürfte sich der Zeitaufwand für den Weg zur Arbeit durch die Verbesserung der Verkehrsanbindung (z. B. U-Bahn) kurz- und mittelfristig verringern; langfristig ist jedoch durch die Strukturveränderungen am Arbeitsmarkt in Verbindung mit der infrastrukturellen Modernisierung wieder mit längeren Wegzeiten zu rechnen (vgl. Ballerstedt, S. 496).

Ergebnisse einer umfangreichen Untersuchung des IFES zufolge, in der Wiener Arbeitnehmer u. a. nach der Dauer des Arbeitsweges befragt wurden, benötigte etwa die Hälfte von ihnen für den Weg zur Arbeitsstelle zwischen 10 und 30 Minuten, jeweils ein Viertel unter zehn Minuten bzw. bis zu einer Stunde (30 - 60 Minuten). Auffallend ist, daß in der nächst höheren Gruppe der Fahrdauer (60 -90 Min.) sich vor allem ältere Arbeitnehmer befinden; möglicherweise drückt sich darin die für diese Arbeitnehmergruppe schwierigere Beschäftigungslage aus, die zur Inkaufnahme langer Anfahrtswege zwingt (vgl. IFES 1980, Tab. 001). Die Entwicklung geht nach Auffassung dieser Studie zu einer stärkeren Verbreitung mittlerer Arbeitsweglängen. Sehr lange Arbeitswege werden gemieden, aber auch kurze Arbeitswege sowie Fußwege kommen nur selten vor (IFES 1980, S. 19).

Aber nicht nur die Arbeitswege haben sich zeitlich ausgedehnt. Die arbeitsteilige Gesellschaft bildet eine Fülle von sozialen Subsystemen aus, die ebenfalls den Zwang zur Beweglichkeit des Individuums erhöhen. So schreibt R. Liljenström (1977, S. 3):

„In Schweden wie in anderen Ländern bedeutet die Industrialisierung eine Differenzierung von Aktivitäten, die früher koordiniert waren. Neue Institutionen übernahmen große Teile der produktiven, politischen und sozialen Funktion der Familie. Die Differenzierung kam auch in einer räumlichen Aufteilung zum Ausdruck. Einfach ausgedrückt: es gab jetzt einen eigenen Platz für jede Tätigkeit... Jede Tätigkeit an ihrem eigenen Platz führt dazu, daß der große Maßstab die Überhand gewinnt: die Großbetriebe, die riesigen Kaufhäuser, die Großwarenhäuser und die großen Mittelpunktschulen" (nach Matzner et al. 1978, S. 1).

Der hieraus resultierende Zwang zu räumlicher Mobilität strukturiert nicht nur das Zeitbudget der erwachsenen Mitglieder der Familie, sondern systemnotwendig auch das der Kinder. So fordert die Zentralisierung schulischer Einrichtungen einen hohen Zeitaufwand für den Schulweg, aber auch für spezialisierte Bereiche der Ausbildung oder der Freizeitbetätigung wie z. B. Sport- und Musikunterricht sind zumindest in Ballungsräumen häufig längere Anfahrtswege erforderlich, die sowohl Folge eines differenzierter werdenden Angebots sind wie aber auch der allgemeinen Stadtentwicklung. Damit werden bereits an Kinder und Jugendliche hohe Anforderungen an die Organisation ihres Alltagslebens gestellt, die sie in ihrer Spontaneität und Selbstbestimmung über die Struktur der Zeitverwendung einschränken (vgl. hierzu Rabe-Kleeberg/Zeiher 1982).

In der nicht mehr auf Selbstversorgung beruhenden Gesellschaft zwingen auch reproduktive Tätigkeiten wie Einkäufe zu machen oder Dienstleistungen in Anspruch zu nehmen zur Benutzung von Verkehrssystemen. So hat etwa im Freizeitbereich die Ausdifferenzierung von Aktivitäten, wie sportliche Betätigung und/oder Mitwirkung in Vereinen die Notwendigkeit der Inanspruchnahme eines eigenen Kraftfahrzeuges oder des öffentlichen Nahverkehrs vergrößert.

Dies läßt sich z. B. aus der Untersuchung über die Struktur der lokalen Öffentlichkeit von Dunckelmann herauslesen, in der u. a. die Entfernungen der Treffpunkte von Menschen, die regelmäßig in Gruppen verschiedener Art zusammenkommen, erhoben wurden. Auf die Frage: Befindet sich dieser Treffpunkt (der Gruppe) in ihrem Stadtteil (bzw. im Dorf oder in der Kleinstadt), antworteten 71 Prozent der Bewohner von Landgebieten und 75 Prozent der Bewohner von Millionenstädten, daß sich die Treffpunkte im gleichen Stadtteil bzw. Ort befänden, während in Klein-, Mittel- und Großstädten 82 Prozent bzw. 88 Prozent bzw. 90 Prozent ihren Treffpunkt im gleichen Stadtteil bzw. gleichen Ort hatten (vgl. S. 252).

Mit anderen Worten sind auf dem Land bzw. in den Millionenstädten immerhin über ein Viertel der Bewohner gezwungen, auch für die Pflege ihrer sozialen Interessen längere Anfahrtswege in Kauf zu nehmen.

Es scheinen die räumlichen Distanzen, die in den Millionenstädten überwunden werden müssen, sich denjenigen der Landgebiete in gewisser Hinsicht anzunähern, d. h. die Entfernungen werden mit höherer Agglomeration wieder größer. Zwar muß, was den Zeitverbrauch angeht, in Rechnung gestellt werden, daß die Verkehrsanbindung in den Millionenstädten in dem Bereich öffentlicher Verkehrsmittel besser ist, so daß längere Distanzen schneller überwunden werden können; allerdings besteht hierdurch ein hohes Maß an Abhängigkeit von den

Verkehrsmitteln. Ein Teil der unmittelbaren Kontrolle über die raumzeitliche Gestaltung des Tagesverlaufs geht damit verloren.

Es ist also wesentlich auch die soziale Differenzierung, die zu räumlicher Differenzierung führt (vgl. Friedrichs 1977, S. 72). Räumliche Differenzierung übt jedoch umgekehrt einen bestimmten Einfluß auf die soziale Differenzierung aus (vgl. zu dieser Diskussion Matzner et al., S. 17 ff.). Ohne in dieser Auseinandersetzung Stellung zu beziehen, kann mit einiger Plausibilität davon ausgegangen werden, daß, wie Friedrichs bemerkt, die Zeitteilung als Teil der sozialen Organisation irgendwie geartete Effekte auf die räumliche Organisation ausübt.

Eine vorhandene räumliche Organisation prägt ungeachtet der Frage nach den Verursachungskomplexen, die Gegenstand der Kontroverse sind, ebenfalls notwendig das Zeitbudget des Individuums bzw. des Familienhaushalts. Bei gegebener räumlicher Struktur und vorgegebenem Zeitrahmen (z. B. Arbeitszeit) hängt es aber wiederum von der sozialen Organisation bzw. sozialen Faktoren ab, inwieweit räumliche und zeitliche Strukturen Folgen für die individuellen Lebenschancen haben, so z. B. vermittelt über die Verkehrsanbindung oder die Verfügbarkeit über Verkehrsmittel, die eng an die Einkommenslage gebunden sind. Hierauf wird weiter unten noch einzugehen sein.

2.2 Entfernung und Geschwindigkeit als strukturelle Gewalt

Zunächst sollen die Bedingungen der Überwindung räumlicher Distanzen und der damit verbundene Zeitverbrauch in den hochentwickelten Industrieländern weiter untersucht werden.

Die Expansion des Transportwesens stellt in mehrfacher Hinsicht eine Form der strukturellen Gewalt dar. Zum einen, indem die Teilhabe an „Transport" — Personen- wie Gütertransport — für das Individuum faktisch zu einem Zwang wird, dem es sich nur um den Preis seiner sozialen Benachteiligung entziehen kann. Zum anderen reproduzieren und verdoppeln sich soziale Ungleichheiten, die allgemein in der Gesellschaft bestehen, im Verkehrswesen dadurch, daß die Chancen schneller und bequemer Beförderung ungleich verteilt sind. Die strukturellen Zugangsbeschränkungen, die auch in anderen gesellschaftlichen Bereichen z. B. durch das Einkommen, die Schichtzugehörigkeit, die Qualifikation u. ä. bestehen, setzen sich im Verkehrswesen fort. In ähnlichem Zusammenhang ist auch vom „Klassencharakter des Automobils" gesprochen worden (vgl. Krämer-Badoni et al. 1971).

Robert (1981) bestreitet generell, daß das moderne Verkehrswesen ohne weiteres als Errungenschaft anzusehen sei und beschreibt den „perversen Mechanismus der Kontraproduktivität" des Verkehrswesens. Die Fähigkeiten des Körpers zur Fortbewegung verkümmerten, während andererseits das Transportwesen insgesamt nicht effektiver würde (vgl. S. 199).

Hierfür spricht z. B. die Untersuchung von Rüsch, der die Dominanz des motorisierten Verkehrs bzw. des Langstreckenverkehrs gegenüber dem Fußgänger problematisiert (vgl. 1981). Hierin wird der zeitliche Aufwand für die Überwindung von Distanzen nicht nur auf die auf veränderten Interaktionsnetzen beruhenden Ursachen zurückgeführt, sondern auch auf die Umgestaltung vieler Agglomerationsräume zur „autogerechten Stadt" oder auf die Zerteilung von gewachsenen Interaktionsnetzen in kleineren Ortschaften infolge des Fernstraßenbaus.

Ähnlich wie Robert zweifelt Illich an dem vermeintlichen Fortschritt, den die „Industrialisierung des Verkehrs" hervorgebracht haben soll. Auch er konstatiert eine erzwungene Abhängigkeit von automobilen Maschinen, die zu einer Verkehrssklaverei führten. Der Mensch werde „schnell verfrachtet und stets verschleppt", ohne dabei einen echten Zuwachs an Lebenszeit zu erhalten (vgl. Illich 1978, S. 83). Er stellt in einer vielzitierten Abhandlung fest, daß der typische amerikanische Mann seinem Auto mehr als 1.600 Stunden im Jahr widmet, indem er darin herumsitzt, während es fährt oder stillsteht oder indem er das Geld verdient, um die monatlichen Raten, das Benzin, das Wegegeld, die Versicherung, die Steuern und die Strafzettel zu bezahlen. Er verbringt danach vier seiner sechzehn wachen Stunden auf der Straße oder damit, die Mittel für den Betrieb des Autos zu beschaffen (S. 85).

Nicht nur die Zeit, die der moderne Amerikaner in verschiedenen Transportsystemen zubringt, hat sich verlängert; Illich glaubt, daß er im Durchschnitt genauso viele Kilometer zu Fuß laufen muß wie seine Vorfahren — „zumeist durch Tunnel, Korridore, über Parkplätze und durch Kaufhäuser" (S. 83). In Ländern dagegen, in denen eine Transportindustrie fehlt, bewegen sich nach Illich die Menschen mit derselben *durchschnittlichen(!)* Geschwindigkeit und gehen dabei „wohin sie wollen". Entscheidend ist, daß sie für den Verkehr nicht 28 Prozent ihres gesellschaftlichen Zeitbudgets aufwenden, wie in industrialisierten Ländern, sondern nur 3 bis 8 Prozent (S. 86).

„Der summierte transportbedingte Zeitaufwand und die Verstümmelung einer Gesellschaft nehmen schneller zu als die Zeitersparnis, die einige wenige bei ihren Exkursionen machen. ... Mit den Beförderungsmöglichkeiten steigt der Zeitmangel. Jenseits einer gewissen kritischen Schwelle ist der Zeitverlust, den die Produkte der Transportindustrie verursachen, größer als die Ersparnis. Der Preis für den marginalen Nutzen steigender Geschwindigkeit für eine kleine Anzahl ist der anschwellende marginale Schadenszuwachs (rising marginal dis-utility) der großen Mehrheit, der durch diese zeitraubende Beschleunigung verursacht wird. ... Jenseits einer kritischen Geschwindigkeit kann niemand Zeit ‚sparen', ohne daß er einen anderen zwingt, Zeit zu ‚verlieren'. Derjenige, der einen Platz in einem schnelleren Fahrzeug beansprucht, behauptet damit, seine Zeit sei wertvoller als die Zeit dessen, der in einem langsameren Fahrzeug reist" (S. 89; Hervorh. v. mir, J. R.).

Wie Robert hebt Illich die soziale Ungleichheit hervor, die „jenseits einer gewissen Schwelle des Energiekonsums" auftritt. Die am schnellsten Reisenden üben einen moralischen, ökonomischen und sozialen Druck auf die aufgrund ihrer sozialen Stellung weniger weit oder schnell Reisenden aus, ohne daß damit das Reisen an sich als erstrebenswertes Privileg angesehen werden kann. Illich drückt dies sehr plastisch aus in der Feststellung, daß die am schnellsten Reisenden eine Klasse der Geschwindigkeitskapitalisten seien, und der Tauschwert der Zeit tendenziell die Oberhand gewinnen würde (vgl. S. 89).

Er spricht in diesem Zusammenhang von „entfremdenden Entfernungen" (S. 90). Es liegt die Vermutung nahe, daß Illich einem gleichsam biologistischen Konzept aufsitzt, wenn er davon ausgeht, daß es natürliche unentfremdete Entfernungen gäbe — die Entfernungen, in denen sich der Mensch jahrtausendelang bewegt hat. Auch der Verlust eines „Zeit-Raum-Gefühls", das er an anderer Stelle (S. 88) beklagt, scheint, anders als das Argument der Kontraproduktivität der Geschwindigkeit, m. E. zu sehr aus moralischen Quellen gespeist zu sein.

Er beharrt jedoch nicht auf der schlichten Naturnotwendigkeit einer bestimmten Geschwindigkeit. Illich geht es vor allem — und hier ist ihm voll zuzustimmen — um die Wiederaneignung der Kontrolle über die Bewegung in Raum und Zeit durch die betroffenen Individuen und sozialen Gruppen. Er meint, daß, soweit man dies aus den heutigen beschränkten Informationen herleiten kann, „überall auf der Welt, nachdem ein Fahrzeug die Geschwindigkeitsbarriere von 25 km/Std. überschritt, der verkehrsbedingte Zeitmangel zunahm" (S. 94).

Eine tatsächliche effektive Verschnellerung erscheint ihm nur durch das Umsteigen auf ein anderes Verkehrsmittel möglich, nämlich auf das Fahrrad; allerdings unter der Bedingung, daß durch die gewohnheitsmäßige, weite Verbreitung dieses Verkehrsmittels auch die Kommunikations- und Interaktionsnetze wieder kleiner würden, so daß sich die Entfernungen, die zurückgelegt werden müssen, verringerten.

Diese Fiktion ist keineswegs als utopisch anzusehen: Der tägliche Aktionsradius der meisten Menschen geht ohnehin im Durchschnitt nicht wesentlich über 6 Kilometer hinaus (vgl. Höppner 1979, S. 188 und Robert 1980). So haben Untersuchungen z. B. in einer holländischen Großstadt mit 350.000 Einwohnern (Tilburg) ergeben, daß dort schon (oder noch immer) heute nur 28,5 Prozent der arbeitenden Bevölkerung, die ein individuelles Verkehrsmittel benutzen, mit dem Auto fahren, 69,3 Prozent hingegen benutzen das Fahrrad und 9,3 Prozent gehen zu Fuß (vgl. Monheim, 1979, S. 104; vgl. auch die kritischen Anmerkungen zur Mobilitätszunahme, S. 76 ff.).

Besondere Bedeutung mißt Illich der Erfindung des Kugellagers bei, welches den Menschen erlaube, ein neues Verhältnis zwischen ihrem Lebensraum und ihrer Lebenszeit, zwischen ihrem Territorium und dem Rhythmus ihres Seins zu schaffen, ohne Raum, Zeit und biologisches Tempo gewaltsam voneinander zu trennen (S. 106). Es versetze den Menschen in die Lage, durch eine Vervielfachung des Wirkungsgrades der eigenen Kraft, etwa im Fahrrad, ohne Dazwischentreten weiterer, ressourcenvernutzender Antriebsaggregate den Raum unter Beibehaltung der Kontrolle über die eigene Lebenssituation zu erschließen. Die Vorteile des Fahrrades werden darin gesehen, daß es dem Menschen ermögliche, sich schneller fortzubewegen, ohne damit nennenswerte Mengen von knappem Raum, knapper Energie oder knapper Zeit zu beanspruchen.

Obwohl Illich wie Robert in vieler Hinsicht Recht zu geben ist, darf gleichwohl nicht übersehen werden, daß *Durchschnittsgeschwindigkeiten* im Kontext der von ihnen aufgeworfenen Problematik nur bedingt eine aussagekräftige Bezugsgröße sind. Denn die Struktur des industriellen Arbeits- und Reproduktionsalltags fordert vom Individuum gerade hohe Flexibilität und die Überwindung von Distanzen zu *vorgegebenen* Zeiten mit einer *faktisch* vorgegebenen Geschwindigkeit, erfordert die Erledigung von Arbeitsaufgaben, von Einkäufen, von erzieherischen Maßnahmen und anderen Aufgaben innerhalb kurzer Fristen mit festgelegten Allokationsregeln. Dies ist bedingt durch ein rigides Zeitregime, d. h. durch Zeitnormen und den Zwang zur Anpassung an starre Institutionen. Hierin sehen die Autoren allerdings zurecht gerade die Unfreiheit der Entscheidung, die sie mit ihren Überlegungen durchbrechen wollen.

Es ist u. a. die Polarisierung des Tages in einen (nicht nur Erwerbs-)Arbeitstag und in den sogenannten Freizeitbereich, die Entzweiung von Arbeits- und Privatrolle, die erst ein Großteil der Verkehrs- und Zeitprobleme nach sich zieht, die dann durch noch effektivere Verkehrssysteme beseitigt werden sollen. Unter den gegenwärtigen Bedingungen, d. h. unter Beibehaltung dieser strengen Trennung der Lebensbereiche, die jedoch keineswegs als gegeben hingenommen werden muß, bleibt das Automobil trotz aller kontraproduktiven Effekte, die zu Recht beklagt werden, aus *individueller Sicht* rein zeitökonomisch betrachtet wohl oder übel ein vergleichsweise vernünftiges Fortbewegungsmittel. Auch die Argumentation, daß enorme finanzielle Vorleistungen für das Auto zu erbringen sind, können nicht über die Tatsache hinwegtäuschen, daß von einer bestimmten Einkommenshöhe an die durch den Pkw erreichten höheren Dispositionsmöglichkeiten und die damit erworbenen zeitlichen Vorteile größer sind als die Nachteile, die aus dem Arbeitsleid, das für den Erwerb und den Unterhalt des Fahrzeuges aufgewendet werden muß, resultieren.

Der faktisch für den einzelnen (über die gesamtgesellschaftlichen negativen Folgen bestehen keine Zweifel) offensichtlich noch immer vorhandene zeitliche Nutzen des Automobils beruht also vor allem auf bestimmten zeitlichen Allokationsstrukturen des industriellen Alltags: Aufgabenerledigung wie auch Leistung (vgl. Kap. III.1.4.2) sind unter den Bedingungen der industriell-kapitalistischen Produktionsweise an feste Zeitnormen und Allokationsmuster gebunden. Das richtige Timing wird nicht nur im Erwerbsarbeitsbereich oder im Bereich des Kapitalverkehrs durch bessere Erwerbschancen, sondern auch im Nicht-Arbeitsbereich durch die Erhöhung der Partizipationsmöglichkeiten an öffentlichen und privaten Angeboten positiv sanktioniert.

In dem bisher Gesagten deutet sich bereits an, daß menschliche Bewegungen im Raum, die ja größtenteils nicht Selbstzweck sind, sondern zum Zwecke der Kooperation mit anderen Menschen erfolgen und daher häufig der Ergänzung durch die Bewegung anderer bedürfen, als Arbeit begriffen werden können (vgl. Matzner et al. 1978, S. 11). Freilich wird diese Art von Arbeit, die „Überwindung von Distanzwiderständen" (Matzner et al.) in der Regel nicht entlohnt bzw. nur dann, wenn dieser Vorgang kommerziell betrieben und zum Gegenstand von Erwerbsarbeit gemacht wird, wie etwa bei einem Fuhrunternehmen. Räumliche Bewegungen außerhalb der Arbeitssphäre sind also als Reproduktionsarbeit aufzufassen, sie sind eine Form der Haushaltsproduktion.

Aus der Überlegung heraus, daß die Mobilitätsbereitschaft unter entwickelten industriell-kapitalistischen Bedingungen eine Strukturnotwendigkeit darstellt, hat Robert den Schluß gezogen, daß die Behandlung von Wegezeiten als unbezahlte Privatzeit des Arbeiters eine Form des Zeit-Diebstahls darstelle. Die Aneignung der gesellschaftlichen Wertschöpfung durch die industriellen Produzenten sei nur möglich auf Basis der unentgeltlichen Abschöpfung von Leistungen im Bereich der außerindustriellen Arbeit. Hierzu gehöre gerade die unentlohnte Aneignung der Arbeitsleistung, die das arbeitende Individuum, aber auch die nichtarbeitende Bevölkerung für die räumliche Fortbewegung aufbringen muß (vgl. Robert 1980, S. 198).

2.3 Das Raum-Zeit-Modell

Matzner et al. (1978) haben den Versuch unternommen, in einem Modell, das räumliche Bewegungen von Einzelpersonen und Familienhaushalten miteinander in Beziehung setzt, raum-zeitliche Handlungsalternativen auszuloten und die damit verbundenen Optimierungsmöglichkeiten von Lebenschancen in und außerhalb der Arbeitssphäre bzw. in ihrer wechselseitigen Bedingtheit sichtbar zu machen.

Im Raum-Zeit-Modell wird die Sichtweise des Zeitallokationsproblems, wie sie den klassischen „Zeitbudgetstudien" zugrunde liegt, nicht nur um eine räumliche Dimension erweitert, es wird eine grundlegend andere Problemstellung formuliert: Während die Zeitbudgetstudien das zeitliche Verhalten von Individuen oder Gruppen ex post analysieren, versucht das von Haegerstrand entwickelte Raum-Zeit-Modell, auf das sich Matzner et al. beziehen, *ex ante* die Menge der Alternativen, die in einer einzelnen Entscheidungseinheit offen stehen, zu erfassen. Dabei soll eine Klärung von Mechanismen und Prozessen der Zeitallokation erreicht werden. Problematisch erscheint Matzner et al. im Anschluß an Carlstein et al. (1977), daß in Zeitbudget-Studien die Zeitverwendung nicht als Ergebnis von Interaktionsprozessen und Gruppenbildung erscheint und so, durch die Ausblendung von alternativen Zeitverwendungsmöglichkeiten, die Restriktionen der Zeitverwendung nicht zu erfassen und daher entsprechende Hindernisse auch nicht zu beseitigen sind (vgl. S. 31).

Es zeige sich bei der Darstellung im Raum-Zeit-Modell, daß die hoheitlich verfügten und kontraktlich festgelegten Zeitpakete (Öffnungszeiten von öffentlichen Institutionen wie Schulen u. ä., Arbeitszeiten) noch einige sogenannte „Zeitfenster", das sind ungenutzte Zeitintervalle, übrig ließen, die es bei der Organisation des Alltagslebens optimal zu nutzen gelte. Die Autoren verweisen auf das grundlegende Problem marktwirtschaftlich organisierter Gesellschaften, in denen die Allokationen der Ressourcen als Ergebnis summierter individueller Markttransaktionen erscheint, die jedoch, was die individuelle und damit auch gesellschaftliche Zeitallokation anbelangt, zu einer „Tyrannei der kleinen Entscheidungen" (nach Kahn 1966) führten. Die Tyrannei der kleinen Entscheidungen zerstöre Optionen, die es jedoch gerade zu erhalten gelte.

„Das zentrale Anliegen ist somit die Maximierung von Handlungsfreiheit in dem Sinne, daß die Gesamtzahl möglicher Kombinationen alltäglicher Aktivitäten möglichst groß (allokationstheoretische Fragestellung) und außerdem möglichst gleichmäßig verteilt sein soll (verteilungstheoretische Fragestellung) ... Wichtig erscheint also für die vorgegebene Themenstellung der Aspekt der Rehumanisierung, der Aspekt der Komplexitätsreduktion sowie der mögliche Ausweg aus dem Dilemma zwischen komplexitätseliminierender technokratischer Planung einerseits und komplexitätsschaffender partizipartorischer Notwendigkeit durch Vergesellschaftung und Politisierung des Planungsprozesses andererseits" (Matzner et al., S. 44).

Die Zielsetzung besteht m. a. W. darin, zusätzliche Handlungsspielräume für die Menschen zur Bewältigung ihrer Alltagsprobleme durch gelockertere raumzeitliche Allokationsmuster zu gewinnen (S. 44). Das Individuum ist im raumzeitlichen Allokationsprozeß mit Spannungszuständen und Konflikten konfrontiert, die daraus entstehen, daß jedes Individuum eine „begrenzte Zeit verschiedenen Zwecken an verschiedenen Orten und zu verschiedenen Zeiten in der Weise zuzuordnen (hat), daß eine Anzahl von z. T. lebensnotwendigen Tätigkeiten eine sinnvolle Abfolge bildet" (S. 68). Die Raum-Zeit-Modelle erlauben es nun, diese Konfliktsituation von Individuen von Familienhaushalten graphisch darzustellen (vgl. Abb. 4).

Die Handlungsfreiheit im Modell kommt zustande durch das Herausarbeiten der genannten „Zeitfenster", die durch günstige Allokation der zu erledigenden Tätigkeiten im raumzeitlichen Bereich entstehen. So bleibt z. B., wenn die Entfernung zwischen Arbeitsplatz und Wohnort gering und/oder der Arbeitsplatz in kurzer Zeit erreichbar ist, mehr Zeit für andere Aktivitäten. Um dieses Ziel zu erreichen, lassen sich verschiedene Handlungsstrategien denken, z. B. die Arbeitsstätte so zu wählen, daß sie möglichst nahe am Wohnort liegt. Umgekehrt könnte der Wohnort an den Ort des Arbeitsplatzes angepaßt oder beide Parameter verändert werden. Es ließe sich aber auch die Wahl des Verkehrsmittels variieren und möglicherweise die Arbeitszeit (z. B. gleitende Arbeitszeit), um unerwünschten Zeitverbrauch z. B. durch den täglichen Verkehrsstau zu vermeiden. Die Herstellung solcher Subräume zieht u. U. wieder neue Bedürfnisse und Aktivitäten mit neuen raumzeitlichen Allokationsproblemen nach sich.

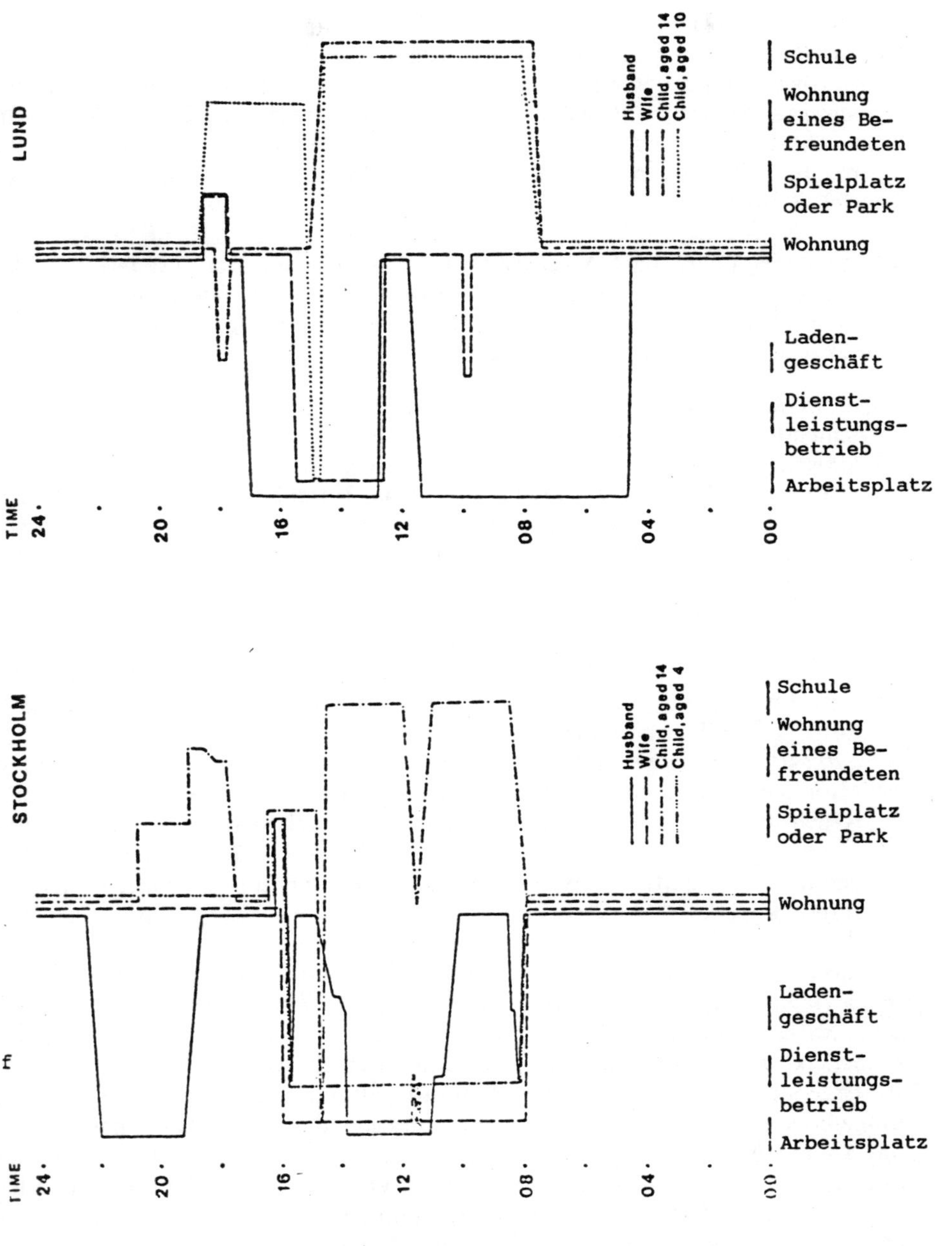

Quelle: T. HÄGERSTRAND (1973a, S. 31 und 33)

Abb. 4.

Das Raum-Zeit-Modell übernimmt jedoch nicht nur die Perspektive des Individuums bzw. des einzelnen Familienhaushalts, sondern zeigt auch die Interaktionsprozesse mit anderen Personen oder Gruppen in Form zusammenfließender Linien, in sogenannten Bündeln, auf. Sie sind die graphische Darstellungsform eines physisch-räumlichen Zusammentreffens mit anderen Individuen (nicht aber z. B. bei Telekommunikation), die bei Matzner et al. als „Koppelung" bezeichnet werden (vgl. S. 69).

Haegerstrand (1971, nach Matzner et al., S. 72) benennt drei Restriktionen, die die Menge möglicher Handlungen begrenzen; sie sind auf andere Menschen und deren Interessenpotentiale wie auch auf mehr oder weniger formelle Normen zurückzuführen. Es sind dies zum einen

— *capability constrains,* d. h. Restriktionen, die aus lebensnotwendigen menschlichen Bedürfnissen wie zyklisch wiederkehrenden biologischen oder physiologischen Notwendigkeiten der Nahrungsaufnahme, des Schlafs usw. erwachsen. Hierzu werden auch die aus der Unteilbarkeit des menschlichen Individuums herrührenden Beschränkungen gerechnet, d. h. die Tatsache, daß der Mensch sich zu einer Zeit nur an einem Ort aufhalten kann. Ferner werden
— *coupling constrains* genannt. Damit ist gemeint, daß die Notwendigkeit oder das Bedürfnis, zu Interaktions- und Kommunikationsprozessen räumlich zusammenzukommen (Kopplungen und Bündel), Zeit verbraucht und räumliche Distanzüberwindung erfordert (mit Ausnahme der Telekommunikation). Schließlich bestehen
— *authority constrains* und zwar dadurch, daß der Zugang zu bestimmten räumlichen Stationen und bestimmte Aktionsmöglichkeiten durch soziale Regeln begrenzt und gesteuert werden. Es handelt sich dabei um Barrieren sowohl materieller wie auch immaterieller Art, wie Öffnungszeiten, Einlaßgebühren, Qualifikationserfordernisse oder territoriale Verwaltungszuständigkeiten.

All diese *constrains* beschneiden den Handlungsspielraum des Individuums bzw. der sozialen Gruppe, der das Individuum zugehört und wirken sich sowohl auf seine zeitliche als auch auf seine räumlichen Bewegungsmöglichkeiten aus. Die Feinstruktur des Raum-Zeit-Modells kann hier nicht weiter ausgeführt werden. Im Ergebnis kommen Matzner et al. in ihrer Studie zu der Erkenntnis, daß die untersuchten Wiener Haushalte „sehr unterschiedliche Möglichkeiten haben, das alternativreiche Angebot an privaten und öffentlichen Einrichtungen zu nutzen" (S. 180). Sie schlagen zur besseren Versorgung der Bevölkerung aller Regionen zumindest mit öffentlichen Angeboten deren gleichmäßigere räumliche Verteilung im Sinne einer räumlichen Dezentralisierung vor.

Beispiele hierfür wären Volkstheater, die ihre Stücke in den Außenbezirken vorführen, oder mobile Bücherbusse, die die kulturellen Standortnachteile der verkehrsmäßig schlecht angebundenen Bevölkerungsteile vermindern könnten.

Die Chance der Nutzung solcher Angebote erhöht sich nach Matzner et al. vor allem durch den verringerten Zeitaufwand für die Inanspruchnahme der Einrichtungen durch Reduktion der Entfernungen, was sich wieder günstig auf die Struktur potentieller Aktionsprogramme auswirke (S. 182).

Zudem müßten die Ortsveränderungsmöglichkeiten verbessert und größerer Einfluß auf die Verteilungswirkung der Verkehrspolitik genommen werden. Hierzu sei neben verbesserter Linienführung öffentlicher Verkehrsmittel eine Anhebung der Reisegeschwindigkeit erforderlich. Entsprechende Beschleunigungsprogramme könnten aber nicht allein auf eine Erhöhung der Fahrgeschwindigkeiten selbst setzen, sondern sie müßten auch auf eine Verkürzung der Warte- und Umsteigezeiten und auf Frequenzsteigerungen der öffentlichen Linien abzielen, die im Endergebnis sich sogar nachhaltiger auf die Reisegeschwindigkeit auswirken dürften.

Eine Bedingung für eine gerechtere zeitliche Organisation des Alltags stelle eine vielgestaltige Flexibilisierung in der zeitlichen Dimension dar. Es wird vermutet, daß eine Anhebung der Partizipationschancen an privaten und öffentlichen Bildungsangeboten durch Flexibilisierung von Öffnungs- und Kurszeiten oder eine Verschiebung um teilweise nur eine Viertelstunde erreicht werden könne. In diesem Zusammenhang werden Arbeitszeiten, Schulzeiten und Öffnungszeiten verschiedenster Einrichtungen genannt.

2.4 Zeit-Planung

Die Herstellung von „Zeitfenstern", wie sie von Matzner et al. als Möglichkeit der Zeitersparnis für die Familienhaushalte für sinnvoll erachtet wird, kann jedoch nicht ohne weiteres als wünschenswerte Strategie der Familienhaushalte im Umgang mit der Zeit angesehen werden. Zunächst muß hervorgehoben werden, daß das Raum-Zeit-Modell, das Matzner et al. ihrer Untersuchung zugrunde legen, jedenfalls seiner Intention nach kein Instrumentarium für die individuelle Zeitplanung einer Familie ist, sondern ein Mittel zur Erfassung von Restriktionen im Bereich des raum-zeitlichen Alltagshandelns der Familie.

Es läßt sich allerdings darüber spekulieren, ob mit dem Voranschreiten von Heimcomputern ein solches Optimierungsmodell für das Versorgungshandeln und die Freizeitaktivitäten eines größeren Familienhaushalts Anwendung finden könnte. So effektiv ein derartiges Modell in einem bestimmten Sinne sein mag, so sehr beansprucht es jedoch auch, daß sich die beteiligten Individuen zur Herausarbeitung solcher Zeitfenster an die nach strengen Rationalitätsannahmen gestaltete Vorplanung halten. Denn spontane Abweichungen hiervon aufgrund von Lust-Unlust-Gefühlen erscheinen im Kontext dieses Modells als irrationale Einfälle oder auch einfach als „wirres Handeln", etwa im Sinne einer Handlungsstrukturanalyse (vgl. hierzu Volpert 1974).

Unbestreitbar ist, daß sich der Familienalltag in der Regel ohnehin innerhalb eines starren Korsetts zeitlicher Rahmenbedingungen und Anforderungen bewegt (vgl. Rinderspacher 1981a). Insofern könnte durch eine konsequent angewandte Rationalität der grundlegenden Zeitverwendungsmuster etwa im Wochenrhythmus eine bessere familiale Zeitallokation dadurch erreicht werden, daß Routinearbeiten effektiver bewältigt werden. Damit stünde tatsächlich mehr Raum für ungeplante, spontane Aktivitäten zur Verfügung. Allerdings darf nicht übersehen werden, daß, wie Matzner et al. in ihrer Untersuchung ja gerade hervorheben, die Unmöglichkeit, diese Zeitfenster zu bilden, nur teilweise den individuellen Allokationsprozessen der Familienhaushalte geschuldet ist, sondern aufgrund struktureller Defizite, d. h. durch fehlende öffentliche Angebote oder andere infrastrukturelle Mängel entsteht.

Obwohl auf der rein technisch-instrumentellen Ebene ein rationales Zeitplanungskonzept durchaus Vorzüge aufweisen könnte, indem es nach Abzug der Zeit für notwendige Arbeiten die Zeit-Räume für spontane Bedürfnisse vergrößert, wäre aber auch denkbar, daß diese rationale Planungsform als solche im Ansatz das zerstört, wofür sie Freiräume zu schaffen glaubt: die „freie" Entfaltung innerhalb bestimmter Zeitintervalle. Die Quadratur des Kreises muß hier gelöst werden als Problem einer geplanten Spontaneität. Jedes Planungskalkül benötigt bekanntlich eine Planungsrationalität, nach der geplant wird; Planung erfordert vor allem Präferenzgesichtspunkte und Bewertungsmaßstäbe dafür, was als sinnvolles Handeln und was als verschwendete Zeit gelten soll. Dies wird dann problematisch, wenn auch im Reproduktionsbereich ökonomische Kalküle dominant oder auch nur durchgängig herangezogen werden. Denn, wie oben deutlich wurde, ist die Schaffung von Zeitfenstern in der Regel an Mitteleinsätze gebunden: Der Familienhaushalt muß z. B., um seinen Mitgliedern die schnellere Fortbewegung ermöglichen zu können, materielle Vorleistungen erbringen wie den Kauf eines oder mehrerer Kraftfahrzeuge, Verlagerung des Wohnortes in eine verkehrsgünstige Region, Benutzung eines schnelleren Transportmittels, z. B. Flugzeug statt Eisenbahn, Kraftfahrzeug statt Fahrrad. Die so herausgewirtschafteten Zeitintervalle verbleiben damit sowohl objektiv wie auch im Bewußtsein der wirtschaftenden Subjekte nicht in einem unökonomischen, d. h. ökonomisch nicht bewerteten Raum. Die Schaffung von zeitlichen Oasen kostet Geld.

Je höher der Aufwand zur Schaffung dieses Freiraums ist, desto teurer wird er und desto höher muß er bewertet werden. Es wird damit ökonomisch immer irrationaler, einen so entstandenen zeitlichen Freiraum mit Nichtstun zu verbringen. Aktivität und sinnvolle Freizeitverbringung sind gefordert.

Wir finden diesen Mechanismus in den Ausführungen Linders (1973) beschrieben, der auf Basis neoklassischer Theoreme davon ausgeht, daß je höher die Arbeitsstunde eines Menschen in abhängiger oder freiberuflicher Arbeit bewertet wird, desto mehr in terms eines potentiell entgangenen Nutzens, der aus dieser Stunde hätte gezogen werden können, der Wert der mit Freizeit verbrachten

Stunde wächst. Hieraus und aus der Tatsache, daß ein hohes Einkommen ebenfalls in der ökonomischen Logik zur güterintensiven Nutzung der Freizeit zwingt, läßt sich ersehen, daß die so gewonnenen Gestaltungsspielräume aufgrund der in der Gesellschaft insgesamt vorherrschenden abstrakten Zeitlogik einem Be- und Verwertungsimperativ unterliegen und damit sowohl quantitativ unter einen immer größeren Kalkulationszwang geraten wie auch qualitativ überhaupt erst dazu führen, daß Zeit von den Individuen erfahren und bewertet wird.

Das zentrale Problem einer rationalen Zeitplanung besteht also darin, daß jede Kalkulation und Disposition der bzw. über die Zeit ihre Bewertung qualitativ und quantitativ erhöht und damit die Zeit, die bewirtschaftet werden soll, als Gegenstand der Bewirtschaftung gleichsam erst generiert bzw. die Zeit-Probleme perpetuiert. Nur da, wo Zeit keine Bewertung erfährt, entstehen tatsächlich zeitliche Freiräume. Da dies aber nur in vorindustriellen Gesellschaften der Fall ist, ist es durchaus den Tatsachen angemessen, daß Matzner et al. von Zeit*fenstern* sprechen, weil in diesem Bild schon die Ränder markiert sind und damit der (Frei-)Raum gleichsam als Ausnahme von der Regel definiert ist: Ein Haus, das nur aus Fenstern bestünde, wäre eben kein Haus mehr.

Wenn man zu der Erkenntnis gelangt, daß die Materie „Zeit" die eigentümliche Eigenschaft hat, gerade dadurch stärker zum Vorschein zu kommen, daß man versucht, sie ökonomisch zu domestizieren, dann muß eine über ein gewisses, grundlegendes Maß hinausgehende rationale Zeitplanung auch im Familien- und Freizeitbereich jedenfalls im säkularen Trend als ein untaugliches Mittel angesehen werden, um — wie mit solchen Zeitfenstern beabsichtigt ist — die Vergrößerung von zeitlicher und räumlicher Freiheit realisieren zu können.

Intendiert man jedoch, in einer gegebenen Zeit (im Extremfall der Lebenszeit) eine bestimmte bzw. eine möglichst große Anzahl von Tätigkeiten oder Erlebnissen unterzubringen, dann stellen sich in der Tat mehr oder weniger nur technokratische Alternativen, um mehr Zeit zu gewinnen.

3. Arbeitszeit als Zeitrestriktion

Im folgenden soll kein allgemeiner Überblick über die gegenwärtige Arbeitszeitdiskussion gegeben werden, die anhand einer Reihe von neueren Veröffentlichungen bzw. Sammelbänden nachvollzogen werden kann (vgl. z. B. IAB 1979; Bolle et al. 1982; Offe et al. 1982; Hoff 1983a; Kutsch/Vilmar 1983; Rinderspacher 1981). Die folgenden Erörterungen bleiben darauf beschränkt, herauszuarbeiten, inwiefern Arbeitszeiten bzw. Arbeitszeitregelungen in qualitativer und quantitativer Hinsicht zeitliche, sachliche oder soziale Restriktionen bedingen, die zu Hemmungsfaktoren für die Entwicklungschancen von Individuen und ihren sozialen Bezugsgruppen werden.

3.1 Zeitrestriktion durch Dauer der Arbeitszeit und arbeitsgebundene Zeit

3.1.1 Effektive Arbeitszeit, Überstunden, Kurzarbeit

Präzise Angaben über die effektiven Arbeitszeiten der bundesrepublikanischen Arbeitnehmer zu geben, ist aus einer Reihe von Gründen nicht leicht. Von dem aus verschiedenen Quellen zur Verfügung stehenden Datenmaterial interessieren in unserem Zusammenhang vor allem solche Angaben, die den tatsächlichen Zeitverbrauch für den einzelnen Arbeitnehmer (Industriearbeit, tertiärer Sektor, öffentlicher Dienst) deutlich machen.

Auf die Grenzen und Möglichkeiten des bundesamtlichen Systems arbeitszeitstatistischer Erhebungen hat Seifert (1981) aufmerksam gemacht. In unserem Zusammenhang besteht eines der Hauptprobleme darin, daß aus der amtlichen Statistik wie auch aus anderen statistischen Angaben (vgl. z. B. IAB) nur Durchschnittswerte der tatsächlich geleisteten Arbeitsstunden pro Woche bzw. pro Tag herauszulesen sind. Dies kann, wenn man die reale zeitliche Belastungssituation der Familienhaushalte erfassen will, zu groben Fehleinschätzungen führen, da vermutlich gerade die Ungleichverteilung der geleisteten oder zu leistenden Arbeitszeit im Jahresverlauf, unter verschiedenen Beschäftigtengruppen wie auch einzelner Untergruppen (z. B. verschiedene Abteilungen eines Großbetriebes mit und ohne Überstunden oder mit und ohne Kurzarbeit), ein Kennzeichen der gegenwärtigen gesellschaftlichen Zeitallokation zu sein scheint und die Verteilungsstruktur angesichts der gegenwärtigen Wirtschaftskrise bedeutsamer wird.

Einen globalen Überblick über die Entwicklung der Arbeitszeiten zwischen 1960 und 1979 zeigt eine Statistik des Instituts für Arbeitsmarkt- und Berufsforschung (vgl. Reyher et al. 1979, S. 381 ff.). Danach ist die Jahresarbeitszeit der Arbeitnehmer durchschnittlich um 370 Stunden auf 1.714 Stunden, also um gut ein Sechstel, zurückgegangen (S. 395). Mendius argumentiert, daß „die Verbindlichkeit tariflicher Arbeitszeitregelungen der Tendenz nach abnimmt, das heißt, daß die Schwankungen um das reguläre Arbeitsangebot der Arbeitnehmer (tarifliche Arbeitszeit) wachsen“ (1978, S. 204). Dagegen konstatieren Isensee/Salfer (1981) in ihrer Untersuchung, „daß die Steuerungskapazität der tariflichen Arbeitszeit ungebrochen ist“ (S. 192; vgl. auch dieselben in Bolle et al. 1982, S. 30 ff.). Reyher et al. (1979) sind ebenfalls der Auffassung, daß die Veränderungen in der tariflichen Arbeitszeit den Ausschlag geben für die Veränderungen der tatsächlichen Arbeitszeit. Nach ihrer Untersuchung fiel im untersuchten Zeitraum von 1960 bis 1979

„die tariflich vereinbarte Jahresarbeitszeit im Durchschnitt aller Arbeitnehmer um mehr als 15 % zurück. Gut 70 % hiervon entfielen auf die Verkürzung der Wochenarbeitszeit. Hier gilt jetzt für fast alle Arbeitnehmer die 40-Stundenwoche. Die Zahl der tariflichen Urlaubstage im Jahr ist in dem gesamten Zeitraum bis 1979 auf nunmehr durchschnittlich 27 Tage angestiegen“ (S. 395).

Dabei gibt es zwischen den Hauptwirtschaftsbereichen keine gravierenden Unterschiede, sowohl in der tariflichen wie auch in der effektiven Jahresarbeitszeit (ebd.).

Die Mehrarbeitsstunden schwanken nach Reyher et al. stark mit dem Konjunkturzyklus, „zeigen aber ebenfalls keinen auffälligen Trend". Allerdings bemerken die Autoren, daß in den letzten Jahren die Kurzarbeit und eine anhaltende Verringerung von Mehrarbeitsstunden eine gewisse arbeitsmarktpolitische Pufferfunktion gehabt hätten. Der Krankenstand weist nach dieser Untersuchung prozyklische Schwankungen auf, folgt aber sonst keinem Trend.

Zieht man die Angaben des Statistischen Bundesamtes heran, so bewegte sich die durchschnittliche wöchentliche Arbeitszeit gemessen an den durchschnittlich bezahlten Wochenstunden der Industriearbeiter 1981 zwischen 40,4 Stunden in der Musikinstrumenten-, Spiel- und Schmuckwarenindustrie und 44,7 Stunden in der Brotindustrie mit den längsten (durchschnittlichen, bezahlten) Wochenstunden. Während in verschiedenen Branchen wie zum Beispiel der Energiewirtschaft und Wasserversorgung oder im Erzbergbau die saisonalen Schwankungen verhältnismäßig gering sind, liegen die Angaben zum Beispiel in der Sparte der Industrie Steine und Erden zwischen 44,0 Stunden im Oktober 1981 und 39,3 Stunden im Januar 1982. Hier schlagen sich deutlich sowohl saisonale wie auch konjunkturelle Einflüsse nieder, die vor allem durch die Leistung von Mehrarbeit in der einen Richtung, durch Kurzarbeit in der anderen zustande kommen. Besonders an den Berufen der Bauindustrie wird deutlich, daß die Richtformel der 40-Stunden-Woche für den durchschnittlichen Arbeitnehmer in der Industrie oder im tertiären Sektor je nach Problemstellung erheblich ergänzungsbedürftig ist. Dies beschränkt sich nicht nur auf saisonale Schwankungen der Arbeitszeit, sondern zeigt sich konjunkturbedingt auch in anderen saisonunabhängigen Branchen.

Nach einer im Jahre 1981 durchgeführten Befragung (vgl. Engfer et al. 1983) arbeiteten im Durchschnitt 68,1 Prozent zwischen 35 und 44 Stunden pro Woche. Etwa 15 Prozent arbeiteten mehr als 45 Stunden. Eine Aufschlüsselung nach Wirtschaftszweigen ergibt, daß vor allem der Bereich Banken und Versicherungen sowie die privaten Dienstleistungsbereiche (Gaststätten, DL-Handwerke) mit rund 20 Prozent der Beschäftigten, die dort mehr als 45 Stunden arbeiten, hervorsticht, gefolgt von der öffentlichen Verwaltung und dem Gesundheits- und Bildungswesen mit 16,3 Prozent.

Betrachtet man unterschiedliche Berufsgruppen, stellt man fest, daß 31 Prozent der Akademiker und Manager mehr als 45 Stunden arbeiten, Büroberufe oder soziale Dienstleistungsberufe liegen bei 11,3 bzw. 9,8 Prozent. Dazwischen befinden sich die manuellen Industrie- und Handwerkerberufe. Ungefähr 80 Prozent der Angehörigen dieser Berufsgruppe arbeiten zwischen 35 und 43 Stunden, 16 Prozent mehr als 45 Stunden.

Über alle Berufsgruppen und Wirtschaftszweige läßt sich sagen, daß nur jeweils rund die Hälfte der dort befragten Personen angaben, *keine* Überstunden zu machen. Etwa ein Viertel der Befragten gab an, an 1 bis 4 Tagen im Monat Überstunden abzuleisten. Von den Angehörigen der Berufsgruppe „manuelle Industrie- und Handwerksberufe" waren es immerhin 14 Prozent, die an 10 und mehr Tagen im Monat zur Mehrarbeit herangezogen werden (vgl. alle Angaben in Engfer et al. 1983).

3.1.2 Teilzeitbeschäftigung und Flexibilität der Arbeitszeit

Gegenwärtig arbeiten etwa 8,3 Prozent der Erwerbstätigen, überwiegend Frauen, in Teilzeitbeschäftigung (in den USA sogar 21 Prozent, vgl. Kroker 1981, S. 32 ff.). Während der Anteil der Männer daran nur etwa 1 Prozent beträgt, arbeiteten in der BRD im Jahre 1977 28,8 Prozent der Frauen weniger als die reguläre Normalarbeitszeit (Kroker 1981, S. 32; Hoff 1983a, S. 224). Nach Kroker hat die Zahl der Teilzeitarbeitsplätze in den letzten Jahren gegenüber rezessionsbedingten Schwankungen Stabilität bewiesen (S. 33). Nach der Beschäftigtenstatistik und der EG-Arbeitskräftestichprobe lag der Anteil der Frauenarbeitsplätze an den Teilzeitarbeitsplätzen bei 93 Prozent.

Nach Engfer et al. (1983) beträgt der prozentuale Anteil der weiblichen Beschäftigten, die weniger als 34 Stunden, d. h. weniger als die reguläre Arbeitszeit arbeiten, insgesamt 37,7 Prozent (davon 25,4 Prozent bis 24 Wochenstunden, 12,3 Prozent 25 bis 34 Wochenstunden). Bei der Aufschlüsselung nach Berufsgruppen liegen hier vor allem Büroberufe sowie nicht spezifizierte Hilfstätigkeiten mit 17,8 bzw. 21,5 Prozent an der Spitze.

Etwa von Hoff (1983) und Kroker (1981) wird geltend gemacht, daß der Bedarf an Teilzeitarbeitsplätzen in der Erwerbsbevölkerung deutlich höher liegt als das Angebot. Dies wird damit erklärt, daß Teilzeitarbeit die Möglichkeit bietet, Erwerbstätigkeit und Hausarbeit miteinander zu verbinden. Kürzere Arbeitszeit bietet „Frauen, Erwerbsgeminderten und älteren Personen die Möglichkeit, ihr Humankapital zu aktivieren" (Kroker, S. 35). Nach einer Untersuchung Hofbauers ist für die Struktur der gegenwärtigen Teilzeitarbeit vor allem die Kinderzahl und der Familienstand ausschlaggebend. 75 Prozent aller teilzeitbeschäftigten Frauen sind verheiratet und haben Kinder (vgl. Hofbauer 1981). Der Wunsch nach Aufnahme einer Teilzeitbeschäftigung hängt naturgemäß eng mit der Höhe des verfügbaren Familieneinkommens zusammen. Sofern eine als ausreichend empfundene Einkommenshöhe gegeben ist, scheinen in jüngster Zeit auch Männer eine Teilzeitarbeit anzustreben (vgl. hierzu auch Weitzel/Hoff 1982). Hoff berichtet, daß nach einer Umfrage „etwa jeder fünfte erwerbstätige Mann — nahezu unabhängig vom Qualifikationsniveau — Teilzeitarbeit wünscht, wobei Wochenarbeitszeiten zwischen 30 und 40 Stunden bevorzugt werden" (1983a, S. 255). Statt vom Wunsch nach Teilzeitarbeit könnte angesichts dieser Präferenzstruktur auch von dem nach einer Arbeitszeitverkürzung gesprochen werden.

In der Befragung von Engfer et al. (1983) plädierten ebenfalls etwa ein Fünftel derjenigen Befragten, die gegenwärtig eine Arbeitszeit zwischen 36 und 44 Stunden haben, für eine Verkürzung der Wochenarbeitszeit. Es darf aber nicht übersehen werden, daß in der gleichen Gruppe 35,7 % für die Verlängerung des Urlaubs und sogar 45,3 % für die Vorziehung der Altersgrenze sind. Mit anderen Worten: setzt man die Option „Verkürzung der täglichen Arbeitszeit" ins Verhältnis zu anderen Optionen der Verkürzung der Arbeitszeit, so stellen diejenigen Arbeitnehmer, die eine Verkürzung der wöchentlichen Arbeitszeit befürworten, die relativ schwächste Gruppe dar. (Was die Arbeitszeitwünsche der Arbeitnehmer angeht, vgl. auch die zusammenfassende Darstellung von Landenberger 1983 sowie Born/Vollmer 1982.)

Das Für und Wider von Teilzeitarbeit ist in der gegenwärtigen politischen Auseinandersetzung vor allem aus gesellschaftspolitischen wie auch aus frauen- und familienpolitischen Gründen heftig umstritten (vgl. hierzu z. B. Rudolph et al. 1982; Bäcker/Seifert 1982).

Vor allem von gewerkschaftlicher Seite werden eine Reihe m. E. zutreffender Bedenken oder Ablehnungsgründe geltend gemacht, die jedoch meistens nur den Status quo der Teilzeitarbeit betreffen (vgl. hierzu auch HBV 1982). Teilzeitarbeit führe zur Intensivierung der Arbeit, es bestünden keine Aufstiegschancen, im Durchschnitt müßten schlechtere Arbeitsbedingungen in Kauf genommen werden, Teilzeitarbeitende wären sozial ungenügend abgesichert und sie würden wenig zu ihrer Interessenvertretung im gewerkschaftlichen und betrieblichen Rahmen beitragen.

Dem wird entgegengehalten, daß die gegenwärtige Realität der Teilzeitarbeit, über deren Einschätzung nur wenig Meinungsverschiedenheiten bestehen, nicht gleichgesetzt werden könne mit der Idee als solcher, die eine Fülle emanzipatorischer Perspektiven in sich berge. Dementsprechend sei von der Gewerkschaft statt der pauschalen Ablehnung der Teilzeitarbeit, die sie nur in Gefahr brächte, sich weiter von ihrer Basis zu isolieren, in Zukunft verstärkt an der arbeitnehmerfreundlichen Ausgestaltung von Teilzeitarbeitsplätzen, etwa durch Leistungsbegrenzung, bessere soziale Absicherung usw. zu arbeiten und die tarifvertraglichen Spielräume seien voll auszuschöpfen (vgl. Kroker 1981). Zu ähnlichen Ergebnissen ist zuvor auch Hoff bezüglich der Absicherung der Arbeitnehmerinteressen beim Job-sharing gelangt (Hoff 1982). Über Dauer, Lage und Modalitäten von Teilzeitarbeit im engeren Sinne, die in unserem Zusammenhang interessant wären, finden sich sowohl in der amtlichen Statistik wie in repräsentativen Befragungen nur sehr wenig Anhaltspunkte. So wäre zum Beispiel von Interesse zu wissen, in welchen Intervallen Teilzeitarbeiten (die solchen flexiblen Arbeitszeitsystemen nahekommen) geleistet werden, zum Beispiel ob an zwei Tagen jeweils acht Stunden, ob an zusammenhängenden oder auseinanderliegenden Tagen, inwiefern die Stundenzahl faktisch fixiert ist und ob bei variierenden Arbeitszeiten Dauer und Lage nach Maßgabe der Interessen des Arbeitgebers erfolgen oder ob Aushandlungsprozesse möglich sind. Anhaltspunkte hierfür gibt etwa die Untersuchung von Rudolph et al. (1982).

Vergleichsweise eindeutig ist die Präferenz der Teilzeitarbeitenden, vormittags zu arbeiten, wie sich aus der Statistik der Bundesanstalt für Arbeit herauslesen läßt. Dies ist im Kontext der familialen Reproduktion leicht erklärlich. Sofern Kinder im Vorschul- oder Schulalter zu versorgen sind, wollen die Frauen die Zeiten, während der die Kinder oder Jugendlichen öffentlichen Institutionen anvertraut sind, nutzen, um einer Erwerbstätigkeit nachzugehen bzw. organisieren umgekehrt ihre Erwerbstätigkeit nach der zeitlichen Vorgabe durch Schulzeiten, Öffnungszeiten der Kindertagesstätten u. ä.

Was die in jüngster Zeit ausführlich diskutierten Modelle flexibler Arbeitszeitregelungen angeht, so bestehen abgesehen von einigen mehr oder weniger als Modellunternehmen zu betrachtenden Realisierungen flexibler Arbeitszeitregelungen zumindest im industriellen Bereich verglichen mit der Gesamtzahl von Arbeitsplätzen bzw. entsprechenden Arbeitszeitregelungen kaum Erfahrungen (vgl. hierzu z. B. die Darstellung bei Haller 1983). Der Verbreitungsgrad flexibler Arbeitszeiten ist, zumindest offiziell und soweit statistisch erfaßbar, gering (Landenberger 1983, vgl. auch Teriet 1979). Sie beschränken sich weitgehend auf den Einzelhandel, auf Kaufhäuser, Supermärkte wie auch auf kleine Einzelhandelsgeschäfte und treten dort in Form der sogenannten kapazitätsorientierten variablen Arbeitszeit auf (vgl. Rudolph 1982; über Versuche, flexible Arbeitszeiten im Produktionsbereich zu realisieren vgl. Böckle 1979, Kap. 3.2.2 und 3.2.3).

Insbesondere im Dienstleistungsbereich und im Einzelhandel besteht ferner eine Fülle von Mischformen der Teilzeitarbeit und flexibler Arbeitszeit, deren Einordnung bzw. Abgrenzung sich teilweise sehr schwierig gestaltet. Zudem finden sich etwa in Arzt- und Rechtsanwaltspraxen wie auch an wissenschaftlichen Instituten oder im Bereich der Krankenpflege eine Vielzahl von Arbeitszeitregelungen, die der Idee der flexiblen Arbeitszeitgestaltung (vgl. hierzu Teriet 1976) zumindest sehr nahe kommen.

Eindeutige Tendenzen bezüglich der qualitativen und quantitativen Entwicklung von flexiblen Arbeitszeitformen sind m. E. nur schwer auszumachen. Hierfür sind sowohl Widerstände seitens der meisten Einzelgewerkschaften wie auch eine keineswegs einhellige Meinung auf der Arbeitgeberseite verantwortlich zu machen. Auch die Arbeitnehmer selbst sind nur zu einem geringen Teil an flexiblen Arbeitszeiten interessiert (vgl. Engfer et al. 1983).

Bolle/Strümpel kommen im Anschluß an ihre umfangreiche Studie zur Arbeitszeitgestaltung auf betrieblicher und überbetrieblicher Ebene zu einer eher optimistischen Einschätzung:

„Verallgemeinernd stellen wir fest, daß sich die Tendenz zu einer Flexibilisierung verstärkt. Die Gründe hierfür sind zum einen in der anhaltend hohen Arbeitslosigkeit und Wachstumsdynamik unserer Wirtschaft zu suchen, zum anderen aber auch in der wachsenden Einsicht der Tarifparteien in die tarifpolitische Gestaltbarkeit von flexiblen Arbeitszeitsystemen. Die konkrete Ausformung verschiedener flexibler Arbeitszeitsysteme wird dabei in den einzelnen Wirtschaftsgruppen unterschiedlich sein. Konsensfähige Regelungen sind jedoch, wie die empirische Untersuchung gezeigt hat, vorstellbar" (1982, S. 333).

Für diese von Bolle/Strümpel konstatierte Tendenz könnte neben den angeführten sozialen und ökonomischen Gründen ein weiterer, technologisch bedingter Grund sprechen: auch durch den Einsatz neuer Produktionstechnologien entsteht ein Interesse an flexiblen Arbeitszeitregelungen, etwa durch Robotereinsatz (Arge/ HHS 1983; vgl. hierzu auch Kap. 3.2.3). Die technische Entwicklung könnte das bisher von seiten der Arbeitgeber, abgesehen vom Bereich des Einzelhandels, noch wenig entwickelte praktische Interesse an flexiblen Arbeitszeitformen weiter anwachsen lassen (vgl. hierzu Böckle 1979). Ob sich hierbei eine Konvergenz der Interessen einzelner Arbeitnehmergruppen und der Arbeitgeber anbahnt, soll an dieser Stelle nicht weiter erörtert werden.

Schon die kurze Skizze einiger Regelungen bzw. Praktiken der Arbeitszeitdauer legt die Vermutung nahe, daß gegenwärtig eine Tendenz zur Segregation von Arbeitszeitregelungen besteht. Dies weniger aufgrund der daneben zusätzlich existierenden veränderten Präferenzstrukturen von Teilen der Beschäftigten bezüglich der Arbeitszeit, sondern mehr als Ergebnis eines tiefgreifenden Wandels in Technologie und Arbeitsorganisation in der industriellen Produktion und im tertiären Sektor sowie durch konjunkturelle Einbrüche. Diese Entwicklung wird jedoch nicht zwangsläufig dazu führen, daß diejenigen, die „postaquisitive Arbeitszeitwünsche" haben (vgl. Offe et al. 1982) auch ihrer Qualifikation entsprechend den gewünschten Arbeitsplatz mit entsprechender flexibler Arbeitszeitregelung finden.

In der Wirklichkeit laufen die veränderten Arbeitszeitbedürfnisse auf der einen Seite und die Veränderung der tatsächlichen Arbeitszeit auf der anderen, etwa in Form von Kurzarbeit, zwangsweiser Halbtagsbeschäftigung, aber auch von Überstunden im gleichen Betrieb, parallel, ohne daß ein arbeitszeitlicher Ausgleich zwischen den Beschäftigten erfolgt. Arbeitnehmer mit meist höherer Qualifikation, die nach Verringerung ihrer Arbeitszeit streben und auch Einkommensverluste hierfür in Kauf zu nehmen bereit sind, haben Schwierigkeiten, entsprechende Arbeitsplätze zu finden, während andererseits Kurzarbeiter in Industriebetrieben zumindest aufgrund ihrer Einkommenslage in der Regel Vollzeitarbeit oder sogar Überstunden bevorzugen, aber weniger zu arbeiten gezwungen sind.

In einigen Bereichen, wie in wissenschaftlichen Einrichtungen, hat die Entwicklung jedoch auch in vielen Fällen dazu geführt, daß zwar nominal eine Reduktion der Arbeitszeit erfolgt ist, mit den entsprechenden Einkommensverlusten, daß faktisch jedoch die zum vorangegangenen Zeitpunkt gültigen Arbeitszeitregelungen in Kraft geblieben sind. Gemeint ist die um sich greifende Praxis, insbesondere für Berufsanfänger nur Arbeitsplätze mit 2/3 der Normalarbeitszeit auszuschreiben. Im Ergebnis führen solche Regelungen zumindest im wissenschaftlichen

Bereich lediglich zu Einkommensverlusten, nicht aber zu einer Vermehrung der freien Zeit; insofern kann auch hier nicht von einer Konvergenz postmaterieller Werthaltungen und arbeitsmarktpolitischer Notwendigkeiten die Rede sein.

Bezieht man in die Analyse die gegenwärtig allerdings noch nicht sehr weit verbreiteten Jahresarbeitszeitregelungen (vgl. hierzu Hoff 1983a) mit ein, so ergibt sich das Bild, daß auf die gesamte Erwerbsbevölkerung bezogen faktisch die Flexibilität, oder besser Inhomogenität, der Arbeitszeiten nolens volens bereits sehr hoch ist. Sie ist jedoch im gegenwärtigen Stadium analytisch betrachtet weitgehend eine unfreiwillige Flexibilität.

Entsprechende Entwicklungen einer wachsenden Inhomogenität können bezüglich der Dauer der *arbeitsgebundenen Zeit* vermutet werden. Die Lage am Arbeitsmarkt dürfte, wie oben beschrieben, zu einer weiteren Verlängerung der Wegezeiten führen, da im Kampf um den Erhalt eines Arbeitsplatzes insbesondere in konjunkturschwachen Gebieten (z. B. Saarland, Ruhrgebiet u. a.) davon auszugehen ist, daß Arbeitnehmer gezwungenermaßen längere Anfahrtswege zur Arbeit in Kauf nehmen werden. Im Extremfall können in einer Konfiguration, in der etwa aus Angst um den Verlust des Arbeitsplatzes Mehrarbeit hingenommen wird und sich gleichzeitig die Wegezeit erheblich verlängert, dramatische Entwicklungen der Verlängerung der Arbeitstage stattfinden. Inwiefern die Wegezeit als Form unbezahlter Arbeit anzusehen ist, wurde bereits problematisiert. Wenn man dann die Zunahme der Intensität der Arbeit berücksichtigt, wie sie sich etwa in den subjektiven Aussagen der Beschäftigten über den Anstieg des Zeit- und Leistungsdrucks im Betrieb niederschlägt (vgl. hierzu Kap. V.4.1), so scheint die Gesamtbelastung der Beschäftigen in solchen Fällen, wo die gestiegene Arbeits- und Wegezeit gleichzeitig mit einer gestiegenen Arbeitsintensität verbunden ist, durchaus mit der Belastung frühindustrieller Arbeits- und Lebensverhältnisse vergleichbar.

3.1.3 Arbeitsdauer und Unfallhäufigkeit

Für die Pathogenität überlanger Arbeitstage könnte der Zusammenhang von Arbeitsdauer und Unfallhäufigkeit ein Indikator sein.

In der Untersuchung von Werner et al. (1979) wird ein Zusammenhang zwischen Arbeitszeit und Unfallhäufigkeit zunächst hinsichtlich der Lage der Arbeitszeit vermutet. Auffallend sei die hohe Unfallhäufigkeit in der Frühschicht, wie diese generell bei kontinuierlicher Arbeitsweise höher liege (S. 174). Verantwortlich für das Unfallgeschehen sei jedoch nicht allein die geringe physiologische Leistungsbereitschaft in bestimmten Tagesphasen. Dafür spreche die Tatsache, daß die Unfallspitzen nicht nur in Zeiten besonders niedriger, sondern auch besonders hoher Leistungsbereitschaft angesiedelt sind. Zu den Leistungsschwankungen würden spezifische Arbeitsbelastungen als Risikofaktoren hinzutreten, wie insbesondere Arbeit unter Termindruck. Auch eine ältere Arbeit von Neuloh

(1957) zeigt, daß insbesondere der Faktor „Zeitdruck" einen hohen Anteil an den erhobenen Unfällen als mitverursachende Einflußgröße hat.

Einige Forschungsarbeiten, auf die Werner et al. hinweisen (z. B. Rehhahn 1978, b. Werner et al., S. 27) bestärken die These, daß die Unfallhäufigkeit auch auf die Arbeitsdauer zurückzuführen ist. Im Vergleich zweier Gruppen von Beschäftigten mit bis zu 90 bzw. über 90 Mehrarbeitsstunden wiesen die Belegschaftsmitglieder der zweiten Gruppe deutlich mehr meldepflichtige Unfälle auf.

Einer Darstellung von Ballerstedt (1975, S. 264) ist zu entnehmen, daß zwischen 1870 und 1971 im Zuge einer Verkürzung der Wochenarbeitszeit von 78 auf 41,4 Stunden im Durchschnitt die Zahl der angezeigten Arbeitsunfälle je tausend Versicherten sich zwar ungefähr verdreifacht hat, die Zahl der tödlichen Arbeitsunfälle je tausend Versicherten jedoch auf ein Fünftel zurückgegangen ist. Hieraus könnte man folgern, daß die Verkürzung der Arbeitszeit im säkularen Trend zu einer Reduktion tödlicher Unfälle geführt hat. Angesichts der sehr hoch aggregierten Daten und der Uneinheitlichkeit in der Datenerhebung innerhalb dieses Vergleichszeitraumes müssen solche Ergebnisse jedoch mit Zurückhaltung interpretiert werden.

Ein Zusammenhang besteht mit hoher Wahrscheinlichkeit nicht nur zwischen der Zahl der geleisteten Arbeitsstunden, insbesondere zwischen den Mehrarbeitsstunden und der Unfallhäufigkeit am Arbeitsplatz, sondern auch, vermittelt über die zunehmende Beanspruchung, zwischen Arbeitsdauer und Wegeunfällen. Ebenso wie die Anzahl der Arbeitsunfälle ist laut Unfallverhütungsbericht der Bundesregierung von 1980 die Zahl der angezeigten Wegeunfälle eher rückläufig bzw. bleibt etwa auf dem gleichen Niveau. Während die Wegeunfälle Anfang und Mitte der sechziger Jahre ihr höchstes Niveau erreichten und zwischen 1977 und 1979 steil anstiegen, ist von 1979 auf 1980 eine Verminderung von 16,2 v. H. eingetreten. Wenn man den Beobachtungszeitraum von 1960 bis 1980 heranzieht, dann hat eine der absinkenden Kurve der Wegeunfälle vergleichbare Verkürzung der Arbeitszeit stattgefunden.

Obwohl für einen solchen Zusammenhang viel spricht, wäre es m. E. zumindest auf Basis des statistischen Materials jedoch nicht gerechtfertigt, hieraus auf einen eindeutigen kausalen Zusammenhang zwischen Wegeunfällen und Arbeitszeitdauer zu schließen. Denn zum einen dürfte nicht nur die Arbeitsdauer als solche, sondern auch die Intensität der Arbeit Einfluß auf die Beanspruchung und damit auf das Reaktionsvermögen der Beschäftigten im Straßenverkehr haben. Daher müßte ebenfalls die Zunahme einer Reihe von anderen Belastungsfaktoren, von der nervlich-psychischen Belastung bis hin zu Belastungen durch Lärm etc., zumindest kontrolliert werden. Hierbei spielt auch der Alkoholkonsum, dessen Höhe in Verbindung mit Arbeitsdichte und Arbeitsdauer gebracht werden kann, eine nicht unerhebliche Rolle (vgl. hierzu Müller 1980).

Zudem ist zu berücksichtigen, daß die Verkehrsdichte, die Struktur der Verkehrseinrichtungen wie auch die Art der Fortbewegung (öffentlicher Personennahverkehr oder Benutzung eines Pkw) Einfluß auf die Häufigkeit von Wegeunfällen haben.

Zu den arbeitsbedingten Verkehrsunfällen müssen auch solche hinzugerechnet werden, die von der Statistik als Wegeunfälle nicht mehr erfaßt werden, weil sie nicht unmittelbar auf dem Weg von oder zur Arbeit geschehen. Wenn wir davon ausgehen, daß bei hoher Arbeitsintensität und -dauer die Regenerationsphase sehr viel weiter in die außerbetrieblich verbrachte Zeit hineinreicht, so müssen auch solche Risiken in die Betrachtung einbezogen werden, die durch Unaufmerksamkeit und mangelnde Konzentrationsfähigkeit außerhalb der eigentlichen Heimwegzeiten z. B. zwei oder drei Stunden nach der Arbeit entstehen. Hier wird dem Beschäftigten zum Nachteil, daß Wegezeiten nur vermittelt zeitlich, primär aber funktional definiert sind, d. h. sie beziehen sich auf die Überwindung einer für die Arbeitsaufnahme notwendigen räumlichen Distanz, ohne dabei zeitlich fixiert zu sein (etwa: bis zu zwei Stunden nach Arbeitsende). Außerhalb dieses Rahmens gelten Unfälle, auch wenn sie auf Ermüdungserscheinungen aus dem Arbeitsprozeß zurückzuführen sind, als privates Risiko.

Wenn auch der statistische Nachweis eines Zusammenhanges von Arbeitsdauer und Wegeunfällen m. W. nicht eindeutig erbracht worden ist, so sprechen doch die Erfahrungen in anderen Bereichen, insbesondere die der Arbeitsunfallstatistik, sowie theoretische Überlegungen für die Annahme eines Zusammenhangs zwischen Arbeitsdauer und Häufigkeit der Wegeunfälle. Das Verhalten im Straßenverkehr und insbesondere das Führen eines Kraftfahrzeugs erfordert bekanntlich ein hohes Maß an Konzentration und *permanenter* Reaktionsbereitschaft, obgleich zu berücksichtigen ist, daß das Führen eines Fahrzeugs in hohem Maße habitualisiert ist und nicht die volle, bewußte Aufmerksamkeit des Fahrzeugführers beansprucht. Die Anforderungsstruktur, die vom Verkehrsgeschehen ausgeht, ist eine gleichsam lineare, so daß die biologisch-soziale Leistungskurve, die in bestimmten Tagesphasen und aufgrund von Erschöpfungszuständen absinkt, sich zu verschiedenen Zeitpunkten nicht mit den Erfordernissen deckt, die der Straßenverkehr stellt. Der Fahrzeugführer ist gezwungen, Leistungstiefs zu überformen, d. h. sie mit Hilfe von Genußmitteln oder willentlich durch psychische Stimulation zu überwinden (vgl. hierzu auch Kap. V.4). Mit der Länge des Arbeitstages wie auch mit der Belastungsintensität der Arbeit schwinden die physischen und psychischen Ressourcen, die zur Aufrechterhaltung eines dauerhaften und gleichförmigen Aktivitätspegels erforderlich sind. Da die räumliche Bewegung andererseits aber unumgänglich ist, werden notgedrungen die Risiken des Straßenverkehrs in Kauf genommen, unabhängig davon, ob Dauer und Intensität der Arbeit etwa das Führen eines Kraftfahrzeugs nach Arbeitsschluß noch erlauben. Zumindest erscheint die Annahme nicht abwegig, daß die Unfallgefahr, die von streßbeeinträchtigten Personen für alle Verkehrsteilnehmer ausgeht, nicht minder einzuschätzen ist als die Risiken, die etwa (in bestimmten Bandbreiten) durch den Genuß von Alkohol am Steuer verursacht werden.

Auf die Notwendigkeit der Überformung der Leistungskruve in verschiedenen Alltagssituationen wird später im Zusammenhang mit zeitlichen Belastungsstrukturen noch weiter eingegangen werden.

3.2. Lage der Arbeitszeit

3.2.1 Schichtarbeit

Ebenso wie die Dauer der Arbeitszeit strukturiert auch deren Lage in entscheidender Weise das Zeitbudget von Individuum und Familie oder sozialer Bezugsgruppe. Am ausführlichsten untersucht wurden bisher die Bedingungen und Auswirkungen der Schichtarbeit und spezieller der Nachtarbeit (vgl. hierzu u. a. Prosa 1981; Streich/Bielenksi 1980; Müller-Seitz 1978; Rutenfranz/Werner 1975; Colquhoun/Rutenfranz 1981; Münstermann/Preiser 1978).

3.2.1.1 Ursache und Verbreitungsgrad

Das herausragende Merkmal der Schichtarbeit gegenüber „normalen" Arbeitszeiten besteht darin, daß der Schichtrhythmus im Zwei- oder Mehrschichtbetrieb, insbesondere in der Nachtschicht, in der Regel erheblich von den biologisch und sozial bedingten menschlichen Aktivitätszyklen abrückt. Es entsteht ein künstlich gegliederter Arbeitstag, dessen vorrangiger Bezugspunkt technische und/oder ökonomische Erfordernisse und Zielsetzungen sind. Soziale und gesundheitliche Belange bleiben bei der Gestaltung von Schichtplänen zwar nicht unberücksichtigt, aber nur insofern, als sie den Schichtablauf nicht grundsätzlich gefährden.

Für die Existenz von Schichtarbeitssystemen lassen sich drei Ursachen nennen: Erstens erfordern bestimmte technische Herstellungsverfahren eine kontinuierliche Produktion rund um die Uhr, wie z. B. in der Hüttenindustrie oder in der chemischen Produktion (vgl. hierzu Rutenfranz/Werner 1975). Ein Stillstand des Hochofens oder das Abstellen von chemischen Reaktionen würde zu unvertretbaren Kosten führen. Zweitens resultieren Schichtarbeitssysteme aus sozialen Notwendigkeiten heraus, wie z. B. in der Krankenpflege, beim Verkehrswesen, bei Feuerwehr und Polizei u. ä.

Drittens ist Schichtarbeit aus ökonomischen Gründen zu erklären. Insbesondere dort, wo Produktionsstätten kapitalintensiv sind, legt die rein ökonomische Logik es nahe, Schichtarbeit einzuführen, um das eingesetzte Kapital in möglichst kurzer Zeit zu amortisieren. Zwischen 1960 und 1975 hat die Zahl der Arbeitnehmer, die in Wechselschicht arbeiten, stark zugenommen, nämlich von 2,4 Millionen Arbeitnehmern 1959/60 auf 3,3 Millionen Arbeitnehmer im Jahre 1975 (vgl. Streich/Bielenski, 1980, S. 2). Streich/Bielenski vermuten aufgrund der immanenten Logik der wirtschaftlichen Entwicklung auf Mikro- und

Makroebene — genannt werden im Anschluß an Münstermann/ Preiser (1978) der Konzentrationsprozeß in der Wirtschaft, der technologische Wandel, Einflüsse von Arbeitszeitverkürzungen, Zunahme von Schichtarbeit im Dienstleistungssektor und Verknappung von Rohstoffen und Energie — eine Zunahme der Schichtarbeit insgesamt.

Wie Streich/Bielenski bemerken, muß bei der Zählung der Wechselschichtarbeiter beachtet werden, daß Ungenauigkeiten auftreten. Die Autoren stellen zusammenfassend fest:

„Für das Jahr 1975 ergibt sich ohne Doppelzählungen eine Zahl von 3,6 Millionen Arbeitnehmer, die regelmäßig zu wechselnden oder konstant ungewöhnlichen Arbeitszeiten arbeiten. Das sind ca. 15 bis 20% aller Arbeitnehmer" (S. 2).

Einer Untersuchung von Kehlert/Tiemann (1981) zufolge verbleibt die Mehrzahl derjenigen Schichtarbeiter, die für eine gewisse Dauer in Schichtsystemen gearbeitet haben, über Jahrzehnte im Schichtarbeitssystem, bis die Gesundheit dies nicht mehr zuläßt. Die durchschnittliche Verweildauer im Schichtarbeitssystem beträgt nach Kehlert/Tiemann 14 Jahre. Der Einstieg erfolgt zumeist im Alter unter 30 Jahren. Die Motivation für das Verbleiben im Schichtsystem (auch im Dreischichtsystem mit Nacharbeit) liegt vor allem in finanziellen Anreizen sowie im Fehlen beruflicher Alternativen (S. 29). Kehlert/Tiemann kommen zu dem Ergebnis, daß immerhin 70 Prozent der Schichtarbeiter einen Arbeitsplatz ohne Schichtarbeit ablehnen würden, wenn damit ein Einkommensverzicht verbunden wäre.

Zu einem ähnlichen Schluß gelangt auch Müller-Seitz (1980). Er stellt fest, daß die einzigen Stimulantien dafür, daß überhaupt Schichtarbeit geleistet wird, die Schichtzulagen seien (S. 22).

Verharrungstendenz bei Schichtarbeitern

Frage: „Auf wieviel Mark (netto) im Monat würden Sie höchstens verzichten, um eine Arbeit ohne Schicht- und Nachtarbeit zu bekommen?"

	jetzige Schichtarbeiter in %
bis 100 DM weniger	13
101 bis 200 DM weniger	8
201 bis 300 DM weniger	4
mehr als 300 DM weniger	5
kein Verzicht	70
	100

Quelle: Kehlert/Tiemann 1981

3.2.1.2 Gesundheitliche Risiken

Über die gesundheitlichen Auswirkungen und sozialen Belastungen, die die Schichtarbeit mit sich bringt, bestehen geringe Zweifel; die Schlußfolgerungen, die hieraus gezogen werden, variieren allerdings sehr. Während die einen die negativen Auswirkungen der Schichtarbeit wie chronisch-degenerative Erkrankungen und permanente Befindlichkeitsstörungen lediglich für ein Anzeichen verfehlter Präventionsmaßnahmen halten, lehnen die anderen Nacht- und Schichtarbeit grundsätzlich überall dort ab, wo keine zwingende Notwendigkeit hierzu besteht (vgl. z. B. Rutenfranz 1967, bei Volkholz 1977, S. 211). Dafür sind vor allem medizinische Überlegungen ausschlaggebend. Einigkeit besteht ferner darüber, daß der Mensch grundsätzlich, auch bei langer Gewöhnung, seinen Circadianrhythmus nicht umkehren kann, etwa in der Weise, daß die aktiven Phasen in der Nacht liegen und die passiven am Morgen.

Rutenfranz (1973, S. 17) stellt bezüglich der Nachtarbeit fest,

„... daß Nachtarbeit immer ein Risikofaktor darstellt ... Generell läßt sich sagen, daß die nervöse Belastung der Nachtarbeit darin begründet liegt, daß der arbeitende Mensch gezwungen wird, phasenverschoben zur 24-Stunden-Periodik seiner Organsysteme zu leben. Diese Phasenverschiebung bleibt während der ganzen Nachtschichtperiode bestehen, da entgegen früheren Auffassungen ... eine Inversion der Tagesperiodik physiologischer Funktionen nicht eintritt. Dies kommt daher, daß die für den Menschen entscheidenden Zeitgeber — Zeitbewußtsein und sozialer Kontakt — bei Nachtarbeit in ihrer Phasenlage nicht zu verschieben sind“ (bei Münstermann/Preiser 1978, S. 118).

Zur Verhütung von Gesundheitsschäden werden vor allem zwei Strategien vorgeschlagen: zum einen eine gründliche Personalselektion, die es ermöglichen soll, daß nur solche Arbeiter in Schicht arbeiten, deren biologische Konstitution hierfür geeignet erscheint. Die Arbeitsmedizin glaubt auf der Grundlage umfangreicher Untersuchungen verschiedene Persönlichkeitstypen ausfindig gemacht zu haben, denen die Nachtarbeit eher zuzumuten sei als anderen. Es wird hierbei zwischen sogenannten „Morgen-Typen“ und „Abend-Typen“ unterschieden (vgl. Petterson-Dahlgren 1975).

Zusätzlich wird eine verstärkte, permanente gesundheitliche Überwachung zur Früherkennung von Gesundheitsschädigungen vorgeschlagen (vgl. bei Münstermann/Preiser, S. 178 ff.).

Zum anderen werden differenzierte Schichtarbeitspläne zur Herabsetzung des Gesundheitsrisikos und der sozialen Desintegration der Schichtarbeiter diskutiert (vgl. hierzu z. B. Colquhoun/Rutenfranz 1980; Streich/Bielenski 1980, S. 30 ff.). Bei den Schichtplangestaltungen sollen sowohl biorhythmische Aspekte, d. h. die Verträglichkeit der Schichtplansysteme mit der täglichen Leistungskurve des Arbeiters wie auch die sozialen Belange wie Freizeitgestaltung, Kommunikation mit der Familie, ausreichende Schlafmöglichkeiten usw. berücksichtigt werden.

Die gesundheitlichen und sozialen Belastungen werden von den Betroffenen eindeutig wahrgenommen. Die folgenden Angaben dürften jedoch m. E. eher die untere Grenze der Belastungswahrnehmung markieren, da die lange Verweildauer in Verbindung mit finanzieller Abhängigkeit die in Schicht Arbeitenden dazu bringt, den Gesamtumfang ihrer Belastungen eher zu unterschätzen. So gaben bei einer nicht-repräsentativen Arbeiterbefragung in Bremen im Jahre 1975 im Durchschnitt mehr als die Hälfte der Arbeitnehmer an, daß „die Familie leidet". Weit mehr als die Hälfte der Befragten hatten den Eindruck, daß die Gesundheit Schaden nimmt und knapp die Hälfte gab an, nicht schlafen zu können (Volkholz 1977, S. 219).

Wie Volkholz hervorhebt, beruhen die abweichenden Antworten der Befragten verschiedener Werke darauf, daß neu in den Schichtbetrieb eingetretene Arbeiter diesen negativer beurteilen würden als darin schon erfahrene (S. 218).

Nachteile von Schichtarbeit

Betrieb	Anzahl Befragten n	Familie leidet in %	man sieht Freunde kaum in %	Gesundheit leidet in %	schlechtes Schlafen in %
Stahlwerk	140	56	24	56	49
Werft A	124	48	33	52	39
Werft B	124	71	34	76	58

Quelle: Arbeitsbefragung Bremen 1975 (VOLKHOLZ 1977)

Die Werft B hatte erst kurz vor der Untersuchung die Schichtarbeit in verstärktem Ausmaß eingeführt.

Die Beeinträchtigung der Gesundheit im Falle von Schichtarbeit wird jedoch nicht nur monokausal verursacht durch den veränderten Arbeits- und Lebensrhythmus sondern tritt zumeist erst in Kombination mit anderen Arbeitsbelastungen auf. Bergmann et al. (1982) kommen im Anschluß an die Überlegungen von Volkholz zur Mehrfachbelastung u. a. zu dem Ergebnis, daß

„der Belastungsfaktor ‚Schichtarbeit' nie isoliert gesehen werden (darf), da Schichtarbeitsplätze mit einer höheren Wahrscheinlichkeit Mehrfachbelastungen auf sich vereinen als Nicht-Schichtarbeitsplätze. Man denke nur an die Gruppe von insbesondere durch Akkord- und Schichtarbeit, aber auch noch eine Reihe andere Erschwernisse belasteten Personen (...), die auch deutlich überdurchschnittlich beansprucht sind. Ebenfalls häufig auftretende Kombinationen, bei denen eine gegenseitige Potenzierung denkbar ist, sind beispielsweise lange Arbeitszeit (viele Arbeits- bzw. Überstunden pro Woche) und Schichtarbeit oder mangelnde Autonomie am Arbeitsplatz und Schichtarbeit" (Bergmann et al. 1982, S. 165).

Die Tatsache der Verkopplung von Mehrfachbelastungen bei Erkrankungen und Befindlichkeitsstörungen bedeutet, wie Bergmann et al. hervorheben, jedoch nicht, daß Schichtarbeit unter Ausschluß weiterer Belastungsfaktoren unschädlich ist.

Die Belastungskonfiguration der zeitlichen Belastung durch Schichtarbeit mit anderen Belastungen schlägt sich auch nieder in pathogenen Konsumgewohnheiten. Bergmann et al. haben hierzu die Rauchgewohnheiten, den Alkohol- und den Medikamentenkonsum beobachtet (vgl. hierzu auch Müller 1980; Münstermann/Preiser 1978). Im Vergleich der sechs untersuchten Extremgruppen rauchten die maximal belasteten mehr, tranken mehr Bier und mehr „harte" Alkoholika als die minimal belasteten. Dagegen konnte keine Verbindung zwischen dem Verbrauch von Wein oder Sekt sowie zu Arzneimitteln festgestellt werden (S. 153).

Global kommt die zitierte Studie von Bergmann et al. zu dem Ergebnis, daß bei einem Vergleich der minimal und maximal belasteten Schichtarbeitenden und der Kontrollgruppe alle Schichtarbeitenden außer dem Bierverbrauch eine stärkere „Ausprägung pathogener Konsumgewohnheiten" aufweisen.

Ferner leiden auch Schichtarbeitende ohne Nachtarbeit unter mehr Gesundheitsstörungen als die Arbeitenden in der Kontrollgruppe ohne Schichtarbeit. Es wird allerdings eingeräumt, daß dieses Ergebnis durch einen Drift-Vorgang bewirkt sein könnte dergestalt, daß Kranke aus der Schichtarbeit *mit* Nachtarbeit in die Schichtarbeit ohne Nachtarbeit gewechselt haben und so ihre Gesundheitsstörungen nicht in eine kausale Verbindung mit dem Zwei-Schichtarbeitssystem zu bringen sind, sondern Folgen der Nacht-Schichtarbeit sein können.

Ein zentrales Problem der Schichtarbeit besteht in der Unverträglichkeit der Schichtsysteme mit der sozialen Umwelt des Schichtarbeitenden. Da, wie gesagt, sowohl der Hell-Dunkel-Rhythmus wie auch die soziale Umwelt für die Menschen Zeitgeber sind, die die Circadian-Rhythmik steuern, ist der Schichtarbeiter zumeist gezwungen, gegen den Rhythmus seiner Umwelt zu leben. Dies trifft selbstverständlich insbesondere für Nachtschichtarbeiter zu. Durch den besonderen Schlafrhythmus der schichtarbeitenden Person werden die Aktivitäts- und Tätigkeitsprofile der gesamten sozialen Bezugsgruppe nachhaltig tangiert. Um Kommunikation und anderes familiales Zusammensein zu ermöglichen, wie z. B. Essen, Spazierengehen, Besuche machen usw., muß sich das soziale Umfeld, wie die Familie oder andere Bezugsgruppen, auf die Schichtpläne des oder der im Haushalt schichtarbeitenden Personen beziehen, um nicht die Existenz der Bezugsgruppe zu gefährden.

Erheblich erschwert wird der soziale Kontakt innerhalb der Familie, wenn mehrere Familienmitglieder einer Erwerbstätigkeit nachgehen oder aus anderen zwingenden Gründen außer Haus sind oder wenn sogar mehrere Familienmitglieder Schichtarbeit leisten. Äußerlich läßt sich durch aufeinander abgestimmte

Schichtsysteme der Ehepartner die Versorgung der Familie rund um die Uhr gewährleisten (vgl. Eckart et al. 1979). Jedoch dürfen die erheblichen Belastungen, die auf der psychischen Ebene hieraus für die Mitglieder der Familie resultieren, nicht übersehen werden (vgl. hierzu auch Born/Vollmer 1982).

In der einschlägigen Literatur wird eine Reihe von Maßnahmen zur besseren betrieblichen und außerbetrieblichen Bewältigung von Schichtarbeit erwähnt.

Die besonderen Belastungen der Schichtarbeit sollen betrieblich und außerbetrieblich durch flankierende Regelungen abgefedert werden. Es wird u. a. vorgeschlagen

- eine langfristige Festlegung des Schichtplans
- die Einführung einer zusätzlichen bezahlten Pause bei Nacht- und Schichtarbeit
- die Verkürzung der Arbeitszeit für Schichtarbeiter
- Gestaltung eines zweckmäßigen Pausenregimes mit Möglichkeiten für die Einnahme einer Zwischenmahlzeit sowie Kurzpausen
- Angebot einer warmen Mahlzeit in jeder Schicht
- Verringerung der Arbeitsbelastung in den physiologisch ungünstigen Zeiten durch Springer oder Veränderung des Leistungsrhythmus.

Die Gestaltung der Schichtpläne kann fest oder flexibel sein. Flexible Schichtpläne (vgl. Streich/Bielenski 1980, S. 57 ff.) bieten den Vorzug, daß der Arbeitnehmer in Einzelfällen auch einmal seine Arbeitszeit nach den Bedürfnissen der Freizeitgestaltung festlegen kann. Zudem wirken die Beschäftigten bei der Erstellung des Planes mit und können ihre Wünsche anmelden. Damit wird neben den gesundheitlichen Folgen im engeren Sinne ein soziales Problem der Schichtarbeit abgefedert: Wenn schon durch das Schichtsystem die Arbeitszeiten der Beschäftigten grundsätzlich vom sozialen Rhythmus der Gesellschaft abweichen und sie damit ein Stück der Kontrolle über die Verfügung ihrer Zeit verloren haben, so bleibt doch innerhalb gewisser Bandbreiten die Möglichkeit, sich gegenüber anderen Arbeitnehmern bestimmte zeitliche Freiräume herauszuarbeiten (z. B. Tausch von Arbeitseinsätzen unter den Kollegen).

Zwar liegt auch in der normalen Nicht-Schichtarbeitszeit eine Willkür durch die Festsetzung des Arbeitbeginns durch den Arbeitgeber, die in vielen Bereichen allerdings schon durch Gleitzeitsysteme zum beiderseitigen Nutzen und mit beiderseitigem Risiko aufgeweicht worden ist. Jedoch erhält hierbei die Weisung des Arbeitgebers bezüglich des (morgendlichen) Zeitpunktes der Arbeitsaufnahme nicht zuletzt aufgrund der von den Arbeitnehmern bei sich selbst festgestellten Leistungskurve (Aktivität in den Morgen- bzw. Vormittagsstunden, Erschöpfung gegen Abend) eine gleichsam natürliche Legitimation. Der Arbeitgeber muß den morgendlichen Arbeitsbeginn nicht gesondert rechtfertigen. Insofern empfindet der Arbeitnehmer in Nicht-Schichtarbeitssystemen, abgesehen vom Zwang zur Pünktlichkeit, was die Rahmenbedingungen der Arbeit angeht, weniger einen Verlust an Kontrolle über die eigene Zeit. In den artifiziellen Schichtarbeitssystemen dagegen steht der natürliche Arbeitsrhythmus aufgrund technisch-ökonomischer Gegebenheiten zunächst zur Disposition und bedarf anderer Legitimationsmuster.

Zur Verbesserung der Lebenssituation der Beschäftigten wird in der Literatur ebenfalls eine Vielzahl von Vorschlägen gemacht:

— Einführung von Tag-, Nacht- und Wochenendversorgung in Kindertagesstätten
— bevorzugte Belieferung der Schichtarbeiter mit bestimmten Dienstleistungen
— Früh- und Spätverkaufsstellen im Wohnbebiet sowie angepaßte Öffnungszeiten von Bibliotheken, Kinos, Freizeitzentren und Sportstätten; Verlegung von politischen und kulturellen Veranstaltungen auf Zeiten, die für Schichtarbeiter zugänglich sind
— Wiederholung des abendlichen Fernsehprogramms am Vormittag
— Zuweisung besonders lärmgeschützter Wohnungen an Schichtarbeiter oder materielle Hilfe zur Schallisolierung der Schlafzimmer
— Verlängerung des Urlaubs und vorrangige Vergabe von Ferienplätzen an Schichtarbeiter sowie vorbeugende Erholungskuren
— Einstellung der betrieblichen und außerbetrieblichen Qualifizierungsmaßnahmen auf die Belange der Schichtarbeiter (nach Volkholz 1977, S. 208 ff.).

Kehlert/Tiemann (1982) bemerken zu einer Reihe gegenwärtig praktizierter Maßnahmen zur Herabsetzung des Gesundheitsrisikos der Schichtarbeit wie längerer Urlaub, vorbeugende Kuren oder vorgezogene Verrentungen:

> „Das Gemeinsame aller dieser Maßnahmen ist ihr Kompensations- und Entschädigungscharakter. Dagegen fehlt eine vorausschauende und risikomindernde Arbeitskräfteeinsatzpolitik und -planung, die an zwei maßgeblichen Ursachen der mit Schichtarbeit verbundenen Probleme — die hohe Immobilität und die finanzielle Besitzstandswahrung — erfolgreicher ansetzen könnte“ (S. 30).

Demgegenüber schlagen sie eine präventive Berufsverlaufsstrategie vor (S. 30).

3.2.2 Kapazitätsorientierte variable Arbeitszeit

Nicht nur durch Nacht- und Schichtarbeit, sondern auch durch neuere Formen der Arbeitszeitgestaltung werden strukturelle Zwänge auf das familiale Zeitbudget ausgeübt. Im Zuge von Rationalisierungsmaßnahmen ist in verschiedenen Branchen und Sektoren eine Tendenz zu beobachten, Vollzeitarbeitsplätze in Teilzeitarbeitsplätze umzuwandeln (vgl. hierzu auch Kutsch/Vilmar 1983; Hoff 1983), um einen flexibleren Personaleinsatz zu ermöglichen. Die Personalplanung soll veränderten Produktionsstrukturen bzw. den Rationalisierungserfordernissen betrieblicher Abläufe angepaßt werden. Beispiele hierfür sind zum einen die sogenannte „kapazitätsorientierte variable Arbeitszeit“ (Kapovaz) im Einzelhandel, wie auch die zu erwartenden Arbeitszeitstrukturen im Zusammenhang mit dem Einsatz von Industrierobotern und flexiblen Fertigungssystemen (vgl. Kap. 3.2.3).

Bedingt durch die schwankenden Kundenfrequenzen im Einzelhandel im Tages- bzw. im Wochenrhythmus variiert der Arbeitsanfall für das Verkaufs- bzw. Kassenpersonal. Er ist insbesondere in den Vormittagsstunden sowie am Wochenanfang kundenbedingt sehr viel geringer als etwa in den frühen Abendstunden und am Freitag und Sonnabend. Teilzeitarbeit in Form von stundenweisen Verpflichtungen und Beschäftigungen oder in Form von Monatsarbeitszeitverträgen, bei denen zwar der Arbeitszeitumfang, nicht jedoch die genaue Lage festgelegt ist, ermöglichen dem Arbeitgeber den Personaleinsatz nach Maßgabe erwarteter Umsatzzahlen.

Wie Rudolph (1982) berichtet, können mit Hilfe elektronischer Kassen die Umsatzzahlen *zeitgenau* erfaßt und vom Personalleiter kurzfristig abgerufen werden, so daß die Produktivität der Verkaufskräfte in den einzelnen Abteilungen und Filialen kontrolliert und gesteuert werden kann. Das Konzept der kapazitätsorientierten variablen Arbeitszeitregelung stellt eine Verfeinerung der betrieblichen Personaleinsatzplanung dar, dergestalt, daß

> „der Arbeitseinsatz des Personals sich nach *der* Kundenfrequenz richtet, die einem vorher berechneten Soll-Umsatz je Beschäftigten entspricht. ... Die Summe der pro Abteilung/Filiale zugestandenen Arbeitsstunden wird von der Geschäftsleitung vorgegeben. Im Idealfall wäre es die ‚Aufgabe' der Beschäftigten, ihre individuellen Arbeitszeiten den Umsatzerfordernissen anzupassen. Umgekehrt heißt das aber auch, daß sie ihre ‚Freizeit' auf umsatzschwache Zeiten verlegen müssen. Um diese individuelle Bereitschaft zur Anpassung anzuregen, sieht das Konzept überdies ein Leistungslohnsystem mit Umsatzprämien vor" (vgl. Rudolph, 1982, S. 100).

Die Folgen eines solchen Personaleinsatzsystems für die Beschäftigten sind als überwiegend negativ einzustufen. Im betrieblichen Bereich führt die Variabilisierung der Arbeitszeit der Untersuchung von Rudolph et al. zufolge zu einer Arbeitsintensivierung, „weil Verschnaufpausen durch eine ‚Vertiefung' der Zeit, d. h. durch Paralleltätigkeiten entfallen". Teilzeitarbeit zieht im Einzelhandel, etwa in Lebensmittelgeschäften, der Untersuchung zufolge auch eine weitere Spezialisierung von Tätigkeiten nach sich bzw. die infolge von Rationalisierungsprozessen fortschreitende innerbetriebliche Arbeitsteilung läßt zunehmend Arbeiten entstehen, die nur in Form von Teilzeitarbeit leistbar sind. Demgegenüber wird Mehrstellenarbeit, bei der der Verkäuferin in umsatzschwachen Zeiten nicht nur die Kassiertätigkeit, sondern auch die Auffüllung der Regale obliegt, aufgrund des Wechsels von Anforderungen und Arbeitsbelastungen als angenehmere Tätigkeit empfunden.

Die bestehenden Teilzeitarbeitsplätze werden fast ausnahmslos von Frauen ausgefüllt, deren Probleme im Hinblick auf die Vereinbarkeit von Erwerbsarbeit und Aufgaben im Haushalt sowie solchen der Kindererziehung letztlich zu einer nur geringen Wahrnehmung ihrer Interessen führt. Hier ist nach der Untersuchung von Rudolph et al. noch von weitgehend traditionellen Werthaltungen der Frauen bzw. ihrer Ehemänner bezüglich der Verteilung der Aufgaben im Haushalt auszugehen. Die im Einzelhandel tätigen Frauen sind in der Regel „Zuverdienerinnen", die einer Erwerbstätigkeit nur insoweit nachgehen, als es die Familienpflichten zulassen. Der Betrieb ist trotz einer gewissen Stärke der Frauen, die darin begründet ist, daß sie nicht existentiell auf das Einkommen aus dieser Tätigkeit angewiesen sind, in einer machtmäßig günstigeren Ausgangssituation, da die örtliche Lage des Arbeitsplatzes im Einzelhandel den Frauen zeitlich oft sehr entgegenkommt. Arbeitsplätze in anderen Branchen sind demgegenüber meist mit längeren Anfahrtswegen verbunden und daher weniger attraktiv.

Die Betriebe des Einzelhandels nutzen diese Situation, indem sie weitgehend die Arbeitsintensität und die (kapazitätsorientierte) Lage der Arbeitszeiten diktieren. Hierzu trägt vor allem auch die Situation auf dem Arbeitsmarkt bei, wo das Verhältnis von Teilzeitarbeit suchenden Frauen zu dem Angebot an Teilzeitarbeitsplätzen ungefähr 12 : 1 beträgt (vgl. Weitzel/Hoff 1982).

Die Anpassungsbereitschaft der Frauen an die kapazitätsbezogenen Erfordernisse des Einzelhandels-Betriebes resultiert auch daraus, daß, wie Rudolph feststellt, gewisse strukturelle Ähnlichkeiten zwischen Einzelhandelsbetrieb und Familie bezüglich der Tätigkeitsanforderungen wie auch der hierarchischen, und man muß wohl hinzufügen: der aufgrund der Betriebsgröße teilweise patriarchalischen, Strukturen bestehen. Die Ähnlichkeit von Betrieb und Familie liegt darin, daß Hausfrauen gewohnt sind, unmittelbar auf die zyklischen und variablen Bedürfnisse der Familienmitglieder zu *re*agieren, wie sie im kleinen Betrieb auf die offensichtlichen Zwänge und Engpässe einzugehen bereit sind.

Das Hauptproblem besteht jedoch nicht unbedingt in der Variabilität der Arbeitszeiten als solcher, sondern darin, daß unter den herrschenden Bedingungen die Struktur des Arbeits-Zeitbudgets weitgehend von der Arbeitgeberseite bestimmt wird. Eine Besonderheit ist hier allerdings, daß, anders als etwa bei der Schichtarbeit, die Arbeitgeber auf den tatsächlich schwankenden Arbeitsanfall durch wechselnde Kundenfrequenzen verweisen können. Insofern kann der kapazitätsorientierte Einsatz der Arbeitskraft ein hohes Maß an sachlicher und wirtschaftlicher Plausibilität und damit Legitimität beanspruchen.

Zudem bietet die Variabilität hier, wie auch bei anderen flexiblen Arbeitszeitregelungen, für die betroffenen Hausfrauen bzw. -männer im *Prinzip* die Möglichkeit, sich bestimmte Zeiten für die Erledigung familialer Aufgaben freizuhalten. Dies ist allerdings nur möglich, wenn Rahmenbedingungen geschaffen werden, die den Beschäftigten Optionsspielräume bei der Aushandelung ihrer Arbeitszeiten hinsichtlich Dauer und vor allem aber der Lage, tatsächlich offenlassen.

Erfolge in dieser Richtung sind hier gelegentlich schon in Betriebsvereinbarungen erzielt worden. Die Arbeitgeberseite verpflichtet sich, in Absprache mit den Betroffenen die Einsatzzeiten über einige Wochen im voraus festzusetzen, wobei die Beschäftigten grundsätzlich ein Vorschlagsrecht bezüglich ihrer Arbeitszeitpräferenz haben.

Objektive Schwierigkeiten resultieren daraus, daß der größte Teil der teilzeitarbeitenden Frauen ihre Arbeitszeit gern auf die Vormittagsstunden legen möchte, während dies gerade die umsatzschwächsten Zeiten sind, in denen am wenigsten Personal benötigt wird. Diese Tatsache beeinträchtigt die Verhandlungsposition der Frauen bei der Aushandlung ihrer Arbeitszeiten (vgl. auch die Ausführungen zum Mitbestimmungsrecht der Betriebsräte in HBV 1982, S. 46f. sowie Beschlüsse der HBV, S. 53ff.).

Bestehen solche Vereinbarungen zu langfristigen Festlegungen von Arbeitszeiten nicht, so hat dies sehr häufig zur Folge, daß Frauen auf Abruf zu Hause verharren, um bei plötzlichem Andrang zum Arbeitseinsatz gerufen zu werden. Eine Ablehnung der Arbeitseinsatzzeiten ist zwar prinzipiell denkbar, führt in der Praxis aber dazu, daß die entsprechenden Personen nicht mehr angefragt werden. Zudem sind Arbeitszeitregelungen üblich, bei denen die Frauen jeweils in der Vormittags- und Nachmittagszeit für wenige Stunden beschäftigt werden. Dies kommt zwar einerseits den familialen Aufgaben der Frauen entgegen, da bestimmte Versorgungsleistungen etc. für Kinder und Ehemann „zwischendurch" erbracht werden können; jedoch wird auf diese Weise das individuelle Zeitbudget der Frauen und das ihrer Familien vom Betrieb strukturiert, ohne daß ein monetäres Äquivalent die Anpassungsleistung honorieren würde.

Entsprechendes gilt in verstärktem Maße für Frauen-Arbeitsplätze im Bereich des Gesundheitswesens, namentlich in Arztpraxen, in denen eine längere Mittagspause besteht oder wenigstens bestehen sollte. Die Gesamtanwesenheitszeit bzw. arbeitsgebundene Zeit bei solchen Arbeitszeitregelungen ist sehr hoch. Zwar können in den zwei oder drei Stunden der Mittagspause eine Reihe von wichtigen Versorgungsaufgaben erledigt werden, wie z. B. Einkäufe zu machen, jedoch verbleibt angesichts oft langer Wegstrecken vom Wohnort zur Arbeitsstätte ein hoher Anteil von arbeitsgebundener Zeit, der nicht sinnvoll nutzbar ist. Zudem dehnen sich die Arbeitszeiten oft bis weit in den Abend hinein aus und machen zumindest an den vier Arbeitstagen (der Mittwoch oder ein anderer Tag sind bei solchen Arbeitszeitregelungen zumeist frei) ein kommunikatives Familienleben nahezu unmöglich. Dies insbesondere auch dann, wenn man die aufgrund der hohen Belastungsdauer pro Arbeitstag lange Regenerationsphase neben den Wegezeiten mit in Betracht zieht.

Die Schwierigkeit in der Argumentation gegenüber solchen kapazitätsorientierten variablen Arbeitszeiten besteht nun darin, daß einerseits dem Anliegen der Arbeitgeber, Personal nur dann zu beschäftigen, wenn ein angemessener Umfang von Arbeitsaufgaben vorliegt, die Berechtigung nicht ohne weiteres abgesprochen werden kann. Die Angleichung des Personaleinsatzes an das zeitliche Auftreten der Nachfrage muß jedoch weder zur Dequalifizierung noch zur Zersplitterung von Arbeitszeiten führen. Die Untersuchung von Rudolph et al. plädiert für eine größere Vielseitigkeit von Arbeitstätigkeiten. Diese könnten entsprechend den Kundenfrequenzen variieren, z. B. in der Weise, daß in ruhigeren Phasen vom Kassenpersonal einfachere Verwaltungstätigkeiten übernommen werden.

Wie die Nachfrage auf dem Arbeitsmarkt zeigt, sind, ob dies nun der gewerkschaftlichen Interessenvertretung abträglich ist oder nicht, Teilzeitarbeitsplätze oft die einzige Möglichkeit für Frauen, sich am Erwerbsleben zu beteiligen, was neben vielen negativen auch eine Reihe von positiven Effekten nach sich zieht. Dies wird von gewerkschaftlicher Seite nicht bestritten (vgl. HBV 1982). Bezüglich der kapazitätsorientierten variablen Arbeitszeit wäre, wie auch bei anderen Teilzeitarbeitsplätzen, u. a. darauf zu insistieren, daß die Intensität der Arbeit vermehrt durch die Arbeitnehmerseite kontrolliert wird, wie auch darauf, daß die aus der Anpassung der Arbeitszeiten resultierenden Vorteile hinsichtlich der gesteigerten Arbeitsproduktivität vom Arbeitgeber zeitlich oder monetär vergütet werden. Denn erst die Bereitschaft der Arbeitnehmer/innen, ihre Arbeitszeit auf die schwankenden Kundenfrequenzen abzustimmen, ermöglicht die Produktivitätssteigerung. Die spezifische Produktionsform des Einzelhandels — das Anbieten und Verkaufen von Waren — impliziert spezifische Formen der Steigerung der Arbeitsproduktivität, die ohne die Bereitschaft der Arbeitnehmer zur Anpassung an bestimmte Produktionszeiten nicht realisierbar wäre.

Vordringlich ist es jedoch, Regelungsmechanismen zu installieren, die es den Beschäftigten, namentlich der Beschäftigtengruppe der verheirateten Frauen, möglich macht, ihre zeitliche Präferenzen verstärkt bei den Aushandlungsprozessen um Arbeitszeiten einzubringen und somit die Kontrolle über das eigene Zeitbudget und das der Familie zu vergrößern.

3.2.3 Flexibilisierungstendenzen im Zuge neuer Technologien

Tendenzen zur Flexibilisierung von Arbeitszeiten lassen sich auch im Bereich der industriellen Güterproduktion ausmachen. In diesem Zusammenhang ist vor allem der Einsatz von Industrierobotern hervorzuheben (vgl. SOFI 1982; GfAH et al. 1982). Die bisherigen Erfahrungen wie auch die ökonomische Logik ihres Einsatzes lassen, obgleich die Entwicklung erst am Anfang steht, bereits jetzt Rückschlüsse auf die hieraus resultierenden Strategien des Personaleinsatzes zu.

Die Untersuchung der GfAH et al. (1982) kommt zu dem Ergebnis, daß obwohl der Einsatz von Industrierobotern die Arbeit potentiell erleichtern könnte, sich in der Praxis „monotoniefördernde und taktgebundene Arbeitssituationen ... eher verschärft" hätten (S. 21). Es wird festgestellt, daß insbesondere in der Werkzeughandhabung die Gefahr bestehe, daß sich die Arbeitsinhalte an den verbleibenden Arbeitsplätzen verringerten und inhaltsleere Resttätigkeiten die Arbeit kennzeichneten. Damit einhergehen würden verschiedene Formen der Leistungsverdichtung, wie u. a. Verkürzung der Taktzeiten und stärkere Konzentrationsanforderungen wie auch die engere Bindung an die Anlage.

Der Einsatz von Industrierobotern fordert jedoch nicht nur solche Arbeitszeitregelungen heraus, die die zusätzlichen Belastungen kompensieren würden. Vielmehr legt die Technologie wie auch die ökonomische Rationalität des Industrieroboters in einem viel tiefgreifenderen Sinne eine Neuordnung von Arbeitszeiten nahe. Die Wirtschaftlichkeit des Einsatzes von Industrierobotern bemißt sich zum einen danach, inwieweit Personalkosten eingespart werden können, als auch danach, in welcher Zeit eine Amortisation des Industrieroboters erfolgen kann. Aus Amortisationsgründen liegt daher die Ausweitung von Schichtarbeit auf der Hand. Technologisch reduziert sich die menschliche Arbeit beim Einsatz von Industrierobotern tendenziell auf die Materialbereitstellung und periodische Bestückungsfunktionen der Gesamtanlage sowie periodisch auftretende Reparatur- und Wartungsarbeiten. Solange die Peripheriebereiche, also die Beschickung und der Materialfluß, noch nicht vollständig automatisiert sind, besteht die Notwendigkeit, die menschliche Arbeitskraft permanent dazu einzusetzen, die Restfunktionen der automatisierten Produktion zu übernehmen. Bei vollautomatisierten Produktionsabläufen, in denen der Mensch nur noch Materialbereitstellungs- und Wartungsfunktionen wahrzunehmen hat (z. B. auch Umrüstfunktionen), verändern sich die Periodizitäten des Arbeitsanfalls. So läßt sich absehen, daß statt der Drei-Schichtarbeit „rund um die Uhr", d. h. dreier vollständiger achtstündiger Arbeitsperioden mit kontinuierlicher Arbeit, in Zukunft nur noch Arbeiten anfallen werden, die im Rhythmus von wenigen Stunden in kurzer Zeit zu erledigen sind.

Diese technologische Entwicklung legt es in Verbindung mit Wirtschaftlichkeitskalkülen nahe, verstärkt flexible Arbeitszeitformen einzuführen, die den technisch-wirtschaftlichen Erfordernissen des Industrieroboters entsprechen. Hierdurch ergibt sich eine gewisse Strukturisomorphie mit den Personaleinsatzproblemen, die wir oben für den Einzelhandel beschrieben haben. Analog hierzu bietet es sich an, Teilzeitarbeit als Normalarbeitsdauer einzuführen. Denkbar sind Arbeitszeitregelungen, bei denen der Arbeitnehmer z. B. an einigen Vormittagsstunden und einigen Nachmittagsstunden die Bestückungsfunktionen für die Anlage übernimmt, die restliche Zeit des Tages wäre „Freizeit". So könnten etwa auch Nachtschichten entsprechend verkürzt oder sogar Teilzeitarbeitsplätze hinsichtlich ihrer Dauer noch weiter reduziert werden (z. B. zwei Stunden in der Nacht).

Die Auswirkungen für die Beschäftigten wären ähnlich wie im Bereich des Einzelhandels:

— hohe Arbeitsintensität, da nur kurzzeitige Belastungsexposition vorliegt
— *relativ* hoher Anteil von (unentlohnter) arbeitsgebundener Zeit durch

Anfahrtszeiten und/oder Lage der Arbeitszeit
- generelle Nachteile der Teilzeitarbeit entsprechend ihrer jeweiligen arbeits- sozial- und tarifvertragsrechtlichen Absicherung (vgl. hierzu Rinderspacher 1984)
- geringe Entlohnung nur nach dem effektiven Zeitaufwand für die Arbeit ohne Berücksichtigung der gesamten Reproduktionskosten (Nebenjob)
- Entzug der Kontrolle über die Arbeitszeit bei gleichzeitig geringer Entlohnung.

Anders als es in der Untersuchung der GfAH et al. anklingt, sind Arbeitszeitregelungen m. E. gerade kein geeignetes Mittel, um Dequalifizierung, Arbeitsintensivierung und Taktbindung an die Maschine zu kompensieren (vgl. S. 21). Die Einrichtung von Teilzeitarbeit an Arbeitsplätzen, die derart belastend sind, daß sie eine längere Expositionsdauer für die Arbeitsperson nicht zulassen, führt eben in der Regel nicht zu der technisch häufig möglichen und gesundheitlich wünschenswerten Beseitigung dieser belastenden Arbeitssituation, sondern nur zu einer weniger konflikthaften Abfederung ihrer Folgen.

Sowohl die Unerträglichkeit der Arbeitssituation an bestimmten Restarbeitsplätzen wie auch die Logik der vollautomatisierten Produktion tendieren dazu, den Normalarbeitstag obsolet werden zu lassen. Es besteht die Gefahr eines weiteren Entzugs der Kontrolle über die Zeit durch den Einsatz neuer Technologien, wenn der rein technischen und ökonomischen Logik die Bedürfnisse und Reproduktionserfordernisse der Beschäftigten nicht stärker entgegengehalten werden.

4. Zeitliche Belastungen im Betrieb

Neben der Dauer und der Lage der Arbeitszeit sind, wie schon in den ersten Abschnitten behandelt, ebenso die zeitlichen Dispositionsmöglichkeiten des Individuums innerhalb des Betriebes in hohem Maße fremdbestimmt. Dies resultiert zum einen aus den Bedingungen abhängiger Arbeit, die wesentlich auch darüber definiert ist, daß der Arbeitgeber während der Arbeitszeit über die Zeit des abhängig Beschäftigten verfügen kann. Zum anderen sind in den letzten Jahren die Anforderungen an die Arbeitsgeschwindigkeit der Beschäftigten erheblich gestiegen. Dies läßt sich sowohl aus der immanenten Logik von Rationalisierungsprozessen herleiten wie auch aus den Erfahrungen der Arbeitnehmer.

Es ist im folgenden zu fragen, inwieweit Zeitstrukturen von den Arbeitnehmern selbst als belastend empfunden werden. Spätestens seit dem Aufkommen der wissenschaftlichen Arbeitsorganisation unterliegen Zeitstrukturen im Betrieb der ständigen Neufassung und Umgestaltung. Die Intention Taylors war es, wie dargestellt, neben der Herabsetzung der Arbeitskosten durch Dequalifizierung von Arbeitstätigkeiten ein objektiviertes System der Leistungskontrolle im

Betrieb zu errichten, um Arbeitszurückhaltung und „Bummelei" zu verhindern bzw. auf ein Minimum zu reduzieren. Auch gegenwärtig spielen Formen der Abwehr zeitlicher Belastungen im betrieblichen Alltag eine entscheidende Rolle (vgl. Lichte 1978, S. 153 ff.) und sind, vermittelt unter anderem über das Problem des persönlichen Dispositionsspielraums, ein zentraler Konfliktpunkt in der Auseinandersetzung zwischen Arbeitnehmern und Management, aber auch der Arbeitnehmer untereinander.

In einer Repräsentativerhebung aus dem Jahre 1972 bzw. 1975 werden Hektik und Zeitdruck zusammen mit der nervlichen Belastung, die vermutlich wiederum in enger Wechselbeziehung zu „Hektik und Zeitdruck" steht, von den Arbeitnehmern insgesamt als zwei der hervorstechendsten Merkmale genannt (Volkholz 1977, S. A 164). Weiterhin zeigt die Untersuchung von Bettelhäuser et al. (1980), bei der 361 Werftarbeiter nach ihrer Befindlichkeit befragt wurden, daß Belastungen durch Zeitstrukturen in der Rangfolge besonders belastender Faktoren mit an erster Stelle stehen:

„Nach dieser Tabelle stellen sich also die Spitzenbelastungen dar:

— Streß und besondere Arbeitshetze durch Termine, Akkord oder Vorgesetzte zusammengenommen: 81,7 %
— Belastungen durch Lärm: 81 %
— Staub: 75 %
— Akkordhetze: 68 %" (Bettelhäuser et al., S. 45; Mehrfachnennungen).

Dabei fällt auf, daß auf die Frage, welche Beschwerden und Krankheiten vorliegen, besonders häufig solche genannt wurden, bei denen zeitliche Belastungen in Verbindung mit anderen genannten Spitzenbelastungen stehen. Dies sind insbesondere die unspezifischen Befindlichkeitsstörungen wie z. B. Kopfschmerzen (52,7 %), vorzeitige Müdigkeit (55 %) oder Nervosität (42 %) sowie Magenbeschwerden. Dieser Zusammenhang gilt besonders ausgeprägt für Schichtarbeiter. Auf die Frage, was diese Beschwerden erträglicher machen könnte, werden hinsichtlich zeitlicher Belastungen u. a. bezahlte zusätzliche Pausen genannt (55 %) und die Abschaffung des Akkords (65 %). Hingegen treten nur 29 % für die Verringerung der Überstunden ein; 42 % erhoffen sich eine Verbesserung ihrer Arbeitssituation durch die Verkürzung des Arbeitstages.

Besonders belastend scheinen Arbeitsstrukturen auch oder vor allem erst dann, wenn sie mit anderen Belastungsfaktoren zusammen auftreten. Volkholz (1977) hat versucht, die Wirkung solcher komplexen Belastungsstrukturen mit Hilfe eines Konzepts der „Mehrfachbelastung" darzustellen. Er kommt zu dem Schluß, daß

„Zeitdruck, an zweiter Stelle Monotonie, dann Lärm ... mit erhöhten gesundheitlichen Beanspruchungen verknüpft (sind), unabhängig davon, ob weitere Belastungen vorliegen oder nicht. Allerdings steigt die gesundheitliche Beanspruchung beim Vorhandensein weiterer Belastungen an" (S. 133).

Wenn auch aufgrund der Komplexität der hier untersuchten Belastungssituationen der Faktor Zeit nicht isoliert betrachtet werden kann, so läßt sich doch erkennen, welch erhebliche Belastungswirkung ihm zugeschrieben wird.

Nach Volkholz lassen sich deutliche Zusammenhänge herstellen zwischen der Belastungssituation und den Lebens- bzw. Konsumgewohnheiten:

„Unter Berücksichtigung der Niveauunterschiede im Rauchen und Trinken bei Männern und voll berufstätigen Frauen kann verallgemeinert festgestellt werden:

— Arbeitnehmer an Arbeitsplätzen ohne Belastungskomplexe rauchen und trinken weniger häufig.
— An Arbeitsplätzen mit Belastungskomplexen wird mehr geraucht, bei Männern — mit Ausnahme der in Schicht- und Nachtarbeit tätigen — auch mehr getrunken. Die arbeitsplatzspezifischen Rauch- und Trinkunterschiede sind bei Männern sehr deutlich: Arbeitsplätze mit Arbeitserschwernissen und körperlich schwere Arbeit wirken als Verstärker des Nikotin- und Alkoholkonsums“ (S. 175).

Zu einem ähnlichen Ergebnis bezüglich der Verflochtenheit von Arbeitssituation und Lebens- bzw. Konsumgewohnheiten kommt auch Müller: Die Auswertung einer repräsentativen Befragung von INFAS unter 1266 Arbeitern in Bremen im Jahre 1975 und der Daten einer Vorsorgeuntersuchung von ca. 30.000 arbeitsfähigen Mitgliedern von Ortskrankenkassen in Baden-Württemberg in den Jahren 1969 und 1970 zeigte, daß insbesondere beanspruchende Arbeitszeitregelungen wie Schichtarbeit, Nachtarbeit, Überstunden, Zeitdruck und Akkord zu vermehrtem Rauchen führen, ebenso wie klimatische Belastungen und Schwerarbeit den Alkoholkonsum förderten (vgl. Müller 1980, S. 108).

In einer am Internationalen Institut für Vergleichende Gesellschaftsforschung zur Praxis des Arbeitsschutzes durchgeführten Untersuchung (vgl. Hauß et al. 1983) antworteten von den 1.066 befragten Arbeitern verschiedener Branchen auf die Frage „Arbeiten Sie unter Zeitdruck?“ im Durchschnitt über 70 %, daß dies häufig der Fall sei. In derselben Untersuchung wurde auch nach den Ursachen für Zeitdruck und Hektik gefragt. 14,2 % führten sie auf zu kurze Taktzeiten zurück, 59,7 % auf zuviel Arbeitsanfall, 29,9 % auf das Antreiben durch die Vorgesetzten und 13,2 % auf die schnelle Arbeitsweise der Kollegen. Die Untersuchung von Hauß et al. zeigt nicht nur das hohe Niveau zeitlicher Belastung, sondern auch, daß diese in den letzten Jahren weiter angestiegen ist. So antworteten auf die Frage, ob sich Zeitdruck und Hektik in den letzten fünf Jahren verändert hätten, mit „ja, zugenommen“ 77 %, mit „ja, abgenommen“ 3 % und mit „nein, gleich geblieben“ 20 % (vgl. Hauß et al. 1981). Zu ähnlichen Resultaten gelangen Flodell/Pawlowski: „Zwischen 1973 und 1981 hat sich bei allen Arbeitnehmern ... ganz besonders stark aber bei Arbeitern das Gefühl von Hektik, Zeitdruck und Routine verbreitet“ (1984, S. 22).

Das Problem beschränkt sich nicht allein auf den sekundären Sektor. Auch die Studie „Vergleichende Untersuchung der Schreibdienste in obersten Bundesbehörden“ von Pirker et al. (1979) hebt zeitliche Belastungen als relevant hervor. Die befragten Schreibkräfte qualifizierten das Problem ihrer zeitlichen Überforderung als „Termindruck“ und „Arbeitsspitzen“, d. h. als starke Schwankungen in der Menge der zu erledigenden Schreibarbeiten. In dem unregelmäßigen Arbeitsanfall und der fehlenden Planbarkeit der Arbeit sehen Pirker et al. einen Beanspruchungsfaktor (vgl. S. 13). Neben anderen Beanspruchungsmomenten, die nicht unmittelbar mit der Zeitstruktur des Betriebes in Verbindung zu bringen sind, werden häufige Unterbrechungen der Schreibarbeit durch Telefonate, Rückfragen usw. angegeben, also Belastungen dadurch, daß die Kontrolle über die Zeitstruktur der jeweiligen eigenen Arbeit durch das Dazwischentreten höherrangiger oder zeitlich dringenderer Arbeiten nicht gewährleistet ist.

In der Studie von Funke/Watkinson zur Lage von Industriearbeitern, die von Abgruppierung und Rationalisierung betroffen sind, kommt dies ebenfalls plastisch zum Ausdruck (vgl. Funke/Watkinson 1981).

„Die besonders bei repetitiver Teilarbeit wie im folgenden Beispiel einer Frauentätigkeit existierende Beschneidung der Möglichkeiten zur *informellen Pausennahme,* um den Arbeits- und Zeitrhythmus zu unterbrechen und zur informellen Kommunikation zu nutzen, wird als Beleg wachsenden Drucks und erhöhter Spannungen angeführt...: ‚Früher die gleiche Tätigkeit, haste spielend gemacht, spielend, mit Pausen also, von dir aus, von dir aus Pausen‘. Früher sei man ‚noch mit einigermaßen Freude an die Arbeit gegangen ... weil man gewußt hat, der Druck ist nicht da, der jetzt da ist. Man konnte sich mal verdrücken, zum Abort gehen, ein Schwätzle machen oder im Sommer rausgehen, während der Arbeitszeit (kann man sich dies) jetzt nicht erlauben‘. ‚Heute demgegenüber traut man sich nicht, das zu tun oder was man so gern mal hin und wieder möchte, man möchte mal ein bissel Pause machen oder was, ist tatsächlich nicht mehr drin‘“ (S. 129).

In einer Untersuchung über Einstellungen zum technischen Wandel und zur Arbeit berichtet ein Postbeamter über den Effekt von Rationalisierung (vgl. v. Klipstein 1982):

„Was rauskommt (bei Rationalisierungen) ist Zeit stehlen, wir haben doch dadurch nicht mehr Zeit, daß wir also mehr schaffen, das ist ein Trugschluß oder? Dadurch haben wir doch nicht mehr Zeit, wir haben genauso viel oder wenig Zeit wie vorher ohne Computer. Da verändert sich doch nichts daran. Wenn das so wäre, das wäre eine tolle Sache“ (S. 28).

Ein Elektronikverkäufer sagt in einer Gruppendiskussion:

„... ständig immer wieder neue Aufgaben vor die Nase gesetzt ... Du rennst, Du rennst, praktisch ist da immer ein D-Zug und Du schaffst den Aufsprung nicht auf diesen Zug“ (ebd. S. 28).

Dieselbe Untersuchung stellt fest, daß zumindest für Führungskräfte der permanente Zeitdruck kontraproduktive Wirkungen hat. Auf die Frage, was für sie die Voraussetzungen einer Normalleistung wären, antworteten 68 % „weniger Zeitdruck“ (S. 29). Wahrscheinlich überträgt sich die Hektik des betrieblichen Alltags unmittelbar oder mittelbar auch auf andere Lebensbereiche. V. Klipstein konstatiert auf der Basis einer Befragung: „Die überwältigende Mehrheit der Bevölkerung empfindet, daß die Zeit zu schnell läuft“ (S. 28). Ähnliche Aussagen, die das Gefühl ausdrücken, „Nie fertig werden“ oder „Immer-im-Trab-sein“, finden sich auch in Untersuchungen über die Belastung von Hausfrauen (vgl. z. B. Becker-Schmidt et al. 1982). Jedoch nicht nur die Lebens- und Konsumgewohnheiten werden durch belastende Zeitstrukturen ungünstig beeinflußt. Sie bergen ebenfalls eine ganze Reihe gesundheitlicher Risiken in sich.

Arbeitsstrukturen und die Belastung durch die betriebliche Zeitstruktur können mittelbar vermutlich zu koronaren Herzkrankheiten, Erkrankungen des Magen-Darmtraktes u. a. führen. Bereits 1965 haben Graf et al. bei industriellen Arbeiten auf einen Zusammenhang zwischen Zeitdruck und gesundheitlicher Beanspruchung hingewiesen und hervorgehoben, daß Arbeit unter Zeitdruck vielfältige negative Wirkungen auf den arbeitenden Menschen ausübt (vgl. Graf et al. 1965, S. 50). Sie vertreten die These, daß zum einen, von einem bestimmten Grade der Hetzarbeit an, die Arbeitsleistung letztlich wieder absinken würde und daß es zum anderen bei jedem Grad der Hetzarbeit zu Affektstauungen und Reizzuständen komme, die zur Überbeanspruchung des Herz-Kreislaufsystems und insbesondere zu Pulsfrequenzsteigerungen führten. Hierzu muß angemerkt werden, daß die pathogenen Wirkungen solcher Belastungsfaktoren von den Autoren einschlägiger Untersuchungen in der Regel allerdings als Langzeiteffekte und zumeist als Ergebnis komplexer Belastungsstrukturen betrachtet werden.

Auf Basis vorläufiger Ergebnisse einer Studie zur Arbeitsbedingtheit von koronaren Herzkrankheiten finden sich ebenfalls, allerdings noch mit Vorsicht zu behandelnde, Hinweise, daß unter anderem eine Verbindung zwischen zeitlicher Belastung und Infarkt besteht. Qualitativ betrachtet scheinen durch „inkonsistente Anforderungen“ im Betrieb, wie sie sich etwa darstellen in dem Problem, gleichzeitig schnell und gut arbeiten zu müssen, oder in dem Zeitdruck, dem Reparaturschlosser durch die hohen Kosten bei Maschinenstillständen ausgesetzt sind, übermäßig beanspruchende Arbeitssituationen zu entstehen (vgl. Friczewski 1981). In derselben Untersuchung existieren Hinweise darauf, daß besonders in höheren Altersgruppen (54 - 59 Jahre) zeitliche Belastungen Risikocharakter annehmen. Im Vergleich der Gruppe von Infarktlern mit einer Kontrollgruppe Nicht-Infarktkranker zeigt sich, daß Probleme wie „keine Zeitreserven erarbeiten können“, „oft mehrere Dinge gleichzeitig tun müssen“ oder „Mehrstellenarbeit“ von denjenigen, die bereits einen Infarkt erlitten hatten, sehr viel deutlicher wahrgenommen werden (vgl. Maschewsky 1980).

Wotschack/Wotschack berichten, daß in derselben Untersuchung „Lärm und Arbeitshetze von den Befragten auch als Ursache gestörter Kommunikation und nervlicher Belastung genannt“ wurden (1981, S. 32).

Schließlich sei noch auf die Untersuchung von Siegrist zum Zusammenhang von sozialen Belastungen und Herzinfarkt hingewiesen. Ohne daß damit schon eindeutig Rückschlüsse auf die Arbeitsbedingtheit von Herzinfarkten gezogen werden könnten, stellen Siegrist et al. fest, daß die am häufigsten von Infarktpatienten als Belastung eingeschätzten Merkmale der Arbeitssituation (!) die des Zeitdrucks und der inkonsistenten Anforderungen seien.

„Es ist auffällig, daß aus einer recht umfangreichen und heterogenen Gesamtheit vorgegebener Merkmale von Arbeitssituationen, die unter anderem auch Umgebungseinflüsse und qualifikatorische Anforderungen umfassen, unter dem Gesichtspunkt ihrer Belastungsqualität vorrangig Merkmale des betrieblichen Arbeitsablaufs und der formalen Rollenstruktur genannt werden" (Siegrist et al. 1980, S. 151).

Trotz dieser Befunde, die weitgehend auf Befragungen von Industriearbeitern beruhen, bleibt festzustellen, daß in vielen Wirtschaftsbereichen noch eine Reihe zeitlicher Freiräume üblich sind. In dem Maße, wie Arbeitstätigkeiten standardisiert, kontrolliert, normiert und verkettet werden, werden solche betrieblichen „Zeitfenster" reduziert. Dies gilt etwa für die Anfüllung von technisch oder arbeitsorganisatorisch bedingten Wartezeiten mit zusätzlichen Arbeitsaufgaben. Hier wäre z. B. im Bereich der Druckindustrie der Versuch zu nennen, sogenannte Speckzeiten, das sind Wartezeiten zwischen verschiedenen Arbeitsgängen bei der Druckarbeit, abzubauen und die vorhandenen Zeitintervalle mit anderen, meist minderqualifizierten Tätigkeiten aufzufüllen. Im Güterfernverkehr beispielsweise werden Stillstands- und Wartezeiten durch Personalabbau einerseits und Prämien andererseits zu reduzieren versucht. Der intensiveren Zeitnutzung in Großbetrieben dienen Personalinformationssysteme, die auch die räumliche Bewegung der Mitarbeiter im Werk kontrollieren. Schließlich werden auch durch Vorgabezeiten und Zeitmanipulationen im Akkordsystem selbst zeitliche Dispositionsspielräume minimiert (vgl. Fricke et al. 1981, S. 311 ff.).

In der Gesamtschau der Untersuchungen wird deutlich, welches Gewicht dem Faktor Zeit im Betrieb als Belastungsursache zukommt. Eine Verbesserung der Arbeitsbedingungen muß darum, freilich mit anderen Maßnahmen zusammen, wesentlich auch mit einer Verbesserung dieser betrieblichen Zeitstrukturen verknüpft sein. Wenn diese Schlußfolgerung richtig ist, dann stellt sich die Frage, in welcher Beziehung die Struktur der innerbetrieblichen Zeit mit der außerbetrieblichen bzw. der sonstigen Zeit und ihren Verwendungsmöglichkeiten durch den Arbeitnehmer steht.

V. Auswirkungen von Arbeitsbelastungen auf die Struktur des Zeitbudgets

1. Kontrolle über Zeitstrukturen

1.1 Kontrolle über Zeit als Problem von Macht

Arbeitszeit ist also insofern als zeitliche Restriktion aufzufassen, als sie hinsichtlich ihrer Dauer und Lage wie auch der inneren zeitlichen Ordnung des Arbeitstages weitgehend fremdkontrolliert ist. Bei der Festlegung von Zeitplänen treten die Machtverhältnisse zwischen den Verhandlungspartnern deutlich hervor. Wer über wessen Zeit disponieren kann, wer die zeitliche Kontrolle ausübt, hängt weitgehend von den Sanktionsmöglichkeiten der einen gegenüber der anderen Seite ab.

Es handelt sich jedoch nicht nur darum, daß z. B. die Arbeitszeitvorgaben des Arbeitgebers von den abhängig Beschäftigten als rein äußerliche Anpassungsleistung übernommen werden. Dies ist nur eine von mehreren Voraussetzungen, um den zeitlichen Anforderungen, wie sie sich im abhängigen Arbeitsverhältnis stellen, entsprechen zu können. Erwartet wird wesentlich auch die Fähigkeit zur Synchronisation.

Je nach Qualifikation und Stellung im Betrieb geschieht die zeitliche Integration der arbeitenden Personen in betriebliche Abläufe mehr oder weniger in Form der Verinnerlichung von Leistungsnormen die, wie dargestellt, stets auch eine zeitliche Dimension haben.

Heinemann/Ludes (1978) versuchen, Synchronitätsanforderungen genauer zu differenzieren. Danach bedeutet Synchronisation

„Gleichzeitigkeit des Bewußtseins von Tempo und Knappheit der Zeit, daß die Interaktion vorbereitende Ereignisse und Handlungen in der Vergangenheit und ihre Auswirkungen in der Zukunft von allen Handlungspartnern in gleicher Weise bei ihren Handlungsvollzügen berücksichtigt werden, die Zeit für sie gleich schnell vergeht und als gleich wertvoll behandelt wird; zweitens daß die Interaktion von den Beteiligten in gleich weiten Zeithorizonten in Vergangenheit und Zukunft verortet wird, Strukturierung, Verständnis und Bewertung also auch bewußten und verbindlichen Rückblicken und gemeinsamen Erwartungen bezüglich der Wahrscheinlichkeit, mit der, und der Zeitpunkte, wann die Ziele der Interaktion realisiert sein werden, beruhen. ... Drittens, daß zeitliche Folge und Häufigkeit a) die gegenwärtigen Handlungen bestimmen und b) die gegenwärtige Sicherung der Synchronisation von Handeln in der Zukunft, das an die gegenwärtigen Handlungen und ihre Ergebnisse anknüpfen können muß, erfolgt" (S. 234 f.).

Heinemann/Ludes beziehen diese Synchronisationserfordernisse zwar nicht unmittelbar auf den Arbeitsbereich, jedoch können sie ganz allgemein als auch hierfür gültig angenommen werden. Der Unterschied zu einer nicht arbeitsgebundenen kommunikativen Situation besteht, allerdings nur teilweise, darin, daß die Sanktionsmechanismen bei Nichtbefolgen der Synchronisationsgebote andere sind, d. h. in der Regel treffen die in der Arbeitswelt erfahrbaren Sanktionen das Individuum härter, weil hier sowohl soziale wie auch ökonomische Strafandrohungen manifest werden können.

Die Synchronisation wird — wieder in der gesamten Lebenswelt — nach Heinemann/Ludes auf drei Ebenen erreicht:

Erstens durch weitgehend natürliche und sachliche Notwendigkeiten wie Schlaf und Essen, die einer bestimmten Rhythmizität und damit Synchronisationsnotwendigkeit unterliegen.

Zweitens durch „normative oder moralische Synchronisation" (S. 237), d. h. in bestimmten sozialen Systemen bilden sich Normalzeiten hinsichtlich Dauer und Lage heraus, von denen nicht unbegründet abgewichen werden darf. Dies reicht von der Länge von Gesprächen und den Tageszeiten, an denen sie stattfinden dürfen, über individuelle Sprechzeit-Normen in Gruppen bis hin zu den typischen Zukunftsperspektiven und Planungshorizonten in verschiedenen Lebensaltern; es betrifft die Dauer von Mahlzeiten ebenso wie die Länge von konventionellen Theateraufführungen, Dauer und Struktur von sportlichen Aktivitäten, von sexueller Interaktion u. v. a. m.

Drittens wird nach Heinemann/Ludes „Synchronisation durch Verabredung", also durch Konsens oder Kompromiß, erreicht. Dabei sei zu berücksichtigen, daß solche Übereinkünfte stets den Verzicht auf eigene zeitliche Orientierungsmuster bedeuten — wobei man hinzufügen muß, daß dieser Verzicht immer dann weniger schwer wiegt, wenn die in dieser Zeit ablaufende Handlung sich mit den eigenen Interessen und Bedürfnissen deckt. Also wiederum erst der sozialinhaltliche Dissens über Tätigkeiten, die zur gleichen Zeit stattfinden oder stattfinden sollen, schafft das Zeitproblem: es erwächst aus der sozialen Differenzierung, aus dem Gegensatz von Mein-Interesse und Nicht-mein-Interesse.

Heinemann/Ludes heben hervor, daß von den Interaktionspartnern diese Zeitnormen nicht ständig thematisiert und individuell ausgehandelt werden müssen. Die Adaption von Terminstrukturen ist habitualisiertes soziales Verhalten, das die beteiligten Personen weitgehend von den Mühen ihrer permanenten Neukonstitution entlastet. Die Autoren bemerken hierzu weiter:

„Zum ständig verfügbaren oder zumindest leicht aktivierbaren Wissensfundus gut informierter Bürger moderner Gesellschaften gehört Wissen über die unterschiedlichen zeitlichen Bezugssysteme typischer Interaktionen, die Fähigkeiten, zwischen diesen zu wechseln bzw. sie trotz ihrer unterschiedlichen jeweiligen zeitlichen Bezüge für die eigene Person in eine gemeinsame subjektiv erfahrbare Ordnung zu bringen, Kontinuität und Identität über die Brüche und Verschiebungen hin aufrechtzuerhalten. Der individuelle Zeithorizont kann sich nur in den Freiräumen der genannten Synchronisierungsmechanismen entfalten" (S. 137 f.).

Entscheidend für das Verhältnis des Individuums zur Zeit, aber auch für die Entstehung mehr oder weniger rigider Zeitnormen und Zeitstrukturen ist nicht nur, *daß* Synchronität von ihrer stofflichen Seite her überhaupt stattfindet, sondern im gleichen Maße auch, *wie* sie stattfindet. Im Kapitel über die Synchronisierungsmechanismen in vorindustrieller Gesellschaften wurde beschrieben wie dort, etwa durch das Singen von Liedern bei der Arbeit oder durch rhythmische Vorgaben über Paukenschläge, die die Arbeitsgruppe zu einem synchronen Arbeitsorganismus vereinigt, eine organische Synchronisierung erfolgte. Die Synchronisierung industrieller, arbeitsteiliger Produktionsprozesse unter den Bedingungen abhängiger Beschäftigung ist ein Ergebnis von Machtausübung.

Eine der Methoden der Machtausübung im Produktionsbereich stellt die oben behandelte wissenschaftliche Arbeitsorganisation dar. Zwar kann zumindest unter marktmäßigen Bedingungen des Verkaufs der Arbeitskraft nicht unbedingt davon gesprochen werden, daß die Unterwerfung unter fremde Zeitpläne ein offenes Gewaltverhältnis beinhalte. Andererseits übt gerade durch die Verhältnisse am Arbeitsmarkt, in denen der Nachfrager nach Arbeitskraft dadurch bevorzugt ist, daß er nicht wie der abhängig Beschäftigte Subsistenzmittel beschaffen will, sondern einen Produktionsfaktor nachfragt, dieser strukturelle Gewalt aus.

Diese marktmäßig bedingte Machtposition variiert allerdings entsprechend den Verhältnissen auf den Arbeits- und Gütermärkten und insofern unterliegen die Möglichkeiten der abhängig Beschäftigten, sich den Zeitnormativen des Unternehmens zu entziehen, schwankenden Realisierungschancen. Sie drücken sich etwa in der Pünktlichkeit, im Arbeitsgeschwindigkeitsverhalten oder Krankenstand aus, kurzum als Nachlassen oder Anziehen der Arbeitsdisziplin. Wachsende Verhandlungsmacht auf der Seite der abhängig Beschäftigten gegenüber der Kapitalseite basiert, wie Olk et al. dargelegt haben (vgl. 1979), u. a. auf dem Umfang der Zeitspanne, während der die Seite der Arbeit ihrem Kontrahenten die Möglichkeit der Anwendung der Arbeitskraft im Arbeitsprozeß, z. B. durch Streiks, entziehen kann. Dies gilt aber auch für die individuelle Verhandlungsposition zwischen Arbeitgeber und Arbeitnehmer. Wenn z. B. der Arbeitnehmer in der Lage ist, etwa mit Hilfe gesparten Einkommens eine längere Zeitspanne auch ohne abhängige Beschäftigung unbeschadet überleben zu können, verliert die Drohung, die von der strukturellen Markt-Gewalt (sprich: Arbeitslosigkeit) ausgeht, an Gewicht. Olk et al. 1978 schreiben hierzu:

> „Zeitökonomie und Zukunftsbezug erlangen also in dem Maße allgemeine Verbindlichkeit, wie erwerbswirtschaftliche Arbeit zum normalen Modus der Existenzsicherung wird. Nun ist aber dieser neue Zukunftsbezug von Arbeitskraftbesitzern keineswegs identisch mit demjenigen, der Kapital eigen ist: Während durch Kapitalbildung und Kreditwesen gleichsam zeitfeste Kontingente geschaffen werden, die nach festen Regeln und unter kalkulierbaren Risiken eingesetzt werden können, bleibt der Zukunftsbezug des Lohnarbeiters auf die lebenszeitliche Abwendung von Not bezogen“ (S. 163 f.).

Nicht nur in dieser Hinsicht fungiert Zeit als Medium der Ausübung von Macht und Gewalt. Auch vermittelt über die bloße Androhung von Entwicklungen, die in der Zukunft liegen, wie z. B. Rationalisierungsmaßnahmen, kann Druck von der Unternehmensseite ausgeübt werden. Dies geschieht dadurch, daß gegenüber dem abhängigen Beschäftigten aufgrund seiner fehlenden Kontrollmöglichkeiten über die globalen Entscheidungen des Managements Rationalisierungsmaßnahmen jederzeit als eine zu antizipierende Situation vorgeführt werden können und damit seine gegenwärtige Qualifikation als entwertet und seine Markt-Macht als geschwächt. Die Beschäftigten werden so zur Annahme von Verhaltensmaßregelungen gezwungen, die die Kontrolle des Arbeitgebers u. a. über die zeitliche Dimension des Arbeitsprozesses erhöhen.

Heinemann/Ludes beschreiben diesen Sachverhalt etwas generalisierter, d. h. nicht auf den Bereich der Arbeitswelt bezogen, im Anschluß an Luhmann so:

„Die Chance eines Handlungspartners, die Zeit anderer zu kontrollieren und somit in seine eigene Dispositionen einschließen und nicht nur als mehr oder weniger wahrscheinlich erwarten zu können, die differenziert werden kann in a) die Chance der Kontrolle gegenwärtigen Handelns anderer und b) die gegenwärtige Sicherstellung zukünftiger Zeitverwendung anderer, beruht also ursprünglich auf Erfahrungen des anderen und darauf aufbauenden Antizipationen über die Manifestation latenter Gewalt, die er durch Übernahme der Dispositionen des Mächtigeren vermeiden will. Die Festlegung von Zeitplänen und die Verfügung über anderer Zeitgestaltung am Arbeitsplatz, in der Wohnung, in Kauf- und Freizeiträumen und bei den verschiedensten Arten der Mobilität ist eine solche Selektion von Regeln, die Dispositionen anderer sicher erwartbar macht" (S. 238).

Aus dem Gesagten folgt, daß die Disposition über die eigene Zeit nur dann möglich ist, wenn eben auch diese Zusammenhänge von Macht und Herrschaft über den Arbeitsmarkt von den Beschäftigten mit kontrolliert werden, so daß diese hierüber die Möglichkeit erhalten, *ihre* Zeitnormative gegenüber der Kapitalseite durchzusetzen.

Es darf allerdings nicht verkannt werden, daß der Markt, was die Herstellung von Zeitnormativen angeht, nicht nur durch die Androhung von Arbeitslosigkeit im obengenannten Sinne verhaltenswirksam ist. Die Zeit wirkt nicht nur auf den Arbeitsmärkten, sondern ebenso auf den Gütermärkten, nämlich hier als konkurrenzvermittelter Vergleich verschiedener Arbeitsproduktivitäten der am Markt befindlichen Hersteller oder Produzenten. Insofern wäre es illusionär anzunehmen, man könne den zeitökonomischen Zwangsgesetzen des Marktes *willkürlich* eine alternative, menschlichere Zeitökonomie der Produktion entgegensetzen.

1.2 Arbeitsinhalt und Arbeitszeit: Ein Beispiel

Bereits der Begriff der Kontrolle deutet auf einen Interessengegensatz hin. Denn nur, wenn die Handlung eines Individuums oder einer Gruppe nicht identisch ist oder sein könnte mit den Vorstellungen eines anderen Individuums, einer Gruppe oder eines anderen sozialen Bezugssystems, entstehen wechselseitig Kontrollambitionen.

In dem Maße, wie die Identifikation des Arbeitenden mit der Art seiner konkreten Tätigkeit sowie mit den übergeordneten Zielen des Unternehmens vorhanden bzw. nicht vorhanden ist, wird es mehr oder weniger starker äußerer Eingriffe bedürfen, um das arbeitende Individuum dem Arbeitsprozeß unterzuordnen.

In der Form der Lohnarbeit bestehen für das Individuum zwei Schranken, sich mit dem Arbeitsprozeß zu identifizieren. Zum einen, von der stofflichen Seite her, dadurch, daß es auf fremde Anweisung seine Arbeitstätigkeiten auszuführen hat, und zum anderen dadurch, daß es sich zumindest unter kapitalistischen Bedingungen mit dem Ziel der Profitmaximierung des Betriebes nicht oder nur indirekt identifizieren kann, da ihm das Resultat der Arbeit in abhängiger Beschäftigung nicht voll zukommt oder es nur sehr vermittelt (z. B. über Prämien, Aktienbeteiligung u. ä.) daran teilhat.

Die vom Beschäftigten dem Unternehmen zur Verfügung gestellte Lebenszeit ist je nach Lage der konkreten Arbeitsbedingungen und Identifikationsmöglichkeiten mit den Betriebszielen als mehr oder weniger verlorene Lebenszeit zu verbuchen. Der Arbeitgeber hingegen gewinnt um so mehr von der Arbeitskraft des abhängig Beschäftigten, je mehr dieser seine Arbeitszeit als Lebenszeit aufgeben muß, d. h. je dichter und auf den konkreten Arbeitsgegenstand bezogen der Arbeitstag beschaffen ist und je weniger der abhängig Beschäftigte seinen persönlichen Interessen und Bedürfnissen während der vereinbarten Arbeitszeit nachgehen kann.

Das Problem der Kontrolle über die Arbeitszeit und über Zeitstrukturen generell darf also nicht auf seinen zeitlichen Aspekt reduziert werden, etwa dergestalt, daß das Arbeitszeitproblem nur pragmatisch in der Aushandlung bestimmter Zeitpunkte des Arbeitsbeginns und des Arbeitsendes bestünde. Das *Arbeitszeitproblem ist vielmehr auch immer ein Problem der Arbeitsinhalte* sowie der gesellschaftlichen oder ökonomischen Form der Arbeit.

Betrachtet man beispielsweise die Arbeitszeitregelungen in Alternativbetrieben, so stellt man fest, daß dort keineswegs kürzere Arbeitszeiten bestehen als in anderen Betrieben, zumindest wenn man als Arbeitszeit die Zeit ansetzt, die die oder der Beschäftigte im Betrieb verbringt.

Die Inkaufnahme von teilweise längeren Arbeitszeiten, trotz geringer Verdienste, weist darauf hin, daß sich hinter dem Arbeitszeitproblem und dem strikten

Beharren auf minutiöser Abrechnung, wie er in „normalen" Betrieben üblich ist, ein Konflikt verbirgt, der über die rein zeitliche Dimension hinausweist. Denn dort, wo Eigentumsverhältnisse — wenigstens im Ansatz oder dem Anspruch nach — verändert und die dort arbeitenden Menschen Miteigentümer ihrer Produktionsmittel sind, wo sie infolgedessen in gewissen, wenn auch teilweise sehr engen Grenzen, die Bedingungen ihrer Arbeit gestalten können, verliert die zeitliche Dimension der Arbeit wieder an Gewicht.

Dies läßt sich daraus erklären, daß die in einem solchen Betrieb verbrachte Zeit aufgrund der Eigentums- und Mitbestimmungsverhältnisse nicht als verlorene Lebenszeit aufgefaßt werden muß, sondern als eine Lebensäußerung, als Arbeit, die zwar nicht frei von Zwängen und Gefühlen des Unwohlseins ist, deren Determinanten, soweit dies unter marktwirtschaftlichen Bedingungen möglich ist, aber weitgehend unter der Kontrolle des den Betrieb tragenden Kollektivs stehen. Die hierbei auftretenden Auseinandersetzungen und Streitigkeiten, die zweifellos gelegentlich zu Gefühlen der Ohnmacht führen, bestätigen diese Vermutung nur, denn sie zeigen, daß die Beteiligten grundsätzlich der Meinung sind, daß überhaupt diskutierbare Gestaltungsspielräume vorhanden sind. Darin unterscheidet sich die Situation in Alternativbetrieben teilweise sehr grundlegend von der in anderen Betrieben, in denen die Handlungsspielräume der Beschäftigten wesentlich geringer sind und im wesentlichen nur reaktiven Charakter haben.

Man muß jedoch nicht unbedingt auf die noch wenig untersuchten Verhältnisse in Alternativbetrieben zurückgreifen (vgl. hierzu die Ansätze von Grottian/Kück 1983), um den Zusammenhang von Lohnarbeit und betrieblicher Herrschaft auf der einen und den sich u. a. hierdurch weiter ausdifferenzierenden zeitlichen Strukturen im Arbeitsalltag auf der anderen Seite zu erläutern. Betrachtet man die Tätigkeit eines Einzelhandelsgeschäftes im Lebensmittelbereich, das von einem Ehepaar betrieben wird („Tante Emma-Laden") im Vergleich zu einem Filialbetrieb einer großen Lebensmittelkette, so wird der Unterschied auf eine andere Art noch einmal deutlich:

Auch im familiengeführten Einzelhandelsgeschäft versuchen die arbeitenden Personen selbstverständlich, die Arbeitsmühe zu minimieren und den Anteil ihrer arbeitsfreien Zeit zu erhöhen. Allerdings in einem teilweise anderen Sinne, als dies bei abhängiger Beschäftigung der Fall ist. Man kann zunächst davon ausgehen, daß sich das Kaufmanns-Ehepaar weitgehend mit den Zielen und Arbeitsformen ihres Geschäftes identifiziert (was nicht bedeutet, daß sie diese nicht auch als Last empfinden).

Sie stehen einer Reihe von zeitlichen Zwängen gegenüber: Der Einkauf frischer Ware muß kurz vor der Eröffnung des Geschäftes erfolgen, ihre Anwesenheit im Geschäft muß in zeitlicher Hinsicht den Kundenfrequenzen entsprechen, die Abrechnung muß *nach* dem Verkauf getätigt werden. Ebenso ist der Auf- und Abbau der Waren, etwa von Obst vor dem Laden auf der Straße, zeitlich festgelegt. Alle Tätigkeiten zusammen formen ein zeitliches Gerüst, bestehend aus natürlichen, marktbedingten und gesellschaftlich-sozialen Vorgaben. Aus der Sicht des Lebensmittelkaufmannes erscheint dieses gesamte Bedingungsgefüge als Naturgesetz des Marktes, dem er sich unterwerfen muß, wenn sein Betrieb überleben soll.

Jedoch bestehen in gewissen Grenzen auch Gestaltungsspielräume, etwa bezüglich der Ladenöffnungszeit (z. B. Mittagspause), deren Regelung abhängt von der Berufsgenossenschaft, den Ladenöffnungsgebräuchen in der näheren Umgebung oder dem Ladenschlußgesetz. Auch der Arbeitsaufwand, mit dem das Geschäft geführt wird, ist in Grenzen beeinflußbar und somit auch die für die Geschäftsführung aufgewendete Zeit etwa bezüglich der Bereitstellung des Warenangebots, des Sortierens der Waren, des Umgangs mit den Kunden, der Ausgestaltung der Schaufenster, der Führung der Bücher usw.

Schwankende Kundenfrequenzen sind für den selbständigen Einzelhandelskaufmann ein Naturgesetz seiner Tätigkeit. Entsprechend richtet er seine Lebensweise ein. Arbeit und Freizeit gehen stark ineinander über, z. B. ist das Gespräch mit dem Kunden ebenso Werbeaktion für das Geschäft und damit Arbeit wie auch Kommunikationsfeld und damit im strengen Sinne herrschender industrieller Arbeitsnormen Privatsache. Ähnlich verhält es sich mit den Interaktionsbeziehungen zu Zulieferern, Handwerkern usw. Das Zeitbudget zeichnet sich durch eine vergleichsweise geringe Polarisierung zwischen Arbeitstätigkeit und Freizeitaktivitäten aus.

Die Arbeit dieses selbständigen Kaufmanns ist also gekennzeichnet erstens durch ein breites Tätigkeitsspektrum, von körperlicher Arbeit bis zu leitenden disponierenden Tätigkeiten, zweitens durch eine starke Vermischung von im engeren Sinne Arbeitstätigkeiten und Nicht-Arbeitstätigkeiten, drittens durch einen hohen Dispositionsspielraum und viertens durch die Tatsache, daß die Einschränkungen der Dispositionsmöglichkeiten in der zeitlichen Dimension nicht als fremdbestimmte, d. h. nicht als soziale, sondern als natürlich vermittelte erfahren werden.

Der Zeitdruck des Kaufmanns legitimiert sich zum Beispiel aus den Anforderungen des Marktes, nicht aus den Ansprüchen, die etwa ein Filialleiter stellt. Der Filialleiter einer Lebensmittelkette begründet zwar, wenn man sich das Beispiel der kapazitätsorientierten Personaleinsatzplanung vor Augen hält, seine Einsatzpolitik mit schwankenden Kundenfrequenzen und legitimiert sich so ebenfalls durch die Gesetzlichkeit von Marktprozessen. Diese treffen jedoch in abhängiger Beschäftigung immer modifiziert durch die Interessen des Betriebes an der Gewinnmaximierung und der betrieblichen Herrschaft auf den Angestellten. Der Entzug von Dispositionschancen am Arbeitsplatz macht die Identifikation, wenn schon nicht mit den Gewinnzielen, so doch mit der stofflichen Seite des Arbeitsprozesses fortschreitend schwieriger. Im Ergebnis tritt die konkrete Tätigkeit hinter das abstrakte Lohninteresse zurück. Die Arbeit wird als der

Verkauf von Lebenszeit erfahren, der, je entleerter die Tätigkeit ist, zeitlich um so härter kalkuliert werden muß. Diese Situation unterscheidet sich grundsätzlich von der des Einzelhandelskaufmanns, der durch die Identifikation auf Basis der objektiven Eigentumsverhältnisse zeitliche Restriktionen und Vorgaben nicht als *willkürlichen* Eingriff erfährt, sondern als Problem seiner eigenen Planungskapazität.

1.3 Kontrolle über die Arbeitszeiten

Die Trennung zwischen Arbeit und Nicht-Arbeit findet sich bereits außerhalb der Erwerbsarbeit in der Hausarbeit (vgl. Berk/Berk 1979). Entsprechend stärker ist die Grenzziehung zwischen den Bereichen Erwerbsarbeit und Nicht-Erwerbsarbeit. Während der selbständige Einzelhandelskaufmann das gesamte Zeitverwendungsmuster seines Lebens von vornherein mit seinem Arbeitsziel identifiziert und Mußezeiten und Zeiten der Arbeit nur teilweise voneinander geschieden sind, wird der abhängig Beschäftigte gezwungen, ein artifizielles oder klischeehaftes Zeitverwendungsmuster zu produzieren. Die Entwicklung hin zu einem Normal-Arbeitstag führt notwendig zur Herausbildung einer Vorstellung von „Normalfreizeit". Letztere bietet sich — von konkreten Verwendungsinhalten relativ unabhängig — zunächst als eine zeitliche Hülle dar, die m. a. W. das Ergebnis der industriellen Allokationsstruktur der Zeit ist. Es entsteht damit in den Augen der abhängig Arbeitenden etwas wie ein Anrecht auf geschlossene Zeitblöcke außerhalb der Arbeit. Diese Vorstellung von arbeitsfreier Zeit hat sich als soziales Erfordernis im Verlauf der Arbeiterbewegung herausgebildet.

Die *Struktur von Freizeit* ist jedoch nicht ein vom Menschen unabhängig Gewordenes, sondern folgt innerhalb gewisser Bandbreiten den technischen, arbeitsorganisatorischen und gesellschaftspolitisch-wertmäßigen wie den globalen ökonomischen Entwicklungstendenzen in der Gesellschaft.

Das Freizeitklischee eines durchgehenden Nicht-Arbeitsblocks nach bzw. vor der Arbeit resultiert, auch historisch betrachtet (vgl. hierzu Deutschmann 1982), aus der nur begrenzten Kontrollfähigkeit der abhängig Beschäftigten bzw. ihrer Organisationen bei der Aushandlung und Erhaltung von Arbeitszeitsystemen. Die geringe Flexibilität, die von den Gewerkschaften bezüglich der Vereinbarungen über die Arbeitszeit angestrebt wird, hat die Funktion eines Schutzes vor der willkürlichen Zeitfestsetzung seitens der Unternehmen. Einheitlichkeit und Überschaubarkeit der Regelung stärkt objektiv die gewerkschaftliche Verhandlungsposition.

Wie die jüngste Diskussion um die Flexibilisierung der Arbeitszeiten zeigt, kann auch unter den heutigen gesellschaftlichen Bedingungen die Kontrolle über die Arbeitszeit seitens der Arbeitnehmer dann am besten hergestellt werden, wenn sie möglichst einheitlich und überschaubar ist (vgl. hierzu z. B. Bäcker/Seifert 1982).

Bei allem, was bisher gegen eine Flexibilisierung von Arbeitszeitregelungen vorgetragen worden ist (vgl. z. B. Bäcker/Seifert 1982 und Rinderspacher 1982a), ist jedoch Teriet zuzustimmen, wenn er feststellt, daß weder Dauer noch Lage und Form der Arbeitszeit Konstanten sind, über deren Abänderung man nicht diskutieren könne (vgl. Teriet 1977).

Beim Verhandlungsgegenstand Zeit treffen die Interessen von Arbeitgeber und Arbeitnehmer naturgemäß in einer spezifischen Form aufeinander. Der Erwerb von Anteilen der Lebenszeit des Arbeitnehmers durch den Arbeitgeber berührt in sehr unmittelbarer Weise die Lebenschancen des ersteren wie auch die Produktionschancen des Arbeitgebers. Eine Problemlösung kann nur begrenzt über Kompromisse, durch Verschieben des Verhandlungsgegenstandes in eine andere Dimension, erfolgen: So kann zwar eine als sozial besonders unverträglich geltende Arbeitszeit vom Unternehmer monetär höher bewertet werden, jedoch ist die verlorene Zeit als solche für den Arbeitnehmer nicht wieder ersetzbar. Darin unterscheidet sie sich z. B. von den Verhandlungsgegenständen „Arbeitserschwernisse und Arbeitsbelastungen", die, wo sie in erhöhter Form auftreten, monetär entgolten werden können, ohne daß hierbei irreversible Schäden für die Gesundheit auftreten *müssen.*[1]

In der Verhandlung um den Faktor Zeit stehen sich also Produktionsinteressen und Reproduktionschancen zunächst diametral gegenüber. Dadurch jedoch, daß die Produktionszeiten beim Normalarbeitstag (ohne Schichtsystem) faktisch nicht mit den Reproduktionszeiten des Arbeitnehmers konfligieren (z. B. essen, schlafen etc.) entsteht ein gangbarer Kompromiß. Dieser Kompromiß ist das Ergebnis einer seit dem Beginn der industriellen Revolution andauernden Auseinandersetzung um Inhalt und Struktur eines Normalarbeitstages. Die abhängig Beschäftigten und ihre Interessenvertreter haben sich, indem sie sich mit dem Industrialismus als einem für alle Beteiligten nutzbringenden System identifiziert oder arrangiert haben, auch dessen zeitliche Allokationsform und damit die Feierabendgesellschaft faktisch zu eigen gemacht.

Neuere Entwicklungen von Technologie und Arbeitsorganisation, wie der beschriebene Einsatz von Industrierobotern oder die kapazitätsorientierte variable Arbeitszeit könnten zu Arbeitszeitformen führen bzw. stellen solche dar, die die herkömmliche polare Verteilungsstruktur von Arbeit und Freizeit im Tagesverlauf auflösen. Es wäre denkbar, daß die ökonomische, organisatorische und technische Logik Arbeitszeitmuster hervorruft, die durch mehrere kurze, über den Tag verteilte Arbeitsblöcke, mit dazwischenliegenden erwerbsarbeitsfreien Zeiten, gekennzeichnet sind.

Man kann nicht pauschal davon ausgehen, daß solche neuartigen Arbeitszeitformen grundsätzlich den Arbeitnehmerinteressen zuwiderlaufen. Die negativen

[1] Wir übersehen dabei nicht, daß faktisch häufig irreversible Schäden, z. B. durch hohe Schadstoffexposition entstehen, die im Grunde nicht vergütbar sind.

Folgen eines nach linearen Zeitmaßen durchorganisierten Arbeitstages liegen deutlich auf der Hand. Es wäre auch sehr kurzsichtig, wollte man die im Verlauf der Industrialisierung bisher herausgebildeten Strukturen von Arbeit und Arbeitszeit als Idealmaße heranziehen, sie sind schließlich nicht mehr als Kompromißformeln.

Auf der anderen Seite jedoch, gerade wenn man von der Veränderbarkeit der Arbeitsstrukturen ausgeht, stellt sich die Frage nach der Verhandlungsmacht in der jeweiligen historischen Situation oder, mit anderen Worten, den Bedingungen der Kontrolle der sozialen Gruppierungen über die Struktur von Industriearbeit und hier namentlich der Struktur der Arbeitszeiten.

Nicht Dauer und Lage der Arbeitszeit an sich, wie sie auch immer gestaltet sein mögen, stellen den Kern des Problems um neue Arbeitszeitregelungen dar, sondern die ungleichgewichtige Machtverteilung bezüglich der *Kontrolle* über die Struktur von Arbeitszeitregelungen. Wäre die Verhandlungsmacht der Arbeitnehmerseite stärker als die der Arbeitgeberseite, so daß permanent eine Anpassung der Arbeitszeitregelungen an sich verändernde Arbeitnehmerwünsche durchsetzbar wäre, so müßten Dauer und Lage der Arbeitszeit gerade aus gewerkschaftlicher Sicht prinzipiell ständig zur Disposition gestellt werden. Denn es ist nicht einsehbar, warum ein rigides Arbeit-Freizeit-Regime, das nicht unbedingt als Resultat einer im Sinne der Arbeitnehmer gewachsenen Wirtschaftsordnung zu betrachten ist, sondern als Ergebnis einer weitgehend an Kapitalinteressen orientierten Industriepolitik, nicht nach Maßgabe postindustrieller und bedürfnisbezogener Werte und Normen umgestaltet werden kann. Der hohe Grad der Identifikation der Gewerkschaften mit dem Industrialismus hat vermutlich dazu geführt, daß auch die hieraus erwachsenen Strukturen gesellschaftlicher Zeitallokation nicht genügend als historisch wandelbare und damit aktiv gestaltbare Parameter der Arbeitswelt betrachtet werden.

Die Möglichkeiten der *Kontrolle über die Arbeitszeit* als einer wichtigen Determinante für die Belastungssituation am Arbeitsplatz ist somit als der übergeordnete Bezugspunkt im Hinblick auf Arbeitszeitregelungen zu betrachten. Die Formen der Kontrolle hingegen sind wandelbar. Hieraus läßt sich nun allerdings auch herleiten, daß in einer Zeit, in der die Verhandlungsmacht der Gewerschaftsbewegung durch hohe Arbeitslosigkeit geschwächt ist, diese darauf beharren muß, zunächst ihre Kontrollmacht als solche zu behaupten, um sich nicht langfristig jeder Möglichkeit zu berauben, überhaupt über inhaltliche Punkte der Arbeitszeitregelung wirksam verhandeln zu können. So etwa kann man die Position von Bäcker/Seifert einordnen, die zu dem Ergebnis kommen:

„Skepsis ist aber angebracht, ob individuell auszuhandelnde Arbeitszeitsysteme eher als kollektive Regelungen in der Lage sind, die weitgehende Gebundenheit der Arbeitszeitgestaltung an die technischen und ökonomischen Effizienzkriterien folgende Personaleinsatzplanung privatwirtschaftlich organisierter Betriebe zu lockern oder gar aufzuheben. Herstellung von Zeitsouveränität... läuft in letzter Konsequenz darauf hinaus, daß die produktionsprozeßliche Kombination von Kapital und Arbeit nicht der zeitlichen Logik des Kapitals, sondern der zeitlichen Logik der Arbeit zu folgen hätten... hierzu scheint die transformative Potenz individuellen Handelns bei weitem überfordert (1982, S. 258).

Der Versuch, die kollektive Kontrollmacht bezüglich der Arbeitszeitregelungen nicht zu schmälern, erbringt so einerseits eine Erhöhung der sozialen Sicherheit durch kollektiv-vertragliche Absicherungen, die der einzelne in diesem Maße nicht erwirken kann. Auf der anderen Seite stellen jedoch — und hierin liegt das Dilemma — gerade auch die gewerkschaftlichen Verhandlungspositionen eine weitere Rigidisierung gesellschaftlicher Zeitnormen und individueller Zeitverwendungsmuster her, die dann auf einer anderen Ebene negativ auf die Interessen der abhängig Beschäftigten zurückschlagen.

1.4 Kontrollverlust aus der Sicht der Arbeitspsychologie

Ein Entzug von Kontrolle über die Bedingungen der Arbeit führt nicht nur zu einer Erhöhung des sozialen Konfliktpotentials und zu einer Präzisierung zeitlicher Normierungen, sondern auch zu erheblichen physischen und psychischen Belastungen des Individuums innerhalb seiner Arbeitssituation. Im Kontext der Humanisierungsdiskussion der letzten Jahre haben u. a. Frese und Greif (1978) Überlegungen zum Zusammenhang von Kontrolle und Streß angestellt. Sie greifen dabei auf experimentelle Untersuchungen mit Menschen (vgl. Glass/Singer 1972; Seligman 1975) und Tieren (vgl. Rosellini/Seligman 1975), aber auch auf Felduntersuchungen (vgl. Frese 1977; Gardell 1971, Kornhauser 1965) zurück.

Aus diesen Untersuchungen geht hervor, daß

„eine entscheidende Variable zur Erklärung unterschiedlicher Reaktionen des Menschen auf gleiche Streßintensitäten der Umfang der Kontrolle über Stressoren ist" (Frese/Greif, S. 217).

Soweit man dies anhand von Laborexperimenten und Feldversuchen bestätigt finden kann, reagieren Versuchspersonen unterschiedlich auf Stressoren, je nachdem, ob ihnen die Möglichkeit gegeben wird, diese Stressoren selbst zu beeinflussen. Aus der Unmöglichkeit der Beeinflussung resultieren typische Beeinträchtigungen; nach Frese/Greif sind dies z. B. generelle Passivität, unangemessene Problemlösungsversuche, Schwierigkeiten bei der Korrektur von Fehlern und eine verringerte Risikobereitschaft (S. 217).

Die Kontrolle über die streßbelastete Situation unterscheidet sich hinsichtlich ihrer Objekte, ihrer sozialen Form wie auch hinsichtlich ihrer Auswirkungen. Frese/Greif definieren den Begriff der Streßkontrolle so:

„Streßkontrolle ist in dem Maße gegeben, in dem eine Person oder ein Kollektiv von Personen über Möglichkeiten verfügt, relevante Bedingungen und Tätigkeiten entsprechend eigener Ziele, Bedürfnisse und Interessen zu beeinflussen" (S. 218).

Die Autoren unterscheiden zwischen individuellen und kollektiven Formen der Kontrolle. Es wird darauf hingewiesen, daß nicht nur eine tatsächlich erfolgte Kontrolle, sondern bereits die prinzipielle Möglichkeit, eine Situation zu kontrollieren, dazu führt, daß Stressoren in ihrer Wirkung abgeschwächt werden. Von Bedeutung sei auch, für wie wichtig ein bestimmtes Ziel oder Interesse von den Betroffenen eingeschätzt werde, denn je wichtiger ein Ziel sei, desto wesentlicher sei die Beeinträchtigung durch Nicht-Kontrolle.

Einige Probleme ergeben sich hinsichtlich der Bestimmung des Objektbereichs der Streßkontrolle. Dieser ist oft nur bei oberflächlicher Betrachtung eindeutig zu definieren. So läßt sich etwa in Laborsituationen zwar recht klar festlegen, daß eine Belastung vom Stressor „Lärm" ausgeht. Aber schon bei genauerer Prüfung dieser Laborsituation stellt sich heraus, daß Streßkontrolle in diesem Fall nicht nur Beeinflußbarkeit von Dezibel-Zahlen durch die Versuchspersonen bedeutet; der Laborversuch selbst kann in seinen sozialen Rahmenbedingungen als Objekt der Kontrolle verstanden werden (z. B. zu welchen Belastungen erklärt sich das Individuum innerhalb einer solchen Laborsituation bereit).

In der Praxis hat die Definition dieses Kontrollobjekts größte Bedeutung. Die Inkaufnahme einer als überaus belastend empfundenen Arbeitssituation durch die Arbeitspersonen kann nicht nur aus der Kontrolle oder Nicht-Kontrolle betrieblicher Faktoren herrühren, sondern z. B. auch aus übergeordneten Gesichtspunkten der Abhängigkeit von den Bedingungen des Arbeitsmarktes oder, insbesondere bei Frauen, von familialen Reproduktionsanforderungen. Mit der Vollständigkeit der Analyse und der richtigen Benennung des zu kontrollierenden Gegenstandes als „Stressor" steht und fällt m. E. der wissenschaftliche Ertrag eines solchen Kontrollkonzeptes.

In Anlehnung an Seligman, der die Reaktion auf den Entzug von Kontrolle als „gelernte Hilflosigkeit" bezeichnet, heben Frese/Greif die Tatsache hervor, daß ein Kontrollentzug motivationale Auswirkungen (z. B. Verringerung der Motivation), emotionale Auswirkungen (Ängste, depressive Gedanken) und kognitive Auswirkungen (z. B. die Einstellung genereller Hilflosigkeit) bewirkt.

Die Einstellung einer „stark generalisierten gelernten Hilflosigkeit" zeigt ähnliche Symptome wie das Krankheitsbild der Depression. Derartige Krankheitsbilder entstehen nach Frese/Greif u. a. sehr wahrscheinlich dann, „wenn der Arbeitsablauf nach den Prinzipien der Fließbandarbeit organisiert ist und Arbeitstechniken, Arbeitsbedingungen und Interaktionsformen detailliert vorgegeben werden." Die Kontrolle über die für diese Situation typischen Streßfaktoren (insbesondere: hohes Arbeitstempo, Monotonie, soziale Isolation usw.) sei stark eingeschränkt. Die „generalisierte gelernte Hilflosigkeit" hänge stark mit der Standardisierung der gesamten Arbeitsorganisation zusammen; letztere führe dann auch zu standardisiert auftretenden gleichförmig wiederkehrenden Streßfaktoren.

Voraussetzung für eine wirksame Bekämpfung der pathogenen Folgen solcher Arbeitsstrukturen ist nach Frese/Greif die Möglichkeit der Intervention bei vorgesetzten Instanzen auf eigene Initiative. Neben den direkten Kontrollmöglichkeiten für die Arbeiter am Arbeitsplatz bestehen zudem partielle Kontrollmöglichkeiten, wie z. B. Einschaltung der gewerkschaftlichen Vertrauensleute und des Betriebsrats, gemeinsame Aktion mit Kollegen usw. Die Autoren benennen auch indirekte Kontrollmöglichkeiten, wie z. B. heimliche Leistungszurückhaltung, häufige Abwesenheit sowie Kündigung, sobald sich bessere Arbeitsmöglichkeiten ergeben.

Es kann Frese/Greif zwar zugestimmt werden, daß die indirekten Kontrollmöglichkeiten das Entstehen einer *vollkommenen* Hilflosigkeit verhindern; andererseits sind solche Maßnahmen der Gegenwehr m. E., wenn sie nicht z. B. bewußt als Bummelstreik durchgeführt werden, kaum noch als Kontrollen aufzufassen, da sie nur Reaktionen auf nicht-kontrollierte Arbeitssituationen sind. Bei einer solchen „Erweiterung" des Kontrollbegriffs besteht zumindest die Gefahr, daß das Gesamtkonzept seine analytische Trennschärfe verliert, da nicht genügend zwischen passiver Gegenwehr und aktiv-gestaltender Handlungskompetenz unterschieden wird. Im Extremfall könnte sonst nämlich jedes Verhalten, das von der Arbeitsperson her gesehen intentional nicht den Anweisungen des Managements entspricht, als Kontrolle gelten. Dies scheint aber der grundlegenden Idee, daß eigentlich erst die Kontrolle eines ganzen Bedingungsgefüges, ob individuell oder kollektiv, die Voraussetzung für umfassende soziale, psychische und medizinische Gesundheit herstellt, zuwiderlaufen.

Frese/Greif konkretisieren den Begriff der generalisierten gelernten Hilflosigkeit, indem sie von „bereichsspezifischer gelernter Hilflosigkeit" sprechen. Darin soll sich „das geringere Ausmaß der Generalisierung der Hilflosigkeit, im Unterschied zu der bei Seligman dargestellten Problematik ausdrücken" (S. 221). Denn es sei keineswegs gesagt, daß sich z. B. die Hilflosigkeit gegenüber den konkreten Arbeitserfahrungen am Fließband auf alle Lebensbereiche oder auf alle betrieblichen Handlungsebenen erstrecke. So könnten Fließbandarbeiter z. B. den Bereich der Arbeitsbedingungen als unkontrollierbar, den Bereich der Lohnforderungen aber als durchaus beeinflußbar erfahren.

Allerdings, so muß man hinzufügen, darf die Gefahr der Generalisierung der Hilflosigkeit auch nicht unterschätzt werden. Denn Erfahrungen in Teilbereichen werden vom Individuum immer auch auf seine Rolle im gesamten sozialen Gefüge übertragen, als exemplarisch für die Durchsetzungschancen von Ansprüchen in anderen Bereichen. So wird Hilflosigkeit nicht nur innerhalb des Arbeitsbereiches erlebt, sondern auch gerade im Wechselspiel von Arbeits- und Nicht-Arbeitsbereich. In der sogenannten Privatsphäre bestätigt sich die im

Betrieb wahrgenommene relative Ohnmacht und Unterprivilegierung von Arbeitern und unteren Angestellten etwa gegenüber Behörden, bei der Wohnungsversorgung, im Gesundheitswesen, aber auch am Konsumgütermarkt.

Wie an anderer Stelle noch zu behandeln ist, zeigen gerade neuere Untersuchungen, wie sehr der Spielraum für selbstbestimmtes Handeln im Freizeitbereich durch physische, aber eben auch durch psychische und soziale Belastungen am Arbeitsplatz eingeschränkt wird. Insofern scheint die Kategorie der „bereichsspezifischen gelernten Hilflosigkeit" zunächst für die Analyse des von Frese/Greif untersuchten Humanisierungsprojekts nützlich zu sein, muß jedoch gleichsam in einem analytischen Schritt danach erweitert werden um die Frage nach der bereichs*un*spezifischen gelernten Hilflosigkeit, d. h. danach, welche sozialisatorische Bedeutung den Erfahrungen am Arbeitsplatz für das Individuum insgesamt zukommt.

Die Grundannahmen dieses Kontrollansatzes wurden von Frese/Greif anhand eines schwedischen Modellversuchs „zur Humanisierung der Arbeit durch neue Formen der Arbeitsgestaltung" weitgehend bestätigt. Nach einer Arbeitsumstellung in einer Abteilung einer Fabrik, durch die eine Streßkontrolle ermöglicht wurde, ergab sich folgender Befund: Laut Plan eigneten sich die Arbeiter schrittweise sämtliche in der Abteilung anfallenden Tätigkeiten an und koordinierten die Arbeit in den neu gebildeten Teams selbst. Obwohl hierbei zweifellos zusätzliche Belastungen zu bewältigen waren, auch im Sinne einer Steigerung des rein quantitativen Arbeitspensums, zeigte sich bereits innerhalb des ersten Halbjahres eine deutliche Produktivitätssteigerung, die sich während des ersten Experimentierjahres ohne größere Investitionen um etwa 5 Prozent bewegte (S. 228).

Durch die praktizierte Streßkontrolle konnten die negativen Auswirkungen der zusätzlichen Belastungen nicht nur vermindert, sondern auch die Kompetenzen der Arbeiter erhöht werden. Früher beobachtete Konflikte der Arbeiter untereinander traten nicht mehr auf, und Konkurrenzverhalten wurde durch gegenseitige Hilfsbereitschaft abgelöst. Zudem ergab sich im zweiten Halbjahr des Versuchs, also nach einer gewissen Eingewöhnungsphase und durch die Steigerung der Kompetenz, eine besonders gute Zusammenarbeit zwischen Arbeitern und Produktionstechnikern, da die Arbeiter nun angemessenere Vorschläge einbringen konnten. Damit war auch die Möglichkeit der vertikalen Erweiterung des Arbeitsfeldes, jedenfalls dem Arbeitsinhalt nach, gegeben.

Kontroversen entwickelten sich dort, wo ein Abteilungsleiter von außen, d. h. aus einem Bereich heraus, der nicht der Kontrolle der Arbeiter unterlag, Einfluß auf die Arbeitsgeschwindigkeit zu nehmen versuchte. Hier bestätigt sich noch einmal die erhebliche Bedeutung, die die Arbeitsgeschwindigkeit unter den zu kontrollierenden Faktoren hat. Dies ist deshalb verständlich, weil sich über die Vorgabe der Arbeitsgeschwindigkeit nahezu sämtliche anderen Kontrolldimensionen regulieren lassen, wie räumliche Bewegungsfreiheit, Vorgabe bestimmter Handgriffe, Kommunikationsmöglichkeiten und Variieren der Leistung je nach biologischem Rhythmus und der individuellen Befindlichkeit. So sahen die Arbeiter denn die Vorteile der neuen Arbeitsgestaltung auch darin, daß trotz erhöhter Produktivität (!) „der Arbeitsrhythmus insgesamt sogar ‚ruhiger‘ (wurde), d. h. es wurde eine bessere Regulation des Streßfaktors der Arbeitshetze erreicht“ (S. 228).

Das Zeitproblem, sowohl in seiner subjektiven Wahrnehmung als auch in seiner objektiven Bedeutung als Verhandlungsgegenstand zwischen Arbeit und Kapital, verschärft sich in dem Maße, in dem Kontrollfunktionen von seiten der Beschäftigten nicht wahrgenommen werden können oder wollen.

Frese/Greif sehen denn auch den kritischen Punkt des gesamten Modellversuchs darin, daß eine Erweiterung des Kontrollspielraums in Richtung auf eine Mitbestimmung bei unternehmerischen Entscheidungen durch die Arbeiter nicht ermöglicht wurde. Andererseits läßt sich aber zeigen, daß durch Maßnahmen in der sozialen Dimension — durch mitbestimmte Verteilung der Arbeitsaufgaben, durch Aufhebung von Konkurrenzmechanismen und dergleichen — auch der Problemdruck in der zeitlichen Dimension verringert werden kann.

Der Streßfaktor „Arbeitshetze“ verliert nicht nur dadurch schon an Gewicht, weil nach sogenannten wissenschaftlichen Methoden das Pausenregime, gerechnet in Sekunden, noch abstrakt-gerechter gestaltet wird (vgl. hierzu Köck 1975 in Kap. III.3.2), sondern allenfalls dadurch, daß eine soziale Regulation der Arbeitsgeschwindigkeit im Sinne eines biologisch und sozial verträglichen Kooperationsmodells für die arbeitenden Personen gefunden wird. Verbesserte Kontrolle über den Arbeitsprozeß entsteht, was die zeitliche Dimension angeht, u. a. über sozial vermittelte Einschwingvorgänge mit dem Ziel der jeweiligen Herstellung eines gemeinsamen, organischen Rhythmus, wie im Zusammenhang mit den Untersuchungen Büchers bereits behandelt wurde. Dort führte der hohe Grad der sozialen Integrationen der am Arbeitsprozeß beteiligten Personen bei sogenannten primitiven Völkern durch die konkreten Arbeitsbedingungen sowie durch die dort gegebenen Eigentumsverhältnisse dazu, daß „Zeitprobleme“ im heutigen Sinne nicht entstehen konnten. Erst mit der sozialen Dissoziierung, d. h. infolge einer bestimmten Strukturiertheit der sozialen Bedingungen der Arbeit, entsteht eine zeitliche Dimension als Bezugssystem für das Handeln bzw. entfaltet sich ihre Relevanz für die Interaktionsprozesse in hochentwickelten Gesellschaften.

Man kann, bezogen auf die hier behandelte Fragestellung des Zusammenhanges von Zeit und Arbeit, die Erhöhung der Kontrolle über den Arbeitsprozeß sowohl in einem *arbeitspsychologischen* (wie hier von Frese/Greif vertretenen) Sinne als auch in einem *arbeitspolitischen* Sinne, als das *Wiederzusammenfügen der individualisierten Zeiten* der dissoziierten Individuen zu einem kollektiver gestalteten Gesamtzeitmuster verstehen. Voraussetzung für die Bewältigung zeitlicher Probleme ist eine Veränderung der Sozialstrukturen. Damit könnte gleichsam auf einer qualitativ höheren Stufe die Rekonstruktion einer sozial gesteuerten Rhythmizität erreicht werden.

„Kontrolle“ wird damit ein Medium, welches die atomisierten Zeitverwendungsmuster innerhalb gewisser Grenzen wieder neu konstruieren hilft. Nicht daß der alte, bei Bücher beschriebene Zustand einer spontanen Rhythmizität wieder hergestellt werden könnte, aber doch, daß die inhumane zeitliche Zerstückelung des Arbeitstages in homogene, inhaltsleere Zeitintervalle verändert wird zugunsten einer tatsächlichen „*rhythmischen* Aufladung“ (vgl. Popitz/Bahrdt 1975) des Arbeitsprozesses. In einer wieder stärker an kollektiven Arbeitsformen orientierten und von den Betroffenen mitgeplanten und dadurch mitkontrollierten Arbeitsweise wäre durch die soziale Vermittlung der Arbeitsprozesse, durch ihre gemeinsame Planung und Sinngebung wenigstens im Ansatz eine Rhythmizität in der Arbeit zurückzugewinnen.

2. The Long Arm of the Job: Der Einfluß der Arbeitsbedingungen auf die arbeitsfreie Zeit

2.1 Abhängigkeiten der erwerbsarbeitsfreien Zeit vom Produktionsbereich

2.1.1 Verhaltensrestriktionen

Der folgende Abschnitt soll sich auf die Darstellung solcher Untersuchungen und theoretischer Konzeptionen konzentrieren, die mit einiger Plausibilität nachweisen, daß bzw. welche Verhaltensrestriktionen oder Vorstrukturierungen für Verhaltensmuster außerhalb der Arbeitssituation durch diese produziert werden.

Die Diskussion hierzu ist u. a. von Kornhauser (1965) und Meissner (1971) wesentlich geprägt worden. Beide beschäftigen sich mit der Frage, ob inhaltsleere wie auch wenig qualifizierte Arbeitsplätze dazu führen, daß der erfahrene Kompetenzverlust in der Arbeit sich als restriktives Verhaltensmuster in der arbeitsfreien Zeit fortsetzt. Im angelsächsischen Sprachraum wird diese Übertragung als carry-over-Effekt bezeichnet, im Gegensatz zu einer anderen Hypothese, die ein gegenüber den Arbeitsbedingungen eher kompensatorisches, den Anforderungen in der Arbeit entgegengesetztes Verhaltensmuster postuliert.

Allerdings bereitet es einige Schwierigkeiten, die unabhängige Variable „Arbeitsbereich oder Arbeitsbedingungen“ zu spezifizieren, da hier eine Fülle von Einflußfaktoren, die die Verhaltensweisen prägen, zu kontrollieren sind. Auf der anderen Seite umschreibt die Bezeichnung ‚Nicht-Arbeitsbereich‘ oder arbeitsfreie Zeit ebenfalls nur äußerst grob den Bereich, in dem der abhängig Beschäftigte außerhalb der Arbeit agiert.

Es lassen sich hierbei die folgenden drei Fragenkomplexe ausmachen:

1. Zu fragen ist, ob das, was mit dem carry-over-Effekt übertragen wird, wesentlich ein Ergebnis der *konkreten Arbeitssituation* ist oder ob in relativer Unabhängigkeit hiervon die im Verlauf der Erwerbsbiographie erfolgte *berufliche Sozialisation* maßgeblichen Einfluß auf die Verhaltensmuster außerhalb der Arbeit hat. Einerseits spricht viel für die Hypothese, daß ergonomische Belastungen und Belastungen zeitlicher Art wie Arbeitshetze, Schichtarbeit oder Überstunden, wie aber auch das betriebliche soziale Umfeld (z. B. Kollegialität) und schließlich auch die ökonomischen Rahmenbedingungen (ökonomische Lage des Betriebes, der Branche usw.) die Handlungsspielräume der abhängig Beschäftigten beeinflussen; andererseits besteht aber ebenso auf Basis der allgemeinen Arbeitserfahrung des Individuums und seiner Qualifikation eine Fülle von Verhaltensmustern in beiden Bereichen, die sich nicht auf die aktuelle Arbeitssituation zurückführen läßt, die also nicht einfach die gegenwärtig erfahrene Belastungskonfiguration reflektiert.

2. Ein weiteres Problem stellt die *Konzeptualisierung und Messung* der arbeitsbedingten Einflußvariablen im Nicht-Arbeitsbereich dar. Grundlegend läßt sich hier entweder nach den restriktiven Auswirkungen der Arbeitssituation auf die Reproduktionsbedingungen fragen (vgl. SOFI 1980) oder, in eher positiver Richtung, nach dem Zusammenhang von politischer Betätigung und sonstigen Aktivitäten im öffentlichen Bereich und den Erfahrungen in der Arbeitswelt (vgl. Karasek 1976). Darüber hinaus ist es sowohl möglich, das objektive Verhalten in der arbeitsfreien Zeit, ausgedrückt in Zeitbudgets, in Relation zur Arbeitssituation zu setzen, wie auch auf der Ebene von Einstellungen die Beziehung zwischen Arbeits- und Freizeitzufriedenheit herauszuarbeiten (vgl. hierzu Hecker/Grunwald 1981). Die Autoren vertreten allerdings die „Neutralitätstheorie“, d. h. die Auffassung, daß zwischen Arbeits- und Freizeitzufriedenheit kein Zusammenhang besteht (vgl. S. 366).

3. Für das Verhältnis von Arbeitsbereich und Nicht-Arbeitsbereich relevant ist ebenso die *individuelle Fähigkeit zur Bewältigung von Arbeitsbelastungen.* Auch in denjenigen Untersuchungen, die den strukturellen Charakter von Verhaltensrestriktionen durch die Arbeit betonen, wird eingeräumt, daß die Persönlichkeit des arbeitenden Menschen bei der Wahrnehmung und Verarbeitung von Belastungen als intervenierende Variable eine nicht zu vernachlässigende Größe ist (vgl. z. B. Wotschack/Wotschack 1982). Dies trifft sowohl für die Verarbeitung von Belastungen in- und außerhalb des Betriebes im Sinne einer Coping-Strategie zu wie auch auf die Entstehung der Belastungssituation als solche. Die Wahrnehmung und Verarbeitung von Belastungen und das individuelle Verhalten sind eng an den Faktor „soziale Unterstützung“ gebunden. Insbesondere in Forschungsberichten, die sich mit der Frage der arbeitsbedingten Entstehung von Erkrankungen befassen, wird die Wichtigkeit der sozialen Bindung an die Familie oder den Freundeskreis hervorgehoben (vgl. z. B. Siegrist et al. 1980; Höfert/Schmidt-Hieber 1982; Wotschack/Wot-

schack 1982). Wie an anderer Stelle ausgeführt, darf der Einfluß der Arbeitsbedingungen auf generelle Verhaltensmuster wie das Freizeitverhalten nicht als einfaches Reiz-Reaktions-Schema aufgefaßt werden, sondern nur als ein höchst komplexer Verarbeitungsprozeß. Ebenso wie der Faktor soziale Unterstützung wirkt die individuelle Fähigkeit und objektive Möglichkeit der Kontrolle der sozialen Umwelt auf die Ausprägung bestimmter Verhaltensmuster und damit auf Belastung und Beanspruchung ein.

In seiner vielzitierten Untersuchung „Study of Work and Leisure", deren Ergebnisse er unter dem bezeichnenden Titel „The long Arm of the Job" veröffentlichte, stellt sich Meissner zunächst die schlichte Frage: „Does work effect leisure? In particular, what effect does work in a factory have on the employees life away from work?" (1971, S. 239). Meissner sieht drei mögliche Beziehungen zwischen den Sektoren Arbeit und Freizeit: Erstens, die Arbeiter kompensieren die Einschränkungen und die soziale Isolation während der Arbeit in ihrer Freizeit; zweitens, die Erfahrung der Restriktivität und Isolation wird in die Freizeit übertragen (carries over) oder drittens, das Leben außerhalb der Arbeit bleibt völlig unberührt vom Beruf (S. 241). Meissner benennt zunächst die methodischen Schwierigkeiten, die eine solche Fragestellung in sich birgt:

„The form of this hypothesis still begs the question of what the reverend dimensions are of both work and leisure, and how the dimensions in each of the two spheres are ment to correspond" (S. 241).

Die Untersuchung geht vereinfachend von den drei Dimensionen: Handlungsspielraum/Dispositionsmöglichkeiten (discretions), den Artikulationsmöglichkeiten (expressiv-instrumental dimension) und der Möglichkeit der sozialen Interaktion (social interaction) aus. Diese drei Dimensionen werden überwiegend als durch die technischen Bedingungen der Arbeit determiniert aufgefaßt. Die Dimensionen des Handlungsspielraums und der Artikulationsmöglichkeit beziehen sich weitgehend auf Arbeitsinhalte; Meissner geht davon aus, daß, je mehr Technologie und Arbeitsorganisation den Arbeiter zu einem Glied in einer Kette von Produktionsabläufen machen, je mehr *constraints* im Hinblick auf Zeit, Raum und Funktion der Tätigkeit gegeben sind, desto weniger sich der Arbeiter in diesen Dimensionen positiv entfalten kann.

Auf Basis einer Befragung der Betroffenen wird zunächst versucht, die „technical constraints" und die „social interaction at work" zu messen. Um die technical constrains herauszuarbeiten, wird etwa die Frage gestellt, ob der Arbeiter über die eigene Arbeitsgeschwindigkeit bestimmen kann oder „wer oder was sonst darüber bestimmt", ebenso wird gefragt nach den räumlichen Bewegungsmöglichkeiten am Arbeitsplatz oder inwieweit es möglich ist, sich während der Arbeit eigene Teilziele zu setzen. Bezüglich der „social interaction at work" soll erfaßt werden, inwieweit Gespräche aufgrund der Arbeitssituation überhaupt möglich sind, zu wievielen Leuten Kontakte aufgebaut werden können und worüber gesprochen wird.

Zunächst findet Meissner einen auffallenden Zusammenhang zwischen technical constraints und social interactions während des eigentlichen Arbeitsprozesses. Dieses Ergebnis ist in den vergangenen zehn Jahren, seit die Untersuchung durchgeführt wurde, wiederholt bestätigt worden. Sehr viel umstrittener ist die These, die Meissner in seiner Untersuchung belegen kann, daß

„if we expect that work carries over into corresponding levels of participation, the relation should be generally negative, that is, men working under more pronounced technical constraints would participate less" (S. 249).

Das heißt, daß dort, wo sehr restriktive Arbeitsbedingungen aufgrund der Verkettung des Arbeiters mit dem Produktionsprozess und der hiermit einhergehenden Isolation bestehen, die soziale Eingebundenheit, die Mitgliedschaft in Organisationen und das soziale Interesse überhaupt erheblich absinken.

Dies zeigt auch die zusätzlich durchgeführte Untersuchung des Zeitbudgets der über ihre Arbeitssituation befragten Personengruppe. Hierzu werden die Aktivitäten der Befragten in acht große Untergruppen eingeteilt. Die Gruppen A und B beschreiben die „necessities of daily living" wie Arbeit, Fahrweg, Schlafen, Einnahme von Mahlzeiten u. a. Das Augenmerk wird jedoch nicht auf diese notwendigen Tätigkeiten gerichtet, sondern auf drei andere (C, D und E), nämlich die „purposeful activities", die „sociable activities" und schließlich die Sammelkategorie E, unter die die Mediennutzung, die Spazierfahrt, das Angelngehen, die religiöse Betätigung oder das Einkaufen fallen. Den Kategorien C bis E ist gemeinsam, daß sie ein „expressive potential" haben, weil sie Entscheidungsprozesse oder soziale Fähigkeiten voraussetzen. Schließlich verbleibt im Zeitbudget noch die Kategorie der Schwarzarbeit oder das Arbeiten in einem zweiten Job, das Lesen und das „loafing or doing nothing" (vgl. S. 255).

Auch wenn man die arbeitsgebundenen Tage mit den arbeitsfreien Tagen vergleicht, bestätigt sich die carry-over-Hypothese. Wenig Zeit wird von sozial isolierten Arbeitern für „sociable activities" aufgewendet. Ferner verbrachte dieser Typus mehr Zeit mit den „expressive activities", d. h. solchen Tätigkeiten, die nur „few demands on discretionary or social skills" erfordern (vgl. S. 258 bzw. 254).

Auch Kornhauser (1965) stellte bei Arbeitergruppen mit geringerer Qualifikation das am wenigsten ausgeprägte Sozialverhalten fest. Da geringe Qualifikation sehr häufig an die Zugehörigkeit zu unteren sozialen Schichten gekoppelt ist, muß das festgestellte Sozialverhalten neben der Arbeitssituation jedoch auch auf generelle Sozialisationseinflüsse zurückgeführt werden.

Deutlicher auf die Folgen der unmittelbar erlebten Arbeitssituation und ihrer Belastungsstrukturen weist Gardell (1976) hin. Er vertritt die Auffassung, daß, solange die Arbeit für das Individuum in quantitativer und qualitativer Hinsicht „the central life area" sei, diese die gesamte Lebensführung des Individuums einschließlich der Nutzung seiner Freizeit beeinflussen würde (vgl. S. 894). Hieraus und aus der Tatsache, daß restriktive Arbeitsbedingungen nach Auffassung vieler Autoren mit negativen Folgen etwa für das Selbstvertrauen, für die allgemeine Lebenszufriedenheit und die psychische Gesundheit verbunden sind, folgert er, daß nur eine humanere Gestaltung des Arbeitslebens diesen Tendenzen entgegenwirken könne. Im Freizeitbereich könnten Arbeitsbelastungen nur bedingt kompensiert werden. Gardell zieht aus seiner Untersuchung u. a. den Schluß, daß neben Humanisierungsmaßnahmen im Bereich der Arbeitsgestaltung auch arbeitszeitpolitische Maßnahmen erforderlich seien.

Auch Karasek (1976) fragt in seiner Untersuchung nach den Zusammenhängen von betrieblicher und außerbetrieblicher Kompetenz. Kompetenz außerhalb der Arbeit, „leisure-activity", zeigt sich in diesem Ansatz darin, daß eine aktive, sozial eingebundene, kulturelle oder sonst wie höher stehende Tätigkeit in regelmäßiger Form von einer Person ausgeübt wird. Hierzu werden acht „leisure-patterns" konstruiert. Neben „intellectual cosmopolitan leisure activities" wie Bücher lesen, ins Theater gehen oder ein Musikinstrument spielen, werden diesen auch die „elite political participation" und die „mass politic activity" zugeordnet, d. h. die aktive oder passive Teilnahme an politischen Veranstaltungen und die Mitarbeit in politischen Gruppen oder den Gewerkschaften. Karasek gelangt im Verlauf seiner Untersuchungen zu der Feststellung, daß eine positive Korrelation zwischen der geforderten Kompetenz im Arbeitsbereich und solchen aktiven Verhaltensmustern bestehe.

In einer etwas anderen Herangehensweise stellen auch die Untersuchungen des SOFI (vgl. 1980) auf die Restriktionen ab, die durch eine Arbeitssituation für das individuelle Verhalten im Reproduktionsbereich wirksam werden. In einem Projekt über „den Einfluß von Arbeitssphäre und Freizeitbereich auf die Verhaltensweisen und Bewußtseinsformen von Industriearbeitern" wird die Arbeits- und Lebenssituation von Band- und Maschinenarbeitern mit der von Meßwarten und Facharbeitern verglichen. Hinsichtlich der Band- und Maschinenarbeiter wird zusammenfassend berichtet, daß die Freizeit durch „ein außerordentlich hohes Regenerationsbedürfnis bestimmt" sei. Diese Art von Arbeit lasse „kaum etwas anderes als ein passives, anstrengungsloses Freizeitverhalten zu". Für Meßwarte und Facharbeiter stellt die Untersuchung fest, daß sich „die Arbeitsbelastung deutlich geringer auf die außerbetriebliche Zeit" auswirke. Im Gegensatz zu den geringer qualifizierten Tätigkeiten ließe die Arbeit bei den wenigsten einen Rückzug von den Familienangehörigen zu und sei stärker in den Lebensrhythmus der Familie einbezogen (S. 22 bzw. 24 f.). Unter anderen finden sich auch Angaben über die Folgen zeitlicher Belastung durch Schichtarbeit. So wird etwa berichtet, daß im Falle von Schichtarbeit in der Spätschichtwoche die Vormittage „als eine Zeit des Wartens erlebt wurden, die bis zum Schichtbeginn überbrückt werden muß". Ebenso könne bezüglich der Zeit nach Spätschichten und schon gar nicht in der Nachtschichtwoche von Freizeit gesprochen werden (S. 26 f.).

Ähnliche Auswirkungen stellt auch die Studie von Weltz et al. (1979) über die Situation junger Frauen zwischen Beruf und Familie fest. Insbesondere zeigte sich bei den Näherinnen, daß inhalts- und kommunikationsarme Tätigkeiten und vor allem der Zeitdruck einen hohen Regenerationsbedarf nach sich ziehen. Aufgrund der Mehrfachbelastung ist den Frauen eine angemessene Erholung nach der Arbeit jedoch selten möglich. Weltz et al. konstatieren, daß die Arbeitssituation mit ihren Belastungen sowohl die Möglichkeiten und Spielräume am Arbeitsplatz wie auch die privaten Verhaltensspielräume eingrenzt und somit von zwei Seiten die Perspektiven verengen würde (Weltz et al. 1979, S. 104). In unserem Zusammenhang ist aufschlußreich, daß besonders Schnelligkeit und Genauigkeit von den Frauen während der Arbeit verlangt werden; Monotonie und Zeitdruck gehören nach ihrer Aussage mit zu den stärksten Belastungen am Arbeitsplatz (vgl. S. 100 f.).

Eine Untersuchung von Krau et al. (1982), in der die „inner- und außerbetrieblichen Lebensverhältnisse von Arbeitnehmern" im Stahlbereich erforscht werden, zeigt, soweit dies die vorliegenden Zwischenberichte erkennen lassen, ebenfalls arbeitsbedingte Restriktionen in beachtenswertem Umfang auf. Hier werden insbesondere die ungünstigen zeitlichen Bedingungen bei Konti-Schichtarbeitern angeführt, die zur Folge hätten, daß regenerationsnotwendige freiraumbezogene Erholung vernachlässigt würde. Vor allem für die untersuchte hochbelastete Region Duisburg — aber auch für alle ähnlich gelagerten Regionen — gilt, daß die Bindung an den industrienahen Wohnbereich sowie die arbeitsbedingte starke Erschöpfung eine Kumulation hinsichtlich der Schadstoffexposition von zwei Seiten her befürchten läßt (vgl. S. 19).

Der Arbeitsbereich entfaltet damit seine allumfassende Bedeutung nicht nur vermittelt über Arbeitsinhalte und Kommunikationsmöglichkeiten, über die Leistungsstandards, über die Einbindung der Arbeitskraft in technisch hochdeterminierte Abläufe, über das Arbeitszeitsystem (Wechselschicht), die zeitlichen Dispositionsspielräume des Beschäftigten und seiner Familie, sondern auch über die räumliche Lage des Arbeitsplatzes und die hieraus resultierende Qualität der Lebens- und Wohnumwelt. Der hohe Grad der Regenerationsnotwendigkeit im Schwerstarbeiterbereich legt eine möglichst enge Bindung des Wohnens an den Arbeitsbereich zur Reduzierung von Wegezeiten besonders nahe, was jedoch mit einer erheblichen Abnahme der Regenerations- und Reproduktions- sowie der allgemeinen persönlichen Entfaltungsmöglichkeiten verbunden ist und nicht zuletzt auch eine ökologische Unterprivilegierung zur Folge hat. Diese kann nur durch erhöhten Zeitaufwand, nämlich durch räumliche Beweglichkeit etwa mit dem Pkw, ausgeglichen werden. Die Alternative stellt sich daher so, entweder erhöhte Zeitkosten und finanzielle Aufwendungen (Fahrtkosten) in Kauf zu nehmen oder dem Erhalt der Gesundheit einen geringeren Stellenwert einzuräumen.

2.1.2 Gesundheitliche Beeinträchtigung

Der Arbeitsbereich restringiert die Ausbildung von Lebenschancen nicht nur hinsichtlich der Verhaltensmuster außerhalb der Arbeit, sondern auch des Erhalts der Gesundheit. Auch hierdurch findet ein Entzug der Kontrolle der individuellen bzw. familialen Zeitbudgets statt. Obwohl ein eindeutiger Kausalzusammenhang nur begrenzt nachweisbar ist (vgl. z. B. Maschewsky/Schneider 1982), müssen gesundheitliche Beeinträchtigungen im diskutierten Kontext grundsätzlich ebenfalls als ein negativer „carry-over"-Effekt aufgefaßt werden, der die Handlungsspielräume des Individuums hinsichtlich der Strukturierung seines Zeitbudgets stark beeinträchtigt. So berichtet Frese (1979), daß in einer Untersuchung von Marstedt und Schahn Zusammenhänge von Arbeitsbedingungen und psychosomatischen Beschwerden nachgewiesen werden konnten. Dabei zeigt innerhalb einer Skala mehrerer Belastungsfaktoren die von den Beteiligten wahrgenommene Arbeitsintensität eine im Vergleich zu anderen Belastungsfaktoren sehr hohe Korrelation zu psychosomatischen Beschwerden. Ferner zitiert Frese eine Untersuchung von Karasek (1978), in der dieser belegen konnte, daß Depressionen, Erschöpfungszustände, Lebensunzufriedenheit, Krankheitstage sowie die Einnahme von Medikamenten jeweils dann am höchsten waren, wenn die Arbeit mit großer Schnelligkeit ausgeführt werden mußte und nur einen geringen Handlungsspielraum umfaßte (vgl. bei Frese, S. 58).

Auch aus der Arbeit von Siegrist et al. (1980) ergeben sich Anhaltspunkte für die Vermutung, daß namentlich zeitliche Belastungsfaktoren zu gesundheitlichen Beschwerden führen, von denen ihrerseits wieder angenommen werden muß, daß sie die allgemeine Dispositionsfähigkeit des Individuums über sein Zeitbudget beträchtlich einschränken. Diese Untersuchung über soziale Belastung und Herzinfarkt läßt als ein, wenn auch nicht als ein zentrales Ergebnis erkennen, daß zeitliche Belastung als ein äußerst relevanter Risikofaktor hinsichtlich des Infarktereignisses angesehen werden muß: ein am häufigsten von Infarktpatienten als Belastung eingeschätztes Merkmal ist der Zeitdruck (vgl. S. 151).

Jenseits der subjektiven Einschätzung der Betroffenen stellt die Studie für objektivierbare Arbeitsbelastungen fest, daß sich die Infarktgruppe durch einen signifikant höheren Anteil von Personen mit extrem vielen Überstunden auszeichnet. Außerdem ist der „Anteil von Personen mit stark belastetem Zeitbudget (Überstunden, Mittagszeit, Urlaubsdauer, Urlaubstätigkeit) in der Infarktgruppe signifikant höher als in der Kontrastgruppe" der nicht vom Herzinfarkt betroffenen Personen (S. 181).

Anhaltspunkte gibt es auch dafür, daß zwischen den Mittagspausengewohnheiten (Regelmäßigkeit/Unregelmäßigkeit oder sehr kurze Dauer) und der Erkrankungshäufigkeit besonders bei Beschäftigten des öffentlichen Dienstes ein Zusammenhang besteht. Allerdings treten Belastungen und Verhaltensweisen nicht monokausal in Erscheinung, sondern werden in der Regel als pathogener

Faktor erst in Kombination mit anderen Belastungen wie Lärm, Hitze, Kälte usw. wirksam (vgl. hierzu S. 155 f.).

Unter anderem besagen diese Ergebnisse, daß der Zeitfaktor von zwei Seiten her seine negative Bedeutung entwickelt: Zum einen als *Belastungsursache* durch Arbeitshetze etc., zum anderen als *Belastungsfolge,* durch die durch Erkrankungen oder Befindlichkeitsstörungen stattfindende Einschränkung von Handlungsspielräumen bei der Gestaltung des außerbetrieblichen Zeitbudgets.

Ein interessantes Ergebnis liefert die Studie hinsichtlich der Freizeitaktivitäten: anders als von den Autoren erwartet, sind anstrengende Freizeitaktivitäten wie Vereinsmitgliedschaft, regelmäßige Tätigkeit in Vereinen und Organisationen oder das Innehaben von Ämtern für die Kontrollgruppe typischer als für die Gruppe der Herzinfarktler. Siegrist et al. finden hierfür keine plausible Erklärung.

Hält man sich jedoch die Befunde von Meissner (1971) oder Karasek (1978) vor Augen, so liegt die Vermutung nahe, daß infolge der aufgezeigten „carry-over"-Effekte gerade diejenigen, die sich am Arbeitsplatz weniger belastet fühlen, auch außerhalb der Arbeit in der Lage sind, engagiert tätig zu sein. Demgegenüber ziehen sich diejenigen, die im Erwerbs-Arbeits-Bereich unter Kommunikationsarmut und unter der Inhaltsleere ihrer Arbeit leiden, auch außerbetrieblich von diesen Gelegenheiten zur Interaktion, die unter solchen Bedingungen offensichtlich als generell zu schwierig empfunden wird, zurück. Meissner bemerkt in den Schlußfolgerungen zu seiner Untersuchung dazu:

„When work is socially isolating, workers reduce their exposure to situations in which they have to talk and also spend less time in organized and purposed — directed activities. They make up for it and spend a lot of more time on fishing on the weekend and pushing the shopping cart through the super market on work days. Lack fo opportunity to talk on the job is associated with dramatically reduced rates of participation in associations, that is, an activity commonly believed to help integrate individuals to the community" (1971, S. 260).

Dies deckt sich mit der Darstellung der Untersuchungsergebnisse eines Herzinfarkt-Projekts (Wotschack/Wotschack 1981 bzw. 1982), in der ausgeführt wird, daß Infarktpatienten häufiger als nicht vom Infarkt betroffene Personen angeben, „niemanden zu haben, mit dem man über Arbeitsprobleme reden kann" (vgl. S. 33). In diesem Zusammenhang wurden auch Ein- und Durchschlafstörungen sowie ein häufiges Nachdenken und Grübeln über Arbeitsprobleme genannt. Wiederum rangieren die hier als ergonomische Belastungen aufgeführten Faktoren „Zeitdruck" und „hohe Konzentration" in der Rangfolge von Belastungsmerkmalen am Arbeitsplatz mit an erster Stelle.

Trotz der zeitlichen Belastungen während der Arbeit wies die Gruppe der Infarkterkrankten in dieser Untersuchung deutlich hervorstechend viele anspruchsvolle, zeitaufwendige Hobbies auf, z. B. Modellschiffbau, umfangreiche Briefmarkensammlungen, Möbelschreinerei, Fotolabor. Diese ausgeprägten Hobbytätigkeiten seien jedoch nicht unbedingt ein Indikator für eine ausgeglichene häusliche und damit den Arbeitsbelastungen entgegenwirkende Situation, sondern könnten eine Flucht in das Alleinsein bedeuten (vgl. S. 34).

Allgemein stellen Wotschack und Wotschack fest, daß die Wirkung von Arbeitsbelastungen auf den Freizeitbereich bei Infarktpatienten darum häufiger sei, weil diese persönlichkeitsbedingt weniger in der Lage seien, von Arbeitsproblemen abzuschalten (vgl. 1982, S. 29). Ferner würden nicht nur die Arbeitsbedingungen im engeren Sinne, sondern auch die durch das Einkommen bedingten Begrenzungen der Lebenschancen als belastend empfunden werden. Der Erhalt des Lebensstandards werde in der Infarktgruppe höher bewertet als in der Kontrollgruppe. Die Infarktgruppe versuche folglich häufiger durch zusätzliche Arbeitsverausgabung wie Überstunden den Lebensstandard zu beeinflussen.

In einer Untersuchung an männlichen und weiblichen Arbeitern in der Uhrenindustrie stellen Martin et al. (1980) ebenfalls fest, daß eine Einschränkung des Handlungsspielraums, wie sie im Falle repetitiver Tätigkeiten vorliegt, eindeutig eine niedrigere Arbeitszufriedenheit zur Folge habe, die sich auch auf das Verhalten im Freizeitbereich auswirke. Es müsse aber differenziert werden in die Folgen von Unterforderung einerseits und Überforderung andererseits, denn im jeweiligen Fall ließen sich unterschiedliche Reaktionsweisen seitens der Betroffenen feststellen. Die Studie unterscheidet zwischen „konstruktiver Unzufriedenheit" und „resignativer Zufriedenheit" als Reaktionsmuster auf restriktive Arbeitsbedingungen (vgl. hierzu auch S. 113 ff.). Bei der Zunahme von Überforderung wachse die konstruktive Unzufriedenheit, während bei als zu gering erlebten Arbeitsanforderungen mit einer „resignativen Zufriedenheit" zu rechnen sei (S. 10). In unserem Zusammenhang ist die Feststellung von Interesse, daß besonders resignativ zufriedene Personen weniger „kreative" Freizeitaktivitäten unternehmen würden als konstruktiv unzufriedene (vgl. S. 10). Weiter wird festgestellt, daß allgemein mit ihrer Arbeit zufriedene Personen weniger über körperliche Beschwerden klagen.

Der Studie zufolge wirken aber auch die Sekundärfolgen der Arbeit auf die Art und Weise der Verbringung der außerbetrieblichen Zeit ein. So müsse ein erhöhter Schmerz- und Beruhigungsmittelkonsum mit der repetitiven Arbeit in Verbindung gebracht werden, der wiederum auf ergonomische Belastungen zurückgeführt wird. Zur Aufrechterhaltung der Sehleistung nehmen viele Mitarbeiter ein bestimmtes Präparat mehr oder weniger regelmäßig ein. Zur Verminderung der übermäßigen Augenbeanspruchung bei der Montagetätigkeit in der Uhrenindustrie wird anstelle der Einnahme der einschlägigen, mit starken Nebenwirkungen behafteten Präparate von Martin et al. empfohlen, häufiger Kurzpausen zu gewähren.

Es sind aber nicht nur ergonomische, sondern auch arbeitsorganisatorische und im weiteren Sinne ökonomische Gründe, die die Belastungen an diesen Arbeitsplätzen verursachen. Der Konsum von schädlichen Medikamenten müsse im Zusammenhang mit den mengenbezogenen Lohnanreizsystemen gesehen werden, welche einen starken Leistungsdruck mit quantitativer Überforderung hervorriefen (S. 180). Die Einnahme von Phenacetin-Präparaten und vor allem deren Nebenwirkungen beeinträchtigen — so kann man weiter folgern — auch die Dispositionsmöglichkeiten in der arbeitsfreien Zeit bzw. sie werden gerade erst dort wirksam. Die arbeitsfreie Zeit dient somit gleichsam auch in pharmazeutischer Hinsicht als Regenerationsphase, in der Organismus und Psyche sich von den Wirkungen der Präparate befreien und die normalen biologischen Funktionen so weit wieder hergestellt werden, daß die erneute Medikation mit leistungssteigernden Präparaten möglich wird. Derartige Regenerationsprozesse, die sich mit Sicherheit auf Befindlichkeit, Kommunikationsfähigkeit u. a. der Betroffenen auswirken, schränken die selbstbestimmte Zeitgestaltung neben den benannten Handlungsrestriktionen noch weiter nachhaltig ein.

2.2 Freizeit oder Regenerationszeit?

Die bisherigen Befunde legen bereits die Vermutung nahe, daß der Begriff der Freizeit, der weitgehend freie Entscheidungsmöglichkeiten für das arbeitende Individuum außerhalb der Arbeit suggeriert, nicht wörtlich zu nehmen sei. Es soll nun anhand weiterer empirischer Untersuchungen gefragt werden, wie hoch der Anteil der Regeneration im außerbetrieblichen Zeitbudget von Arbeitern ist.

Eine ähnliche Fragestellung hat Schlösser verfolgt. Angesichts des schwierigen Standes der Diskussion in der Freizeitsoziologie greift er zurück auf ältere Ansätze des „Vereins für Socialpolitik“. Max Weber hatte bereits in seiner „Methodologischen Einleitung...“ einen Fragenkatalog formuliert, der darauf abzielte herauszufinden, welche Art von außerberuflichen Interessen, produzierend oder rezipierend, ein normaler Arbeiter überhaupt noch pflegen könne, nachdem er durch seine Berufsarbeit auf eine jeweils spezifische Art ermüdet worden sei. Im Anschluß hieran und an die Überlegungen Bernays, der von den Determinanten „Länge der Arbeitszeit“ und „Anstrengungen bei der Arbeit“ ausging, fomuliert Schlösser seinen Ansatz folgendermaßen:

„Es ist vor allem die Arbeitszeit, die über die Zeitstruktur des Tages bestimmt, und die Arbeitsbelastungen, die inhaltliche Gestaltungsmöglichkeiten von arbeitsfreier Zeit beeinflussen. Allerdings darf damit nicht gleichzeitig unterstellt werden, daß der Arbeitsprozeß das Reproduktionsverhalten gänzlich bestimme. Der außerbetriebliche Lebenszusammenhang setzt selbst wesentliche Bedingungen für die Gestaltung der freien Zeit. Sie stehen vor allem mit der Familie in Zusammenhang, die einen weiteren, zunächst von der Arbeit unabhängigen Rahmen für den außerbetrieblichen Alltag setzt... Mit dem außerbetrieblichen Lebenszusammenhang (ist) ein zweiter wesentlicher Bezugspunkt der weiteren Analyse benannt, weil über die familiale Lebensweise arbeitsbedingte Unterschiede bei der Gestaltung der freien Zeit relativiert werden könnten“ (Schlösser 1981, S. 48).

Gefragt wird zunächst nach den Handlungsspielräumen, die eine gegebene Arbeitssituation dem Individuum bzw. seiner Familie beläßt. Innerhalb einer durch diesen Handlungsspielraum begrenzten Bandbreite lassen sich dann jeweils persönlichkeits- und sozialisationsbedingte Ausprägungen feststellen.

Welche konkreten Aktivitäten der abhängig Beschäftigte nach der Arbeit unternimmt oder nicht, interessiert in diesem Zusammenhang nur sekundär, stattdessen, in welchem Ausmaß dieser *strukturell* gezwungen ist, auch den Bereich der nicht-erwerbswirtschaftlichen Arbeit so zu organisieren und sich hierin so zu verhalten, daß er den betrieblichen Leistungsanforderungen gerecht werden kann.

Das Freizeitverhalten erscheint damit in erster Linie als ein Verhalten, das darauf ausgerichtet ist, das eigene Leben und das der Familie so einzurichten, daß den im Alltag auftretenden Leistungsanforderungen möglichst weitgehend entsprochen werden kann.

Diesem Ansatz entspricht die in empirischen Untersuchungen der letzten Jahre wiederholt bestätigte Tatsache, daß schon allein der quantitative Umfang, den man guten Gewissens im Sinne einer wirklich ungebundenen Tätigkeit als „Freizeit" bezeichnen könnte, ohnehin relativ gering ist (vgl. hierzu Müller-Wichmann 1984). Dies trifft insbesondere für erwerbstätige Frauen, namentlich solche mit Kindern und Erziehungsaufgaben zu (vgl. Ostner 1978). Der größte Teil der Tätigkeiten außerhalb der Erwerbsarbeit läßt sich nur unter Inkaufnahme von Mißverständnissen als Freizeit bezeichnen. Zum einen wird, wie Zeitbudgetuntersuchungen gezeigt haben (vgl. z. B. Berk/Berk 1979), die außerbetriebliche Zeit hauptsächlich mit Tätigkeiten verbracht, die man eher der Arbeit zuzuschlagen hätte als der reinen Freizeitbetätigung. Es sind dies produktive Tätigkeiten, die lediglich nicht der Vermittlung über Gütermärkte unterliegen: Reparaturarbeiten, Besorgung des Haushaltes, Einkaufen, Transporte, Blumenpflege, Informationsbeschaffung u. v. a. m. So werden etwa die Beschaffung von Informationen oder Tätigkeiten wie Blumenpflege u. a. in den Kategorien der gängigen Freizeitsoziologie als Hobbies oder Freizeittätigkeiten begriffen. Es ist zwar richtig, daß die Abgrenzung zwischen dem, was unter Arbeit zu verstehen ist, und dem, was bereits den Charakter von spielerischen Tätigkeiten annimmt, sowohl objektiv (vgl. hierzu Bahrdt 1982; Berk/Berk 1979) wie auch im Bewußtsein der Akteure nicht eindeutig abzugrenzen ist (vgl. Scheuch 1977). Dennoch steckt bereits in der Bewertung von Tätigkeiten als Arbeitstätigkeit bzw. Freizeittätigkeit die Gefahr einer Ideologisierung.

Müller-Wichmann faßt das Ergebnis ihrer kritischen Durchsicht empirischer Untersuchungen zum Freizeitumfang so zusammen:

„Die Bilanz dieser methodenkritischen Revision ergibt *in jedem einzelnen Punkt* eine systematische Verzerrung der Daten über Zeitallokation zugunsten der als Freizeit apostrophierten Zeiträume, zu Lasten der hier als Reproduktionsarbeit bezeichneten Anteile.

Die Originaldaten weisen also durchgängig überhöhte Freizeitanteile aus und sind für alle Bevölkerungsgruppen nach unten zu korrigieren (1984, S. 55).

Da die Verzerrungen zu Lasten der Reproduktionsarbeit ausfielen, sei vor allem der Freizeitumfang derjenigen Personen drastisch nach unten zu korrigieren, die hiermit befaßt seien, also Frauen insgesamt und Personen der unteren Sozialschichten (ebd.).

Im Kontext der neueren Industrialismus- und Wertwandel-Diskussion (vgl. hierzu z. B. Heinze et al. 1981; v. Klipstein/Strümpel 1984; Inglehart 1979) haben Arbeitstätigkeiten außerhalb der erwerbswirtschaftlichen Arbeit in Form der Dualwirtschaftsthese wie auch etwa im Begriff der „Eigenarbeit" wieder vermehrte Beachtung gefunden. Dabei ist das Phänomen des Bestehens von nicht erwerbswirtschaftlicher Arbeit neben der erwerbswirtschaftlichen keineswegs neu, sondern bis vor wenigen Jahrzehnten insbesondere in ländlichen Regionen die Regel gewesen. Erst mit dem Vordringen des Vergabe-Haushaltes und der Wegwerfmentalität sowie des Rückgangs der ernährungs- und reproduktionsrelevanten landwirtschaftlichen Kleinproduktion und nicht zuletzt als Folge der hohen Arbeitslosigkeit hat eine Rückbesinnung auf die produktiven Funktionen der „Freizeitsphäre" als Gegenbewegung zur Konsumgesellschaft stattgefunden.

Parallel hierzu hat sich seit Jahren, schon lange vor der Propagierung der „Eigenarbeit", gleichsam eine Höherqualifizierung und Bereichserweiterung bezüglich der reproduktiven Tätigkeiten (außerhalb der Erwerbsarbeit) vollzogen, wie z. B. die durch technische Entwicklungen im Kleingerätebau ermöglichte Expansion der Heimwerkertätigkeiten. Es waren vor allem solche Wirtschaftsbereiche wie das Handwerk (Maler, Elektriker u. ä.), die besonders personal- und damit kostenintensiv sind, die zur Übernahme von produktiven Arbeiten durch den Konsumenten selbst den Anstoß gaben.

Obgleich die technischen und sonstigen Hilfsmittel unzweifelhaft die Reproduktionsarbeit des Familienhaushalts erleichtern, so führen sie doch nicht unbedingt zu einer Entlastung des familialen oder individuellen Zeitbudgets. Denn der Kauf, die Wartung und Reparatur von Geräten wie auch jede Inanspruchnahme fremder Kompetenz in Form von Dienstleistungsangeboten erfordern eine sogenannte „Anschluß-Qualifizierung" (Joerges 1981, nach Müller-Wichmann 1984). Es müssen technische Kenntnisse vorliegen, um das Preis-Leistungs-Verhältnis und die möglicherweise auftretenden Folgekosten beim Kauf eines Gerätes oder Fahrzeugs beurteilen oder die Angemessenheit der technischen Ausstattung für seine beabsichtigte Anwendung einschätzen zu können. Die wachsende Vielfalt der Gebrauchsgüter und Dienstleistungen sowie die Produktdifferenzierungen setzen trotz der Erleichterungen und Hilfen, bezogen auf die jeweiligen einzelnen Anwendungsbereiche, insgesamt einen enorm gestiegenen Fundus an Fachkenntnissen und eine hohe Entscheidungsfähigkeit und -bereitschaft voraus. Dies betrifft Kenntnisse im Zusammenhang mit der Haltung und dem Führen eines Pkw, die neben der Beherrschung der Verkehrsregeln etwa bei einem Verkehrsunfall auch juristisches Grundwissen erfordern, ebenso wie die Fähigkeit, kleinere Reparaturen in der Wohnung unter Zuhilfenahme spezieller Werkzeuge ausführen oder die gesundheitlichen Folgen des Gebrauchs eines Heim-Solariums beurteilen zu können. Gleichermaßen muß die Seriosität des Angebots für eine verbilligte Pauschalreise eingeschätzt werden können oder die Offerte der Post, Bankgeschäfte in Zukunft über Bildschirmtext abzuwickeln. Die sich weithin widersprechenden und konkurrierenden Werbebotschaften tragen in der Regel nicht zur schnelleren Entscheidungsfindung bei, sondern sind selbst eine Quelle zusätzlichen Zeitverbrauchs.

Müller-Wichmann schildert die gestiegenen Anforderungsstrukturen auch für andere Lebenszusammenhänge (S. 108). Der Aufwand beginne, was den Gesundheitsbereich angehe, buchstäblich im Mutterleib, z. B. bei Schwangerschaftsgymnastik und dem Besuch von Säuglingspflegekursen, gehe über die Entscheidung bezüglich Schutzimpfungen oder kieferorthopädische Korrekturen bis hin zu dem Anspruch, die Kinder den neuesten wissenschaftlichen Erkenntnissen entsprechend zu ernähren. Auch „Sozialisation" habe durch den Verlust an Beiläufigkeit kindlicher Existenz seit dem vergangenen Jahrhundert mehr und mehr den Charakter von Arbeit angenommen. Angesichts einer längeren Verweildauer im Bildungssystem seien auch die Anforderungen an allgemeine Kenntnisse, an die physische, psychische und soziale Leistungsbereitschaft, die Entscheidungsfähigkeit sowie die Lern- und Diskussionsbereitschaft noch nie so umfangreich und zwingend gewesen wie heute.

Ebenfalls könne angesichts des schwindenden Einflusses autoritärer Legitimationsmuster in bezug auf die Festlegung von Rollen und Konventionen das soziale Verhalten gegenüber den Mitmenschen insbesondere in der Familie als eine Form von Arbeit betrachtet werden. Diese These vom Aufkommen der „Beziehungsarbeit" erblickt den diesbezüglichen Arbeitsvorgang darin, daß „eigene Verkehrsformen gefunden, Traditionen begründet, Verortungen gesucht werden" müßten (vgl. Müller-Wichmann 1984, S. 130). Ohne dies hier weiter auszuführen, müssen jedoch Zweifel angemeldet werden, ob der Begriff „Arbeit" in diesem Kontext und in dieser Ausweitung noch sinnvoll ist. Es besteht die Gefahr, daß der Arbeitsbegriff dadurch, daß er nahezu identisch gesetzt wird mit jeder Form von Mühe, seine analytische Trennschärfe verliert.

Abgesehen von der Fülle von Arbeitstätigkeiten, die sowohl Männer wie insbesondere auch Frauen neben der erwerbswirtschaftlichen Arbeit leisten, wird der Anteil der tatsächlich freien Zeit an der „Nicht-Arbeitszeit" noch durch Verhaltensweisen in Anspruch genommen, die mehr oder weniger direkt der körperlichen und psychischen Regeneration dienen. Diese Zeitintervalle treten in quantitativen empirischen Untersuchungen in der Kategorie des „Nichtstun" zutage. Eine Reihe anderer Tätigkeiten muß aber ebenfalls weitgehend als nur kulturell und sozial überformtes Nichtstun angesehen werden, wie z. B. ein Teil des Medienkonsums. Generell stellen sich erhebliche Schwierigkeiten der empirischen Erfassung solcher durch reine Regenerationsbedürfnisse determinierter

Verhaltensweisen, da in einer Gesellschaft, in der Nichtstun eher negativ sanktioniert wird, dem Müßiggang tätigkeitssuggerierende Bezeichnungen gegeben werden.

Die Antriebslosigkeit, die durch die im Betrieb erfahrenen Belastungen und die hieraus resultierenden Verluste an Aktivitätspotentialen erzeugt wird, wird von vielen Arbeitern und Arbeiterinnen ungeschminkt wiedergegeben. Besonders deutlich wird dies an den Folgen, die die Nachtschichtarbeit bei den Betroffenen hinterläßt. Hier tritt die Notwendigkeit der physischen und psychischen Zurichtung der eigenen Person auf die vielschichtigen Anforderungen im Betrieb besonders deutlich hervor:

„Der Abend? Man informiert sich erst einmal in den Nachrichten. Ob Sie es glauben oder nicht: Das ist so eine Sache mit den Abenden. Wenn Sie z. B. abends zu einer bestimmten Zeit wegmüssen, jeder hat ja eine bestimmte Zeit, wo er zur Firma fährt, dann habe ich das Gefühl, ich müßte jede Stunde, jede halbe Stunde auf die Uhr sehen, ob es nicht schon Zeit ist. Das ist vollkommener Blödsinn, aber es ist so. Sie haben einfach eine gewisse innere Unruhe in sich. Dann hat man vorher immer ein dummes Gefühl. Man muß irgendwie eine Zeit anpeilen. Dann ist man die ganze Zeit irgendwie unruhig. Das ist selbst dann so, wenn mal eine gewisse Sendung läuft, z. B. eine politische Sendung oder eine Unterhaltungssendung, was einen interessiert, auch dann hat man das Gefühl, daß man auf die Uhr sehen müßte. Das ist eben alles mit dem Wort Nachtschicht zu umschreiben. Das ist mir auch schon auf den Magen geschlagen, daß man weiß, man muß jetzt weg. Ich trinke schon einmal gerne ein Glas Wein oder ein Glas Bier. Aber in der Nachtschicht ist es so, daß ich 3 Tage vorher und 2 Tage nachher weder ein Glas Bier noch ein Glas Wein trinke. Wahrscheinlich ist das die vollkommene Umstellung auf diese Lebensweise, daß man überhaupt diese Nachtschicht überlebt. Man lebt wie ein Asket. Da ist man bis zur Apathie irgendwie weggetreten“ (vgl. bei Schlösser 1981, S. 110).

In welchem Umfang und in welchen Bereichen die außerbetrieblich verbrachte Zeit eher als Reproduktionsarbeit und weniger als Freizeitgestaltung beschrieben werden kann, soll die folgende Aussage einer älteren Ehefrau illustrieren, die die Tätigkeiten ihres Mannes zu Hause schildert.

„Mein Mann ist immer in den Garten gegangen, hat da gearbeitet. Er tapezierte selbst. Er ist handwerklich sehr geschickt. Gibt's auch immer was zu tun. Manchmal was auszubessern innerhalb der Wohnung. Net so, daß er sich jetzt immer hinsetzt, er raucht oder er hört Radio oder er sieht fern. Aber wenn was zu tun ist, macht er alles selbst. Er repariert Bügeleisen und wenn im Keller was zu machen ist, das macht er oder tapezieren. Wir sind umgezogen im Dezember. Trotz seinem Narbenbruch hat er mit meinem Neffen zusammen diese Wohnung tapeziert. Ist nur überstrichen worden, aber sonst hat er alles, den Flur, alles selbst neu gemacht. Hat sogar die Leitungen gelegt, waren z. T. keine Deckenlichter drin. Hat er alles selber gemacht. Also, es ist nicht so, daß er nichts tut. Wenn er jetzt da wäre (der Mann ist krank), würde er mir jetzt die Birnen schälen oder die Äpfel. Dann brauchte ich das nicht zu machen“ (Eckart et al. 1979, S. 256).

Bedenkt man, daß ein beträchtlicher Teil der abhängig Beschäftigten in der Bundesrepublik im eigenen Haus wohnt, in dem stets Reparaturen und Instandhaltungsarbeiten anfallen, dann kann diese Schilderung fast als typisch angesehen werden. Auch in Mietwohnungen und am Auto lassen sich ständig Veränderungen und Reparaturarbeiten vornehmen. Zudem ist vielerorts noch ein vergleichsweise enges Familienzusammengehörigkeitsgefühl anzutreffen, das sich u. a. in unentgeltlichen Hilfeleistungen für Verwandte und Bekannte ausdrückt, z. B. bei der Renovierung der Wohnung. In erhöhtem Maße trifft dies für Hausfrauen zu (vgl. auch hierzu die Ausführungen in Kapitel V.5.3). An der folgenden Schilderung ist typisch, daß eine Tätigkeit, die man eindeutig als Freizeitaktivität betrachten könnte, nicht vorkommt:

„Ja, um 7.00 Uhr piept der Wecker, muß ich aufstehen. Dann geht's ins Kinderzimmer und da hole ich die Große aus dem Bett. Die geht um 8.00 Uhr in die Schule. Naja, dann ist ja klar, was da alles gemacht werden muß. Frühstück, Kämmen, Gucken, ob sie sich auch schön anzieht usw. So 3/4 8 ist sie weg. Geh' ich meistens noch mal ins Bett. Ja, so bis um 9, ja. Um 9 Uhr, ja, dann stehe ich auf, wasch mich und kämm mich und mach mich fertig. Das dauert schon bald ne Stunde. Ja, Aufräumungsarbeiten, durchlüften, abwaschen, Einkaufen. Die A. kommt dann aus der Schule, um mittags rum. Die Kinder bekommen mittags warmes Essen. Ja, und der Nachmittag geht auch wieder rum mit Fertigmachen, Waschen. Dann, mittags gibt's immer leichte Kost. Was die Kinder so gerne mögen. Weil ich sonst nochmal warm koch für meinen Mann, weil der nicht in der Kantine ißt, das Essen ist nicht sehr gut und der muß ja auch ziemlich schwer schaffen. Und denn will er auch 'n richtiges Essen haben, dann mit Fleisch und allem Drum und Dran. Das mach' ich dann abends halt nochmal. Muß ich dann zweimal kochen. Ist halt auch mehr Belastung. Und dann habe ich eben Friseuse gelernt, wie gesagt, und meine Tante wartet auch schon drauf, daß ich an sie rangeh. Dann, also, kommt das auch noch dazu. Das mach ich nebenbei. Und nähen tu ich auch noch. So immer mal 'n Röckchen näh ich mir mal selber und für die Kinder die Röcke und Hosen und sowas, um zu sparen" (Eckart et al. 1979, S. 254).

Im folgenden sollen weitere Zitate aus der Untersuchung Schlössers den außerordentlichen Stellenwert des reinen Regenerationsverhaltens in der Nicht-Arbeitszeit verdeutlichen. Es handelt sich um Interviews mit besonders belasteten Bandarbeitern, in denen die Folgen hoher Beanspruchung evident werden. Die verhältnismäßig ausführliche Darstellung dieser Untersuchungsergebnisse rechtfertigt sich u. a. daraus, daß in den quantitativen Erhebungen durch die Vorgabe der Tätigkeitsmerkmale bzw. die Subsumtion von Tätigkeiten unter bestimmte vorgegebene Kategorien, m. a. W. durch die methodische Vorgehensweise, gerade die komplexen Zusammenhänge im Verhalten der Arbeiter nicht zum Tragen kommen.

„Ich ruhe mich auf jeden Fall nach der Arbeit aus, das dauert rund ein bis zwei Stunden. Da sitze ich hier, rauche meine Zigarette oder esse ein Stück Kuchen, trinke meinen Kaffee. Dann sitze ich praktisch hier ganz alleine. Da darf meine Frau nicht hereinkommen. Dann schäume ich praktisch schon: Ich werde zwar nicht handgreiflich, weil es nicht meine Art ist, aber dann kocht es schon ein bißchen. Und wenn dann die Zeit da ist, wo ich fühle, daß ich wieder ruhig bin, dann weiß ich von der Arbeit nichts mehr, dann gehe ich rein und erzähle oder bin im Keller" (Bandarbeiter, 24 J., Schlösser, S. 95).

„Nach der Frühschicht ruhe ich mich immer aus. Da schlafe ich 1 bis 1 1/2 Stunden. Das ist alles arbeitsbedingt. Wenn man eine schwere Arbeit hat, dann muß man noch länger schlafen“ (Maschinenarbeiter, 36 J., S. 93).

„Alles in allem ruhe ich mich 3 Stunden nach der Arbeit aus. Ich würde das nicht als Ausruhen bezeichnen. Es ist eine Zwangspause. Man sitzt da und schläft einfach ein... Die Zeit könnte anders genützt werden. Als Mittagsschlaf kann ich das nach der Frühschicht gar nicht bezeichnen“ (Bandarbeiter, 29 J., S. 93).

Auch Ergebnisse der Untersuchung von Hauß, bei der 1.500 Lehrgangsteilnehmer von Gewerkschaftsschulungen verschiedener Einzelgewerkschaften befragt wurden (1983) sprechen dafür, daß die außerbetrieblich verbrachte Zeit noch in vielen Fällen von den Folgen der Beanspruchungen aus der Arbeit geprägt wird. So leidet fast die Hälfte der Frauen „häufig“ unter Kopfschmerzen, knapp die Hälfte hat „keine Lust zu aktiver Freizeitgestaltung“ (bei Männern jedoch jeweils nur ca. 20%). Immerhin leiden durchschnittlich 20% aller Befragten an Schlafstörungen und Magenbeschwerden, die mit hoher Wahrscheinlichkeit als arbeitsbedingte Streßsymptome gewertet werden können (Hauß 1983, S. 84).

Wie sehr die Arbeitsbedingungen vermittelt über lange Regenerationsphasen die Tätigkeiten und Bedürfnisse außerhalb der Arbeit vorstrukturieren, zeigen auch die folgenden Aussagen eines 33jährigen Bandarbeiters. Dabei tritt besonders hervor, zu welchen Konfliktkonstellationen es dadurch kommt, daß die arbeitsbedingte Regenerationsphase nicht nur von ihrer Dauer her einen großen Teil der außerbetrieblich verbrachten Zeit für den abhängig Beschäftigten faktisch nicht verfügbar macht, sondern auch, daß das physische, psychische und soziale Befinden des Arbeiters erst dann eine Aktivität zuläßt, wenn eigentlich bereits wieder die Schlafzeit beginnen müßte.

„Nach der Arbeit bin ich dann meist noch eine halbe Stunde unterwegs, bis ich hier nach Hause gekommen bin, trinken wir Kaffee, sitzen gemütlich zusammen, und meine Frau erzählt mir, was angefallen ist, und ich höre dann meist zu. Mehr ist meistens nicht drin. Das hängt vielleicht auch damit zusammen, daß ich mit meiner jetzigen Tätigkeit unzufrieden bin. Dann ist es auch häufig so, daß ich längere Zeit mit dem Kleinen spiele und sich meine Frau dann benachteiligt fühlt... Um 20.00 Uhr oder um 21.00 Uhr schalten wir dann meistens das Fernsehen an, oder wir hören gern Schallplatten. Zum Lesen komme ich gar nicht mehr. Und zum Ausgehen kommen wir in der Woche auch nicht mehr. Abends gehen wir dann spät ins Bett. Wir sind beide Nachtmenschen und dann sitzen wir spät abends ab 22.00 Uhr häufig gemütlich zusammen und trinken mal einen Wein, und dann, nach dem Fernsehen beginnt eigentlich unsere schönste Zeit, denn dann bin ich wieder munter, dann wird es abends oft 24.00 Uhr, bis wir ins Bett gehen. Und dann ist es natürlich nicht verwunderlich, daß ich am nächsten Tag wieder müde bin den ganzen Tag und den ganzen Nachmittag“ (auch Bandarbeiter, 33 J., nach Schlösser, S. 90).

Der Bandarbeiter und seine Frau verdeutlichen gerade dadurch, daß sie „unvernünftig“ handeln, was „vernünftiges“ Handeln zu sein hätte. Ihr Konflikt entsteht nicht nur durch die Dauer der Regenerationszeit, sondern auch durch die

Lage ihrer Aktivitätsphase. Ein solches, den industriellen Zeitstrukturen nicht angepaßtes Verhalten erscheint ihnen als Fehlverhalten. Zwar können strukturelle Barrieren, wie dieses und andere Beispiele zeigen, durch individuelle Verweigerung oder übermäßige Anstrengung durchbrochen werden; solche Verhaltensweisen bergen jedoch erhöhte Risiken für die Gesundheit und damit für die längerfristige Arbeitsfähigkeit des Individuums in sich.

Je öfter und gewohnheitsmäßiger der Lebensstil gegen diese zeitlichen Anforderungen verstößt, desto wahrscheinlicher wird es, daß auf Pharmaka und andere Stimulanzien, wie z. B. Zigaretten, zurückgegriffen wird, um die notwendige Leistungsbereitschaft zum geforderten Zeitpunkt zu erbringen. Der häufige Gebrauch von Pharmaka und Genußmitteln, ohne den die industrielle Lebensweise nicht denkbar ist, läßt sich daher auch aus dem Bedürfnis vieler Individuen erklären, ihren Lebensstil nicht ausschließlich den Bedingungen der industriellen Zeitstruktur zu unterwerfen, sich also die individuelle Rhythmizität von Bedürfnissen bis zu einem gewissen Grad erhalten zu wollen.

In diesem Zusammenhang fällt auf, daß in keiner der vorliegenden Untersuchungen m. W. Aussagen darüber getroffen werden, welchen Stellenwert und welche zeitliche Strukturiertheit sexuelle Bedürfnisse und Bedürfnisse nach Zärtlichkeit u. ä. aufweisen, ihr Bedarf an Zeit kommt hier ganz einfach nicht vor (vgl. hierzu auch Müller-Wichmann 1984, S. 98 ff.). Auch in den qualitativen Interviews finden sich nur sehr gelegentlich einige Andeutungen.

Es wäre sicher untersuchenswert, inwiefern die zeitliche Allokation sexueller Bedürfnisse einer noch weitgehend eigenen Rhythmizität unterliegt, die sich gegen die Anforderungen der industriellen Zeitstruktur durchhält oder ob auch diese Bedürfnisse dem Konformitätsdruck des industriellen Arbeitstages unterliegen. Die vorliegenden Berichte lassen eher den (indirekten) Schluß zu, daß tiefgreifende Anpassungsprozesse, bedingt durch psychische und körperliche Erschöpfung, stattgefunden haben. Insofern müßte auch die Unfähigkeit zur Aufrechterhaltung sexueller Beziehungen und einer erotischen Kultur innerhalb der Familie oder der sozialen Bezugsgruppe als Anpassungsvorgang an die Anforderungen der Arbeitswelt begriffen werden.

3. Kontrolle über die formale Struktur des Zeitbudgets

Die Belastungssituation im Arbeitsbereich wirkt sich nicht nur auf die Tätigkeits*inhalte* der Individuen und ihrer sozialen Bezugsgruppen aus, sondern auch auf den Umgang mit der Zeit als solcher. Wir wollen in diesem Zusammenhang von der *„formalen Struktur“ des Zeit-Budgets* sprechen. Was hierunter zu verstehen ist und wie hierüber die Kontrollmöglichkeiten der Individuen gegenüber zeitlichen Strukturen beeinflußt werden,soll im folgenden näher erläutert werden.

Die Forschungsarbeiten zur Arbeit-Freizeit-Problematik und hier speziell diejenigen, die sich mit der Reaktion von Individuen und sozialen Gruppen auf Nacht- und Schichtarbeit oder auf die Doppelbelastung der berufstätigen Frau befassen, zeigen, daß auf gleiche oder ähnliche Belastungskonfigurationen durchaus unterschiedlich reagiert wird. Hier greifen Zusammenhänge zu Alter, Geschlecht, Arbeitsbiographie, Sozialisation, Schichtzugehörigkeit, Persönlichkeitstyp, wie aber auch allgemeiner zu dem kulturellen Background (etwa nördliche und südliche Länder). Wir beschränken uns auf die Darstellung eines Modells, das unterschiedliche *potentielle zeitliche Verhaltensmöglichkeiten* und Reaktionsweisen gegenüber zeitlichen und anderen Belastungen im Arbeitsbereich zu systematisieren versucht.

3.1 Bearbeitungsmodi von Zeit

Zunächst ist eine Reihe von Bearbeitungsformen zeitlicher Probleme, wie sie insbesondere im familialen Alltag zu finden sind, analytisch zu bestimmen. Die folgende Kategorisierung bzw. Hypothesenbildung beruht u. a. auf den oben zitierten qualitativen und quantitativen Untersuchungen über das Freizeitverhalten von abhängig Beschäftigten, besonders auf den Arbeiten über die Belastungssituation von Frauen mit und ohne Berufstätigkeit. Ferner sind theoretische Ansätze, wie etwa das Konzept der Zeitvertiefung (vgl. Scheuch 1977) mit in die Überlegungen eingegangen.

Es lassen sich folgende zeitliche Bearbeitungsmodi gegenüber einer gegebenen Aufgabenstellung benennen:

1. *Dauer* (kurz/lang). Es erscheint zunächst trivial darauf hinzuweisen, daß die Bearbeitung einer Sache in ihrer Dauer variiert werden kann. Die Zeit, die man für etwas aufwendet, ist zunächst aus nicht-zeitlichen Komponenten zusammengesetzt, wie etwa der Definition des Umfangs der zu bearbeitenden Sache oder des zu bearbeitenden Gegenstandes. Relevante Variationen in der Bestimmung des Arbeitsgegenstandes findet man z. B. gegenüber dem Umfang der Hausarbeit. Was hier zu tun ist und was nicht, unterliegt teilweise einer sehr subjektiven Einschätzung und hängt, wie anhand berufstätiger versus nicht-berufstätiger Frauen gezeigt werden kann, vermittels einer Veränderung der haushälterischen Standards wieder weitgehend von der zur Verfügung stehenden Zeit ab. Ähnliche Bandbreiten bestehen etwa bei Gartenarbeit, Wagenpflege, Körperpflege oder bei Interaktionsprozessen.

   Unabhängig vom Umfang des Arbeitsgegenstandes bestimmt sich die Dauer aber auch aus der Arbeitsintensität oder Arbeitsgeschwindigkeit, die ihrerseits wieder mit der Planungsfähigkeit des Individuums in Zusammenhang steht. Die Dauer einer Arbeit entspricht der individuellen Fähigkeit bzw. der durch äußere Umstände determinierten Möglichkeit zu kontinuierlicher

Arbeit. Permanente Unterbrechungen, z. B. durch die Notwendigkeit der Versorgung von Kindern im Familienhaushalt, verlängern die Bearbeitungsdauer.

2. *Zeitliche Lage* (früher/später). Bestimmte Tätigkeiten und Arbeiten sind an bestimmte Zeitpunkte im Tagesverlauf gebunden, wie z. B. die Zubereitung der Mahlzeiten. Aber auch hier besteht bekanntlich eine gewisse Bandbreite. Andere Tätigkeiten wieder sind zeitlich grundsätzlich ungebunden wie z. B. das Abwaschen. Jedoch findet man zeitlich-moralische Vorschriften für die Verrichtung gewisser Arbeiten (vgl. hierzu auch Heinemann/Ludes 1978), die zwar nicht zwingend eingehalten werden müssen, deren Beachtung jedoch Teil der sozialen Selbsteinstufung ist. So gilt es vielerorts als unschicklich, am Sonntagnachmittag mit dem Großreinemachen zu beginnen. Auch das Ausleeren der Mülleimer um Mitternacht erregt zumindest Aufsehen. Dies läßt sich nicht allein aus der hiermit einhergehenden Lärmbelästigung der Mitbewohner erklären, sondern ist ein Teil des sozialen Konformitätsdrucks, den die Gemeinschaft ausübt. Andere Festlegungen der Lage von Tätigkeiten ergeben sich aus der inneren Logik einer Tagesgestaltung, eine Verrichtung kann erst sukzessive nach der anderen getätigt werden, wie etwa der Abwasch *nach* dem Essen. In erhöhtem Maße gilt dies für Anforderungen und Bedürfnisse, die von Familienmitgliedern geäußert werden oder die sich durch physische und psychische Versorgungsnotwendigkeiten wie bei Kindern, zeitlich nicht variieren lassen (z. B. Zubettgehen, Körperpflege u. ä.).

3. *Flexibilität/Starrheit.* Flexibilität in der Zeitplanung meint, von einer festen Zeitplanung abzuweichen und auf von außen entstehende Anforderungen hin oder auf eigene Bedürfnisse zu reagieren. Das Ausnutzen von sich zufällig ergebenden Zeitintervallen z. B. Wartezeiten für bestimmte Dinge, die man ohnehin tun wollte, wie aber auch geplante Arbeiten z. B. aus Erschöpfung zu verschieben oder ganz ausfallen zu lassen, wären hierzu zu rechnen. Auch das Variieren von Tagesabläufen an verschiedenen Wochentagen und die Fähigkeit, dieselben Tätigkeiten hinsichtlich ihrer Dauer und ihrer Lage äußeren Gegebenheiten anzupassen — gleich, ob diese Veränderung einer Situation durch das zufällige Treffen mit Freunden oder durch einen plötzlichen Wetterumschlag (z. B. während des Aufenthalts im Freibad) herbeigeführt wird — wäre zum Bearbeitungsmodus „Flexibilität" zu rechnen. Starrheit hingegen ist diejenige Bearbeitungsweise, die an geplanten Handlungen ohne Rückkopplung zu sich verändernden Umweltbedingungen des Individuums, die zur Modifikation von Handlungszielen führen könnte, festhält.

4. *Kontinuierlichkeit/Diskontinuierlichkeit.* Eine Anzahl einschlägiger Untersuchungen und Abhandlungen stellt heraus, daß im Familienalltag insbesondere von den Frauen die meisten der begonnenen „Handlungsbögen" (vgl. Sichtermann 1981) aufgrund zahlreicher Unterbrechungen durch die Bedürfnisse der Familienmitglieder u. ä. nicht zu Ende geführt werden können. Damit wird die Planbarkeit und damit wiederum die Abschätzbarkeit der

Dauer von Tätigkeiten erheblich herabgesetzt. Diskontinuierlichkeit in Arbeits- und anderen Tätigkeiten kann aber auch aufgrund psychischer Dispositionen, die ihrerseits wieder Ausdruck hoher Belastetheit sein könnten, verursacht werden oder einfach das Ergebnis von sich wiederholenden Unlustgefühlen sein. Der Bearbeitungsmodus der Kontinuierlichkeit/Diskontinuierlichkeit ist teilweise identisch mit dem unter 3 behandelten Modus der Flexibilität.

5. *Hohe/geringe Arbeitsgeschwindigkeit* (Intensität). Die Dauer, die für die Bearbeitung einer Sache benötigt wird, hängt neben den bereits genannten Faktoren naturgemäß wesentlich von der Arbeitsgeschwindigkeit ab. Die arbeitsnotwendigen Körperbewegungen und/oder Gedankentätigkeiten verlaufen häufiger in einem gegebenen Zeitintervall, wenn die Arbeitsgeschwindigkeit als höher bezeichnet wird. Die zielgerichtete Koordinierung von Bewegungen, Tätigkeiten und Gedanken zum effizienten Arbeitshandeln erfordert ein adäquates Ausmaß an Konzentration der handelnden Person und ist damit ebenso wie Flexibilität oder Kontinuierlichkeit von deren persönlicher Fähigkeit und jeweiligen Verfassung stark geprägt. Eine hohe Arbeitsgeschwindigkeit ist aber nur eine von mehreren Möglichkeiten, ein gutes Arbeitsergebnis pro Zeiteinheit zu erlangen. Denn die Arbeitsgeschwindigkeit kann zwar über eine bestimmte kurze Zeitstrecke hoch, dann jedoch wieder gering, dann wieder hoch sein usw. Dasselbe Arbeitsergebnis pro Zeiteinheit erreicht man aber auch durch Kontinuierlichkeit; jedoch kann ein gesamter Arbeitsvorgang gleichzeitig diskontinuierlich und intensiv sein, da ja ein intensiver und schneller Arbeitsvorgang gelegentlich durch äußere Faktoren unterbrochen werden kann. Es läßt sich sogar ein innerer Zusammenhang zwischen Kontinuierlichkeit bzw. Diskontinuierlichkeit und geringer Arbeitsgeschwindigkeit bzw. intensiver Arbeit herstellen: je geringer die Kontinuierlichkeit ist, desto mehr wird eine Person in freier Arbeit versuchen, den durch die Unterbrechungen erlittenen Zeitverlust durch höhere Arbeitsgeschwindigkeit zu kompensieren.

6. *Zeitvertiefung.* Hierunter versteht man, daß eine Person simultan mehrere Tätigkeiten gleichzeitig verrichtet (vgl. hierzu Scheuch 1977). Anders ausgedrückt, mehrere zeitverbrauchende Handlungssequenzen (dies können auch Gedankensequenzen sein) laufen nebeneinander her, etwa wenn jemand gleichzeitig Handarbeiten verrichtet, dabei fernsieht und Kinder beaufsichtigt oder wenn jemand in der U-Bahn Musik vom „Walkman" anhört (gleichzeitig Transport- und Mediennutzung). Der Bearbeitungsmodus der Zeitvertiefung kann zum einen als Ausdruck akuter Zeitknappheit interpretiert werden, wenn z. B. gleichzeitig ein Essen zubereitet wird und simultan mehrere elektrische Geräte beobachtet werden müssen sowie Reinigungsarbeiten in den freien Zeitintervallen zwischen den Arbeitsgängen vorgenommen werden — wobei dieses Szenario noch durch gelegentliche Telefonanrufe erweitert werden kann, die die Zeitnutzung weiter vertiefen. Das Aufmerksamkeitspotential der Person muß sich damit gleichsam auf mehrere Ebenen verteilen und

die jeweilige Zeitlichkeit der einzelnen Arbeitsprozesse reflektieren, z. B. die verschiedenen Garzeiten während der Zubereitung einer Mittagsmahlzeit. Damit wird permanente Aufmerksamkeit gefordert und das simultane Eindenken in die Logiken der unterschiedlichen Abläufe, um das jeweilige Ende der Tätigkeiten und Überwachungsprozesse antizipieren zu können. Das kann als Form der Intensivierung aufgefaßt werden, wobei allerdings ein Unterschied besteht: Zeitvertiefung setzt nicht logisch-notwendig eine hohe Arbeitsgeschwindigkeit voraus, die Prozesse können trotz oder gerade wegen ihrer Simultanität langsamer ablaufen, führen aber am Ende zu einem vergleichsweise guten Arbeitsergebnis. Hier wird also das, was bei der Arbeitsintensität durch die Dichte der einzelnen Arbeitshandlungen erreicht wird, bildlich gesprochen durch den Prozeß der Vertiefung bewirkt. Scheuch hat die Zeitvertiefung als ein Spezifikum der Verhaltensweisen von Individuen in hochindustrialisierten Ländern bezeichnet (1977, S. 67).

Die oben skizzierten Bearbeitungsmodi stellen jeweils eine formale Handlungsalternative bezüglich des individuellen Umgangs mit der Zeit dar. Über die inhaltliche Ausformung, d. h. über den Gegenstand, der jeweils bearbeitet wird, ist damit nichts ausgesagt. Der Begriff des Bearbeitungsmodus bezeichnet verschiedene Arten der Handhabung zeitlicher Ressourcen.

Die Bearbeitungsmodi benennen zeitliche Handlungsalternativen auf der Ebene einer bestimmten Bearbeitungsdimension von Problemen. Sie sind daher grundsätzlich bipolar, d. h. in Begriffspaaren zu denken, zwischen denen eine nahezu unbegrenzte Zahl von Abstufungen erfolgen kann. So bezeichnet die eben erwähnte Zeitvertiefung ein ganzes Spektrum von Vertiefungs-Ebenen oder -Schritten, das von einer einfachen, auf nur eine Handlung bezogenen Sequenz bis hin zu x gleichzeitig vollzogenen Handlungssequenzen reicht, je nachdem, wie „tief" die jeweilige Handlung ist.

Ebenso kann der Modus Flexibilität unterschiedlich ausgeprägt sein und schließt logisch auch den Zustand der völligen Un-Flexibilität mit ein. Der Modus der Arbeitsgeschwindigkeit umfaßt in gleicher Weise sowohl intensive wie nicht-intensive Arbeit. Ähnliches gilt für Dauer und Lage: Die Dauer kann kurz oder lang sein, die Lage variiert auf der Zeitachse. Jede Handlung — sofern sie als in der Zeit ablaufend erfahren wird, wozu, wie dargelegt, ein bestimmter Stand der gesellschaftlichen Entwicklung erreicht und gleichzeitig das individuelle Bewußtsein von der Zeitlichkeit von Handlungen entwickelt sein muß — findet hinsichtlich ihrer zeitlichen Strukturiertheit sozusagen stets im Rahmen dieser Bearbeitungsmodi statt. Jede Handlung kann im Kontext einer zeitbezogenen Problemstellung daraufhin überprüft werden, in welchem Ausmaß sie kurz oder lang (Dauer), früh oder spät (zeitliche Lage), flexibel oder starr (Flexibilität), fließend oder unterbrochen (Kontinuierlichkeit/Diskontinuierlichkeit), schnell oder langsam (Intensität) oder mit anderen Handlungen synchron abläuft.

Der Optionsspielraum für das Individuum besteht nun in der jeweiligen Ausformung dieser Bearbeitungsmodi in der einen oder anderen Richtung. Hierbei können vom Individuum Prioritäten gesetzt werden. So kann ein Zeitproblem etwa dadurch bearbeitet werden, daß die Arbeit besonders intensiv gestaltet und/ oder die Zeittiefe besonders augeprägt wird. Es sind also eine große Anzahl zeitlicher Problemlösungsalternativen für ein vorgegebenes Problem denkbar.

Dies kann man an folgendem Beispiel verdeutlichen: Man stelle sich den Fall einer ganztags berufstätigen Mutter mit zwei Kindern, die ohne Partner lebt, vor. Die Bewältigung der Zeitknappheit beginnt bei der Definition des Arbeitsumfanges ihres Haushalts, der wesentlich die Dauer der für eine Arbeit aufzuwendenden Zeit bestimmt. Es wird (wie sich auch empirisch belegen läßt) der Arbeitsumfang im Haushalt dadurch verringert, daß die Ansprüche reduziert werden: verringerte Reinlichkeitsansprüche führen zu geringerem Zeitaufwand für Reinigungstätigkeiten, geringere Ansprüche an Ordnung zu geringerem Zeitaufwand für das Aufräumen, geringere Ansprüche an die Qualität des Essens zum häufigeren Verzehr von Fertiggerichten usw. Rein quantitativ wird auch Zeit gespart durch die zeitliche Lage der Einkäufe, die die Frau, die sage um 17.30 Uhr die Arbeitsstelle verläßt, direkt nach der Arbeit in unmittelbarer Nähe der Arbeitsstelle kurz vor Ladenschluß vornimmt. Auch andere Tätigkeiten werden so in den Tagesablauf eingebunden, daß hierfür (z. B. Friseur, Arztbesuche etc.) nicht gesonderte Anfahrzeiten benötigt werden. Die Flexibilität in solchen stark von zeitökonomischen Zwängen geformten Tagesabläufen ist in der Regel nicht sehr groß, eher kann von einer Rigidität gesprochen werden. Die Bewältigung der Hausarbeit und Versorgung der Kinder erfordert in der noch zur Verfügung stehenden Zeit zwischen Arbeitsschluß und dem Zubettgehen der Kinder eine äußerst hohe Intensität. Die Frau wird also in einer bestimmten Phase des Tagesablaufs ihr Problemlösungsverhalten so gestalten, daß sie den Bearbeitungsmodus Intensität und Vertiefung besonders stark ausprägt. Allerdings besteht eine hohe Wahrscheinlichkeit, daß die kommunikativen Bedürfnisse der Kinder die angestrebte Intensität konterkarieren und zu ständiger Unterbrechung der Arbeit führen. Hierdurch wird die Notwendigkeit hoher Intensität der Arbeit (da ja ein bestimmtes Pensum innerhalb eines vorgegebenen Zeitintervalls zu bewältigen ist) noch weiter erhöht.

Um diese Unterbrechungen möglichst gering zu halten und den hieraus resultierenden Zwang zu noch höherer Arbeitsgeschwindigkeit zu minimieren, werden für die Kinder Angebote installiert, die diese von ihren Kommunikationsbedürfnissen mit der Mutter abbringen. Hierzu können z. B. ein neues Spielzeug, das Mitbringen von Süßigkeiten mit der Bitte, als Gegenleistung „nun auch schön artig zu sein" oder aber auch die Erlaubnis zum Fernsehen funktionalisiert werden. Der Abend soll einerseits Freizeit sein und regenerativ genutzt werden, andererseits drängt eine Fülle von Aufgaben zur Erledigung, insbesondere, wenn das Einkommen der Mutter eine umfangreiche Auslagerung von Haushaltstätigkeiten aus dem Haushalt durch Vergabe an Dienstleistungsbetriebe nicht erlaubt. Im skizzierten Fall wird unterstellt, daß die jeweils optimalen Bearbeitungsmodi in ihrer optimalen Ausformung gewählt werden, es wird also ein im hohen Maß zielgerichtetes Handeln vorausgesetzt. Dies ist jedoch nicht als selbstverständlich anzunehmen. Wahrscheinlicher ist eine den verschiedensten Einflüssen unterworfene Vermischung streng zeitökonomisch-rationaler und irrationaler Elemente.

Im Mittelpunkt der folgenden Überlegungen steht die *Adäquanz des gewählten Bearbeitungsmodus* bzw. seiner Ausformung für die Bewältigung von Alltagsproblemen. Dabei handelt es sich sowohl um allgemeine wie um spezifische zeitliche Probleme und deren Bewältigungsformen. Die Annahme der Adäquanz muß hierbei als idealtypische Modellkonstruktion verstanden werden, die zugestandenermaßen empirisch nicht leicht einholbar ist.

3.2 Kompetenzstufen

Man kann ungeachtet der konkreten Inhalte davon ausgehen, daß bestimmte Strategien der Bewältigung von Zeitproblemen im Hinblick auf bestimmte Problemkonfigurationen des Alltags angemessener sind als andere. Die Angemessenheit ließe sich etwa dadurch erfassen, daß man das angestrebte Arbeitsziel eines Individuums mit dem faktisch erreichten vergleicht. Adäquanz wäre so in etwa als Angemessenheit des Mitteleinsatzes im Hinblick auf definierte Zielsetzungen zu verstehen. Die Mittel bestehen in den verschiedenen Möglichkeiten im Umgang mit der Zeit im Sinne der dargestellten Bearbeitungsmodi.

Inwiefern ein Individuum die ihm gestellten Aufgaben in zeitlicher Hinsicht mehr oder weniger adäquat anzugehen versteht, hängt von einem Faktor ab, der hier als *Stufe der Kompetenz* bezeichnet werden soll. Die Kompetenzstufen benennen den Grad der Fähigkeit, mit der ein Individuum seine soziale Situation und damit — allein dies soll im folgenden interessieren — die *zeitliche Struktur einer sozialen Situation zu kontrollieren* in der Lage ist.

Es können folgende Kompetenzstufen unterschieden werden:

— *Ungerichtet-chaotisches Handeln.* Hierunter soll ein Handeln verstanden werden, welches dem Willen der agierenden Person weitgehend entzogen ist und dessen Zielrichtung wie auch dessen Mittelpunkt nicht oder nur schwer auszumachen ist bzw. ständig wechselt, ohne daß dieser Wechsel vom Individuum intendiert oder durch äußere Einflüsse begründbar wäre. Typisch wäre also ein überdurchschnittlich häufiger, unkontrollierter Wechsel der Bezugspunkte des Handelns und/oder dementsprechend oder dem nicht entsprechend der angewandten Mittel zur Erreichung eines Ziels.

— *Strukturiert-rigides Handeln.* Das Handeln der Person erscheint hier zwar äußerlich sehr systematisch und strukturiert, die Ziel-Mittel-Relation ist rational. Aber ein plötzlich auftretender Wechsel des Bezugspunktes von Handlungen durch einen äußeren Einfluß kann nicht adäquat durch einen

Wechsel des zeitlichen Bearbeitungsmodus oder durch die Referenz auf eine andere Zeitstrukturform (vgl. hierzu Kap. V.5) adaptiert werden. Mit anderen Worten ist ein solches Handeln durch einen sehr geringen Grad an Flexibilität gekennzeichnet. Dieser führt dazu, daß die einmal als sinnvoll erachteten zeitlichen Bearbeitungsmodi in der jeweiligen sozialen Situation in der entsprechenden Ausprägung beibehalten werden, nicht jedoch wechselnde Bedürfnislagen sich adäquat in einer angemessenen Variabilität des Zeitbudgets niederschlagen. Ein solches rigides Handlungsmuster versperrt dem Individuum nutzbare Lebenschancen.

— *Kontrolliert-bedürfnisgerechtes Handeln.* Die Person ist in der Lage, zwischen Routinisierung einerseits und Spontaneität andererseits nach Maßgabe von Opportunitätsgesichtspunkten und unter Abwägung kurz- und langfristiger Interessen zu variieren. Vor allem kontrolliert die Person die soziale Situation insofern, als sie weitgehend *bewußt entscheidet,* ob sie den Bezugspunkt ihres Handelns wechseln möchte oder nicht und demzufolge einen anderen oder denselben Bearbeitungsmodus wie in der vorangegangenen Handlungssequenz wählt. Die Ziel-Mittel-Relation in der Ablaufkette der Handlungen ist innerhalb dieser Kompetenzstufe in sich weitgehend logisch aufgebaut, wodurch die Chance der Bedürfnisbefriedigung verbessert ist.

Das Verhältnis der Bearbeitungsmodi zu den Kompetenzstufen läßt sich graphisch wie folgt darstellen:

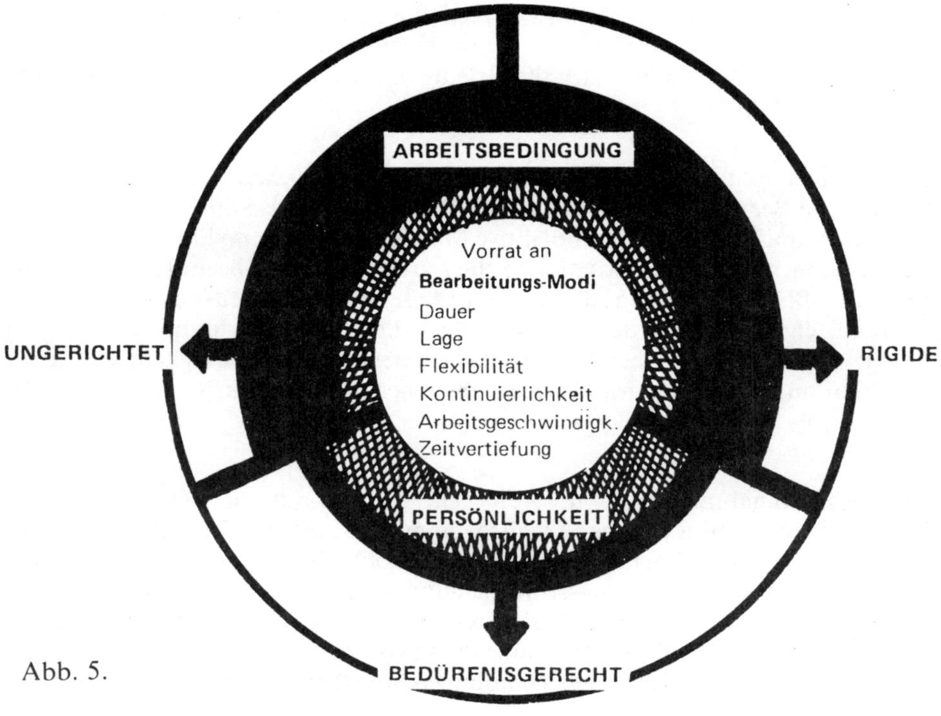

Abb. 5.

Die eingangs gestellte Frage lautet, inwiefern die Bedingungen am Arbeitsplatz, d. h. die zeitlichen und sonstigen Belastungen, sich auf die *formale* Struktur des Zeitbudgets auswirken. In bisherigen Studien ist, wenn überhaupt, danach gefragt worden, wie sich infolge hoher Arbeitsbelastungen die inhaltlichen Interessen und die Art der Freizeitgestaltung strukturieren, z. B. ob mehr kreative oder mehr konsumierende Tätigkeiten je nach Belastungssituation festzustellen sind.

Bei der Frage nach dem Zusammenhang von Arbeitsbelastung und formaler Struktur des Zeitbudgets muß, anders als bei der Untersuchung inhaltlicher Zusammenhänge, das Augenmerk vor allem auf ein generelles Vermittlungsglied zwischen den Arbeitsbedingungen auf der einen und der Ausformung der Bearbeitungsmodi auf der anderen Seite gelegt werden. Denn, wie gesagt, die Annahme eines einfachen Reiz-Reaktions-Mechanismus zwischen Belastungssituation einerseits und zeitlichen Bewältigungsformen andererseits würde zu kurz greifen.

Anders formuliert: Die Arbeitsbelastung wirkt nicht unmittelbar auf die Wahl bestimmter Handlungsmuster des Individuums, hier der Bearbeitungsmodi ein, sondern vermittelt. Eine hohe Arbeitsbelastung führt z. B. dazu, daß ein Individuum gezwungen ist, solange es etwa in Folge von Schichtarbeit unter Zeitnot leidet, den Familienalltag rigide zu organisieren. Entsprechend wählt es zur Bewältigung bestimmter Problemstellungen die adäquaten Bearbeitungsmodi aus, etwa einen hohen Grad von Zeitvertiefung und hohe Arbeitsgeschwindigkeit. Spontane Bedürfnisse erscheinen in einem solchen routinisierten Handlungsmuster als Störfaktor, der die Erledigung der für notwendig gehaltenen Aufgaben gefährdet.

Die Kompetenzstufen stellen also Vermittlungsglieder zwischen Belastungssituation und Bearbeitungsmodus dar. Die Hypothese ist, daß die Belastungskonfiguration am Arbeitsplatz die objektive Möglichkeit und individuelle Fähigkeit einer Person, seine soziale Situation zeitlich zu strukturieren, beeinflussen. Etwas präziser läßt sich vermuten, daß in dem Maße, wie die Arbeitsbelastung allgemein ansteigt, der Grad der Kontrolle über die zeitliche Struktur des eigenen Handelns absinkt. Das heißt, damit schwindet auch die Fähigkeit, eine der Situation angemessene Ausprägungsform innerhalb der Bearbeitungsmodi zu wählen.

Für diese Annahme spricht u. a. die generelle Vermutung von Frese/Greif bezüglich des Einflusses von Arbeitsbedingungen auf das Verhalten, daß es nämlich unter den Bedingungen geringer Streßkontrolle zum allgemeinen Abbau von adäquaten Problemlösungsstrategien und damit zu Passivität und verringerter Risikobereitschaft komme (vgl. Frese/Greif 1978, S. 218 ff.). Zuvor hatte auch Volpert (1974) auf den Zusammenhang von restriktiven Arbeitsbedingungen und reduzierter allgemeiner Handlungskompetenz hingewiesen.

3.3 Verlust zeitlicher Kontrollkompetenz

Wir gehen von der Hypothese aus, daß, was die zeitliche Dimension anbetrifft, die einer Person zuzuordnende Kompetenzstufe im Sinne der oben entwickelten drei Kompetenzebenen sicher nicht allein aus den Arbeitsbedingungen und hier namentlich den Belastungsstrukturen heraus erklärt werden kann, sondern eine komplexe Einheit aus Variablen wie Sozialisation, Persönlichkeitstyp, Geschlecht, Leistungsfähigkeit, Erwerbsbiographie, ethnisch-kultureller Zugehörigkeit, Qualifikation usw. darstellt. Mit anderen Worten, es ist allein aufgrund der Arbeitstätigkeit eines Individuums nur bedingt vorhersagbar, ob sein Verhalten eher dem ungerichtet-chaotischen, dem strukturiert-rigiden oder dem kontrolliert-bedürfnisgerechten Muster entspricht.

Jedoch scheint die These erlaubt, daß mit einer Zunahme von Arbeitsbelastungen und der damit einhergehenden Zeitverknappung, vermittelt über einen erhöhten Regenerationsbedarf oder die Ausdehnung des Arbeitstages, die hierdurch bedingte Schwelle heraufgesetzt wird, jenseits derer einer Person noch Verhaltensoptionen offenstehen. Eine Erhöhung der Leistungsanforderungen läßt, so die Vermutung, weniger (Zeit-)Raum für ein außerbetriebliches Verhaltensmuster, das man als kontrolliert und bedürfnisgerecht bezeichnen könnte. Die Aufrechterhaltung eines solchen Verhaltensmusters wird, je mehr die Leistungsanforderungen ansteigen, zu einer persönlichen Sonderleistung, die keineswegs mehr als durchschnittlich-normal angesehen werden kann und nur durch permanente Willensanstrengung der betreffenden Person möglich wird.

Diese strukturbedingten, mehr oder weniger stark ausgeprägten Verhaltenszwänge oder, anders ausgedrückt, die kleiner werdenden zeitlichen Optionsspielräume stellen die Enteignung eines wesentlichen Teils der gesamten individuellen Handlungskompetenz dar. Eine über ein gewisses Maß hinausgehende Anhebung des Leistungsniveaus höhlt Handlungs- und Entscheidungskompetenzen als solche in einem langsamen Erosionsprozeß aus. Sie werden ersetzt durch strukturelle Zwänge. So bleibt unter einem wie auch immer hergestellten Zeitdruck von einem bestimmten Punkt an kaum noch die Möglichkeit zu kontrolliert-bedürfnisgerechtem Handeln, sondern tendenziell nur noch die Möglichkeit zur rigiden oder — falls dies aufgrund der Persönlichkeit nicht konsequent durchhaltbar ist — i. d. R. zur chaotischen Organisation des Familienalltags.

Das Ausmaß, in dem ein Individuum die Struktur seines außerbetrieblichen Zeitbudgets kontrollieren kann, ist sowohl durch objektive wie subjektive Faktoren bestimmt.

Eine *Veränderung des objektiven* (zeitlichen) *Handlungsspielraumes* erfolgt, wie schon in Kapitel V.2 erläutert, etwa durch das Anwachsen der reinen Regenerationszeit bei hoher und zunehmender Arbeitsbelastung. Diese Zeit geht im Tagesverlauf wie aber auch etwa im Jahreszyklus dem Individuum zur Bewältigung von nicht-erwerbswirtschaftlichen Arbeitsaufgaben und zur Befriedigung seiner Bedürfnisse verloren. Die Folge davon ist, daß objektiv solche Handlungsstrategien an Bedeutung gewinnen müssen, die, in welcher Form und zu welchem Zweck auch immer, möglichst viel in möglichst kurzer Zeit bewirken. Damit wäre unter der Prämisse einer rein rationalen Handlungsstrategie der Individuen ein bestimmtes Ausprägungsprofil bezüglich der Bearbeitungsmodi erwartbar.

Jedoch bestehen auch innerhalb objektiver Handlungsspielräume entsprechend der *subjektiven Fähigkeit* eines Individuums erhebliche Variationsbreiten möglicher Verhaltensweisen. Angesichts eines Übermaßes an zu bewältigenden Aufgaben innerhalb eines vorgegebenen Zeitintervalls gibt es beispielsweise an Stelle der Bewältigungsstrategie der Rigidisierung des Tagesablaufes auch die Möglichkeit einer angstgeleiteten Reaktion. Die Angst vor Überforderung erhöht jedoch nicht das Rationalverhalten und damit die Fähigkeit zur Planung, sondern führt im Gegenteil zu weitgehend unstrukturierten Handlungsabläufen. Damit sinkt die Effizienz der geleisteten Arbeit mit der Wirkung, daß der Umfang der nicht erledigten Aufgaben und Tätigkeiten noch weiter anwächst. Obwohl dieser Sachverhalt eigentlich zu noch rationalerem Handeln zwingen sollte, nimmt aus Angst vor der Nichtbewältigung der Aufgaben die Irrationalität in der Alltagsorganisation eher weiter zu. Wird dieser Prozeß nicht von Erfolgserlebnissen gestoppt, kommt es zu einem negativen Rückkoppelungseffekt, der den Problemberg einschließlich seiner Sekundär- und Tertiäreffekte (z. B. Sanktionen aufgrund nicht bewältigter Aufgaben) weiter und weiter anwachsen läßt.

Aus dieser Situation stellt die Flucht in die Krankheit als einer gesellschaftlich akzeptierten Ausnahmesituation einen zumindest temporär gangbaren Weg dar. Zwar werden hierdurch bestimmte Problemlagen weiter verschärft, bei ausreichender sozialer Sicherung werden jedoch auch neue Ressourcen körperlicher, psychischer wie auch zeitlicher Art regeneriert, die zur Bewältigung der Alltagsprobleme eingesetzt werden können.

Umgekehrt ist aber auch anzunehmen, daß von den betroffenen Personen versucht wird, die durch die hohe Arbeitsbelastung entstandenen stärkeren Regenerationsbedürfnisse zu ignorieren, um so mehr Zeit für die Befriedigung der eigenen Bedürfnisse zu finden. Hierbei besteht das Risiko eines überdurchschnittlich raschen gesundheitlichen Verschleißes. Es werden zwar Zeitprobleme als solche gelöst und tatsächlich steht, sofern die individuelle Willensanstrengung dies ermöglicht, z. B. durch die Herabsetzung der Schlafdauer mehr Zeit für die Bearbeitung der vielfältigen Aufgaben im Familienalltag zur Verfügung. Jedoch muß davon ausgegangen werden, daß unter der Annahme durchschnittlicher Gesundheitsressourcen des Individuums hiermit nur eine Verschiebung der Probleme auf einen späteren Zeitpunkt stattfindet. Die Überformung von Regenerationsnotwendigkeiten durch Willensanstrengung und soziale Zwänge birgt vor allem deshalb hohe gesundheitliche Risiken in sich, weil sich manifeste Störungen zumeist erst in einer späteren Lebensphase nachhaltig bemerkbar machen und daher die gesundheitliche Gefährdung bagatellisiert werden kann.

Es scheint die Vermutung gerechtfertigt, daß der Umgang mit der Zeit als Teil des Regenerations- und Leistungsverhaltens der Individuen und sozialen Gruppen einen beträchtlichen Erklärungsanteil an dem Manifestwerden von Herz-Kreislauferkrankungen, Magen-Darmerkrankungen u. ä. hat. Erstaunlicherweise ist dieser Zusammenhang von zeitlicher Belastung und der Entstehung von Erkrankungen bisher nur vergleichsweise wenig reflektiert worden (vgl. hierzu auch Friczewski 1985).

4. Die Leistungsspirale

Die Leistungsanforderungen in der Arbeitswelt zwingen das arbeitende Individuum zu einem rationalen Umgang mit sich selbst und seiner Zeit. Je stärker die Leistungskontrolle im Betrieb und je intensiver die Arbeit ist, desto mehr muß der Reproduktionsbereich vom Individuum und seinem sozialen Umfeld daraufhin orientiert und organisiert werden. Im folgenden soll nun dargestellt werden, unter welchen Bedingungen eine vor allem auf der Optimierung zeitwirtschaftlicher Parameter beruhende Steigerung der allgemeinen Arbeitsleistung im betrieblichen und gesellschaftlichen Maßstab erfolgt. Ferner wird nach den pathogenen Elementen in diesem Prozeß von Leistungssteigerung und Bewältigungsformen gefragt. Mit anderen Worten: Wie weit und unter welchen Bedingungen sind Leistungssteigerungen im Sinne einer weiteren zeitlichen Verdichtung des Arbeitsprozesses und der Erhöhung der Synchronitäts- und Zuverlässigkeitsanforderungen für die Betroffenen erträglich? Und: Unter welchen Bedingungen nehmen zeitliche Anforderungen pathogenen Charakter an?

4.1 Adäquanz von Leistungs- und Zurichtungsapparatur: Ein Modell

Es ist für das arbeitende Individuum unabdingbar, permanent auf eine der geforderten Leistung entsprechende Zurichtung seiner biologischen Funktionen, seiner psychischen Bewältigungsfähigkeit sowie seiner sozialen Eingebundenheit hin zu arbeiten. Zu der breiten Palette von Bewältigungsformen gehört etwa die Ausbildung eines spezifischen Arbeitsverständnisses in der traditionellen Arbeiterkultur, in der die Not des Arbeitszwangs zur Tugend von Arbeitsmoral und Disziplin hochstilisiert wurde (vgl. Kern/Schumann 1982, S. 60 f.), ebenso wie die Anpassung der Arbeiter an ihre Arbeitssituation in bezug auf Wohnung, Kleidung, Ernährung, Umgang mit der Gesundheit u. a. (vgl. hierzu Reulecke/Weber 1978).

Man kann davon ausgehen, daß die Arbeiterkultur trotz aller Restriktionen wie z. B. niedriger Einkommen, schlechter Wohnungsversorgung usw. zumindest bemüht war, eine Art Adäquanzzustand zwischen der Belastung und dem am Arbeitsplatz erfahrenen Arbeitsleid auf der einen und den Kompensationsmöglichkeiten hierfür auf der anderen Seite herzustellen.

In der Frühindustrialisierung findet man eine Situation vor, in der der Vernutzung der Arbeitskraft durch ihre Anwender kaum politische und ökonomische Grenzen gesetzt sind und eine industrielle Reservearmee ein so großes Reservoir an (in der Regel unqualifizierten) Arbeitskräften bereitstellt, daß von seiten des Unternehmers keine Rücksichten auf den Verschleiß von Gesundheit und Arbeitsvermögen der Arbeitskräfte genommen werden muß. Beispiele hierfür finden sich auch in der Gegenwart, wenn man die Lage der Arbeitskraft außerhalb der sozialstaatlich organisierten Industrieländer betrachtet. In dem Maße jedoch, wie die Qualifikationen höher und differenzierter werden und die industrielle Reservearmee etwa aufgrund wirtschaftlichen Wachstums kleiner wird und indem, meist im Gefolge hiervon, die Durchsetzung einer Sozialgesetzgebung und tarifvertraglicher Vereinbarungen von der organisierten Arbeiterbewegung erkämpft werden, wirken auch die Reproduktionsbedingungen auf die Möglichkeiten der Vernutzung der Arbeitskraft im Betrieb zurück.

Sozialgesetzgebung und erstarkte Arbeiterbewegung führen dazu, daß die Schäden, die z. B. durch zu lange Arbeitszeiten, gesundheitsschädigende Arbeitsstoffe oder Unfälle entstehen, im mehr oder weniger entwickelten System der sozialen Sicherung zumindest gesamtwirtschaftlich an irgendeinem Punkt wieder als Kostenfaktor auftreten. Die Kosten, die die Produktion durch die Vernutzung der menschlichen Arbeitskraft schafft, können also nur bedingt externalisiert werden, etwa dadurch, daß die Existenz eines verelendeten Proletariats hingenommen wird.

Wenn der Raubbau am Arbeitskräftepotential eines Landes, wie er durch die Heranführung immer neuer und Entlassung der verschlissenen Arbeitskräfte geschieht, weitgehend unmöglich oder zumindest schwieriger wird, dann läßt sich jede säkulare allgemeine Erhöhung der Belastung in der Produktion nur durch eine adäquate Veränderung der Bewältigungsstrukturen im Reproduktionsbereich auffangen, wobei Reproduktionsbereich hier nicht nur der zeitlich und örtlich lokalisierte Bereich der Familie ist, sondern auch den der Reproduktion im betrieblichen Alltag umfaßt (Pausenregelung, sanitäre Anlagen, Kantinen usw.).

Nun ist jedoch nach dem gegenwärtigen Stand der Literatur nicht eindeutig auszumachen, ob man von einer langfristigen Tendenz, etwa innerhalb der letzten hundert Jahre, zur Reduktion der Arbeitsbelastung sprechen kann (vgl. hierzu auch Wotschak 1982). Einigkeit besteht aber weitgehend darüber, daß global eine *Verschiebung* von eher körperlichen zu mehr psychisch-nervlichen Belastungen im großen und ganzen stattgefunden hat (vgl. hierzu Dörr/Naschold 1982). In der Tat ist die Frage nach dem Mehr oder Weniger von Arbeitsbelastung derartig komplex, daß es m. W. bis heute nicht gelungen ist, auf Basis objektiver Messungen der Veränderung von Arbeitsstrukturen hier zu gültigen Aussagen zu gelangen.

Dennoch kann man die Hypothese wagen, daß die Einführung bestimmter Arbeitsformen, wie etwa der wissenschaftlichen Arbeitsorganisation, deren Ziel ja explizit eine Mehrleistung des Arbeiters ist, nicht ohne Wirkung auf das Ausmaß der Belastetheit der Arbeiter und Angestellten geblieben ist. Gleichwohl darf nicht übersehen werden, daß die Intention Taylors die war, die Arbeit so zu organisieren, daß möglichst ohne vermehrten Kräfteverschleiß, sondern nur durch bessere und gleichmäßigere Organisation der Arbeit das Arbeitsergebnis gesteigert wird. Wie wir etwa am Beispiel der Hetzarbeit sehen konnten, wird auch in verhältnismäßig neuen Untersuchungen, die sich dem Ansatz der wissenschaftlichen Arbeitsorganisation verpflichtet fühlen, hervorgehoben, daß gerade die wissenschaftliche Organisation der Arbeit im Gegensatz zur ungebundenen Arbeit es erstmals in der Geschichte ermöglicht, trotz gleicher oder sogar geringerer Anstrengung ein besseres Arbeitsergebnis zu erzielen (vgl. Graf 1934). Die Arbeitsbelastung ist damit eine Folge des dem Menschen angeborenen Triebes zur Selbstausbeutung durch kurzes, angestrengtes Arbeiten mit übermäßigem Kräfteverschleiß, wie in ursprünglichen Arbeitsformen.

Auch die REFA-Lehre geht davon aus, daß bei strikter Anwendung der wissenschaftlichen Arbeitsorganisation die Arbeit so organisiert werden kann, daß keine irreversiblen Schäden entstehen. Die Arbeitsperson soll gerade durch die arbeitsorganisatorisch bedingte rhythmische Struktur des Arbeitsprozesses die Möglichkeit erhalten, sich zu *ent*lasten, d. h. durch einen gleichförmigen, den biorhythmischen Erfordernissen nicht zuwiderlaufenden Arbeitsgang von Überbeanspruchung verschont zu bleiben (vgl. Spitzley, 1980). Daß dies freilich mit der Realität der gegenwärtigen Arbeitsorganisation wenig zu tun hat, hat z. B. Spitzley versucht nachzuweisen (vgl. hierzu auch Abschnitt III).

In den folgenden Überlegungen soll nun versucht werden, die Bewegungsformen und wechselseitigen Abhängigkeitsbeziehungen zwischen der Arbeitssphäre und den Reproduktionsbedingungen aufzuhellen. Dabei handelt es sich um ein Modell, das eher heuristischen Charakter hat.

Wenn es auch schwer ist, die Veränderungen der Belastungsstruktur im säkularen Trend genau zu bestimmen, so läßt sich doch feststellen, daß die *Leistung* gestiegen ist. In jedem Falle hat im Durchschnitt die für das Leistungsverhalten entscheidende zeitliche Verdichtung der Arbeit nachweisbar in erheblichem Ausmaß zugenommen. Allerdings muß die Steigerung der Leistung nicht gleichbedeutend mit einer Erhöhung der Belastung sein.

Inwiefern diese Steigerung der Leistungsdichte zu höheren Belastungen führt, hängt mit hoher Wahrscheinlichkeit u. a. von dem materiellen und kulturellen Niveau sowie dem Niveau der geforderten Affektkontrolle ab, das gesellschaftlich für durchschnittlich ertragbar gehalten wird.

Die Bewältigungskompetenz, d. h. die Fähigkeit von Individuen und sozialen Gruppen im Umgang mit Belastungen hat einen wesentlichen Einfluß darauf, ob eine (Arbeits-)Struktur als pathogen erfahren wird oder nicht. Belastungen können bei sehr hoher Bewältigungskompetenz für die Individuen als solche überhaupt nicht spürbar werden bzw. nicht vorhanden sein. Die Bewältigungskompetenz umfaßt ein breites Spektrum individueller und sozialer Ressourcen, das vom Einkommen über das Bildungsniveau und die Sprachkompetenz bis hin zur Gesundheit und den Chancen auf dem Arbeitsmarkt (Handlungsalternativen) reicht (vgl. hierzu auch Berndt et al. 1977). Auch der gewerkschaftliche Organisationsgrad bzw. die Verhandlungsmacht der Arbeitnehmervertreter sind zu solchen Bewältigungskompetenzen zu zählen, so etwa wenn durch die Existenz eines starken Betriebsrates die betriebliche Arbeitssicherheit erhöht werden kann (vgl. hierzu Hauß et al. 1983).

Anhand der folgenden Abbildung sollen einige grundlegende Zusammenhänge zwischen den geforderten Leistungsniveaus im Erwerbsarbeitsbereich und den Reproduktionsbedingungen erläutert werden.

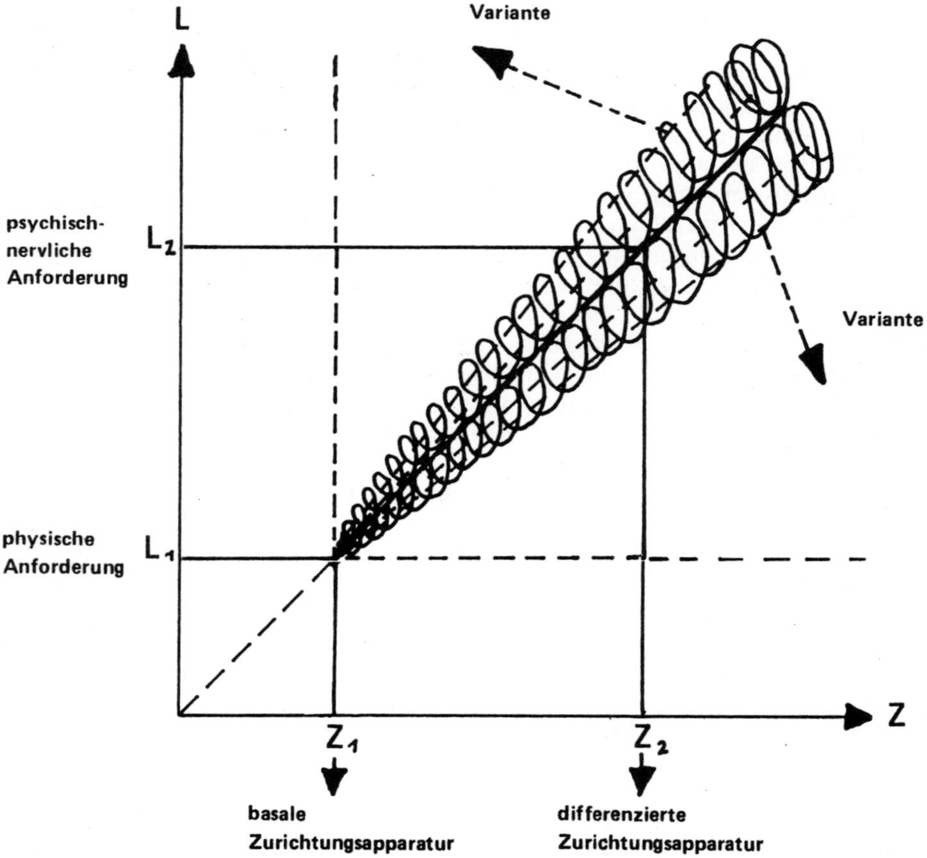

Abb. 6.

Varianten des Leistungs–Zurichtungs–Verhältnisses

Die Ordinate versinnbildlicht das historisch gewachsene, sich im säkularen Trend steigernde Leistungsniveau, ausgedrückt in terms von Zeiteinheiten (gestiegene Arbeitsproduktivität, verstanden als output pro Arbeitsperson pro Zeiteinheit).[1] Genau genommen bezeichnet „Leistungsniveau" eine Zunahme der Anstrengung, die Zunahme der Leistungs*verdichtung*. Bezüglich der Veränderung der Leistungsdichte wird anders als in der REFA-Ideologie davon ausgegangen, daß hieraus im großen und ganzen auch eine vermehrte Anstrengung durch erhöhte Konzentrationsleistung sowie durch die Herstellung der Fähigkeit zur Normalleistung seitens der Arbeitsperson resultiert.

Was in diesem Schaubild nicht berücksichtigt bzw. nur begrifflich abgebildet werden kann, ist die *qualitative* Verschiebung des Belastungsspektrums von mehr körperlicher zu eher nervlicher Belastung. Jedoch spielt dies in dem hier dargelegten Modell nur eine untergeordnete Rolle; welcher Art die Belastungen auch immer sein mögen, es geht hier um die *Darstellung eines Adäquanzverhältnisses* (oder -mißverhältnisses) zwischen einem wie auch immer gearteten oder strukturierten Leistungsniveau auf der einen und den Kompensationsapparaturen auf der anderen Seite, die eine Gesellschaft den arbeitenden Individuen zur Verfügung stellt. Die Ordinate wäre also zu verstehen als die Achse, die die Entwicklung der Leistungsstrukturen von der agrarischen hin zur entwickelten Industriegesellschaft symbolisiert.

Das vorliegende Modell trifft keine inhaltlichen Aussagen darüber, *wie* sich Leistungsstrukturen im einzelnen geändert haben, sondern nur darüber, *ob* den entsprechenden Anforderungen der Produktionsseite Bewältigungsapparaturen auf der anderen Seite gegenüberstehen.

Im folgenden soll nicht mehr von Bewältigung gesprochen werden, sondern von der *Adäquanz* der *Kompensations- und Zurichtungsapparaturen.*[2] Der Begriff der Zurichtung der Menschen lehnt sich an die Abhandlung von Chorover (1982) an, in der das gegenwärtig mögliche Ausmaß von Verhaltenskontrolle über Individuen und Menschenmassen, von der Genmanipulation bis zum Intelligenztest, dargelegt wird.

Niveau bzw. Struktur der Kompensations- und Zurichtungsapparaturen, die das Individuum benötigt, um den Leistungsanforderungen des Arbeitsprozesses gewachsen zu sein, werden von der Abszisse bezeichnet. Diese variieren wie die

[1] In der Modellannahme wird implizit davon ausgegangen, daß sich mit wachsender Kapitalintensität auch die Leistungsintensität, vermittelt über eine gesteigerte Arbeitsgeschwindigkeit, erhöht. Diese Annahme ist zwar ökonomisch nicht logisch zwingend, sie entspricht aber der Erfahrung.

[2] „Zurichtung" bezeichnet hierbei den Tatbestand des aktiven Sich-Einrichtens und -Einstellens auf die gegebene Arbeits-Lebens-Situation durch Ernährung, Lebensführung, soziales Verhalten, Gesundheitsbewußtsein u. ä., „Kompensation" hingegen die eher nachträgliche Korrektur erlittener Belastungen.

Leistungsanforderungen ebenfalls mit dem gesellschaftlichen Entwicklungsstand. So kann etwa für die agrarische Gesellschaft angenommen werden, daß dort schwere körperliche Arbeit vorherrscht und somit eine kalorienreiche Nahrung, entsprechend Bekleidung usw. erforderlich sind.[3] Auf der Ordinate soll dieser Punkt vorwiegend körperlicher Leistungsanforderung mit L_1 bezeichnet werden, auf der Abszisse mit Z_1. Einen anderen Punkt auf der Ordinate bezeichnet der Punkt L_2: Er markiert einen gesellschaftlichen Entwicklungsstand, an dem ein bestimmtes Leistungsniveau auf der Basis vorwiegend psychisch-nervlicher Anforderungen erreicht wird. Ihm entspricht auf der Abszisse der Punkt Z_2, der die hierfür komplementären Zurichtungsapparaturen markiert. Solche sind neben der adäquaten Ernährungsform und Bekleidungsart z. B. das Auto, Telekommunikation, Fahrstühle sowie Pharmaka, Alkohol und Zigaretten.

Es wird also eine Entwicklung von einer eher *basalen* (Z_1) hin zu einer *differenzierten* (Z_2) Zurichtungsapparatur unterstellt.

Vom Schnittpunkt L_1/Z_1 zum Schnittpunkt L_2/Z_2 und darüber hinaus zieht sich eine Spirale. Diese markiert zweierlei. Zum einen, *in welcher Weise* sich der Entwicklungsprozeß zwischen Leistungsniveau und Zurichtungsapparatur vollzieht und zweitens, *in welcher Richtung* er verläuft, genauer, welchen Neigungswinkel er annimmt: Würde die Spirale etwa völlig senkrecht auf dem Schnittpunkt L_1/Z_1 stehen (und damit ihr Winkel 90^0 betragen), so würde ersichtlich, daß zwischen Zurichtungsapparatur (Z_1) und Leistungsniveau ein inadäquates Verhältnis vorliegt. Denn es besteht zwar bereits eine Leistungsanforderung auf dem Niveau L_2, die Zurichtungsapparatur verharrt jedoch auf dem Niveau Z_1, ist also unangemessen. Verdeutlichen läßt sich dies etwa an einer Gesellschaft, in der vorwiegend sitzende und geistige Tätigkeiten ausgeübt werden, in der jedoch ausschließlich die kalorien- und fettreiche Nahrung der Agrargesellschaft zur Verfügung stünde. Die auch in unserer, sehr viel differenzierteren Kultur problematische Übergewichtigkeit wäre gleichsam vorprogrammiert.

Es kommt also entscheidend auf den „richtigen" — was immer dies zunächst inhaltlich ausdrücken mag — Neigungswinkel dieser Spirale an.

Drittens ist die Spiralform der Verbindung zwischen L und Z, die sich von unten nach oben weitet, Ausdruck davon, daß im Modell nicht von eindeutigen Zuordnungen, sondern von einer erheblichen *Bandbreite von Adäquanzbeziehungen* ausgegangen wird. Die Form der Spirale soll andeuten, daß sich in komplexen Gesellschaften die Spielräume erweitern zwischen Arbeitsbelastung und Zurichtung entsprechend der gewachsenen Vielfalt von verrichteten Arbeiten, die von

[3] Daß diese Subsistenzmittel häufig aufgrund von Hungersnöten, Kriegen usw. nicht in ausreichendem Maße zur Verfügung standen, ändert nichts an der Grundannahme der Notwendigkeit einer adäquaten Beziehung zwischen körperlicher Belastung und Ernährungsweise.

schweren körperlichen bis hin zu ausschließlich geistigen reichen, wie auch entsprechend der gewachsenen Vielfalt der Kompensationsangebote außerhalb der Arbeit. Es scheint für die Adaptionsfähigkeit der Komplexität vorfindlicher Arbeitsstrukturen in hochentwickelten Gesellschaften von großer Bedeutung zu sein, dieses breite Spektrum zu erhalten, bzw. die Bandbreiten noch weiter zu vergrößern.

Das Modell verdeutlicht, daß Leistungssteigerung sowohl hinsichtlich des allgemeinen gesellschaftlichen Leistungsniveaus wie auch einer Einzelperson immer dann relativ unproblematisch sein kann, wenn die Zurichtungsapparaturen hierauf abgestimmt sind und dadurch bewirkt wird, daß sich die pathogenen Folgen in Grenzen halten. Ungeachtet der gesellschaftlichen Eigentums- und Verteilungsverhältnisse, die in anderem Zusammenhang zu problematisieren wären, darf die Tatsache nicht übersehen werden, daß es neben technischen Entwicklungen erst durch die Steigerung der individuellen Leistungsfähigkeit und -bereitschaft sowie durch die Verinnerlichung von Zeit- und Arbeitsdisziplin möglich wurde, den heutigen Reichtum an Waren und das Niveau der gegenwärtigen Produktivität zu erreichen. Auch wenn völlig zu Recht eine Vielzahl der Strukturprinzipien des Industrialismus aufgrund ihrer negativen Folgen in Frage gestellt werden (vgl. z. B. Ullrich 1979a und 1979b), so braucht andererseits der Erhöhung der Arbeitsleistung grundsätzlich solange nicht widersprochen zu werden, wie dies nicht den Ansprüchen an Gesundheit, sozialer Integrität und sozialer Gerechtigkeit zuwiderläuft.

4.2 Risiken der Marktförmigkeit

Solange sich die Komponenten des Leistungs-Zurichtungs-Verhältnisses entsprechen, erscheint also eine Anhebung des Leistungsniveaus unbedenklich. In der sozialen Realität stellt sich dieser Prozeß jedoch naturgemäß als sehr viel komplizierter als in dem soeben skizzierten Modell dar.

Die postulierte Adäquanz zwischen Leistungsniveau und Zurichtungsapparaturen ist *ex ante* nicht bekannt. Vielmehr verläuft dieser Vorgang der Findung einer optimalen Relation der beiden Komponenten zueinander als ein natürwüchsiger, marktförmig vermittelter trial-and-error-Prozeß.

In privatwirtschaftlich organisierten Gesellschaften versuchen die Privatunternehmen aufgrund ihrer (hier einmal modellhaft unterstellten) Konkurrenzsituation, die pro Arbeitskraft erreichbare Outputmenge permanent zu steigern. Dies geschieht bekanntlich einmal durch erhöhten Kapitaleinsatz, zum anderen mittels veränderter Arbeitsorganisation und stärkerer Verdichtung des Arbeitstages sowie des Einsatzes von leistungssteigernden Lohnformen, Verstärkung von Kontrolle und Überwachung usw. Für diesen Prozeß der Leistungsanhebung ist prinzipiell keine Grenze angebbar; jedes Unternehmen ist bemüht, ihn, wenn auch in der Regel unter Beachtung sozialer Erfordernisse, weiter voranzutreiben.

Dies gilt insbesondere dann, wenn aufgrund gewisser konjunktureller Entwicklungen oder einer prekären Konkurrenzsituation z. B. innerhalb einer Branche die Notwendigkeit von Produktivitätssteigerungen unumgänglich ist oder aber schlicht die Gelegenheit hierfür günstig erscheint.

Da die Grenze der Belastbarkeit einer Arbeitsperson ex ante nicht zu ermitteln ist — und selbst, wenn dies möglich wäre, würden von seiten des Unternehmens Versuche angestellt, die ermittelten Belastungsgrenzen aus Kostengründen zu ignorieren —erlangt die Möglichkeit der organisierten Gegenwehr der Arbeitnehmerschaft eine entscheidende Bedeutung. Die Gegenwehr ist unabdingbar: nicht nur, um die Lebenslage der unmittelbar Betroffenen zu verbessern, sondern um der Gesellschaft insgesamt zu signalisieren, in welchem Ausmaß das Leistungsniveau in den einzelnen Arbeitsbereichen noch vorangetrieben werden kann, ohne daß langfristig die Basis der Prosperität einer Gesellschaft, nämlich die Gesundheit und Leistungsfähigkeit ihrer Arbeitskräfte, gefährdet ist.

Wenn z. B. durch die Entmachtung der Gewerkschaft (etwa in Militärdiktaturen) eine Entkoppelung von Leistungsniveau und Zurichtungsapparatur erfolgt, dann entfällt die Funktion der Gewerkschaften als Rückkopplungsinstanz bezüglich der Grenzen der Unterschreitung bestimmter Mindeststandards der Reproduktion auf einem gegebenen, von der Entwicklung der industriellen Arbeit gesteuerten Leistungsniveau. In die gleiche Richtung wie die Ausschaltung der Gewerkschaften wirkt jedoch auch ein Ausfall der Versorgung mit zurichtungs- bzw. reproduktionsnotwendigen Konsumgütern etwa infolge von Lohnsenkungen. Das Leistungsniveau kann dann steigen, ohne daß eine adäquate Bewältigungsmöglichkeit besteht. Hierdurch würden jedoch beträchtliche soziale und gesundheitliche Risiken auftreten.

Es ist jedoch auch logisch denkbar (wenn auch nicht wahrscheinlich), daß eine Überdimensionierung der Zurichtungsapparatur vorliegt, mit anderen Worten eine Hypertrophie des Waren- und Leistungsangebots sowie anderer zurichtungswirksamer Subsistenzmittel und sozialer Ressourcen. Es ist theoretisch möglich, daß der Lebensstandard der Arbeiter und Angestellten über dem liegt, was die Zurichtung eigentlich erfordert, und insofern, nach den hier entwickelten Kategorien, „zu hoch" ist. Dies wird in der Praxis kaum der Fall sein. An dieser Stelle geht es jedoch nicht um inhaltliche Entscheidungen über Angemessenheiten im Leistungs-Zurichtungs-Verhältnis, sondern vor allem um den *Regulierungsmechanismus* dieses Verhältnisses.

Was als adäquat bzw. nicht adäquat gelten soll, kann in Ermangelung eines absoluten Maßstabes (wenn man einmal von dem Niveau der absoluten Verelendung absieht) nur aus der Rückmeldung von Interessen und Bedürfnissen durch die Betroffenen, d. h. durch die abhängig Beschäftigten selbst abgeleitet werden. Inwieweit dies möglich ist, hängt sowohl vom Funktionieren der *Regulierungsformen* ab, z. B. der Voraussetzung, daß Gewerkschaften sich frei artikulieren können und nicht politischen Repressalien ausgesetzt sind, wie auch von den *Machtverhältnissen* zwischen Kapital und Arbeit.

Die Formen dieser Rückmeldung können sehr unterschiedlich sein. Als solche sind z. B. Streiks um bessere Arbeitsbedingungen wie auch um höhere Löhne anzusehen; denn in einer Gesellschaft, in der Bedürfnisse in vielen Bereichen nur monetär zu befriedigen sind, ist die Höhe des Einkommens Grundlage für eine ausreichende Reproduktion. Andere Indikatoren, die auf die Notwendigkeit von Anpassungen des Leistungs-Zurichtungs-Verhältnisses hindeuten, sind z. B. die Forderung nach Arbeitszeitverkürzung, etwa der Verkürzung der Lebensarbeitszeit, wie der Tagesarbeitszeit. Ebenso wird von der Produktionsseite her in tarifvertraglichen Vereinbarungen, wie im Lohnrahmentarifvertrag II von Baden-Württemberg, die Notwendigkeit einer besseren Abstimmung zwischen den beiden Polen Leistung und Zurichtung sichtbar, wenn zusätzliche Erholzeiten oder eine Verbesserung der Arbeitsbedingungen vereinbart werden. Zweierlei Marktprozesse sind damit in die Regulierung des Verhältnisses von Leistungsniveau und Zurichtungsapparatur involviert, der Arbeitsmarkt und der Konsum- und Gebrauchsgütermarkt.[1]

Der *Arbeitsmarkt* ist insofern einbezogen, als vermittelt über die Vereinbarungen zwischen den Tarifparteien a) *Leistungsnormen* für den Bereich der Erwerbsarbeit und b) *Zurichtungsnormen,* die sich vor allem über den Lohn und die Arbeitszeitregelungen herstellen, ausgehandelt werden.

Hierauf reagiert der *Gütermarkt.* Limitiert durch das Einkommen wie durch den Umfang verfügbarer Zeit sind für den abhängig Beschäftigten die einzelnen Komponenten der Zurichtungsapparatur verfügbar. Die Güter und Dienste werden teilweise komplementär zu Umfang und Art der Leistungsabforderung im Arbeitsbereich nachgefragt. Hierzu gehören z. B. Wohnung, Wohnumwelt (z. B. Verkehrsanbindung) und Lärmschutz (Schichtarbeiter), Qualität der Lebensmittel, Verkehrsmittel, Wahrnehmung von Unterhaltungsangeboten, Urlaubsreisen, Ausstattung des Haushaltes mit arbeitssparenden Geräten u. a.

Zwischen Arbeits- und Gütermarkt besteht ein Rückkoppelungsverhältnis. Wenn z. B. die Urlaubsreisen, die eine gewisse Kompensation für Arbeitsbelastungen bieten, oder die gesundheitliche Versorgung so kostspielig werden, daß hierfür so hohe Einkommensanteile aufgewendet werden müssen, daß andere dringende Zurichtungskomponenten nicht ausreichend beschafft werden können, dann schlägt dies auch zurück auf die Akzeptanz der Arbeitsbedingungen. Die Belastbarkeit der Arbeitskräfte sinkt mit der Verschlechterung der Zurichtungs- und Kompensationsmöglichkeiten gegenüber belastenden Arbeits-

[1] Zusätzlich müßte hier der Sektor staatlicher Eingriffe und Leistungen eingeführt werden, der weitgehend intervenierende Funktion hätte. Hierauf wird jedoch aus Gründen der Vereinfachung verzichtet.

situationen vermittels des Konsumgütermarktes. Die Arbeitskraft wird außer Stand gesetzt, ohne irreversible Schäden im gesundheitlichen und sozialen Bereich den herrschenden Leistungsnormen zu entsprechen.

In diesem Falle kann es die Strategie vieler Beschäftigter sein, etwa durch Ableistung von Überstunden dem Sinken des Reallohns und damit der verschlechterten Reproduktion entgegen zu wirken. Jedoch muß eine solche Strategie langfristig in eine Sackgasse führen. Durch vermehrte Überstunden entstehen wiederum höhere Kosten für die Zurichtung auf den Produktionsprozeß z. B. durch erhöhte Vergabe von Haushaltstätigkeiten an Dienstleistungsunternehmen oder Handwerksbetriebe. Der Beschäftigte muß von einem sinkenden Ertrag seiner zusätzlich geleisteten Arbeitszeit ausgehen. Das alte Reproduktionsniveau kann daher letztlich ebenfalls nur über den Raubbau an der Gesundheit gehalten werden, was sich möglicherweise erst sehr viel später in manifesten gesundheitlichen Störungen niederschlägt.

Seit mit der Industrialisierung ein Prozeß der permanenten Veränderung der Arbeitsbedingungen und Neugestaltung von Arbeitsplätzen durch die fortschreitende Arbeitsteilung und neuartige Produktionstechnologien einsetzte, wurde der bis dahin weitgehend natürliche Zusammenhang von Arbeit und Reproduktion zerrissen und somit synthesebedürftig. Die in der Abbildung skizzierte Spirale deutet auch an, daß sich, bildlich gesprochen, das Verhältnis von Leistungsanforderungen und Zurichtungsapparatur immer weiter spiralenförmig vom Boden weg, d. h. von der Basis seines natürlichen, mehr oder weniger unreflektierten Zusammenhanges abgehoben hat.

Mit der wissenschaftlichen Gestaltung der Arbeit, die u. a. die ungebundenen Arbeitsrhythmen durch gleichförmig gestaltete ersetzte oder die spontanen Interaktionsbedürfnisse des Menschen aus dem Arbeitsbereich verbannte und diese in einen künstlich geschaffenen Freizeitbereich hineinverlagerte, wird auch das Verhältnis von Produktion und Reproduktion ein mehr und mehr artifizielles. In Folge davon geraten die natürlichen biologischen Abwehrreaktionen gegen Überlastungserscheinungen wie Ermüdung und Schlafbedürfnis, Befindlichkeitsstörungen u. ä., also Signale, die der Organismus zur Vermeidung manifester Erkrankungen setzt, unter Legitimitätsdruck. Sie werden nicht mehr ohne weiteres als naturgegebene temporäre Hinderungsgründe für Arbeit anerkannt.

Vielmehr entsteht ein System von Rechtfertigungen, wann, welche und unter welchen Bedingungen körperliche und geistige Bedürfnisse ausgelebt werden können. Ein deutliches Beispiel hierfür findet sich in der Entwicklung der Schlafgewohnheiten: auf gelegentliche Ermüdungserscheinungen im Tagesverlauf darf im System der industriellen Arbeit nicht spontan mit dem Einlegen von Ruhepausen reagiert werden. Umgekehrt stehen eine Reihe von Mitteln bereit, wie etwa Kaffee, Zigaretten, Süßigkeiten, Pharmaka oder Musik, um den vorgegebenen Aktivitätsnormen auch in zeitlicher Hinsicht entsprechen zu können. Die Entfernung von der natürlichen Reproduktionsbasis wird mit dem sich weiter entwickelnden Industrialismus größer. Somit wachsen die Risiken einer Fehlallokation, wie beispielsweise im Städtebau oder im Bereich des privaten Personenverkehrs.

Stößt nun etwa die Unverträglichkeit der Lebensumwelt mit verstärkten Arbeitsbelastungen und Leistungskontrollen im Arbeitsbereich zusammen (vgl. hierzu etwa die zitierte Untersuchung von Krau et al. 1982), so liegt die Vermutung nahe, daß es zu einem allgemeinen Lebensüberdruß (vgl. die Diskussion über Wertewandel und „Null-Bock-Stimmung") kommt, der das allgemeine gesellschaftliche Leistungspotential zunächst absinken läßt.

Fehlallokationen im Verhältnis von Leistungsanforderung und Zurichtungsapparatur wirken sich also mit zunehmender Entfernung von den natürlichen Ausgangsbedingungen von Arbeit und Reproduktion und in komplexeren Systemen potentiell folgenschwerer aus, vergleichbar mit dem Energiesektor, wo das Vordringen von Großtechnologien, wie etwa der Kernenergie, die Risiken für die betroffenen Menschen erhöht hat. Der Steuerungsbedarf solcher Systeme ist gegenüber organisch gewachsenen oder kleineren wesentlich höher. Zu fragen ist grundsätzlich, ob diesem Steuerungserfordernis mit der Ausdifferenzierung von staatlichen Institutionen und Organen sowie mit gesetzlichen Maßnahmen entsprochen wird oder ob das Funktionieren dieses risikoreichen Mechanismus „der unsichtbaren Hand des Marktes" überlassen bleiben kann.

Das System von „trial and error" unter den Bedingungen produktionsinduzierter Veränderungen der Arbeits- und Lebenswelt birgt die Gefahr in sich bzw. hat historisch über lange Phasen dazu geführt, daß Fehlentwicklungen erst auf Kosten der Gesundheit und sozialen Unversehrtheit der Bevölkerung im nachhinein sichtbar wurden. Erschwerend kommt hinzu, daß die Verteilung dieser Risiken höchst ungleich ist und namentlich besonders die unteren Einkommensbezieher trifft, deren geringe materielle und soziale Ressourcen sie in der Regel zur Inkaufnahme risikoreicherer Arbeits- und Lebensbedingungen zwingt, wie etwa bei der Wohnumwelt, der Ernährung, der Luftverschmutzung u. a.

5. Der alltägliche Wechsel des zeitlichen Bezugssystems: Zeitstrukturreferenz

5.1 Organische Zeit (II)

Bevor auf das Verhältnis der unterschiedlichen zeitlichen Bezugssysteme zueinander eingegangen werden kann, soll zunächst die im ersten Abschnitt angesprochene organische Zeit bezüglich ihrer *Bedeutung für die individuelle Handlung* weiter spezifiziert werden.

In der vorliegenden Literatur zum Thema Zeit und Zeitstruktur wird im allgemeinen nur zwischen zwei Zeitstrukturen unterschieden, der zyklischen und der linearen. Eine Ausnahme hiervon macht m. W. lediglich Rammstedt, der den Begriff eines „occasionalen Zeitbewußtseins" einführt. Hierunter versteht Rammstedt, daß in bestimmten Gesellschaftsformationen ein Zeitbewußtsein vorherrscht, welches Zeit als ein dauerhaft in der Gesellschaft etabliertes Bezugssystem zwar noch nicht kennt, wo aber zu besonderen Anlässen eine zeitliche Absprache zwischen den Mitgliedern eines Gemeinwesens vonnöten ist.

Der im ersten Abschnitt eingeführte Begriff der organischen Zeit geht noch hinter diesen, ja bereits von sozialen Interaktionsprozessen geprägten, occasionalen Zeitbegriff zurück und bezeichnet eine „Zeit", die ohne das explizite Bewußtsein von Zeit verstreicht. Sie findet ihren Referenzpunkt nicht in einem außerhalb von ihr bestehenden Vergleichsmaßstab, wie etwa dem wiederkehrender Zyklen, dem Lauf der Gestirne oder den Jahreszeiten und ebenfalls nicht an dem „objektiven", fortschreitenden Zeitmaß der Uhr, sondern in sich selbst. Die organische Zeit verbleibt sozusagen innerhalb der System-Struktur, der sie angehört. Sie vergleicht nicht, wie die anderen Zeit-Strukturen, die eigene Systemzeit mit der anderer Systeme. Es werden systeminterne Prozesse synchronisiert nach Maßgabe „des richtigen Zeitpunktes" (vgl. v. Weizsäcker, Kap. III.2.3).

Solche Systeme und Strukturen können biologische Organismen, aber auch soziale Gruppen sein. Erst mit der Ausdifferenzierung sozialer Gruppen und damit gegensätzlicher Interessen bis hin zur Ausdifferenzierung des bürgerlichen „Individuums", entsteht der Zwang zum Vergleich unterschiedlicher Systemzeiten. Interne Systemzeiten sind — da sie, wie gesagt, nicht bewußtseinsmäßig vermittelt sind — keine sozialen Zeiten. Erst durch die inter-systemische Interaktion entsteht „Zeit", d. h. durch die Erfahrung einer Differenz der internen Bewegungen der Systeme gegenüber äußeren.

Die organische Zeit ist ein Maß für den Ablauf eigener *innerer Bewegungen,* deren Bezugspunkt andere Teilsysteme des sich bewegenden Gesamtsystems sind, nicht aber Abläufe, die diesem Gesamtsystem nicht zuzurechnen sind. Die Selbstreferentialität, die am Beispiel der Überlegungen v. Weizsäckers dargelegt wurde, unterscheidet die organische Zeit von anderen Zeitformen, die gleichsam ökologisch orientiert sind, und zwar insofern, als bei der zyklischen, linearen und abstrakten Zeit Vergleichs- und Bezugspunkte zu einer *äußeren Umwelt* aufgebaut werden. In diesem Zusammenhang muß noch einmal darauf hingewiesen werden, ohne die ganze Wucht philosophischer Probleme, die sich hierin verbergen, an dieser Stelle näher abhandeln zu können, daß es problematisch ist, die Uhrzeit als die eigentliche oder objektive Zeit zu betrachten. Denn tatsächlich ist die soziale Zeit eine Konvention, die pragmatische Erfordernisse für menschliche Interaktionsprozesse erfüllt, nicht aber ein dem Biologischen oder den Himmelskörpern inhärentes Ding.

Vielmehr wird erst aus der Sichtweise einer hochentwickelten Gesellschaftsformation die im Gefolge hiervon hochentwickelte Zeitstruktur als Interpretationsmuster der Physiker und Biologen an die biologischen und physikalischen

Systeme herangetragen, und sie erfüllt dort bis zu einem gewissen Grad ihren Zweck, Naturprozesse zu beschreiben und auszulegen. Die Grenzen solcher Interpretationsvorgänge, etwa wenn die qualitativen Unterschiede im Wesen von biologischer und physikalischer Zeit nicht berücksichtigt werden, wurden ebenfalls am Beispiel v. Weizsäckers erläutert. Die Problematik eines solchen unreflektierten Zeitbegriffs ist in neuerer Zeit auch von Prigogine/Stengers (1981) aufgegriffen worden.

Es läßt sich daher sagen, daß soziale oder biologische Systeme, die keinen Zeitbegriff kennen — etwa Gesellschaften, in denen ein Begriff von Zeit noch nicht existiert, oder ein Organismus, der seine Zeit in der „Rechtzeitigkeit seiner inneren Abläufe" hat —, auch keine Zeit verlieren können. Das heißt, daß für dasjenige biologische oder soziale System oder menschliche Individuum keine Zeit verloren geht, das sich nicht auf ein zeitliches Bezugssystem bezieht.

Dieser scheinbar triviale Sachverhalt wird bedeutsamer, wenn man sich z. B. die Situation eines psychisch Kranken oder hochgradig Drogenabhängigen, eines Inhaftierten oder gar eines über Jahre bewußtlosen Menschen vorstellt. Hier findet eine gewollte oder zwangsweise Entkoppelung vom gewohnten zeitlichen Bezugssystem statt, und daraus ergeben sich für denjenigen, der beispielsweise nach einjähriger Bewußtlosigkeit wieder ins Leben seiner Umwelt eintritt, erhebliche Anpassungsschwierigkeiten. Denn die lineare Zeitstruktur als Bezugssystem für das Handeln des Individuums ist qua Sozialisation relevant gewesen und wird es erneut mit dem Wiedereintritt in die gewohnte soziale Umgebung.

Anders jedoch stellte sich der Sachverhalt z. B. für einen Menschen dar, der aus einer gegenwärtig existierenden Steinzeitgesellschaft ohne Zeitbegriff in die industrielle Alltagswelt geworfen würde. Da von einem solchen Menschen die Dauer seiner eigenen Existenz nur in geringem Maß als begrenzt erfahren wird, sondern in der Regel als Durchgangsstadium, etwa im Sinne der Wiedergeburtsvorstellungen, „vergeht" für ihn auch keine Zeit, wie sie für den sogenannten zivilisierten Menschen vergeht. Die Idee eines irreversiblen, in die Zukunft gerichteten Ablaufs von Handlungen paßt nicht in die Vorstellungswelt des „Wilden" (vgl. hierzu Tuiavii 1973; Wagner 1980).

Ein weiteres Beispiel soll die Relativität und den eingeschränkten Geltungsbereich verschiedener zeitlicher Bezugssysteme verdeutlichen. So berichtet Wever (1979) von einem Experiment mit Fliegen, deren durchschnittliche Lebensdauer 100 Tage, gerechnet in den normalen, 24 Stunden andauernden Tagen auf der Erde, beträgt. In einem Laborversuch wurde der „Tag" der Fliegen durch Veränderung des Hell-Dunkel-Rhythmus, auf den die Fliegen als niedere Organismen in ihren Aktivitätszyklen im wesentlichen reagieren, einmal auf 23 (lineare Uhr-) Stunden, ein anderes Mal auf 25 Stunden eingestellt. Das Ergebnis war, daß die Fliegen bei jeder Versuchsanordnung 100 „Tage" lebten. Das heißt, unabhängig davon, ob der „Tag" der Fliegen in terms unserer geläufigen Zeitrechnung 23, 24 oder 25 Stunden währte, war das Leben der Fliegen nach 100 solchen (jeweils variierenden) Zeiteinheiten beendet (vgl. Wever 1979).

Obgleich diese Ergebnisse weit davon entfernt sind, auf den menschlichen Organismus übertragbar zu sein, so zeigen sie doch, daß mit den Veränderungen der physikalischen Rahmenbedingungen Anpassungsprozesse biologischer Abläufe stattfinden. Es kommt hier offenbar auf die „Erfüllung" der 100 (Tages-) Zyklen an, nicht auf die scheinbar absolute Lebenserwartung einer Fliege, bestimmt nach unserer Uhrzeit oder unserem Kalender. Kalender oder Uhrzeit sind gleichsam dehnbar. Biologische Funktionen verlaufen, immer gemessen an der physikalischen Zeit, je nachdem langsamer oder schneller, aber sie verlaufen vollständig, ergeben eine geschlossene Normalbiographie organischer Entwicklungsstadien. Insofern sind sie zeitlos-selbstreferentiell.

Die zitierten Laborversuche mit Fliegen verweisen auch darauf, daß Menschen in anderen kosmischen Umwelten, auf anderen Planeten oder in Raumschiffen durchaus andere, auch biologisch wirksame, zeitliche Bezugssysteme adaptieren könnten, die denen der Erde nicht mehr entsprechen. Menschen werden dann tatsächlich „älter" bzw. bleiben länger jung, jedoch nur solange, wie andere zeitliche Bezugssysteme ihren Relevanzcharakter aufrechterhalten können. In welcher Form diese Adaptionsvorgänge vor sich gehen könnten, ist bisher ungeklärt. Experimente geben nur erste Hinweise. So muß ein gravierender Unterschied zu dem geschilderten Experiment mit Fliegen gegenüber dem Menschen darin gesehen werden, daß, anders als jene, der Mensch im wesentlichen nicht vom Hell-Dunkel-Rhythmus, sondern von sozialen Zeitgebern biorhythmisch gesteuert wird (vgl. Kapitel III.2.2).

Wir wählen den Begriff der organischen Zeit im Unterschied etwa zum Begriff der biologischen Zeit für dieses zeitliche Bezugssystem, weil entsprechend den Erkenntnissen über die soziale Bedingtheit von Circadian-Rhythmen die Referentialität hier eben auch eine soziale Dimension beinhaltet und nicht nur Ergebnis voll determinierter chemischer und/oder biologischer Prozesse im Organismus bzw. zwischen den Organismen ist.

Der Begriff des Organischen meint also „organisch" nicht als Synonym für „biologisch", vielmehr soll mit dem Begriff der organischen Zeit die Selbstreferentialität dieses zeitlichen Bezugssystems als charakteristisches Merkmal benannt werden. Dieses kann, wie sich an den Untersuchungen Büchers zeigte, durchaus über den individuellen biologischen Organismus hinausweisen und wie im Falle von Kriegstänzen oder bei rhythmisch vollzogenen Arbeitsprozessen zu einer vom Bewußtsein relativ abgehobenen *inneren Synchronität einer Gruppe* von Menschen führen. Es ist zu vermuten, daß diese Synchronität sich sehr umfassend herstellt. Sie bezieht sich nicht nur auf psychische Prozesse und die äußeren Körperbewegungen, sondern geht bis in den Ablauf der biologischen Funktionen hinein.

Die Berechtigung, entgegen der in der einschlägigen Literatur vorfindlichen Auffassung von der Dualität unseres zeitlichen Bezugssystems zwei weitere Zeitstrukturformen als analytische Kategorien einzuführen, nämlich die abstrakte und die organische Zeit, beruht, was die organische Zeit betrifft, neben den genannten auf folgenden Beobachtungen:

- Im Tagesverlauf gibt es bei jedem Menschen Zeitintervalle, in denen er von jedem zeitlichen Empfinden abgekoppelt ist, nämlich während der Schlaf- bzw. Traum-Zeit. Außerdem können, z. B. durch Meditation oder Drogenkonsum, zusätzlich Zeitintervalle durch Manipulation der sinnlichen Wahrnehmung als Phasen ohne Zeitbezug erfahrbar gemacht werden.
- In den ersten Entwicklungsphasen des Menschen, als Säugling, besteht noch kein Verhältnis zu den Zeitstrukturformen der zyklischen, linearen und abstrakten Zeit. Die Vorstellung einer organischen Zeit ist damit auch ontogenetisch herleitbar.
- Schließlich lassen sich auch phylogenetisch, wenn man einmal die Herausbildung der sozialen Umwelt des Menschen als Teil seiner eigenen Stammesgeschichte auffaßt, Stadien feststellen, in denen von einer sozialen Zeit im Sinne von Sorokin/Merton nicht die Rede sein kann (vgl. Abschnitt I dieser Arbeit), nämlich in Gesellschaften, die auf Grund ihres Entwicklungsstandes noch keinen Zeitbegriff ausgebildet haben.

5.2 Belastung durch Wechsel des zeitlichen Bezugssystems

Rekapitulieren wir kurz die eingangs behandelte Struktur der industriellen Zeitordnung. Sie stellt sich aus der heutigen Sichtweise der entwickelten Industriegesellschaft als eine *komplexe* Struktur bestehend aus mehreren zeitlichen Bezugssystemen dar, die nebeneinander koexistieren (vgl. hierzu Kap. II.1.3). Diese Bezugs- oder Orientierungssysteme sind

- die *organische Zeit,* die man auch als Nicht-Zeit charakterisieren könnte. Sie bezeichnet Synchronisierungsvorgänge zwischen Individuen, Gruppen oder sozialen Systemen wie aber auch zwischen und innerhalb von Organismen, die sich zwar faktisch vollziehen, jedoch unbewußt verlaufen. Insofern handelt es sich hier nicht um eine Zeitorientierung im Sinne einer sozialen Zeit;
- die *zyklische Zeit,* deren Charakteristikum darin besteht, daß sich die Handelnden auf periodisch wiederkehrende soziale Prozesse oder natürliche Ereignisse beziehen;
- die *lineare Zeit* der „Key-Machine" des industriellen Zeitalters, die der gleichmäßig voranschreitenden, von natürlichen Prozessen unabhängigen Zeitmessung der Uhr;
- die *abstrakte Zeit,* die, anders als die anderen Zeitorientierungen, einen Verwendungsimperativ der Zeit kennt und daher in einem emphatischen Sinne ökonomische Zeit ist.

Verschiedene Sozialsysteme, verschiedene Tätigkeiten und verschiedene soziale Gruppen sind jeweils an eine dieser Zeitstrukturen gebunden. Das heißt, das Individuum ist gehalten, sich je nach Tätigkeit oder sozialer Bezugsgruppe an der jeweils *adäquaten Zeitstrukturform* mit ihren mehr oder weniger expliziten zeitlichen Normierungen zu orientieren. So sind die zeitlichen Vorgaben in der Hausarbeit z. B. andere als in der Erwerbsarbeit.

Eine Fülle von empirischen Hinweisen hierfür findet sich zunächst in der neueren Literatur über die Lage berufstätiger Mütter. Wie Becker-Schmidt und Sichtermann bemerken, besteht z. B. der Unterschied zwischen der Zeitstruktur der Erwerbsarbeit und der der Kinderaufzucht darin, daß das eine Mal darauf geachtet werden müsse, mit der Zeit sparsam umzugehen (Erwerbsarbeit), während der Umgang mit Kindern gerade das Gegenteil erfordere, nämlich ihre Verschwendung. Hierzu Becker-Schmidt et al. 1982:

„Eine wesentliche Schwierigkeit liegt im täglichen Widerspruch zwischen dem betrieblichen Zeitsystem und den Umgangsweisen mit der Zeit, die das Zusammenleben in der Familie charakterisieren könnten. ... Im Betrieb müssen die vorprogrammierten Intervalle eingehalten werden. Hier gilt die Devise: ‚du darfst keine Zeit verlieren.' ... Wo der familiale Zusammenhalt mehr sein soll als bloße Zwangsgemeinschaft, lebt er aber nun gerade von solchen (spontanen Impulsen). Vor allem Kinder sind auf die Vitalität in den Beziehungen zu ihren Bezugspersonen angewiesen. Ohne sie (emotionale Aufmerksamkeit) bleibt Erziehung nur Dressur und Aufzucht. Darum erfordert der Umgang mit Kindern Zeitstrukturen, die denen in der Fabrik genau entgegengesetzt sind. Beim Spielen, Zuhören, ja bei jeder Art kindgerechter Zuwendung bedarf es der geduldigen Beachtung des Gebots: ‚du mußt Zeit verlieren können" (S. 50).

Das Spielen mit den Kindern, die Versorgung eines Säuglings haben, da Kinder und Säuglinge sich bekanntlich nicht an der Uhr orientieren, ihre eigene Zeitlichkeit. In der zitierten Literatur sind diese qualitativen Differenzen zwar auf der Basis empirischer Beobachtungen festgestellt, dann jedoch recht pauschal als entweder stärker an zyklischen oder an linearen Zeitstrukturen ausgerichtete Verhaltensweisen interpretiert worden.

In vieler Hinsicht scheint diese Differenzierung ausreichend, zumal, abgesehen von wenigen Ausnahmen, in der Literatur ohnehin nur von zwei Zeitstrukturen, der zyklischen und der linearen Zeit, die Rede ist.

Versucht man jedoch, analytisch die verschiedenen zeitlichen Orientierungssysteme, in denen sich Individuen in bestimmten Entwicklungsstadien ihres Lebens bzw. im Hinblick auf bestimmte soziale Rollen jeweils aufhalten, zu analysieren, so muß weiter differenziert werden. Es trifft strenggenommen nicht zu, daß ein Säugling sich an einer zyklischen Zeitstruktur orientiert. Wenn wir den im ersten Teil der Arbeit entwickelten Begriff der sozialen Zeit zugrunde legen, der auf der *bewußten* Orientierung des Individuums an einer außerhalb seiner konkreten Handlungen existierenden gesellschaftlichen Struktur „Zeit" basiert, so kann bei einem Säugling mangels Bewußtsein von einer Zeitorientierung im eigentlichen Sinne — weder von einer zyklischen noch gar von einer linearen — keine Rede sein.

Das, was sich dem Erwachsenen als ständig wiederkehrende Handlungsketten und Artikulationsformen des Säuglings darstellt, wird weniger von den äußeren Lebensumständen oder gar bewußten Entscheidungen des Säuglings bestimmt, als vielmehr von der inneren Rhythmizität des Kindes, die sich im wesentlichen an sich selbst orientiert und noch kaum Vergleichsmaßstäbe kennt. Selbst der Hell-Dunkel-Rhythmus wird erst im Verlauf der ersten Lebensmonate für den Säugling zum Zeitgeber. Zeit wird mit zunehmendem Lebensalter erst insofern überhaupt — und dann zunächst als zyklische Zeitorientierung — erfahrbar, als die Rhythmizität der eigenen Bedürfnisstruktur, an die sich in den ersten Lebensmonaten die Umwelt der Erwachsenen noch anzupassen bereit ist, schrittweise mehr und mehr als different von den Zeitnormen des industriellen Alltags erlebt wird. Erst durch den sozialen Konflikt mit den Bezugspersonen wird Zeit, zunächst in der elementaren Form der zyklischen Zeit, für das kindliche Bewußtsein erfahrbar und relevant.

Wenn sich in den ersten Lebensmonaten schrittweise ein Kompromiß in den zeitlichen Bezugssystemen von Kind und Erwachsenen herausgebildet hat, beginnt das Kind nach einer zyklischen Zeitorientierung zu leben. Die täglichen Handlungen und Verrichtungen, wie Schlafen, Essen usw., erfolgen nach relativ gleichförmigen Rhythmen. Die Zeitorientiertheit ist in diesem Stadium von der elementaren Bedürfnisstruktur geprägt, an die sich die erwachsenen Bezugspersonen aufgrund der weitgehenden Naturbedingtheit der kindlichen Bedürfnisse angleichen, sie geht jedoch dabei schrittweise in das zeitliche Bezugssystem der Erwachsenenwelt über. Das Kind erfährt zunehmend die soziale Vermitteltheit eigener Bedürfnisbefriedigung und adaptiert damit die es umgebenden Zeitmaße.

Wie Sichtermann betont, spielt das Phänomen der *Wiederholung* im kindlichen Alltag eine entscheidende Rolle als Element psychischer Sicherheit, ohne daß daraus, wie beim Erwachsenen, Langeweile resultieren würde.

„Die bekannteste Form kindlicher Anfangs- und Endlosigkeit im Alltag ist die *Wiederholung*. Schon Säuglinge und kleine Krabbler lieben es, wenn Dinge, die ihnen besonderen Spaß machen, mehrmals hintereinander geschehen. Wenn das Kind zwei Jahre alt ist, ... dann wird der Wunsch nach Wiederholung: eines Liedes, das wir singen, eines Ballspiels auf der Wiese, eines Balance-Akts auf der Sofalehne, einer Kuchenbäckerei im Sand, von seiten des Kindes drängend ... Ein Kind lernt selten so gut und gern wie durch die (von ihm selbst gewünschte) Wiederholung. Es arbeitet sich durch die Wiederholung in Zusammenhänge hinein. Für das Kind ist das, was für uns als Wiederholung ermüdend ist, wahrscheinlich eine Kette von stets tiefer und feiner erfaßten und genossenen Zusammenhängen — und so auch gar keine Wiederholung" (Sichtermann 1981, S. 12f.).

Der unterschiedlichen Erfahrungswelt von Kind und Erwachsenem entspricht die unterschiedliche Zeitorientierung. Während in entwickelten Industriegesellschaften die Bestätigung des Erwachsenen über einen Leistungsbegriff erfolgt, der eng an die linear-zeitliche Referenz gekoppelt ist (vgl. hierzu Kapitel III.1.4.2, sowie Ermert/Rinderspacher 1981), fungiert für das Kind diese Erfahrung der Wiederholbarkeit als Spiegel seines „Leistungs"-Standes.

Ebenso ist die (zeitliche) *Unaufschiebbarkeit* kindlicher Bedürfnisse ein Konfliktherd in der Konfrontation der zyklischen Zeitwelt des Kleinkindes mit der linearen oder abstrakten, auf rationale Gestaltung und ökonomische Verwertung angelegten Zeitgestaltung der Erwachsenenwelt. Sichtermann bemerkt dazu, daß der Streß mit Kindern

„eine Besonderheit aufweist durch die *Dringlichkeitsstufe,* auf der kindliche Bedürfnisse geäußert werden (und diese Stufe ist um so gleichförmiger hoch, je kleiner das Kind noch ist)." So werde man „immer wieder mit Äußerungen existentieller Not konfrontiert — nicht nur, wenn sich Simon (das Kind, von dem die Verfasserin berichtet, J. R.) wehgetan hat oder wenn er hungrig ist, sondern auch wenn er von mir auf die Fensterbank gehoben werden will, weil draußen der große Müllwagen gekommen ist. Während die Dringlichkeit, mit der sich der Manager konfrontiert sieht, oft nur eine Projektion seiner eigenen Unentbehrlichkeitsgefühle darstellt, ist die Not des Kleinkindes, das etwas braucht, echt und so ist es auch meine Not, wenn ich dem Kind einen Aufschub zumute, den es nicht versteht, weil sein Zeithorizont noch keine präzise Zukunft kennt, entsprechend groß" (S. 11).

Die Folge hiervon ist eine Strategie der Bewältigung von Zeitproblemen durch „Zeitvertiefung". In den Worten Sichtermanns, die ihre eigenen Erfahrungen mit Kindern aufgearbeitet hat:

„Es gibt Dinge, die du nicht aufschieben *kannst,* jedenfalls nicht für längere Zeit: beispielsweise Essen-machen. Das ist ein Gesichtspunkt, auf den Rücksicht zu nehmen für Simon nicht möglich ist. Er wendet sich mit der für ihn stets gleich selbstverständlichen Dringlichkeit an mich ... auch während meine Aufmerksamkeit gerade vollständig von siedendem Öl und aufkochendem Gemüse in Beschlag genommen ist. In solchen Situationen bringe ich es dann fertig, zwei Handlungsbögen zur gleichen Zeit zu spannen und durchzuhalten: mit der Linken dirigiere ich die Prozesse auf dem Herd, mit der Rechten mixe ich Ruths Lieblingssaft ... Die *Gleichzeitigkeit* oder Parallelität verschiedener Handlungen wird etwas fast Normales für mich — ich fühle mich erinnert an jene berühmte Karikatur des Managers mit den drei Telefonen ... Diese Art Kompression von Zeit, die erbitterte Konkurrenz von Ansprüchen *in* der Zeit, die ein nacheinander Staffeln ausschließt und die/den Beanspruchte(n) zwingt, mehreres — u. U. sehr Verschiedenes, Disparates — zur gleichen Zeit zu tun, also eine parallele Schar von Handlungsbögen zu konstruieren, wird in der Sprache der modernen Arbeitsmedizin als Streß bezeichnet" (Sichtermann 1981, S. 10 f.).

Die gegensätzlichen Anforderungen, die aus der weitgehend rational geplanten Arbeitseinteilung der Hausfrau resultieren auf der einen und die unkalkulierbare, wenig affekt-kontrollierte Verhaltensweise von Kindern und Jugendlichen auf der anderen Seite, führen zum Konflikt eben auch dadurch, daß permanent die Spannungsbögen der eigenen Handlungsziele unterbrochen und zu einem späteren Zeitpunkt wieder aufgenommen werden müssen. Auch darin drückt sich nicht nur ein quantitatives Problem aus, sondern ebenfalls die qualitative

Differenz zwischen dem Anspruch, einerseits viel Zeit haben, andererseits Zeit einsparen zu müssen. Das Eigentümliche ist, daß faktisch beide Forderungen *gleichzeitig* im Raum stehen und hierdurch eine Konfliktsituation hervorgerufen wird. Denn es ist, wie die Untersuchung von Becker-Schmidt et al. belegt, keineswegs so, daß die Hausfrau die Zeit, die sie auf der einen Seite durch rationale Kalkulation des Arbeitsvermögens einspart, auf der anderen Seite für die Beschäftigung mit den Kindern freisetzen kann. Beide, Hausarbeit und die Beschäftigung mit Kindern, kennen keine zeitliche Limitierung.

Um ein Minimum an Planbarkeit zu erreichen, werden von vielen Frauen die Arbeiten im Haushalt und die Beschäftigung mit Kindern anhand von Zeitblöcken festgelegt, die grobe Rahmenrichtlinien für ihre Tätigkeiten abgeben sollen, etwa wenn am Vormittag die Hausarbeit wie Putzen, Waschen usw. gemacht wird, am Nachmittag die Beschäftigung mit den Kindern auf dem Plan steht und abends kleinere Arbeiten, wie die Ausbesserung von Kleidungsstücken vorgenommen werden.

Im folgenden schildert eine Hausfrau ihre Arbeitsaufteilung über den Tag:

„Am Nachmittag schaffe ich nie soviel! Also ... wenn die Kinder aus dem Haus sind, also ich kann mich dann morgens so gut und frei bewegen, also daß ich manchmal richtig glücklich bin, wenn alles läuft, also nun hast du dies geschafft, du hast geschafft ... Aber mittags, wenn die Kinder da sind, manche Tage, dann ist es einfach nicht möglich, dann muß ich manchmal stundenlang sitzen und mit der Kleineren Schulaufgaben machen. Wenn sie's nicht kapiert hat oder irgendwas in der Schule nicht gepaßt hat. Nicht, manchmal da kommen sie ... auch heulend an, der ist doof gewesen heute ... Ich bin drangekommen und hab' das falschgemacht! Dann sitzt man manchmal solange mit den Kindern und erklärt und macht und versucht sie zu trösten, und da vergeht auch sehr viel Zeit. Also, mein Nachmittag ist eigentlich immer mit den Kindern ausgebucht. Gestern war's mal 'ne Ausnahme ..."

Die Spontaneität der kindlichen Bedürfnisse wird als belastend empfunden, nicht weil sie Zeit in Anspruch nimmt, sondern weil sie die eigene Zeit*planung* ständig in Frage stellt oder gar verunmöglicht.

„... es kommt auch viel auf die Kinder drauf an. Wenn man sich z. B. viel Mühe gegeben hat mit denen (...) und unsere Renate kommt dann und sagt: ‚es hat wieder nicht geklappt (mit der Klassenarbeit, J. R.), ich hab' alles falsch gemacht'. Nicht, und ich weiß nicht, und dann kommt die Nächste und jammert einem was vor, und dann kommt die Große noch und sagt: ‚Oh, die hat...', manchmal kommt wirklich alles auf einmal und dann möchte ich manchmal alles hinschmeißen und weglaufen!... Mein Mann kommt nun sehr unpünktlich vom Werk, und manchmal hat er auch viel Sport, nicht, und kommt dann gar nicht" (vgl. Becker-Schmidt et al. 1982, S. 71).

Besonders hervorstechend wird der Gegensatz zwischen den verschiedenen Zeitstrukturen, auf die sich eine Person in verschiedenen Rollen jeweils beziehen muß, bei Frauen, die berufstätig sind, und die zwischen den Anforderungen der

Fabrik- und denen der Hausarbeit auf der einen und der Kindererziehung auf der anderen Seite einen Ausgleich herstellen müssen. So läßt sich die in den letzten Jahren in einer großen Anzahl von Untersuchungen festgestellte Doppelbelastung von berufstätigen Frauen sehr wesentlich auch an der zeitlichen Belastung bzw. anhand zeitlicher Interpretationsmuster der Belastungssituation festmachen.

Es soll im folgenden anhand einer Reihe ausführlicher Zitate, die den Interviews der Untersuchung von Becker-Schmidt et al. (1982) entnommen sind, plastisch dargestellt werden, wie die Widersprüche, die aus dem „Zeitenwechsel zwischen Fabrik und Familie" resultieren, erlebt werden.

Die Widerspruchserfahrung tritt als ein Problem des Sichumstellens ins Bewußtsein der Mütter.

„Wenn ich nach Hause komme — gleich abwaschen, das ist nicht drin oder mal die Beine hochlegen oder in die Zeitung gucken. Da ist der Junge ‚Mama, spielen!' Ich laß da lieber alles für den Abend liegen, wenn er im Bett liegt. Erst geht mein Junge vor. Der hat mich 10 Stunden nicht. Dann soll er mich wenigstens die letzten drei Stunden haben, bevor er ins Bett geht. Er soll nicht sagen müssen: ‚Mama hat jetzt keine...'." Hier stockt Frau Q. Sie weiß genau, daß es nicht einfach um Zeit geht, sondern um einen bestimmten Umgang mit Zeitbedürfnissen. Sie fährt fort: „Er soll nicht sagen, ich muß jetzt meine Ruhe haben. Ich muß mich wirklich manchmal zusammenreißen. Da hat man den ganzen Tag den Lärm um die Ohren und dann den Krach, wenn er anfängt" (S. 52).

Wie Becker-Schmidt et al. bemerken, kann man sich zwar „Zeit" unter Umständen nehmen, aber „Ruhe" müsse man in sich erst herstellen. Sie illustrieren dies mit folgendem Beispiel:

„Glauben Se, daß mir das mitunter schon auf'n Wecker fällt, mit unserem Jungen, daß er mir schon zu lebhaft ist? ... Daß ich denke: Oh Gott, oh Gott, oh ... wenn ich ... du deine Ruhe haben könntest! Ich will mal sagen, das könnte nun anders sein, wenn ich zuhause wäre, wenn ich nicht zur Arbeit gehe. Aber jetzt, so wie es jetzt ist bei uns, da wär ich heilfroh, wenn er morgens aus dem Hause ginge und käme abends wieder" (S. 52).

Den Müttern wird die Strukturdifferenz ihrer zeitlichen Orientierung zwischen Fabrik und Haushalt vor allem auch in dem Empfinden deutlich, daß die Kinder häufig „trödeln".

„Wenn man durch den Akkord so nervlich belastet ist, dann hat man nicht die Ruhe. Die Kinder, die sind dann so ... die möchten dann dies und möchten jenes und trödeln und machen ... Uach! ... Dann fang ich denn an mich aufzuregen, da werd ich hibbliger als ich vorher war. Und das wirkt sich auf die Kinder aus. Ist man ruhiger, sind die Kinder auch ruhiger" (S. 53).

Die Kinder antizipieren schon die Nichtübereinstimmung der wechselseitigen Zeitorientierungen:

„Sagt se: ‚keiner will mit mir spielen.' Sag ich: ‚Na ... dann spiel ich mit dir.' Da sagt der Kleine: ‚das dauert aber lange!' Und ich frag: ‚Das weißt du schon im voraus?" (S. 53).

Eine andere Frau berichtet über die Hilfe bei den Schulaufgaben:

„Die bringen einen manchmal zur Raserei mit ihrer Bummelei ... Dann trödeln die: ‚Ach, laß doch, das geht nicht schneller ... Denn kamen die mir, dann kam mir das alles so langsam vor, daß ich ... ‚Mensch Mutti, das geht nicht anders, wir müssen in der Schule doch auch schon immer so, laß uns doch das wenigstens jetzt mal hier in Ruhe machen...' Aah (seufzt), in Manchem hab' ich aufgesteckt und hab' gesagt: ‚Kinder, macht was ihr wollt!! Ihr müßt ja doch irgendwie mit eurer Zeit zurecht kommen!' Man muß sich irgendwie ... man muß viel umdenken" (S. 54).

Das „Umschalten geht beim Menschen eben nicht so einfach wie beim Automaten" (Becker-Schmidt, ebd.). Viele Hausfrauen könnten trotz gelegentlicher zeitlicher Intervalle, die mehr oder weniger frei zur Verfügung stehen, nicht müßig sein, weil sie einen dauerhaften Druck empfinden, die Zeit zu nutzen und nicht zu vergeuden:

„Wenn ich jetzt zuhause bin, angenommen sonntags oder so, das Stillsitzen, also das fällt mir unheimlich schwer. Das ist irgendwie ... ich weiß nicht, ob das nervlich ist oder was. Das liegt mir jedenfalls nicht. Ich kann nicht ... also mein Mann, der schimpft dann immer schon — aber ich muß hin und her. Daß ich jetzt wirklich sage, jetzt setze ich mich mal hin... Ich weiß nicht, irgendwie fällt mir das schwer" (S. 55).

Die oben aufgeführten Beispiele belegen, daß sich im Alltag zwischen Betrieb und Familie die verschiedenen Zeitorientierungen der Familienmitglieder je nach Alter, Rolle und Tätigkeit als Widerspruch darstellen. Dabei setzt sich jedoch letztlich die Zeitstruktur, die strikt kalkulatorisches Verhalten fordert, durch. Es ist also eine Dominanz der abstrakten Zeitorientierung festzustellen oder auf der Handlungsebene ausgedrückt: der infinitesimalen Verwendungslogik der Zeit. Es besteht bei den handelnden Personen weithin ein psychisch-sozialer Zwang, jedes zunächst nicht mit Arbeit angefüllte Zeitintervall daraufhin zu überprüfen, ob dieses nicht mit weiteren, nützlichen Beschäftigungen aufgefüllt werden könnte (vgl. hierzu z. B. das A-Typ Verhaltensmuster bei Friedman/Rosenman 1975).

Die Äußerungen der Kinder, die sich auf eine andere als die für die Erwachsenen zumeist gültige Zeitstrukturform beziehen, erscheinen als Abweichung von der „eigentlichen", für verbindlich gehaltenen Zeitnorm. Ein gelegentlicher Ausbruch aus dem kalkulatorischen Verhalten wird toleriert, sogar als angenehme Alternative zum eigenen zeitlichen Bezugssystem empfunden, aber doch, wie die Beispiele belegen, mit schlechtem Gewissen. In den Interviews von Becker-Schmidt et al. tritt deutlich die Ambivalenz zutage, die zwischen den Ruhebedürfnissen und dem Leistungsanspruch der Frauen besteht.

Die Orientierung des Handelns an der linearen und/oder abstrakten Zeit wird häufig zu einer generalisierten Verhaltensnorm. Sie ist soweit verinnerlicht, daß in bestimmten Situationen oder Rollen, in denen eine Bezugnahme auf eine andere Zeitstruktur adäquat wäre, dieser Wechsel der Referenz nicht oder nur schwer zu vollziehen ist. Hieraus entstehen in vielen Fällen soziale Konflikte:

„Wenn ich wirklich ‚rangehauen hab' an einem Tag, zack, zack, zack — voll! Dann hab ich die Nacht schon davon geträumt. Vom Akkord... Mensch, hab' ich gedacht, wo bist du denn jetzt? In der Fabrik — oder in deinem Bett? Die Kette läuft ja denn — die kann ich ja nicht mehr anhalten dann, ne? Bin ich aufgewacht wie in Schweiß gebadet!" (Becker-Schmidt et al., S. 58).

So klagen die Frauen häufig über ein zu geringes Schlafquantum, das auf Einschlafstörungen zurückzuführen ist. Wird Schichtarbeit geleistet, so kommt es besonders bei Wechselschicht zu einer Desorientierung im Zeitgefühl. Eine der Frauen berichtet, daß sie nachts hochschrecke und Angst bekomme, sie habe verschlafen, wenn es bereits hell draußen ist. Im ersten Moment nach dem Aufwachen sei ihr auch nicht klar, welcher Tag sei und welchen Arbeitsbeginn sie daher habe. Sie berichtet, daß sie schon sonntags gelegentlich früh aufstehen wollte.

Die zitierten Äußerungen berufstätiger und nicht berufstätiger Mütter zeigen, daß im familialen Alltag auf verschiedene zeitliche Bezugssysteme jeweils reagiert werden muß. Die Untersuchungen legen den Schluß nahe,

— daß erstens die unterstellten zeitlichen Bezugssysteme, die oben als organische, zyklische, lineare und abstrakte Zeit bezeichnet wurden, überhaupt Handlungsrelevanz besitzen;
— daß zweitens jedes Individuum durch seine soziale Umwelt gefordert ist, sofern es nicht einseitig auf eine, z. B. die Arbeitsrolle fixiert ist, sich gegenüber diesen Zeitstrukturen adäquat und flexibel zu verhalten sowie
— daß es drittens daraus folgend zu sozialen Konflikten führt, wenn statt der erwarteten Flexibilität gegenüber Zeitstrukturen eine der Zeitstrukturen vom Individuum ungeachtet der jeweiligen sozialen Situation invariant als Referenzsystem für das Handeln durchgehalten wird. Letzteres bezieht sich nicht nur auf ein starres Verharren in Verhaltensmustern, die die lineare Zeitstruktur erfordert; auch umgekehrt, wenn sich eine Person ausschließlich an zyklischen oder organischen und damit zum Teil infantilen (vgl. Sichtermann 1981) zeitlichen Verhaltensmustern orientiert, müssen Konflikte mit der weitgehend an den Normierungen der abstrakten Zeitlogik ausgerichteten sozialen Umwelt erwartet werden.

5.3 Zeitstrukturreferenz

Ein Kennzeichen hochentwickelter Gesellschaften ist, daß sie eine *komplexe Struktur* zeitlicher Bezugssysteme herausgebildet haben. Deren besondere Leistungsfähigkeit besteht darin, daß durch die *Koexistenz verschiedener Zeitstrukturen* ein hohes Maß an Kontingenz aufrecht erhalten und damit Handlungsfreiheit gesichert wird. Die Komplexität möglicher zeitlicher Bezugssysteme für das Handeln wächst zwar einerseits, andererseits wird jedoch durch die Dominanz einer bestimmten Zeitstrukturform, der abstrakten Zeit und deren Verwendungsimperativ, auch effektives Handeln und damit ein Reduktionsmechanismus für das Handeln bzw. für Entscheidungen in bestimmten sozialen Systemen (z. B. in den Unternehmungen) ermöglicht. Für andere soziale Systeme und Zusammenhänge, etwa für Personengruppen, die am Erwerbsleben noch nicht oder nicht mehr teilnehmen, stehen dagegen (ungeachtet erheblicher Adaptionsschwierigkeiten für die Betroffenen) vorindustrielle Zeitverwendungsmuster bereit, die ein adäquates Handeln in diesen sozialen Lagen zulassen (vgl. z. B. Kinder, Arbeitslose, Rentner).

Zeitstruktur*formen* (organische, zyklische, lineare, abstrakte Zeit) sind also Elemente einer komplexen Gesamtheit von zeitlichen Bezugssystemen, der gesellschaftlichen Zeitstruktur, die auf dem Stand der jeweiligen historischen Entwicklung *alle* bis dahin entstandenen Zeitstrukturformen, d. h. das gesamte Spektrum von ausgebildeten Referenzpositionen umfaßt.

Die je nach Rolle, sozialem System oder Handlungsziel variierende Bezugnahme des Individuums auf eine der vier Zeitstrukturformen soll im folgenden *Wechsel der Zeitstrukturreferenz* genannt werden (vgl. hierzu auch das Beispiel Marienthal-Studie im II. Abschnitt).

Unterschiedliche soziale Aktivitäten lassen sich — wenn auch nur in Annäherung — bestimmten Zeitstrukturformen zuordnen. So steht etwa der Industriebetrieb ganz offensichtlich unter dem Diktat der abstrakten Zeit, während im anderen Extrem der Schlaf jeglichem zeitlichen Bezug enthoben ist. Der Spaziergang nach Feierabend unterliegt normalerweise nicht der Ökonomie der Zeit — oder sollte es nicht: zwar sind Anfang und Ende durch die Lage und Dauer der Freizeit begrenzt; innerhalb dieses Zeitraums wird das Handeln jedoch weitgehend von zeitrationalen Motiven entkoppelt. Es findet eine Anpassung an eigene Bedürfnisse und an die natürlichen Zyklen von Tag — Nacht, warm — kalt sowie an die eigene biologische Rhythmik statt. Durch die Begrenzung der Dauer des Spazierganges durch äußere zeitliche Rahmenbedingungen bleibt die lineare Zeit jedoch ebenso präsent als auch dadurch, daß während des Spazierganges die Tatsache und das Gefühl der Irreversibilität der Zeit und ihres gleichförmigen Voranschreitens erhalten bleibt.

Die Bezugnahme auf natürliche Rhythmen für eine gewisse Dauer beseitigt ebenfalls nicht die Knappheit der Zeit: Zeit bleibt unter bestimmten gesellschaftlichen Bedingungen objektiv knapp, auch wenn das Individuum die Knappheit zeitweilig gleichsam suspendieren kann, indem es sich dem Einfluß des ökonomischen Verwendungsimperativs der Zeit bewußtseinsmäßig entzieht, wenn es z. B. absichtlich Zeit vergeudet.

Die Logik des Umgangs mit der Zeit ist im Arbeitsbereich eine andere als außerhalb davon. Denn es verhalten sich die Handlungs- oder Verwendungslogiken von Arbeit und Muße diametral entgegengesetzt. Während die Arbeit zumindest in entwickelten Gesellschaften im wesentlichen an Zeitersparnis gebunden ist, besteht das Wesen der Muße gerade darin, Zeit zu verausgaben, zu verbrauchen, zu „verschwenden" (vgl. hierzu auch Bataille 1975). In der Arbeit wird Zeit gleichsam kontrahiert, die aufzuwendende Zeit für etwas wird möglichst verkürzt. Auf der anderen Seite ist die Möglichkeit langer Ausdehnung, wenn nicht gar zeitlicher Unbegrenztheit einer Betätigung die Voraussetzung von Muße.

Die Koexistenz zweier zeitlicher Logiken läßt sich auch an folgendem mir zugetragenem Beispiel verdeutlichen: Eine unternehmungslustige ältere Dame[1] besucht seit zwanzig Jahren in regelmäßigen Abständen ihre Schwester in Luxemburg, wozu sie stets das Flugzeug benutzt. Eines Tages klagt sie, als sie sich das Ticket im Reisebüro abholt, darüber, daß die Flugpreise immer höher würden und, was die Sache verschlimmere, daß sich durch den Einsatz von Düsenflugzeugen die Flugzeiten immer weiter verkürzten. Das sei doch ein Betrug an den Fluggästen, die nun nur noch in den halben Genuß der Fliegerei kämen.

Die unter kaufmännischen Gesichtspunkten wünschenswerte Verkürzung der Flugzeiten wird der alten Dame Gegenstand von Kritik. Denn für sie, die im Ruhestand lebend nicht unter dem Zwang der Zeitökonomie steht, ist der Flug nicht Mittel, sondern Zweck, eine vergnügliche Anreicherung ihres Daseins, welche also nicht verkürzt, sondern möglichst ausgedehnt werden soll.

Diese Auffassung über den Sinn des Fliegens muß jedoch nicht die allgemeingültige sein, sie steht sogar im Gegensatz zur allgemeinen: Kürzere Flugzeiten ersparen dem neben ihr im Flugzeug sitzenden Geschäftsreisenden die Kosten für das Hotelzimmer, erweitern seinen Aktionsradius, ermöglichen eine intensivere Ausnutzung der Arbeitswoche und damit mehr Geschäfte in der gleichen Zeit. Trotz möglicherweise höherer Flugpreise bringt ihm die Verkürzung der Reisezeit per saldo einen erhöhten Gewinn.

Die Verwendungslogik von Arbeit und Muße, die Logik der Verausgabung und die der Ökonomisierung der Zeit existieren also gleichzeitig nebeneinander, sie sind Ausdruck zweier koexistierender sozialer Systeme, als deren mögliche Repräsentanten die erwähnten Personen gelten können.

Das Beispiel zeigt, daß bestimmte Tätigkeiten oder soziale Systeme dem Individuum ihre Rationalität jedoch nicht alternativenlos aufzwingen, sondern daß das Subjekt seinerseits die Fähigkeit besitzt, seine eigene *präferierte Zeitlogik* an den Gegenstand heranzutragen. Das Verhalten des Individuums ist nicht voll deter-

[1] An dieser Stelle geht mein Dank an Oma Jeanne.

miniert durch die üblicherweise vorherrschende Zeitstrukturform in einem sozialen System oder in einer Tätigkeit, wie z. B. einer Arbeitstätigkeit.

So übt z. B. die Organisation des Industriebetriebes zwar erhebliche strukturelle Zwänge aus und determiniert damit gleichzeitig das Zeit-Verhalten des Individuums. Jedoch ist es möglich, daß der eindimensionale Bezug auf die Ökonomie der Zeit und die abstrakte Zeitstruktur als alleingültiges Effizienzkriterium des Betriebes in Frage gestellt werden, indem z. B. eine den biologischen Rhythmen besser angepaßte Arbeitsorganisation mit entsprechenden Erholpausen praktiziert wird. Dies kann sich ebenso darin ausdrücken, daß das Individuum spontan seinen eigenen Arbeitsrhythmus statt des vorgeschriebenen gleichförmig und berechenbaren anschlägt.

Die Übernahme einer gebräuchlichen Zeitorientierung einer Gruppe oder eines sozialen Systems durch ein Individuum oder mehrere Individuen stellt ein zentrales Element bei der Herstellung von Gruppenidentität bzw. der Identifikation eines Individuums mit einer Gruppe dar. So war, wie dargelegt, für die Arbeitsweise in vorindustriellen Gesellschaften die Übernahme des vom Vorsänger angegebenen Arbeitsrhythmus durch den Arbeiter unabdingbar, d. h. das *organische Einschwingen* in die Geschwindigkeit, mit der die Arbeit ablief. In modernen industriellen Arbeitsprozessen dagegen ist die Identifikation mit den *abstrakten Zeitnormen* eine notwendige Voraussetzung, um Leistung zu erbringen.

In anderen Sozialsystemen oder sozialen Zusammenhängen ist nur derjenige tragbar, der die industriellen Zeitnormen gerade zugunsten eines organischen Rhythmusgefühls ablegt, d. h. sich möglichst von sämtlichen zeitlichen Bezügen für die Dauer eines bestimmten Zeitraums löst. Ein Beispiel hierfür wären Meditationsübungen einzelner Gruppen (z. B. Yoga-Kurse). Eine völlige Loslösung von jeglichem zeitlichen Bezugssystem und ein Sicheinlassen auf die eigene biologische Zeit bzw. einen zeitlosen Zustand erfordert der Schlaf. Dieser entzieht sich, solange er wirklich Schlaf ist, jeder Bezugnahme auf soziale Zeiten, er wird von (wenn zum Teil auch sozial vermittelten) Zeitgebern und Normzeiten in Dauer und Lage in seiner äußeren Begrenzung reguliert. Bekannt sind die Schwierigkeiten derjenigen Personen, denen diese Entkopplung von zeitlichen Bezugssystemen nicht gelingt — diejenigen, die an sogenannter Schlaflosigkeit leiden. Das Sich-nicht-loslassen-Können in einen Zustand der Zeitlosigkeit, ohne die strukturierende, ordnende, sinngebende Stütze von Zeitnormen, fällt um so schwerer, je stärker der Bezug auf zeitliche Vorgaben im Alltag ausgeprägt ist.

Es scheint zutreffend, auch diese weitverbreitete sogenannte Zivilisationskrankheit der Schlaflosigkeit als Problem mangelnder Flexibilität bezüglich der Zeitstrukturreferenz des Individuums zu interpretieren.

In der Psychologie gewonnene Erkenntnisse bestätigen ebenfalls die Vermutung, daß Zeitstrukturreferenzen als solche bestehen. So sind regressive Verhaltensweisen bei psychisch Kranken in enger Beziehung zu einem Rückfall in kindliche Zeitschemata zu sehen (vgl. z. B. Schaltenbrandt 1963; Heimann/Pflug 1978). Umgekehrt berichten die Herzinfarktforscher Friedman/Rosenman (1975), daß besonders solche Personen, die eine bestimmte Zeitorientierung aufweisen, die nach unserer gegebenen Schematisierung unter die Kategorie der abstrakten Zeit fallen würde, aufgrund ihrer andauernden Bereitschaft, jedes Zeitintervall optimal mit Arbeit auszufüllen, hochgradig gesundheitlich gefährdet sind. Sie unterscheiden hier den A-Typ vom B-Typ; der A-Typ ist dabei derjenige, der die Zeit-Leistungs-Norm besonders stark internalisiert hat. Friedman/Rosenman schreiben dazu:

„Das bezeichnendste Merkmal des A-Menschen (ist) das Gefühl, ständig unter Zeitdruck zu stehen, also die ‚Zeitkrankheit'. Darum meint der A-Mensch so häufig, er hätte nicht genug Zeit, all die Dinge zu erledigen, die er tun zu müssen glaubt, oder tun möchte, während der B-Mensch davon überzeugt ist, daß er genug Zeit für alles hat, was er schaffen muß. (A-Menschen) hören nie auf, immer mehr Dinge in ihre schrumpfenden Zeitreserven ‚hineinzustopfen'. Diese unaufhörlichen Bemühungen, dieser ewige Kampf gegen die Zeit führt unserer Ansicht nach sehr oft dazu, daß A-Menschen von koronaren Herzkrankheiten ins Grab gebracht werden" (1975, S. 75 f.).

Das, was Friedman/Rosenman aus der Sicht der Streßforschung als die individuelle Neigung auffassen, „immer mehr Dinge in ... schrumpfende Zeitreserven hineinzustopfen", entspricht der Handlungsrationalität des oben entwickelten Begriffs der infinitesimalen Verwendungslogik der Zeit.

Es bestätigt sich der Zusammenhang von sozialem System und seiner adäquaten Zeitstrukturform sowie die These, daß innerhalb gewisser Grenzen eine Wahlmöglichkeit in bezug auf die Adaption zeitlicher Strukturen besteht.

Zeitstrukturreferenz kann also vom Individuum adäquat geleistet werden oder nicht. Im letzten Fall kommt es zu Konfliktsituationen. Diese können folgende sein:

— „Falsche" oder inadäquate Referenz führt langfristig zur *Marginalisierung* oder gar zum Ausschluß eines Individuums aus seiner sozialen Bezugsgruppe bzw. aus dem sozialen System, in dem es sich befindet oder dem es sich anzuschließen bemüht ist (z. B. System der industriellen Erwerbsarbeit).
— Beim Verlassen einer alten oder Einnehmen einer neuen Präferenzposition durch Rollenwechsel, räumliche Veränderung, Wechsel des sozialen Bezugssystems u. ä. treten je nach individueller Disponiertheit wie aber auch nach der Stärke der Kontraste in den Referenzanforderungen *Übergangsprobleme* auf. Möglicherweise besteht eine Neigung zum Beharren auf der jeweils vorangegangenen Zeitstrukturform oder aber man findet Präferenzen gegenüber einer bestimmten Zeitstrukturform, etwa dergestalt, daß jemand gern in allen Situationen zeitökonomisch verfährt, also stets „geschäftig" ist (vgl. hierzu die Charakterisierung des A-Typ-Verhaltensmusters bei Friedman/Rosenman 1975).

— Auch die *Übernahme der Zeitperspektive,* die an ein soziales System gekoppelt ist, verläuft potentiell konflikthaft.

Hierauf wird im folgenden näher eingegangen.

5.4 Zeithorizonte und Konfliktpotentiale

Wie auch Heinemann/Ludes (1978) darlegen, bestehen für soziale Systeme spezifische Zeithorizonte.

„Wir haben also systemspezifische Zeithorizonte, die nicht jeweils besonders thematisiert werden müssen, die als selbstverständlich gegebene Orientierungsmuster in den jeweiligen Zusammenhängen beachtet werden, innerhalb derer dann Entscheidungen getroffen werden. Die Mißachtung dieser Orientierungsmuster — z. B. durch Wissenschaftler, die in die Politik gehen — zieht gesellschaftliche Sanktionen nach sich, die bis zu der Entfernung aus dem jeweiligen System gehen können" (S. 236).

Solche systemspezifischen Zeithorizonte finden sich im Prinzip in unendlicher Zahl. So haben Wirtschaftsunternehmungen unterschiedlicher Größe mit Sicherheit auch unterschiedliche Zeithorizonte etwa in der Investitionsplanung; hierbei variiert zwar die Länge des Zeithorizonts — große Unternehmungen müssen langfristiger planen als kleine — jedoch besteht hier nur ein *quantitativer* Unterschied. Beide Planungshorizonte ergeben sich aus den unternehmens- und branchenspezifischen Parametern, diese aber sind Ausdruck derselben Zeitstrukturform, der abstrakten Zeit.

Eine *qualitativ* andere Zeitperspektive findet sich in der Familie. Hier bestehen zunächst sehr kurze Zeithorizonte neben sehr ausgedehnten. So benötigt die alltägliche Reproduktion einer Familie einen vergleichsweise kurzen Zeithorizont; dieser hängt unter anderem auch ab von dem Grad der Technisierung des Haushaltes, der sich in bezug auf die Zeitplanung sehr widersprüchlich auswirkt. Zum einen kann eine Reihe von Bedürfnissen durch den Einsatz von Hausgeräten sehr kurzfristig befriedigt werden, und auch die allgemein günstige Versorgungslage in der Bundesrepublik trägt dazu bei, daß eine größere Vorratshaltung nicht notwendig ist. Zum anderen bewirkt z. B. der Einsatz von Gefriertruhen eine wieder zunehmende Planungsarbeit. Hierbei spielen vor allem die Einkommensverhältnisse eine erhebliche Rolle. Auch hat sich insgesamt mit dem Wandel der Lohnformen vom Tagelohn zum Monatslohn oder gar zu garantierten Jahreseinkommen der Planungshorizont der Familie erheblich verändert.

Die Notwendigkeit, die Beschaffung von Gebrauchsgütern permanent sachlich und pekuniär zu organisieren, bedingt durch ihren teilweise sehr hohen „moralischen" oder stofflichen Verschleiß, verlängert die Zeithorizonte erheblich. Dies um so mehr, je höher die Anschaffungskosten und je langfristiger hierdurch bedingt die Finanzierungsmodalitäten sind. Die weite Verbreitung von Konsumentenkrediten, Kreditkarten oder Bausparverträgen hat die Planungsperspektiven der Familie notwendigerweise ausgedehnt und Zeithorizonte geschaffen. Beispielsweise überlagern sich die Abzahlungsverpflichtungen für einzelne Kredite mit verschiedenen Laufzeiten, die zu bestimmten Terminen im Monat fällig werden: ein 36-Monatskredit für den Fernseher und einen 48-Monatskredit für das Auto, für den 20 Zahlungen geleistet sind, konkretisieren die Zukunft der nächsten drei Jahre. Durch eine mehr oder weniger feste Struktur, bestehend aus den Einkommensbedingungen einerseits und Abzahlungsverpflichtungen andererseits, werden den Familienmitgliedern präzise Handlungsspielräume in sachlicher, zeitlicher und sozialer Hinsicht gesetzt.

In ähnlicher Weise formt das Versicherungswesen plastisch die Zukunft, sowohl in Form der individuellen Privatversicherung, wie auch als Sozial- und Krankenversicherung. Die Vorstellung von der Endlichkeit des Lebens oder späterer Lebensphasen wird im Abschluß einer Lebensversicherung konkretisiert, deren Einzahlungsmodalitäten und die Möglichkeit früherer Auszahlungen wiederum Ziele und Schranken setzen. Die Lebensplanung erhält greifbare Zeithorizonte etwa auch vermittelt über die versicherungsmäßige Abdeckung von Risiken für Kinder (vgl. zur Rolle des Versicherungswesens Hack/Hack 1979).

Es besteht demgegenüber jedoch gleichzeitig ein objektiver Trend zur Verkürzung der Zeithorizonte. Während noch vor zwei Jahrzehnten der Arbeitnehmer davon ausgehen konnte, daß er den einmal erlernten Beruf bis zu seinem Ruhestand mehr oder weniger dauerhaft ausübt, wird angesichts zunehmender Dequalifizierungsprozesse die Unsicherheit bezüglich der Verfügbarkeit über materielle Ressourcen in der Zukunft größer. Diese Entwicklung in Verbindung mit hoher Arbeitslosigkeit führt zu einer widersprüchlichen Anforderungsstruktur bezüglich der Zeitperspektive. Es ist notwendig, langfristig zu planen, um die Chancen der Teilhabe am gesellschaftlichen Reichtum nutzen und die soziale Stellung verbessern zu können; gleichzeitig aber muß mit der Möglichkeit gerechnet werden, daß durch die Entwertung der Qualifikation oder den Konkurs des Betriebes die Realisierung der Zukunftspläne unmöglich wird. In besonderer Weise trifft dies für Jugendliche zu, die sich eine individuelle Zukunftsperspektive erst gestalten müssen (vgl. hierzu Trommsdorff et al. 1978). Hier hat insbesondere bei arbeitslosen Jugendlichen, wie aber auch bei Jugendlichen und jungen Erwachsenen insgesamt (Schüler, Lehrlinge, Studenten) eine Resignation um sich gegriffen, die teilweise zum völligen Verlust von Perspektiven geführt hat (vgl. z. B. Heimann/Pflug 1978).

Unbestreitbar besteht ein Zusammenhang von Länge der Zeitperspektive und Schichtzugehörigkeit. So war es von jeher das Privileg der herrschenden Schichten, lange Zeitperspektiven ausbilden zu können, weil die Sicherung der materiellen Bedürfnisse den Umständen der Zeit entsprechend jeweils maximal gegeben war. Die Fähigkeit und materielle Möglichkeit zur langfristigen Kalkulation schafft wiederum neue Basen für den Erwerb gesellschaftlicher Macht und Einflußnahme, z. B. durch gezielten Einsatz vorhandenen Kapitals. Ebenso erfordert eine diese Einflußnahme sichernde Bildung und Ausbildung eine langfristig gesicherte materielle Existenz.

Abschließend noch einige Bemerkungen zum logischen Stellenwert der Zeitperspektive im oben dargelegten Modell der Zeitstrukturreferenz. Die Zeit*perspektive* stellt sozusagen die *longitudinale Dimension des zeitlichen Referenzsystems* dar. Sie liegt damit quer zu den vier genannten Zeitstrukturformen. Es variiert das Ausmaß der Zukunftsgerichtetheit in aufsteigender Linie von der zyklischen über die lineare zur abstrakten Zeit. Selbstverständlich handelt es sich hierbei nur um eine sehr grobe analytisch-theoretische Kategorisierung. In der sozialen Wirklichkeit stellt sich das zeitliche Referenzsystem auch im Längsschnitt naturgemäß sehr viel komplexer dar.

Der Stellenwert des dargelegten Zeitstrukturreferenz-Modells muß also vor allem darin gesehen werden, einen theoretischen Bezugsrahmen anzubieten für weitere Untersuchungen zu dieser Frage bzw. zur Einordnung vorhandener Untersuchungen, die zumeist sehr induktiv vorgehen oder auf eine zeittheoretische Interpretation ihres empirischen Materials weitgehend verzichten. Für die longitudinale Zeitstrukturreferenz gilt, was von den vier Zeitstrukturformen gesagt wurde, nämlich daß sie dem Individuum als Referenzpunkt entsprechend seiner sozialen Lage *nahegelegt* werden. Der einzelne oder eine soziale Gruppe können diese Perspektiven aber auch verweigern. Beispiele hierfür sind die Einstellung der „no future"-Generation, Drogensüchtige oder Aussteiger, die sich gegen die Übernahme typischer zeitlicher Referenzen zur Wehr setzen, wie auf der anderen Seite soziale Aufsteiger, die sich über die typischerweise kurzfristige Zeitorientierung ihrer Schicht hinwegsetzen.

Auch zum Zwecke politischer Veränderung lassen sich zeitliche Perspektivwechsel als Mittel der Auseinandersetzung einsetzen (vgl. hierzu z. B. Vobruba 1982; Pfütze 1981). So beschreibt Vobruba die sich in der politischen Auseinandersetzung verändernden Zeithorizonte der Arbeiterbewegung und den Versuch progressiver Partei- und Gewerkschaftsmitglieder, den pragmatischen und dies heißt in der Regel auch: kurzfristigen (zeitlichen) Orientierungsrahmen der etablierten Institutionen in der Arbeiterbewegung wieder zu erweitern. Hieraus resultieren, wie auch in anderen Fällen, in denen die Zeitorientierungen einer sozialen Gruppierung von einigen Mitgliedern nicht widerspruchslos hingenommen werden, soziale Konflikte.

Teilweise muß die Dimension des Zeithorizontes in sozialen Gruppen und in Institutionen als solche erst zum Bezugspunkt von Handeln und politischer Aktivität gemacht werden. So hat Wendorff darauf aufmerksam gemacht, daß sich etwa die faschistische Ideologie von der bürgerlich-progressiven oder sozialistischen bzw. kommunistischen auch darin unterscheidet, daß „der Sozialismus in seinem rationalen Optimismus dem ‚Zeitdenken' zuzuordnen sei und der Nationalsozialismus und alles, was rechts ist, dem ‚Raumdenken'" (vgl. Wendorff 1981, S. 90).

VI. Zusammenfassung und Ausblick: Zwischen Zeitökonomie und angepaßten Zeitstrukturen

1. Zeitliche Belastung

Ausgangspunkt unserer Überlegungen war die Frage, wie Zeitstrukturen in hochentwickelten, komplexen Gesellschaften für das Individuum und seine sozialen Bezugsgruppen und für die Gesellschaft insgesamt zu einem Belastungsfaktor werden, der die soziale Existenz und die Gesundheit ihrer Mitglieder nachhaltig beeinträchtigt. Um dem gestellten Problem näher zu kommen, mußte weiter ausgeholt werden. Zunächst war zu klären, welche Beschaffenheit die Zeit in hochkomplexen Gesellschaften annimmt.

Im ersten Abschnitt wurde dargestellt, wie Zeitstrukturen als sozialer Prozeß konflikthaft generiert werden. Dabei kommt dem Arbeits- und allgemeiner dem Produktionsbereich eine zentrale Funktion zu. Folgende wesentliche Ergebnisse waren zunächst zu konstatieren:

— Die Zeit ist keine apriorisch existierende Größe, sondern ein Emergenzphänomen. Sie entwickelt sich im Verlauf der Menschheitsgeschichte aus einem Stadium äußerst rudimentärer Bedeutung hin zu einem zentralen Bezugssystem für menschliches Handeln und weiterhin, in Form der abstrakten Zeit, zu einem ökonomischen Faktor.
— Zeit stellt sich in hochentwickelten Gesellschaften nicht als ein homogenes Gebilde dar, das eine einheitliche Handlungslogik beinhaltet, sondern als ein komplexes widersprüchliches Gefüge, bestehend aus verschiedenartigen zeitlichen Bezugssystemen. Die soziale Zeit unserer gegenwärtigen Epoche läßt sich als eine hierarchisch gegliederte Struktur beschreiben, bei der die wirtschaftliche Verwendung der Zeit gegenüber anderen zeitlichen Bezügen dominiert.
— Das bewegende Moment bei der Herausbildung von Zeitstrukturen stellen wirtschaftliche Interaktionsbeziehungen von Gemeinwesen oder von Wirtschaftssubjekten untereinander dar. Mit der wachsenden Dissoziierung der Wirtschaftssubjekte durch die gesellschaftliche Arbeitsteilung erhält Zeit als Medium der Synthese dieser dissoziierten Wirtschaftssubjekte in dem komplexen Zusammenhang gesellschaftlicher Subsysteme mit je eigener Systemzeit eine zentrale Funktion hinsichtlich des Bestandes hochentwickelter Gesellschaften überhaupt.

Wachsende Widersprüche und Konflikte in den Wirtschafts- und Sozialbeziehungen, insbesondere die Interessengegensätze zwischen Kapitaleignern und abhängig Beschäftigten, schlagen sich in einer zunehmenden Präzisierung von Zeitnormativen im Bereich der konkreten Arbeitstätigkeit (Arbeitsnormen und Arbeitszeitregelungen) nieder. Hierdurch setzt sich Zeit über verschiedene Vermittlungsschritte gesamtgesellschaftlich für jedes Individuum als Relevanzstruktur für das Handeln unabweisbar durch. Zugleich wird durch die Tatsache, daß bestimmte gesellschaftliche Gruppen über die Kontrolle von Zeitnormativen verfügen und Sanktionsmacht im Falle von Verstößen hiergegen besitzen, der Herrschaftscharakter bestimmter zeitlicher Referenzsysteme offenbar.

— Hervorstechend ist, daß die wirtschaftliche Nutzung der Zeit sich im Verlauf der Geschichte in der Mehrzahl der gesellschaftlichen Subsysteme als ein Handlungsimperativ festsetzt, der nicht weiter hinterfragbar ist. So verbreitet sich spätestens mit der puritanischen Weltanschauung, die die strikte Bewirtschaftung der Zeit in den Rang einer Ethik erhebt, allgemein die Auffassung, daß zeitökonomisches Verhalten im großen wie im kleinen die Voraussetzung für die Schaffung materiellen Wohlstands darstellt.

— Es gehört zum Charakteristikum der von der Wirtschaftsdoktrin der Moderne propagierten Zeitersparnis, daß sie wie das ebenfalls angestrebte Wirtschaftswachstum in sich keine Begrenzung kennt, sondern ad infinitum, jedenfalls dem Anspruch nach, fortführbar ist. Den unendlichen Regreß der Zeitersparnis, d. h. daß auf jede gewonnene Zeiteinheit infinit der Imperativ der Zeitersparnis angewandt wird, haben wir die infinitesimale Verwendungslogik der Zeit genannt.

Fragt man nun nach dem Zusammenhang von Zeit und Belastung, so lassen sich zunächst fünf Dimensionen zeitlicher Belastung erkennen:

1. die infinitesimale Verwendungslogik oder der Verwendungsimperativ der Zeit
2. der Widerspruch zwischen bzw. das Gleichgewicht von biologisch-sozialer Rhythmizität des Subjekts und der uhrzeitlich bestimmten Linearität der sozialen Umwelt
3. die zeitliche Normierung von Tätigkeiten, Verhaltensweisen und Bedürfnissen
4. die Verschnellerung von Handlungen und Prozessen
5. der Wechsel der Zeitstrukturreferenz und das Problem der Adäquanz zeitlicher Bearbeitungsmodi.

Es dürfen jedoch nicht unbedingt direkte, offen zutage liegende Wechselwirkungen zwischen Zeitstrukturen und Belastungskonfigurationen vermutet werden. Wie dargelegt, ist der Zusammenhang ein teilweise sehr subtiler, ein über verschiedene Stufen vermittelter. Die bloße Existenz bestimmter Zeitstrukturen läßt nicht monokausal im Sinne eines Reiz-Reaktions-Schemas auf entsprechende Belastungen schließen.

Schnelles Handeln ist per se noch nicht als Belastung anzusehen. Wenn man etwa an sportliche Betätigungen denkt oder auch an Tänze u. ä., so werden schnelle körperliche Bewegungen hier eher positiv empfunden. Das gleiche gilt bezüglich der Synchronität. Das Sich-Einpassen und -Einschwingen in einen Rhythmus, in die gleichförmige Bewegung vieler Menschen, erzeugt in vielen Fällen einen

Lustgewinn. Auch bei Arbeitstätigkeiten *kann* Synchronität und zeitliche Verzahnung unter bestimmten Bedingungen entlastend sein.

Die Aufrechterhaltung einer an linearen Zeitmaßen (der Uhr) orientierten Leistungsverausgabung, die Aufrechterhaltung einer konstanten Leistungskurve gegenüber den biologisch bedingten Leistungsschwankungen *kann* bei Arbeitstätigkeiten oder sportlichen Wettkämpfen ebenfalls als befriedigend empfunden werden. Sie muß nicht als solche schon zu pathogenen Erscheinungen führen. Auch bezüglich der Zeitstrukturreferenz kann gesagt werden, daß der Wechsel von einem zeitlichen Bezugssystem zum anderen vor allem dann, wenn er hart und übergangslos erfolgt, äußerst belastend sein kann. Unter anderen Bedingungen kann der Wechsel zwischen linear normierten Anforderungsstrukturen und solchen, die eher den biologischen Rhythmen entsprechen, durchaus dem natürlichen Anspannungs-Entspannungs-Bedürfnis Rechnung tragen und damit keine besonderen Beanspruchungen nach sich ziehen.

Offensichtlich müssen zusätzliche Bedingungen eintreten bzw. nicht eintreten, damit die zeitliche Strukturiertheit einer Situation belastungswirksam wird. Als solche hatten wir folgende benannt:

— Grad der Kontrolliertheit[1] der sozialen Situation durch das betroffene Individuum
— Adäquanz von Belastungsstruktur und Zurichtungsapparatur (Regenerationsbedingungen)
— Inhaltsbezug zu und Identifikation mit dem gesellschaftlichen Subsystem, an dessen zeitliche Struktur sich das Individuum anpaßt (z. B. System der Arbeit)
— absolutes Niveau der zeitlichen Vorgabe bezüglich Geschwindigkeit und Normiertheit (z. B. Erreichen absoluter Grenzen der manuellen Bewegungsgeschwindigkeit).

Eine Ausnahme hiervon bildet die infinitesimale Verwendungslogik der Zeit: Nach den oben dargelegten Befunden ist, wo diese als dominantes Referenzsystem wirkt, Ergebnis stets eine sehr weitgehende Belastung aufgrund der Tatsache, daß das Individuum in eine permanente trial-and-error-Situation bezüglich seiner eigenen Belastbarkeit versetzt wird. Der Zeitverwendungsimperativ hält das Individuum dazu an, ein einmal erreichtes Problemlösungsverhalten hinsichtlich Niveau und Strukturiertheit ad infinitum in Frage zu stellen und permanent neue Allokationsmuster zwischen verfügbarer Zeit und dem eigenen psychischen, physischen und sozialen Leistungsvermögen zu finden (vgl. hierzu III 1.4). Damit tritt eine Dauerbelastung ein auf einem Niveau, das dem äußeren Zwang zur Befolgung oder der Verinnerlichung des Zeitverwendungsimperativs entspricht (vgl. A-Typ-Muster).

[1] Der Begriff der Kontrolle meint hier nicht etwa ein lückenloses System von Überwachung, sondern lehnt sich an die im englischen Sprachgebrauch übliche Bedeutung i. S. von „control" an, was die Fähigkeit meint, Dinge zu gestalten und zu beeinflussen.

Anhand der industriellen Arbeit wurde deutlich, daß die Einpassung des Individuums in zeitliche Vorgaben in den entwickelten Gesellschaften fremdbestimmt erfolgt, d. h. weitgehend ohne dessen Kontrolle über die zeitliche Strukturiertheit seiner sozialen Situation oder Umwelt. Es wurde gezeigt, wie in einem langen historischen Prozeß dem arbeitenden Individuum die zeitliche, sachliche und soziale Verfügung über die Arbeit zum Teil sogar gewaltsam und unter Androhung von Sanktionen entzogen werden mußte (vgl. die zitierten Arbeitsordnungen).

Dieser Kontrollentzug gegenüber der zeitlichen Strukturiertheit der eigenen Handlungen und der Verwendung der eigenen Zeit findet in allen Bereichen der Gesellschaft mehr oder weniger ausgeprägt statt, d. h. sowohl im Arbeitsbereich wie auch außerhalb der Erwerbsarbeit. Es lassen sich hier zwei Formen des Kontrollentzugs feststellen:

1. der Zwang zur Einhaltung zeitlicher Normierungen in der Erwerbsarbeit. Das sind
   - zeitliche Normierungen der Arbeitstätigkeit selbst, z. B. Festlegung der Arbeitsgeschwindigkeit
   - zeitliche Normierungen der Rahmenbedingungen der Arbeit (Arbeitszeit nach Dauer und Lage);
2. der Zwang zur Übernahme bestimmter Formen des Zeitverbrauchs. Dies betrifft u. a.
   - räumliche Mobilität und Verkehrswesen
   - Einkaufs- und Konsumgewohnheiten
   - Anpassung an die Öffnungszeiten von Handel, Institutionen, Gesundheitswesen etc.
   - Zeitverwendungsmuster infolge der Technisierung der Haushalte
   - Medienkonsum und Notwendigkeit der Inanspruchnahme von DV-gestützten Informationssystemen wie Btx u. ä.

Es ist allerdings zu unterscheiden zwischen einer überwiegend naturbedingten Determination der Arbeitsdauer, der Lage der Arbeit und der Arbeitsgeschwindigkeit und dem hieraus resultierenden Zeitverbrauch einerseits und den durch die gesellschaftlichen Bedingungen, die sozialen Verhältnisse und Interaktionsbeziehungen hervorgerufenen Formen des Zeitverbrauchs andererseits.

- In den vorindustriellen Gesellschaften waren die genannten zeitlichen Komponenten Dauer, Lage und Geschwindigkeit nicht oder nur geringfügig steuerbar. Erst die Technologien und Erfindungen des Industriezeitalters, etwa im Bereich des Transports, der Vorratshaltung, der Aussaat- und Erntemethoden, chemischer Prozesse, wie selbstverständlich auch der industriellen Produktionsweise, schufen neuartige zeitliche Dispositionsmöglichkeiten und führten die Zeitlichkeit von Arbeitsaufgaben und physikalischen oder chemischen Abläufen schrittweise unter menschliche Kontrolle. So war etwa die Erfindung der Gasbeleuchtung die Voraussetzung für eine vom

Hell-Dunkel-Rhythmus befreite Arbeitsweise oder die des Flugzeuges die Grundlage für eine Emanzipation von den Zeitmaßen des Land- oder Wassertransports.

— Den der Natur abgerungenen Dispositionsmöglichkeiten über die Zeitlichkeit von Prozessen, Verfahren und Tätigkeiten entsprach jedoch eine Aneignung der zeitlichen Disposition durch verschiedene gesellschaftliche Eliten. So übernahmen mit der Industrialisierung in fast allen Produktionszweigen die Kapitaleigner bzw. deren Vertreter in den Unternehmungen die Kontrolle über die zeitliche Strukturiertheit von Arbeitsabläufen und Produktionsvorgängen.

— Entzogen ist jedoch auch den Eliten die Kontrolle darüber, inwieweit Produktionsprozesse überhaupt zeitrationalen Handlungsmaximen unterworfen werden sollen. Zeitökonomie erscheint nun als zwingende Naturgesetzlichkeit, die erfahren wird über Prozesse der marktförmig vermittelten Konkurrenz.

— Aufgrund des hohen Grades der gesellschaftlichen Arbeitsteilung wächst die Angewiesenheit der abhängig Beschäftigten auf die weitgehend fremdkontrollierten und damit auch zeitlich nicht oder nur sehr vermittelt gestaltbaren Institutionen der materiellen Güterversorgung, der Personenbeförderung und der immateriellen Dienstleistungen.

Begleitet war bzw. ist dieser Kontrollentzug durch den mit der Industrialisierung voranschreitenden Aufbau einer im Individuum verankerten, historisch neuartigen Motivationsstruktur, dem *Leistungsethos.* Die Einfügung von Tätigkeiten in zeitliche Vorgaben, gleich ob sie im Arbeitsbereich oder außerhalb der Erwerbsarbeit erfolgt, erscheint, je rigider die zeitliche Strukturiertheit einer Gesellschaft ist, mehr und mehr als solche schon als Leistung, unabhängig von den Inhalten der Arbeitstätigkeit (vgl. Kap. III 1.4.1). Das Leistungsethos stellt gegenüber der verlorenen Kontrolle den positiven Antrieb zur Handlungssynthese dar.

Die durch den Verwendungsimperativ der Zeit permanent vorangetriebene Leistungssteigerung macht es zumindest unter sozialstaatlichen Voraussetzungen notwendig, daß eine dieser Steigerung entsprechende materielle Anpassung stattfindet, um die arbeitende Bevölkerung nicht der Verelendung und dem Raubbau preiszugeben. Hier wiederum entscheidet die Beschaffenheit der *Zurichtungsapparatur* darüber, inwiefern Anpassungspotentiale bereitgestellt werden oder nicht (vgl. Kap. V.4.2). Die Zurichtungsapparatur stellt die materielle Basis für die Anhebung des Leistungsniveaus bzw. der effektiveren Nutzung zeitlicher Ressourcen dar.

Es ist historisch ein Prozeß gegenläufiger Bewegungen zu beobachten. Zunächst vollzieht sich die Aufspaltung der Zeit in fremdkontrollierte Zeit-Atome, wie sie sich am deutlichsten im Prozeß der Taylorisierung der Arbeit zeigt. Komplementär hierzu erfolgt eine Syntheseleistung, die den zunächst aufgelösten zeitlichen Gleichschritt, oder besser: den Takt und sozialen Rhythmus einer Gesellschaft wiederherstellt. Diese drei Faktoren: der Grad der Kontrolle bzw. Fremdkontrolle über Zeit auf der einen und die Internalisierung des Leistungsethos sowie die Beschaffenheit der Zurichtungsapparatur auf der anderen Seite sind Voraussetzungen bzw. Bestandteile des artifiziell hergestellten zeitlichen Bezugssystems und Anforderungsnetzes der hochentwickelten Gesellschaft.

Die Tatsache zeitlicher Fremdbestimmtheiten im Arbeits- und Freizeitbereich muß dennoch nicht zu zentrifugalen Tendenzen in der gesellschaftlichen Entwicklung führen, solange sie sich durch bestimmte Legitimationsmuster rechtfertigen kann:

- Auf der psychisch-sozialen Ebene wird der Zusammenhalt über die Leistungsideologie gewährleistet. Solange die gesellschaftliche Wirklichkeit zu bestätigen scheint, daß Leistung positiv sanktioniert wird und Leistungssteigerung zu einem Zuwachs der Teilhabe am gesellschaftlichen Produkt führt, stiftet sie ihrerseits, da Leistung eng an die Einhaltung zeitlicher Normative gekoppelt ist, die Motivation für zeitrationales Handeln und damit auch für die Erduldung der Belastungen, die sich hieraus ergeben. Mit anderen Worten: solange sich Leistung „lohnt", werden zeitliche Restriktionen auf der Basis eines Grenznutzenkalküls zwischen erlittener Belastung und den hieraus erlangten Benefits abgewägt und toleriert. Sie werden beispielsweise in der Formel der „Kehrseite des technischen Fortschritts" sozial kompatibel gemacht.
- Auf der eher physisch-materiellen Seite hängt es von der Leistungsfähigkeit der Zurichtungsapparatur ab, in welchem Ausmaß zeitlich bedingte Belastungen erlitten werden *können,* während die Funktionstüchtigkeit der Leistungsideologie darüber mitentscheidet, inwieweit Individuen Belastungen tolerieren *wollen.* Vor allem für die weitere Steigerung der Leistung und der zeitlichen Belastung ist es von entscheidender Bedeutung, ob sozusagen die Mechanik des Rückkopplungs- oder Rückmeldemechanismus von Belastung und Zurichtung effizient arbeitet. Dieses sowohl in quantitativer wie in qualitativer Hinsicht: quantitativ, indem die jeweils notwendige Menge von Subsistenzmitteln in Entsprechung zu den sich wandelnden Belastungskonfigurationen in der Gesellschaft (hier speziell ihre zeitliche Belastungskonfiguration) erbracht wird oder nicht; qualitativ, indem die Anpassung an neuartige Formen der materiellen und geistigen Produktion sich in Form einer gewandelten Reproduktionsbasis vollzieht, beispielsweise die Anpassung der Ernährungsgewohnheiten an einen geringeren Umfang körperlicher Bewegung.

Beide, Leistungsideologie und Zurichtungsapparatur, bilden ein Geflecht von Rechtfertigungsmustern materieller und immaterieller Art aus, die den Bestand gegenwärtiger Zeitstrukturen politisch-sozial absichern. Sie sind nicht denkbar ohne Begriffe wie „Erfolg" oder „materieller Wohlstand".

Bestehende Zeitstrukturen werden aber dann brüchig, wenn etwa infolge veränderter Einstellungen zur Arbeit und zum materiellen Wohlstand diese Legitimationsmuster an Attraktivität verlieren und nicht mehr motivationsstiftend wirken. Ebenso geraten herrschende Zeitstrukturen unter Legitimationsdruck, wenn, wie neueren Untersuchungen zu entnehmen ist, der technische Fortschritt nur noch von einem kleiner werdenden Teil der Bevölkerung als uneingeschränkt nutzbringend für die Verbesserung der Lebensverhältnisse erachtet wird (vgl. hierzu v. Klipstein/Strümpel 1984).

Es entfällt sodann die Bereitschaft, zeitliche Belastungen als Preis für den Fortschritt hinzunehmen. Zudem stellt auch die Erfahrung permanenter Zeitnot ihrerseits den technischen Fortschritt in Frage: denn dessen Segnungen werden in den gängigen Rechtfertigungsideologien gerade auch darin erblickt, neben dem Güterwohlstand einen angeblich historisch nie gekannten Zeitwohlstand zu ermöglichen.

Im Bewußtsein breiter gesellschaftlicher Schichten stellt sich die gegenwärtige Situation als eine sehr widersprüchliche dar: Auf der einen Seite steht die sogar rein quantitativ beweisbare Behauptung, daß die Freizeit in den letzten 150 Jahren im säkularen Trend erheblich zugenommen habe, auf der anderen Seite das allgegenwärtige Gefühl, keine Zeit zu haben. Dieser Widerspruch kann auch nicht mit dem Verweis beseitigt werden, daß die gesellschaftlichen Institutionen nicht mehr tun könnten, als zeitliche Freiräume bereitzustellen; die Nutzung dieser Chance hänge dagegen stets von den Betroffenen selbst ab.

Wenn eine solche Argumentation auch nicht ganz von der Hand zu weisen ist, so konnte doch gezeigt werden, daß faktisch eine Vielzahl von mittelbaren und unmittelbaren strukturbedingten zeitlichen Restriktionen besteht: durch die Arbeitsbelastungen, mit ihren spill-over-Effekten in den Freizeitbereich hinein, durch die Arbeitszeitregelungen selbst, die Wegezeiten und den Zwang zur regionalen (lokalen) Mobilität, wie schließlich — zwar subtil, aber darum nicht weniger wirksam — durch den „Terror der Opportunitätskosten“. Letzteres bezeichnet die Tatsache, daß aufgrund der steigenden Bewertung bzw. des Wertes der Zeit vorhandene Zeitintervalle intensiver im Sinne einer Steigerung der Genuß- und Güterintensität pro Zeiteinheit von den Konsumenten genutzt werden (müssen).

Zeitstrukturen und insbesondere ihre Belastungswirkungen können also nicht unabhängig von politisch-sozialen Kontexten betrachtet werden. Ihre potentielle Pathogenität beruht nicht nur auf der Unterschätzung oder Ignorierung der Bedeutung biologischer Rhythmen durch zu eng gestaltete zeitliche Normierungen (vgl. hierzu Kap. III.2.), sondern gleichermaßen auf der vorzufindenden Begrenztheit politischer Artikulationsmöglichkeiten und Umsetzungschancen sozialer Interessen und individueller Bedürfnisse innerhalb der sozialen Umwelt der betroffenen Individuen.

In welcher Weise diesem Problem Rechnung getragen werden könnte, wird im folgenden weiter behandelt.

2. Kontrolle und Ökologie der Zeit

Während über die Vorzüge und Schwächen von Markt und Plan in der Vergangenheit sehr ausführlich debattiert wurde und eine Auseinandersetzung über die Gestaltbarkeit ökonomischer Prozesse permanent stattfindet, erscheint in allen ökonomischen und sozialwissenschaftlichen Publikationen, die sich hiermit befassen, gleichgültig ob sie aus eher marktwirtschaftlich oder planwirtschaftlich orientierten Kontexten heraus argumentieren, die Ökonomie der Zeit als unabänderliches Naturgesetz.

Die Leistungsfähigkeit der Ökonomie der Zeit sowie die Grenzen ihres Anwendungsbereiches wurden grundsätzlich nie in Frage gestellt bzw. nie ausgelotet. Im Gegenteil wird die weitere Ausbreitung und konsequentere Anwendung zeitökonomischer Kalküle fast durchweg mit einer Verbesserung der Lebenschancen und des Wohlstandes einer Gesellschaft in eins gesetzt.

Hier zeigt die Arbeit, daß auch vom Standpunkt der konsequenten Nutzenmaximierung im Sinne einer Vermehrung des Volkswohlstandes die Anwendung der reinen Zeitökonomie an Grenzen gelangt ist. Wir vertreten die Auffassung, daß die Dominanz des zeit*ökonomischen* Rationalprinzips durch eine *Ökologie der Zeit* zu ersetzen bzw. zu ergänzen wäre:

— Zum einen, weil die Ökonomie der Zeit, je mehr sie in allen Wirtschafts- und Lebensbereichen generalisiert ist, zumindest gesamtgesellschaftlich betrachtet, zu kontraproduktiven Effekten führt. Dies konnte anhand der Zeitökonomie in der Industriearbeit im Zusammenhang mit arbeitsorganisatorischen Maßnahmen gezeigt werden (vgl. Kap. III.1.-3.). Die Steigerung der Arbeitsproduktivität und Intensität ist vielen anderslautenden Behauptungen zum Trotz nur über einen vermehrten gesundheitlichen Verschleiß der Arbeitspersonen realisierbar. Dieser erscheint jedoch nicht in der Kostenrechnung des Betriebes, weil er weitgehend betrieblich externalisiert wird; er wird erst wahrnehmbar in den Kosten der sozialen Sicherung und hier zumeist mit erheblicher zeitlicher Verzögerung. Der beträchtliche gesellschaftliche Kostenaufwand für die direkte und indirekte Beseitigung der Folgen der unbegrenzten (zeitökonomisch implementierten) Steigerung der Arbeitsproduktivität, wie er sich etwa zeigt in den wachsenden Kosten für das Gesundheitswesen oder in der Ausdehnung der privaten und staatlichen sozialen Hilfs- und Versorgungseinrichtungen, aber auch in der Notwendigkeit der Beseitigung der umfangreichen Schädigungen der natürlichen Umwelt einschließlich des Aufzehrens natürlicher Ressourcen, gerät ganz offensichtlich in ein steigendes Mißverhältnis zu den Wohlstandsgewinnen aus dem Zuwachs der materiellen Güterproduktion.

— Zum anderen ist Zeit selbst zu einem Konsumgut erwachsen. Das heißt, Zeit ist nicht mehr nur Mittel, sondern auch Ziel, ist selbst Bestandteil des Volkswohlstandes. Als Konsumgut ist sie dem Druck ausgesetzt, in möglichst hohem Umfang verfügbar zu sein. Da Zeit in hochentwickelten Gesellschaften nicht mehr als natürliche Ressource vorhanden ist, sondern durch ökonomischen Mitteleinsatz in Form der Aufwendungen für die Zeitersparnis gleichsam erst produziert werden muß, unterliegt sie einer den aufgewandten Mitteln entsprechenden ökonomisch-objektiven Bewertung, die sich bewußtseinsmäßig in einer höheren Wertschätzung der Zeit niederschlägt. Hier haben wir im Anschluß an Linder auf die paradoxe Situation hingewiesen, daß je größer der Güterwohlstand einer Gesellschaft, desto größer auch ihre Zeitknappheit ist. Eine Ökonomie, die den Zeitwohlstand propagiert, jedoch durch die Form der Güterproduktion gleichzeitig die Zeitknappheit in wachsendem Umfang vergrößert, gerät in unlösbare Widersprüche.

— Bedenklich erscheint ferner eine Verteilungsstruktur der Zeit, in der bestimmte Gruppen der Gesellschaft wie Arbeitslose und Rentner ihrer verfügbaren Zeit keinen Sinn geben können, während andere, etwa hochbelastete Facharbeiter oder Manager, die regelmäßig Mehrarbeit leisten, aufgrund auch der hohen zeitlichen Belastung im Arbeitsprozeß gesundheitliche Schädigungen davontragen.

Es besteht nun vielfach die Vorstellung, man könne die Zeit dadurch besser disponierbar machen, daß man (im herkömmlichen Verfahren) durch weiteren Mitteleinsatz Zeit gleichsam vermehrt produziert oder genauer: indem man Zeit*ersparnis* produziert (vgl. hierzu Kap. II) und anschließend mit möglichst hohem Gerechtigkeitsanspruch diese Zeitgewinne unter die Mitglieder der Gesellschaft verteilt. In der herrschenden Auffassung erscheint also das Problem der Verfügung über Zeit zum einen als ein quantitatives und zum anderen als ein Problem der Verteilung. Nicht dagegen erscheint es als ein Problem der Produktion oder des Generierungsprozesses von verfügbarer Zeit.

Dem ist entgegenzuhalten, daß ein Zuwachs an verfügbarer Zeit nicht dadurch herstellbar ist, daß durch weiteren erhöhten Mitteleinsatz der Aufwand an Zeit pro produzierter Gütereinheit gesenkt wird. Vermittelt über die hieraus resultierende höhere Bewertung einer bestimmten Zeiteinheit bzw. der Zeit im allgemeinen wird eine spiralförmig verlaufende Kettenreaktion von Problemlösung und Problemerzeugung zeitlicher Strukturen evoziert, die die Zeitnot nicht beseitigt, sondern ihre Entstehung nur weiter forciert. Mit anderen Worten verschärft oder erzeugt der Lösungsansatz „Zeitgewinnung durch erhöhten ökonomischen Mitteleinsatz“ erst die Probleme, die er durch verbesserte Zeitökonomie zu bewältigen vorgibt. Und dieser Lösungsansatz stellt paradoxerweise die eigentliche Ursache des Problems dar.

Nutzbringender als die schematische Anwendung des Prinzips der Zeitersparnis auf alle Lebensbereiche, auf Arbeit und auf Freizeit, erscheint es daher, die in vielen Bereichen mit der Industrialisierung und Arbeitsteilung verlorengegangene Kontrolle des Individuums bzw. seiner sozialen Bezugsgruppen über die eigene Zeit soweit als möglich wiederherzustellen. Die im Gefolge von Modernisierungsprozessen aufgelöste organische, *unvermittelte* Integration — und damit auch unvermittelte zeitliche Integration — der Individuen in die sozialen Systeme (vgl. familiale Zeitstrukturen, Zeitstrukturen der Arbeit), d. h. die spontane Form der Kontrolle der zeitlichen Strukturiertheit von Handlungen, wie wir sie im Zusammenhang mit den Gesellschaften ohne Zeit beschrieben hatten (vgl. Kap. I.2.1. sowie III.2.), scheint in ihrer ursprünglichen Form nicht wieder herstellbar. Es ist auch zu bezweifeln, ob hiermit durchweg ein Fortschritt erzielt wäre. Die Wiedergewinnung des Paradieses dürfte also auch in bezug auf die Zeit eine Utopie bleiben.

Die in der Arbeit dargelegten Befunde weisen jedoch auf die Notwendigkeit hin, solche Zeitstrukturen gesellschaftlich zu etablieren, die eine verbesserte Anpassung an menschliche Bedürfnisse ermöglichen. Nicht allein die formal-quantitative Verfügung über Zeit, nicht eine Vergrößerung der Zeitguthaben erscheint erforderlich, um der infiniten Verknappung der Zeit entgegenzuwirken, sondern eine Vergrößerung der zeitlichen Aktionsspielräume. Das Richtige im richtigen Moment tun zu können — darin besteht der Zeitwohlstand in einem *System der Ökologie der Zeit.*

Die Ökologie der Zeit trägt nicht einen allumfassenden Verwendungs- oder Spar-Imperativ an das Handeln bzw. an wirtschaftliche Entscheidungen und Prozesse heran, wie die Ökonomie der Zeit, sondern ist kompatibel mit anderen Systemzeiten und Zeitstrukturen der sozialen Umwelt, anerkennt sie als gleichwertig nebeneinander bestehend. Sie postuliert nicht die Dominanz der einen Zeitstruktur gegenüber einer anderen wie etwa die abstrakte Zeitstruktur (vgl. Abschnitt II). In einem System der Ökologie der Zeit beeinflussen sich die zeitliche Strukturiertheit individueller oder kollektiver Bedürfnisse und Handlungsabläufe und die zeitliche Strukturiertheit des Subsystems, in dem das Individuum sich befindet bzw. auf dessen Zeitmaße es sich bezieht, wechselseitig.

Die abstrakte Zeit ist Ausdruck eines gleichförmigen und normierten Zeitmaßes, das die Gesellschaft der Natur durch die partielle Aufgabe von Rhythmizität in der eigenen Organisiertheit entgegensetzt. Eine nach ökologischen Rationalitätskriterien konzipierte Zeitstruktur reflektiert und relativiert diesen, gegen natürliche Prozesse verlaufenden Herrschaftsanspruch und lotet den jeweiligen Geltungsbereich für „harte", d. h. linear-abstrakte Zeitstrukturen aus.

Eine Anpassung von Zeitstrukturen an menschliche Bedürfnisse kann nur schwerlich definitiv erfolgen, d. h. es erscheint undenkbar, a priori solche Zeitmaße herzustellen, die die Anpassung von Zeitstrukturen in qualitativer und quantitativer Hinsicht an die jeweiligen Bedürfnisse eines Individuums von sich aus garantieren. Das Gelingen dieses Anpassungsprozesses liegt letztlich beim Individuum selbst, das mit seinem Handeln auch die Zeitmaße der Handlungssequenz festlegen muß. Die Forderung nach angepaßten Zeitstrukturen meint daher die Herstellung von *Verhältnissen,* die der *Selbstkontrolle* über die eigene Zeit soweit als möglich *strukturell nicht entgegenstehen.*

Die Chancen der Kontrolle über Zeitstrukturen im Bereich der industriellen Arbeit entsprechen den Machtverhältnissen zwischen den dort angesiedelten Interaktionspartnern (vgl. Kap. V.1.). Es bestehen wechselseitige Kontrollambitionen und real ausgeübte Kontrolle über die eigene bzw. über die Zeit des Interaktionspartners hinsichtlich Umfang und Struktur in der Form eines labilen Gleichgewichts, welches an Machtverhältnisse gekoppelt ist. Dies trifft vor allem auf die Verhältnisse am Arbeitsmarkt zu. Wie Olk et al. (1979) hervorheben, ist zwischen den Interaktionspartnern am Arbeitsmarkt ein Machtgefälle vorhanden u. a. aufgrund der unterschiedlich gelagerten Möglichkeiten von Unternehmungen einerseits und der Arbeitskraft andererseits, warten zu können, um damit den Preis für die Arbeitskraft zu beeinflussen, etwa durch gezielte Verknappung bzw. Erweiterung des Arbeitsangebots; hiermit kann der Kontrahent partiell zur Übernahme eigener Zeitdispositionen gezwungen werden.

Insofern kann eine tatsächliche Kontrolle über Zeitstrukturen und über die gesellschaftliche Zeitallokation seitens der Beschäftigten nur dann erreicht werden, wenn im säkularen Trend auf dem Arbeitsmarkt die Nachfrage nach Arbeitskraft das Angebot deutlich übersteigt. Dagegen ist umgekehrt unter den Bedingungen der Krise zu erwarten, daß eine gesellschaftliche Zeitallokation, die z. B. auf individuell ausgehandelten Arbeitszeitwünschen der einzelnen Beschäftigten beruht, zuungunsten derselben ausschlägt und die Chancen zeitlicher Kontrolle eher reduziert.

Wenn also der Versuch einer Gewinnung oder Produktion von Zeit bzw. Zeitersparnis durch erhöhten Mitteleinsatz nicht als adäquate Strategie angesehen werden kann, um zu mehr Zeitwohlstand zu gelangen, weil die Lösungsform über verschiedene Vermittlungsschritte selbst zur Ursache für die Verstärkung des Problems wird, dann erscheint es notwendig, alternative Konzepte zu entwickeln. Welche Möglichkeiten bestehen, insbesondere das im Produktivitäts- und Effizienz-Verständnis moderner Gesellschaften realisierte Prinzip der infinitesimalen Verwendungslogik der Zeit einer gesellschaftlichen Kontrolle zu unterwerfen und zeit*ökologischen* Referenzstrukturen mehr Geltung zu verschaffen?

3. Ansatzpunkte für eine menschengerechte Gestaltung von Zeitstrukturen

Im folgenden sollen einige zeitpolitische Interventionsstrategien kurz umrissen werden. Dabei handelt es sich teilweise um sehr langfristige und tiefgreifende Projektionen. Es wird nicht der Anspruch einer sofortigen Umsetzbarkeit erhoben. In welcher Weise zu intervenieren wäre, welche sozialen Gruppierungen Träger solcher Interventionsprozesse sein könnten oder teilweise schon sind und welche sonstigen Folgen politischer, ökonomischer und technischer Art hieraus resultieren, soll nicht weiter erörtert werden. Die Realisierungschancen einer ökologischen Zeitorientierung festzustellen, wäre Gegenstand einer eigenen Untersuchung.

Gestaltungsbedürftig zur Verwirklichung einer menschlichen Bedürfnissen angepaßten Zeitstrukturierung der Gesellschaft erscheinen folgende Politikfelder bzw. ökonomischen Strukturen:

1. das Prinzip der infinitesimalen Verwendungslogik der Zeit
2. Synchronitätsanforderungen im ökonomischen und sozialen Bereich
3. technologische Entwicklungen
4. die Gestaltung von Arbeitsbedingungen
5. Arbeitszeitregelungen.

3.1 Dekonstruktion der infinitesimalen Verwendungslogik

Die Beschaffenheit und Funktion eines zeitlichen Bezugssystems, das wir die abstrakte Zeit genannt haben, wurde oben dargelegt. Die Besonderheit dieses zeitlichen Bezugssystems gegenüber anderen besteht darin, daß es gleichsam eine Handlungsanweisung gegenüber den Subjekten beinhaltet. Diese infinitesimale Verwendungslogik der Zeit ist ferner gekennzeichnet durch die Unbestimmtheit des Zwecks, zu dem Zeit eingespart bzw. ökonomisch behandelt werden soll. Es wird einem solchen Verwendungsmuster ein prinzipieller Nutzen unterstellt, der keiner inhaltlichen Spezifikation bedarf. Allein die Unterstellung, daß die Knappheit der Zeit ein unabweisbares Faktum sei, impliziert bereits den Imperativ der ökonomischen Verwendung jeder verfügbaren Zeiteinheit.

Die Reichweite dieses Verwendungsimperativs der Zeit scheint zunächst auf den Bereich der Arbeit, der Produktion und des Handels begrenzt zu sein. Jedoch wird abgehoben von der individuellen Handlung auch der sogenannte Freizeitsektor ökonomisch bewertet dadurch, daß er in der Nationalökonomie als ökonomisch nicht genutzte Zeit aufgefaßt wird.[1]

Die infinitesimale Verwendungslogik der Zeit strukturiert mittelbar auch weitreichend die Bedingungen außerhalb der Sphäre der Arbeit. Zunächst bildet die durch strikte Anwendung zeitökonomischer Prinzipien gesteigerte Arbeitsproduktivität, durch die gesellschaftlich mehr Zeit verfügbar gemacht wird, erst einmal die Grundlage dafür, daß zeitökonomische Prinzipien in einigen Sektoren und für einige gesellschaftliche Gruppierungen vorübergehend oder mit besonderer Legitimation auch dauerhaft, suspendiert werden können. Die zeitwirt-

[1] Dem entspricht die Berechnungsform von nicht mit wirtschaftender Tätigkeit verbrachter Zeit in Opportunitätskosten, d. h. in der Verbuchung von ökonomisch nicht genutzter Zeit als entgangene Gelegenheit zur ökonomischen Nutzung von Zeit.

schaftlichen Enklaven innerhalb einer Gesellschaft, in der die rationelle Verwendung jeder Zeiteinheit der Ausgangspunkt für die Steigerung der Produktivität und für das ökonomische Wachstum ist, stellen darum gleichsam ein Wohlstands- und Luxusprodukt dar, über das in besonderem Umfang auf der Basis herausgehobener materieller Bedingungen die gesellschaftlich Privilegierten, auf der Basis materieller Verarmung die gesellschaftlichen Randgruppen verfügen.

Die Suspendierung des zeitlichen Verwendungsimperativs im Nicht-Arbeitsbereich vollzieht sich in den mit höchster Zeitökonomie produzierenden industriellen Gesellschaften für die Masse der abhängig Beschäftigten jedoch weitgehend nur ihrem Anspruch nach, die Realität stellt sich anders dar. In den Abschnitten IV. und V. konnte gezeigt werden, daß eine Fülle von sozialen Übertragungsmechanismen vom Produktions- in den Nicht-Arbeitsbereich bzw. in die Privatsphäre hinein wirkt, die sowohl durch reale zeitliche Zwänge wie auch durch Bewußtseinsphänomene vermittelt ist. Häufig sind auch beide Ebenen in nur schwer trennbarer Weise miteinander verkoppelt.

Nun sind die kontraproduktiven Folgen der allgegenwärtigen Beherrschung gesellschaftlicher Strukturen durch das Prinzip der ökonomischen Nutzung der Zeit zwar sichtbar. Jedoch ist der Ansatzpunkt, an dem eine Eingrenzung zumindest des Geltungsbereiches der infinitesimalen Verwendungslogik erfolgen könnte, sehr viel undeutlicher auszumachen. Zum einen, weil diese sich in unzähligen gesellschaftlichen Mikrostrukturen und Subsystemen als dominierende Handlungslogik durchgesetzt hat, jedoch von den Betroffenen nicht als ein Gegenstand betrachtet wird, den man nach eigenen Bedürfnissen formen könnte. Dieser Auffassung entspricht die Erfahrung aus dem Arbeitsbereich, daß es nur schwer möglich ist, sich den über den ökonomischen und sozialen Wettbewerb vermittelten Imperativen zeitlicher Rationalität willkürlich zu entziehen.

Zum anderen sind Ansatzpunkte nur darum schwer erkennbar, weil die Ursachen für die weiter zunehmende Diffusion und Ausdifferenzierung zeitwirtschaftlicher Kalküle in fast allen Lebensbereichen nicht unbedingt unvermittelt im Infinitesimalprinzip als solchem liegen. Ohne daß dies in der Arbeit detailliert ausgeführt werden konnte, vertreten wir hier die Auffassung, daß — ebenso wie Zeitstrukturen hinsichtlich ihres gesellschaftlichen Geltungsanspruches wie auch der Präzision zeitlicher Normierungen Ausdruck gesellschaftlicher Konfliktlagen und Dissoziierungsvorgänge sind — das Infinitesimalprinzip zumindest in den marktwirtschaftlich organisierten Gesellschaften ein der vorherrschenden einzelwirtschaftlichen Denkweise inhärentes Prinzip ist, das das Handeln der Wirtschaftssubjekte und sozialen Institutionen weitgehend beherrscht. Die kontraproduktiven Effekte der herrschenden Zeitökonomie verweisen daher wesentlich auch auf die Grenzen einzelwirtschaftlicher Rationalität.

Die Existenz der infinitesimalen Verwendungslogik der Zeit bzw. der abstrakten Zeitstruktur kann weiterhin nicht aus dem Gesamtzusammenhang zeitlicher

Organisiertheit einer Gesellschaft herausgelöst werden. So bilden bestehende Synchronitätsanforderungen und die in der Technologie inkarnierte zeitliche Logik ebenso wie die Arbeitsinhalte und Arbeitszeitregelungen eine sich wechselseitig verstärkende Struktur, die der Zeitordnung einer hochentwickelten Gesellschaft erst Beständigkeit und Reproduzierbarkeit verleiht.

Dieser Komplexität muß eine politische Strategie gerecht werden, die eine Dekonstruktion infinitesimaler Kalküle anstrebt.

Teilweise stellt sich das Infinitesimalprinzip selbst in Frage. Ansätze einer Negation der herrschenden Verwendungslogik der Zeit werden auf der Basis einer immanenten Kritik an ihren Folgen im Vergleich zu ihrem Anspruch der Forcierung des wirtschaftlichen und sozialen Fortschritts hochentwickelter Gesellschaften sichtbar:

— Die Benefits (materielle Versorgung, gesundheitliches und soziales Befinden, Zeitwohlstand) der Gesellschaft wachsen nicht (mehr) im gleichen Verhältnis, wie die Rigidität von Zeitstrukturen im Arbeitsbereich und außerhalb der Erwerbsarbeit zunimmt.
— Die anhaltende schlechte Beschäftigungslage und die damit verbundene soziale Ungleichheit der Verteilung von Chancen stellen den Sinn weiterer Steigerungen der Arbeitsproduktivität und damit den Nutzen der forcierten Anwendung zeitwirtschaftlicher Kalküle in Frage.
— Die Ideologie der Leistungssteigerung in Verbindung mit einer stetig verbesserten Zeitökonomie in der industriellen Arbeit und in anderen Wirtschaftsbereichen, aber auch im Privatbereich, wird angreifbarer, weil Leistung tendenziell weniger als in früheren Zeiten in einen Zusammenhang zu bringen ist mit den individuellen Chancen einer adäquaten Teilhabe am gesellschaftlichen Produkt und an den Chancen sozialer Mobilität.
— Hierzu gehört auch die wachsende Ungleichverteilung der Chance, durch mehr Leistung zu mehr Zeitwohlstand zu gelangen. Im Gegenteil wird deutlich, daß Leistungsorientiertheit gerade mit dem Verlust von Zeitwohlstand verbunden ist, ohne in jedem Falle Güterwohlstand zu garantieren.

Insofern sich das Infinitesimalprinzip durch seine mittelbaren und unmittelbaren Folgen selbst die Legitimationsbasis entzieht und hierdurch vor allem auf die im Arbeitsprozeß stehenden Subjekte eher demotivierend wirkt, muß der fehlenden Verinnerlichung von Leistungsnormen verstärkt durch Außenkontrolle begegnet werden, um die bestehenden Leistungsstandards aufrechtzuerhalten. Gegenwärtig geschieht dies etwa durch den zunehmenden Einsatz von EDV-gestützten Betriebsdatenerfassungssystemen.

Die wachsende Fremdkontrolle innerhalb des Arbeitsbereiches ist also wesentlich auch Ausdruck eines zu niedrigen Niveaus zeitrationaler Handlungskompetenz oder Motiviertheit, dem begegnet werden soll. Der Geltungsanspruch des Faktors Zeit als die dominierende Rationalität betrieblicher Entscheidungen tritt jedoch gerade, indem Teile der Beschäftigten die Berechtigung einzelner zeitlicher Vorgaben in Frage stellen, nur deutlicher hervor. Diese Entwicklung läßt das Aufkommen manifester Konflikte und Widerstände gegen Zeitnormative, die nicht im Interesse der Betroffenen liegen, wahrscheinlicher werden.

3.2 Synchronitätsanforderungen

Der hohe Grad der Arbeitsteilung in entwickelten Industriegesellschaften, der künftig noch weiter zunehmen dürfte, zieht ebenso wie das Ausmaß des Zwanges zur räumlichen Mobilität wachsende Synchronitätsanforderungen nach sich. Hieraus resultiert eine Vielzahl, durch das betroffene Individuum nicht mehr kontrollierbarer zeitlicher Anforderungsprofile. Mit der steigenden Anzahl und der zunehmenden Präzisierung festgelegter, handlungsinduzierender Zeitpunkte und Zeiträume innerhalb des Systems der Erwerbsarbeit wie auch außerhalb desselben, wird das Individuum zum Ausführungsorgan mehr oder weniger abstrakter, fremdgestalteter Terminpläne, an die es seine physische, psychische und soziale Leistungsbereitschaft anzupassen hat. Im Gefolge hiervon nimmt faktisch die zeitliche Normierung auch von bis dahin selbstbestimmten Tätigkeiten und Prozessen zu, wie z. B. der Dauer des Essens, des Schlafens, von Freizeitaktivitäten wie auch etwa der Dauer von Gesprächen, Wartezeiten u. ä. Synchronitätsanforderungen bestehen ebenfalls durch die zeitsparende Handlungsstrategie der Zeitvertiefung, d. h. der simultanen Ausführung mehrerer Tätigkeiten (vgl. Kap. V.3.).

Die Erhöhung oder Wiedergewinnung der Kontrolle über die Strukturierung der Zeit durch das Individuum erfordert daher die Herabsetzung dieser Synchronitätsanforderungen, die ihm gegenwärtig als Sachgesetzlichkeit gegenübertreten. Wie gezeigt werden konnte, ist ein großer Teil dieser Interaktionsnetze und Kommunikationsbeziehungen als erzwungen anzusehen, weil sie im Interesse der Betroffenen häufig nur insofern liegen, als diese unter gegebenen Bedingungen nicht umhin können, sich in eine vorgegebene Struktur einzugliedern, um keine Nachteile sozialer oder materieller Art zu erleiden.

Eine Herabsenkung der objektiven Synchronitätsanforderungen setzt eine Reduzierung sozialer und ökonomischer Interaktionsnetze, eine Verkürzung der Interdependenzketten voraus. Die Forderung nach „kleinen Netzen“ ist bereits vielfach unter dem Aspekt der Entlastung der natürlichen Umwelt aufgestellt worden. Eine Verkürzung der Interdependenzketten und die Reduzierung von Abhängigkeitsbeziehungen zwischen den Wirtschaftssubjekten führen zu einer Vermehrung der zeitlichen Dispositionsfreiheit, zu zeitlichen Puffern und bezogen auf das Individuum zu einer Herabsetzung des Zwanges zur Anpassung der schwankenden individuellen Leistungsfähigkeit und -bereitschaft an fremdkontrollierte zeitliche Vorgaben.

Vor allem aber müßte die Verkleinerung der Netze dazu führen, daß die Zeit als Medium der Abstimmung und Koordination von Handlungen aufeinander an Bedeutung verliert und mit ihrer sinkenden Relevanz auch der Wert der Zeit bzw. ihre ökonomische Bewertung abnimmt. Solange jedoch gleichzeitig die infinitesimale Verwendungslogik der Zeit ihren absoluten Geltungsanspruch durchsetzen kann, könnten die entstandenen zeitlichen Puffer wieder anderen, im engeren Sinne produktiven, zeitlich und sachlich festgelegten Nutzungsformen zugeführt werden. Dies verweist, trotz analytischer Trennung, auf einen inneren Zusammenhang von Synchronitätsanforderungen und zeitlicher Verwendungslogik. Daher kann eine Verkleinerung der Netze nur dann als sinnvoll oder überhaupt als möglich erachtet werden, sofern auch der Geltungsbereich der infinitesimalen Verwendungslogik bzw. ihre Anwendung reduziert werden kann.

3.3 Angepaßte Technologie

Wie eingangs behandelt (vgl. Kap. II.2), läßt sich auch in der Konstruktionslogik der Technologie des Industrialismus die Bewirtschaftung der Zeit als ein zentraler Referenzpunkt nachweisen. So stellt bereits die „Key-Machine" des Industriesystems (Mumford), die Uhr, an der sich die gesamte spätere Mechanik orientiert, mit der Betonung der Gleichförmigkeit und Präzision im Voranschreiten naturgemäß auf die Zeit ab. Aber auch fast alle nachfolgenden technischen Entwicklungen im Produktionsbereich sind entweder Werkzeuge und Maschinen, die die Einsparung von Zeit intentional bewirken sollen, wie etwa anhand des Verkehrswesens nachzuweisen wäre, oder aber zeitwirtschaftliche Parameter sind indirekt berücksichtigt. So existiert höchstwahrscheinlich keine Werkzeugmaschine, in der Zeitersparnis, teilweise verborgen hinter Begriffen wie „hoher Bedienungskomfort", „rationelle Handhabung" oder „hohe Produktionsleistung" nicht verwirklicht ist. Zumindest sind nur schwer Konstruktionen vorstellbar, die intentional gegen zeitökonomische Rationalitätskriterien verstoßen.

Nicht nur die Logik der Technologie, sondern auch der Umfang eingesetzter Technologie resultieren weithin aus Erfordernissen, die auf den gesellschaftlichen Zeithaushalt verweisen.

So basiert die Größenauslegung von Kraftwerken oder die der Infrastruktur im Verkehrs- und Nachrichtenwesen auf Spitzenlastberechnungen, d. h. auf für einen nur verhältnismäßig kurze Zeit bestehenden Maximalwert der Nachfrage oder Frequentierung.

Weiterhin entsteht eine Reihe von Produktionserfordernissen erst daraus, daß in den entwickelten Ländern in hohem Maße von natürlichen Rhythmen emanzipierte Lebens- und Arbeitsweisen praktiziert werden, die etwa zur Benutzung künstlicher Beleuchtung führen. Mit anderen Worten bindet allein die zeitliche

Lage von Tätigkeiten im Tages-, aber auch im Jahresverlauf vermittelt z. B. über den Energiebedarf, Produktionskapazitäten und natürliche Ressourcen.

Von der Produktionsseite her betrachtet ist die gegenwärtige Technologie auch insofern auf zeitliche Bezugsgrößen fixiert, als die Erstellung einer Leistung oder eines Produkts wie etwa Fahrleistung oder Energiegewinnung möglichst zeitlich unabhängig vom schwankenden Angebot an den Primärenergien Wind und Wasser erfolgen soll.

Demgegenüber sind an die vorhandenen natürlichen Ressourcen und an die menschliche Leistungsfähigkeit angepaßte, ökologische Zeitstrukturen nicht denkbar ohne eine angepaßte Technologie: dies meint eine Technologie, die nicht ausschließlich darauf abstellt, ihre eigenen Zeitmaße ohne Berücksichtigung des Rhythmus der äußeren Natur wie auch gegen den inneren Biorhythmus des Menschen (vgl. Kap. III.2.) durchzusetzen, sondern die Spielräume beläßt, innerhalb derer menschliche Individuen oder Kollektive ihren eigenen Rhythmus einbringen können. Insofern ist das Konzept einer sozialorientierten Technologiepolitik (vgl. Naschold 1979) auch unter zeitwirtschaftlichen Aspekten hochgradig relevant.

Darüber hinaus muß auch der Anpassung an die äußere Natur im Sinne einer vermehrten Berücksichtigung der Kalkulation von Umweltschäden Aufmerksamkeit geschenkt werden. So wäre auch aus diesem Grunde zu prüfen, ob etwa das Energieangebot in jedem Falle der Nachfrage seitens der Energiekonsumenten folgen muß oder ob nicht in verschiedenen Fällen solchen Technologien der Vorrang gegeben werden müßte, die zwar kein naturunabhängiges, konstantes Aufkommen produzieren (z. B. Wind- und Sonnenenergie), die dafür aber umweltverträglicher sind.

Freilich erhöht sich damit — zumindest auf den ersten Blick — die Abhängigkeit des individuellen oder kollektiven Handelns von zeitlichen Vorgaben und Parametern in Form einer zunehmenden Abhängigkeit von den Unregelmäßigkeiten natürlicher Vorkommen wie Wind, Sonneneinstrahlung etc. Verfolgt man diese Strategie jedoch als gesellschaftliches Konzept, so daß alle Beteiligten gleichermaßen betroffen sind und Wettbewerbsvorteile für gesellschaftliche Teilgruppen entfallen, so relativiert sich das, was zuvor als vermeidbarer Zeitverlust galt. Das herrschende Produktivitäts- und Effizienzverständnis würde damit generell in Frage gestellt, die zeitökonomisch-eindimensionale Referentialität der herkömmlichen Rechnungsweise aufgebrochen. Das Referenzsystem der wirtschaftlichen Erfolgskontrolle würde einzelwirtschaftlich und gesamtwirtschaftlich um den Faktor der Bewirtschaftung der natürlichen Umwelt erweitert werden. Die Optimierung von Umwelterfordernissen würde positiv in die Bilanz eingehen und damit die Bedeutung des zeitlichen Bezugssystems relativiert werden.

Die Eindimensionalität des Bezugssystems, das lautet: Produktivität gleich ein Maximum an Output pro Zeiteinheit, wäre in einer solchen alternativen Berechnungsweise aufgehoben in einer Formel, die etwa folgendermaßen lauten könnte: Produktivität gleich ein Minimum an „Verbrauch" an Umwelt bzw. an natürlichen Ressourcen *und* einem Minimum an aufgewandter Zeit.

3.4 Gestaltung von Arbeitsbedingungen

Das hohe Regenerationsbedürfnis nach einer physisch, psychischen und/oder sozial hochbelastenden Tätigkeit führt faktisch zu einer Zeit-Bindung an bestimmte Verwendungszwecke, etwa zur Bindung an die Tätigkeiten „Schlaf" und „Zerstreuung". Es wurde versucht zu zeigen, wie sich, wenn die Belastung bestimmte Grenzwerte übersteigt, Verhaltensweisen bezüglich der Strukturierung von Zeit (genannt Bearbeitungsmodi von Zeit) ausbilden, die eine Kontrolle auch über die formale Struktur des Zeitbudgets weitgehend nicht mehr zulassen (vgl. Kap. V.3.). Stark belastende Arbeitsbedingungen, die lang anhalten, führen damit in Form suboptimaler Bewältigungsmuster gegenüber zeitlichen Problemen außerhalb der Erwerbsarbeit ebenso zu einem Kontrollentzug über die eigene Zeit wie direkte Vorschriften über Dauer und Terminierung von Tätigkeiten im Betrieb.

Da Zeitnormen einen sehr wesentlichen Belastungsfaktor im gesamten Spektrum der Belastung am Arbeitsplatz darstellen — sowohl objektiv wie auch im Empfinden der Betroffenen —, kann eine Kontrolle über die eigene Zeit auch im Nicht-Erwerbsbereich nur dann gelingen, wenn Kontrollkompetenzen über die Zeitnormative im Arbeitsalltag hergestellt werden können.

Es spricht vieles dafür, daß zudem zwischen dem Arbeits*inhalt* auf der einen und der Arbeitszeit als solcher auf der anderen Seite ein unlösbarer Zusammenhang besteht: erst dort, wo die Arbeitsinhalte nicht mehr von den unmittelbar Arbeitenden selbst bestimmt werden, entsteht „Arbeitszeit" im modernen Sinne. Arbeitszeit war zunächst ein Kampfbegriff der abhängig Beschäftigten gegen die Bestrebungen der zeitlich grenzenlosen Nutzung ihrer Arbeitskraft. Der Konflikt um die Zeitspanne, während der der Unternehmer die Arbeitskraft des von ihm entlohnten Beschäftigten nutzen kann, war von seinen ersten Anfängen an ein entscheidender Motor der Diffusion und Generalisierung des zeitlichen Bezugssystems in der modernen Gesellschaft. Die Konflikthaftigkeit sozialer Beziehungen gehört untrennbar zum Begriff und zur Genesis der sozialen Zeit.

Wir haben oben versucht darzustellen, wie Arbeitszeitregelungen bezüglich ihrer Elaboriertheit und Präzision u. a. den Grad der Entinhaltlichung und Fremdbestimmung von industrieller Arbeit widerspiegeln. Wenn man dieser These folgt, dann können auch eine gerechtere Verteilung von Zeitkontingenten und dementsprechende Regelungen allein nicht bewirken, daß Zeit als solche, d. h. in ihrer Bedeutung als Referenzsystem für Arbeits- und Interaktionsprozesse in den hochentwickelten Ländern, reduziert wird.

Vielmehr wäre durch eine Anreicherung der Arbeitsinhalte, durch Kontrolle der Arbeitsbedingungen — eben nicht nur in der zeitlichen Dimension — und durch die Mitbestimmung über die Inhalte der Produktion die Identifikation mit der Arbeitstätigkeit und die tatsächliche Involviertheit in die Abläufe und Entscheidungen des Betriebes zu erhöhen. Nur so kann es gelingen, zeittheoretisch formuliert, die Differenz der beiden Systemzeiten „eigene Zeitoption des Beschäftigten" und „Systemzeit des Betriebes" in einem Prozeß wechselseitiger Einflußnahme wieder stärker einander anzugleichen. Die zeitlichen Vorgaben, die sich aus den tatsächlichen sachlichen Notwendigkeiten ergeben, würden so problemloser als Teil der eigenen, bewußt gestalteten Zeitverwendung seitens der betroffenen Individuen integrierbar. Auf der anderen Seite übernähme der Betrieb die durch Grenzen der Leistungsfähigkeit wie aber auch der Leistungswilligkeit gesetzten Zeitdispositionen der Beschäftigten.

Ein mehrdimensionales Bewertungssystem, das neben dem Umweltaspekt auch die Bedingungen menschlicher Arbeit reflektiert, würde die Zeitdispositionen der Angehörigen des Betriebes nicht, wie in der gegenwärtigen, streng an zeitökonomisch-rationalen Prinzipien orientierten Kostenrechnung der Betriebe und der Unternehmungen, als negativ in Form von Kosten bewerten. Die Herstellung zeitlicher Dispositionsfreiheit der Beschäftigten würde (freilich nicht unbegrenzt) in einer solchen Rechnung als ein Teil der betrieblichen Leistung und Produktivität erscheinen und wäre somit selbst ein Teil des Gesamtproduktionsziels des Betriebes.

Die Kontrolle über Arbeits- und Produktionsinhalte sowie über die Arbeitsorganisation und hierbei insbesondere über die betrieblichen Zeitstrukturen erfordert jedoch eine Anhebung der Qualifikation der Beschäftigten, um kompetente Entscheidungen zu ermöglichen. Darüber hinaus entsteht durch erhöhte Qualifikation an sich schon ein erhöhtes Maß an Freiheit durch die Vermittlung der Kenntnis zusätzlicher Handlungsalternativen und damit auch der Fähigkeit zur verbesserten Disposition im Sinne der hier vorgeschlagenen erweiterten Rechnungslegung.

Auf den Zusammenhang von eigener Kontrolle über die technische und soziale Umwelt und Qualifikation haben Dörr/Naschold (1982) hingewiesen. Um eine wirksame Kontrolle der Beschäftigten über ihren Arbeitsbereich i. w. S. möglich zu machen, schlagen sie u. a. die Wiederzusammenführung der operativen mit den dispositiven und administrativen Funktionsbereichen der Produktionsplanung und Produktionssteuerung sowie eine Transformation der individuellen Beruflichkeit zu einer „kollektiven Professionalität" vor.

Die Humanisierung des Arbeitslebens, verstanden in einem umfassenden Sinne, ist somit eine der entscheidenden Voraussetzungen für die Gestaltung auch menschengerechter Zeitstrukturen, und zwar nicht nur bezogen auf den Arbeitsplatz, sondern auch auf alle anderen gesellschaftlichen Bereiche.

In einem komplexen System wirtschaftlicher Erfolgskontrolle müßte daher

— die möglichst *geringe Vernutzung menschlicher Gesundheit*
— der möglichst *geringe Verbrauch von natürlicher Umwelt* und natürlicher Ressourcen
— wie schließlich als eine Bezugsgröße unter anderen ein den erstgenannten Größen angepaßter, in diesem Sinne möglichst *geringer Zeitverbrauch*

Berücksichtigung finden und optimiert werden. Damit wäre eine das industrielle Verständnis von „Produktivität" transzendierende Bezugsgröße für wirtschaftlich effizente Entscheidungen eingeführt.

3.5 Arbeitszeitregelungen

Sehr naheliegend zur Herstellung angepaßter Zeitstrukturen ist scheinbar eine möglichst weitreichende Flexibilisierung der Arbeitszeitregelungen; hiermit scheint am unmittelbarsten und schon in naher Zukunft eine Anpassung zeitlicher Strukturen an individuelle Bedürfnisse und biologische und soziale Rhythmen erreichbar zu sein.

Unbestreitbar ist, daß z. B. in verschiedenen Lebensphasen der Beschäftigten unterschiedliche Interessen und Gewichtungen des Verhältnisses von Erwerbsarbeit/Einkommen und freier Zeit bestehen, denen mit der Beseitigung starrer Regelungen entsprochen werden könnte. Es gibt also grundsätzlich keinen Anlaß, einem starren Arbeitszeitregime, das sich, wie erläutert, nicht nur aus den Interessen der Arbeitnehmerseite heraus, sondern historisch als Kompromiß in den Auseinandersetzungen um Lohn und Leistung entwickelt hat, das Wort zu reden. Starre Arbeitszeitregelungen sind integraler Bestandteil des „harten" Industriesystems und Teil der Herrschaftsausübung der Kapitalseite über die Arbeit (vgl. hierzu Kap. III).

Die Forderung nach der Flexibilisierung der Arbeitszeit, die nicht nur als Kampfmittel der Arbeitgeberseite eingesetzt, sondern auch von vielen Arbeitnehmern befürwortet wird (vgl. Engfer et al. 1983), ist durchaus als Reaktion auf einen hohen Grad der Normierung und Rigidisierung von Zeitstrukturen, d. h. ein hohes Niveau der Bewirtschaftung der Ressource Zeit anzusehen. Zudem: Flexibilisierung der Arbeitszeit stellt sozusagen die am weitesten entwickelte Form von Zeit in ihrer Eigenschaft als Konsumgut dar. In einer ersten Phase, seit der Industrialisierung, konnte als Zeitwohlstand ein möglichst großes *Quantum* verfügbarer Zeit angesehen werden. Es scheint, daß die weiter entwickelten Gesellschaften seit einiger Zeit in die nächste Phase eingetreten sind: Der Zeitwohlstand der neuen Entwicklungsstufe besteht darin, nicht nur über eine stetig sich vermehrende Quantität, sondern auch über einen möglichst selbstbestimmten Zeithaushalt zu verfügen, d. h. auch über Zeitpunkte, nicht nur über Zeitstrecken disponieren zu können.

Bei näherer Betrachtung des Hintergrundes, auf dem sich die Forderung nach Flexibilisierung der Arbeitszeit und der Schaffung von mehr „Zeitsouveränität" entfaltet, stellt sich jedoch heraus, daß zwar unter günstigen ökonomischen Bedingungen, nämlich unter denen einer großen Arbeitsnachfrage, ein Zuwachs an Kontrolle über die eigene Zeitverwendung eintreten könnte. Den oben beschriebenen Tendenzen der Kontraproduktivität der Ökonomie der Zeit und des weiteren der Infinitesimalisierung zeitlicher Strukturen in Handlungen, Arbeitstätigkeiten und Planungsprozessen kann damit jedoch nicht entgegengewirkt werden. Zudem sind die Bedingungen auf dem Arbeitsmarkt gegenwärtig und auf lange Sicht nicht dazu angetan, Arbeitnehmerinteressen durchzusetzen. Die harten Auseinandersetzungen um die 35-Stunden-Woche belegen dies deutlich.

Die Flexibilisierung der Arbeitszeit bewirkt im Idealzustand eine Verstärkung der marktförmigen Allokationsformen. Die Knappheit der Zeit wird hierbei gesellschaftlich nicht verringert, sie nimmt im Gegenteil sogar weiter zu. Der Wert und die subjektive Wertschätzung der Zeit werden durch flexible Arbeitszeitformen nicht geringer: Da unter den herrschenden Bedingungen eine Flexibilisierung von Arbeitszeiten Teil einer umfassenden Rationalisierungsstrategie im Personaleinsatz der Unternehmungen ist, dergestalt, daß der Einsatz der Arbeitskraft möglichst nur dann erfolgen soll, wenn betriebstechnisch oder durch die Arbeitsperson bedingt deren volle Leistungsfähigkeit abgeschöpft werden kann, findet eine weitere Leistungsverdichtung des Arbeitsprozesses statt. Die unter der Disposition der Unternehmung stehende flexible Personaleinsatzpolitik führt so zu einer weiteren Ausbreitung und Vertiefung der zeitwirtschaftlichen Rationalität, die den Wert der Zeit bzw. einer Zeiteinheit eben nicht herabsetzt, sondern weiter anwachsen läßt.

Die Strategie der Flexibilisierung der Arbeitszeiten erweckt auf den ersten Blick den Anschein, als könne sie eine Rückkehr zu vorindustriellen Zeitmaßen herbeiführen. „Flexibilisierte Zeit" ist jedoch nicht in eins zu setzen mit einem gesellschaftlichen Zustand, in dem soziale Prozesse noch nicht oder nur wenig temporalisiert sind und wo daher die Zeit gleichsam naturbedingt „flexibel" ist. Ein Begriff von Flexibilität machte hier noch keinen Sinn, da die Normierung und Rigidität von Zeitstrukturen, deren Komplimentärerscheinung Flexibilität ist, sich noch nicht allgemein durchgesetzt hat.

Flexible Arbeitszeiten sind in dieser Hinsicht vergleichbar etwa mit der künstlich hergestellten sauberen Luft in einigen Millionenstädten der Welt, wo an Verkehrsbrennpunkten Sauerstoff eingeleitet wird. Diese synthetisch produzierten Luftverhältnisse stellen zwar insofern einen Fortschritt dar, als damit das Absterben biologischer Organismen verhindert wird. Dennoch kann die nun verfügbare „saubere Luft" nicht isoliert betrachtet werden von ihrem Kontext, nämlich der hochbelasteten Umwelt, in der sie ihre Funktion erfüllt und aus deren Kontrast sie überhaupt erst ihre Begriffsdefinition herleitet.

Vor allem darf nicht abstrahiert werden von den Ursachen und dem Prozeß der Entstehung der Verbesserung der Luftverhältnisse, die Ergebnis menschlicher Arbeit und technischer Aggregate sind und daher notwendig einer ökonomischen Bewertung unterliegen. Einem ebensolchen Bewertungsmechanismus unterliegt die durch Flexibilisierung der Arbeitszeit gewonnene zeitliche Dispositionsfähigkeit. Die auf diese Weise hervorgebrachte zeitliche Freiheit gerät in einen inneren Widerspruch — sie wird zur verordneten Spontaneität.

Flexible Arbeitszeitformen erscheinen weiterhin nicht dazu geeignet, die unter Punkt 3.4 beschriebenen Gegensätze zwischen der Zeit der Beschäftigten und der des Betriebes abzumildern, da die Voraussetzung hierfür die Kontrolle über Arbeitsinhalte und Inhalte der Produktion ist, nicht jedoch die bloß äußerliche Übereinkunft über zeitliche Regelungen, selbst wenn in verschiedenen Fällen Interessenkonvergenzen der Beteiligten vorliegen.

Bei der Beseitigung zeitlicher Restriktionen und der Herstellung angepaßter Zeitstrukturen ist generell nicht in erster Linie die konkrete Regelung, d. h. die Frage, ob es sich um flexible oder feste Arbeitszeiten, um Ruhestandsregelungen, Urlaub oder Sabbaticals u. a. handelt, ausschlaggebend. Von Bedeutung ist vielmehr der Entstehungsprozeß dieser Arbeitszeitregelungen als solcher und hierin, ob es sich um das Ergebnis eines mitbestimmten, im Sinne des Interesses der Beschäftigten kontrollierten Prozesses handelt oder nur um eine Übernahme fremder Zeit-Dispositionen.

Literaturverzeichnis

Abt, W., 1978: Unfallanalyse 1976, hrsg. v. d. gewerbl. Berufsgenossenschaften e. V., Bonn

Aengenendt, R., 1971: Ladenöffnungszeiten im Einzelhandel. Köln: Kölner Universitäts-Verlag

AG Gewerkschaftspresse Bonn (Hg.), o. J.: Neue Arbeitszeiten — wer profitiert? Materialien zu Job-Sharing und Teilzeitarbeit. Bonn: Verlag Kritische Politik

Allensbacher Jahrbuch der Demoskopie 1976-1977, 1977: Wien et al.: Molden

Andriole-Gebauer, A., 1978: Bedingungen und Folgen der Herausbildung von Zeitdisziplin in der Entwicklung von Wissenschaft und Ökonomie bis zur Durchsetzung der kapitalistischen Gesellschaftsform. Diplomarbeit, Pädagogische Hochschule Berlin

Andriole-Gebauer, A., 1981: Schule der Zeit — Schulzeit. In: Ästhetik und Kommunikation No. 45/46, S. 107-113

Arge/HHS, 1983: Jahresbericht der Arbeitsgemeinschaft ARGE/HHS II, Bd. I, S. 111, Stuttgart

Arndt, H., 1979: Irrwege der politischen Ökonomie. München: C. H. Beck

Asam, W., o. J.: Öffentliche Realtransfers und personale Verteilungswirkungen. Eine empirische Analyse zur Beeinflussung gruppenspezifischer Versorgungslagen durch Einrichtungen der sozialen Infrastruktur. Diss., FB WiSo, Univ. Augsburg

Axeli-Knapp, G., 1980: Abschied vom Blei — Dequalifikationserfahrungen von Schriftsetzern. In: Technologie und Politik, Nr. 15. Hbg.: Rowohlt

Bach, H. U., Kohler, H., Reyher, L., Teriet, B., 1977: Arbeitszeit und Arbeitsvolumen in der BRD 1960-1975. In: MittAB No. 1/1977

Bäcker, G., 1981: Teilzeitarbeit und individuelle Arbeitszeitflexibilisierung. Festschreibung der Benachteiligung von Frauen in Beruf und Familie. In: WSI-Mitteilungen No. 4/1981, S. 194-203

Bäcker, G., Seifert, H., 1982: Arbeitszeitverkürzung durch individuelle Flexibilität oder tarifvertragliche Regelungen? In: WSI-Mitteilungen No. 2/1982, S. 123-134

Bahrdt, P., 1982: Arbeit als Inhalt des Lebens („. . . denn es fähret schnell dahin. . .“). Beiträge zum 21. Deutschen Soziologentag. In: SOFI-Mitteilungen Okt. 1982, S. 1-34

Balla, B., 1978: Soziologie der Knappheit. Stuttgart: Enke

Ballerstedt, E., Glatzer, W., et al., 1975: Soziologischer Almanach. Frankfurt/New York: Herder u. Herder

Bataille, G., 1975: Die Aufhebung der Ökonomie, hrsg. v. G. Bergfleth und A. Matthes, München: Rogner & Bernhard

Bauer, R., et al. (ed.) 1966: Social Indicators. Cambridge et al.: MIT Press

Baumann, W., Klimpel, H., Kniess, F.-W., 1980: Schnellimbiss. Marburg: Jonas

Becker-Schmidt, R., Brandes-Erlhoff u. Karrer, M., Axeli-Knapp, G., Rumpf, M., Schmidt, B., 1982: Nicht wir haben die Minuten, die Minuten haben uns. Zeitprobleme und Zeiterfahrungen von Arbeitermüttern in Fabrik und Familie. Bonn: Neue Gesellschaft

Behrens, G., 1978: Informationspolitik für Verbraucher — zwischen Wunsch und Wirklichkeit. In: Verbraucherpolitik in der Marktwirtschaft, hrsg. v. B. Biervert, W. F. Fischer-Winkelmann, R. Rock. Hbg.: Rowohlt

Benseler, F., Heinze, R.G., Klönne, A., (Hg.), 1982: Zukunft der Arbeit. Hbg.: VSA

Bergmann, W., 1981: Zeit, Handlung und Soziabilität bei G. H. Mead. In: Zeitschrift für Soziologie, No. 4/1981, S. 351-363

Bergmann, W., 1981: Die Zeitstrukturen sozialer Systeme. Eine systemtheoretische Analyse. Soziologische Schriften, Bd. 33, Berlin: Duncker & Humblot

Bergmann, W. 1983: Das Problem der Zeit in der Soziologie. Ein Literaturüberblick zum Stand der „zeitsoziologischen" Theorie und Forschung. In: Kölner Zeitschrift für Soziologie und Sozialpsychologie No. 3/1983, S. 462-504

Bergmann, E., Bolm, W., Seitz, B., Bartholomeyczik, S., (Bundesgesundheitsamt Berlin), 1982: Schichtarbeit als Gesundheitsrisiko. Frankfurt/New York: Campus

Berk, R. A., Berk, S. F., 1979: Labor and Leisure at Home. Content and Organization of the Household Day. Beverly Hills, London: Sage

Berndt, H., Rinderspacher, J. P., Rodenstein, M., 1978: Belastungssituationen und Bewältigungsstrukturen im Reproduktionsbereich. Ms. Wissenschaftszentrum Berlin IIVG/AP

Bettelhäuser, Brock, Einemann, Abholz, Funke, 1980: Arbeitermedizin — Ergebnisse einer Aktion Bremer Werftarbeiter. In: Kritisches Gewerkschaftsjahrbuch 1980/81, hrsg. v. O. Jacobi, E. Schmidt, W. Müller-Jentsch. Berlin: Rotbuch

Bielenski, H., Streich, W., 1980: Praktizierte Maßnahmen zur Schichtarbeit. Verbesserung der Arbeitsbedingungen. Gesellschaft für Arbeitsschutz und Humanisierungsforschung. Bonn: Der Bundesminister für Arbeit und Sozialordnung

Bienefeld, M. A., 1972: Working Hours in British Industry: An Economic History. London: Weidenfeld & Nicolson

Bierter, W., 1979: Der selbstproduzierende Konsument. In: Der neue Konsument, Fischer Magazin Brennpunkt. Frankfurt/Main: Fischer

Blass, W., 1980: Zeitbudget-Forschung. Eine kritische Einführung in Grundlagen und Methoden. Frankfurt/New York: Campus

Böckle, F., 1979: Flexible Arbeitszeit im Produktionsbereich: Möglichkeiten und Grenzen der Modifizierung von Arbeitszeitstrukturen im industriellen Produktionsbereich unter besonderer Berücksichtigung der zeitlichen Bindung von Fertigungsabläufen. Frankfurt/Main, Bern, Las Vegas: Lang (Europäische Hochschulschriften)

Boland-Weinhuber, R., 1976: Technisierung der Haushalte. In: Die Familienhaushalte im wirtschaftlichen und sozialen Wandel, hrsg. v. R. v. Schweitzer und H. Pross. Göttingen: Schwartz

Bolle, M., Fischer, U., Strümpel, B. (Hg.), 1982: Analytische und empirische Aspekte der Arbeitszeitgestaltung auf betrieblicher und überbetrieblicher Ebene. München: Minerva

Bolle, M., Strümpel, B., 1982: Die Chancen von Arbeitszeitpolitiken. In: Analytische und empirische Aspekte der Arbeitszeitgestaltung auf betrieblicher und überbetrieblicher Ebene, hrsg. v. M. Bolle, U. Fischer, B. Strümpel. München: Minerva

Bolle, M., Grottian, P. (Hg.), 1983: Arbeit schaffen — jetzt! Hbg.: Rowohlt

Born, C., Vollmer, Ch., 1982: Familienfreundliche Gestaltung des Arbeitslebens. Endbericht. Arbeitsgemeinschaft Gesellschaft für Arbeitsschutz und Humanisierungsforschung (Dortmund), Gesellschaft zur Förderung der Humanisierungsforschung e. V., Bremen

Boubou Hama, M., Ki-Zerbo, J., 1979: Die Dynamik des afrikanischen Zeitbegriffs. In: UNESCO-Kurier No. 8/9 1979

Bourdieu, P., 1963: La société traditionelle. Attitude à l'égard du temps et conduite économique. In: Sociologie du travail, S. 24-44

Bräutigam, W., Christian, P., 1975: Psychosomatische Medizin. Stuttgart: Thieme

Brankamp, K., 1978: Produktion in „Geisterschicht". Prozeßüberwachung an Maschinen der Massenfertigung. Essen: Girdardet

Brandt, G., Kündig, B., Papadimitriou, Z., Thomae, J., 1978: Computer und Arbeitsprozeß. Frankfurt/New York: Campus

Braverman, H., 1977: Die Arbeit im modernen Produktionsprozeß. Frankfurt/New York: Campus

Breunig, W. (Hg.), 1973: Das Zeitproblem im Lernprozeß. München: Ehrenwirth

Briefs, U., 1980: Arbeiten ohne Sinn und Perspektive? Köln: Pahl-Rugenstein

Buddrus, V., Grabbe, H., Nahrstedt, W. (Hg.-Gruppe „Freizeit"), 1980: Freizeit in der Kritik. Köln: Pahl-Rugenstein

Bücher, K., 1909: Arbeit und Rhythmus. Leipzig: Teubner

Bürkardt, D., Oppen, M., 1982: Krankenstand als Gegenstand von Personal- und Sozialpolitik. Wissenschaftszentrum Berlin IIVG/AP dp 82-203

Burger, Ch., Füchsle, I., Trommsdorff, G., 1980: Geschlechtsdifferenzen in der Zukunftsorientierung. In: Zeitschrift für Soziologie, No. 4/1980, S. 366-377

Carlstein, T., Thrift, N., 1977: Towards a Time-Space Structured Approach to Society and Environment, Ms. Lund 1977; Nachwort zu: Human Activity and Time Geography, Bd. 2 v. "Timing Space and Spacing Time", London, hrsg. v. T. Carlstein, D. Parkes, N. Thrift

Chalendar, J., 1972: Die Neuordnung der Zeit. Aldingen: Hengstler

Chorover, L. St., 1982: Die Zurichtung des Menschen. Von der Verhaltenssteuerung durch die Wissenschaften. Frankfurt/New York: Campus

Cipolla, C. M., 1976: Before the Industrial Revolution. European Society and Economy 1000-1700. London: Methuen

Clawson, M., 1972: Das Zeitbudget moderner Gesellschaften. In: Soziologie der Freizeit, hrsg. v. E. K. Scheuch und R. Meyersohn, Köln: Kiepenheuer u. Witsch

Colquhoun, W. P., Rutenfranz, J., (ed.), 1980: Studies of Shiftwork. London: Taylor & Francis

Conradi, H., 1982: Teilzeitarbeit. Theorie, Realität, Realisierbarkeit. München: Minerva

Conze, W., Engelhardt, U. (Hg.), 1979: Arbeiter im Industrialisierungsprozeß. Stuttgart: Klett-Cotta

Davis, N., 1981: The Sacred and the Body Social in Sixteenth-Century Lyon. In: Past and Present, No. 90/1981

Deutscher Bundestag, 1981: Bericht der Bundesregierung über den Stand der Unfallverhütung und das Unfallgeschehen in der Bundesrepublik Deutschland (Unfallverhütungsbericht), Bundestagsdrucksache 9/901

Deutschmann, Ch., 1982: Zeitflexibilität und Arbeitsmarkt. Zur Entstehungsgeschichte und Funktion des Normalarbeitstages. In: Arbeitszeitpolitik, hrsg. v. C. Offe, K. Hinrichs, H. Wiesenthal, Frankfurt/New York: Campus

Dickson, D., 1974: Alternative Technologie and the Politics of Technical Change. Glasgow: W. C. Sons

Dörr, G., Naschold, F., 1982: Technologieentwicklung und Stress. Wissenschaftszentrum Berlin IIVG/pre 82/201

Dohren-van-Rossum, G., 1981: Uhrzeit und Zeitordnung. Ein Nachtrag zu Lichtenbergs Erklärungen der Hogarthschen Ikonographie der Uhren. In: Ästhetik und Kommunikation, No. 45/46, 1981, S. 51-76

Dohrenwend, B. S., Dohrenwend, B. P., 1974: Stressful Life Events. New York: Wiley

Dohse, K., Jürgens, U., Russig, H. (Hg.), 1982: Ältere Arbeitnehmer zwischen Unternehmensinteressen und Sozialpolitik. Frankfurt/New York: Campus

Dunckelmann, H., 1975: Lokale Öffentlichkeit. Stuttgart: Kohlhammer

Eckart, C., Jaerisch, U. G., Kramer, H., 1979: Frauenarbeit in Familie und Fabrik. Frankfurt/New York: Campus

Elias, N., 1974/75: Een essay over Tijd. Deel 1 u. 2. In: De Gids No. 9/10, 1974 u. 1/2 1975, übersetzt von M. Rissenbeek

Elias, N., 1977: Über den Prozeß der Zivilisation. Soziogenetische und psychogenetische Untersuchungen. 3. Auflage; Bd. 1 u. 2. Frankfurt/Main: Suhrkamp

Emenlauer-Blömers, E., Rinderspacher, J. P., 1981: Anforderungsprofil für ein neues Kommunikationssystem zur selbsthilfeorientierten Verbraucherberatung. Ms., Heinrich-Hertz-Institut Berlin

Emmderich, P., Vobruba, G. (Hg.) 1983: Perspektiven der Arbeitszeitpolitik. Wien: Verlag f. Gesellschaftskritik

Engfer, U., Hinrichs, K., Offe, C., Wiesenthal, H., 1983: Arbeitszeitsituation und Arbeitszeitverkürzung in der Sicht der Beschäftigten. Ergebnisse einer Arbeitnehmerbefragung. In: MittAB, No. 2/83, S. 91-105

Ermert, A., 1977: Die Schule und das Leistungsprinzip. Gesellschaftliche Geltungsgründe des Leistungsprinzips im Bildungswesen. Dipl.-Arbeit, FU Berlin

Ermert, A., Rinderspacher, J. P. 1981: Alles eine Frage des Timing. Zum Zusammenhang von Zeit und Leistung. In: Ästhetik und Kommunikation, No. 45/46, S.23-36

Euler, H.-P., 1977: Das Konfliktpotential industrieller Arbeitsstrukturen. Opladen: Westdeutscher Verlag

Evans-Pritchard, E. E., 1940: The Nuer. London.

Falz, E., 1981: Logistik? In: Rationalisierung No. 1/1981, S. 24-26

v. Ferber, Ch., 1980: Ernährungsgewohnheiten: Zur Soziologie der Ernährung. Zeitschrift f. Soziologie, No. 3/1980, S. 221-236

Fischer-Winkelmann, W. F., 1977: Informationsverhalten von Verbrauchern. In: Verbraucherforschung, hrsg. v. H. Matthöfer, Frankfurt/Main: Umschau

Flodell, Ch., Pawlowsky, P., 1984: Arbeit und Krankenstand: Die Rolle psychisch-sozial belastender Arbeitsbedingungen; FSA-print, FU-Berlin

Flohr, B., 1981: Arbeiter nach Maß. Frankfurt/New York: Campus

Foucault, M., 1979: Überwachen und Strafen. Die Geburt des Gefängnisses, 3. Auflage, Frankfurt/Main: Suhrkamp

v. Franz, M.-L., 1980: Zahl und Zeit. Psychologische Überlegungen zu einer Annäherung von Tiefenpsychologie und Physik. Frankfurt/Main: Suhrkamp

Fraser, J. T., Lawrence N., Park, D., 1981: The Study of Time IV. New York, Heidelberg, Berlin: Springer

Frese, M., Greif, S., 1978: Humanisierung der Arbeit und Stresskontrolle. In: Industrielle Psychopathologie, hrsg. v. M. Frese, S. Greif, N. Semmer. Bern et al.: Huber

Frese, M., Greif, S., Semmer, N. (Hg.), 1978: Industrielle Psychopathologie. Bern et al.: Huber

Fricke, R., 1979: Orientation Towards the Future by Liberian school children. In: Human Development, Vol. 22, 1979, S. 113-126

Fricke, E., Fricke, W., Schönwälder, M., Stiegler, B., 1981: Qualifikation und Beteiligung. Das Peiner Modell. Forschungsinstitut der Friedrich Ebert Stiftung, Frankfurt/New York: Campus

Friczewski, F., 1977: Arbeitssituation und koronare Herzkrankheiten. Wissenschaftszentrum Berlin IIVG/AP-reprints

Friczewski, F., 1981: Industriearbeit und Herzinfarkt. Fallstudien zum Bewältigungshandeln. Wissenschaftszentrum Berlin IIVG/AP disc.-paper

Friczewski, F., Maschewsky, W., Naschold, F., Wotschack, P., Wotschack, W. (Hg.), 1982: Arbeitsbelastung und Krankheit bei Industriearbeitern. Frankfurt/New York: Campus

Friczewski, F., erscheint 1985: Ganzheitlich-qualitative Methoden in der Stress-Forschung. In: Leitfaden zur psychologischen qualitativen Forschung, hrsg. v. G. Jüttemann. Weinheim u. Basel: Beltz

Friedman, M., Rosenman, R. H., 1975: Der A-Typ und der B-Typ. Hbg.: Rowohlt

Friedrichs, J., 1977: Stadtanalyse. Hbg.: Rowohlt

Funke, H., 1982: Taylorisierungstendenzen und Bedingungen der Gegenwehr. Diss. FU-Berlin

Funke, H., Watkinson, Ch., 1982: Jetzt haste deine Leistung nicht gebracht, was wird morgen sein? Erfahrungen mit der Alterssicherung durch den Manteltarif in Baden-Württemberg. In: Ältere Arbeitnehmer zwischen Unternehmensinteressen und Sozialpolitik, hrsg. v. K. Dohse et al., Frankfurt/New York: Campus

Gabriel, J.: Neue Arbeitszeitpolitik als Resultat unternehmerischer Interessen in der ökonomischen Krise. In: PROKLA No. 46/1982, S. 134-146

Gardell, B., 1976: Reactions at Work and Their Influence on Nonwork Activities: An Analysis of a Sociopolitical Problem in Affluent Societies. In: Human Relations, Vol. 29, No. 9, S. 885-904

Georgescu-Roegen, N., 1976: The Economics of Production. In: ders., Energy and Economic Myths. New York: Pergamon Press

Gesellschaft für Arbeitsschutz und Humanisierungsforschung, Frauenhofer Institut f. Produktionstechnik u. Automatisierung, Arbeitsgemeinschaft Handhabungssysteme, Stuttgart, H. P. Bartenschlager et al., 1982: Industrierobotereinsatz. Stand und Entwicklungstendenzen. Düsseldorf: VDI

Giegler, H., 1982: Dimensionen und Determinanten der Freizeit. Opladen: Westdeutscher Verlag

Gimpel, J., 1976: The Medieval Maschine. New York: Bolt, Rinehart and Winston

Gleichmann, R. P., 1980: Einige soziale Wandlungen des Schlafes. In: Zeitschrift für Soziologie, No. 3/1980, S. 236-250

Le Goff, J., 1977: Temps, Travail et Culture en Occident: 18 essais. Ed. Gallimard: Paris

Gottlieb-Duttweiler-Institut, (Hg.), 1979: Freie Arbeitszeit. Rüschlikon: Duttweiler-Institut

Graf, O., 1934: Untersuchungen über die Wirkung zwangsläufiger zeitlicher Regelung von Arbeitsvorgängen. In: Arbeitsphysiologie. Bd. 7, S. 333-397

Graf O., Rutenfranz, J., Ulich, E., 1965: Nervöse Belastung bei industrieller Arbeit unter Zeitdruck. Forschungsberichte des Landes NRW Nr. 1425. Köln u. Opladen: Westdeutscher Verlag

de Grazia, S., 1962: Of Time, Work and Leisure, New York

Grottian, P., Kück, M., 1983: Modell Berlin: 10000 neue Arbeitsplätze im Selbsthilfe- und Alternativbereich. In: Arbeit schaffen — jetzt! Hrsg. v. M. Bolle u. P. Grottian. Hbg.: Rowohlt

Gschwendtner, H., Kau, W., Lüdtke, D., Ott, E., 1976: Die volkswirtschaftlichen Auswirkungen einer Liberalisierung des Ladenschlußgesetzes. Forschungsberichte aus dem Institut für angewandte Wirtschaftsforschung, Tübingen

Gubser, A., 1968: Monotonie im Industriebetrieb. Die Auswirkungen einförmiger Arbeitsvorgänge, ihre Prophylaxe und Bekämpfung. Stuttgart: Huber

Günther, G., 1967: Time, Timeless Logic and Selfreferential Systems. In: Anals of New York Academy of Sciences, Vol. 138, S. 874-891

Günther, G., 1976: Beiträge zur Grundlegung einer operationsfähigen Dialektik. Bd. I, 1. Auflage, Hamburg: Meiner

Guitton, H., 1970: A la recherche du temps économique. Paris: Fayard

Gullikson, H., 1927: The Influence of Occupation Upon the Perception of Time. In: Journal of Experimental Psychology. 10. Jhg. 1927, S. 52-59

Gurjewitsch, J. A., 1978: Das Weltbild des mittelalterlichen Menschen. Dresden: VEB der Kunst

Hack, L., Hack, I., 1979: Bewirtschaftung der Zukunftsperspektive. In: Gesellschaftliche Beiträge zur Marxschen Theorie 12., Frankfurt/Main: Suhrkamp

Hackstein, R., Kunze, D., 1981: Logistische Gestaltungsaufgaben aus der Sicht der Arbeitswissenschaft. In: Rationalisierung, No. 5/1981, S. 131-132

Hägerstrand, T., 1973: Der Einfluß des Verkehrs auf die Lebensqualität. Bericht vor dem 5. Internationalen Symposium über Theorie und Praxis der Verkehrswirtschaft der Europäischen Verkehrsministerkonferenz, Athen, 22.-23. Oktober

Halberg, F., Ullner, R., Kugler, J., Torres, F., 1975: Nachtschlafzyklen nach Interkontinentalflügen. In: Biologische Rhythmen und Arbeit, hrsg. v. G. Hildebrandt. Wien, New York: Springer

Hartfiel, G.,(Hg.) 1977: Das Leistungsprinzip. Opladen: Leske

Hauß, F., 1983: Arbeitsbelastungen und ihre Thematisierung im Betrieb. Frankfurt/New York: Campus

HBV (Gewerkschaft Handel, Banken und Versicherungen) 1982: Arbeitsheft: Teilzeitarbeit nicht nur ein Problem für Frauen

Hecker, K., Grunwald, W., 1981: Über die Beziehung zwischen Arbeits- und Freizeitzufriedenheit. In: Soziale Welt No. 3/1982, S. 353-368

Hegner, F., Landenberger, M., 1981: Arbeitszeitpolitik im Schnittpunkt von Arbeitsmarkt- und Sozialpolitik. Bezüge zwischen Verkürzung oder Flexibilisierung der Arbeitszeit und aktuellen Problemen der sozialen Sicherung. Wissenschaftszentrum Berlin IIM-LMP 81-15

Heidegger, M., 1979: Sein und Zeit. Tübingen: Niemeyer

Heimann, H., Pflug, B. (Hg.), 1978: Rhythmusprobleme in der Psychiatrie. Stuttgart, New York: G. Fischer

Heinemann, K., Ludes, P., 1978: Zeitbewußtsein und Kontrolle der Zeit. In: Materialien zur Soziologie des Alltags, hrsg. v. K. Hammerich u. M. Klein, Sonderheft der KZfSS No. 20/1978, S. 221-243

Heinemann, K., 1982: Arbeitslosigkeit und Zeitbewußtsein. In: Soziale Welt No. 1/1982, S. 87-102

Heinze, R. G., Hinrichs, K., Offe, C., Olk, Th., 1981: Einheitsprobleme der Einheitsgewerkschaft. Arbeitsmarktmacht und organisationspolitische Vertretungschancen verschiedener Kategorien von Arbeitnehmern. In: Soziale Welt No. 1/1981

Henseler, P., Rüsch, G., 1980: Alternative Theorie der Mobilität. In: Alternative Ökonomie und ökonomische Theorie, hrsg. v. J. Harms, C. Leipert, Ph. Sonntag. Frankfurt/Main: Haag

Heymann, H., Seiwert, L. (Hg.), 1982: Job Sharing. Flexible Arbeitszeit durch Arbeitsplatzteilung. Stuttgart: Expert Verlag

Hildebrandt, G., (Hg.) 1976: Biologische Rhythmen und Arbeit. Bausteine zur Chronobiologie und Chronohygiene der Arbeitsgestaltung. Wien, New York: Springer

Hildebrandt, W., 1972: Variable Arbeitszeit und Tagesrhythmik. Trossingen: Hengstler

Höfer, W., Schmidt-Hieber, E., 1982: Arbeit, Stress und Möglichkeiten der Stressreduktion. In: Arbeitsbelastung und Krankheit bei Industriearbeitern, hrsg. v. F. Friczewski et al., Frankfurt/New York: Campus

Höppner, M., 1979: Fahrradverkehr als Beitrag zur prinzipiellen Verkehrsberuhigung. In Technologie und Politik No. 14/1979, S. 175-204, Hbg: Rowohlt

Hofbauer, H., 1981: Zur Struktur der Teilzeitarbeit bei Frauen. In: Beiträge zur Arbeitsmarkt- und Berufsforschung No. 56, S. 107-119

Hoff, A., 1982a: Notwendigkeit und Möglichkeit der tarifvertraglichen Regelung flexibler Arbeitszeiten. In: WSI-Mitteilungen No. 3/1982

Hoff, A., 1982b: Arbeitsumverteilung durch kollektivvertraglich abgesichertes Job-Sharing. In: Aktive Arbeitsmarktpolitik, hrsg. v. F.W. Scharpf et al., Frankfurt/New York: Campus

Hoff, A., 1983a: Betriebliche Arbeitszeitpolitik zwischen Arbeitszeitverkürzung und Arbeitszeitflexibilisierung. Diss. FU-Berlin

Hoff, A., 1983b: Arbeitsmarktentlastung durch Ermöglichung freiwilliger Teilzeitarbeit. In: Arbeitszeitverkürzung — Ein Weg zur Vollbeschäftigung?, hrsg. v. Th. Kutsch und F. Vilmar. Opladen: Westdeutscher Verlag

Hofmann, W., 1971: Sozialökonomische Studientexte, Bd. 1-3, Berlin: Duncker & Humblot

Hohn, H.-W., 1980: Arbeitsteilung, Arbeitszeit und Zeitverständnis. Zum Wandel sozialer Temporalstrukturen im Übergang von der taditionalen zur industriellen Gesellschaft. Dipl.-Arbeit, Bielefeld. Vgl. auch ders., 1984: Die Zerstörung der Zeit. Wie aus einem göttlichen Gut eine Handelsware wurde. Frankfurt/Main: Fischer

Hohn, H.-W., 1981: Zyklizität und Heilsgeschichte. Religiöse Zeiterfahrung des europäischen Mittelalters. In: Ästhetik und Kommunikation No. 45/46, S. 91-106

Honiborne, Th., (ed.), 1972: Demands for early closing hours. — Three Pamphlets 1843 —, New York: Arno Press

IGM (Industriegewerkschaft Metall), 1982: Forderung für einen Lohnrahmentarifvertrag Südwürttemberg-Hohenzollern/Südbaden. Bezirksleitung Stuttgart

Illich, I., 1978: Fortschrittsmythen. Hbg.: Rowohlt

Imhof, E., 1981: Die gewonnenen Jahre. Von der Zunahme unserer Lebensspanne seit dreihundert Jahren. München: C. H. Beck

Inglehart, P., 1979: Wertwandel in westlichen Gesellschaften: Politische Konsequenzen von materialistischen und postmaterialistischen Prioritäten. In: Wertwandel und gesellschaftlicher Wandel, hrsg. v. H. Klages u. P. Kmieciak. Frankfurt/New York: Campus

ILO (Intern. Labour Office Geneva), 1979: Introduction to Work Study. Genf: ILO

IFES (Institut f. empirische Sozialforschung, Wien), 1980: Die Freizeit der Wiener Arbeitnehmer. Materialband u. Berichtsband. Wien

IPSO (Inst. f. praxisorientierte Sozialforschung), 1981: Arbeit 81: Ansichten und Erwartungen der Arbeitnehmerschaft. In: IPSO — aktuell, S. 8-13, Zürich

Isensee, D., Salfert, P., (FSA) 1981: Arbeitszeitkomponenten: Die Steuerungsfunktionen der tariflichen Arbeitszeit. In: Neue Arbeitszeitregelungen: Auswirkungen auf Arbeitsmarkt und Arbeitsleben, hrsg. v. J. P. Rinderspacher, Wissenschaftszentrum Berlin IIVG/dp 81-221

Jacob-Goldeck, M., Jacob, H., 1974: Aspekte der Freizeitnutzung grünbestimmter Freiräume. In: Freizeit, hrsg. v. R. Schmitz-Scherzer, Frankfurt/Main: Akademische Verlagsgesellschaft

Jänicke, M., 1979: Wie das Industriesystem von seinen Mißständen profitiert. Kosten und Nutzen technokratischer Symptombekämpfung: Umweltschutz, Gesundheitswesen, innere Sicherheit. Opladen: Westdeutscher Verlag

Jahoda, M., Lazarsfeld, F. P., Ziesel, H., 1978: Die Arbeitslosen von Marienthal. Ein soziographischer Versuch. Frankfurt/Main: Suhrkamp

Janshen, D., 1980: Kabelfernsehen in Gropiusstadt? Konzept für ein variables Kommunikationssystem (VTS). Frankfurt/New York: Campus

Jeggle, U., 1978: Alkohol und Industrialisierung. In: Rausch, Ekstase, Mystik. Grenzformen religiöser Erfahrung, hrsg. v. R. Cancik, Düsseldorf: Patmos

Jokisch, R. (Hg.) 1982: Techniksoziologie. Frankfurt/Main: Suhrkamp

Jünemann, R., Verschuer, K., 1981: Verkehr — Logistik in der Volkswirtschaft. In: Rationalisierung, No. 5/1981, S. 133-143

Karasek, R., 1976: The Impact of the Work Environment on Life Outside the Job: Explorations in the associations between job content and leisure behaviour and mental health, Unpublished Ph. D.-Thesis, M. I. T., Cambridge/Mass.

Kasakos, G., 1971: Zeitperspektive, Planungsverhalten und Sozialisation. München: Juventa

Kehlert, H.-U., Tiemann, F., 1982: Schichtarbeit im Berufsverlauf. In: Personal No. 1/1981, S. 28-30

Kern, H., Schumann, M., 1982: Arbeit und Sozialcharakter: alte und neue Konturen. Beitrag zum 21. Deutschen Soziologentag. In: SOFI-Mitteilungen, Oktober 1982, S. 58-81

v. Klipstein, M., 1977: Ausgewählte Probleme einer politischen Ökonomie der Zeit. Dipl.-Arbeit, Köln

v. Klipstein, M., 1982: Technischer Fortschritt. In: Auswertungen zum populären Wirtschaftsdenken, FSA print 4/1982, FU Berlin

v. Klipstein, M., Strümpel, B., 1984: Der Überdruß am Überfluß. München: Olzog

Kluth, H., 1977: Amtsgedanke und Pflichtethos in der Industriegesellschaft. In: Das Leistungsprinzip, hrsg., v. G. Hartfiel, Opladen: Leske

Knauth, P., Schmidt, K. H., Schwarzenau, P., Rutenfranz, J., 1982: Einstellungen von Schichtarbeitern zur Sommerzeitumstellung. Zeitschrift f. Arbeitswissenschaft, No. 3/1982, S. 138-142

Köck, P. G., 1975: Berücksichtigung des Biorhythmus bei der Erholzeitermittlung und Erholzeitvergabe. In: Biologische Rhythmen und Arbeit, hrsg. v. G. Hildebrandt, Wien, New York: Springer

Köther, A., Schmidt, C., 1978: Das Fix-Vario System bei Siemens. Humanisierung oder Rationalisierung? In: Mehrwert No. 15/16, S. 111-145

Kohl, H., 1976: Freizeitpolitik. Frankfurt/Main, Köln: Europäische Verlagsanstalt

Kornhauser, A., 1965: Mental Health of the Industrial Worker. New York: Wiley

Krämer-Badoni, Th., Grymer, H., Rodenstein, M., 1971: Zur sozio-ökonomischen Bedeutung des Automobils. Frankfurt/Main: Suhrkamp

Kramer, F., 1978: Über Zeit, Genealogie und solidarische Beziehung. In: Gesellschaften ohne Staat, hrsg. v. F. Kramer und Ch. Siegrist, Bd. 2: Genealogie und Solidarität, Frankfurt/Main: Syndikat

Krau, I., Walz, M., Frese, K.-L., Lekies, K., Steier, J., 1982: Inner- und außerbetriebliche Lebensverhältnisse von Arbeitnehmern. Eine regionale Fallstudie des Zusammenhangs von Belastungen am Arbeitsplatz und Wohnverhältnissen; 2. Zwischenbericht. Fachhochschule Dortmund — im Auftrag des Bundesministers für Forschung und Technologie

Kriedke, P., Medick, H., Schlumbohm, J., 1977 (Hg.): Industrialisierung vor der Industrialisierung. Göttingen Vandenhoeck u. Ruprecht

Kroker, S., 1981: Teilzeitarbeit für alle — Utopie oder gesellschaftspolitische Notwendigkeit. Dissertation FU-Berlin

Kulischer, J., 1976: Allgemeine Wirtschaftsgeschichte des Mittelalters und der Neuzeit, Bd. I u. II, 5. Auflage Oldenbourg

Kutsch, Th., Vilmar, F. (Hg.), 1983: Arbeitszeitverkürzung — Ein Weg zur Vollbeschäftigung? Opladen: Westdeutscher Verlag

Laermann, K., 1975: Alltags-Zeit. Bemerkungen über die unauffälligste Form sozialen Zwangs. In: Kursbuch No. 41, S. 87-107

Landenberger, M., 1983: Arbeitszeitwünsche: Vergleichende Analyse vorliegender Befragungsergebnisse. Wissenschaftszentrum Berlin, IIM/LMP 83-17

Lefebvre, H., 1977: Kritik des Alltagslebens. Kronberg/Ts.: Athenäum

Leithäuser, Th., 1976: Formen des Alltagsbewußtseins. Frankfurt/New York: Campus

Lichte, R., 1978: Betriebsalltag von Industriearbeitern. Frankfurt/New York: Campus

Liliesröm, R., 1977: Haben es die Kinder in der postindustriellen Gesellschaft besser? In: Aktuelle Informationen aus Schweden 176/1977

Linder, St. B., 1973: Warum wir keine Zeit mehr haben. Das Linder Axiom. Frankfurt/Main: Fischer

z. Lippe, R., 1974: Naturbeherrschung am Menschen. 1. Körperfahrung als Entfaltung von Sinnen und Beziehungen in der Ära des italienischen Kaufmannskapitals. Frankfurt/Main: Syndikat

Lopez, S., 1977: The Commercial Revolution of the Middle Ages, 950-1350. London, New York, Melbourne: Cambridge University Press

Luce, G., 1977: Body Time. The Natural Rhythms of the Body. St. Albans: Paladin

Ludwig, K.-H., 1982: Historische Aspekte des Zusammenhanges von Arbeit, Technik und Arbeitszeit. In: Techniksoziologie, hrsg. von R. Jokisch. Frankfurt/Main: Suhrkamp

Lüdtke, A., 1980: Arbeitsbeginn, Arbeitspausen, Arbeitsende. In: Sozialgeschichte der Freizeit, hrsg. v. G. Huck, Wuppertal: Hammer

Luhmann, N., 1968: Die Knappheit der Zeit und die Vordringlichkeit des Befristeten. In: Die Verwaltung, Bd. 1, 1968, S. 3-30

Luhmann, N., 1975: Weltzeit und Systemgeschichte. In: Soziologische Aufklärung, Bd. II. Opladen: Westdeutscher Verlag

Luhmann, N., 1979: Zeit und Handlung — eine vergessene Theorie, In: ZFSS, No. 8/1979, S. 63-81

Lutz, B., 1975: Krise des Lohnanreizes. Ein empirisch-historischer Beitrag zum Wandel der Formen betrieblicher Herrschaft am Beispiel der deutschen Stahlindustrie. Frankfurt, Köln: Europäische Verlagsanstalt

MAGS (Min. f. Arbeit, Gesundheit, Soziales) 1978: Jahresbericht der Gewerbeaufsicht des Landes NRW

Maschewsky, W., 1980: Zwischenauswertung der Befragungsergebnisse in der Herzinfarktstudie, Wissenschaftszentrum Berlin IIVG/AP dp 80-205

Maschewsky, W., 1981: Zum Zusammenhang von Herzinfarkt und Belastung — unter besonderer Berücksichtigung der Altersabhängigkeit, Wissenschaftszentrum Berlin IIVG/AP pre 81-213

Maschewsky, W., Schneider, U., 1982: Soziale Ursachen des Herzinfarktes. Frankfurt/New York: Campus

Martin, E., Ackermann, U., Udris, I., Oegerli, K., 1980: Monotonie in der Industrie. Bern et al.: Huber

Matzner, E., Henseler, P., Rüsch, G., 1978: Verteilungswirkungen der Verkehrspolitik. Ansätze einer gesellschaftlichen Betrachtung räumlicher und zeitlicher Organisation. In: Der öffentliche Sektor, 4. Jg., No. 1/2. Wien: Arbeitsgemeinschaft für finanzwissenschaftliche Forschung und Information

Medick, H., 1976: Zur strukturellen Funktion von Haushalt und Familie im Übergang von der traditionellen Agrargesellschaft zum industriellen Kapitalismus: Die protoindustrielle Familienwirtschaft. In: Sozialgeschichte der Familie in der Neuzeit Europas, hrsg. v. W. Conze, Stuttgart: Klett

Meier, G. S., 1979: Job Sharing. A New Pattern for Quality of Work and Life. Michigan: W. E. Upjohn Insitute

Meissner, M., 1971: The long Arm of the Job. A Study of Work and Leisure. Industrial Relations No. 10/1971, S. 239-260

Mendius, G., 1978: Arbeitszeit und Arbeitsmarkt. In: WSI-Mitteilungen No 4/1978, S. 202-213

Mertins, K., 1981: Entwicklungsstand flexibler Fertigungssysteme in den USA. In: Zeitschrift für wissenschaftliche Fertigung No. 2/1981, S. 81-85

Mitt-AB (Mitteilungen aus der Arbeitsmarkt- und Berufsforschg.) 1979: Arbeitszeit. Schwerpunktheft, 12. Jg., 1979

Monheim, H., 1979: Grundzüge einer alternativen Stadtverkehrsplanung. In: Technologie und Politik No. 4/1979, S. 71-130. Hbg.: Rowohlt

Moore, W. E., 1963: Man, Time and Society. New York/London: Wiley

Müller, R., 1980: Nikotin-, Alkohol- u. Medikamenten-Konsum bei Belastungen am Arbeitsplatz. Argument Sonderband AS. 53, S. 97-109

Müller-Seitz, P., 1978: Industrielle Schichtarbeit in betriebswirtschaftlicher Sicht. Bundesanstalt für Arbeitsschutz und Unfallforschung, Dortmund, Bremerhaven: Wirtschaftsverlag

Müller-Wichmann, Chr., 1984: Zeitnot. Untersuchungen zum „Freizeitproblem“ und seiner pädagogischen Zugänglichkeit. Weinheim u. Basel: Beltz

Müller-Seitz, P., 1980: Auswirkungen der Schichtarbeit auf Privatsphäre, Meinung und Einstellung der Arbeitenden. In: AfA Informationen, Sept./Okt. 1980, S. 19-23

Münstermann, J., Preiser, K., 1978: Schichtarbeit in der Bundesrepublik Deutschland, hrsg. v.: Der Bundesminister für Arbeit und Sozialordnung, Forschungsbericht No. 8 ; Bonn

Mumford, L., 1934: Technics and Civilisation. New York: Hartcourt

Naschold, F., 1977: Zur Perspektive und Strategie einer arbeitsorientierten Gesundheitspolitik. Wissenschaftszentrum Berlin IIVG/AP-reprint 77-5

Naschold, F., Funke, H., Hildebrandt, E., Rinderspacher J. P., Watkinson, Chr., 1979: Arbeitszeit und Belastung. Wissenschaftszentrum Berlin IIVG/AP-reprints 1979-211

Naschold, F., 1979: Probleme einer ‚sozialorientierten Forschungs- und Entwicklungspolitik‘. Das Programm Humanisierung der Arbeit am Scheideweg. In: . . . damit die Arbeit menschlicher wird, hrsg. v. W. Pöhler, Bonn: Verlag Neue Gesellschaft

Naschold, F., Dörr, G. 1982: Arbeitspolitische Entwicklungen in der Industriearbeit. Zum Zusammenhang von Belastung, Qualifikation und Kontrolle. Wissenschaftszentrum Berlin IIVG/AP dp 82-211

Naschold, F., 1983: Sozialstaat und politische Formationen bei ökonomischer Stagnation, Wissenschaftszentrum Berlin IIVG/AP

Nave-Herz, R., 1976: Beruf — Freizeit, Weiterbildung. Darmstadt: Wiss. Buchgesellschaft

Needham, J., 1979: Wissenschaftlicher Universalismus. Über Bedeutung und Besonderheit der chinesischen Wissenschaft. Frankfurt/Main: Suhrkamp

Neuloh, O., et al., 1957: Der Arbeitsunfall und seine Ursachen. Stuttgart und Düsseldorf 1957

Nieder, P., (Hg.), 1979: Fehlzeiten. Ein Unternehmer- oder Arbeitnehmerproblem? Wege zur Reduzierung von Fehlzeiten. Bern u. Stuttgart: Haupt

Niessen, 1977: Gebrauchswertorientierte Verbraucherforschung und Verbraucherpolitik. In: Verbraucherforschung, hrsg. v. H. Matthöfer, Frankfurt/Main: Umschau

Noelle, E., Neumann, E. P., 1974: Jahrbuch der öffentlichen Meinung 1968-1973, Allensbach u. Bonn: Verlag für Demoskopie

Noble, F. D., 1979: Maschinen gegen Menschen. Die Entwicklung numerisch gesteuerter Werkzeugmaschinen. Reihe: „Produktion — Ökologie — Gesellschaft“, Nr. 1, Stuttgart: Alektor

Offe, C., 1970: Leistungsprinzip und industrielle Arbeit. Frankfurt/Main: Europäische Verlagsanstalt

Offe, C., Hinrichs, K., Wiesenthal, H. (Hg.), 1982: Arbeitszeitpolitik. Formen und Folgen einer Neuverteilung der Arbeitszeit. Frankfurt/New York: Campus

Offe, C., 1982: Arbeit als soziologische Schlüsselkategorie? Revidierte und erweiterte Fassung des Vortrages bei der Eröffnungsveranstaltung des 21. Deutschen Soziologentages, Ms. Bielefeld

Olk, Th., Hohn, H.-W., Hinrichs, K., Heinze, R. G., 1979: Lohnarbeit und Arbeitszeit. In: Leviathan No. 7/1979 und No. 8/1979, S. 151-173 und 376-407

Opie, R., 1931: „Marshall's Time Analysis“, Economic Journal No. XLI (June 1931)

Osterland, M., 1975: Innerbetriebliche Arbeitssituation und außerbetriebliche Lebensweise von Industriearbeitern. In: Arbeitssituation, Lebenslage und Konfliktpotential, hrsg. M. Osterland. Studienreihe des SOFI. Frankfurt/Main: Europäische Verlagsanstalt

Ostner, I., 1978: Beruf und Hausarbeit. Die Arbeit der Frau in unserer Gesellschaft. Frankfurt/New York: Campus

Ott, E., 1982: „Neue Arbeitszeitpolitik" und Job Sharing — Bedingungen, Interessen und Gefährdungen einer Individualisierung der Arbeitszeit. In: WSI-Mitteilungen No. 3/1982, S. 163-175

Otto, H., 1979: Die Trennung von Wohn- und Arbeitsstätte als empirisches Problem und ihre Auswirkungen im raumordnungspolitischen Bereich. Frankfurt/Main: Kramer. Veröffentlichungsreihe „Rhein-Mainische Forschung"

Pettersson-Dahlgren, K., 1975: Biologische Tagesrhythmen bei unterschiedlicher Anordnung der Arbeitszeit. In: Biologische Rhythmen und Arbeit, hrsg. v. G. Hildebrandt. Wien, New York: Springer

Pfannkuch, E., 1976: Der Einfluß der Technisierung der Hauswirtschaft auf das Zeit- und Geldbudget ausgewählter Haushalte im Familienzyklus. In: Die Familienhaushalte im wirtschaftlichen und sozialen Wandel, hrsg. v. R.v. Schweitzer und H. Pross. Göttingen: Schwartz

Pfütze, H., 1981: Die Zeit — Eine Quelle des Protests. In: Ästhetik und Kommunikation No. 45/46, 1981, S. 37-44

Pirker, Th., 1979: Vergleichende Untersuchung der Schreibdienste in obersten Bundesbehörden. Zusammenfassung. Berlin, Intersofo

Popitz, H., Bahrdt, P., 1975: Technik und Industriearbeit. 2 Bd., Tübingen: Mohr

Pornschlegel, H., Birkwald, R., Schiffer, K.-H., 1968: Grundsätze der Bewegungsökonomie. In: Verfahren vorbestimmter Zeiten 8/9, hrsg. v. H. Pornschlegel, Köln: Bund-Verlag

Pratt, L., 1981: Business Temporal Norms and Beravement Behavior. In: American Sociological Review, Vol. 46 No. 3, 6/1981, S. 317-332

Prigogine, I., Stengers, I., 1981: Dialog mit der Natur. Neue Wege naturwissenschaftlichen Denkens. München, Zürich: Piper

Prokop, D., 1979: Faszination und Langeweile. Die populären Medien. Stuttgart: Enke

PROSA (Projekt Schichtarbeit), 1980: Entwicklung und Erfahrung von Vermittlungskonzeptionen zur Umsetzung von arbeitswissenschaftlichen und arbeitsorganisatorischen Erkenntnissen im Bereich Schichtarbeit, hrsg. v. d. IG Chemie, Papier, Keramik, Hannover

Rabe-Kleeberg, U., Zeiher, H., 1984: Kindheit und Zeit. Über das Eindringen moderner Zeitorganisation in die Lebensbedingungen von Kindern. In: Zeitschrift für Sozialisationsforschung und Erziehungssoziologie (ZSE), No. 4/1984, S. 29-43

Radicke, F., Rohne, H., Schmid, R., Wexlberger, L., 1976: Arbeitssysteme mit neuer Arbeitsstrukturierung. In: Menschengerechte Arbeit — Erfahrungsaustausch zwischen Forschung und betrieblicher Praxis. Dokumentation zum RKW-Kongreß am 6. u. 7. April, hrsg. v. RKW, Essen

Raehlmann, I., 1980: Verminderung negativer Wechselbeziehungen zwischen Arbeitswelt und den anderen Lebensbereichen. Eine Aktionsrichtung im Forschungsprogramm „Humanisierung des Arbeitslebens". In: Psychosozial No. 4/1980, S. 63-100

Rammstedt, O., 1975: Alltagsbewußtsein von Zeit. In: KZfSS 27, No. 1/1975, S. 47-63

Reger, H., (Hg.) in Zusammenarbeit mit: Inst. f. Arbeitswiss. d. TH Darmstadt, Inst. f. Produktionstechnik und Automatisierung (IPA-Stuttgart) d. Frauenhofer Ges., 1980: Entkoppelung von Fließarbeit. Techniken in der teilautomatisierten Montage. Frankfurt/New York: Campus

Renhahn, H., 1978: Überstunden als Unfallursache. In: Sicher ist Sicher, No. 2/1978

Reich, U., Sonntag, Ph., Holub, H. W., 1977: Arbeit-Konsum-Rechnung. Köln: Bund-Verlag

Reichert, K., 1977: Das Ladenschlußproblem in der Bundesrepublik Deutschland, Wien: Notring

Reulecke, J., Weber, W. (Hg.), 1978: Fabrik, Familie, Feierabend. Beiträge zur Sozialgeschichte des Alltags im Industriezeitalter. Wuppertal: Hammer

Reyer, L., Bach, U., Kohler, H., Teriet, B., 1979: Arbeitszeit und Arbeitsmarkt. Volumenrechnung, Auslastungsgrad und Entlastungswirkung. In: Mitt-AB No. 3/1979, S. 381-402

Rinderspacher, J. P., 1981 (Hg.): Neue Arbeitszeitregelungen — Auswirkungen auf Arbeitsmarkt und Arbeitsleben. Beiträge eines Arbeitstreffens. Wissenschaftszentrum Berlin IIVG/dp 81-221

Rinderspacher, J. P., 1981a: Familiale Zeitpraxen und Gesundheitsgefährdungen. In: Persönlichkeitsentwicklung und Gesundheit im Schulalter, hrsg. v. G. Zimmer. Frankfurt/New York: Campus

Rinderspacher, J. P., 1982a: Humanisierung der Arbeit durch Arbeitszeitgestaltung? In: Arbeitszeitpolitik. Formen und Folgen einer Neuverteilung der Arbeitszeit, hrsg. v. C. Offe et al., Frankfurt/New York: Campus

Rinderpacher, J. P., 1982b: Arbeitszeitverkürzung und Leistungspolitik. In: Stimme der Arbeit, No. 5/1982, S. 117-118

Rinderspacher, J. P., Schefer, G., 1983: Der Staat an der Stechuhr? Zum Arbeitszeitgesetzentwurf der SPD. Sender Freies Berlin. Rundfunksendung, 3.12.83

Rinderspacher, J. P., 1983a: Zeitgewinnen — Die Manipulation des alltäglichen Zeithaushaltes. Ms.

Rinderspacher, J. P. 1984: Flexible Arbeitszeit — arbeits- sozial- u. tarifvertragsrechtliche Aspekte. Ein Problemaufriß. Wissenschaftszentrum Berlin. Als disc.-paper im Erscheinen.

Rinderspacher, J. P., 1985: Der Feierabend der keiner ist. In: Geschafft. Über Arbeit, keine Arbeit und Freizeit. Psychologie heute. Sonderband, Weinheim u. Basel: Beltz

Robert, J., 1979: Mythen der Geschwindigkeitsindustrie. In: Technologie und Politik No. 14/1979, S. 49-71,

Robert, J., 1980: Le Temps qu'on nous vole — contre la société chronophage. Paris: Seuil

Roeb, M., 1977: Arbeitsbedingte Erholungspausen. Berlin

Rohmert, W., 1971: Zeitvorgabe und Mitbestimmung. Berlin et al.: Beuth

Rohwer, G., 1982: Tarifliche Normalarbeitszeit und effektive Arbeitszeitverteilung. In: WSI-Mitteilungen No. 3/1982, S. 190-197

Roschmann, K., 1981: Betriebsdatenerfassung. In: Fortschrittliche Betriebsführung No. 4/1981

Rossoll, E., 1977: Normen für Grundprozesse der Bibliotheksarbeit in der UdSSR. Berlin (DDR): Bibliotheksverband der DDR

Rudolph, H., Duran, M., Klähn, M., Nassauer, M., Naumann, J., 1981: Chancen und Risiken neuer Arbeitszeitsysteme. Zur Situation teilzeitarbeitender Frauen im Berliner Einzelhandel. In: WSI-Mitteilungen No. 4/1981, S. 204-211

Rudolph, H., 1982: Zwischen „Präferenzen" und Profit: Zur bedingten Flexibilität teilzeitarbeitender Frauen. In: Arbeitszeitpolitik, hrsg. v. C. Offe et al., Frankfurt/New York: Campus

Rühle v. Lilienstern, H., 1981: Bedeutung der Logistik in Industrie, Handel und Dienstleistungen. In: Rationalisierung, No. 5/1981, S. 127-130

Rüsch, G., 1981: Ist die Krise des städtischen Verkehrs (auch) eine Krise der Verkehrsplanung? In: Archiv für Kommunalwissenschaften, 20. Jg. 1981; Erster Halbjahresband. Stuttgart: Kohlhammer

Rutenfranz, J., Graf, O., 1963: Zur Frage der zeitlichen Belastung von Lehrkräften. Köln, Opladen: Westdeutscher Verlag (Forschungsberichte des Landes NRW, Nr. 129)

Rutenfranz, J., 1969: Das Phänomen der Hetzarbeit als arbeitsmedizinisches Problem. In: Arbeitsmedizin, Sozialmedizin, Arbeitshygiene, 4. Jg., No. 8/1969

Rutenfranz, J., Werner, E., 1975: Schichtarbeit bei kontinuierlicher Produktion. Dortmund: Bundesanstalt für Arbeitsschutz und Unfallforschung (Forschungsbericht Nr. 141)

Rutenfranz, J., Schmidt, K.-H., Knauth, P., Küpper, R., Löwenthal, I., 1982: Arbeitsmedizinische Probleme der Sommerzeit. In: Arbeitsmedizin, Sozialmedizin, Präventivmedizin No. 6/1982, S. 137-141

Sahlins, M., 1974: Stone Age Economics. London: Tavistock

Schaefer, H., Bouillon, H., 1981: Auswirkungen der Sommerzeit auf den Energieverbrauch in der BRD (Zwischenbericht zum Forschungsvorhaben der DFG). München: Forschungsstelle für Energiewirtschaft und Kraftwerkstechnik

Schäfer, W., 1956: Die Beteiligung des Arbeitnehmers am Rationalisierungserfolg. In: Produktivität und Lohn, hrsg. v. Fürst/Gabriel. Darmstadt

Schaltenbrand, S. et al., (Hg.), 1963: Zeit in nervenärztlicher Sicht. Stuttgart: Enke

Scharpf, F. W., Brockmann, M., Groser, M., Hegner, F., Schmid, G. (Hg.), 1982: Aktive Arbeitsmarktpolitik. Erfahrungen und neue Wege. Frankfurt/New York: Campus

Scheuch, E. K., 1977: Soziologie der Freizeit. In: Handbuch der empirischen Sozialforschung, Bd. 11, Freizeit-Konsum, hrsg. v. E. K. Scheuch und G. Scherhorn. Stuttgart: Enke

Schivelbusch, W., 1979: Die Geschichte der Eisenbahnreise. Industrialisierung von Raum und Zeit. Frankfurt/Main, Berlin, Wien: Ullstein

Schivelbusch, W., 1980: Das Paradies, der Geschmack und die Vernunft. Eine Geschichte der Genußmittel. München, Wien: Hanser

Schlösser, M., 1981: Freizeit und Familienleben von Industriearbeitern. Frankfurt/New York: Campus

Schmiede, R., Schudlich, E., 1981: Die Entwicklung der Leistungsentlohnung in Deutschland: Eine historisch-theoretische Untersuchung zum Verhältnis von Lohn und Leistung unter kapitalistischen Produktionsbedingungen. Frankfurt/New York: Campus

Schmidt, K.-H., Kiesewetter, E., Knauth, P., Rutenfranz, J., 1982: Psychologische Auswirkungen bei der Sommerzeitumstellung. In: Zeitschrift f. Arbeitswissenschaften No. 1/1982, S. 9-16

Schneider, H., 1981: Arbeitsweg und Belastung. In: Neue Arbeitszeitregelungen — Auswirkungen auf Arbeitsmarkt und Arbeitsleben, hrsg. v. J. P. Rinderspacher, Wissenschaftszentrum Berlin IIVG/AP dp 81/221

Schneider, L., 1978: Charakteristika des Haushalts der Fabrikarbeiter. In: Familie und Gesellschaftsstruktur, hrsg. v. H. Rosenbaum. Frankfurt/Main: Suhrkamp

Schreber, D. P., 1973: Denkwürdigkeiten eines Nervenkranken. Hrsg. u. eingeleitet von Samuel N. Weber. Frankfurt/Main: Ullstein

v. Schweitzer, R., 1976: Entwicklungstendenzen der Haushalte und Familienstruktur sowie der Erwerbstätigkeit der Frau. In: Die Familienhaushalte im wirtschaftlichen und sozialen Wandel, hrsg. v. R. v. Schweitzer und H. Pross. Göttingen: Schwartz

Seidel, N., 1974: Zeitpraxis. Eine Anleitung zum Aufbau und zur Verwendung von Zeitkatalogen für rationelle Zeitkalkulation. Oberursel/Taunus: Seidel

Seifert, E., 1981: Arbeitszeit und Arbeitsstatistik. Teil I u. II. Arbeitspapier des Arbeitskreises SAMF, Universität Paderborn

Seyfarth, C., 1969: Zur Logik der Leistungsgesellschaft. Grundlagen der Kritik der gesellschaftlichen Geltung von Leistung. Diss. München

Seyfarth, C., 1973: Protestantismus und gesellschaftliche Entwicklung: Zur Reformulierung eines Problems. In: Seminar: Religion und gesellschaftliche Entwicklung, hrsg. v. C. Seyfarth u. W. M. Sprondel. Frankfurt/Main: Suhrkamp

Shackle, G. L. S., 1958: Time in Economics. Amsterdam

Sharp, C., 1981: Economics of Time. Oxford: Robertson

Sichtermann, B., 1978: Unersättlichkeit und Grenze — Anmerkungen zum Begriff Knappheit. In: Mehrwert No. 14/1978, S. 135-171

Sichtermann, B., 1981: Zeit-Kämpfe mit Kindern. In: Ästhetik und Kommunikation No. 45/46, 1981, S. 5-19

Siegrist, J., Dittmann, K., Rittner, K., Werner, I., 1980: Soziale Belastungen und Herzinfarkt. Stuttgart: Enke

Siffre, M., 1975: Six Months Alone in a Cave. In: National Geographie. March 1975

SIMEP (Sozialwiss. Inst. f. Befragung, Meinungsforschung, Prognostik), 1978: Berlin-Soziogramm III. Veränderung der Ladenschlußzeiten. (J. Diederich, E. Weymann)

Sinz, R., 1978: Zeitstrukturen und organismische Regulation. Berlin (DDR): Verl. Wissen und Können

Skarpelis-Sperk, S., 1978: Soziale Rationierung öffentlicher Leistungen. Frankfurt/New York: Campus

Smith, A., 1973: Eine Untersuchung über Wesen und Ursachen des Volkswohlstandes. Bd. 1, Gießen: Achenbach

SOFI 1977: Dabrowski, H., Neumann, U., Schauer, H., Sperling, H. J., Der Lohnrahmentarifvertrag II in der betrieblichen Praxis. Göttingen: SOFI

SOFI 1980: Zum Einfluß von Arbeitszeit und Arbeitssituation auf die arbeitsfreie Zeit von Industriearbeitern. SOFI-Mitteilungen, August 1980

SOFI 1982: Mickler, O., Kulmbach, P., Industrieroboter. Bedingungen und soziale Folgen des Einsatzes neuer Technologien in der Automobilproduktion. Frankfurt/New York: Campus

Sombart, W., 1928: Das Wirtschaftsleben im Zeitalter des Hochkapitalismus. Bd. 1, München/Leipzig

Sorokin, P. A., Merton, R. K., 1937: Social Time: A Methodological and Functional Analysis. In: The American Journal of Sociology No.42, S. 615-629

Sorokin, P. A., 1964: Sociocultural Causality, Space, Time. A Study of Referential Principles of Sociology and Social Science. New York: Russel & Russell

Spitzley, H., 1980: Wissenschaftliche Betriebsführung. REFA-Methodenlehre und Neuorientierung der Arbeitswissenschaft. Köln: Bund-Verlag

Spreng, D., Weinberg, A., 1980: Time and Decentralization. In: Daedalus, Winter 1980, S. 137-143

v. Stachelsky, F. (Hg.), 1981: Verbraucherinformationen in Bildschirmtext und Kabelfernsehen. Berlin: Colloquium

Steinkühler, F., 1977: Die Durchsetzung und Anwendung des Lohnrahmentarifvertrags II. In: Werktage werden besser, hrsg. v. IG-Metall, Frankfurt/Main, Köln: EVA

Steinmüller, P. H., 1981: Flexible Fertigungssysteme in Japan. In: Zeitschrift f. wissenschaftliche Fertigung No. 1/1981, S. 28-31

Stier, F., 1971: Zur Ermittlung und Berwertung menschlicher Arbeit und Leistung. In: Zeitvorgabe und Mitbestimmung, hrsg. v. W. Rohmert. Berlin u. a.: Beuth

Streller, R., 1926: Statik und Dynamik in der theoretischen Nationalökonomie. Habilitationsschrift, Leipzig: Streller

Szalai, A., 1972: The Use of Time. Daily Activities of Urban and Suburban Populations in Twelve Countries. The Hague/Paris

Taylor, W. F., 1919: Die Grundsätze wissenschaftlicher Betriebsführung. München, Berlin

Teriet, B., 1976: Neue Strukturen der Arbeitszeitverteilung. Göttingen: Schwartz

Teriet, B., 1977: Die Wiedergewinnung der Zeitsouveränität. In: Technologie und Politik, No. 8/1977. Hbg.: Rowohlt

Teriet, B., 1979: Fehlzeiten — auch ein Problem der Arbeitszeitstrukturen und sonstiger Zeitordnungen der Gesellschaft? In: Fehlzeiten, hrsg. v. P. Nieder. Bern, Stuttgart: Haupt

Thompson, H. P., 1973: Zeit, Arbeitsdisziplin und Industrie-Kapitalismus. In: Gesellschaft in der industriellen Revolution, hrsg. v. R. Braun et al., Köln: Kiepenheuer & Witsch

Timm, A., 1972: Einführung in die Technikgeschichte. Berlin, New York: de Gruyter

Treiber, H., Steinert, H., 1980: Die Fabrikation des zuverlässigen Menschen. München: Moos-Verlag

Trommsdorff, G., Lamm, H., 1975: An Analysis of Future Orientation and Some of Its Social Determinants. In: The Study of Time Vol. II, hrsg. v. J. T. Fraser u. N. Lawrence, Berlin, Heidelberg, New York: Springer

Trommsdorff, G., Burger, Ch., Füchsle, T., Lamm, H., 1978: Erziehung für die Zukunft. Theoretische und empirische Untersuchungen zum Zusammenhang von Zukunftserleben und Erziehung. Düsseldorf: Schwann

Tuiavii aus Tiavea, 1973: Der Papalagi. Eine Kritik der europäischen Kultur. Westberlin: E. Jacobsohn

Udris, I., 1979: Ist Arbeit noch länger zentrales Lebensinteresse? In: Psychosozial No. 1/1979, S. 100-123

Ulich, E., Ulich, H., 1977: Über einige Zusammenhänge zwischen Arbeitsgestaltung und Freizeitverhalten. In: Bürokratie — Motor oder Bremse der Entwicklung? Hrsg. v. Th. Leuenberger und K.-H. Ruttmann. Bern et al.: Lang

Ullrich, O., 1979a: Technik und Herrschaft. Frankfurt/Main: Suhrkamp

Ullrich, O., 1979b: Weltniveau. In der Sackgasse des Industriesystems. Berlin: Rotbuch

Vester, F., 1979: Vorwort zu: Organismus und Technik, v. H. Kükelhaus. In: ebd., Frankfurt/Main: Fischer

Virilio, P., 1980: Geschwindigkeit und Politik. Bern: Merve

Vobruba, G., 1982: Interessendifferenzierung und Organisationseinheit. Arbeitszeitflexibilisierung als gewerkschaftliches Organisationsproblem. In: Arbeitszeitpolitik, hrsg. v. C. Offe et al., Frankfurt/New York: Campus

Vobruba, G., 1982: Zeithorizonte: Von Theorien und Interessen. Ms. Wien

Vobruba, G., 1983: Entrechtlichungstendenzen im Wohlfahrtsstaat. Wissenschaftszentrum Berlin, IIVG/AP dp 83-208

Voegelin, E., 1924: Die Zeit in der Wirtschaft. In: Archiv für Sozialwissenschaft und Sozialpolitik, Bd. 53, No. 1/1924

Volkholz, V., 1977: Belastungsschwerpunkte und Praxis der Arbeitssicherheit, hrsg. v. Bundesminister für Arbeit und Sozialordnung, Bonn

Volpert, W., 1974: Handlungsstrukturanalyse als Beitrag zur Qualifikationsforschung. Köln: Pahl-Rugenstein

Wagner, W., 1980: Zeit — das Fortschreitende oder die Ordnung? Frauenberg: Mutter Erde Verlag

Watkinson, Ch., Funke, H., 1982: Betriebliche Negativ-Karrieren: Subjektive Wahrnehmung von Lohnabgruppierungen bei Angelernten. In: Statussicherung im Industriebetrieb, hrsg. v. K. Dohse, U. Jürgens, H. Russig. Frankfurt/New York: Campus

Watz, B., 1976: Die Verteilung und Entwicklung der Haushaltsstrukturtypen. In: Die Familienhaushalte im wirtschaftlichen und sozialen Wandel, hrsg. v. R. v. Schweitzer und H. Pross, Göttingen: Schwartz

Weber, G., 1979: Flexible Arbeitszeit — auch im Produktionsbereich möglich? In: Arbeitsvorbereitung No. 6/1979 und No. 1/1980, S. 187-192 bzw. 14-18

Weber, M., 1975: Die Protestantische Ethik. Bd. I, 4. Auflage, Hamburg: Siebenstern

Weinhuber-Boland, R., 1976: Stand und Entwicklung der Haushaltstechnisierung. In: Die Familienhaushalte im wirtschaftlichen und sozialen Wandel, hrsg. v. R. v. Schweitzer und H. Pross, Göttingen: Schwartz

Weitzel, R., 1981: Flexible Arbeitszeiten für Frauen. In: Neue Arbeitszeitregelungen — Auswirkungen auf Arbeitsmarkt und Arbeitsleben, hrsg. v. J. P. Rinderspacher, Wissenschaftszentrum Berlin IIVG/AP dp 81-221

Weitzel, R., Hoff, A., 1982: Öffentliche Förderung von Teilzeitarbeit? In: Aktive Arbeitsmarktpolitik, hrsg. v. F. Scharpf et al., Frankfurt/New York: Campus

v. Weizsäcker, V., 1960: Gestalt und Zeit. Göttingen: Vandenhoek und Ruprecht, 2. Auflage

Weltz, F., Diezinger, A., Lullies, V., Marquardt, R., 1979: Junge Frauen zwischen Beruf und Familie. Frankfurt/New York: Campus

Wendorff, R., 1981: Zeit und Kultur. Geschichte des Zeitbewußtseins in Europa. 2. Auflage, Wiesbaden: Westdeutscher Verlag

Werner, E., Bau, M., Frielingsdorf, R., Romahn, H., Rohmahn, R., 1979: Arbeitszeit und Unfallgeschehen. Bundesanstalt f. Arbeitsschutz Dortmund, Forschungsbericht Nr. 216

Wever, R. A., 1978: Grundlagen der Tagesperiodik beim Menschen. In: Rhythmusprobleme in der Psychiatrie, hrsg. v. H. Heimann u. B. Pflug, Stuttgart, New York: G. Fischer

Wever, R. A., 1979: The Circadian System of Man. Results of Experiments Under Temporal Isolation. New York, Heidelberg, Berlin: Springer

Wilensky, H., 1972: Die Umverteilung von Freizeit und Arbeit. In: Soziologie der Freizeit, hrsg. v. E. K. Scheuch und R. Meyersohn. Köln: Kiepenheuer und Witsch

Wintersberger, H., 1981: Arbeitermedizin in Italien. Wissenschaftszentrum Berlin IIVG/AP dp 81-202

Woehseler, Ch., 1978: Für eine be-greifende Praxis in der Natur. Geldförmige Naturerkenntnis und kybernetische Natur. Gießen: Focus

Wotschack, W., 1980: Integrierte Belastungsanalyse industrieller Arbeitstätigkeiten. In: Jahrbuch für Kritische Medizin, Bd. 6, Argument-Sonderband AS 53, S. 75-96

Wotschack, P., Wotschack, W., 1981: Herzinfarktforschung und Industriearbeit. Wissenschaftszentrum Berlin IIVG/AP dp 81-214

Wotschack, W., 1981a: Arbeitswelt und Herzinfarkt. In: Prävention, Gesundheit und Politik. Argument-Sonderband AS 64, S. 220-234

Wotschack, P., Wotschack, W., 1982: Arbeitsbelastungen bei Metallarbeitern vor dem Herzinfarkt. Wissenschaftszentrum Berlin IIVG/AP dp 82-216

Wunderli, R., 1979: Alternative Formen der Arbeitszeitgestaltung. In: Psychosozial No. 1/1979, S. 77-100

Zapf, W., 1977: Lebensbedingungen in der Bundesrepublik. Sozialer Wandel und Wohlfahrtsentwicklung. (SPES, Bd. 10), Frankfurt/New York: Campus

Zander, E., 1976: Zeitaufwand für Hausarbeit in ausgewählten Haushalten. Ergebnisse von Tagebuchaufschreibungen in Haushalten von Landwirten und städtischen Vier-Personen-Haushalten. Karlsruhe: BFE (Bericht der Bundesforschungsanstalt für Ernährung)

Schriften des Wissenschaftszentrums Berlin

Egon Matzner
Der Wohlfahrtsstaat von morgen
Entwurf eines zeitgemäßen Musters staatlicher Interventionen
Internationales Institut für Management und Verwaltung/Arbeitsmarktpolitik
1982. 408 Seiten, ISBN 3-593-33065-2

Fritz W. Scharpf, Marlene Brockmann, Manfred Groser, Friedhart Hegner, Günther Schmid (Hg.)
Aktive Arbeitsmarktpolitik
Erfahrungen und neue Wege
Internationales Institut für Management und Verwaltung/Arbeitsmarktpolitik
1982. 240 Seiten, ISBN 3-593-33160-8

Fritz W. Scharpf, Marlene Brockmann (Hg.)
Institutionelle Bedingungen der Arbeitsmarkt- und Beschäftigungspolitik
Internationales Institut für Management und Verwaltung/Arbeitsmarktpolitik
1983. 240 Seiten, ISBN 3-593-33270-1

Jörg Finsinger
Versicherungsmärkte
Internationales Institut für Management und Verwaltung/Strukturpolitik
1984. 187 Seiten, ISBN 3-593-33227-2

Hagen Kühn
Betriebliche Arbeitsschutzpolitik und Interessenvertretung der Beschäftigten
Internationales Institut für Vergleichende Gesellschaftsforschung/Arbeitspolitik
1982. 188 Seiten, ISBN 3-593-32991-3

Friedrich Hauß
Arbeitsbelastungen und ihre Thematisierung im Betrieb
Internationales Institut für Vergleichende Gesellschaftsforschung/Arbeitspolitik
1983. 180 Seiten, ISBN 3-593-33161-6

Rolf Rosenbrock
Arbeitsmediziner und Sicherheitsexperten im Betrieb
Internationales Institut für Vergleichende Gesellschaftsforschung/Arbeitspolitik
1982. 196 Seiten, ISBN 3-593-33068-7

Knuth Dohse, Ulrich Jürgens, Harald Russig (Hg.)
Ältere Arbeitnehmer zwischen Unternehmensinteressen und Sozialpolitik
Internationales Institut für Vergleichende Gesellschaftsforschung/Arbeitspolitik
1982. 450 Seiten, ISBN 3-593-32984-0